2013

YEARBOOK OF CHINA AGRICULTURAL PRODUCTS PROCESSING INDUSTRIES

中国农产品加工业年鉴

科学技术部农村科技司
中国农业机械化科学研究院
中国包装和食品机械总公司
食品装备产业技术创新战略联盟
编

中国农业出版社
CHINA AGRICULTURE PRESS

内 容 简 介

本年鉴较系统地记述了我国有关农产品加工业发展的方针、政策、法律、法规和规划等贯彻执行情况；有关领导、专家对发展我国农产品加工业的论述；本领域内相关行业的发展综述；简介了相关行业经济运行情况及名、优、特、新产品；登载了农产品加工业的国内外统计资料；记载了相关的国家标准、行业标准、专利以及本行业的大事记。本年鉴资料新颖、准确、科学、翔实，内容丰富，可供政府管理部门、协会、学会、中介组织、生产企业、科研教学单位的管理人员、策划人员、教育工作者和科技工作者参考。

《中国农产品加工业年鉴》编辑委员会

编　辑　部

编 辑 出 版 说 明

一、为紧跟我国农产品加工业发展的时代脉搏和大力宣传主旋律，在各级领导和行业专家的支持与帮助下，我们组织编辑出版的《中国农产品加工业年鉴（2013）》与广大读者见面了，其宗旨是为我国农产品加工业的发展起到桥梁和促进作用。

二、《中国农产品加工业年鉴》由科学技术部、农业部、国家发展和改革委员会、国家林业局、国家粮食局、中华全国供销合作总社、中国机械工业联合会、中国轻工业联合会的有关主管部门及农产品加工业相关协会、学会、科研院所、大专院校等，与中国农业机械化科学研究院、中国包装和食品机械有限公司、食品装备产业技术创新战略联盟联合编辑出版。

三、《中国农产品加工业年鉴（2013）》安排了7个部分的框架内容，每个栏目名称基本未变，其中的内容和数据均以2012年的基本情况为主；但根据资料的获取难易程度也有部分2012年前后的情况，并保持每卷年鉴的连续性，其中的政策法规及重要文件、大事记和标准均以2013年的基本情况为主。

四、《中国农产品加工业年鉴》记述了相关方针、政策、法律、法规和规划等贯彻执行情况；记述了有关领导、专家对发展我国农产品加工业的论述；记述了本领域相关行业的发展综述；介绍了农产品加工业行业经济运行情况及名、优、特、新产品；登载了农产品加工业国内外统计资料；记载了相关的国家标准、行业标准、专利以及本行业的大事记。年鉴既述事，又记人，每年编辑、出版一卷。若干年后，不但可以见证我国每年的农产品加工业发展情况，而且将是系统、全面、可靠、翔实的史册和工具书。由于年鉴的权威性和正式的连续出版发行，将有益于国内外各界了解和研究我国农产品加工业现状与发展等情况，促进相互交流与合作；有益于各部门借鉴现实和历史经验，掌握全局，运筹帷幄，制定政策和发展规划，指导本行业健康发展；有益于社会各界沟通行业信息、产品信息，互相学习，取长补短，推动我国农产品加工业的发展和国民经济的腾飞。

五、本年鉴各部分所列数据，因来源渠道不同，不尽一致。全面的数据均以国家统计局提供的为准。本年鉴全国性统计数据均不包括香港、澳门两个特别行政区和中国台湾省。两区一省的相关数据，在年鉴的附录中列出。

六、为系统、准确、科学、翔实地反映我国农产品加工业现状，并力争办出本年鉴的特色，我们在编辑中继续突出了综述文章以当年国家重点抓的农产品加工业中的有关行业为主，全书内容以推动产业发展为主，国家标准、行业标准与专利以加工工艺、设备和相应的产品为主，统计数据以国家统计局经济行业分类为主，国外的统计数据以特点显著的部分发达国家和少数发展中国家为主等。

七、本年鉴的编辑、出版、发行等工作，得到了中央及各级有关部门、协会、学会、科研院所、高等院校、生产企业、社会团体的大力支持和帮助，谨此表示衷心的感谢。

目　录

第四部分 国内综合统计资料

第五部分 标准、专利

第六部分 大 事 记

第七部分 附 录

Contents

Part Ⅰ Special Subjects Exposition

Part Ⅱ Development Situation of Related Trades

Part Ⅲ Policies, Regulations and Important Documents

Part Ⅳ Domestic Comprehensive Statistics Materials

Part Ⅴ Standards and Patents

Part Ⅵ Chronicle of Events

Part Ⅶ Appendix

第一部分

专题论述

创新驱动顶层设计 推进食品安全根本治理

科学技术部副部长　张来武

我国正处在从要素驱动为主向创新驱动转变的关键时期，要真正实现创新转型，必须在关键问题上攻坚克难、率先突破。食品安全问题是由传统发展方式形成的经济和民生“雾霾”，是我国创新转型必须解决的一个具有全局性、突破性的重大问题。根本治理食品安全问题，也是我国经济根本实现从重数量向重品质转型、实行创新驱动发展方式的一个重大标志。率先对食品安全进行创新驱动的顶层设计，探索一条系统性根治食品安全的路子，事关重大且十分紧迫。

一、根本治理食品安全亟须创新驱动的顶层设计

1. 食品安全既是“管”出来的、也是“产”出来的，本质是发展方式的问题，根本要靠创新驱动　近年来，我国对食品安全的监管力度不断加大，取得积极成效。同时，随着我国农业和食品产业规模越来越大，食品安全问题日益呈现多发、频发、屡发态势。毒奶粉、毒大米、毒蔬菜等一些突出的食品安全问题时有发生，存在的隐患和风险、对社会生产生活带来的冲击和影响不容低估。分析其成因，不仅有“管”的问题，也有“产”的问题，根本在于传统的农业和食品产业发展方式难以为继。特别是农业和食品产业的科技含量总体不高，以传统要素投入为主、市场主体和市场力量总体“小散弱”的粗放生产经营模式没有根本改变，产业化、标准化、品牌化水平偏低，一些行业和市场主体过度追求速度和规模、急功近利、诚信缺失，食品安全问题终成“产”出来的“雾霾”。要彻底系统地治理这个“产”出来的“雾霾”，必须着眼于转变发展方式和生产经营模式，加强顶层设计，实行创新驱动，加快农业和食品产业的现代化转型。

2. 对食品安全进行创新驱动顶层设计，需要坚持“为了人”，着力提升质量安全和市场信用　创新驱动发展是“以人为本”的发展，追求的就是高质量和高效益，而不是单纯数量和规模的扩张。当前我国食品的数量安全问题已基本解决，实现从“数量”到“质量”的战略转变、确保广大人民群众“舌尖上的安全”，既是经济发展和民生改善的题中要义，也是创新驱动、转型发展的必然选择。这迫切需要我们抓住“质量”这一灵魂，通过科技和体制机制的创新，加大力度培育产业化、标准化的品牌基地，质量好、信誉好的品牌产品和品牌企业，使食品安全真正建立在“生产者和企业的信用、消费者和用户的信任”基础之上。没有质量和品牌，就没有忠实的用户和市场竞争力，也就没有可持续的创新发展。

3. 对食品安全进行创新驱动顶层设计，需要坚持“依靠人”，发挥科技创新和制度创新的叠加效应　一方面，与要素驱动有本质的区别，创新驱动更加重视智力、知识、信息、人才等无形资产，更加重视科技的关键作用及其市场价值，变“后发优势”为“先发优势”，这迫切需要我们围绕食品安全和现代农业发展的重大需求，把科技人员、科技特派员等职业农民和与食品安全相关的各类创业者、企业家的积极性、能动性更好地发挥出来，强化科技创新的支撑引领作用。另一方面，创新是将新的生产要素引入新的生产函数的过程，是科学研究、技术发明和市场应用交织作用的“三螺旋”，需要在反复试错中寻找新的技术路线和商业模式，从而取代旧技术旧模式、开辟新市场新产业。因此，其根本动力在市场竞争和企业家精神。这迫切需要我们加快体制机制改革创新，更多依靠企业家、更多依靠市场和社会力量，加快培育科技水平高和独立性强的第三方检验检测认证机构，引导壮大支持食品安全的金融资本，使真正安全优质的品牌食品、企业和基地占据越来越大的市场和利润空间，充分激发市场和社会保障食品安全的内生力量。政府需要在营造环境、完善政策、加强监管执法以及引导等方面更好地发挥作用。

二、在顶层设计中加强系统化治理和国际化倒逼

1. 食品安全涉及环节和因素很多，需要把系统

治理和节点控制、“第一车间”和“第六产业”有机结合起来 食品安全问题贯穿“第六产业”（一些主要发达国家将一、二、三产业贯通的现代农业称为“第六产业”）的全链条，贯穿从田间到餐桌的全过程。具体看，我国食品安全既有水土等生产环境退化恶化、化肥和农药等农业投入品多用滥用等农产品生产环节（“第一车间”）的问题，也有加工过程带来二次污染、食品添加剂不当使用等加工环节以及物流运输、市场流通、终端消费等后续环节的问题。特别是从田间到餐桌的系统治理还不足，各环节之间一定程度上存在“摁下葫芦起来瓢”的现象，亟须把强化系统设计、实现无缝管理摆在突出位置，加快发展三次产业有机衔接、各个环节高效协同的“第六产业”。同时需要加强关键节点的创新管理，特别是强化“第一车间”的源头控制、原料进厂和产品出厂的第三方独立检测认证、产品进入流通前的第三方精准防伪标识、产品在流通和消费市场中的可跟踪等，切实提高食品安全的生产和治理能力。

2. 当前亟须建立全国统一的食品安全云服务平台，提升从田间到餐桌的全程无缝实时治理和服务能力 食品安全是一个复杂的巨系统，涉及的主体和环节很多，需要处理的信息量很大，仅靠人力难以避免“跑冒滴漏、忙中出错、时效延宕”等问题。充分运用现代信息技术、网络工具和数字化方法，提高食品安全全过程信息化管理水平，加强食品安全各方面、各环节、各主体之间的信息传递、反馈和交流，既有利于实现食品安全关键节点的精准控制和及时处置，更有利于加强食品安全各环节治理和各方面力量的整合，提高系统化治理的效能。特别是需要深入研发、用好“大云平移”（大数据、云计算云服务、数据和信息平台、移动互联和物联网）等新一代信息技术和我国自主创新的“三维码”等新一代数字标识技术，加快建立健全全程无缝实时的食品安全溯源体系和系统管理与服务体系，切实解决我国食品安全系统治理和溯源能力不足的突出问题。

3. 把扩大开放合作贯穿创新驱动食品安全的各个方面，发挥国际化的倒逼和带动作用 一方面，提升我国食品安全科技的自主创新水平需要扩大开放合作。特别是需要抓住当前创新要素在全球范围内加快流动重组的机遇，汇聚国内外优势资源，深化“三维码”等核心关键技术的开发。另一方面，提升我国食品产业的质量效益和品牌化水平需要扩大开放合作。特别是需要用好“走出去”“引进来”的筛选激励作用，在竞争中建立先发优势、培育全球知名品牌。此外，扩大开放合作也有利于提升我国食品安全的公信力，特别是需要在检测认证技术标准和机构的发展上与国际充分接轨、互补合作，致力实现“一家认证、全球认可”。目前，立足已有的中美农业科技创新合作基础，以供港澳产品和进出口为先导，通过部门和地方合作，食品安全创新“横琴工程”正在启动实施，鼓励珠三角特别是横琴发挥优势、先行先试，用好港澳经验及其在食品安全方面的国际化能力，优先培育食品安全的“绿洲”，进而通过试点推广、示范辐射、梯度带动，努力服务于建设食品安全的中国，并致力在开放合作中惠及更多伙伴国家，与各国携手推动解决这一全球性难题。

三、持续推进“6＋1”的全民食品安全创新计划

1. 创新驱动食品安全，重在执行、贵在落实 鉴于食品安全问题的系统性、艰巨性和复杂性，需要在“持续”二字上下功夫，通过试点先行、不懈不断、稳扎稳打、步步为营的推进，把创新驱动食品安全的扩张效应不可逆转地发挥出来。启动实施食品安全创新“横琴工程”，既是基于其在食品安全方面的供港澳和国际化优势，更重要的是鼓励其在依靠创新全面解决食品安全问题中率先探路。当食品安全的“绿洲”越来越多，食品安全的“雾霾”就会越来越少，食品安全的中国也就指日可期。需要在“全民”二字上下功夫，依靠创新驱动根本治理食品安全问题，既需要党和政府的强有力领导，也需要坚守诚信良知、善于创新创业、重视质量效益、塑造优质品牌的企业家和生产经营者，还需要全民参与，把社会力量的积极性能动性调动起来，形成各方面齐抓共管的新机制新格局。需要在“系统”二字上下功夫，通过顶层设计、统筹部署和全面落实，把当前和长远、科技和制度、节点和全程、国际和国内、创新和监管等方面有机结合起来，着力在“6＋1”上取得重大进展，形成创新驱动食品安全各项措施的“同频共振”效应。

2. “6”就是从六个方面系统落实创新驱动的重点任务 一是抓科技创新，提高食品安全生产和保障的科技化水平。在这方面已有良好的科技储备和具有代表性的自主创新成果，关键是要在全面深化研究的基础上解决好转移转化和产业化应用不足等问题。特别是要用好智能稻草人等物联网新技术和“三维码”等标识新技术，推动建立能够迅速精准锁定责任主体、具备高水平防伪证伪能力的电子追踪和信息追溯系统，促进食品产业全链条技术升级和相应的商业模式创新。二是抓第三方检测认证创新，在社会化国际化中增强公信力。与新形势新要求相比，我国食品安

全检验检测的独立性和公信力还须进一步提高。亟须以社会化国际化为方向，以“一家认证、全球认可”为目标，加快发展科技支撑能力强、公信力高、市场和社会认可的第三方检测认证机构。中美通过农业科技合作在这方面已有良好基础，将先期立足横琴，吸引各国优势资源和人才，加快发展国际化的第三方检认标（检验检测认证和标准）创新中心。三是抓云服务平台，以信息化推进食品安全治理的系统化。关键是需要解决好各类信息系统、信息平台互动共享不足等现象。特别是需要采取分布式的思路和方式，加强各相关部门、各相关方面信息系统的互联互通。要尽快将现有的国家农村信息化平台、深圳超算中心、横琴“三维码”等方面的信息资源有机联系起来，集成电子商务、信息服务等功能，构建形成涵盖从田间到餐桌全链条的云服务信息平台框架体系。四是抓创新基地，提升食品生产经营的产业化标准化市场化水平。针对食品产业发展中市场主体“小散弱”和产业化标准化不足等问题，高标准发展食品安全创新基地，树立示范“标杆”。在基地的选择上要创新方式，进一步避免政府评定挂牌，由第三方检认标创新中心评价和市场信誉决定。政府可在监管和推荐备选基地等方面积极发挥作用。五是抓创新品牌联盟，以品牌化市场化社会化提升食品产业质量效益。品牌是质量效益的标志，也是信誉信心的凝结，创新驱动食品安全必须走品牌化之路。提高品牌质量根本要靠企业家，还要靠行业自律。发展食品安全创新品牌联盟，让真正有信誉有质量的品牌产品、基地、企业自愿联盟、自我管理，有利于壮大解决食品安全问题的市场和社会力量，也有利于我国食品产业做强竞争力、更好“走出去”。鼓励第三方检认标中心发挥评价评估功能，推动形成联盟的进入和退出机制。六是抓金融创新，为“创新之火”浇上“金融之油”。科技创新和金融创新是孪生兄弟，创新驱动源于科技、成于金融。坚持积极稳妥、试点先行，探索促进政府和市场两类基金发展，引导带动国际金融投入我国食品产业，着力培育并壮大一批世界级的食品创新品牌。基于众多食品创新品牌汇聚而成的联盟，通过资源集成、机制创新和各部门、各地方、各方面的共同推动，在不太长的时间内形成百亿元级规模的政府引导基金、引导千亿元级规模的市场基金发展、带动千亿美元级的国际资金投入是可能的。

3.“1”就是着力健全与严格监管有机结合的政策支持体系　严格的监管有利于守住食品安全的“底线”，使各类生产经营主体“不敢越线”，从而倒逼食品产业提高安全水平。创新驱动重在激励，通过加强部门协调和协同，加大国家科技计划、创新政策、检验检测认证政策、授权试点和准入政策等的引导支持力度，使各类生产经营主体有意愿有动力提高质量、塑造品牌、追求卓越，从根本上“不想越线”，进而推动我国食品产业实现创新转型。创新驱动和监管倒逼的有机结合，将为我国根本治理食品安全问题提供强大的动力。

我们也认识到，根本解决食品安全问题是与我国实现创新驱动、转型发展紧密相伴的一个历史过程，需要发展观念、发展机制和发展方式的根本转变，等不得也急不得。同时，我们也有信心，通过顶层设计和系统推进，通过各方面的共同努力，加快把农业发展和食品安全导入创新驱动的轨道，在解决食品安全问题上率先实现突破性的创新转型，同时实现整体发展创新转型的标志性突破。

总结工作经验　分析面临形势
扎实推进农产品加工业迈上新台阶

农业部总经济师　杨绍品

这次会议的任务是：以十八大精神为指导，贯彻中央经济工作会议、中央农村工作会议和全国农业工作会议精神，总结 2012 年的工作，分析面临的形势，研究和部署 2013 年重点任务。下面我讲三方面意见。

一、开拓创新，共同努力，2012 年各项工作取得新成就

在过去的 2012 年，在各级党委政府的领导下，

在各有关方面的支持和努力下，各级乡镇企业、农产品加工业和休闲农业工作主管部门认真贯彻中央稳中求进的总要求，围绕“两个千方百计、两个努力确保”的目标，科学谋划，统筹推进，促进了农村二、三产业全面发展，各项重点工作取得了新业绩，各项事业取得了新进展。

（一）乡镇企业转型提升取得新突破

在世界经济复苏明显放缓和国内经济下行压力加大的严峻形势下，全国乡镇企业在调整中取得平稳发展，2012年预计总产值达到60万亿元，同比增长9%以上，新增就业人数超过200万人。同时，产业结构得到优化，集聚水平不断提高，区域发展的协调性进一步改善。在乡镇企业总产值中，农产品加工业和第三产业占比均达到1/4左右，中西部和东北地区占比上升了0.63个百分点，工业园区集中度达到30%以上。一年来，各地以转型提升为核心，各具特色推动发展。江苏、浙江、广东等省引导企业加强自主创新，做大做强高成长性企业；山东、湖北等省着力打造特色板块经济，园区经济比重进一步扩大；安徽、江西、河南等省优化投资环境，加大承接产业转移力度；北京、天津、重庆等市扩大基金和专项资金规模，培育发展农商直供和楼宇经济等新增长点；山西、河北、内蒙古等省、自治区在淘汰过剩产能过程中，引导企业转向农产品加工业和休闲农业等涉农产业；四川、云南、贵州、广西等省、自治区积极引导农民创办、领办“离土不脱农”的小微企业，促进了农民就地就业。这些创新性的做法丰富了新时期的乡镇企业工作。2012年，全国乡镇企业共安排1.64亿人就业，农民人均纯收入中有2 800元来自乡镇企业，约占农民人均纯收入的35.4%。

（二）农产品加工业创新发展实现新跨越

农产品加工业继续高速增长，巩固了企稳回升的基础和好态势。2012年全年规模以上农产品加工业总产值预计可达15万亿元，同比增长19%，固定资产投资增长24%。农产品加工业与农业产值之比达到1.9∶1，比上年提高0.1个百分点。山东、江苏、河南三省继续位居全国三甲，青海、天津、湖北、甘肃、江西五省、直辖市位列全国增速前五名。一年来，全系统以创新发展为主线，突出关键环节，加快主体培育，强化科技支撑，加强行业指导，各项重点工作取得新突破。农产品产地初加工补助项目在甘肃等12省、自治区实施，实现了奖补设施当年建设、当年使用、当年见效，受到农民的广泛欢迎。主食加工业提升行动在河南等4省、自治区启动试点，现代主食消费理念和主食加工业发展氛围正在形成。行业领军企业实力不断增强，在1 253个农业产业化国家重点龙头企业中农产品加工企业占比超过95%。全国农产品加工技术研发体系逐步实现由“建平台”向“用平台”的转变，在“产学研用”结合、联合攻关、共性关键技术推广等方面不断取得新成效。农产品加工业监测预警工作有效开展，基本实现对重点行业、重点品种和热点事件的全覆盖、全跟踪。全国农产品加工业投资贸易洽谈会和湖南、海南、新疆等省、自治区开展的区域性市场推介活动成功举办，影响不断扩大，逐步办成了精品展会。这些都做实、做强了农产品加工部门的主体职能。

（三）休闲农业规范提高打造新亮点

在全系统强力推动和消费需求拉动下，休闲农业发展继续提速。2012年预计休闲农业接待游客超过8亿人次，营业收入超过2 400亿元，规模以上休闲农业园区超过3.3万个，从业人员超过2 800万人，占农村劳动力的6.9%。一年来，我们坚持以规范提高为重点，因地制宜，各具特色推动发展，着力整合多项资源，凝聚各方力量，在政策引导、公共服务、内涵提升、氛围营造、领域拓展等方面打造新亮点。通过休闲农业示范创建工作，树立了一批先进典型，总结了一批发展模式，中国最有魅力休闲乡村和创意精品推介活动备受公众关注，重要农业文化遗产发掘工作有序推进，休闲农业在农民就业增收、拓展农业功能以及满足消费需要等方面的作用日益显现，已经成为一种新型的农业产业形态和消费业态。四川、江西出台了省一级支持休闲农业发展的政策性文件。北京、上海、天津、重庆等市量化了休闲农业各项指标，列入都市农业发展考核体系。江苏、浙江、安徽、陕西、广西、湖南等省、自治区坚持以特色农业为主体、特色山水为依托、特色文化为内涵的发展思路，着力完善产业的功能。海南、湖北、云南、贵州等地注重生态优势、民俗风情和传统文化的整合，全力培育产业特色。一大批理念新、标准高、服务好、示范带动强的休闲农业聚集区已粗具规模。

2012年，乡镇企业、农产品加工业和休闲农业的平稳健康发展，为农业增效、农民增收和新农村建设作出了重要贡献，这是各级党委政府重视、政策给力、科技支撑、工作创新的结果，是我们全系统和广大生产经营者齐心协力、共同努力的结果。当前，我国发展仍处于可以大有作为的重要战略机遇期，工农城乡关系正在发生重大变化，农业、农村经济进入新的发展阶段，工业化步入发展中期，城镇化率超过50%，人均GDP超过5 000美元，农民人均纯收入达到8 000元。这个阶段正是需求拉动最为强劲、居民消费结构变化最为明显、对农产品加工品数量和质量要求更高的阶段，也是城乡居民休闲消费需求快速增长、旅游消费向休闲消费转型的关键时期。同时，国家一系列强农惠农富农和扶持中小微企业的政策，必将推动传统农业向现代农业加快转变，农村生产、生活、生态条件加快改善，城乡一体化步伐加快推进，发展乡镇企业、农产品加工业和休闲农业面临着难得的历史机遇，蕴含着巨大的发展潜力和良好的发展前景。但是，也要清醒地看到，企业生产经营成本快速上升，用工荒、融资难、税赋高、缺资金、缺技术、缺人才等问题突出；资源环境约束增强，节能减排和淘汰落后产能压力加大；世界经济增长乏力，汇率波动频繁，贸易保护主义抬头，外贸出口难度不断加大；行业大而不强，产业集中度不高，企业管理水平较低等问题普遍存在。我们必须抢抓机遇，有效应对各种挑战，不断开辟事业发展新途径。

二、提高认识，把握方向，努力做好2013年各项重点工作

党的十八大提出了全面建成小康社会、“两个翻番”、“四化同步”和建设美丽中国等一系列经济社会发展新方略，赋予了农村二、三产业发展新的使命。据测算，进入21世纪以来，乡镇企业、农产品加工业年均增长分别达到12%和20%多。要实现“两个翻番”的目标，按照近年来乡镇企业、农产品加工业对国民经济的贡献份额，今后8年，年均增长需分别保持10%和15%左右，乡镇企业对农民人均纯收入贡献率应继续保持在35%左右，每年新增就业规模需保持在200万人以上。要实现这样的增长速度和规模，其难度是相当大的。因此，我们必须切实增强全局意识、责任意识，把握大局，明确方向，不断开拓工作的新局面。

2013年是全面深入贯彻落实党的十八大精神的开局之年，是实施乡镇企业、农产品加工业、休闲农业三个“十二五”规划承前启后的关键一年；是我们系统经过“理思路”“打基础”“抓突破”取得成效的一年，也是进一步统一思想、突出重点，取得新成效的重要一年。我们必须加强分类指导，科学规划，扎实推进各项工作迈上新台阶。

（一）关于做好乡镇企业工作

乡镇企业为全面建成小康社会，特别是要在“两个翻番”中再立新功。乡镇企业是伴随着改革开放而发展起来的，它为国民经济发展和经济体制创新作出了重要贡献。近些年，乡镇企业通过不断的改革发展，虽然面临的环境和自身内涵发生了深刻变化，但是这支以农民投资为主体起步、活跃在县域经济内的群体是客观存在的，他们与“三农”天然的内在联系没有变，对县域经济、对城镇化建设发挥着不可替代的支撑作用没有变，不论叫什么名称，不论是过去、现在和将来，它依然是推进农村二、三产业发展的主力军。因此，我们要继续坚持以服务“三农”为出发点和落脚点，以转变经济发展方式为主线，以结构战略性调整作为主攻方向，积极探索和推进新时期乡镇企业工作。要着力推动产业结构向特色优势型和“三农”关联型转变，增长方式向集约内涵型和创新驱动型转变，发展模式向环境友好型和资源节约型转变，空间布局向产业集群型和区域协调型转变。

2013年要重点抓好四项工作：一是抓好政策落实。加强与有关部门的沟通合作，认真落实国家扶持小微企业发展的政策，积极引导农村小微企业走出困境。探讨乡镇企业以工哺农、村企互动新模式，培育一批村企和谐发展典型。二是改善农民创业环境。重点在出台扶持政策、加强创业培训、建设创业基地、提升服务能力和培育宣传典型上加大力度，逐步形成政府重视、部门牵头、社会关注、齐抓共管的工作推进机制。三是推进区域经贸合作。继续办好全国农产品加工业投资贸易洽谈会，积极推进特色农产品加工品“进城入市”行动，引导中西部落后地区发展农村传统工艺特色产业园区。四是抓好服务保障。发挥乡镇企业统计工作体系作用，做好经济运行分析和直报工作。深化与金融证券机构合作，继续举办涉农企业证券融资培训班，促进企业扩大融资。创新实用人才培养方式，推进乡镇企业职业技能开发，组织西部乡镇企业管理人员挂职培训。

（二）关于做好农产品加工业工作

农产品加工业要在现代农业发展中担当重任。农产品加工业一头连着农业和农民、一头连着工业和市民，产业关联度高，行业覆盖面广，增值潜力大，是国民经济的基础性、支柱性和战略性产业，是现代农业的重要标志，也是满足居民食物消费和安全的重要保障。我们要通过大力发展农产品加工业，引导农民按照市场和加工的需求，组织生产和经营，推进农业生产的专业化、标准化、规模化和集约化。要为农业注入科技、人才、管理、装备等要素，提升现代农业的发展水平。要延长农业产业链、就业链和效益链，促进产加销一体化经营，增强现代农业产业的整体竞争力。要适应居民收入“倍增”对消费升级的强劲拉动，增加食物花色、品种，提高食品生产技术标准和质量安全水平，满足居民食品消费格局从以温饱型为

主体向风味型、营养型、便捷型甚至功能型方向转变的新要求。

2013年要重点抓好五项工作：一是狠抓初加工环节。加大实施农产品产地初加工补助项目力度，积极争取扩大资金规模、拓展实施区域、增加补贴种类，通过强化工作指导和技术服务，加速普及科学适用的初加工设施。二是提升主食加工水平。稳步推进主食加工业提升行动，培育主食加工产业集群，建成一批技术水平高、带动力强的主食加工示范企业和主食加工产业集聚区，尽快形成一批主食精品、名品和加工业战略合作联盟，实现主食加工业规范化、标准化、现代化发展。三是加快主体培育。引导和扶持一批农产品加工企业以兼并重组、参股联合、上市融资等方式，逐步发展成为产值过百亿元的行业领军企业。四是强化科技支撑。围绕农产品加工共性关键技术环节，发挥研发体系的作用，组织开展协同作战和联合攻关，尽快解决一批技术瓶颈问题；举办成熟适用技术示范推广和科企对接活动，促进科技成果的转化应用。五是完善引导服务。加强农产品加工业监测分析与预警体系建设，加大动态监测、热点跟踪，并及时实施预警发布，引导行业健康发展。

（三）关于做好休闲农业工作

休闲农业要在美丽中国建设中做好文章。党的十八大把生态文明放在突出地位，提出建设美丽中国新要求，为加快发展休闲农业带来了巨大机遇。要从战略和全局的高度把建设美丽乡村作为美丽中国建设的重要组成部分，充分认识到美丽乡村建设的过程，既是乡村自身调整发展方式的过程，又是催生新型产业类型的过程，更是推动城乡发展一体化的过程。我们要坚定信心和决心，把休闲农业发展与生态建设相结合，牢固树立尊重自然、保护自然的生态文明理念，因地制宜，合理规划，科学开发，实现在发展中保护，在保护中利用。要把休闲农业发展与新农村建设相结合，在建设新农村中，体现新特色，培育新产业。要把休闲农业发展与农业生产布局相结合，深入挖掘农业的生产、生态及观光休闲和文化传承等功能，打造一批功能多元、环境优美、景色迷人的美丽田园。要以自然生态、田园文化、农耕文明为基础，着力创建一批主导产业突出、环境友好、文化浓郁的休闲农业优势产业带和产业群。

2013年要重点抓好四项工作：一是加强规范管理。完善休闲农业标准体系框架，加快制定标准，推进管理和服务规范化。加强调查研究，争取各方支持，制定推进休闲农业发展的政策性文件。二是抓好品牌培育。创新休闲农业示范创建工作机制，突出创建过程，规范创建标准，进一步发挥示范引领作用。启动休闲农业品牌培育试点工作，积极培育示范带动力强、在消费者中影响面广的休闲农业知名品牌。三是营造发展氛围。大力开展休闲农业宣传推介活动，深入挖掘典型，宣传特色，营造休闲农业发展的良好社会氛围。四是拓展工作领域。指导相关部门开展中国美丽田园推介活动，通过地方推荐、网民投票和专家评审，向公众推介一批特色鲜明、景色优美的农业田园景观，让更多人感受乡村田园的魅力。

三、讲求方法，真抓实干，推进各项工作再上新台阶

韩长赋部长深刻指出：“乡企工作，贵在创新”，这既是对我们工作的充分肯定和高度概括，又是做好今后各项工作的更高要求。近几年，面对农村二、三产业发展的新形势新变化，我们没有现成的路子可走，从思路到方法都进行了不断地探索和创新。乡镇企业从异军突起、二次创业到转型提升，农产品加工业工作由茫然、徘徊到稳步深入、有序拓展，休闲农业工作经历了凝聚共识到一致行动等，无一不是与时俱进、开拓创新的结果。面向未来，我们必须切实增强责任感和紧迫感，坚持行之有效的好经验、好做法，进一步强化职能，找准定位，创新思路，明确要求，不断开创工作新局面。

近年来的实践表明，我们的工作要能够实现突破，我们的事业要能够快速健康发展，我们各级主管部门要能够有所作为，必须坚持做到以下五点：

（一）围绕发展大局，着力找准切入点

这几年，我们面对职能转型调整的艰难选择，坚持从基本职能定位出发，围绕行业最急迫、最现实的问题，举全力集中突破。在农产品加工业方面，将产地初加工、主食加工业两个最薄弱、最迫切的环节和整合科研资源、建立监测预警体系、开展技术推广和对接活动三项最基础的工作作为重点，深入研究，强力推进；在休闲农业方面，围绕加强规范管理、强化公共服务、提升发展内涵的目标，制定行业规划，完善相关标准，总结发展模式，建立服务平台；在乡镇企业方面，我们转变工作定位，加强部门配合，重点放在落实国家政策、推进区域合作、提高队伍素质、引导农民创业等方面。这些新定位、新谋划、新思路，逐渐成为全系统的共识，成为农村二、三产业工作新的风向标。2013年，我们要进一步强化大局意识，坚持改革创新，找准方向，明确重点，深入推进。对已经开展的工作要进一步巩固、拓展和提升，切实做实做强；对新拓展的工作，要理清思路、大胆探索、勇于实践，以点带面促进事业新发展。

（二）围绕重点工作，着力抓好统筹设计

思路决定出路，细节决定成败。近年来行业发展的着力点明确后，为保证各项重点工作科学推进，我们努力做到重点工作方案化，实施方案规范化。产地初加工项目能够顺利实施并取得预期效果，得益于农业部、财政部制定的科学规范、可操作性强的指导意见和技术方案；发展主食加工业确立了“政府引导、企业主体、多方联动、稳步推进、务求实效”的指导思想，制定了主食加工业提升行动方案，有序启动了4个省、自治区的试点工作；休闲农业通过制定一系列重点工作的实施方案，将规范化管理和公共服务的各项工作落到实处。这些制度化的工作方案，逐渐成为全系统共同行动的纲领，成为各项工作落地生根的有效载体。今后，我们要继续把研究制订具体方案作为开展工作的重要步骤，作为检查督促、落实任务、绩效考核的依据指南。要虚心听取基层、企业和专家的意见，认真谋划工作每一个环节，精心设计每一个细节，把工作建立在科学、可行的基础上，有计划、有重点、有步骤地深入推进。

（三）围绕工作落实，着力在执行力上下功夫

工作能不能达到目标、见到效果，关键是抓好执行落实。为保证各项工作落实到位，我们坚持做到分工明确，责任落实，锲而不舍、一抓到底。在过程中，注意研究新情况，分析新问题，切实做到早预见、准判断、快行动，未雨绸缪抓落实；在行动上，依靠和调动全系统力量，发挥“一盘棋”整体工作能力，上下联动抓落实；在方法上，加强过程管理和绩效考核，在事业发展中培养干部、凝聚队伍、健全机构、拓展职能，完善机制抓落实。这些抓落实的做法和要求，逐渐成为全系统的良好作风，成为各项工作取得成效的保障。今后，要进一步强化工作责任，落实责任主体，明确工作目标、时间进度和任务要求。要结合实际抓落实，解决执行中的新情况、新问题，在落实中总结提高。要建立健全抓落实的组织、考核、激励机制，确保国家政策、重大项目、技术服务得到贯彻落实。

（四）围绕形成合力，着力整合多种资源

近年来，我们坚持“不求所有、但求所用”的原则，充分整合各方面的资源，形成了推动工作的合力，取得了事半功倍的效果。比如，将分散在农业、商业、轻工、粮食等不同系统、各自为战的研发力量予以整合，建立全国农产品加工技术研发体系，组织对产业共性关键技术联合攻关；与统计、工业、海关等部门和有关行业协会建立信息交换制度，实现对农产品加工重点行业的监测预警；与工信、人社、旅游等部门联合，在完善农村小微企业扶持政策、促进农民创业、推进休闲农业发展等方面，不断出新招、添新彩。这些社会资源整合利用的机制，逐渐成为全系统抓工作的有效方式，成为借力推进农村二、三产业发展的大平台。下一步，要着眼行业长远发展，坚持开阔思想、开阔眼界、开阔胸怀，加强部门协调配合，强化系统上下互动，充分调动各个方面的资源和力量，为事业发展打牢基础、增强后劲。

（五）着力加强学习型、创新型、服务型、务实型、和谐型系统建设

通过近几年的工作实践，我们形成了稳健、实干、创新的理念和精神。新的一年，我们要继续坚持这种理念和精神，大力加强系统建设，为推进农村二、三产业又好又快发展提供思想和作风保障。要加强学习型系统建设，坚持向基层实践学习、向农民群众学习，深入开展调查研究，了解情况，总结经验，把握规律。要加强创新型系统建设，牢固树立创新的理念，坚持解放思想、实事求是、与时俱进，从基层和群众中汲取智慧，不断创新思路、创新办法，形成有效的工作抓手和载体。要加强服务型系统建设，立足服务大局、服务基层、服务农民，充分运用系统公共服务平台，积极开展政策、技术、信息服务，把服务水平作为改进工作作风、提高工作能力、增强工作实效的重要标准。要加强务实型系统建设，坚持求真务实、真抓实干，切实做到每项工作事先有谋划、事中有落实、事后有总结，干一件成一件，把促进事业发展与人才成长结合起来，实现靠人才干事创业、靠事业成就人才。要加强和谐型系统建设，牢固树立“一盘棋”思想，团结协作，密切配合，增强系统的凝聚力和战斗力。加强宣传引导，进一步营造政策扶持、舆论关注、社会参与的良好发展环境。

做好2013年工作，任务艰巨，责任重大。我们要振奋精神，坚定信心，真抓实干，开拓创新，继续推进乡镇企业、农产品加工业、休闲农业持续稳定发展，为全面建成小康社会作出新的更大贡献。

（本文为作者于2012年12月23日在“全国乡镇企业与农产品加工业工作会议”上的讲话，略有删改）

认真做好食品安全和卫生监督工作

卫生部副部长　陈啸宏

这次会议的任务是：深入学习贯彻党的十八大精神，贯彻落实国务院关于加强食品安全工作一系列决策部署，落实全国卫生工作会议要求，总结2012年食品安全与卫生监督工作，部署2013年重点工作。

一、2012年工作总结

2012年各地以食品安全与饮用水安全等为重点，强化卫生监督协管，全面加强体系建设、能力建设、队伍建设，围绕突出公共卫生问题和群众健康权益保护，加大监督执法力度，统筹推进各项工作，取得明显成效。

（一）食品安全工作取得新进展

各地认真学习贯彻《国务院进一步加强食品安全工作决定》（以下简称《决定》）和《国家食品安全监管体系“十二五”规划》（以下简称《规划》）等重要文件，及时制订加强食品安全的具体工作计划，围绕重点任务认真履行职责、扎实开展工作。

1. 食品安全标准体系不断健全　印发《食品安全国家标准“十二五”规划》，组织对近5 000项食品标准开展清理，新公布实施食品强化剂、营养标签等117项食品安全国家标准，有序组织各地开展重点食品安全标准的跟踪评价工作。各地本着便民、高效的原则，细化服务，着力优化企业标准备案程序，积极开展食品安全地方标准和企业标准备案工作。

2. 食品安全风险监测评估工作成效显著　中央财政投入专项资金用于支持省级疾控中心风险监测能力建设试点和中西部风险监测工作。全国设置监测点1 400多个，覆盖31个省份、90%的地市和47%的区县，2012年共监测食品样品15万余份，获得监测数据97万余个；建设了8个国家食品安全风险监测参比实验室；食源性疾病监测哨点医院从465家增加到570家，初步建立食源性疾病主动监测系统。建立部门会商机制，及时通报监测结果。甘肃省及时监测报告了婴幼儿配方食品汞异常情况，避免了婴幼儿健康危害事件的发生。对社会关注的调味品、食品中铬等开展风险评估。对征集的200余个“地沟油”检测方法进行论证，推荐7种用于打击“地沟油”违法犯罪行为的初步筛查。

3. 食品安全风险交流、宣传和突发事件处置及时有效　妥善处置社会关注的热点问题，适时发布权威信息，做好舆情应对和解疑释惑。创新宣传形式，开通食品安全标准微博，设立国家食品安全风险评估中心开放日。各地组织开展食品安全进企业、进社区、进农村、进学校等主题宣传周活动。认真贯彻落实食品安全事故流行病学调查相关规范和指南，建立流行病学调查队伍和专家指导组，食品安全事故流行病学调查工作规范开展。

（二）饮用水卫生监督监测工作全面加强

2012年，将饮用水卫生监测纳入医改重大公共卫生专项，中央财政投入专项资金用于国家饮用水卫生监测工作，建立了覆盖31个省份、91%地市及46%区县的国家饮用水卫生监测网络，共设立水质监测点2.8万个，监测水样9万余个。贯彻落实《全国饮用水卫生安全保障规划》，水质检测能力逐步提高，全国具备106项水质指标检测能力的疾控机构已增至25个，一些西部省份的检测能力也接近106项。严格执行《生活饮用水卫生标准》，加大饮用水卫生监督工作力度，开展专项督导检查，监督覆盖率稳步提高。与有关部门共同处置了突发水污染事件。举办首届全国饮用水卫生宣传周活动，深入基层开展知识宣传、现场水质快速检测服务等，效果明显。

（三）各项卫生监督工作取得显著成效

在放射卫生方面，扩大医用辐射防护监测试点、放射性职业病监测哨点工作，积极探索建立食品和饮用水放射性监测网，重点开展乡镇卫生院放射防护督导检查。在学校卫生方面，强化学校卫生监督工作，启动中小学校监督监测试点工作，建立学校卫生监督监测网。在医疗服务监督方面，加强对医疗卫生机构的监督检查，以医疗废物处置、传染病疫情报告、消毒隔离为重点，加大传染病防治监督检查力度，严厉打击无证行医和非法采供血，及时查处各类投诉举报案件。根据全国卫生监督信息报告系统统计，2012年共对供水单位、公共场所、学校、医疗卫生机构开展监督检查近315万户次，依法查处各类案件5.1万件，罚款总金额近1亿元。抽检消毒和涉水产品近

3 000个，合格率87%；共检查餐饮具集中消毒服务单位4 500个，抽检餐饮具4.8万多套，合格率95%。

在刚刚结束的2013年全国卫生工作会上，湖北省卫生监督局及江苏省无锡市和泰州市、广东省中山市、重庆市北碚区、河南省周口市郸城区等6个卫生监督机构，湖南钟磊石、甘肃张浩、广西韦志光等12名卫生监督工作人员分别获得“全国卫生系统先进集体”和“先进工作者”称号，疾控系统的33名个人和18个集体也受到了表彰。卫生部食品与监督局传染病与学校卫生监督处荣获国务院“全国‘两基’（基本普及九年义务教育、基本扫除青壮年文盲）工作先进单位”。这些荣誉是对全国食品安全与卫生监督工作的充分肯定，是各级卫生行政部门和监督机构、疾控机构、职防机构共同努力的结果。

二、2013年重点工作

在肯定成绩的同时，我们也要清醒地看到面临的形势和存在的不足。当前，食品安全和饮用水安全形势依然严峻，突发事件时有发生，社会各界始终高度关注，要求我们不断改进工作作风，不断提高工作能力和水平。同时，我们的工作基础还比较薄弱，一些本底情况还不清楚，体制机制不完善，人员素质、数量和能力不足，经费保障不到位等严重制约工作的推进，导致有些工作落实不够有力，与党中央、国务院的要求和人民群众的期望还有相当的差距。

2013年是全面贯彻落实党的十八大精神的开局之年，是实施“十二五”规划承前启后的关键之年。2013年工作总体思路是：全面贯彻落实党的十八大精神，认真组织实施“十二五”规划，全力落实医改各项工作任务，转变工作作风，加强能力建设，强化监督执法，真抓实干，努力开创食品安全与卫生监督工作的新局面。卫生部已经下发了2013年工作要点，我再强调一下几项重点工作。

（一）继续推进食品安全工作

按照《国务院进一步加强食品安全工作决定》和《国家食品安全监管体系“十二五”规划》要求，落实国务院食品安全委员会第五次全体会议精神，明确工作任务和时间安排，确保完成今年工作任务。

1. 抓好2013年国家食品安全风险监测计划的组织实施 2013年是全面开展食品安全风险监测工作的第4年，各地已经积累了一些工作经验，要在以往工作基础上，进一步扩大监测覆盖面，提高工作质量和效率。省级卫生行政部门要按照统一制定方案、统一组织实施、统一汇总分析、统一报告结果“四个统一”的要求，认真开展监测工作。要加强监测质量控制工作，组织开展有针对性的培训，改进以往存在的不足和问题，不断提高监测工作水平。

2. 如期完成食品安全标准清理任务 全面落实食品安全标准清理方案，2013年底前完成现行近5 000项食品标准的清理工作任务，基本形成食品安全标准体系框架。各地要进一步规范食品安全地方标准制定和企业标准备案管理工作，加强食品安全标准宣贯培训，引导社会各界和食品企业准确理解和执行标准，推进《食品中污染物限量》等重点标准的贯彻实施，有序开展食品安全标准跟踪评价，及时反馈标准实施情况。

3. 规范食源性疾病相关工作 各级卫生行政部门要按照《关于进一步加强食源性疾病相关工作的通知》要求，组织管理好辖区内食源性疾病监测报告工作。督促各级各类医疗机构建立食源性疾病病例信息报告工作制度，督促疾病预防控制机构进一步做好食源性疾病监测报告管理和流行病学调查工作。要组织开展食品安全风险交流工作，进一步加大宣传力度，向社会公众普及食源性疾病的预防知识。

食品安全工作涉及面广，专业性强，技术要求高，中国疾病预防控制中心、卫生部卫生监督中心、国家食品安全风险评估中心要加强协调配合和信息沟通，按照各自的任务共同做好对地方工作的技术指导和督促检查。

（二）切实加强卫生监督工作

1. 推动生活饮用水、公共场所监督监测工作 一是继续加大生活饮用水卫生监督监测工作力度。按照2013年饮用水卫生监督监测工作方案的要求，进一步扩大监测网络覆盖面，没达到检测能力要求的，各地要统筹安排，确保监测任务保质保量完成。开展学校饮用水和二次供水专项整治，摸清千吨以上集中式供水单位基本情况。继续开展饮用水卫生宣传周活动，重点面向农村，让农村居民也有安全饮水意识和知识。二是严格执行公共场所集中空调通风系统卫生规范，开展专项监督检查，不断提高监督覆盖率。选择部分重点城市开展公共场所PM2.5监测试点工作，为完善室内空气卫生标准提供科学依据。

2. 加强职业卫生、放射卫生监督管理 一是深入贯彻落实《职业病防治法》和《国家职业病防治规划（2009—2015年）》。做好职业病诊断与鉴定、职业健康检查等配套规章的宣贯、培训工作，规范职业病诊断与鉴定、职业健康检查工作，加大监管力度，严厉查处违法行为；认真做好职业病报告和职业病防治情况统计，开展重点职业病监测和职业健康风险评估工作；加强职业病防治机构能力建设，提高职业病

诊断与职业健康检查机构的覆盖率；加大职业病防治宣传力度，开展职业人群健康促进工作。二是继续推进医用辐射防护监测和放射性职业病监测哨点工作，进一步加强医疗机构放射诊疗防护和放射卫生技术服务机构的监管。

3. 全面履行传染病防治、学校卫生及医疗服务监督职责　一是以医疗废物管理、传染病疫情报告和疫情控制措施落实情况为重点，加强对医疗卫生机构传染病防治工作的监督检查。二是落实《学校卫生监督工作规范》，以中小学校为重心、以教学环境卫生为重点，全面开展学校卫生监督工作，提高现场检测能力，进一步加强学校卫生监督队伍建设。继续推进中小学校卫生监督监测试点工作，积极探索完善学校卫生监督工作机制和方法。三是加强对医疗机构和采供血机构的日常监督检查，严厉打击非法行医和非法采供血行为。配合开展辅助生殖专项整治等活动，严肃查处非法采供血等大要案，严厉打击社会面的无证行医。认真分析无证行医存在的深层次原因，研究其规律性，加强许可、日常管理和监督执法的衔接配合，建立健全与公安等部门沟通协调工作机制。

（三）扎实推进能力建设，提升监管和服务水平

1. 深入开展卫生监督协管服务，巩固卫生监督体系建设的成果　要研究卫生监督协管的管理体制、激励机制等，不断规范运行机制，完善制度建设，全面加强人员管理和培训，扩大覆盖率，力争达到90%以上。各地要加大对县级卫生监督机构建设、执法装备配备等医改项目的监督检查，力争2013年底前基本完成项目工作。加强卫生监督信息化建设，提高信息报告质量，推进卫生监督执法手持终端试点。

2. 加强队伍管理与培训，规范卫生执法行为　按照全国卫生监督员培训规划有关要求，全面落实首席卫生监督员、卫生监督紧缺人才以及基层复合型人才等培养工作，加强卫生监督培训工作的规范管理。以规范执法文书为抓手，进一步规范执法行为，提升执法水平。探索队伍管理激励措施，根据各地申报情况，确定首批卫生监督机构，开展卫生监督员职位分级管理制度试点。职位分级管理是我们探索建立一支重要的队伍管理政策，各地要按试点通知要求认真抓好组织实施。

3. 继续提高技术支撑机构的工作能力　食品安全与卫生监督工作需要强有力的技术支持，各级疾病预防控制机构和职防机构承担卫生监督相关公共卫生的技术工作，责任重大，一定要充分认识做好专业技术工作的重要性和紧迫性，要进一步提升技术支撑机构的能力。各地要按照“十二五”规划的有关要求，积极向地方政府汇报，加强与相关部门沟通，建立完善相关公共卫生领域的保障机制，加大投入，健全队伍，提高各级食品安全与卫生监督技术支撑的能力与水平。

党的十八大报告提出2020年全面建成小康社会的宏伟蓝图。各地要加强学习，把思想认识统一到党的十八大精神上来，以对人民群众高度负责的态度，振奋精神，坚定信心，锐意进取，全面落实2013年各项工作，努力开创食品安全与卫生监督工作的新局面！

（本文为作者于2013年1月30日在“全国卫生系统食品安全与卫生监督工作会议”上的讲话，略有删改）

保质量　惠民生
促进乳制品行业持续健康发展

工业和信息化部总工程师　朱宏任

乳制品行业与广大人民群众的生活息息相关，是重要的民生产业。最近两年，在党中央、国务院高度重视和直接指导下，在有关部门、地方政府、行业协会和众多企业的共同参与下，我国乳制品的质量安全总体状况有了明显改善，产业素质有了持续提升。2012年，全国乳制品总产量2 545万t，比上年增长8.1%。2013年1～7月，乳制品产量1 524万t，比上年同期增长10.4%。乳制品行业已成为我国消费品领域发展最快的行业之一，整个行业呈现出稳中向好的发展态势。与此同时，我们也要清醒地认识到，随着我国经济发展和民生改善，人民群众对于乳品消费数量和质量的要求也在不断增长，与此相比，我国乳制品行业发展还存在不少差距和不足，突出表现在：一是粗放型增长方式尚未根本转变，行业结构偏散、偏小、偏弱；二是企业现代化管理和基本制度建设等方面还参差不齐，一些企业管理水平偏低，质量安全基础不稳；三是部分企业诚信建设滞后，个别企业违法违规的行为还时有发生。这些问题若不及时纠正，必将严重损害人民群众利益，败坏行业声誉，影响社会消费信心。

党中央和国务院对乳制品行业的发展十分重视。2013 年 5 月 31 日，李克强总理专门主持国务院常务会议，研究部署进一步加强婴幼儿配方乳粉质量安全工作。会议指出，婴幼儿配方乳粉的质量安全，既是重大民生问题，也是重大的经济社会问题。要把提升婴幼儿配方乳粉质量安全水平作为突破口，把优质国产品牌树起来，把消费者的信心提起来。6 月 6 日，汪洋副总理主持召开专题会，落实国务院常务会议精神，要求工业和信息化部会同相关部门提出婴幼儿配方乳粉行业企业兼并重组方案。9 月 11 日，张高丽副总理在国务院食品安全委员会第一次全体会议强调，乳制品行业要提升产业整体素质，完善扶优汰劣的产业政策，实施大企业带动战略，大力培育龙头企业、品牌企业，提高产业集中度，加快兼并重组步伐，确保乳品质量安全。这是党中央对促进乳制品行业发展做出的重大部署和明确要求，我们一定要认真领会，抓好贯彻落实。今后一个时期，全行业要继续坚持把“保质量、惠民生、促发展”作为核心任务，以推动行业的长远、健康、有序和可持续发展为目标，在以下 6 个方面抓好乳制品行业的工作。

1. *着力把握机遇和挑战，保障行业健康发展*　当前，我国乳制品工业发展的基础、环境和要求都发生了重大变化，乳制品行业迎来了新的发展机遇，也面临着新的挑战。从消费市场看，目前国内人均乳制品消费量不到世界平均水平的 1/3，乳品消费需求增长空间巨大，但国产自主品牌竞争力弱，高端市场有效供给仍显不足；从社会需求看，人民群众由对乳制品的数量需求向安全、健康和营养的质量需求转变；从生产水平看，我国乳制品行业的技术装备水平已经有了大幅度提升，但科技研发力量和水平与先进国家相比仍有较大差距；从技术进步看，质量管理规范不断健全，质量标准体系日趋完善，检测能力建设持续加强，新技术新装备广泛应用，但管理规范的前瞻性和科学性，技术标准的合理性和适用性等仍有待进一步提高；另外，国务院出台了一系列政策与措施来推动乳制品行业健康发展，在加大整治和监管力度的同时，扶持政策覆盖面也在不断扩大。面对新的形势和环境，各地行业主管部门、行业协会和乳制品企业要科学认识和把握当前及未来我国乳制品工业发展面临的诸多机遇和挑战，认真贯彻国务院的系列部署，全面落实乳制品有关政策措施，顺应市场经济的规律准则，努力保持乳制品行业平稳健康发展。

2. *着力增强责任意识，保障产品质量安全*　质量是生命，安全是前提，保证乳制品的质量安全是实现乳制品行业持续健康发展的首要任务，也是乳制品生产企业、各级政府和行业组织的共同责任。尤其是婴幼儿配方乳粉的质量安全，事关婴幼儿的身体健康和老百姓的家庭幸福，事关全社会的稳定与和谐，事关祖国和民族的未来。我们要从思想上充分认识做好乳制品尤其是婴幼儿配方乳粉质量安全工作的高度重要性，进一步增强责任感和紧迫感。各地工业和信息化主管部门、有关行业组织和乳制品生产企业要认真贯彻落实党中央、国务院的部署和要求，按照《国务院办公厅转发食品药品监督管理总局等部门关于进一步加强婴幼儿配方乳粉质量安全工作的意见》以及工业和信息化部婴幼儿配方乳粉“双提”行动方案等任务和措施要求，着力提高自有可控奶源比例，加快生产技术装备改造升级，积极推行良好操作规范(GMP)，切实提升质量安全水平。要通过真抓实干，生产出让社会大众买得放心、吃得安心的乳制品，用良好的产品赢得社会的信任。

3. *着力夯实发展基础，保障提升整体素质*　推动乳制品产业的规模化、集约化和标准化，是提升产业整体素质的必由之路，也是实现乳品质量安全长治久安的重要保障。在已有工作的基础上，一要认真贯彻执行乳制品工业产业政策，抓紧完成对 2011 年以来新建和改（扩）建的婴幼儿配方乳粉企业（项目）审核清理工作，坚决淘汰不达标的企业（项目），完善婴幼儿配方乳粉行业退出制度。二要围绕改进管理、提高素质，继续完善标准体系建设，推动实施以《食品安全国家标准　粉状婴幼儿配方食品良好生产规范》(GMP) 为主要内容的企业技术改造，努力加强企业检测能力建设。三要大力发展奶源生产基地，鼓励乳制品企业通过自建、参建规模化奶牛场、奶牛养殖小区，加强自有奶源基地建设，大力提高企业稳定可控奶源的比例，实现奶源基地建设和乳制品加工业协调发展。四要加快推动婴幼儿配方乳粉企业质量安全信息追溯体系建设。在试点基础上尽快实现婴幼儿配方乳粉行业企业 100％纳入追溯体系。五要支持企业加强研发和创新投入，开展生产工艺、共性关键技术攻关，实现产品差异化发展。六要支持条件成熟的企业整合品牌资源，创建知名品牌，加快培育有影响力的国产婴幼儿配方乳粉品牌。

4. *着力推动兼并重组，保障优化产业结构*　乳制品行业企业特别是婴幼儿配方乳粉行业企业开展兼并重组是推动乳制品行业转变发展方式、优化产业结构和转型升级的重要途径。要以提升行业内在质量为目标，通过严格行业准入条件和实施GMP改造，促进生产要素向重点区域和优势企业集中，加快培育一批具有自主品牌和较强国际竞争力的大型乳制品企业集团。具体来讲，主要将从以下几个方面展开工作：一是坚持以“企业主体、市场机制、政府引导”的方式开展企业兼并重组，依法依规、统筹协调、综合施策、确保稳定；二是结合行业实际，以资产、品牌和奶源为纽带，鼓励大型骨干企业实施强强联合、兼并改造提升中小企业，支持具有品牌、技术、特色资源和管理优势的中小企业开展并购和组建产业联盟，推动有实力的企业和境外上市企业实施“走出去”战略；三是通过完善产业政策、修订准入标准，开展审核清理、规范投资行为，严格许可审核、规范生产秩序，实施达标改造、提升发展潜力，加强奶源建设、夯实安全基础，保护合法权益、促进和谐稳定等措施，创造公平竞争环境、促进行业平稳有序发展；四是通过产业转移来促进东中西部协调发展，加快淘汰落后产能，健全产业退出机制；五是鼓励企业因地制宜，发展适合不同消费者需求的特色乳制品和功能性产品，优化产品价值链，培育群众信任、消费者满意、市场认可的知名品牌，不断满足广大人民群众对乳制品消费多样化的需求。

5. *着力推进诚信建设，保障机制长效运行* 生产企业是保障乳制品质量安全的第一责任人。坚持推进企业诚信体系建设，是落实企业主体责任的具体体现，也是构建乳制品质量安全长效机制的重要举措。这方面，近年来我们已经做了大量工作，并取得了明显成效。接下来，一是要继续在乳制品行业大力贯彻实施《食品安全法》及其实施条例，增强企业责任意识，完善企业制度建设，督促企业完善内部质量控制和质量可追溯体系。二是要继续加快指导企业建立和完善诚信管理体系，推动实施新版HACCP和GMP管理，切实推进规模以上企业全部建立诚信管理体系。要对所有建立诚信管理体系的婴幼儿配方乳粉企业的诚信管理建设工作实施情况再次展开审核评价，确保企业100%建立并运行诚信管理体系。三是要充分利用现代网络信息技术，进一步加强诚信平台建设，并充分发挥舆论宣传和社会监督的作用，推动建立更有力的协同联动机制，加快形成政府指导推动、协会组织引导、企业积极参与、社会有效监督的诚信体系运行机制。四是要积极配合有关部门研究建立企业“黑名单”制度，实施分类监管、失信曝光和市场退出机制，加大失信惩戒力度。

6. *着力发挥协会作用，保障行业自律自强* 行业协会是政府部门实施行业管理的重要支撑和桥梁纽带，在推动和协调行业发展，提高行业整体竞争力方面发挥着不可替代的重要作用。行业协会要积极组织企业开展以质量承诺为主要内容的自律活动，引导企业自觉承诺并履行质量责任，自觉接受社会监督，树立“诚实守信，质量第一，有责必负”的行业新风。要积极开展有关行业发展的前瞻性和战略性研究，主动协助并参与乳品及相关标准的制（修）订工作，充分发挥咨询服务、反映诉求、规范发展、国际交流等方面的作用。要加强和媒体的互动，让消费者和全社会增加对乳制品的科学认识和对乳制品行业的全面了解，为不断发展的中国乳制品行业鼓劲加油。

保障乳制品质量安全，促进乳制品行业发展，是惠及广大人民群众福祉的大事，使命光荣，责任重大。让我们以对国家、对人民高度负责的态度，紧紧抓住难得的发展机遇，积极应对面临的各种挑战，齐心协力，持之以恒，为不断提升乳制品质量安全水平，促进我国乳制品行业持续健康发展作出新的贡献！

（本文为作者于2013年9月14日在“中国乳制品工业协会第十九次年会”上的讲话，略有删改）

推广秸秆养畜模式　促进牛羊产业发展

农业部副部长　于康震

这次召开“全国畜禽标准化规模养殖暨秸秆养畜现场会”，主要任务是：全面总结全国畜禽标准化规模养殖和秸秆养畜工作取得的成效，进一步剖析存在的主要问题，部署下一阶段的重点工作。目前，全国牛羊肉消费需求快速增长，价格持续上涨，特别是部分民族地区市场供应偏紧，必须下大力气推进肉牛、肉羊标准化规模养殖，确保牛羊肉基本自给。牛羊养殖消耗大量饲草料，开发利用农作物秸秆，推广秸秆养畜模式，是基于我国资源特点的现实选择。下面，我讲两方面的意见。

一、坚定不移推进畜禽标准化规模养殖

党的十八大报告明确提出，要加快发展现代农业，增强农业综合生产能力，确保国家粮食安全和重要农产品有效供给。畜牧业要在现代农业建设进程中，率先实现现代化。实现畜产品有效供给的目标，必须以转变发展方式为主线，大力推进畜禽标准化规模养殖。近年来，各级畜牧兽医部门围绕畜牧业发展“保供给、保安全、保生态”三大目标任务，把发展规模养殖作为加快传统畜牧业向现代畜牧业转变的一项重点工作，畜禽标准化规模养殖迎来了难得的发展黄金期，呈现出强劲的发展势头，取得了显著成效。

（一）在保供给、保安全、保生态方面成效显著

1. 在保供给方面，带动了生产稳步增长　在散养户加快退出的情况下，规模养殖快速发展，成为保障畜产品供给的重要支撑力量。2012 年，全国年出栏 500 头以上的生猪规模化比重达 38.4%，比 2007 年提高 16.6 个百分点；存栏 2 000 只以上的蛋鸡规模化比重达 65.5%，比 2007 年提高了 17.6 个百分点；存栏 100 头以上的奶牛规模化比重达 37.3%，比 2007 年提高了 20.9 个百分点。2012 年，全国肉、蛋、奶产量分别为 8 387 万 t、2 135 万 t 和 3 869 万 t，同比增长 5.4%、1.8%和 1.5%。与此同时，规模养殖的良种化水平、饲料转化效率、饲养管理水平等有较大幅度提高。

2. 在保安全方面，为从源头控制畜产品质量安全提供了可能　规模养殖场对养殖全过程监控的水平不断提高，投入品合理使用、生产管理更加规范，有力地保障了畜产品质量安全水平的提高。2012 年，畜产品抽检合格率达 99.97%。2013 年上半年，畜产品抽检合格率达 99.98%。全国经认证的无公害畜产品 10 279 个，比 2007 年增加 6 000 多个；无公害畜产品产量近 2 400 万 t，同比增长了 69.5%。

3. 在保生态方面，促进了畜牧业与草原生态的协调发展　草原牧区以实施草原生态奖补政策为基础，通过实施禁牧、休牧、轮牧和草畜平衡，支持饲草料基地和棚圈建设，大力发展家庭牧场等多种形式的标准化规模养殖，草原畜牧业转型升级步伐加快，基本实现了禁牧不禁养、减畜不减收的目标任务。2012 年，8 个牧区省份牛羊肉产量为 415.4 万 t，同比增长 3.2%；全国草原综合植被覆盖度达 53.8%，同比增加近 3 个百分点。

（二）规模养殖基本经验

纵观这几年发展，有三方面经验值得认真总结。

1. 坚持遵循自然规律和经济规律　紧紧抓住统筹城乡发展和全面建设小康社会的机遇期，合理有效配置畜牧业生产要素，着力培育优势畜产品和优势产区，为畜禽标准化规模养殖发展搭建广阔平台。

2. 坚持政策扶持和社会投入相结合　近 5 年中央扶持资金共 135 亿元，2013 年 3 月底金融机构对畜牧业贷款余额达 3 000 多亿元，建设了一批畜禽标准化规模养殖场（小区），增强了畜牧业综合生产能力。

3. 坚持中央政府和地方政府共同推动　农业部印发工作指导意见，连续 5 年组织召开现场会，部省联动开展标准化示范创建活动，共创建国家级标准化示范场 3 178 个、省级示范场近 10 000 个，营造了坚持不懈推进畜禽标准化规模养殖的良好氛围，充分发挥了中央和地方两个积极性。

（三）存在的主要差距

当前标准化规模养殖推进力度较大，规模化水平提高较快，但固定投资较大，成本回收较慢，风险相对较高，新建养殖场用地瓶颈的制约进一步加大，中等规模养殖场户贷款问题难破题，规模养殖水平与建设现代畜牧业的要求相比，仍有着相当大的差距。

1. 畜种间发展不平衡，肉牛、肉羊规模化水平明显滞后　蛋鸡和肉鸡已基本实现了规模化，生猪和奶牛规模化进程推进较快。相比之下，肉牛、肉羊饲养周期长、比较效益低，各级政府政策支持力度总体偏弱，肉牛、肉羊标准化规模养殖仍处于起步阶段，基础母牛更是以千家万户散养为主，已成为制约肉牛、肉羊产业持续健康发展的重要因素。

2. 硬件与软件不同步，精细化管理方面存在较大差距　我国大规模养殖企业普遍采用了自动喂料、自动饮水等设备，中小规模养殖场户的圈舍标准可基本满足实际需求，但精细化管理方面明显不足，部分规模养殖场片面认为装备现代化，就是生产标准化，在设备设施更新改造上不惜血本，而生产过程疏于管理，不按标准化生产，导致生产水平和养殖效益上不去。

3. 生产与生态不协调，畜禽养殖污染问题越来越突出　畜禽养殖污染问题社会关注度日益提高，畜禽粪污处理已纳入地方政府减排目标考核管理。虽然目前已探索出了不少粪污处理模式，但总体来看，从根本上解决环保问题而又适合大范围推广的治污措施仍然少之又少。有的地方为完成减排任务，强行要求养殖场搬迁，把问题和矛盾简单化处理。

4. 生产与市场不对接，养殖风险防控机制不健全　畜产品生产、加工、销售各环节利益分配不均衡，风险最大的养殖环节平均利润率较低，产加销一体化的发展模式尚未全面建立。从 2013 年 H7N9 流感疫情对家禽业的影响来看，作为大型养殖加工企业

的订单客户或生产基地，尽管大企业损失惨重，但养殖场户的利益基本得到了保证，而自产自销的养殖场户损失较大，至今不敢甚至没有能力再补栏。此外，当前畜禽养殖业政策性保险还不健全，银行贷款抵押担保范围受限，“公司＋农户”模式下企业破产引发一系列问题，亟待建立养殖业风险分担机制。

（四）为率先实现畜牧业现代化的目标任务提供有力保障

深入推进畜禽标准化规模养殖机遇与挑战并存。当前和今后一个时期，发展畜禽标准化规模养殖的思路是：以加快建设现代畜牧业为根本要求，以市场为导向，以政策扶持为引导，以示范创建为抓手，以破解难点问题为突破口，以狠抓重点环节为着力点，按照“畜禽良种化、养殖设施化、生产规范化、防疫制度化、粪污无害化”的要求，围绕主导畜种，突出肉牛、肉羊，强化关键技术研发推广，注重示范带动，全面推进畜牧业规模化、标准化、产业化同步协调发展，为率先实现畜牧业现代化的目标任务提供有力保障。

1. 以良种繁育推广为根本，不断提高良种化水平 良种是标准化规模养殖发展的物质基础和先决条件。要认真实施生猪、奶牛、肉牛和蛋鸡遗传改良计划，组织开展生产性能测定等基础性育种工作，稳步提高我国自主育种水平。支持种畜禽场，特别是肉牛、肉羊种畜场基础设施建设，提升良种供应能力。认真落实畜牧良种补贴项目，进一步完善肉牛等基层品种改良技术服务体系，提高优质种畜利用率，加快品种改良进程。要重点扶持母牛、母羊良种繁育，积极争取地方政策扶持，引导鼓励大型屠宰加工企业建立母畜养殖基地，现有扶持政策优先支持饲养基础母畜的规模养殖场户，努力遏制基础母畜存栏连续下滑的势头。

2. 以项目建设为抓手，进一步提高设施化水平 近年来，中央和地方支持规模养殖的资金不断加大，各地务必要认真规划，有的放矢，避免重复建设，突出圈舍改造、关键饲养设备、粪污处理等重点环节，通过集中建设一批标准化规模养殖场，不断提升养殖机械化自动化装备水平。当前，各地要按照项目建设的要求，不折不扣地落实好中央支持规模养殖发展的各项扶持政策，确保工作进度，确保建设成效，使项目尽快发挥政策效应。

3. 以示范创建为载体，切实发挥示范带动效应 畜禽养殖标准化示范创建活动已成为全行业推进畜禽标准化规模养殖的重要抓手，国家级标准化示范场也已成为标准化规模养殖的一面旗帜。要着力宣传典型、推广典型，把成熟的技术、成功的经验辐射到规模养殖发展的实践中。要在推广饲养模式上下功夫，通过组织地区间互查、互学、互动活动，把基层因地制宜总结出的各种类型的适度规模养殖模式介绍给广大养殖场户；要在推广标准化生产技术上下功夫，重点指导养殖场户科学应用高效适用的关键技术和创新技术；要在推广高效适用粪污处理方法上下功夫，努力做到投入运行成本能为养殖场户接受，处理效果得到社会普遍认可；要在加强示范场监管上下工夫，按照《农业部标准化示范场管理办法》要求，组织开展回头看等活动，对示范场进行动态监管，对不符合要求的示范场要及时清理，坚决摘牌。同时，要探索建立示范场管理运行长效机制，保证创建效果不降低，带动作用不减弱。

4. 以肉牛、肉羊为重点，增强牛羊肉市场供给能力 《全国牛羊肉生产发展规划》可望于近期出台，各地要提前谋划，进一步明确牛羊生产发展的思路和措施。要坚持因地制宜、分类指导，结合区域特点和资源禀赋，科学规划规模养殖结构和布局，总结推广不同地区不同饲养阶段肉牛、肉羊饲养模式。农区要注重发展肉牛、肉羊标准化规模养殖场，着力提高母畜繁殖性能，大力开展牛羊杂交配套生产模式，提高经济效益和养殖积极性；牧区要注重发展现代家庭牧场和农民专业合作社，深入研究推广牛羊舍饲综合配套技术，优化配置草地资源与牛羊存栏规模，推广适度规模经营。不同地区之间可以相互配合，推广牧区繁育、农区育肥的模式，培育壮大以肉牛、肉羊为主导的产业化龙头企业，切实发挥龙头企业对产业链的带动作用。

5. 以破解难题为突破口，增强标准化规模养殖发展后劲 用地难、贷款难、粪污处理难是近一个时期以来畜禽标准化规模养殖发展面临的“老大难”问题。落实“菜篮子”市长负责制，保障畜产品市场有效供给，责任在地方。解决用地难、贷款难问题关键还是要依靠地方政府。目前，我部“稳定发展‘菜篮子’产品生产”延伸绩效考核已经在部分省份进行试点，各地畜牧兽医部门要以此为契机，积极争取当地国土、金融等有关部门支持，创新工作思路，可借鉴吉林省标准化规模养殖场确权登记管理的做法，推动解决用地和贷款难题。农业部也将继续深化与金融部门的沟通协作，力争推动银行业加大对畜牧业的信贷支持。畜禽粪污处理问题，需要强调的是《畜禽养殖污染防治条例》即将出台，希望各地畜牧兽医部门要高度重视，加强与相关部门沟通，积极争取地方各级政府支持，积极推行农牧结合、循环农业等养殖模式，加强对畜禽废弃物综合利用行业指导与服务，在发展中解决畜禽养殖污染问题，不能简单的一禁了之，避

免因环境治理对畜禽规模养殖发展造成大的冲击。

二、大力推进秸秆养畜，促进牛羊产业发展

我国人均耕地资源短缺，种草养畜条件有限，但秸秆资源丰富，适合草食动物消化利用。20 世纪 90 年代初，中央从促进资源综合利用、保障畜产品供给、节约粮食资源、保护生态环境的大局出发，作出大力推进秸秆养畜的战略决策。各级畜牧部门以提高秸秆饲用量、改善秸秆饲用品质为核心，20 年来坚持常抓不懈，不断创新工作思路，取得了显著成绩。

（一）秸秆养畜解决了饲草料不足的问题，有力支撑了牛羊养殖业发展

发展牛羊养殖，饲草料至关重要。2012 年是近年来草原植被生长最好的年份，天然鲜草产量 10.5 亿 t，折合干草 3.24 亿 t，再加上 7 800 万 t 人工草产品，载畜能力约 4 亿羊单位，与全国 9 亿羊单位的草食家畜存栏相比，缺口超过 50%。秸秆养畜工作开展以来，国家农业综合开发资金累计支持 918 个县开展秸秆养畜示范，在粮食主产区形成了连片示范带。年秸秆饲用总量达到 2.2 亿 t，其中经过青贮、氨化微贮加工处理的比例达 48%，有力支撑了农区牛羊养殖业发展。2012 年，全国牛羊肉产量为 1 063.6 万 t，是 1992 年的 3.5 倍；占肉类总产量的 12.7%，比 1992 年提高 3.8 个百分点；奶产量为 3 868.6 万 t，是 1992 年的 6.9 倍。13 个粮食主产省、自治区牛羊肉产量为 745.6 万 t，占全国总产量的 70.1%，比 1992 年提高 4.1 个百分点；牛奶产量为 2 908 万 t，占全国总产量的 77.7%，比 1992 年提高 20.5 个百分点。

（二）秸秆养畜减少了饲料粮消耗，有效缓解了粮食安全供给压力

在养殖业刚性增长和加速转型的推动下，我国配合饲料消耗量持续增长，2012 年已超过 3 亿 t，玉米等能量饲料供应趋紧，优质蛋白质饲料原料主要依靠进口。未来粮食安全问题的核心是饲料粮，粮食消费增量大头在饲料，压力也主要在饲料。农作物生产过程中一半以上的能量积累在秸秆中，牛羊等草食动物能够有效利用。全国饲用的 2.2 亿 t 秸秆，按对牛羊的营养价值折算，相当于 6 000 万 t 饲料粮。2012 年，全国反刍动物饲料产量为 775 万 t，仅占工业饲料总产量的 4%，而牛羊肉占肉类总产的比例接近 13%，再加上 3 800 多万 t 奶，节粮效果显而易见。

（三）秸秆养畜实现了变废为宝，同步提升了经济和生态效益

秸秆逐年再生，数量庞大，用则为宝，弃则成害。我国每年秸秆产量约 8 亿 t，秸秆养畜利用的比例达 28%。从经济效益看，普通秸秆按每吨收购价格 400 元计算，每年增加农业产值 1 000 亿元。再加上牛羊养殖增收，总体效益超过 1 500 亿元。秸秆养畜还是种养结合的有效途径，每年提供相当于 1 400 万 t 标准化肥的优质有机肥，为农业可持续发展创造了基础条件。从生态效益看，每年农作物倒茬时期，地方政府都要投入大量人财物制止秸秆焚烧。2.2 亿 t饲用的秸秆如果直接焚烧，将排放 3.6 亿 t 二氧化碳，造成严重的环境污染。在很多大城市郊区和机场、交通干道周边地区，通过大力发展秸秆养畜，很好地解决了秸秆集中焚烧问题。秸秆养畜促进农区牛羊养殖业稳定发展，增加牛羊肉和奶类供给，还为国家实施草原生态保护战略创造了条件。

回顾秸秆养畜工作历程，成绩来之不易，经验弥足珍贵。中央作出以秸秆为基础饲料在农区发展牛羊养殖的战略决策，综合考虑了市场、资源和环境因素，统筹兼顾了经济、社会和生态效益，得到了广大农民群众的衷心拥护和积极参与，这是秸秆养畜工作不断取得成绩的前提和基础。中央财政连续 20 年支持开展试点示范，各地因地制宜出台扶持政策，支持牛羊养殖场户建设秸秆贮存设施，购置加工处理设备，为秸秆养畜工作提供了强有力的政策保障。各级畜牧部门深入基层抓技术推广和指导服务，积极探索适合不同地区、不同主体的发展模式，及时总结推广专业化贮存、工业化加工、种植养殖循环等新型模式，使秸秆养畜工作紧跟现代农业发展步伐，在创新中不断激发出新的活力。这些经验概括起来为：决策科学，措施有力，群众欢迎。

当前，我国正处于全面建成小康社会的决定性阶段，畜产品稳数量、调结构、提质量的任务十分繁重，秸秆养畜工作面临新的机遇、新的任务。从市场层面看，2000—2011 年，人均牛羊肉购买量增长 53.2%，是所有肉类中增长最快的，比猪肉增幅高 32 个百分点，同期牛羊肉产量仅增长了 33.9%。由于消费增长快，生产发展慢，供求关系趋紧，全国牛羊肉价格已连续 12 年上涨，近两年呈加速上涨态势，市场机制对牛羊养殖的拉动效应在不断增强。从政策层面看，中央高度重视牛羊肉供求关系趋紧的问题，国家发展和改革委员会牵头起草的《全国牛羊肉生产发展规划（2013—2020 年）》已上报国务院。今后一段时期，努力增强牛羊肉综合生产能力将成为畜牧业保供给的一项重点任务，国家政策和资金对牛羊肉的扶持力度将进一步加大。在最近的农业部党组会议上，韩长赋部长部署了下半年的 21 项重点工作，牛羊肉生产成为位列粮食生产之后的第二项重点工作。

一句话，牛羊肉产业的发展必将为秸秆养畜提供更为广阔的发展空间。

我国粮食连续 9 年增产，全国秸秆总产量已达 8 亿 t，大量资源尚未有效利用。已经饲用的秸秆中，还有一半未经处理粗放使用，效率不高。我们要充分认识到，秸秆养畜联结着种养两个产业，随着生产方式的转变和生产结构的调整，秸秆养畜工作出现了新情况、新动向和新要求，还有一些问题亟待解决。一是加工处理条件落后。秸秆收贮仍主要依靠小型农机，时间长、效率低、成本高，不适合集约化规模作业。青贮池等贮存设施体量小，布局散，不适应标准化规模养殖需要；一些设施设备超期使用，需要及时更换。二是技术集成配套不够。青贮、氨化等传统技术相对成熟，气爆、裹包、压块、制粒等新型加工技术应用不足。全混合型日粮发展滞后，以秸秆为单一粗饲料的低水平养殖较多，与其他饲料组合利用不足。三是市场化发展不足。农区家家养牛、户户养羊的传统模式加速解体，秸秆自产自用的比例不断降低，而专业化青贮、工业化加工等市场化利用模式处于起步阶段，没有充分发展。四是产业化发展不足。上游专用青贮玉米种植和秸秆收集服务滞后，下游粪污能源化和肥料化利用不足，以秸秆养畜为中间环节、对上下游进行整合集成的一体化模式少，秸秆养畜的综合效益有待进一步提高。

在新的历史时期，我们要充分总结经验，牢牢把握机遇，着力破解难题，力争秸秆养畜工作取得更大的成绩。总体思路是，紧扣中央关于加快推进秸秆综合利用、加快发展牛羊肉生产的总体部署，以大幅提高秸秆处理利用率、稳步增加秸秆饲用量为目标，以技术集成创新为动力，以模式和机制创新为保障，大力推进秸秆收集加工集约化、处理利用标准化、市场流通商品化，充分发挥秸秆养畜的多功能性，推动牛羊肉增产、农业增效、农民增收、生态改善。

第一，加强统筹规划，突出发展重点　在区域布局上，要综合考虑资源状况、养殖基础和环境压力等因素，把秸秆资源充足、牛羊养殖基础好的地区作为优先发展区，大力支持农牧交错地带和秸秆焚烧严重地区发展秸秆养畜。在扶持对象上，紧紧围绕牛羊标准化规模养殖大趋势，着力推动规模养殖场户改善秸秆处理利用条件，优先扶持新建规模养殖场配套秸秆处理设施。在发展方式上，鼓励秸秆养畜基础好、潜力大的地区创新发展思路，探索发展路径，集中基金进行优势投入，建设精品项目、示范工程。

第二，培育市场主体，创新产业模式　秸秆收集加工要求规模化，与小规模种养矛盾突出，解决的主要途径是市场化和产业化。要鼓励种植或养殖企业牵头组织秸秆收贮，将秸秆饲料化利用纳入其产业链。鼓励养殖企业与农户建立订单生产关系，促进全株青贮玉米专业化种植。大力培育秸秆收贮专业作业队等社会化服务组织，为养殖场户解决收集难的问题。引导饲料企业进入秸秆饲料生产领域，大力发展裹包青贮、颗粒饲料、压块饲料等秸秆商品饲料。

第三，强化科技支撑，提升秸秆利用品质　科技是改善秸秆品质的主要手段，是提高综合效益的重要途径。要加大秸秆养畜技术研发投入，争取在秸秆处理及贮存技术、秸秆营养价值评定及高效利用技术、秸秆饲料工业化生产工艺设备等方面取得新突破。加强对秸秆气爆、微生物发酵、配合制粒等新技术新产品的跟踪评估，及时总结推广。要面向养殖场户加强秸秆养畜技术指导，大力推广秸秆青贮、玉米全株青贮和全混合日粮饲喂等技术，提高秸秆利用效率。

第四，完善扶持政策，加强示范引导　国家农业综合开发资金、各地已出台的补贴资金等现有扶持政策要继续巩固、用好用足，尤其要抓好政策落实，认真遴选符合条件的项目和符合产业发展方向的扶持对象，确保扶持资金用到关键地方，产生最大效应。对于秸秆收集、加工制作等关键环节和秸秆工业化加工等新兴模式，要加强调查研究，争取扶持政策。要加强专项扶持政策与相关政策的集成配套，努力形成合力。

（本文为作者于 2013 年 7 月 21 日在“全国畜禽标准化规模养殖暨秸秆养畜现场会”上的讲话，略有删改）

认真总结经验　推进粮食流通工作

国家粮食局局长　任正晓

这次全国粮食流通工作会议，是经国务院批准召开的一次重要会议。会议的主要任务是：认真学习贯彻党的十八大精神，全面落实中央经济工作会议、中央农村工作会议关于粮食工作的决策部署，传达贯彻中央领导视察指导粮食流通工作的重要指示，总结交流2012年粮食流通工作，分析当前面临的新形势，研究部署2013年工作任务。下面，我讲四点意见。

一、充分肯定2012年粮食流通工作取得的新成绩

过去的一年，全国粮食系统坚持稳中求进的工作总基调，围绕年初确定的“稳市场保供给、强产业促发展”的中心任务，求真务实，开拓进取，努力克服经济增长下行压力的影响，积极应对国际市场粮价大幅波动的冲击，较好地完成了各项工作任务，为保障国家粮食安全，促进经济社会持续健康发展作出了积极贡献。

1. 促农增收取得新成绩　各级粮食部门认真组织政策性收购，积极引导企业自主收购，督促企业严格执行“五要五不准”收购守则，确保国家粮食收购政策落实。2012年全国各类粮食企业收购粮食3 137.5亿kg，其中国有企业收购1 314.0亿kg，政策性粮食收购374.5亿kg。通过提价托市、帮助受灾农户整粮减损等措施，促进种粮农民增收350亿元以上。

2. 保供稳价取得新成效　积极应对全球粮食减产和价格剧烈波动的冲击，综合利用政策性粮食竞价销售、储备粮油轮换、适时进口转储、组织跨省移库和产销衔接等手段，有效实施粮食宏观调控。2012年共投放政策性粮食185.0亿kg，组织政策性粮食跨省移库32.5亿kg、产销对接243.5亿kg，保障了市场有效供给，维护了粮价基本稳定，为国家控制物价涨幅、稳定通胀预期发挥了重要作用。

3. 深化改革取得新进展　国有粮食企业产权制度改革步伐加快。在财政、税收和金融政策的支持下，继续推进国有粮食企业兼并重组，企业经营活力有所增强，经济效益稳步提高。初步统计，2012年全国国有粮食企业统算盈利79.5亿元，同比增长12.8%，自2007年以来连续6年实现全系统统算盈利。同时，多元粮食经营主体进一步发展壮大，对搞活粮食流通、繁荣粮食市场发挥了重要作用。

4. 产业发展迈上新台阶　粮食流通产业建设继续加强，全年中央补助粮油仓储、物流、市场、质检设施建设和仓房维修的投资28.78亿元，带动地方和企业投资178亿元，粮食质量安全检测监管能力明显提高，农户科学储粮专项建设步伐加快，行业信息化建设和储运监管物联网示范工程启动。以加快发展主食产业化为突破口，推进粮油工业结构调整和产业转型升级，居民口粮和军粮供应保障能力进一步增强。全国粮油加工企业全年实现工业总产值2.3万亿元，同比增长19.5%。

5. 科学管粮再上新水平　粮食立法进程加快，依法管粮稳步推进。认真组织粮油库存清查，开展中央事权粮食委托在地检查试点，确保粮食库存安全。加强监督检查，维护粮食市场秩序。加强粮油统计工作，及时发布市场信息，为粮食宏观决策提供科学依据。加强质量监管和仓储管理，粮食质量安全和库存管理水平进一步提高。积极开展“打非治违”专项行动，行业安全生产的基础工作得到加强。

一年来，全国粮食系统在党风廉政建设、人才队伍建设、粮食文化建设、机关党的建设等方面都取得了新的成绩。2012年这些成绩的取得，是党中央、国务院坚强领导和地方各级党委政府高度重视的结果，是国家发展和改革委员会直接指导和有关部门大力支持的结果，是全国粮食系统各级领导班子和广大干部职工团结奋斗的结果，也是国家粮食局在过去12年来以聂振邦同志为班长的局党组打下的工作基础上、按照去年年初全国粮食局长会议的工作部署狠抓落实的结果。这些来之不易的成绩，为做好2013年粮食流通工作打下了坚实基础，提供了宝贵经验。

二、准确把握粮食流通工作面临的新形势

党的十八大作出了“确保国家粮食安全和重要农产品有效供给”的重要决策，为粮食流通工作指明了方向，明确了任务。中央经济工作会议、中央农村工作会议着眼于经济社会发展和“三农”工作大局，对粮食供求形势作出了科学判断，对粮食流通工作提出了明确要求。谋划粮食流通工作，必须把思想和行动统一到党的十八大精神上来，把智慧和力量凝聚到落实中央决策部署上来，准确研判粮食流通工作面临的新形势，沉着应对粮食形势变化带来的新挑战，牢牢把握粮食产业发展迎来的新机遇。

第一，全面建成小康社会对粮食流通工作提出了新要求　党的十八大描绘了我国2020年全面建成小康社会的美好蓝图。在实现这一宏伟目标的进程中，随着人口总量的持续增加、城镇人口比重的大幅上升、居民收入水平的普遍提高和粮食用途的合理拓展，全社会对粮食的需求量将持续刚性增长。我国粮食供求仍然处于“总量基本平衡、结构性紧缺”状况，粮食安全仍然存在不可低估的风险和隐患。同时，随着全社会营养健康意识的提高，人们对粮食质量安全的要求也越来越高。粮食供应是最基本、最重要的民生保障，食品安全事件是“引爆燃点”极低的社会热点。在当今通信、网络极为发达的社会环境

下，如果粮食供应和食品安全出现闪失，而又处置不及时、措施不得力，就极易引起消费者的恐慌，甚至引发社会稳定问题。保障粮食安全，既要保数量，更要保质量，这是全面建成小康社会题中的应有之义，小康社会绝不可以粮食供应无保障，绝不允许粮食质量安全有问题。

第二，粮食生产、消费方式变化为粮食流通工作拓展了新空间　一方面，城乡一体化进程加快，大量农村青壮年劳力进城务工和农业生产经营组织创新，催生了粮食生产规模化、集约化，传统的粮食生产方式正在发生深刻变化；多元粮食购销主体的兴起和农村经纪人队伍的壮大，使得传统粮食购销模式也在发生深刻变化。这既对粮食企业经营方式提出了新挑战，也为粮食企业经营领域拓展了新空间。粮食企业只有联合和带动种粮农户，主动融入新型农业经营体系，才能更好地发挥粮食流通主渠道作用，也才能更好地解决自身的生存和发展问题。另一方面，工业化、城镇化进程加快，粮食消费群体、消费观念、消费方式发生显著变化。目前已有 2.5 亿农民工进城，今后还将有大量农村人口转为市民，吃商品粮的人越来越多，商品粮比重越来越大，同时人们生活节奏加快，家务劳动社会化对主食供应社会化的要求越来越迫切，这为粮食企业实现由“粮”到“食”的转变、加快发展主食产业化带来了新的机遇。

第三，国内外粮食供求形势变化给粮食流通工作带来了新考验　从国内看，我国粮食生产已经实现了“九连增”，但粮食生产受自然、经济等多种因素的影响，难以做到年年都丰收、年年都增产，出现“拐点”、发生减产甚至连续减产的可能性越来越大。而目前粮食流通基础设施建设和产业发展滞后，保障供应和应急稳市能力还比较脆弱，一旦出现严重自然灾害造成粮食大减产、连续减产，我国粮食供需紧平衡的格局将被打破，粮食品种、区域不平衡的矛盾将骤然加剧，粮食流通抗风险能力差的问题将骤然显现，也就有可能引发粮价上涨和粮食抢购，危及经济发展和社会稳定全局。从国际看，世界粮食供求形势并不乐观，各国“自保化”倾向明显，粮食的能源属性和金融属性进一步显现，国际粮食市场波动频繁、波幅跌宕。当今国内国际粮食市场的融合度趋高，国际市场粮食供求变化和价格波动直接传导和冲击国内市场，并有可能造成持续影响。目前全球粮食年贸易量还不到我国年消费量的 50%，依靠进口来解决我国粮食安全问题绝不现实。

从守住粮食流通工作底线、保障国家粮食安全的角度来审视，我们应当清醒地看到当前粮食流通工作还面临一些不容忽视的问题。一是粮食安全省长负责制没有完全落实。一些地方在粮食连年增产的形势下，粮食安全的意识淡化，放松粮食生产，削弱粮食流通工作，保障区域粮食安全、维护国家粮食安全的责任还没有完全落到实处。二是粮食物流通道不够通畅。跨省跨区粮食物流“瓶颈”没有突破，“北粮南运”主通道尚未打通，西南、西北等地区粮食流入通道不畅，运输方式落后，流通成本高、效率低。三是粮食收储设施陈旧、供应网络不够健全。全国目前有 897 亿 kg 仓容（约占总仓容的 1/3）的“危仓老库”，基层粮食收储网点萎缩，东北等粮食主产区仓容缺口大。粮食供应网点未能全覆盖，一些地方应灾应急供应能力还很脆弱。四是粮食产业实力不强。基层国有粮食企业小、散、弱的状况没有根本改变，产业链条短、资产质量差、贷款融资难的问题普遍存在。粮油加工业结构和布局不尽合理，初加工产能过剩，科技创新能力不强，深加工和副产物综合利用水平低。五是粮食产后损失浪费严重。据调查测算，由于农户家庭储粮设施简陋、粮食装卸运输抛洒遗留、过度加工和粗放加工，每年造成的粮食损失在 350 亿 kg 以上，消费领域的粮食浪费更是触目惊心。这些问题叠加交织，直接危及国家粮食安全，制约粮食流通产业持续健康发展，我们必须高度重视，认真加以解决。

“底线思维”的科学思想告诉我们，凡事要从坏处准备，努力争取最好的结果，这样才能有备无患、遇事不慌，牢牢把握主动权。抓好粮食收购和保障粮食供应是粮食流通工作的关键环节和基本职责，我们要以全力保障“种粮卖得出、吃粮买得到”作为粮食流通工作的“底线目标”，绝不允许发生农民“卖粮难”，绝不允许出现粮食供应脱销断档。在守住这一底线的基础上，力求更好更优。面对国际国内粮食供求变化的新形势，顺应我国经济社会发展的大趋势，我们应当清醒地认识到，当前粮食流通工作正在进入一个“保障国家粮食安全的责任越来越大，帮助农民增收和保证粮食供应的任务越来越重，加快粮食流通产业发展的要求越来越高，监管服务全社会粮食流通的范围越来越广”的新阶段。我们要充分认识这一新阶段的有利条件和积极因素，坚定做好粮食流通工作的进取意识和自信心；要冷静把握当前新形势的不确定性和复杂性，增强保障国家粮食安全的忧患意识和紧迫感。要按照“底线思维”的方法，把政策措施考虑得更周全，把各项工作做得更扎实，沉着应对当前，科学谋划长远，始终把握粮食流通工作的主动权。

三、扎实推进 2013 年粮食流通工作

2013 年是全面贯彻落实党的十八大精神的开局

之年，也是粮食行业实施“十二五”发展规划承前启后的关键一年。做好2013年粮食流通工作，要认真贯彻落实党的十八大精神，以邓小平理论、“三个代表”重要思想、科学发展观为指导，按照稳中求进的总基调、扎实开局的总要求和“守住管好‘天下粮仓’，做好‘广积粮、积好粮、好积粮’三篇文章”的总部署，坚持以“守底线、保安全、惠民生、促发展”为目标，坚持以抓收购、保供给、稳粮价为中心，坚持以深化改革、强化创新为动力，积极推动粮食安全省长负责制的全面落实，启动实施“粮安工程”，着力提升粮食经济增长质量和效益，大力推进创新驱动发展和人才兴粮战略，切实保护种粮农民利益，切实保障粮食有效供给，切实维护国家粮食安全，为促进经济社会持续健康发展作出新的贡献。

抓收购、保供给、稳粮价是粮食部门的行业职责和重要任务，是贯穿全年的中心工作，各级粮食部门必须一以贯之地抓好落实、抓出成效。一要认真落实国家粮食收购政策，切实保护种粮农民利益。实行粮食最低收购价和临时收储政策的地区，要及时启动政策性收购，合理布设收购网点，确保中央涉粮惠农政策不折不扣落到实处；充分发挥市场机制作用，支持、鼓励、引导和规范各类粮食企业、粮食经纪人入市收购，方便农民售粮，搞活农村粮食流通；加强对国家粮食收购政策执行情况的监督检查，严格落实“五要五不准”收购守则，让种粮农民有效益、不吃亏、得实惠。二要加强粮食宏观调控，保障粮食有效供给。把稳粮价、防通胀放在粮食工作的突出位置，进一步加强对各级储备粮的管理，按照国家要求适时充实规模，调整结构，优化布局；进一步完善国家粮食交易平台建设，组织好政策性粮食竞价销售和跨省移库，推动粮食产销区发展长期稳定的合作关系，充实薄弱地区粮食库存；进一步提高粮食应急工作水平，确保市场出现异常波动和救灾应急情况下的粮食正常供应，维护粮价基本稳定。三要扎实推进依法管粮，维护粮食流通正常秩序。加强粮食监督检查和行政执法体系建设，加强对全社会粮食流通监管与服务，严格对粮食收购资格和中央储备粮代储资格审核监管；推进中央事权粮食委托在地检查，创新库存检查组织形式和方式方法，有针对性地开展政策性粮食购销、出库监督检查；加强粮食质量安全监管工作，继续开展对新收获粮食的监测监控和库存粮油质量安全专项检查；强化仓储管理和安全生产，全面落实安全生产的主体责任。

2013年要在扎实完成上述中心工作任务的同时，着力推进以下四项重点工作。

（一）积极推动粮食安全省长负责制的全面落实

粮食安全省长负责制是守护国家粮食安全的一项基本制度。“米袋子”省长负责制实施以来，在促进粮食生产发展、保证区域粮食市场供应、维护区域粮食市场稳定等方面发挥了重要作用。我国地域辽阔，粮食生产、流通和消费的区域性特征明显，粮食工作的基础在地方，重点在基层，省长负责制不落实，粮食安全责任不明确，国家粮食安全的根基就不牢固。推动粮食安全省长负责制的全面落实，必须发挥中央和地方两个积极性，既要有国家层面的顶层设计与考核检查，又要有各地的逐级负责和具体实践。这次会议上，我们印发了“关于进一步完善和落实粮食安全省长负责制的意见（讨论稿）”，在进一步明确中央和地方粮食事权，规定地方政府的权利、责任和义务等方面，提出了可量化、可考核、可奖惩的具体指标和考核办法。请大家既立足国家粮食安全全局，又结合各地实际，对这个讨论稿提出修改意见。会后，我们再认真进行修改完善，力争尽早上报。各地粮食部门要充分发挥行业职能作用，积极推进粮食安全省长负责制的全面落实。要围绕全面落实地方粮食安全行政首长负责制开展专题调研，学习借鉴一些先行省份的好做法和好经验，加强与有关部门的沟通协调，研究制定符合本地实际、层层分解落实的粮食安全行政首长负责制，并力争早出台、早实施、早见效，为全国推进粮食安全省长负责制的全面落实积累经验，提供借鉴。

（二）启动实施“粮安工程”

习近平总书记在中央经济工作会议上强调，要把保障粮食供应能力牢靠地建立在我们自己身上，要把饭碗牢牢端在我们自己手中。这一重要论断为我们谋划守住粮食安全“底线”、实施“粮安工程”指明了方向、坚定了信心。“粮安工程”就是“粮食收储供应安全保障工程”。实施“粮安工程”的目的是，全面提升粮食收储和供应保障能力，切实做到敞开收购农民余粮、保障严重自然灾害和紧急状态下的粮食正常供应。实施“粮安工程”也就是筑牢粮食流通的“守底线”工程。从全国层面考虑，“粮安工程”的主要内容是“打通粮食物流通道、修复粮食仓储设施、完善应急供应体系、保证粮油质量安全、强化粮情监测预警、促进粮食节约减损”等6个方面，实施时间计划为5年（2013—2017年）。目前，国家粮食局正在按照2013年中央一号文件关于“加强粮油仓储物流设施建设”“继续实施‘北粮南运’工程”的部署和国务院领导同志重要批示的要求，抓紧与有关部门沟通协调，编制总体建设规划和具体实施方案，力争尽早下达实施。

从2013年开始，各级粮食部门要按照“统一规划、分级实施，优先应急、突出重点，政策引导、市场运作，企业投入、政府补助”的原则，全力推进“粮安工程”这一重要的民生保障工程。2013年各地要扎实启动和认真落实以下6个方面的工作：

1. *加强粮食物流通道建设，有效降低粮食流通成本* 2013年将开展“北粮南运”班列和散粮集装箱运输试点，各地要根据《全国粮食流通基础设施“十二五”建设规划》的要求，进一步完善物流节点建设和试点方案，做好试点项目前期准备工作。同时，要积极配合做好全国粮食物流通道及主要物流节点建设的规划与启动实施工作。

2. *抓紧修复“危仓老库”，尽快改善售粮储粮安全环境* 各地要积极争取政府重视和财政支持，抓紧修复危仓、改造老库，力争在中央和地方有关部门的支持下尽早把897亿kg仓容的“危仓老库”修复好。必须强调，危仓不加固不准收粮，老库不达标不准储粮，一定要让农民售粮有可靠的人身安全保障，让收购入库的粮食有安全的储存环境。仓容缺口大的主产区要加大仓储设施项目建设力度，特别是要加强一线收储库建设，同时要及早安排粮食移库腾仓，多途径扩大粮食收储能力，绝不能由于仓容问题发生农民“卖粮难”。

3. *全面完成粮食应急网点布局，建立覆盖城乡的应急供应网络* 各地要按照“合理布点、全面覆盖、平时自营、急时应急”的原则，在2013年内全面完成粮食应急加工、储运、供应网点布局。应急供应网点以现有粮油应急点、军粮供应站、放心粮油示范店和争取地方政府支持改造、新建一批粮食应急供应点为基础，不足部分从多元主体经营的商场、超市、粮油经销店中择优选定，确保每个乡镇、街道（社区）至少有一个应急供应点，京、津、沪、渝等36个大中城市人口集中的社区，每3万人至少要有一个应急供应点。所有应急网点平时按市场化运作，应急救灾时作为政府保供稳市的载体。

4. *抓好粮食质量检验项目建设，进一步完善粮油质量安全监管体系* 2013年国家将继续安排质量检验体系建设的补助投资，各地要积极协调落实地方配套资金，按期完成年度粮油检验技术装备建设计划。同时，要继续按照“机构成网络、监测全覆盖、监管无盲区、系统无风险”的原则，进一步加快粮食质量安全监测监管体系建设，全力守护好粮食质量安全。

5. *加强粮油统计信息工作，建立灵敏准确的粮情监测预警机制* 各地要高度重视粮油统计信息工作，完善统计制度，增强统计力量，提高统计质量和效率，健全供需平衡调查机制，强化粮情动态监测，切实做到粮企全部入统、指标科学合理、监测准确灵敏、数据权威可靠，以增强粮食宏观调控的前瞻性、针对性和有效性。

6. *加快推进农户科学储粮和粮油适度加工，大力倡导全社会爱粮节粮* 各地要用好国家安排的农户科学储粮补助投资，抓紧落实配套资金，进一步扩大专项实施范围。要积极推进粮油适度加工，推广先进节粮技术设备，提高成品粮出品率和资源综合利用率。要广泛开展爱粮节粮宣传教育活动，积极开展创建爱粮节粮示范单位、示范家庭活动，增强全民爱惜节约粮食、反对浪费粮食意识。

实施“粮安工程”是贯彻落实党的十八大精神，确保国家粮食安全和粮食有效供给的重要举措，是打基础、利长远、惠民生的大事，很重要，很紧迫。各地务必高度重视，积极争取地方政府及有关部门的支持，加大对“粮安工程”建设的投入。同时，要积极配合国家粮食局做好相关基础工作，确保这项工程顺利推进。对基础较好、条件成熟的项目，各地要早着手、早推动，力争早建成、早受益。

（三）着力提高粮食经济增长质量和效益

李克强同志在中央经济工作会议上强调，要按照科学发展观的要求，引导社会各方面把推动发展的立足点转到提高质量和效益上来，引导到转方式、调结构上来，促进经济持续健康发展。我们要按照中央的统一部署，进一步深化企业改革，转变发展方式，实施创新驱动，增强粮食经济发展的内生活力和动力。

1. *深化产权改革，促进企业做大做强* 积极推进以产权制度改革为核心的国有粮食企业改革，突出抓好县级国有粮食企业兼并重组，不断增强企业的经营活力和市场影响力。支持国有粮食企业进行跨产销区、跨所有制的资产重组，组建大型粮食企业集团。大力培育和规范发展多种经济成分的粮食市场主体，搭建合作平台，促进央企、地方国企、民营企业融合发展，鼓励粮油加工企业与购销企业对接整合，扶持粮食产业化龙头企业做大做强。

2. *创新粮食经营体制机制* 彻底改变收原粮、卖原粮的传统经营方式，主动适应粮食生产方式的变革，创新粮食经营体制机制和经营模式。粮食企业要通过土地流转等方式，主动融入农业、联合农户，参与粮食生产基地建设，构建生产、收购、加工、销售的全产业链经营模式，发展规模化生产、产业化经营；要通过控股、参股、合作、订单等形式，加强与粮食专业合作社、种粮大户、粮食经纪人的合作，结成利益共同体；要发挥自身优势，在粮食收储、市场信息、烘干设备、仓储技术等方面为粮食产前、产中、产后提供服务。

3. 培育新的粮食经济增长点　要适应城乡居民膳食结构改善升级的新要求，大力推进主食产业化，实施主食产业化示范工程和“放心粮油”工程，提升加工工艺和装备水平，加快开发主食新产品，加强品牌建设，完善主食配送供应体系，增强口粮供应保障能力。要鼓励有条件的粮食企业积极参与油茶、核桃、油橄榄、油棕榈等木本油料产业发展，帮助山丘区农民增收，努力降低国家食用植物油进口依存度。要努力扩大米糠油、玉米油、棉籽油生产规模和市场占有率。要大力发展全谷物、杂粮产业，开发具有地方特色、高附加值的绿色杂粮杂豆产品，满足消费者对粮食的营养化、多样化、生态化需求。

（四）大力实施创新驱动发展和人才兴粮战略

科技创新和人才队伍是粮食事业兴旺发达的重要支撑和根本保证，要以提高创新发展能力和人才队伍素质为核心，全面推动科技兴粮和人才兴粮。

1. 提升粮食科技自主创新能力　充分发挥国家级科研机构、高等院校和地方粮食科研机构的作用，与企业建立产业技术创新联盟，实现协同创新。重点推进粮食品质特性、储粮生态理论、质量安全标准等基础研究。建立健全公益性粮食科技推广服务体系和粮食产后技术服务体系，加强行业重大共性关键技术研发，组织实施粮食公益性行业科研专项，力争尽早在绿色储粮、现代物流、质量安全检验监测、粮油产品营养健康与综合利用等技术领域取得重大突破，在行业基础研究和基础数据库建设方面取得重大进展。

2. 运用高新技术改造传统粮食产业　加强行业信息化建设，组织实施粮食储运监管物联网示范、粮食传感器产业化示范和数字化粮食物流等国家重点科技项目，加快全国粮食动态信息系统建设。继续扩大“四合一”新技术的推广应用，全面推广应急储备物流新技术、仓储管理信息系统和污染粮食无害化处理技术。大力推动科技创新与粮食流通产业紧密结合，促进科技成果的推广运用，为保障国家粮食安全提供技术支撑。

3. 大力实施人才兴粮战略　以提高领导水平和执行能力为核心，加强党政人才队伍建设；以提高经营管理和创新发展能力为核心，培育支撑粮食产业发展的领军人才；以提升职业素质和技能水平为核心，培养高级技工和一线操作员工；以提高专业水平和科研能力为核心，实施粮食行业“百千万”人才工程。大力发展职业教育，推动校企合作。着力共建粮食高等教育，重点建设粮食专业博士点，培养高级专门人才。

四、切实保障粮食流通事业持续健康发展

做好2013年粮食流通工作，必须切实改进工作作风，加强党风廉政建设和反腐败工作，健全粮食法制，发展行业文化，为粮食流通事业持续健康发展提供坚强保障。

1. 切实加强作风建设　改进工作作风是各级粮食部门一项重要的政治任务，各地要认真贯彻落实中央关于改进工作作风、密切联系群众的八项规定及其实施细则，结合自身实际制订具体实施办法。会议印发了“关于切实改进工作作风的具体措施（讨论稿）”，请与会代表提出修改意见，帮助我们把贯彻措施制订得更完善、更具有针对性。同时，也郑重请求各地支持和监督我们严格执行这些具体措施。要通过加强作风建设，在全系统大兴真抓实干、求真务实之风，使各项工作都有部署、有督查、有考核、有奖惩，能够落到实处、取得实效。

2. 切实加强党风廉政建设　要认真学习贯彻十八届中央纪委二次全会精神，继续坚持“标本兼治、综合治理、惩防并举、注重预防”的方针，全面落实廉政风险防控机制，做到干部清廉、行业清正。要加强对基层国有粮食企业的检查指导，重点治理“转圈粮”“出库难”等行业不正之风，促进基层企业干部职工廉洁从业。各级粮食部门领导班子都必须高度重视党风廉政建设和反腐败工作，坚持“两手抓、两手硬”，按照“一把手”负总责、班子成员“一岗双责”的要求，全面落实党风廉政责任制。关于2013年全系统的党风廉政建设和反腐败工作，中权同志将在工作报告中作全面部署，各地要认真贯彻落实。

3. 切实加强粮食法制建设　各地要认真总结《粮食流通管理条例》《中央储备粮管理条例》实施以来的经验，针对条例实施和执法过程中存在的问题，研究提出修订意见。同时，积极配合国家有关部门做好《粮食法（草案）》修改完善、提请审议的相关工作，积极推进立法进程，为推进依法管粮、确保国家粮食安全提供法律保障。

4. 切实加强粮食文化建设　深入开展社会主义核心价值体系学习教育，全面提高粮食干部职工职业道德素质，弘扬粮食行业优秀传统文化，加强粮食文化宣传教育基地建设，丰富粮食职工精神文化生活，增强行业文化软实力，为推动粮食流通事业科学发展提供文化保障与智力支持。

（本文为作者于2013年1月22日在“全国粮食流通工作会议”上的讲话，略有删改）

联系实际　总结经验
推动烟草行业持续健康发展

国家烟草专卖局局长　姜成康

这次全国烟草工作会议的主要任务是：认真学习贯彻党的十八大和中央经济工作会议精神，贯彻全国工业和信息化工作会议精神，紧密联系行业实际，总结2012年工作，安排部署2013年任务，进一步推动行业持续健康发展。

一、2012年烟草行业主要工作情况

2012年，在党中央、国务院和工业和信息化部坚强领导下，全国烟草行业坚持以邓小平理论、“三个代表”重要思想、科学发展观为指导，把握“稳中求进”工作总基调，紧紧围绕“卷烟上水平”基本方针和战略任务，面对宏观经济下行压力加大和外部环境复杂多变形势，以培育品牌为重点，重基础、调结构、严管理、促规范、强素质，经济运行质量和效益明显提高，保持了行业持续健康发展。全行业实现工商税利8 649.39亿元，同比增长15.79%。上缴国家财政7 166.62亿元，同比增长19.42%。

1. 烟叶工作取得明显成效　及时调整收购价格，烟农种烟效益明显提高。为切实维护烟农利益，烟叶收购价格比2011年调增20%，相应提高优化结构和散叶收购补贴标准，保持产前投入补贴标准；积极组织抗灾救灾，及时下拨抗灾救灾资金，保护了烟农种烟积极性，烟叶生产连续15年保持稳定发展。全国种植烤烟141.2万hm^2，收购烤烟273 700万kg；收购均价21.5元/kg，同比增长22.7%；烟农总收入586.9亿元，同比增长40.5%；烟农户均种植1.06hm^2，同比增加0.17hm^2；户均收入4.45万元，同比增长48.4%。优化结构工作全面推进，烟叶质量水平有新的提高。认真总结优化结构工作经验，在13个烟区开展优化结构工作。全国烟叶收购上中等级比例达到94.5%，有效提高了烟叶使用效率。精心组织烟叶订单生产试点，8个工业公司在21个基地单元开展订单生产。高度重视先进适用技术推广，切实加强特色优质烟叶开发，着力打造特色生态烟区，促进烟叶质量水平有新的提升。散叶收购工作取得积极进展，全年散叶收购量超过50 000万kg。现代烟草农业建设扎实推进，减工降本增效取得明显成效。切实加强烟叶生产基础设施建设，全年共投入补贴资金147亿元，建设常规项目36万件、审查同意水源工程项目39个、安排土地整理3.09万hm^2。坚持以基地单元建设为载体，围绕“减工降本增效”，大力推进全程机械化作业试点，健全专业化服务体系，推动烟农专业合作社健康发展。基地单元亩均种植收益达3 200元，机械化试点单元亩均用工降到20个以内。

2. 生产经营水平明显提升　卷烟产销总体平衡，重点品牌保持良好发展。坚持“控总量、调结构、降库存、稳价格”的卷烟生产经营调控方针，把保持良好市场状态作为调控主要目标，努力保持卷烟产销协调发展。2012年卷烟产销增长控制在2.4%以内。产品结构不断优化：全国在产卷烟牌号98个，同比减少7个；单箱销售均价2.33万元，同比增长11.47%。重点品牌发展态势良好：重点品牌销售同比增长13.34%，实现商业销售收入同比增长19.57%。产销量100万箱以上品牌16个，其中“红塔山”“白沙”“云烟”达到300万箱，“双喜·红双喜”超过400万箱，“532”品牌发展目标取得重大进展。焦油量8 mg/支以下产品销量646.92万箱，同比增长83.76%，其中6 mg/支以下达28.72万箱，低焦产品在加快发展。销售收入400亿元以上品牌9个，其中“双喜·红双喜”“云烟”“芙蓉王”“利群”“黄鹤楼”“玉溪”6个品牌超过600亿元，“中华”达到1 180亿元。“461”品牌发展格局基本形成，品牌发展上水平取得显著成效。现代营销网络建设加快推进，市场营销水平有效提升。高度重视零售终端建设，全面推广“135”（即一条主线、三个要点、五个步骤）工作法，切实加强现代物流建设和运营管理，有效发挥了市场营销对培育重点品牌的基础和引领作用。全国省际间交易比重55.3%，同比提高0.6个百分点；卷烟网上订货率83%，同比提高9.3个百分点；一次分拣到户率98.3%，同比提高0.6个百

分点；平均零售毛利率10.45%，同比提高0.3个百分点；零售客户满意度83.3分，同比提高0.2分；零售客户平均收入2.59万元，同比增长16.7%。加强境外企业生产经营管理，拓展国际市场取得新的进展。全年行业境外卷烟销售612.9万件，同比增长20.9%，境外烟叶实体化运作自营片烟3.8万t，同比增长40%。综合配套能力不断加强，多元化投资管理水平明显提高。国产烟机对行业的服务与支撑保障能力有效提升，设备管理绩效评价工作全面展开，全年国产烟机出口合同金额达3 645万美元。高度重视丝束生产经营和进口工作，在货源供应偏紧情况下，保证了卷烟正常生产。积极推进多元化投资管理体制改革，启动行业宾馆酒店业整合试点工作，切实加强多元化企业经营管理，多元化投资质量和效益明显提高。

3. 科技创新取得新的进步　技术创新体系不断完善，内部激励机制初步建立。以“四个一流”（即一流的服务、一流的手段、一流的管理、一流的素质）为目标，工业企业技术中心建设水平不断提升。加强烟叶主产区技术中心建设，首批认定4个行业级烟叶生产技术中心。国家烟草基因研究中心建设稳步推进，行业重点实验室建设不断加强。高度重视人才培养使用，注重激发科技人员创新热情，人员素质和研发水平不断提升。科技重大专项有效推进，取得一批重要成果。完成中式卷烟风格特征剖析研究：卷烟减害降焦技术深入推进，全国卷烟焦油量加权平均值降至10.9 mg/支，同比降低0.6 mg/支；烟草基因组计划实现从结构基因组向功能基因组研究过渡；造纸法再造烟叶技术升级重大专项全面启动；每分钟16 000支、800包超高速卷接包机组引进技术国产样机研制成功下线并交付试用。质检工作不断加强，确保产品质量安全可靠。加强质检机构建设，加大质量监督工作力度。定期组织卷烟产品市场监督检测，确保产品质量安全。注重做好知识产权和标准化工作。全年获得授权烟草技术类专利2 018项，同比增长41%；发布行业和企业标准65项，组建5个重点标准研究室。认真做好履行《烟草控制框架公约》工作。信息化建设深入推进，系统集成和应用水平不断提升。以统筹规划为引领，以系统设计为重点，以重点项目为抓手，狠抓信息系统规范、安全管理和评价考核，行业生产经营决策管理系统全面投入使用，整体运行维护工作全面展开，信息化建设取得积极进展，信息资源利用水平进一步提高。

4. 基础管理进一步加强　财务管理工作不断加强。以加强预算管理和资产资金监管为重点，严格对业务招待、宣传促销等五项重点费用的预算编制和过程控制，预算管控水平不断提高。认真贯彻财政部［2012］635号文件，切实加强行业资产管理。深入开展行业内部全面审计，认真抓好审计发现问题的整改落实，促进生产经营和财务管理行为进一步规范。全年卷烟工业企业销售收入成本率25.47%，同比降低2个百分点；工业企业三项费用率7.64%，同比降低0.26个百分点；商业企业三项费用率7.79%，同比降低0.43个百分点。基础管理水平不断提高。按照“一流的基础管理、一流的体系建设、一流的目标管理、一流的创新机制、一流的管理团队”任务要求，在全行业全面开展企业管理创一流活动。深入开展对标工作，推进重点城市和卷烟工厂对标活动，充分发挥目标引领作用。扎实推进贯标工作，切实加强标准在基层和现场的落实检查，促进体系建设与各项业务管理工作融合。创建优秀基层单位活动深入开展，评选99个基层单位为创优标兵单位，创建活动范围扩大到地市级公司和企业技术中心、营销中心，基层建设全面加强。持续推进节能工作，资源利用效率不断提高。行业万元工业增加值综合能耗25.3 kg标准煤，同比降低14.8%。深入开展“安全生产年”活动，扎实推进安全生产标准化达标创建工作，安全生产管理进一步加强。

5. 严格规范工作深入推进　专卖内管监督不断加强。全面推行专卖内管委派制，充分发挥内管机构作用。积极推进治理卷烟非法流通工作，建立查扣非法流通卷烟和重大案件上报制度，严肃查办违规违法经营案件。深入开展“两项工作”，以推进公开招标为重点，突出抓好规范“工程投资、物资采购、宣传促销”项目管理与办事公开民主管理的有机结合，强化制度程序约束，加强关键环节控制，公开招标取得重大突破。卷烟打假取得新的成果。着力构建“政府领导、部门联合、多方参与、密切协作”的打假体系，充分发挥与公安等执法部门联合打假长效机制作用，严厉打击源头制假活动；加大售假网络打击力度，切实加强市场监管，有效遏制制售假烟违法犯罪活动。全年共查处案值5万元以上制售假烟案件4 886起，打掉大型烟机制假窝点231个，查获假烟25.6万件、烟丝烟叶1.49万t，查缴制假烟机530台，查处关闭涉烟非法经营网站374个。行业法治建设积极推进。深入开展“六五”法制宣传教育，组织开展了6万多名专卖执法和法规人员新一轮统一考试；加强重大事项合法合规性审核，继续抓好规范性文件清理工作，促进行业依法行政、依法生产经营、依法管理水平不断提高。

6. *队伍建设取得新的成绩* 重视抓好理论武装，进一步加强和改进党组（党委）中心组学习，认真落实集中学习制度，学习型组织建设有效推进。“235”（践行两个至上、做到三个始终、树立五种意识）教育实践活动取得初步成效。在全行业全面开展“235”教育实践活动，把活动重点放在领导班子和领导干部上，要求各级领导班子和领导干部发挥表率作用。认真总结和宣传江苏盐城市局（公司）原客户经理马兰爱岗敬业、勇于奉献的典型事迹，推动教育实践活动深入开展。高度重视干部队伍教育培训工作，加大教育培训力度，充分发挥国家局党校教育培训主阵地作用，完成省级局、公司后备干部培训任务，对 240 名处级以上干部进行为期 3 个月的集中培训；举办 7 期地市级局（公司）领导班子成员党性修养理想信念作风建设专题培训。切实加强专业技术人才队伍建设。完成行业第二批学科带头人选拔工作，新确定 21 名学科带头人；378 人获得高级专业技术资格。继续抓好职业技能鉴定工作，全年鉴定获证技师以上 2 117 人。广泛开展职业技能竞赛活动，6 人被授予“全国技术能手”。党风廉政建设和反腐败工作扎实推进。严格落实党风廉政建设责任制，把廉洁从政、廉洁从业教育作为干部培训重要内容，严格规范领导干部从政、从业行为。坚持和完善民主集中制，围绕贯彻落实“三重一大”（重大决策、重要干部任免、重大项目安排和大额资金使用）决策制度制定印发一系列规范性文件，切实规范权力运行。认真落实党内监督条例，严格执行民主生活会、述职述廉等监督制度。加强和改进巡视工作，强化对领导干部的监督。各项工作取得新的进步。切实加强离退休干部党支部建设，认真落实老干部政治、生活待遇，大力推进老年文化建设，离退休干部职工管理和服务水平不断提高。各级烟草学会围绕行业中心工作，广泛开展学术交流和科普活动，在推动创新型行业建设上发挥了积极作用。加强烟草经济研究工作，研究成果和质量不断提高。行业媒体紧贴实际、面向基层，坚持正确导向，提高报道质量，为行业改革发展顺利推进营造了良好氛围。高度重视做好维护稳定工作，不断健全完善突发事件应急处理预案和机制，积极妥善做好信访稳定各项工作，确保行业和职工队伍稳定。

二、以党的十八大精神为指导，进一步推动烟草行业改革和发展

认真学习领会、全面贯彻落实党的十八大精神，是当前和今后一个时期行业的首要政治任务。全行业要紧密联系行业改革发展和工作实际，坚持用十八大精神统一思想、凝聚力量、坚定信心、攻坚克难，紧紧抓住发展这第一要务，坚持和完善烟草专卖体制，全面推进“卷烟上水平”，努力建设更加规范、更富效率的中国烟草，为全面建成小康社会作出新的努力和贡献。

1. *行业改革要有新突破* 近年来，行业保持持续健康发展，关键在于改革。要继续保持行业持续健康发展，关键还在于改革。前一阶段行业改革以工商分开为突破口，通过打破地区封锁，推动企业重组和品牌整合，促进要素流动，比较好地实现了在更大范围配置资源，提高资源配置效率。下一步推进行业改革，重点要在坚持和完善烟草专卖体制前提下，更加尊重市场规律，着力优化存量结构，进一步优化资源配置，健全完善法人治理结构，提高行业整体效益。深化行业改革，涉及利益调整的难度将进一步增大。因此，要按照中央提出的以更大的政治勇气和智慧，坚定不移加以推进，着力解决制约行业发展的体制机制障碍，促进行业持续健康发展。

2. *技术创新要有新进步* 近年来，紧紧围绕培育品牌，行业技术创新取得明显进步，品牌发展水平和竞争能力明显提高，有力支撑了行业持续健康发展。继续保持行业持续健康发展，要把技术创新作为重要战略支撑，努力取得新的进步。在产品维护上，要立足于改造提升，建立完善的原辅材料保障、工艺技术保证和市场分析反馈机制，确保产品质量稳定提高，更好地适应市场发展变化。在产品开发上，要立足于求新求变求异，积极推进品类构建，突出品牌风格特色，坚决克服一般性重复开发，切实提高新产品的冲击力、影响力。在关键技术上，要立足于创新突破，力求在提高工艺技术水平；推进核心香原料自主开发提高调香水平；突出“特色、优质、生态、安全”提高烟叶内在品质；明确烟机设备研发方向、提高系统集成创新能力等方面取得新的突破。在创新体系建设上，要立足于转变机制，坚持“开放、合作、交流、攻关”，完善学科带头人和首席专家制度，积极开展群众性创新活动，建立内部竞争激励机制和科研项目评价体系，着力提高研发水平。

3. *管理监督要有新目标* 近年来，国家局高度重视基础管理，持续推进整顿规范，管理水平明显提升，生产经营秩序明显好转，为保持行业持续健康发展奠定了良好基础。按照建设更加规范、更富效率中国烟草的要求，企业基础管理和内部监管要进一步加强，把发展建立在更加扎实工作基础之上。在管理方面，要紧紧围绕服务和效率，以提高发展质量和效益为中心，以提高信息化水平为手段，以充分调动职工积极性、主动性、创造性为出发点，着力推进管理创

新。在内部监管方面，要不断增强严格规范是保持行业持续健康发展生命线的意识，进一步完善内部监管基本格局，健全制度，严格程序，突出重点，加强监督，建立更加良好的生产经营秩序。深入推进办事公开、民主管理，在完善上下功夫，推进权力运行公开化、规范化，让干部职工监督权力，确保权力在阳光下运行。

4. *队伍建设要有新要求* 近年来，国家局党组始终高度重视队伍建设尤其领导班子建设，重视抓好理论武装，切实加强教育培训，全面开展“两个至上”“三个始终”“五种意识”教育实践活动，大力弘扬“勤俭节约、艰苦创业，改革创新、开拓进取，奉献国家、回报社会，注重效率、严格自律”的行业精神，干部职工精神面貌总体良好，为行业持续健康发展提供了有力保证。保持行业持续健康发展，关键在于各级领导班子坚强有力，在于队伍素质整体提升。当前要认真按照党的十八大精神，切实加强干部队伍建设，努力提高干部队伍素质。要高度重视作风建设，树立良好行业风气。中央政治局就改进工作作风、密切联系群众作出八项规定，为全党带了好头，树立了榜样。烟草行业要紧密联系实际，切实抓好贯彻落实。要牢固树立艰苦奋斗、勤俭节约思想，下决心改进文风会风，坚决反对大手大脚、铺张浪费，坚决克服形式主义、官僚主义，切实做到风清气正、求真务实，树立良好行业风气。要正确把握行业发展新的定位，为全面建成小康社会作贡献。党的十八大提出全面建成小康社会宏伟目标，烟草行业贯彻落实党的十八大精神，要把为保证国家财政收入、支持老少边穷地区经济社会发展、促进烟农和零售客户收入增长、切实维护消费者利益作为重要责任，努力为全面建成小康社会多作贡献。要深入开展“235”教育实践活动，切实做到为民务实清廉。通过开展教育实践活动，使“两个至上”“三个始终”“五种意识”真正成为各级领导干部的共同价值追求、行为准则和自觉行动，把为民务实清廉要求落到实处，取得实实在在成效。

三、2013 年烟草行业主要工作安排

2013 年是全面贯彻落实党的十八大精神的开局之年，也是全面实现“卷烟上水平”目标任务的关键一年。要坚持以邓小平理论、“三个代表”重要思想、科学发展观为指导，把握“稳中求进”工作总基调，以提高经济增长的质量和效益为中心，继续围绕“卷烟上水平”基本方针和战略任务，聚焦重点品牌，优化烟叶结构，夯实管理基础，提高队伍素质，努力保持行业持续健康发展。

1. *更加重视烟叶生产* 把控制总量摆在烟叶工作首要位置，努力保持烟叶生产稳定发展。全国烟叶收购计划控制在 250 000 万 kg 以内，任何单位都不得突破。把优化结构作为烟叶工作中心环节，努力提高优质原料保障能力。充分发挥工业企业需求导向作用，确保购进的烟叶能适应卷烟生产需要。推动优化结构工作全面开展：精心组织烟叶订单生产试点，充分考虑资源有效利用，切实满足卷烟生产需要，努力提高优化结构水平。把扎实推进现代烟草农业建设作为主要任务，促进烟叶工作水平全面提升，努力实现原料供应基地化、烟叶品质特色化、生产方式现代化目标。继续加大投入，全年投入 140 亿元左右资金用于烟叶生产基础设施建设，进一步改善烟区生产条件，提高烟区技术装备水平。总结经验，加强指导，突出抓好综合服务型烟农专业合作社建设，在创新烟叶经营体制方面取得新的突破。认真总结新型烘烤方式和散叶收购试点做法和经验，在确保质量前提下，扩大试点范围。2013 年安排散烟收购 90 000 万～100 000万 kg，新型烘烤方式推广 3 万座。紧紧抓住基地单元建设这一载体，统筹安排优化结构、散烟收购、全程机械化、特色烟叶开发、先进适用技术推广等方面工作，确保各项要求落实到位。按照一个单元原则上建设一个基层站的要求，加快推进站点整合，提高服务烟农水平。

2. *精心培育重点品牌* 认真分析品牌发展现状，确定 300 万箱以上品牌发展具体目标，采取综合措施，加大扶持力度，破解发展瓶颈，探索品牌整合新的途径，集中力量攻坚克难，确保“532”品牌发展目标如期实现。积极推进品牌整合，稳定发展合作生产，合理安排产品结构，加大扶持力度，深入推动营销创新。坚持以“四个一流”为目标、以“四同”（发展同向、工作同心、服务同步、利益同体）为核心，加快建设国际一流的现代卷烟流通。深入推进按订单组织货源和工商协同营销、精准营销工作，高度重视零售终端建设，更加注重需求导向，密切关注市场变化，完善工商信息共享，促进知名品牌加快成长。要处理好共同发展和重点发展的关系，只有加快重点品牌发展才能支撑和带动共同发展。加强现代物流建设：认真把握“现代、经济、适用、效率”物流建设方针，贯彻落实“科技物流、精益物流、人本物流”的建设任务，始终把烟草物流作为行业的核心业务，不断提高物流信息化和物联网建设水平，全力打造具有国际一流水平的中国烟草现代物流。努力拓展国际市场：坚持“三步走”战略方针，切实发挥工业企业开拓国际市场的主体作

用，推进境外卷烟生产销售基地建设，积极开展国际合作，促进重点品牌在国际市场取得突破。加快推进境外烟叶采购实体化运作，更好地服务重点品牌加快发展。

3. 切实强化管理工作　严格财务管理和审计监督。坚持以财务管理为中心，认真贯彻执行财政部印发的《烟草行业国有资产监督管理办法》，确保行业资产安全可靠和质量提高。切实加强流动资产管理，全面掌握资产运营状况，及时处理存在的各种问题；严格资产处置程序，加强资产处置检查监督，切实防止国有资产流失。切实加强多元化投资和企业管理，规范运作，稳健经营，努力提高发展质量和效益。高度重视财务基础管理，严格规范会计核算，确保会计信息真实可靠。切实加强预算管理，提高预算编制的科学性，继续加大重点成本费用控制。更加重视审计监督，完善审计委派制，充分发挥内审机构作用，积极开展实时审计、在线审计，全面加强经济责任审计和工程项目等专项审计，建立更加规范的财经秩序。全面加强基础管理工作，切实加强工业企业“四大中心”、地市级局（公司）物流中心、营销中心和烟叶基层建设，通过明确职责、规范核算、加强监管、有效激励，进一步夯实管理基础。按照“有效的规章制度、清晰的岗位职责、健全的标准体系、顺畅的信息传递、严格的绩效管理”要求，全面提高基础管理水平。坚持以贯标、对标为重点，全面推行精益管理，积极推进管理创新，深入开展基层创优活动，提升企业管理制度化、标准化、规范化水平。高度重视节能减排工作，严格执行工程投资建设标准，努力实现节约发展。加强安全生产管理，严格落实安全生产责任制，加大隐患排查治理力度，深入推进安全生产标准化达标创建工作，努力提升安全生产管理水平。切实加强产品质量安全监督。加强行业质检机构建设，充实人员，提高素质，确保各项任务顺利完成。高度重视标准化工作，加强绿色生产，确保产品质量安全可靠。加强行业经济政策和履约工作研究，认真做好控烟履约各项工作，落实《中国烟草控制规划（2012—2015）》及《消除烟草制品非法贸易议定书》有关规定。充分发挥各级烟草学会作用，积极开展烟草学术交流和科普宣传工作，提高学术水平。高度重视董事会建设，更好地发挥董事会职能作用，严格按照有关法律法规和国家局、总公司工作要求，确保董事会决策程序和内容合法合规；进一步完善董事会工作机制，健全董事会办事机构，充分发挥董事会各专门委员会的作用，不断提高董事会工作质量水平。深入推进信息化与烟草产业深度融合，按照“统筹规划、系统设计、整体推进”要求，加大信息系统集成整合力度，积极探索新技术的有效应用，加强行业数据中心建设和数据资源利用，健全完善信息安全和运维保障体系，提升信息化综合集成和服务保障能力，支撑行业生产经营管理水平持续提高。

4. 持续抓好严格规范　深入开展整顿规范工作，以“应招尽招”“真招实招”为重点，进一步完善决策机制，严格工作程序，突出工作重点，加强公开透明，深入推进工程投资、物资采购、宣传促销规范管理。以规范卷烟生产经营秩序为主要任务，切实抓好“六个严禁、一个严控”各项要求的落实。以健全机构、完善制度为重要保证，进一步加强整顿办队伍建设，落实专门机构，配备充实人员力量；以贯彻落实《烟草企业采购管理规定》为抓手，提高制度的针对性和可操作性，推进严格规范工作深入开展。不断强化专卖内管，加大对卷烟非法流通治理力度，端正企业经营思想，把发展建立在可靠市场基础之上。完善专卖内管委派制，专卖内管部门要参与企业经营管理，强化事前、事中监督，充分运用信息化手段，确保监管到位。建立内管工作责任制，层层明确和落实责任，坚持“一案双查”，严格责任追究。继续加大卷烟打假工作力度，坚持综合治理与重点打击相结合，认真总结打假重点地区综合治理好的做法，坚持不懈开展专项行动；对转移的制假活动，坚持露头就打，把问题解决在萌芽状态，从源头治理上巩固打假成果。坚持加强市场监管与加大打击售假网络相结合，认真总结加强市场监管好的方法，提高市场日常监管水平；继续抓住侦破大案要案这一关键环节，加大打击利用互联网非法经营烟草专卖品力度，从断绝售假渠道上巩固打假成果。坚持打击原辅材料非法经营与加强原辅材料管理相结合，加强对烟草专卖品生产企业的日常监管，严格废弃专卖品处置管理，从切断原辅材料供应上巩固打假成果。坚持发挥专卖稽查人员作用与加强同公安等执法部门合作相结合，突出政府主导地位，强化司法协作，推进刑事打击，形成打假合力，从完善工作机制上巩固打假成果。切实加强法治建设，深入开展法制宣传教育，增强行业干部职工特别是领导干部学法遵法守法用法意识，提高行业法治化水平。

5. 全面加强行业党的建设和干部职工队伍建设

紧紧抓住思想理论建设这个根本，努力推进学习型党组织建设。把思想理论建设摆在党的建设更加重要位置，坚持用邓小平理论、“三个代表”重要思想、科学发展观武装头脑、指导实践、推动工作。按照“贵在自觉、贵在坚持、贵在运用”要求，健全各级党组中心组学习制度，发挥国家局党校理论武装主阵地作用，抓好经常性学习教育和培训，努力提高党员干部理论素养，坚定理想信念，坚守共产党人精神追求。深入推进干部人事制度改革，建设高素质干部队伍。全面贯彻党的干部路线，树立正确的用人导向，真正把那些品质好、作风正、工作实、成绩明显、群众认可的干部选拔上来，建设政治坚定、能力过硬、作风优良、奋发有为的干部队伍。要全面准确贯彻民主、公开、竞争、择优方针，完善竞争性选拔干部方式，提高选人用人公信度。注重从基层一线选拔培养干部，加大培养选拔优秀年轻干部力度，提高处理实际问题和驾驭复杂局面能力，使中青年干部更好地健康成长。深化用工分配制度改革，进一步规范分配行为，建立良好的用工分配秩序。深入推进专业技术职务评聘和技能鉴定工作，加强岗位管理和绩效考核，建立有效的激励约束机制。认真落实离退休干部政治、生活待遇规定，全面做好离退休人员管理和服务工作。以社会主义核心价值体系为指导，切实加强和改进思想政治工作，努力形成勤勉敬业、团结和谐良好风气。发挥行业媒体重要作用，坚持正确导向，提高引导能力，唱响主旋律，努力营造更加良好舆论氛围。严明党的纪律，深入推进行业党风廉政建设和反腐倡廉工作。坚持标本兼治、综合治理、惩防并举、注重预防方针，全面推进惩防体系建设，切实做到干部清正、行业清廉。要讲纪律，坚决贯彻中央决策部署，自觉遵守党章和廉政准则。要讲大局，珍惜行业发展来之不易局面，珍惜宝贵的工作机会，立足岗位、兢兢业业，正确履行职责，为行业持续健康发展作贡献。加强纪检监察队伍思想作风建设和能力建设，为纪检监察机构开展工作营造良好环境。切实加强监督，重点加强对领导班子和领导干部的监督。加强对企业“三重一大”决策情况监督，加强对重点领域和关键环节监督，坚决惩治消极腐败行为。

党的十八大为行业改革和发展指明了方向，摆在我们面前的任务更加艰巨和繁重。让我们紧密团结在以习近平同志为总书记的党中央周围，高举中国特色社会主义伟大旗帜，统一思想，坚定信心，勇于开拓，真抓实干，以更加奋发有为的精神状态，扎实抓好全年工作落实，确保实现“卷烟上水平”目标任务，全面建设更加规范、更富效率的中国烟草，为全面建成小康社会作出新的努力和贡献！

（本文为作者于 2013 年 1 月 17 日在“全国烟草工作会议”上的报告，略有删改）

切实保障婴幼儿配方乳粉质量安全

国家食品药品监管总局副局长　滕佳材

婴幼儿配方乳粉是广大婴幼儿的必需主食，其质量安全直接关系下一代健康成长，关系亿万家庭的幸福和民族的未来。党中央、国务院一直高度重视婴幼儿配方乳粉质量安全工作，李克强总理、汪洋副总理等国务院领导同志对婴幼儿配方乳粉质量安全多次作出重要批示。2013 年 5 月 31 日，李克强总理主持召开国务院第 10 次常务会议，研究部署进一步加强婴幼儿配方乳粉质量安全工作，强调把提升婴幼儿配方乳粉质量安全水平，作为抓好我国食品质量安全工作的突破口，全力以赴打好提高婴幼儿配方乳粉质量安全水平的攻坚战，重塑消费者对国产乳粉的信心。2013 年 6 月 16 日，国务院办公厅转发国家食品药品监督管理总局等九部委《关于进一步加强婴幼儿配方乳粉质量安全工作的意见》，提出了更加严厉的要求，出台了更加严厉的措施。下面，我从两个方面介绍有关情况：

一、当前我国婴幼儿配方乳粉质量安全总体情况

2008 年的“三鹿奶粉”事件，对于我国乳制品特别是婴幼儿配方乳粉产业是个沉重打击，使整个国产乳制品行业的质量安全形象大打折扣，消费者对国产婴幼儿配方乳粉的信任度大幅下降、跌近谷底。为切实加强乳制品特别是婴幼儿配方乳粉质量安全工作，国务院相继颁布了《乳品质量安全监督管理条例》《奶业整顿和振兴规划纲要》《关于进一步加强乳品质量安全工作的通知》等法规文件。国务院食品安全委员会多次专门研究加强乳品和婴幼儿配方乳粉监管工作，连续几年部署乳品专项治理整顿。各地区、各相关部门切实履行职责，不断加大对婴幼儿配方乳粉行业的扶持和质量安全的监管力度，出台了《乳制

品工业产业政策》《企业生产婴幼儿配方乳粉许可条件审查细则》《进出口乳制品检验检疫监督管理办法》等乳制品质量安全工作制度，实施了一系列支持乳品行业发展的财政补贴和税收优惠政策。2008—2012年，中央财政投入巨资，支持改造完善 3 000 多个奶牛标准化规模养殖场和小区，改良奶牛 5 200 万头，支持以婴幼儿配方乳粉为重点的 60 多个乳制品项目生产条件改善和检验检测能力建设。从 2012 年开始，中央财政每年还安排专项资金，用于乳制品和婴幼儿配方乳粉的风险监测和风险排查。制修订并公布了 68 项乳品安全国家标准，其中我国婴幼儿配方乳粉标准的安全性指标与国外婴幼儿配方乳粉标准相同，营养指标也没有明显差异，更加符合我国婴幼儿的营养需求。2011 年，国家质量监督检验检疫总局（简称国家质检总局）在全国范围内组织对乳制品生产企业重新审核，提高准入门槛，淘汰了 475 个生产条件差、质量安全保障能力低的乳制品生产企业。通过几年的努力，我国乳品产业得到了进一步的规范和发展，婴幼儿配方乳粉质量安全水平不断提升。截至 2012 年底，我国奶牛存栏量约为 1 440 万头，100 头以上规模养殖比重达到 35%，年产牛奶 3 744 万 t。目前，全国共有持证奶站 1.3 万个，比 2008 年减少 6 890 个，减幅达 34%；婴幼儿配方乳粉生产企业 127 个，婴幼儿配方乳粉经营企业 54.5 万个。2012 年，国产婴幼儿配方乳粉约 60 万 t，进口婴幼儿配方乳粉约 9 万 t。

2011—2012 年，国家质检总局组织对全国所有婴幼儿配方乳粉生产企业及全部品种的产品进行了风险监测，累计监测国内生产（含国外品牌国内加工的）婴幼儿配方乳粉样品 12 082 个，发现问题样品 93 个，问题检出率为 0.77%。对于发现的问题产品，当地监管部门均立即采取措施，依法予以处置，消除风险隐患。同年，国家质检总局共检出进口不合格婴幼儿配方乳粉 43 批，占全部进口婴幼儿配方乳粉总批次的 1.13%。同年，按照婴幼儿配方乳粉 7 大类 58 个指标，国家质检总局组织对 110 个国内企业品牌（包括外资在华企业品牌）和 140 个进口的原装品牌产品进行了比较监测。从风险监测和国内外婴幼儿配方乳粉比较监测的数据分析，国产婴幼儿配方乳粉质量安全总体水平稳定向好，在质量安全指标和营养指标上，国产与进口婴幼儿配方乳粉没有明显差异，质量安全整体水平好于其他类食品。尽管如此，由于我国乳制品产业基础仍然比较薄弱，从业者道德诚信和法律意识不强，监管能力还不强，影响婴幼儿配方乳粉质量安全问题的隐患仍然存在，必须采取强有力的措施加以解决。

二、实施严格的监管措施，切实保障婴幼儿配方乳粉质量安全

根据国务院办公厅转发的九部委《关于进一步加强婴幼儿配方乳粉质量安全工作意见》，各有关部门正在结合部门职责，进一步细化措施，确保意见提出的要求落到实处。下面，我介绍一下食品药品监管部门即将实施的新举措。

1. 参照药品管理办法，从严强化生产经营管理 一是参照药品管理的有关措施，严格生产许可。修订婴幼儿配方乳粉生产许可审查细则，从企业生产设备设施、原辅料把关、生产过程控制、检验检测能力、人员素质条件、环境条件控制和自主研发能力等方面提出更加严格的条件。二是参照药品生产企业 GMP 认证模式，要求生产企业全面实施粉状婴幼儿配方食品良好生产规范，完善审核工作。三是建立婴幼儿配方乳粉产品配方和原辅料使用备案制度，将要求企业生产的每一种产品，其配方和生产该种产品所使用的原料、辅料，必须向食品药品监管部门备案，如有变更，必须提前申报。四是加强产品包装和标签管理，企业申请许可和调整产品品种时，必须申报产品包装的式样、颜色及标签。如果产品包装变化，必须向食品药品监管部门备案。五是结合 2013 年企业生产许可证期满换证，按照重新修订的许可条件和要求，开展再审核再清理工作，对奶源质量无保障和生产技术、设备设施、检验检测条件落后的企业，坚决予以淘汰。六是推行婴幼儿配方乳粉电子信息化管理，努力实现产品全程可查询、可追溯。七是向社会及时公布并实时更新婴幼儿配方乳粉生产企业、进口商和产品名录，包括产品包装式样和标签，便于消费者和社会各界识别产品真伪。八是进一步加强婴幼儿配方乳粉经营单位许可管理，严格审核经营条件，在食品流通许可项目和注册登记项目中实行分项审核和管理。

2. 从严落实各项质量管理措施，突出企业首负责任 婴幼儿配方乳粉生产经营单位必须落实各项质量管理制度和质量安全责任追究制度，真正担负起质量安全首要责任。一是要求生产企业必须具有自建自控奶源。对以生鲜乳为原料的，要求企业具有自建奶源基地，确保生鲜乳质量合格；对以原料乳粉为原料的，要求企业对原料乳粉质量可控，并严格执行原料乳粉、乳清粉批批检验等措施，确保原料质量安全。二是要求生产企业严格生产过程控制，严格执行生产过程记录和销售记录，进一步完善电子信息记录系统，建立产品追溯制度。三是要求生产企业必须设置

食品安全管理机构，配备专职食品安全管理人员，落实从业人员上岗培训和定期培训制度。四是要求生产企业必须对出厂产品按照标准实行全项目批批检验，产品出厂检验记录应当真实，保存期限不得少于2年。五是要求生产企业必须严格执行“五不准”：不准委托加工，不准贴牌生产，不准分装生产，不准用同一配方生产不同品牌的婴幼儿配方乳粉，不准使用牛、羊乳（粉）以外的原料乳（粉）生产婴幼儿配方乳粉。六是要求经营单位应购入和销售列入政府监管部门公示目录的合格产品，实行专柜专区销售，试行药店专柜销售。七是要求经营单位加强产品销售管理，对距保质期不足1个月的婴幼儿配方乳粉，必须采取醒目提示或提前下架等措施处理。八是要求生产经营单位按照“谁生产谁负责、谁销售谁负责”的原则，建立先行赔偿和追偿制度，探索建立食品安全责任保险制度，切实保障消费者合法权益。

3. 从严强化监管措施，全面提升日常监管水平　各级食品药品监管部门将依法从严加强婴幼儿配方乳粉日常生产经营监管，确保质量安全。一是加强对生产企业持续保持许可条件、生产过程记录和备案制度执行情况等方面的监督检查。二是组织专家对生产企业的检验能力进行考核，主要是监督企业落实原辅料检验检测和产品出厂全项目批批检验制度。三是研究制定婴幼儿配方乳粉标签标识管理规定，进一步规范婴幼儿配方乳粉标签标注，便于包装标签的备案管理和监督检查。四是加强经营单位的监督检查，要求经营单位建立完善进货查验和查验记录制度，重点加强对母婴用品专营店销售婴幼儿配方乳粉的监管。五是研究制定网络销售婴幼儿配方乳粉的管理制度，规范销售行为，加强网络销售监管。六是按照《食品安全法》的规定，进一步健全完善生产经营单位食品安全信用档案，记录日常监督检查结果、产品监督抽检结果、违法行为查处等情况，并及时公布违法违规单位“黑名单”。七是组织开展婴幼儿配方乳粉定期监督抽检，对企业生产、市场销售的婴幼儿配方乳粉开展抽样检验，及时向社会公布抽检结果，引导消费，提振消费信心。八是进一步完善和强化婴幼儿配方乳粉风险监测，加大监测频次，对监测发现的风险，及时组织专家进行分析研判，采取措施，化解风险。

4. 突出执法检查重点，保持严打高压态势　各级食品药品监管部门将与有关部门加强婴幼儿配方乳粉的执法检查，突出从四个方面严打违法犯罪行为：一是严厉打击非法添加非食用物质、超范围超限量使用食品添加剂和篡改生产日期、涂改标签标识等违法行为。二是严厉打击未取得生产、经营许可和营业执照生产销售婴幼儿配方乳粉的违法行为。三是严厉打击假冒、仿冒知名婴幼儿配方乳粉注册商标、特有包装装潢以及伪造产地等虚假表示、虚假宣传行为。四是严厉打击婴幼儿配方乳粉、原料乳粉和乳清粉的走私行为。各级监管部门对违法行为的处罚情况和结果将及时向社会公布。

5. 突出发挥社会监督作用，努力构建社会共治格局　各级食品药品监管部门将进一步畅通投诉渠道，落实有奖举报制度，鼓励支持媒体和广大消费者积极参与婴幼儿配方乳粉监督。将充分发挥媒体的监督作用，对媒体反映的违法违规行为和质量安全隐患，及时组织调查核实和处置。支持乳品行业协会、消费者协会、科技协会等社团组织，开展促进行业自律、引导市场消费、维护消费者权益以及宣传婴幼儿配方乳粉质量安全和喂养知识等方面的工作。将配合宣传部门加强婴幼儿配方乳粉信息发布的规范管理，未经国家专门检验检测机构检测复核，任何单位不得发布婴幼儿配方乳粉的检验检测结果和信息，以确保相关信息的真实和准确。

6. 突出综合施策，加大对产业发展扶持力度　有关部门将进一步通过财政补贴、落实税收优惠政策等形式鼓励企业进行奶源建设、技术改造和提升检验检测能力。同时，将进一步净化市场环境，督促经营单位取消对婴幼儿配方乳粉营销不合理收费。

婴幼儿配方乳粉质量安全工作是一项系统工程，重塑人们对国产婴幼儿配方乳粉的信心，需要有一个过程，更需要我们认认真真、持之以恒、坚持不懈地抓下去。我们将按照国务院的统一部署，会同有关部门抓好协调，明确责任，逐项落实。同时，要按照本届食品安全宣传周提出的“社会共治，同心携手维护食品安全”主题要求，充分调动媒体、行业协会、消费者、专家等社会各方力量，发挥社会监督的作用，增强社会合力，构建食品安全共管共治格局。只要大家共同努力，就一定能够保证我国婴幼儿配方乳粉质量安全，保证让祖国的下一代喝上安全、放心的配方乳粉，重塑消费者对国产婴幼儿配方乳粉的信心！

（本文为作者于2013年6月20日在“加强婴幼儿配方乳粉质量安全工作座谈会”上的讲话，略有删改）

依靠科技支撑 推进农产品加工业快速发展

科学技术部农村科技司司长 陈传宏

党的十八大和十八届三中全会提出实施创新驱动发展战略，深化科技体制改革，促进工业化、信息化、城镇化、农业现代化同步发展。农产品加工业是建设现代农业的重要内容，对于实现“四化同步”、推进城乡发展一体化具有重要意义。农产品加工业是我国关系国计民生的重要产业，与广大民众的生活质量和人体健康息息相关，在带动农业增效、劳动就业、农民增收中发挥了重要作用。《国家中长期科学和技术发展规划纲要》与《国家“十二五”科学和技术发展规划》，均把农产品加工业作为国家科技计划的重要内容，提出“重点发展农产品精深加工、产后减损和绿色供应链产业化关键技术，开发农产品加工先进技术装备及安全监测技术，发展以健康食品为主导的农产品加工业和现代流通业，拓展农民增收空间”。由于科技支撑的重要作用，近年来我国农产品加工业实现了快速发展，经济规模不断扩大，科技引领作用日益凸显，创新环境不断优化，已发展成为国民经济的支柱产业。

一、农产品加工业科技创新取得明显成效

近年来，社会各界高度重视农产品加工业的科技创新，采取了一系列有效措施推进科技创新工作。初步形成了农产品加工技术创新体系，扶持了一批具备竞争能力的龙头企业，培养了一批具有较强创新能力的科技队伍，实施了一系列涉及农产品加工的重大科技专项计划，攻克了一批农产品加工关键技术难题。

1. *政府引领和推进作用增强* 国家通过实施引导、鼓励和推进的政策，加强农产品加工业的科技创新，推进创新成果的产业化。国务院办公厅《关于促进农产品加工业发展的意见》（国办发［2002］62号）提出，国务院农业和科技行政主管部门要抓紧制定农产品加工业的技术发展政策，优先开发大宗农产品精深加工工艺和技术装备，支持科技成果转化和推广先进适用的农产品加工技术，鼓励农产品加工骨干企业与大专院校、科研院所联合组建科学技术研究与开发中心，推进技术进步和科技创新。科学技术部制定了《食品产业科技发展“十二五”专项规划》，提出重点加强大宗食用农产品加工业的科技创新，重点开展食品加工相关基础理论、前沿新技术与装备的开发研究，积极推进食品产业科技重大共性关键技术的集成创新与新产品创制，不断引领和带动食品产业技术升级。国家发展和改革委员会与工信部制定了《食品工业“十二五”发展规划》，提出要增强自主创新能力、提高装备研制水平、加快企业技术进步等重点任务。农业部制定了《农产品加工业“十二五”发展规划》，以科技创新为重要支撑，大力推进农产品产地加工，促进初加工与精深加工协调发展；优化区域布局，加强农产品加工产业园区建设，促进产业集群集聚；健全完善农产品加工技术研发体系，提高自主创新能力。农产品加工相关部门和行业也制定了一系列部门和行业规划，出台了一系列配套政策和办法支持农产品加工业的科技创新和产业发展。由于科技政策进一步明确，为农产品加工业的科技创新营造了良好的政策环境。

2. *科技投入力度有所提高* 为了支持农产品加工业科技创新工作，国家加大了农产品加工业科技创新投入的力度。“十五”期间，科学技术部启动了“农产品深加工技术与设备研究开发”“食品安全关键技术研究”“奶业重大关键技术研究与产业化示范”三个重大项目，科技专项经费投入达到5亿元。“十一五”期间，国家科技支撑计划设置了9个食品加工项目，科技专项经费投入超过6亿元；863计划在食品加工方面投入经费超过1亿元。截至2013年，国家“十二五”863计划、科技支撑计划已支持农产品加工项目10个，投入专项经费约8亿元，预计“十二五”期间国家投入专项经费总额将超过10亿元。国家自然科学基金委自2009年起立了食品科学学科，2010年资助项目270项，资助经费8 000万元；2012年资助项目达397项，资助经费达19 877万元，经费支持力度不断加大。此外，其他相关部门组织实施

了农产品加工公益性行业科技专项，近5年的国家投入资金超过1亿元。由于国家投入的不断增长，进一步带动了地方和企业加大对农产品加工业的科技投入，全行业科技投入大大增强，显著促进了我国农产品加工业的科技创新工作。

3. *科技创新能力进一步增强* 我国政府和社会各界高度重视农产品加工业的科技创新，采取了一系列措施推进科技创新工作，初步形成了以企业为主体、产学研结合的农产品加工技术创新体系，创新能力进一步增强。近年来，国家为加强农产品加工基础和应用技术研究，相继建立了食品科学与技术国家重点实验室和生物源纤维制造技术国家重点实验室2个；组建了粮食储运、稻米及副产物深加工、小麦和玉米深加工、粮食加工机械装备和粮食发酵工艺及技术国家工程实验室5个；建立了农产品加工综合重点实验室1个和果蔬加工、畜产品加工、水产品加工、热带作物产品加工及功能食品专业性重点实验室6个；在乳业、柑橘、大豆、肉类加工、保鲜、现代物流、肉品质量安全控制、茶产业、粮食加工装备和食用菌等专业建立了10个工程技术研究中心。2009年以来，国家组建了粮油加工、果蔬加工、茶叶加工、肉类加工、乳品加工、冷链物流以及食品装备等13个产业技术创新战略联盟。在全国已组建的118个国家农业科技园区中，基本上都设立了农产品加工技术创新创业服务平台。据不完全统计，全国从事农产品加工技术研究与开发的科研单位和大专院校已超过400家，50多所科研单位和230家高等院校设立了食品科学、农产品储藏与加工专业，近100所院校和院所能够培养研究生，其中硕士点院校91个，博士点院校24个，约5万人从事该领域研究。一大批农产品加工企业相继成立研发中心，使之成为技术创新的重要基地。科技创新平台的建立和发展，激发了各种创新要素的活力，增强了科技创新能力。

4. *一批科技创新成果取得明显成效* “十五”“十一五”期间，科学技术部实施的“农产品深加工技术与设备研究开发”“食品加工关键技术研究与产业化开发”等重大科技项目，在农产品加工领域重大共性关键技术、新产品开发与产业化示范、科技创新平台建设与发展战略等层面开展了联合攻关，取得了一批标志性技术成果。一是食品物性修饰技术取得重要进展，突破了淀粉分子修饰与防回生抗老化技术，研究开发出5 min内复水、常温下可保存6个月的方便米饭以及多种功能性蛋白等。二是突破了冷却肉产业化关键技术，全面提升了我国冷却肉加工的技术水平。三是突破了薯类综合加工关键技术与装备，实现了薯类加工设备的成套化、系列化和规模化生产。四是攻克了浓缩苹果汁加工关键技术难题，全面提升了苹果浓缩汁产业技术水平。五是突破了稻米综合加工关键技术，为我国稻米高效增值利用闯出一条新途径。此外，还突破了玉米化工醇生产、大豆磷脂生产、菜籽膨化预榨和冷榨制油、食品质量与安全控制等关键技术，构建了农产品加工标准与质量控制体系。这些科技创新成果，全面提升了我国农产品加工业的技术水平，整体缩小了与国际先进水平的差距，部分领域达到了国际领先水平。

5. *科技创新机制不断完善* 建立健全科技创新机制，是做好农产品加工科技创新工作的根本保证。随着农产品加工科技创新工作的不断深入，其科技创新机制也逐步得到完善和提升。一是重点突破的创新机制。以可持续发展为前提，选择农产品加工关键技术进行攻关，推进传统技术和现代技术相结合、常规技术和高新技术相结合、国内技术和境外技术相结合。科研、开发、推广相互衔接、相互配套，瞄准重大关键技术、共性技术，集中力量进行重点突破。二是以企业为主体、产学研结合的创新机制。企业处于农产品加工业的第一线，也是科技创新的重要参与者、主导者和受益者，因此企业应该发挥科技创新的主体作用。应该看到，企业缺乏技术和创新能力，而高等院校、科研单位拥有技术、科技成果和创新手段，只有采用以企业为主体、产学研结合的创新机制，才能取得科技创新的成功。三是利益共享、风险共担的创新机制。只有利益共享，才能实现科技创新持续稳定的合作；只有风险共担，才能形成科技创新合力，应对各种挑战。国家和地方建立的各种产业技术创新战略联盟组织创新活动是实现利益共享、风险共担的科技持续合作创新和科技项目组织实施的有效形式之一。

二、科技支撑有效推进了农产品加工业快速发展

通过科技创新的驱动作用，有效推进了农产品加工业进入快速发展轨道，使产业经历了从小到大、由弱到强、由数量增长向质量提升的转变，逐步走上了产业化发展之路，成为横跨三次产业、汇聚多个行业、牵动就业增收和可持续发展的基础性、战略性和支柱性产业。

1. *推进了产业发展速度较快提升* 发展速度较快主要体现在三个方面：一是经济增长较快。2012年全国规模以上农产品加工业实现主营业务收入207 034.87亿元，同比增长23.94%，5年平均增长率为20%以上；利润总额13 458.03亿元，同比增长

13.09%，5年平均增长率为15%左右。增长速度远高于同期国民经济和制造业的增长速度。山东、江苏、河南三省继续位居全国三甲，青海、天津、湖北、甘肃、江西五省、直辖市位列全国增速前六名。二是产业集聚较快。农产品加工业加速向优势农产品主产区和大城市郊区集聚。2012年，山东、河南、四川等10个畜禽养殖大省，肉类加工企业主营业务收入占到全国总量的70%左右，初步形成了一批加工产业聚集区，涌现出一批名牌产品和驰名商标。三是生产集中度提高较快。2012年，农产品加工规模以上企业达11.9万个，大中型加工企业主营收入占到全行业的50%左右，年主营业务收入超过百亿元的农产品加工企业近20个。

2. *推进了产业向专业化现代化方向发展*　由于科技支撑的作用，我国农产品加工业呈现出显著的产业趋势。一是生产专业化。农产品加工业大量采用了专业化生产技术，按照农产品的不同种类、不同生产环节，在地区之间或企业之间进行分工协作，向专门化、集中化方向发展，形成了专业化生产企业和专业化生产区域。二是技术高端化。农产品加工业大量采用了机电一体化技术、智能化技术、膜分离技术、无菌包装技术等高端技术应用到产品生产中，有利于提高生产效率、保障产品质量、降低生产成本。三是生产自动化、智能化。农产品加工业大量采用了自动化、智能化生产技术，使生产过程由手工操作向自动化、智能化生产转变，节约了劳动力，提高了生产效率，保证了产品质量。四是质量安全化。农产品加工业大量采用了全过程质量控制技术，在关键控制点设置质量控制装置，实现快速检验检测，保障生产出的产品质量合格。同时还实现了产品质量全过程追溯，通过追溯技术使农产品生产、流通及消费过程中出现的问题及时反馈给生产者。

3. *推进了农民就业增收和农业可持续发展*　农产品加工业是现代农业的重要组成部分，是涉及国计民生的大产业。科技支撑农产品加工业至少有以下几个明显的促进作用：一是促进农民就业增收。农产品加工业是劳动密集型产业，是农村劳动力转移就业的重要渠道。目前，全国农产品加工企业从业人员达到2 298万人，其中吸纳农村劳动力占70%以上，劳动报酬支出超过4 500亿元，农民纯收入的8.9%来自农产品加工业。二是促进农业增效，发展农产品初加工，可以大幅度实现农产品减损增效，推进精深加工，能够在多层次、多环节实现转化增值。这些年农产品难卖问题之所以大大减少，其中一个重要的原因是农产品加工业的发展起了作用。三是促进农业可持续发展。我国农产品副产物数量巨大，稻壳、米糠、麦麸、蔗渣、禽畜骨血等大部分副产物没有得到有效的利用，资源浪费严重，甚至成为农村环境污染的源头。通过发展农产品深加工和综合利用，可促进农业资源的高效利用和可持续发展。

三、农产品加工业仍存在不容忽视的问题

虽然科技创新在推进农产品加工业发展中发挥了重要作用，但仍存在一些问题不容忽视。

1. *农产品质量安全有待提升*　农产品质量安全不仅是世界各国的国内问题，同时也是全球性的重大问题。在现阶段，面对我国数量众多、小而分散的生产主体，农产品质量安全的风险隐患依然存在，一些问题也时有发生，农产品质量安全的形势不容乐观。如三聚氰胺等事件，不仅直接影响相关农产品的出口，而且也对国内形象造成不良影响。农产品质量安全关系到国民的身体健康，始终是全社会关注的热点和焦点，保障农产品质量安全是关系我国现代化建设全局的重大任务，发展形势依然严峻。我们应该通过加大科技支撑力度，推进农产品质量安全进一步提升。

2. *装备技术水平仍有差距*　长期以来，国家对农产品加工业的科技投入主要集中在工艺技术研究方面，对装备研发投入的资金相对较少，装备企业投入研发资金也严重不足，装备的技术水平总体较低，在国际竞争中处于劣势地位。大型关键装备、高端技术和关键零部件长期依赖进口，手工操作、半机械化装备在加工企业中大量使用，现有装备技术水平不适应或跟不上农产品加工业的发展需要，已成为制约我国农产品加工业发展的技术瓶颈。因此，应加大食品装备的自主创新力度，推进农产品加工装备上水平，尽快解决农产品加工业装备长期依赖进口和产业升级问题。

3. *自主创新能力仍显不足*　近年来，农产品加工行业创新能力和技术水平有了很大提升，但除部分较大企业外，绝大多数为中小企业，科研手段和研究设施缺乏，技术力量薄弱，试验条件不完善，创新经费投入不足，主要技术来源以引进消化吸收为主，缺乏自主创新意识和能力，同质化现象严重，技术的工程转化能力薄弱。高校和公益性研究机构开展技术研究，产出成果多为论文或研究报告，不能形成产品，即使开发了产品也不能形成产业，成果实际应用效能有待加强。

4. *节能减排综合利用仍需加强*　我国农产品加工产业仍然属于资源高耗型产业，节能减排和资源综

合利用任务相当艰巨。中小加工企业较多，普遍存在生产技术落后，能耗高、排污量大等问题，农作物秸秆以及加工企业在生产中产生大量如果皮、果核、禽畜内脏、淀粉加工废水等副产品没有得到充分利用，造成资源浪费，环境污染严重，综合利用水平不高。因此，我们应加快开发综合利用技术和节能降耗减排技术，加大科技支撑力度，进一步提高农产品加工副产物的综合利用率、产业效益和改善生产环境。

四、进一步深化农产品加工业科技支撑工作

近年来，虽然科技支撑了我国农产品加工业实现了快速发展，但也要深刻理解面临的新形势、新任务，进一步落实创新驱动发展战略，围绕农产品加工产业链，构建技术创新链，创新管理运营模式，营建多元化投入机制，加快转变经济发展方式，增强经济发展内生动力，促进科技与经济紧密结合，着力解决当前存在的突出问题，进一步深化农产品加工业科技支撑工作。

1. *充分认识农产品加工业科技创新的紧迫性* 科学技术是第一生产力，是农产品加工业发展的重要动力源泉，党和国家历来高度重视科技工作。近年来，中央作出增强自主创新能力、建设创新型国家的重大战略决策，农产品加工科技投入持续快速增长，科技在农产品加工业发展中的作用日益凸显，我国农产品加工业的科技发展既面临重要战略机遇，也面临严峻挑战。随着全球性粮食安全与质量安全意识的不断增强，粮食安全和质量安全已成为农产品加工业数量增加与质量提升的两大重要制约因素，对产业科技发展提出了更高要求。面对新形势新要求，农产品加工业的自主创新能力还不够强，科技支撑的成效与产业发展需求还不相适应。

2. *进一步明确农产品加工业科技创新发展思路* 深入贯彻落实科学发展观，坚持自主创新、重点跨越、支撑发展、引领未来的指导方针，以提高自主创新能力为核心，以促进科技与经济发展紧密结合为重点，着力解决制约农产品加工业科技创新的突出问题。坚持坚持创新驱动、企业主体、市场导向的原则，大力提高农产品加工自主创新能力，发挥科技支撑引领作用，强化科技创新产学研紧密结合，充分发挥大型企业的科技创新的骨干作用和带动作用，提升创新能力和服务水平。加快建设一批一流大学、科研机构和创新企业，推进自主创新、原始创新、引进消化吸收再创新的能力，强化相互支撑和联动，促进农产品加工业研发成果转化，实现创新资源合理配置和高效利用。

3. *着力完善农产品加工业的科技创新机制* 加强科技创新，推动技术改造，促进农产品加工业优化升级。围绕精深加工、综合利用、节能减排、质量安全等重点，完善新技术、新工艺、新产品的应用推广机制，提升农产品加工业创新发展能力。针对产业特点，整合资源构建共性关键技术研发基地，重点建设产业技术创新平台，加快科技成果转化步伐。加大投入，健全机制，促进农产品加工业科技研发和应用推广；加快培育市场主体，完善支持政策，促进农产品加工业科技发展。建立基础研究、应用研究、成果转化和产业化紧密结合、协调发展机制。支持和鼓励各创新主体根据自身特色和优势，探索多种形式的协同创新模式。以中央财政资金为引导，带动地方财政和社会投入，开展技术创新活动；以市场需求为导向，加强农产品加工产业技术创新战略联盟建设和创新活动的组织与实施作用。强化创新、创业与应用示范联动，加大对国家现代农业科技园区的支持力度，充分发挥园区的技术示范和引领作用。

4. *大力营造农产品加工业科技创新发展环境* 科技创新是一个系统工程，需要营造一个良好创新环境。一是完善创新政策支持。根据农产品加工装备发展实际，进一步落实农产品加工业科技创新配套政策，发挥政府在科技投入中的引导作用，制定相关创新政策，营造良好的创新政策环境。对从事农产品加工科技创新的单位，要积极寻找切入点和突破口，争取国家政策支持。二是加大自主创新投入力度。整合现有的各项建设投资和财政专项资金，重点向提升农产品加工自主创新能力方面倾斜；鼓励和引导工商资本、民间资本和外商资本投入农产品加工创新领域，逐步形成多元化、多渠道、高效率的农产品加工创新创业投融资体系。健全激励机制，完善政策环境，围绕产业链部署创新链，围绕创新链完善资金链。三是加强创新人才队伍建设。深入实施重大人才工程，培养造就农产品加工业科技领军人才和高水平创新团队。鼓励在创新实践中脱颖而出的人才成长和创业，重视农产品加工业工程实用人才、紧缺技能人才和产业实用人才培养。要通过项目实施和专门培养的方式建设自主创新团队，选择有一定基础的科研院所、大专院校和企业，加快自主创新领军人物的培育，形成一支具有世界前沿水平的农产品加工装备自主创新人才队伍。积极营造良好的人才培养环境，从物质和精神两个方面鼓励科技人员投身自主创新工作，最大限度地激发广大科技人员的自主创新积极性。

5. 积极探索产学研结合的新模式新机制　产学研结合是推动科技与经济结合的有效手段，是提升企业自主创新能力的现实需要。一是要加强对产学研结合的政策激励，营造有利于产学研结合的政策法规环境，推进《促进农业科技成果转化法》，促进农产品加工业的创新发展；二是加大对产学研结合的科技项目支持力度，实行科研项目分类管理，加快建立“企业先行投入、产学研协同攻关、成果市场验收、政府事后补助”的科技项目形成实施机制，将联盟作为征集行业企业需求的重要渠道，依托联盟实施重大技术创新项目，建立技术研发平台和公共服务平台；三是围绕促进产学研协同创新和农产品加工业创新发展目标，推动构建产业技术创新战略联盟，支持产学研共建重点实验室、工程实验室、工程（技术）研究中心等重大创新基地和平台，积极探索组织化、制度化、长效化的产学研结合机制。

创新工作思路　转变工作方式
认真落实农产品加工业各项重点工作

农业部农产品加工局局长　张天佐

这次会议，充分肯定了2012年全国乡镇企业、农产品加工业和休闲农业取得的成效和工作，对做好2013年的工作提出明确要求。我们一定要认真学习，深刻领会，狠抓落实。下面，围绕部领导的要求和农产品加工业的迫切需求，我对10项重点工作提出具体贯彻意见。

一、认真实施农产品产地初加工补助项目

为了解决我国农产品产后损失严重问题，2012年中央财政安排5亿元专项资金启动实施了农产品产地初加工补助项目，采取“先建后补”方式，扶持12个省、自治区农户和农民专业合作社建设初加工设施。为确保项目顺利实施，各级农业、财政部门从制度建设抓起，制定项目实施指导意见，建立信息管理系统，开展管理技术人员培训，加强项目督导检查，广泛进行宣传引导，实现了项目当年建设、当年使用、当年见效。通过项目实施，带动地方和农民投入超过10亿元，支持1.3万多农户和1 200多个合作社建设贮藏窖、冷藏库和烘房，新增马铃薯贮藏能力50万t、果蔬冷藏能力30万t、果蔬制干能力30万t，项目区农产品的产后损失明显下降，应季销售价格同比提高10%～20%，入窖入库的果蔬增值潜力可期。由于受资金规模的限制，2012年新增的贮藏、保鲜和烘干能力尚不足项目省、自治区实际需求量的1%，其他大部分省、自治区还没有实施，从根本上改变我国农产品产地初加工设施落后状况任重道远。

2013年，我们将积极加强与有关部门沟通协调，争取进一步增加资金规模，扩大项目实施区域，增加设施奖补种类，使更多的产地农民受惠受益。要重点做好4项工作：一要会同财政部尽早出台2013年的指导意见，各地要结合实际制定本省、自治区、直辖市的实施方案，做到早部署、早实施、早见效。二要尽快印发技术方案和编制培训教材，各地要抓紧开展技术方案的本地化设计，做好培训的各项准备工作。三要加强技术指导和监督管理，切实做到规范操作、公开透明，尊重群众意愿，不搞包办代替。四要做好先行先试。暂时未能列入实施范围的省、自治区、直辖市，要进行必要的调查研究，摸清当地农产品初加工发展情况，积极争取各方面的支持，选择有条件的地方先行先试，积累经验。希望相关省、自治区、直辖市高度重视项目实施工作，安排相应的力量，落实必要的工作经费，确保项目顺利实施。

二、稳步推进主食加工业提升行动

为顺应城乡居民对主食品工业化生产和社会化供应的迫切需要，2012年我部联合北京、山西、河南、广西等四省、自治区、直辖市启动了主食加工业提升行动试点，举行了启动仪式，推介了一批新技术、新装备和新产品，认定了一批示范企业，组织了交流研讨，开展了技术需求与标准体系专题研究。通过这一系列工作，在社会上营造了良好的发展氛围，产学研、农科教合作更加密切，工商资本进军主食加工业的态

势显现，加快发展主食加工业正逐步成为社会共识。

2013年，要坚持“政府引导、企业主体、多方联动、稳步推进、务求实效”的原则，扩大试点范围，围绕“九个一”的目标要求，深入实施主食加工业提升行动。即：一要加大宣传引导，在全社会树立一个主食工业化的理念；二要加强部门联动，多方协作，营造一个良好的发展环境；三要争取国家行业科技专项支持，开展关键技术联合攻关，研发一批技术装备；四要组织展示交流、技术推广等活动，促进企业与科研对接、产品与市场对接，推广应用一批技术设备；五要加快标准体系研究，制修订一批标准；六要发挥典型带动作用，培育一批示范企业；七要启动“主食加工业精品之窗”平台建设，宣传推介一批主食精品；八要搞好总结交流，推广一批营销模式；九要加强调查研究和沟通协调，研究制定一批扶持政策。各地要加大工作力度，采取有力措施，加强协调配合，积极推进主食加工业提升行动深入开展。

三、进一步发挥农产品加工技术研发体系作用

2012年，我们着力加强农产品加工技术研发体系建设，实现了“建平台”向“用平台”的方向转变。通过综合分析研究，完善了“十二五”农产品加工·公益性行业科技项目规划，组织争取14个项目列入国家计划，总经费超过2.3亿元，100多个科研单位、高校和企业以“产学研用”相结合方式参与课题研发。在12个重点研发单位开始启动农产品加工技术集成和中试基地建设项目，国家投资达到6 000多万元，组建了农业部农产品加工标准化技术委员会。加强了农产品加工研发9个专业委员会的工作指导，组织开展了系列科企技术对接活动和农产品贮藏、干燥等技术的示范推广活动，数百家企业的技术难题得到了解决。一年来，农产品加工技术研发体系的队伍建设得到加强，凝聚力、战斗力得以提升，运行机制更加顺畅，为更好地发挥这支团队的作用积累了经验。

下一步，要进一步探索研发体系在资源整合、信息共享、联合攻关、技术创新等方面的机制和方法。抓紧启动《农产品加工技术研发体系建设规划》，扩大技术集成和中试基地项目建设规模，尽快改善我国农产品加工共性技术研发、关键设备研制和中试集成等科研条件。要围绕农产品精深加工、资源综合利用、节能减排、质量安全等行业共性关键环节，积极争取更多的项目列入公益性行业科技专项，加紧解决一批制约行业发展的技术瓶颈问题。要加强体系内外“产学研用”的深度合作，挖掘、甄别、筛选成熟适用共性技术、工艺和设施设备，向中小型加工企业、农户和合作社推广。要加强研发体系内部的技术交流和信息共享，培育一批领军的研发人才和创新团队。研发体系是我们系统可以利用的共同资源，希望各级农产品加工业管理部门多利用这个平台开展工作，多交任务、压担子，让他们发挥更大的作用。另一方面，积极关心支持各研发分中心的发展。

四、切实强化农产品加工业监测分析与预警

及时、全面、准确地把握农产品加工业发展现状及其趋势，引导农产品加工业健康发展，是农产品加工业监测分析与预警工作主要目标。我们通过两年的努力，建立了监测预警的方法制度，组建了一支分析、会商队伍，搭建了一个信息交换和汇总平台。依托这个体系，2012年开展了农产品加工全行业的统计分析，对部分重点行业和品种开展定期监测，对行业热点问题和突发事件进行跟踪研究。针对小麦制粉业、番茄加工业产能结构性过剩问题，及时发布了预警信息，在业内产生了较大影响。同时，组织编写了2011年中国农产品加工业经济运行分析报告，归纳整理了2003—2010年的数据，建成了基础资料数据库，为研究农产品加工业发展情况和分析未来发展趋势奠定了基础。

2013年，要围绕监测数据汇总与分析研判相结合、决策参考与行业引导相并重的工作目标，健全定期分析、动态报告、及时预警的机制，对农产品加工业开展分行业、分区域、分品种的动态监测，对突出问题和潜在隐患实施预警发布，着力打造农产品加工行业信息公共服务平台，形成权威信息渠道，引导行业健康发展。要及时跟踪国际农产品加工标准及相关政策变化，加强对热点问题和突出事件的分析研判。要进一步加强协作配合，密切与相关部门和行业协会的联系沟通，拓宽统计数据和信息采集渠道，着力加强分析队伍建设，努力推动监测分析与预警工作上台阶、上水平。

五、着力规范引导休闲农业发展

自农业部发布《全国休闲农业发展“十二五”规划》以来，各地积极贯彻，将发展休闲农业与促进农民就业增收、扩大国内消费、建设社会主义新农村和统筹城乡发展结合起来综合考虑，纷纷制定实施本区域的休闲农业发展规划，出台指导意见，引导休闲农业走上了科学规范的发展道路。休闲农业逐步从零星分布向规模集约、从单一功能向教育体验多功能、从单一产

业向多产业一体化经营领域拓展，一批产业优势区初步形成。在农业部、国家旅游局的全力推进下，休闲农业与乡村旅游示范创建工作取得显著成效，培育了一批典型，探索了一批模式，引领了全行业的发展。

2013年，要通过制定规范性文件，进一步加强规范管理和工作引导，推动适宜地区按照以农为本、突出特色的原则加快发展。同时，进一步树立科学发展的理念，坚决防止在发展的过程中破坏生态、滥占耕地、一哄而上以及侵害农民利益的问题。联合国家旅游局召开全国休闲农业与乡村旅游发展工作会议，继续开展示范创建活动。进一步修改完善休闲农业标准体系建设框架，加快标准化建设，提高规范化水平。加强多层次人员培训，提高管理人员和从业人员的素质。

六、推进休闲农业公共服务平台建设和品牌培育

休闲农业公共服务“进城入户”工程启动实施以来，服务平台的功能不断升级完善，数据库信息日益丰富，网站点击率屡创新高，不仅有效发挥了连接休闲农业经营者与消费者的桥梁作用，而且充分宣传了休闲农业领域各项重点工作和重大活动。目前，入库休闲农业主体信息已增加到12万个，浏览数量超过3 000万次，日均浏览量超过10万次，平台影响力不断提升。2013年要进一步完善系统功能，增加入库信息，加大宣传推介，扩大平台影响，支持网站良性发展。各地要组织休闲农业经营主体利用好这一平台，充分展示自身魅力，扩大宣传推介，有效衔接供需，将这一公共服务平台办好、办活、办出名气，争取办成全国休闲农业最具权威的公共服务平台。

农业部高度重视休闲农业品牌的培育工作，2012年继续开展了中国最有魅力休闲乡村推荐活动，数百万公众参加了网上投票，一批候选乡村通过推荐的过程，展示了魅力，扩大了影响。在各省的大力支持下，农业部以“创意提升农业、休闲改变生活”为主题，创新性地开展了5次区域性和1次全国性休闲农业创意精品推介活动，共有11 000余件创意作品进行了展示推介，创意精品现场销售额累计超过5 000万元，投资签约额累计超过6亿元。这些活动的开展，达到了培育宣传休闲品牌，推广应用创意理念，开发打造知名产品的目的。

2013年将继续加大休闲农业品牌培育的力度。一是继续开展中国最有魅力休闲乡村推荐活动；二是在全国选择一批特色鲜明的农家乐聚集村或休闲农业经营点，采取财政以奖代补的方式，鼓励进行公共服务设施改造、农耕文化挖掘和宣传推介工作，努力打造成各具特色的新样板；三是开展中国美丽田园寻找推介活动，向公众推介中国10大油菜花、桃花、向日葵、梯田、梨花、茶园、稻田、薰衣草园、渔作和畜牧转场等农事景观。同时联合CCTV7开设《美丽乡村行》专题栏目，专题制作52期休闲农业与乡村旅游的节目；委托中国报道制作10期《梦回田园》纪录片，深入挖掘各种类型的典型，宣传休闲农业的特色，形成全社会关注的氛围。

七、做好中国重要农业文化遗产发掘工作

为加强我国重要农业文化遗产的挖掘、保护、传承和利用，丰富休闲农业的历史文化资源和景观资源，进一步弘扬中华农业文化，增强国民对民族文化的认同感和自豪感，农业部于2012年初部署开展了中国重要农业文化遗产发掘工作，并决定每两年认定一批中国重要农业文化遗产。这项工作不仅填补了我国遗产传承保护工作在农业领域的空白，而且在国际农业文化遗产保护工作上也走在前列。保护的核心是深入挖掘重要农业文化遗产的历史、文化和社会价值，并在有效保护的基础上与休闲农业有机结合，推动遗产地农民就业增收和农业文化遗产动态保护机制的形成。各地对于此项全新工作均给予了高度重视和大力配合。目前，农业部已在全国各地初选推荐的几十项传统农业系统中，经专家评审，确定了20项候选项目，并在规划、管理等方面对候选项目进一步完善相关工作作出了具体部署。

2013年要继续做好中国重要农业文化遗产的发掘和认定工作。各级休闲农业行政管理部门要进一步提高认识，把文化遗产工作上升到保护传承中华农耕文化的高度加以推进。各地要加强理论研究和实地调研，明确负责处室和人员，做好本地农业文化遗产的调查摸底工作，做好有关项目储备。已有候选项目的地方，要加强对候选项目的管理、服务和监督，指导其完善相关工作，为获得最终认定打好基础。农业部将在审核各候选项目规划、管理等有关文本的基础上，对达到要求的候选项目组织专家实地考察，于2013年正式认定我国第一批中国重要农业文化遗产，并通过各种途径进行宣传推介，提高农业文化遗产的社会认知度，为繁荣农业农村文化、完善中华传统文化传承体系作出贡献。

八、积极推进区域经济合作

2012年，区域经济合作以“创新、拓展、提升、

求实”为目标，加大力度，扎实推进，取得良好成效。成功举办了全国农产品加工业投资贸易洽谈会，支持湖南、海南、新疆等省、自治区成功举办特色农产品加工品推介会，启动了全国特色农产品加工品“进城入市”行动，协办了农产品加工业外经人才培训班、东盟农产品加工市场中国推介会、中国名优产品泰国出口交易会等。特别是全国农产品加工业投资贸易洽谈会，实现“投资贸易洽谈、科技成果发布、技术装备展示、科企银企对接、产品展销推介、专题发展论坛”六位一体，内容丰富，形式多样，从更高层次上拓展了交流合作的途径，提升了活动的影响力。来自全国 27 个省、自治区、直辖市和国内外 161 个代表团，4 500 多个企业，近 17 000 多人参会，签订投资贸易意向达 480 亿元。

2013 年，区域经济合作要进一步创新思路、拓展领域、做强平台、提高水平。继续举办好“2013 年全国农产品加工业投资贸易洽谈会”，在坚持“六位一体”的前提下，努力提升办会的市场化和国际化水平。协助相关省办好区域性特色农产品加工市场推介活动。继续开展国际贸易职业经理及管理人员培训，举办农产品加工业外经人才培训班，提高农产品加工企业外经人才水平。加强对外合作交流，继续与东盟、欧盟等国际组织合作开展技术交流和市场拓展等工作。

九、加强乡镇企业行业分析和指导服务

2012 年，面对异常严峻的外部形势，我们把做好乡镇企业行业分析等基础服务作为重要工作内容。进一步完善了乡镇企业统计和直报网络系统建设，推进功能升级。强化了发展动态分析，定期发布乡镇企业经济运行信息，为政府决策和行业发展提供有效服务。加强统计队伍建设，对乡镇企业系统从事统计工作 30 年以上人员进行登记、审核和上报，共有 301 人获得国家统计局授予的荣誉称号和证书。积极推进乡镇企业职业技能开发工作，全年预计完成相关行业职业技能鉴定人数突破 4 万人次。探索挂职培训新途径，注重理论培训与挂职锻炼相结合，考察学习与交流经验相结合，组织中西部地区一批乡镇企业高层管理人员开展挂职培训。与深圳证交所合作，分别在长沙、成都举办两期涉农企业证券融资培训班，进一步强化企业与创投公司的交流，促进与资本市场对接，拓宽融资渠道。

2013 年，从国内外发展趋势看，明年国际经济下滑的势头依然不减，国内经济上行压力较大，出口和内需不足的问题仍很突出，融资、用工、用地等制约性因素仍未发生根本性改变，乡镇企业发展的不确定性较大。因此，要进一步加强乡镇企业运行分析、人员培训、职业技能开发和融资服务等基础性工作，要密切跟踪乡镇企业发展走势，深入分析研究新情况、新问题，引导乡镇企业持续发展。

十、努力营造乡镇企业发展的良好环境

近几年来，针对全国小微企业发展中遇到的困难和问题，国务院先后出台了一系列扶持政策。贯彻落实这些政策措施是我们乡镇企业系统的重要职责。我们要按照国务院办公厅的分工要求，继续抓好各项政策的落实。要认真清理乡镇企业、农产品加工业的税费负担问题，切实做好企业治乱减负工作。继续推动企业开展清洁生产和节能减排，加快淘汰落后产能，加快转变发展方式。要积极探讨乡镇企业以工带农发展新模式，开展村企和谐发展示范创建活动，总结乡镇企业支持现代农业发展、促进农村社会和谐、带动农民就业增收新经验、新典型和新模式。

在这里我还要重点强调一下农民创业工作。农民创业在全民创业中地位重要，作用突出，但目前政策还不完善，工作还不系统，基础还较薄弱。因此，2013 年要重点抓好 4 件事。一是认真落实有关促进创业的政策，找准农民创业工作的着力点和立足点，提出有关促进农民创业的政策建议。二是围绕农民创业的基本途径、产业类型、基础设施、人才能力等方面，总结推广农民创业模式。三是加强创业培训工作，继续与相关部门合作开展创业指导师培训工作。四是宣传推介一批基础设施条件好、服务功能完善、创业成功率高的全国农民创业示范典型。

总结过去一年工作，回首近几年发展历程，我们在实践中探索，在探索中拓展，围绕关键环节下工夫，坚持既定目标不动摇，狠抓重点工作不放松，创新工作思路，转变工作方式，加强沟通协调，强化体系建设，突出工作实效，实现了工作的历史性突破，打开了新的局面。我们虽然付出了许多努力，但也收获了更多的希望和成果。通过这些工作树立了全系统的信心，鼓舞了士气、凝聚了力量，为今后的工作打下了良好的基础。2013 年是贯彻落实党的十八大精神重要一年，是实施“十二五”规划承前启后的关键之年。我们一定要继续坚持行之有效的好经验、好做法，凝心聚力，真抓实干，开拓创新，不断开创乡镇企业、农产品加工业和休闲农业工作新局面，为农业和农村经济科学发展作出新的贡献。

（本文为作者于 2012 年 12 月 23 日在“全国乡镇企业与农产品加工业工作会议”上的讲话，略有删改）

认真做好肉菜流通追溯体系建设工作

商务部市场秩序司司长　常晓村

这次会议的主要任务是：部署首批肉菜流通追溯体系试点城市的验收工作，开展业务培训，并举行第三批试点城市联合采购签约仪式。商务部领导对这次会议高度重视，姜增伟副部长做出重要批示，要求严格按照规范和标准要求，抓好考核验收工作，不符合条件的不予验收，限期整改。下面，我讲几点意见。

一、追溯体系对强化流通行业管理具有重要作用

早在 2010 年，为促进流通行业发展，商务部决定从肉类、蔬菜“一荤一素”入手，率先在大中城市试点建设肉菜流通追溯体系，促进物联网等现代信息技术在流通领域的应用，以信息化带动流通现代化，加快转变流通发展方式。3 年来，分 3 批在 35 个城市，402 个生猪定点屠宰企业、350 个大型农产品批发市场、6 390 个标准化菜市场、3 432 个大中型连锁超市、7 080 个团体消费单位开展试点，总共覆盖了 17 655 个企业、约 1.5 亿人口，形成了粗具规模的全国性追溯网络架构。3 年来的实践证明，我们以信息化带动流通现代化的思路是正确的。通过建设追溯体系，我们不但建立了覆盖绝大部分直辖市、计划单列市和省会城市的信息化的流通主渠道，而且拥有了加强和改进流通行业管理的现代化手段。从前期试点看，追溯体系在以下几方面已经产生了良好作用：一是有利于促进生产经营者强化责任意识和诚信意识，提高自我约束能力；二是有利于促进标准化、规范化经营，扩大品牌化、包装化肉菜的市场占有率，加快流通规模化、产业化发展，创造放心肉菜品牌；三是有利于推动流通企业业务流程再造，优化交易和管理方式，加快信息化、现代化建设步伐，促进流通发展方式转变；四是有利于实现对产、运、批、零全过程的信息化管理，增强市场调控的准确性和及时性。

2013 年初，欧洲部分国家爆发马肉假冒牛肉的风波，各国通过这一事件得出的一个重要教训，就是要通过建立信息化的追溯体系，强化对流通全过程的管理。2012 年，国务院出台《国内贸易“十二五”规划》《关于深化流通体制改革加快流通产业发展的意见》，都对追溯体系建设做了专门部署。这是今后一个时期指导流通工作的两个纲领性文件，从国家层面确认了追溯体系在流通工作中的重要作用。2013 年 2 月 4 日，温家宝总理视察了商务部。在内贸方面，温总理重点考察了肉菜流通追溯体系。总理专门听取了我们的汇报，并观看中央平台数据演示，中央电视台等中央媒体通过新闻联播等作了报道。考察中，温总理对这项工作给予高度肯定，表示“非常有必要”“我完全支持这项工作”。陈德铭、高虎城、姜增伟、房爱卿等部领导陪同视察，均对这项工作表示肯定，并要求切实建好用好追溯体系，为流通行业发展服务。

众所周知，这次国务院机构改革方案中，对食品安全监管体制做了重大调整。主要内容包括：设立国家食品药品监督管理总局，负责食品生产、流通、消费全过程监管；明确农业部负责食用农产品从种植养殖环节到进入批发、零售市场，或者生产加工企业以前的质量安全监督管理；将商务部的生猪定点屠宰监督管理职能划入农业部。对于肉菜流通追溯体系，部党组意见很明确，追溯体系是物联网技术在流通行业的示范应用，是行业管理理念和方式的重大创新，是转变流通发展方式、加速流通现代化的重要手段和措施，商务部将继续推进。对此，大家一定要有清醒认识，要从加强流通行业管理的战略高度，继续抓紧抓好这项工作。在机构调整时期，尤其要做到思想不散、队伍不乱、工作不断。

二、2013 年推进追溯体系试点的主要任务

2013 年，是追溯体系试点工作的攻坚年。要认真贯彻党的十八大和十八届二中全会精神，按照《国内贸易“十二五”规划》《国务院关于深化流通体制改革加快流通产业发展的意见》《2013 年商务工作要点》《2013 年规范市场秩序工作要点》的总体部署，以确保建设运行质量为核心，加强分类指导，加大推进力度，扎实落实各项试点任务，加快建成完善的肉菜流通追溯体系，实现长效持续运行，促进流通行业健康发展。

（一）加强分类指导，确保三批试点城市全部建成并投入运行

对于前三批试点，部领导高度重视，姜增伟副部长多次强调要加强分类指导，确保取得实效。在他亲自部署推动下，我们连续下发三个商务部文件，对三批试点进行了针对性的安排和部署。大家一定要对照文件要求，切实抓好落实。上半年，尤其要重点抓好以下工作：

1. *第一批试点城市要以考核验收为契机，切实保证项目建设质量* 前期，我们修订完善了考核验收办法，制定了《考核验收操作规范》，进一步细化了验收内容，规范了操作流程。为保证验收效果，拟引入第三方测评机构，从技术层面对各城市试点工作进行评价与评估。会后，我们就要成立验收小组，分赴各城市进行实地评估，争取5月底以前全部完成。考核结果优秀的，将予以总结推广经验，并给予相应的奖励；不合格的，将予以通报并督促限期整改。各城市一定要对照《操作规范》要求，抓紧上报验收材料，做好相关准备，确保一次通过验收。

2. *第二批试点城市要以中期评估为抓手，切实加快建设进度* 2012年，在内贸23个项目中，我们对首批城市进行了中期评估，有力地推动了各项工作。部领导给予充分肯定，要求其他内贸项目予以学习借鉴。2013年，我们将总结经验，对第二批城市进行中期评估，重点考察前期工作落实情况，包括落实保障措施、平台建设、基础设施改造、软硬件设备安装测试等，确保各城市开通平台，初步具备打通追溯链条的能力。这项工作预计6月以前进行，大家要提前做好准备。进度落后的城市，尤其要加快进度。

3. *第三批试点城市要抓紧完成后续项目招标，尽快进入安装实施阶段* 前期，我们组织试点城市进行了专用软硬件联合采购，以及项目监理和系统集成入围招标。应该说，总体效果是好的。今天，举行了签约仪式，完成了专用软硬件采购工作。下一步，各地要抓紧履行当地招标程序，确保5月底前完成项目监理和系统集成企业遴选，尽快启动安装实施工作。为保证招标取得预期效果，商务部将制定管理办法，建立完善的奖惩机制，加强对供应商履约行为管理。各地也要制定具体的管理办法，督促供应商全面正确履行合同义务；对于实施质量差、失信严重的，要依法追究违约责任。我在这里提醒中标企业，签约只是“万里长征第一步”，关键要增强责任意识，履行好承诺，切实保证好项目质量。今天签了约，不等于就进了“保险箱”，如果实施质量差、失信严重，我们将予以淘汰出局，并纳入黑名单管理，禁止以后再参与；对于信誉高的企业，我们也可以在下次招标中补充进来。

（二）强化运行管理，保证追溯体系有效运行

追溯体系的生命在于运行。从投入试运行起，就要及时将重心转移到加强日常管理、提高运行效率上来。首批城市中，一些地方设备使用率不高，有的甚至成为摆设，被媒体曝光。我们一定要引以为戒，将运行管理作为重中之重，采取切实有效的措施，保证每一台设备都用起来，数据能准确及时地采集上来，真正发挥追溯体系作用。一方面，要完善运行管理机制，落实运行维护经费和责任，强化日常运行管理，保证软硬件有专人维护，发生故障时能及时发现、及时上报、快速响应、快速处理；另一方面，要结合当地实际情况，探索有效的运维模式和运行保障机制，做到法律手段与经济手段并用、行政强制与市场化运作相结合，保证追溯体系长效运行。

（三）积极稳妥扩大试点，形成全国性网络

按照商务部统一部署，“十二五”期间将继续推进追溯体系建设，争取覆盖城区百万人口以上城市，形成与全国统一大市场相适应的网络架构。目前，我们已向财政部提出建议，并就今后3年资金做出一揽子安排。2013年，将安排5亿元，按照集中支持、连片推进的原则，选择15个左右城市进行第四批试点，并对前两批城市中资金缺口较大的给予追加支持。为此，我们专门进行摸底调查，了解各地的情况和需求。近期，将会同财政部确定支持城市，尽快下拨支持资金。各省商务主管部门要摸清情况，做好推荐工作。对于积极性高、符合条件的城市多的省，我们将适当增加支持名额。

（四）健全法规制度，强化工作保障

追溯体系推进难、运行难，原因是多方面的，但最根本的还是配套法规不完善、依据不足、约束手段不硬。针对这一问题，我们2012年专门安排课题，开展了追溯体系法律保障机制研究。2013年，我们将根据课题研究成果，抓紧研究起草配套规章，争取年内出台，为追溯体系建设和运营管理提供法律依据。各地也要结合当地实际情况，推动制定相应的地方性法规或规章。在这方面，哈尔滨做得比较好，希望大家认真学习借鉴。

（五）加强宣传引导，营造良好的社会环境

追溯体系要发挥预期作用，必须让社会公众了解，主动选购可追溯的产品，从消费终端形成对经营者的倒逼压力。2013年，要在抓好建设运营的同时，对宣传工作进行统筹安排。通过开展形式多样、群众喜闻乐见的宣传活动，增强经营者和消费者索票索证意识，使索票索证成为经营者、消费者的自觉行动。在宣传工作中，要坚持正面引导，把握主动权；要坚持适度宣传，防止不当夸大；要加强舆情监测，及时发现并妥善处理突发事件。这方面我们有教训，前不久中央电视台就对部分地方进行了曝光，希望存在类似问题的城市抓紧整改。

三、抓好追溯体系试点工作的几点要求

（一）要做好打持久战的思想准备

追溯体系是我们的一项长期的基础性工作，必须常抓不懈。大家一定要站在整个商务事业发展全局的高度，切实增强责任意识和担当意识，树立长线运作理念，克服短线操作心理，扎扎实实地予以推进。各试点城市要切实解决好制约追溯体系长效运行的关键问题，抓紧建立有效的人、财、物保障机制。省级商务主管部门要结合当地实际，着眼于中长期流通行业发展需要，统筹规划好肉菜流通追溯体系，尽快制订实施方案，科学安排。

（二）要加大工作探索力度

追溯体系是一项新工作，政策性、技术性很强，也很敏感。我国流通组织化、标准化程度不高，从业人员素质低，流通方式还比较落后，在这种条件下应用现代信息技术，困难和障碍很多，需要一个一个的去研究、去解决。作为试点城市，我们担负着为全国探索开路的重任。我们的试点成功了，这项工作就能在全国开展起来。前期，各地进行了有益探索。下一步，要继续加大创新力度，因地制宜探索有效的措施和办法，切实保证各项工作顺利进行。

（三）要加快资金执行进度

今后，专项转移支付资金会越来越少，使用管理上会越来越严，绩效评价要求也会越来越高，这是一种趋势。我们这点资金来之不易，一定要好钢用在刀刃上，必须用好、用出成效，绝不能出半点差错。当前，比较突出的问题是执行进度慢，很多地方的钱还趴在账上。各地一定要加快项目执行进度，抓紧将资金拨付项目承担单位或企业。同时，也要严格遵守财经纪律，按照规定的方向和程序，规范合理使用资金，坚决杜绝财政违法行为。

（本文为作者于2013年3月14日在“商务部肉菜流通追溯体系建设培训会议”上的讲话，略有删改）

把握机遇　依靠科技
实现我国食品产业创新驱动发展

科学技术部农村科技司副司长　王喆

目前，我国食品产业正面对国内外日趋激烈的市场竞争以及资源环境、生态条件约束等严峻挑战，应当充分认识到，科技创新能力是产业求生存、谋发展的关键所在，是能够实现可持续发展的核心竞争力。新形势下我国食品产业只有把握机遇，依靠科技，通过实施“创新驱动发展战略”，才能实现持续、稳定、快速、健康的发展。

一、高度重视创新驱动发展

首先，就是要了解和深刻认识我国实施创新驱动战略的政策背景。党的十八大明确提出“科技创新是提高社会生产力和综合国力的战略支撑，必须摆在国家发展全局的核心位置。”习近平总书记也曾多次强调，实施创新驱动发展战略，是立足全局、面向未来的重大战略，是加快转变经济发展方式、破解经济发展深层次矛盾和问题、增强经济发展内生动力和活力的根本措施。当今世界产业的发展只有依靠科技创新驱动，才能实现可持续发展，创新的目的就是为了驱动产业的可持续发展。

其次，创新驱动发展战略就是指面对未来，我们的经济和社会发展主要是依靠科技创新来驱动，是依靠现代要素质量的改进、而不是依赖传统要素数量的追加；加快从传统要素驱动向现代科技创新驱动转变，是实现我们国家从经济大国走向经济强国的必由之路。

二、准确把握高速发展机遇

首先，食品产业是生产原料牵着千家万户农民，产品质量关系千家万户居民的民生产业。就像一根扁担要担两头，一头关系着量大面广的食用农副产品的

大量转化和高效利用的问题，这也关系到我们政府要努力解决的“三农”问题，其核心是如何通过延长产业链让农民增收致富，这就需要我们大力发展现代农产品加工业和贮藏运输业；而另一头关系着如何依靠现代食品的绿色加工和精深制造来保障我们全体国民从以前的吃饱，即“米袋子”问题到吃好和吃的丰富，即“菜篮子”问题，再到今天吃的方便、营养、安全、健康、便捷、实惠的“现代餐桌”问题。这就需要我们大力发展现代食品加工制造业和现代食品产业的冷链物流业。

其次，进入21世纪以来，我国食品产业进入高速发展时期，2010年总产值近1万亿美元，超过美国，成为全球第一大食品制造国。2013年我国食品产业总产值已突破10万亿元，较上年增长16%左右，虽然增速有所放缓，但依然远远超过GDP的增长水平，仍然是拉动经济的支柱产业之一，并为社会提供了大量的就业岗位，同时也转化了大量的食用农产品，通过延长产业链有效地增加了农产品的附加值。

第三，未来10～20年，我国食品产业仍将保持快速增长态势，已成为拉动内需、增加就业、保障民生、促进经济增长、大量转化农产品和增加农民收入的支柱产业。通过下面一些数据能够使我们进一步了解我国食品产业发展的基本情况和未来态势。

(1) 1978年我国食品工业总产值仅约120亿美元，经过23年的不断发展，到2001年总产值超过了1200亿美元；到2010年，经过近十年的快速发展，接近了10 000亿美元，超过了美国（同年美国食品工业总产值接近9 000亿美元），成为世界第一大食品工业国。到2011年我国食品工业经过33年稳定发展总产值达到了12 000亿美元，是1978年的100倍，同时也超过了我国农林牧副渔业的总产值。

(2) 根据专家预测，到2015年，我国食品工业总产值有望突破24 000亿美元，达到我国农林牧副渔业总产值的1.5～2倍。也就是说，从2012年到2015年的短短4年时间，我国食品工业就将新增12 000亿美元的总产值。而我国食品工业完成第一个12 000亿美元却用了整整33年。因此，应当清醒地认识到，我国食品产业在跨入21世纪后已进入高速发展的新阶段。

(3) 进一步推测，预计到2020年，我国食品工业将达到48 000亿美元的产业能力，也就是说在“十三五”期间，我国食品产业预计将再新增24 000亿美元的产业能力，说明已进入高速发展战略机遇期的我国食品产业，不仅将为全球的企业家提供巨大的市场商机，也将对我国科技界提出巨大的科技发展新需求，也是对我国的食品工业界提出如何实现创新驱动的新挑战。

三、清醒认识面对严峻挑战

我国食品产业发展虽然取得了显著成效，但与世界先进水平相比仍然存在较大差距。如食品企业普遍规模较小，食品质量安全问题突出，节能减排工程技术开发滞后，科技创新驱动能力不强，这些都对食品产业科技创新驱动提出了新的挑战。而全球食品产业整体正在向多领域、多梯度、深层次、低能耗、全利用、高效益、可持续的方向发展，科技竞争将更加激烈。

同时，也要高度重视和积极应对。随着我国经济社会的持续快速发展，人们的生活方式、饮食习惯及营养健康需求正在发生深刻的变化，“方便、营养、美味、实惠、节能、生态、安全、健康”已成为食品产业发展的主题。我国食品产业质量安全保障已经到了从田间到餐桌的全产业链过程技术控制和全程干预技术保障的快速发展新阶段。必须紧紧围绕食品“产业链”整体设计“技术链”和重点部署“创新链”，依据科技创新驱动食品产业发展多渠道汇集“资金链”。企业创新主体地位的内涵非常丰富，创新能力建设也许决定了企业的生死存亡和产业的健康发展。

四、积极推进创新驱动战略

食品产业即是朝阳产业，也是永不衰败的产业。食品产业的不断进步与发展是人类文明进步和经济发展的必然进程，也是我国社会进步的重要标志。我们必须始终坚持走自主创新道路，必须积极推进和实施科技创新驱动食品产业发展战略。再经过10～15年的努力，我们是否可以实现以下目标？

1. *科技创新驱动能力大幅提升* 显著提升食品产业科学研究水平，掌握一批食品产业前沿技术和核心关键技术，构建一批食品产业科技创新平台，形成以企业为主体的食品产业技术创新体系，一批关键核心技术达到国际先进水平。

2. *引领支撑和产业带动作用显著增强* 建立一批食品产业化示范基地，培育一批具有较强自主创新能力和技术引领作用的食品企业集团，初步构建以企业为主体、以市场为导向、产学研紧密结合的食品产业技术创新体系，对食品产业结构升级、提高人民健康水平、增加就业等的带动作用明显提高。

3. *食品质量安全保障水平显著提升* 食品加工制造的技术水平全面提升，食品质量安全监管技术能力大幅度提高，重点食品质量安全状况保持稳定良好，食品安全得到有效保障，确保不发生区域性、系统性的质量安全问题，全面提高我国食品质量安全的综合保障能力。

4. 资源利用和节能减排成效显著　食品产业副产品综合利用率和资源利用率明显提高，单位国内生产总值二氧化碳排放量大幅减少，能耗大幅降低，主要污染物排放总量达到国家环保部门规定标准。

5. 科技创新驱动环境更加完善　食品产业重点领域和关键环节的改革加快推进，成果转化、技术转移、节能减排、环境保护、生态补偿、财税激励、投融资机制、技术标准、知识产权保护、人才队伍建设等政策制度和政策环境显著改善。

五、有效保障创新驱动战略

1. 增强食品产业自主创新能力　完善自主创新机制，建立以企业为应用开发主体、科研院所和大专院校为技术依托的创新战略联盟和产业技术联合研究院，构建以企业为主体，以市场为导向，产学研紧密结合的食品产业技术创新体系，加快食品产业创新驱动发展。

2. 加快食品企业技术进步　重点支持食品加工制造企业（集团）采用新技术、新工艺、新装备对现有生产设施、工艺装备进行技术改造和产业升级，全面提高食品企业技术研发与新产品创制能力，不断提升食品产业的品牌创新能力，实现技术进步和产业结构升级。

3. 提高食品产业装备开发能力　提高食品装备制造能力、自主化水平，突破食品装备关键装备与配套技术，加快装备自主化进程和集成创新能力，全面提升我国食品大型和新型成套装备的自主开发能力，满足食品产业发展的需求。

4. 强化食品产业质量安全　全面提升食品加工制造的技术水平，大幅度提高食品质量安全监管技术能力，建立健全食品质量安全的可追溯体系，不断完善食品标准体系，逐步提高重点行业准入门槛，建立健全食品安全监管体制机制。

5. 提升食品产业信息化水平　提升食品工业企业信息化水平，推进食品安全可追溯体系建设，推进物联网技术的示范应用，完善食品生产企业的信息化服务体系。

6. 加强食品产业节能减排　提高食品产业资源综合利用水平。降低单位产品的能耗、物耗，减少污染物排放，加大环境保护力度，推进清洁生产。

7. 推进食品产业集聚发展　建立省部、省省等区域产业协同创新机制和依据“产业链”与“技术链”为特征的多学科、多部门、产学研协调创新模式，建立从原料生产到终端消费各环节在内的全产业链，促进各环节有效衔接，加快产业链间的集成融合，促进食品产业集群发展。

8. 加速食品产业创新人才队伍建设　通过项目、平台、人才和产业创新能力建设等统筹规划与整体实施，有效整合区域产业（企业）优势和科技资源，促进部门间、区域间和社会的优势资源配置，加速推进食品产业科技创新平台建设和科技创新人才队伍建设，促进国际交流与合作，提升协同创新和集成创新能力，依靠科技进步和自主创新的提高，全面支撑和引领未来我国食品产业发展。

最后，还必须从提高食品产业 R&D 投入水平、拓宽食品科技创新融资渠道、加快食品科技体制机制改革创新、优化和营造食品科技创新驱动环境、创新食品产业人才激励机制、创新食品产业科技合作机制、构建与完善食品质量安全规制等七个方面，进一步完善和落实保障措施。能否形成有效的战略保障主要是机制问题，核心是机制创新。必须清醒地认识到，只有通过机制创新，才能够有效保障我国食品产业实现创新驱动发展，实现依靠科技进步来有力支撑我国的食品产业实现可持续的快速健康发展。

肯定工作成效　强化管理要求
全力做好无公害农产品和地理标志工作

农业部农产品质量安全中心主任　刘新录

这次会议的主要任务是：贯彻落实党的十八大、中央一号文件、全国农产品质量安全监管工作会议精神，总结 2012 年无公害农产品和农产品地理标志工作，分析当前形势，部署今年的工作。下面，我讲三点意见。

一、充分肯定2012年工作成效，进一步增强工作重心转移的决心和信心

2012年3月，我们在南宁召开了全国“三品一标”工作会议，明确指出当前“三品一标”已由相对注重发展规模进入更加注重发展质量的新时期，由树立品牌进入提升品牌影响力的新阶段，要求切实把工作重点转到质量监管上来。一年来，整个系统认真落实工作部署，积极谋划、锐意进取，切实推进工作重心和重点的转移，事业发展实现了“稳中有进、持续发展”的良好局面。

从发展的成效看，可以用“一增、一高、一升”来概括。一增，即产地规模、认证与登记产品数量稳步增加。截至2012年年底，有效无公害农产品产地76 686个，产品74 529个，分别比上年增长13%和7%；累计公示农产品地理标志1 222个，公告颁证1 047个，分别比上年增加260个和299个，实现了高基数基础上的稳步增长。一高，即产品抽检合格率继续保持较高水平。2012年无公害农产品总体抽检合格率为99.7%，连续多年高于98%；地理标志农产品抽检合格率一直保持100%。2012年年底到2013年年初，农业部首次大范围组织的以“三品一标”产品和规模化生产企业为主的国家监督抽查结果也表明，“三品一标”获证产品安全性较高。这些都说明现行认证和登记制度规范、可行，证明发展“三品一标”以及推进规模化生产经营是提高农产品质量安全水平的有效之路。一升，即标识使用率大幅上升。2012年发放无公害农产品标识4.5亿枚，农产品地理标志标识2 882万枚，分别是上年同期的2.2倍和4.6倍；新获证无公害农产品用标率达到81%，剔除无法用标的产品，基本实现了能用尽用，标志管理明显加强。一年来，我们重点抓了四项工作：

1. *严把认证登记审查关* 按照“稍有不合，坚决不批”的原则，进一步规范了审查要求，印发实施《无公害农产品认证审查有关问题的处理意见》，修订《无公害农产品认证现场检查规范》，制定《无公害农产品专家评审规范和要求》，同时将农产品地理标志登记评审由过去的专家分头独立评审调整为多名专家联合评审，有效提高了审查质量。组织开展了认证审查工作督导检查，对10个省级工作机构审查工作质量和认证主体生产管理情况进行了实地检查，督促指导各地提高认证工作质量。

2. *强化证后质量监管* 以监督抽检和“两节”应急抽检为重点，组织开展了覆盖20个省、自治区、直辖市15大类共758个产品的质量抽检，对少数问题产品及时依法进行了处理。组织实施了认证和登记产品的专项检查，全国共出动执法人员3万余人次，检查相关经营单位和获证主体近1万个，查处23个不合格无公害农产品企业，撤销7个产品证书。同时，进一步强化了日常监管工作。各级工作机构积极采取措施加强证后监管，如辽宁种植业建立了获证产品年检制度，对获证无公害蔬菜、水果生产企业100%年检；黑龙江制定并实施《无公害农产品和农产品地理标志退出细则》，进一步强化产地和产品退出管理。

3. *着力加强标志管理* 这是强化监管、消除隐患、落实企业第一责任人职责和提升产品公信力的一个重要手段，也是2012年的一项工作重点。一年来，各级工作机构在强化标志宣传的同时，认真落实相关制度要求，着力提高认证产品标识使用率，克服了诸多困难，付出了巨大努力，也取得了明显成效。在加强标识使用日常监管的同时，我们还集中组织开展了“3·15”无公害农产品标志专项检查，共检查农产品批发市场（超市）6 912个，发现并处理了36起不规范用标行为。

4. *增强技术支撑能力* 主要是强化培训，提高人员素质和能力，2012年新培训无公害农产品师资147名、检查员3 325名、内检员18 261名，培训地标产品证书持有人150名，培训检测机构技术人员200多名。完善检测目录，防范认证风险，新制定18类产品检测目录，加上已经实施的37类产品检测目录，基本覆盖全部认证农产品种类。新的检测目录即将由农业部发布实施。另外，组织167个无公害农产品检测机构参加了农业部开展的能力验证。

同时在农产品质量安全举报电话的受理、乡镇监管机构建设的统计管理、质量追溯体系建设的调研和监管示范县项目的研究筹划等方面，也做了一些工作。

总的看，2012年我们整个工作系统，按照“稳中求进”的要求，大力推进工作重心的转移，着力提升认证和登记产品的质量与安全水平，为提升全国农产品质量安全水平、促进现代农业发展作出了积极贡献，成绩来之不易。事实证明，这个队伍是一支锐意进取、能打硬仗的队伍，是一支开拓创新、敢于负责的队伍，是一支为民务实、乐于奉献的队伍，是确保农产品质量安全的先锋队和主力军。有这支充满战斗力的队伍，有相对完善的制度规范，有扎实的发展基础和工作经验，我们的工作一定能越干越好，一定会在推进农业标准化、提升农产品质量安全水平方面作

出新的贡献。对此我们要充满信心，要继续坚持转方式、稳发展，再接再厉，不断巩固事业发展的良好基础。

二、顺应全面强化农产品质量安全管理的新要求，推动工作再上新台阶

国务院机构改革和职能转变方案，进一步明确了农业部负责农产品质量安全监督管理的职责。农业部正在按照有关要求梳理和强化这方面的职能，同时全国事业单位机构改革工作也正在抓紧进行。这些对我们这个系统来讲，既是机遇也是挑战。如何顺应形势发展的要求，抓住机遇，乘势而为，进一步充实强化这个系统的职能和力量，是摆在我们面前的一个重要课题；同时如何进一步完善已有的职能，使我们的各项工作及时适应形势变化和职能转变的新要求，也是摆在我们面前的重要课题。在此我重点强调三个问题：

（一）关于履行好现有职能问题

目前我们整个工作系统主要还是从事无公害农产品认证和农产品地理标志登记保护工作，这是我们的基本职能和主要职责，必须用更大的精力、下更大的功夫，进一步完善这两项工作。现在无公害农产品产地认定面积和产品认证总量，已分别占耕地面积和同类农产品商品总量的近一半和1/3以上，地理标志产品颁证量也超过1 000个。多年的监督检查和抽检结果均表明，这两类产品的合格率一直保持较高水平，是提高农产品质量安全水平的根基，是引领农产品质量安全水平提高的排头兵。因此，还要按照稳步扩大总量规模、着力强化证后监管的要求完善工作，充分发挥认证和登记在推进农业标准化生产，促进农业发展方式转变，推动区域特色农业发展和促进农业增效、农民增收等方面的示范引领作用。

1. 强化依法行政的意识，着力加强制度建设和制度落实 这几年我们在推进事业发展过程中，形成了不少规章和制度，这是保障事业持续健康发展的基石，也是依法行政、按规办事的基础。下一步要对有关制度进行全面梳理，适用有效的必须严格执行，缺失的要抓紧补齐，不适应当前形势要求的要加快修订完善。这里需要特别强调的是制度落实问题，当前认证和登记工作或多或少存在一些问题，其中一个重要原因就是制度落实不到位。比如，《无公害农产品管理办法》规定，“无公害农产品产地应当树立标示牌，标明范围、产品品种、责任人”，这有利于示范引导和扩大宣传，有利于落实企业第一责任，也便于公众监督，但是这一要求多数地方都没有很好地执行。另外，产地认定备案制度落实的也不理想，有的省没有按要求及时报送产地认定结果。今后，要下更大力气抓好法规和制度的落实，确保各项要求能够有效执行。

2. 强化规模化生产意识，提高认证规模准入门槛 无公害农产品认证的一个重要目的，是提高产品质量安全水平，满足大众消费。所以认证的产品必须具有一定的商品量。前些年在总量扩张阶段，我们对于申报主体生产规模的要求不高。最近，我们对2012年发证的12 000多个产品进行了分析，发现生产规模小于1 hm^2 的达到1 689个，其中规模最小的仅为0.13 hm^2。这么小的生产规模，既难以有效增加产量规模、扩大商品供应，又无法有效示范带动农业标准化，而且还增加了质量监管的难度。下一步，各地要根据当地实际，以产品的产量或商品量作为衡量指标，分门别类地制定无公害农产品认证主体的规模化准入门槛，优先将产品跨县市流通的主体纳入认证考查范围，对一些生产规模和商品量较小、产品辐射半径小、质量控制能力和辐射带动能力弱的主体，要通过引导扶持等途径，先培育其发展壮大，在其具有规模化生产能力、生产总量达到一定水平时，再按照自愿的原则进行产品认证。另外，各地制定的有关支持产品认证的补助政策，要更多地向规模化认证主体倾斜，既要考虑认证产品的个数，更要考虑每个产品的产量及规模。

3. 强化精品培育意识，提升地理标志农产品的品质和美誉度 农产品地理标志是悠久农耕文化和独特地域特色的集中体现，具有不可复制性，既是优质精品农产品的代表，又是地方甚至国家的名片。但当前一些地方一味追求登记数量、一味追求生产规模，“重登记保护、轻开发培育”的情况比较普遍。有的市县虽拥有六七个地标产品，但没有一个形成精品的；有的地方把开发培育已登记的地标产品曲解为提高产量、扩大生产规模，导致这些产品不仅难以实现其应有的价值，甚至出现了卖难。因此，必须强化地标产品的精品培育意识，力争经过一个阶段的努力，将所有登记产品均培育成质量上乘的特色精品。另外，目前中欧知识产权保护谈判已进入提供地标产品互认清单阶段，这一方面为我国地标产品进入欧盟市场提供了好的机遇，另一方面也对我国地标产品的质量和管理提出了更高的要求，我们至少应该像欧盟一样，优先将互认产品做成特色精品。下一步，要在地标产品资源普查的基础上，严格登记标准，做到成熟一个、登记一个，避免贪多求量；在产业开发上，要以做精做强品牌为重点，防止贪大求快。

（二）关于充实强化职能问题

近年来，各省级工作机构抓住国家推进事业单位机构改革的机遇，主动争取各方面的支持，充实强化自身的职能。如甘肃、内蒙古、新疆、浙江、广东等省、自治区的工作机构，不仅充实了农产品质量安全管理方面的职能，而且增加了编制、调整了单位名称。这必将对推进事业的持续健康发展产生重大作用。在中央层面，事业单位机构改革正在稳步推进，部里也正在积极争取调整、充实、强化农产品质量安全中心的职能，力争使部中心成为部农产品质量安全监管工作的重要业务支撑。我们一定要朝这个方向去努力，将我们这个系统尽快打造成与其名称相符的农产品质量安全工作系统。对这项事关全局的工作，省级工作机构主要领导要亲自谋划、亲自协调，把各项工作做得更到位、更彻底一些。

（三）关于加强体系和队伍建设问题

经过前几年的建设，我们已经初步建立了一支上下贯通的工作体系队伍。但是基层工作人员不固定，兼职多、流动性大的问题依然突出，履职尽责能力还不够强。要抓住改革的时机，结合乡镇监管机构建设和能力提升，通过体制机制创新，积极推动工作机构向基层延伸，力争全国主要农业区县都有农产品质量安全工作机构，进一步充实和加强基层工作机构人员队伍建设。要通过加大培训力度，建立评价激励机制，着力增强工作体系队伍履职尽责能力。

三、进一步明确重点，全力做好 2013 年各项工作

2013 年是全面深入贯彻十八大精神的开局之年，也是“十二五”规划承前启后的关键一年，做好全年工作对促进事业持续健康发展至关重要。2013 年无公害农产品和农产品地理标志工作的总体思路是：围绕稳定提高认证登记产品质量的目标，突出提高准入门槛和加强证后监管两个重点，按照树立一批规范管理的先进企业典型、查处一批违规问题企业、制修订一批管理制度规范的要求，进一步推进工作重心的转移，认真做好四方面工作。

1. 全面规范审查，提高无公害农产品认证质量　一要突出现场检查。严格执行新修订的《无公害农产品认证现场检查规范》，加大对产地环境、质量控制措施、生产操作规程落实情况的检查，稍有不合，坚决不批。最近，我们正在研究进一步提高便捷式复查换证申请条件的问题，其中重要的一条，就是要全面加强现场检查。各级工作机构，一定要把现场检查工作作为认证审查的关键环节，抓严抓实，决不能走过场，搞形式主义。二要严格材料审查。全面落实分级审查责任，重点加强申报主体资质、生产规模、质量控制措施、标志使用等内容的审核把关。对质量控制能力弱、生产规模小的单位及个人，原则上不予认证。同时，对行业性风险隐患较大的产品，要加大审查力度，该检的要检，该查的要查。各地要根据认证审查和现场检查规范，结合当地实际，制定严格认证要求的具体办法，确保认证产品质量可控。三要强化工作督导。开展经常性的工作质量督查，把前端工作机构现场检查是否到位、材料审查报送是否规范及时、制度规范是否落实等作为检查重点。2013 年我们计划组织省级工作机构业务骨干开展认证审查技术培训交流，以提升检查员的业务能力和政策水平，各地也要加强对辖区市、县两级工作机构人员的能力培训，全面提高认证审查水平。

2. 狠抓登记保护，提升农产品地理标志发展水平　一是要开展全国资源普查。资源普查是一项打基础、管长远的工作，可以使登记工作有的放矢、更加有效。2013 年要全力推进资源普查。农业部对此项工作已经安排，各地要高度重视，认真组织。要通过资源普查，摸清各地农产品地理标志资源情况，编制《农产品地理标志资源普查名录》。今后对于没有纳入资源普查名录的，原则上将不再受理登记申请。二是要进一步规范登记程序。近期，农业部农产品质量安全中心已经印发了《农产品地理标志登记审查准则》《农产品地理标志登记专家评审规范》等制度规范，对这些制度，各地要认真学习领会，切实落实审查职责，把好登记审查关口。三是要加快国际接轨步伐。2013 年将完成中欧互认协议草案及产品互认清单的制定工作。各地务必要抓紧做好互认产品的申报工作，对登记产品的出口情况特别是出口欧盟的产品，要认真摸底。既要把有代表性的产品推荐上来，又要做好承担国际保护义务的准备。

3. 强化证后监管，确保认证登记产品质量可靠　强化监管、确保获证产品不发生大的质量安全事件，是我们工作的底线。今年，各地要通过树立一批不同类型的示范企业典型、查处一批违规问题企业来树立样板、震慑违规企业，同时还要强化三项工作：一是强化标志管理工作。继续坚持和完善认证审核与标志管理相结合的工作制度，严格执行评审后 6 个月内征订标识的时限要求，进一步做好标志管理的宣传工作，引导获证主体积极主动使用标识。同时，要健全完善标识申领审核、标识使用管理记录和标志监督检查制度，严厉打击伪造、冒用标志等行为。二是强化质量监督检查。继续抓好综合检查和质量抽检工

作。综合检查工作要在各地自查的基础上，由农业部农产品质量安全中心组织有关工作机构人员进行抽查，重点抽查产地环境、投入品使用、生产记录及认证制度落实等情况；质量抽检工作主要由地方工作机构组织，各地要按照不重复抽检的原则，加大辖区获证产品抽检比例和频次，同时，加强无公害农产品日常监督检查，将检查记录作为工作考核、复查换证的基本条件。三是强化监管能力建设。重点是做好无公害农产品监管员培训和证后监管机制创新研究工作，各地要从有条件的获证单位入手，开展质量追溯和诚信体系建设试点。

4. 夯实工作基础，加快提升服务水平　基础工作都是涉及事业发展全局的工作，2013 年有三项工作必须抓好抓实。一是信息化建设工作。目前，我们初步建成了无公害农产品管理系统，已在农业部农产品质量安全中心内部运行，在系统完善和成熟后，将延伸到分中心和省级工作机构。同时，2013 年还要启动农产品地理标志登记管理系统运行。各地要配合做好相应工作，进一步提高认证和登记数据信息报送的规范性、准确性。二是追溯体系建设和监管示范县创建工作。各级工作机构一定要积极主动参与这两项工作，要把它与推进标准化生产结合起来，作为我们今后的一项重要职责来抓。我们鼓励各地在这方面先行试点、先行探索，取得经验的要积极推广。三是提高认证效率的工作。目前，认证效率偏低、耗时较长，已成为各方面关切的问题。耗时长的原因主要有两个方面：一方面是申报材料质量不高，屡次返工调整补充材料；另一方面是一些工作机构没能较好执行审查时限要求，在审查时限的把握上有随意性。关于规范申报问题，部中心已经印发了通知，各工作机构要认真落实，要进一步完善内部工作制度，严格执行认证审查时限要求。

做好农产品质量安全工作意义重大，我们要以十八大精神为指引，团结一心、勇于担当、抓住机遇、开拓创新，以更加务实的作风和更加扎实的工作，推动事业持续健康发展，为确保农产品质量安全、推进现代农业建设作出新的贡献。

（本文为作者于 2013 年 3 月 28 日在“无公害农产品暨农产品地理标志工作座谈会”上的讲话，略有删改）

认真总结工作经验
扎实做好绿色和有机食品工作

中国绿色食品发展中心主任　王运浩

这次会议的主要任务是：贯彻落实全国农业工作会议和全国农产品质量安全监管工作会议精神，总结 2012 年绿色食品、有机食品工作，充分肯定绿色食品、有机食品工作取得的成效，部署和安排 2013 年的工作，对做好今后的工作提出明确要求。下面，我讲两点意见：

一、2012 年取得的主要成效

2012 年，绿色食品、有机食品整个工作系统，按照农业部农产品质量安全工作的总体部署，认真贯彻落实广西南宁全国“三品一标”工作会议精神，扎实开展“三品一标”品牌提升行动，绿色食品、有机食品工作取得明显成效。主要表现在以下三个方面：

（一）事业保持平稳健康发展

1. 产品发展和基地建设　2012 年，新认证绿色食品企业 2 614 个，产品 6 196 个，全国有效使用绿色食品标志企业总数达到 6 862 个，产品总数 17 125 个，分别比 2011 年增长 3.6%和 1.8%。认证有机食品企业 685 个，产品 2 762 个，其中包括美国、德国、法国等 10 个国家和地区的 12 个境外企业。全国绿色食品原料标准化生产基地已达 573 个，种植面积 913 万 hm^2，总产量 8 041 万 t，基地对接企业达 1 607 个，带动农户 1 995 万户，直接增加农民收入 10 亿元以上。同时，经检查验收，“全国有机农业示范基地”也增加到 8 个。近年来，部分地区结合当地经济发展实际，积极争取省内支持，努力创造事业发展条件，促进了产品认证和基地建设稳步发展。江西省政府出台了产业发展配套政策，从财政、税务、科技、金融和扶贫等多渠道加大对绿色食品、有机食品企业，尤其是绿色食品原料标准化生产基地建设的支持。河北、黑龙江、江苏、山东和湖北等省继续争取财政支持，通过提供资金补贴、实施奖励政策等多种形式支持绿色食品、有机食品发展。2012年，上述5省绿色食品企业和产品总数已分别占全国总数的42.3%和45.4%。

2. 产品质量 2012年，农业部在农产品质量安全监督抽查中抽检169个绿色食品产品，抽检合格率为100%。中国绿色食品发展中心和地方绿色食品办公室共抽检产品4 437个，抽检合格率为99.6%，比2011年提高了0.2个百分点。有机食品产品抽检合格率为98.8%。证后监督抽检和跟踪监测表明，绿色食品、有机食品产品质量抽检合格率继续保持较高水平。

3. 体系队伍建设得到进一步加强，为事业发展提供了有力的组织保障 截至2012年，全国已有80%以上的地市、50%以上的县设立了绿色食品工作机构，队伍已发展到5 000多人。另外，绿色食品产地环境监测和产品检测机构分别达74个和57个，专家队伍有近500人。2012年，新疆和河南在地市一级已全部建立起了工作机构，充实了工作人员，发挥了基层机构的作用。新疆绿色食品还采取检查员“传帮带”方式，逐步提高了基层绿色食品办公室检查员的业务素质和工作能力。

（二）重点工作取得重要突破

近几年，我们始终围绕推动绿色食品、有机食品持续健康发展的目标，一方面打基础、谋长远，为事业发展创造更好的环境和条件；另一方面应对挑战，攻坚克难，努力解决事业发展过程中出现的新情况、新问题。2012年，在部农产品质量安全监管局的大力支持下，在全系统的共同努力下，许多重点工作取得重大突破。

1. “三品一标”品牌提升行动扎实推进 2012年，绿色食品、有机食品整个工作系统以全面开展“三品一标”品牌提升行动为契机，采取一系列措施，进一步强化了规范认证和证后监管工作。在规范认证上，中国绿色食品发展中心加强了认证现场检查的督导检查，与全国所有认证检查员签订了《绿色食品认证审核责任书》《有机产品认证审核责任书》，进一步强化了认证检查责任。黑龙江、浙江、湖北、四川、重庆等省、直辖市统一印制《绿色食品生产记录册》，分发各绿色食品认证企业，进一步规范了企业生产记录档案管理。安徽省以地方标准形式出台了《绿色食品基地生产操作规范》，夯实了基地标准化生产的基础。在证后监管上，中国绿色食品发展中心积极支持各地开展年检工作，并加强了督导检查。绿色食品产品抽检力度进一步加大，2012年产品抽检覆盖率达27.4%，比2011年提高4个百分点。市场监察数量达到259个，比2011年增加11.1%，其中地市县级城市市场103个，占40%，比2011年增加55.4%，范围从大城市向中小城市延伸。抽取标称绿色食品的样品9 130个，比2011年增加37.8%。对市场监察中发现的违规用标、不规范用标问题，中国绿色食品发展中心和各地绿色食品办公室都及时进行了处理，对假冒产品提请工商部门进行了查处。中绿华夏有机食品认证中心按照国家《有机产品认证实施细则》的要求，对所有获证企业进行了突击检查。与此同时，为了提高认证和监管工作的有效性，部分地区还积极探索创新工作方式方法，力求抓出实效。湖北、黑龙江、内蒙古等省、自治区与基层绿色食品办公室签订《质量管理责任状》，将证后监管纳入工作考核目标，并与企业签订《质量承诺书》，强化企业的主体责任意识。湖南省先后制定了《绿色食品企业年度检查工作规范实施办法》《认证产品监管规范》《认证产品安全事故应急办法》《“三品一标”诚信体系建设方案》，建立和完善了证后监管制度和企业自律机制。四川省积极争取省相关部门支持，探索建立了“绿色食品质量安全追溯平台”，实现了通过省绿色食品网和手机的在线查询。浙江省开展了“三品一标”百日大整治行动，全面带动和促进了证后监管工作。

2.《绿色食品标志管理办法》颁布实施 在部领导的高度重视下，在部监管局的统筹协调下，2012年7月30日，重新修订的《绿色食品标志管理办法》（简称《办法》）以第6号部长令发布，并于10月1日起施行。这是绿色食品事业发展进程中具有里程碑意义的大事。新《办法》进一步明确了绿色食品事业的功能定位和公益性质，理顺了管理体制，明确了各级农业部门和绿色食品工作机构的职能职责，全面规范了产品审核和证后监管工作，为依法推动事业持续健康发展奠定了更加坚实的基础。新《办法》颁布后，中国绿色食品发展中心及时组织召开座谈会集中宣贯。随后，山东、四川、新疆等多个省、自治区面向社会、基层绿色食品办公室和认证企业分别组织开展了多种形式的宣贯活动。

（1）绿色食品包装标签标准标识问题得到根本解决 近年来，部分绿色食品企业因产品包装标签标准标识问题屡遭部分地方工商、质检以及职业打假人的质疑，甚至查处或起诉，对绿色食品发展产生了严重影响。中心高度重视这一问题，先后多次专题研究，并深入基层与企业、工商、质检部门座谈，掌握第一手情况，在此基础上分别与国家有关部门进行沟通，终于在部监管局的全力协调下，由卫生部、农业部办公厅联合下发了《关于绿色食品标签标识有关问题的复函》，明确了获证企业在包装上可标示执行的绿色食品标准，也可标示执行的其他标准。至此，经过多方协调、沟通和争取，近年来一直困扰绿色食品发展的标签标准标识问题得到根本解决。

（2）有机食品专职检查员问题得到有效解决 国家认监委有机食品认证新规出台后，中绿华夏有机食品认证中心在全国培养的检查员受专职检查员新标准的限制，无法对辖区内的认证企业开展现场检查工作，由此严重影响了系统内有机食品认证工作。通过部监管局与国家认监委的积极沟通，中心全力配合跟进做工作，2012 年 6 月，国家认监委同意，各地农业系统的有机食品认证检查员经省级农业主管部门出具证明后，可列入中绿华夏有机食品认证中心专职检查员范围。至此，全国 28 个省（自治区、直辖市）的 188 名有机食品认证检查员的“身份”问题得到根本解决。虽然沟通协调工作十分艰难，2012 年各地的有机食品认证工作也因此受到一定影响，但最终此问题得到圆满解决，从根本上扭转了有机食品发展由此陷入的被动局面，使得我们的体系优势得以保持，从而保证了有机食品认证和监管工作的持续健康发展。

（三）部分业务工作呈现新亮点

1. 续展率大幅度提高 2012 年，绿色食品企业续展率和产品续展率分别达到 62.3%、63.4%，分别比 2011 年提高了 7 和 9.9 个百分点。续展率保持在这样一个适当的水平，能够避免获证企业大出大进、产品大起大落，是衡量绿色食品良性发展的重要指标。续展率的不断提高，一是绿色食品品牌的影响力和竞争力不断增强，获证企业实现了预期效益，调动了其续展申报的积极性；二是各地高度重视续展工作，结合实际采取措施，工作推动力度全面加大；三是续展综合审核工作职责下放试点效果明显。山东、江苏、黑龙江三个试点省份，企业和产品续展率均有明显的提高。其中，黑龙江省企业和产品续展率 2012 年分别达到 76.8%、76.1%。

2. 企业内检员实现全覆盖 为了尽快建立健全绿色食品、有机食品企业内检员队伍，提高企业自律能力，2012 年，中国绿色食品发展中心和各地继续加强企业内检员培训工作。目前，全国绿色食品企业内检员已达 9 261 名，有机食品企业内检员 1 197 名，实现了每个获证企业至少有 1 名内检员的目标。为了更好地发挥企业内检员队伍的作用，2012 年中国绿色食品发展中心组织开展了绿色食品企业内检员网上知识竞赛，全国共有 2 280 名企业内检员参赛，对其中取得优异成绩的 60 名企业内检员进行了表彰奖励。在中国绿色食品博览会期间，中国绿色食品发展中心还召开了“全国绿色食品企业内检员工作经验交流会”。通过以上工作，进一步增强了企业内检员的履责意识，提高了业务素质，调动了工作积极性。

3. 宣传工作的力度明显加大 2012 年，围绕“三品一标”品牌提升行动的全面推进、《绿色食品标志管理办法》的颁布实施、中国绿色食品博览会等重点工作和重大活动，中国绿色食品发展中心和地方绿色食品办公室积极组织宣传，效果显著，得到了部领导的充分肯定。仅中国绿色食品发展中心就组织各种媒体报道绿色食品、有机食品 350 篇次，是 10 年来宣传报道力度最大的一年。特别是围绕新修订颁布实施的《绿色食品标志管理办法》，中心邀请新华社、人民日报社、中央电视台（1 套）、中央人民广播电台、农民日报社、凤凰卫视、新浪网等国内主流媒体单位进行了集中报道，地方多家权威媒体也以专访、专题等形式相继进行了报道，形成了宣传的规模效应，既扩大了绿色食品事业的影响，又及时回应了社会关切。黑龙江省 2012 年投入专项资金，在中央电视台多个频道的黄金时段播放绿色食品公益广告，取得了很好的宣传效果。

4. 市场体系建设成效显著 一是各种绿色食品展会成果丰硕。2012 年农业部继续在上海举办中国绿色食品博览会，获得了展示成果、促进贸易的“双丰收”。特别是首次组织开展了贸易集中签约活动，体现了中国绿色食品博览会促进厂商合作、产销对接、服务贸易的功能。各地也积极组织开展有特色的绿色食品展览展销活动。黑龙江齐齐哈尔、内蒙古扎兰屯、东北三省一区、吉林长春、湖南长沙以及黑龙江、四川、新疆绿色食品北京展销周等绿色食品展销活动经过多年举办，已形成了一定的影响力，对促进贸易、扩大宣传起到了很好的推动作用。二是部分地区积极开拓专业市场营销网络和渠道。近年来，部分绿色食品办公室积极支持、协调和指导部分企业发展绿色食品、有机食品流通贸易，北京、上海、广州等大中城市绿色食品、有机食品专业营销网点不断增多。黑龙江省在省内外建成了一大批绿色食品销售网点。广东省绿色食品发展中心与广州市邮政局等多家单位联合开展“农邮对接行动”，搭建了融合邮政资源的绿色食品便民销售平台。

2012 年，绿色食品、有机食品工作取得的新进展和重要突破，得益于农业部党组、地方各级政府和农业行政主管部门的高度重视、关心和支持，得益于农业部农产品质量安全监管局等有关司局有力协调和指导，得益于整个绿色食品工作系统的辛勤劳动和努力拼搏。当前，绿色食品和有机食品正面临新的发展机遇。党的十八大提出要把生态文明建设放在突出地位，努力建设“美丽中国”。2012年，国务院印发的《全国现代农业发展规划》，从推进农业标准化、增强农产品质量安全保障能力的高度，对“三品一标”发展进一步提出了明确要求。2013年的全国农业工作会议提出要推进绿色生产，尽快构建资源节约型、环境友好型农业发展模式，促进农业可持续发展。同时，2013年的全国农产品质量安全监管工作会议对“三品一标”工作也做出部署和安排，基本要求是“规范认证，严格监管，提升发展质量，提升品牌公信力，带动农业标准化生产和品牌化发展，促进农业增效、农民增收”。

二、扎实做好2013年绿色食品、有机食品工作

当前和今后一个时期，一方面，随着国家生态文明建设、绿色生产等战略的加快实施，各级政府将更加重视绿色食品、有机食品的发展，我们面临的政策环境将越来越好；另一方面，全社会对绿色食品、有机食品品牌的关注度越来越高，加上少数企业自律能力不强，如果我们认证把关不严，证后监管不力，也将面临越来越多的挑战和压力。因此，要求整个系统精神不能懈怠，责任不能放松，工作不能马虎。2013年，我们要按照农业部农产品质量安全工作的总体部署和要求，继续围绕推动绿色食品、有机食品持续健康发展的基本目标，突出重点，结合各地实际，重点加强以下工作。

（一）着力加强证后监管

各地要以贯彻新《办法》为契机，明确和协调好农业行政主管部门的监督管理职责，以及绿色食品工作机构的跟踪检查职责，共同依法强化证后监管，确保绿色食品产品质量和规范用标。一是强化企业自律。要切实增强企业第一责任人的主体意识，继续加强企业内检员队伍建设，探索建立内检员考核奖励机制。各地绿办要积极探索，加强与企业内检员的联系和沟通，加强指导和培训，充分发挥企业内检员在证后监管等方面的积极作用。二是全面落实各项监管制度。企业年检，继续对部分地区组织开展年检督导检查，实施监管实地检查“三联单”制度。产品抽检，采取例行抽检、专项抽检和突击抽检相结合的方式，继续开展对重点地区、重点行业、重要时段、重点产品的抽检工作。市场监察，合理设定标志监察市场网点，实行定点监察，长期监测。2013年要重点检查和纠正企业不规范用标问题，坚决打击假冒产品，依法保护绿色食品标志商标。风险预警，充分发挥预警信息员、企业内检员、监测机构、专家队伍的作用，进一步拓宽信息来源。三是按照农业部的统一部署和要求，适时启动绿色食品产品质量可追溯体系建设。

（二）稳步推进产品认证和基地建设

坚持“从严从紧、积极稳妥”的原则，稳步扩大总量规模，不断优化产品结构，提高绿色食品产业发展的质量和水平。一是继续将续展认证工作作为重要任务，加大工作力度。总结续展改革试点经验，逐步扩大试点范围，进一步提高企业和产品的续展率。二是优化企业结构。近几年，绿色食品企业和产品结构发生了很大变化，规模较大、知名度较高的企业比重有所下降，初级产品的比重有较大幅度的提高，这在一定程度上不利于扩大品牌的影响，发挥品牌的示范带动作用。因此各地要着力引导和组织各级农业产业化龙头企业、大型食品加工骨干企业开展产品认证，进一步提高绿色食品产业发展的质量和水平。三是要按照新《办法》进一步调整和完善有关认证程序，试行《绿色食品现场检查工作规范》，制定稻米、茶叶、蔬菜等分行业现场检查技术规程，落实检查员现场检查负责制。四是积极探索创新颁证工作机制，强化地方绿办工作职责，逐步推动颁证工作重心下移，不断提高颁证率和颁证工作效率。进一步加强绿色食品原料标准化基地建设，重点探索建立基地农产品质量安全风险防范与应急制度。进一步规范基地创建、验收、年检以及续报等常规工作。同时，扎实开展基地发展战略调研，探索进一步发挥基地功能作用的新思路、好办法。

（三）持续加强品牌宣传与市场建设

面向市场，全方位、多层次加大品牌宣传和市场推广力度，着力提升绿色食品市场竞争力，提升品牌价值。一是增强工作系统的合力，引导和发挥主流媒体的作用，组织好重点工作和重大活动的宣传报道，形成“以点带面、上下配合、协同跟进”的宣传工作格局。二是着力构建市场专业营销平台。筹办好2013年的中国绿色食品博览会、中国国际有机食品博览会，组织企业参加境外专业展会，支持和指导各地举办区域性、有特色的绿色食品展览促销活动，促进厂商合作、产销对接，提升为获证企业开拓市场的服务能力。同时各地要加大组织协调和支持服务工作力度，发挥部分企业的积极性，利用社会资源，促进绿色食品专业营销网络加快发展。

（四）全面加强体系队伍建设

体系队伍是推动事业发展的根本保障。为适应新形势、新任务，进一步发挥体系队伍的作用，要重点在以下几方面予以加强：一是进一步健全机构。加强基层绿色食品办公室建设，逐步健全工作体系，不断充实工作力量，努力改善工作条件，不断完善工作机

制和管理制度。二是进一步强化职能。按照新颁布的《绿色食品标志管理办法》，探索建立新时期绿色食品工作体系的运行体制和管理机制。三是进一步加强管理。要加强对检查员、监管员队伍的培训和管理，增强其责任意识和风险意识，提高其业务水平和工作能力。四是进一步做好服务。要在绿色食品标准体系框架下，加快制定一批技术规程和操作手册，加强技术培训，指导企业、农民专业合作社和基地农户落实标准化生产。要转变工作作风，强化服务意识，帮助企业解决实际问题和困难。要遵守工作时限，提高工作效率。

(五) 积极开拓有机食品工作的新局面

国家认监委有机食品新规出台以后，加大了有机食品认证工作的难度。然而随着生态文明建设的力度不断加大，各地政府对有机农业的发展热情十分高涨；市场需求对有机食品生产企业的拉动也十分强劲；农业标准化工作和农产品质量安全工作也要求全面发挥“三品一标”的示范带动作用。因此，我们要在2012年适应、调整的基础上，进一步树立信心，加大工作力度，保持农业系统有机食品稳步健康地发展。各地要把有机食品工作与绿色食品工作统筹部署、统筹安排，重点抓好以下工作：一是继续推动产品认证稳步发展。进一步明确职能职责，合理配置工作力量，在确保质量的前提下，力争产品认证有一个较大的发展。二是严格落实各项监管措施。根据《有机产品认证实施规则》的要求，加强获证企业的现场检查和产品抽检，督促企业规范用标。

(本文为作者于2013年3月26日在“全国绿色食品工作座谈会”上的讲话，略有删改)

我国纺织行业走势及发展方向

中国纺织工业联合会会长　王天凯

2012年全行业上下“坚定信心、共渡难关”，最终实现了平稳发展。新的一年，纺织行业的外部形势及行业开局有所好转，但形势依然错综复杂，行业确保稳定运行、加快转型发展的任务依然艰巨。2013年纺织行业面临的不确定因素仍然较多，国际经济形势仍充满变数，国内棉花体制而形成的各种不利影响、生产要素成本上涨等问题依然存在，节能环保压力更为突出。同时，国内市场环境将逐步有所好转，企业内在需求与环境倒逼作用将促进结构调整与转型升级加速推进，进一步增强行业内生发展动力与活力。总体判断，2013年纺织行业经济运行具备继续保持平稳增长、增速逐步提升的内外条件。当前，需要清醒认识的是，我国纺织行业已实现从规模数量增长向深度转型调整的转变。正确认识国内外宏观环境及国内政策对行业的影响，客观、全面把握形势变化对行业发展要求，着力于在重要环节寻求突破，加快促进行业的转型升级已经十分紧迫。

一、运行情况总体平稳

1. 生产规模持续扩大，增速有所回落　2012年，规模以上纺织企业工业增加值同比增长10.5%，增速较上年下降0.2个百分点；纺织行业工业增加值占全国比重为5.6%，较上年下降0.07个百分点。其中，布生产660亿m，同比增长11.5%，增速较上年回落0.1个百分点；化学纤维生产3 811万t，同比增长11.8%，增速较上年回落2.1个百分点；服装产量267亿件，同比增长6.2%，增速较上年回落1.9个百分点。

2. 投资增速回落，区域结构调整仍在加强　2012年，我国纺织行业500万元以上项目实际完成固定资产投资总额达7 793亿元，同比增长14.6%，增速比上年回落21.7个百分点，行业新开工项目数同比下降5.5%。棉纺织及印染加工业投资额同比增长12.5%，化纤行业投资额同比增长20.3%。1～12月，中部地区500万元以上项目实际完成固定资产投资额同比增长16.7%，增速高于东部地区3个百分点；西部地区实际完成固定资产投资额同比增长12.8%，增速略低于东部地区。

3. 出口保持小幅增长，内销增速有所提高　2012年，我国累计出口纺织品服装2 626亿美元，同比增长3.3%，增速较前期有所提升。其中纺织品出口同比提高1.5%，服装出口同比提高4.5%。1～12月我国纺织品服装出口价格同比提高3.9%，扣除价格上涨因素后出口数量同比下降0.6%，行业出口压力仍然较大。1～12月，全国限额以上服装鞋帽、针纺织品零售额同比增长 18.0%，增速较上半年有所回升。

4. 经济效益平稳增长，增速较上年有较大下滑 2012 年，纺织行业主营业务收入 55 747 亿元，同比增长 10.7%，增速较上年回落 15.9 个百分点；利润总额 2 943 亿元，同比增长 7.8%，增速较上年回落 18.0 个百分点。其中，棉纺及印染加工业利润总额同比增长 11.2%，家纺行业利润总额同比增长 12.7%，服装行业利润总额同比增长 10.2%，化纤行业利润总额同比下降 28.3%。纺织行业亏损企业数同比增加 29.6%，增速较同期全国工业高 7.3 个百分点。亏损企业亏损总额同比增长 47.0%，增速较同期全国工业高 14.2 个百分点。

二、行业发展依然面临难得的机遇

1. 稳定有利的国内环境 我国经济社会发展基本面长期趋好，行业发展任务与国家经济发展强调稳中求进，着力结构战略性调整的宏观发展目标协调同步；改革开放深入推进，社会主义市场经济体制机制不断完善，纺织行业具有高度市场化特征。从长远看，发展中的阻力会逐步减少和消除。

2. 潜力巨大的内需支撑 国家积极稳妥推进城镇化，加强保障民生，着力缩小城乡差距、贫富差距，将循序渐进激发内需潜力；医疗、卫生、建筑、交通等产业稳步发展，航空航天、环境保护等战略性新型产业兴起，使纺织纤维材料与制品的应用领域大幅拓展，为纺织行业发展提供了新的动力和支持。

3. 不断升级的技术基础 我国新型工业化进程加快，现代电子信息、精密制造、化工、生物等领域进一步创新发展，将为纺织行业提供更好的物质基础与技术支撑；全球科技创新进程在国际金融危机后明显加速，有利于行业更好地引进吸收国际先进的科技成果。

4. 迈向高端的战略时机 以高新技术纤维、高端纺织装备、高性能产业用纺织品为代表的一批高端纺织科技，成为国际纺织产业发展的战略制高点，其中部分技术在发达国家也仍处于起步阶段，为我国纺织行业加快创新发展、缩小与强国之间的差距提供机遇。

三、行业面临的各种外部风险挑战依然严峻

1. 综合成本持续提升 我国经济持续增长，推动各种生产要素价格持续上升。2013 年，受货币流动性因素影响，国内各种生产要素价格上涨压力比上年更为明显。其中，劳动用工价格的刚性上涨特征尤为明显。企业融资、土地使用、营销渠道等费用加重，棉花管理、节能环保等方面的潜在政策性成本增加问题突出，有效缓解不断加大的各种成本压力已成为当前的急迫任务。

2. 节能环保形势严峻 国家及地方在节能环保方面的量化任务、新排放标准要求，以及来自社会层面的舆论和国内外环境组织的压力不断增加，不仅使纺织企业面临提标改造任务艰巨、投入增加、资金紧张等问题，印染行业更出现了准入、用地、融资多方受限的情况，产业链中间环节发展空间狭小，长期将形成瓶颈制约，对行业发展全局产生严重影响。

3. 棉花政策影响突出 国内现行棉花管理政策打破了市场的调节作用，不仅引起了内外棉价差拉大，棉纺产业链竞争力严重削弱，效益恶化，而且造成了国产棉品质大幅下降，棉纱大量进口，削弱了纺织产业链整体竞争力等更为长远和深层的负面影响。2013 年国储棉已成为国内棉花主要供给渠道，进口配额发放情况、储备棉抛售价格、棉花品质等问题都将对行业运行产生重要影响。

4. 区域结构调整放缓 由于行业近年的经济形势严峻，导致投资者对中西部的发展信心受到一定影响，中西部地区的投资增长出现明显回落，而一些地方在土地、劳动力、资金、环保等相关建设和发展条件方面，存在着许多制约因素，难以满足投资者的要求，带来一些区域间转移性投资项目运作减缓甚至停滞，区域结构调整的整体趋势放缓。

5. 国际竞争日趋激烈 伴随着国际纺织产业布局调整，部分发展中国家纺织服装加工环节快速发展，国际市场份额日益提升，虽然尚不足以动摇我国的长期领先地位，但我国制造成本在国际比较中处于明显劣势，在国际市场尚缺乏回升动力的情况下，部分加工型小微企业生存问题不容忽视。

四、行业一些内在问题在新形势下更显突出

1. 自主创新能力亟待全力提升 科技创新与强国建设目标要求仍有不小差距，贯通产业链的科技创新联盟虽在组织上已经搭建了一些平台，但如何做到围绕关键技术、关键产品、充分发挥联盟的作用，还要在体制上、机制上积极探索并加快推进，争取早出成果并加快推动科技成果的产业化。在自主品牌建设

方面，尽管国内的生态环境以及商业渠道有不尽如人意之处，但企业自身在产品品质控制、设计创意水平提升、商业模式创新等方面，依然有很大的改善和发展空间有待于挖掘。

2. 节能环保工作亟待加快推进　在严峻的环境形势和国家排放新标准倒逼面前，迫切需要解决地区和企业节能减排工作不平衡、提标政策不配套问题，特别是少数地区和企业依然抱有侥幸心理，缺乏必要的敏感和快速反应，相关技术改造的投入明显不足，统筹规划和公共服务需加快完善，节能环保工作从行业整体亟待加快推进。

3. 企业同质化过度竞争亟待有效遏制　占据行业主体的广大中小微型企业的发展水平与素质亟待提高，行业中一些产品由于片面追求规模数量而引起的低水平过度竞争需要从生产和经营层面加以遏制。此外，企业生产能力在东部沿海分布仍显过于集中，布局与资源、要素分布仍不匹配，企业统筹利用国际、国内资源的能力有待提高。

五、纺织行业加快转型发展的主要方向

从当前形势分析中不难看出，纺织行业面临转型发展要求异常紧迫，一系列严峻的外部风险和日益凸显的内在矛盾必须通过深化结构调整、实质性转变发展方式方能得到根本性的解决，任务十分艰巨。行业必须抓住和用好当前的战略机遇期，促进行业结构调整、转型升级和经济发展水平攀上新台阶。主要调整发展方向有四个方面：

1. 提升管理水平，调整产品结构，化解成本压力，积极开拓市场，增强市场竞争力　应对复杂多变的外部环境，企业需要有不断的应对措施，而不断提升管理水平，调整产品结构，加大技术装备更新改造投入，加快新型纺织加工技术、纺织信息化技术的推广应用，持续提高生产效率，改善产品质量，做到适销对路，把握市场机遇，化解各种成本压力是首要措施。要紧密结合市场导向，建立健全产业链上下游集成创新联盟的合作机制，加强科技创新成果的转化应用与新产品的设计开发，优化产品品种结构，扩大技术性、功能性、个性化高附加值产品的比重，实现错位发展，避免同质竞争、低价竞争；积极与应用部门进行沟通交流与标准规范对接，拓展纤维制品应用领域；多元化扩展出口市场，结合实际情况合理开拓新兴市场，形成新的出口增长点，保持国际市场份额基本稳定。

2. 实质性推进节能环保工作，集中解决当前排放提标问题，科学合理地促进行业可持续发展　针对污染物排放提标要求，加大节能环保相关技术改造投入，扩大纺织清洁生产技术、污染物治理技术的推广应用；稳妥开展企业整合重组，加强污染物统一集约治理，解决分散企业应对能力不足和重复治理不经济的问题；充分发挥市场机制和环境新标准倒逼作用，促进落后技术装备有序退出；加强利用政府、社会多方资源，在国家政策允许条件下力争平稳过渡。着眼行业中长期可持续发展要求，加快纺织低碳加工、环境治理、再生循环新技术的研发创新与产业化应用；加强统筹规划，促进重点产业加快园区化发展，加强园区循环发展整体设计；继续完善行业节能环保标准体系，发展专业化的公共服务体系，提供基础保障和支撑，从根源上解决印染等关键环节的环境瓶颈问题。

3. 坚持自主创新，强化人才支撑，增强内生动力　进一步推动科技研发创新，完善机制，整合资源，突出重点，加快高仿真及高性能纤维材料、节能环保染整、高端纺织装备等关键技术的研发攻关，提高产业核心竞争力。加快自主品牌创新发展，紧密结合市场需求，提升创意设计水平，提高市场反应能力，全面履行社会责任，完善自主品牌价值内涵。注重企业管理创新，加强流程管理、精细化劳动管理及成本费用控制，提高效率，降低成本；创新经营管理模式，结合市场快时尚、个性化特征，发展电子商务、高级定制等新型商业模式。加强人才队伍建设，创新人才培养模式，企业、院校、社会组织各自发挥所长，着眼不同层次的人才开展培养、培训工作，将人才建设任务落到实处。

4. 优化区域布局，积极稳妥"走出去"，提升资源配置效率　继续稳步推动纺织产业区域转移，鼓励东部沿海纺织企业将新增制造能力、加工订单等转入中西部内陆地区；结合中西部资源环境条件，加快构建完整的现代纺织制造体系，着力发展当地特色纺织服装产业；加强中西部地区新增产能集聚化、园区化发展，着眼长远可持续性；加强园区规划设计与服务体系建设。积极融入国际纺织产业格局调整进程，在充分研究、了解相关环境、政策的基础上，积极稳妥地"走出去"，通过新设、并购、参股等多种形式在海外建立研发中心、营销网络以及生产加工基地、纺织原料基地等，实现生产要素在全球范围内的优化配置。

放心粮油工程的新阶段、新任务

中国粮食行业协会会长　白美清

这次放心粮油工作经验交流会，虽然是一次年度例会，但在全国粮食工作处于一个新的转折时期，放心粮油工程面临新任务的形势下召开的。目的是要在新形势下全面落实党中央、国务院关于粮食安全、食品安全一系列指示精神，把放心粮油工程推进到一个新阶段，把粮油食品安全工作落实到基层，把全国粮油行业工作提高到一个新水平。

一、放心粮油工程发展现状

放心粮油工程开展十多年来有了很大的发展。在各级党委、政府的正确领导下，在各方的配合支持下，各级粮食行业协会和粮油企业积极开展工作，取得了显著的成绩，放心粮油工程的作用日益显著。最重要的是使全行业认识到以国家标准为准绳，以确保人民吃得放心、吃得健康为目标，把住安全门、质量关，从而使国家粮食安全、食品安全的重大任务得以落实，受到了党政领导的表彰、社会的赞许和群众的信任。放心粮油工程是国家粮食安全工程的一个重要组成部分，它与主食品产业化工程、名牌工程、信用工程、万村千乡市场工程紧密结合，以此作为切入点，使市场化后受冲击而断裂的粮油流通产业链得以逐步恢复，粮食行业的诚实守信传统得以继承发扬，粮油流通企业从下岗分流、改制重组的阵痛中走了出来，得以渡过难关迈向一个新的发展阶段，为迎接新时期新任务保存了实力，为确保国家粮食安全、食品安全奠定了基础。根据中国粮食行业协会统计，到2012年底，全国放心粮示范企业已达9 386个（其中中国粮食行业协会认定的1 008个），放心粮油企业发展销售网点总数为243 340个，其中城市网点141 680个，农村网点101 660个。放心粮油企业建设的种植基地2 471万hm^2。一大批放心粮油企业发展成为各地的骨干粮油企业和名牌生产企业。经资质合格的信用评审机构的评定，到2012年底，达到A级以上的粮油企业205个，其中AAA级143个，AA级49个，A级13个。一部分骨干企业已跨越成为具有一定经济实力和竞争力的大型企业集团。放心粮油工程的产品质量逐年得到改善，特别是大米、面粉、玉米和植物油近年来年检合格率均在95%左右，保持了稳步上升的势头，为粮食安全作出了应有的贡献。

目前存在的问题是：放心粮油的普及率和覆盖面还不高，城乡结合部、老少边穷地区还很薄弱，这些地区粮食供应依托小作坊、小商贩、小集市的“小、散、低”状况还未根本改观，部分企业对粮油安全的意识、诚信的意识淡薄等。薄弱环节还很多，今后的工作量还很大，普及提高的任务十分艰巨，需要我们去开拓、去创新。

二、做好放心粮油工程的几点要求

当前粮食工作进入了一个新的转折时期，粮食供需紧平衡局面将会持续下去并向偏紧方向发展。虽然粮食生产连年丰收，但由于进入小康社会后人民生活水平不断提高，城市化已越过52%的新台阶，粮食需求呈刚性直线上升，出现了粮食生产的增长赶不上需求增长的现象。我国粮油的自给率正在下降，进口量从2003年以后逐步上升，逆差连年递增，这种趋势仍将继续下去。在新的形势下，国家粮食安全、食品安全，不仅要重量同时更要重质。我们在宏观上要保持品种、结构供需总量的基本平衡，以稳住大局；在微观上，要保证每个粮油产品质量的安全性与营养性，以稳定人心。尤其是近年来，在粮食安全总体上保持稳定趋好的态势下，也出现了一些违反食品安全法的重大事故和恶性案件，暴露出许多不安全的隐患，有些确实令人触目惊心。党中央、国务院高度重视和关心粮油食品的安全问题，习近平总书记、李克强总理多次作出重要指示，强调“粮食安全是天大的事”，“进一步做好粮油安全工作是惠民生、促和谐的重要抓手，不断提升食品安全水平是调结构、转方式的重要任务，确保我国食品安全是牢牢把握扩大内需这一战略基点的重要保证。各地区、各有关部门一定要继续全力以赴，攻坚克难，扎实做好食品安全工作，让群众吃得安心、吃得放心。”这是新形势下食品安全新政的最强音，全国粮油行业要动员起来，认真落实党中央、国务院的指示精神，把全国放心粮油工程推进到一个新的阶段，在粮油行业的转型升级中，把粮油的安全性、营养性提升到新水平。总的要求是从质上提升，从面上拓展，争取在“十二五”期间，让放心粮油覆盖城市90％以上社区，覆盖农村80％以上的村寨，特别是要进入老少边穷地区的千家万户，把放心粮油送到他们的家中，把党和政府的温暖送到各族人民心中。这是粮食行业全体人员和所有企业的社会责任和应尽义务。为此，要做好以下重点工作：

1. 粮食行业转型升级向生态化、现代化粮食业方向发展，是搞好放心粮油、确保粮油安全的根本出路和治本之策　我们必须深刻认识新时期粮油安全的重要性、艰巨性和复杂性。过去，在短缺经济时代，是在低标准的条件下解决人们填饱肚子的问题，只要把定量供应凑够就行了；而现在随着建设小康社会的进展和人民生活水平的提高，随着科技的发展和升级，是要在实现全面小康社会、进行生态文明建设中解决人民生活吃得好、吃得安全健康的问题。也就是说，过去是在低标准下解决食品安全问题，现在是在高科技下解决食品安全问题。要求非常高，难度非常大。过去遗留下来的问题也相当多，特别是现在“吃在中国”，我们是发展中大国，讲究“吃”的国家，稍一不慎，就可能引发不满，演变成社会问题。现在科技发展日新月异，检测手段日趋精准完善，过去许多不安全的问题都露出来，土地、水源、大气环境的污染日趋严重，化肥、农药、除草剂和加工中的各种化学添加剂等，都是造成食品不安全、不过关的隐患，遗留下来的问题很多，要整治好并非轻而易举、一朝一夕就能办到的。但是，我们必须下定决心整改，攻坚克难，按照党中央、国务院的要求，坚定不移地转型升级，走上粮食生态化、现代化的新路，这样能把粮食生产和粮食安全构筑在可靠的基础上，得以持续、全面、协调地向前发展，满足人民生活水平日益提高的需要。

2. 要严字当头，坚持国标，层层把关，环环扣紧，决不让不合格、不安全的产品出车间、出工厂　各级协会、各个企业要严把质量关、安全关，审批放心粮油品牌和放心粮油的示范企业，以及放心粮店命名要从严掌握，2013年下半年要普遍进行一次复查，发现问题，及时解决。对生产经营不合格的产品和生产流通企业要发出警告，及时处置，对不安全的食品和企业实行零容忍，决不姑息。只有在高标准、严要求下，才能培育一批骨干企业，创造一批知名品牌，产生一批百年老店，培养一批领军人才。

3. 要坚持改革，搞活机制，从源头抓起，从每个环节抓起，从每道工序抓起　实践证明，实现“两链结合”，是确保安全生产、安全供应的有效举措，即建立从生产到消费全过程的安全营养、绿色生态供应链；同时建立从田间到餐桌的全过程、全社会的监管链，力促二者落到实处，紧密结合。前一个链条和体系在生产流通供应上环环扣紧，层层负责；后一个链条的体系从源头到终端，政府、社会、媒体、公众多方形成合力，层层监督，不留死角。这样就有可能把隐患消灭在萌芽状态，使守法者得益，使违法者无容身之地，受到应有的惩处。这两个方面都要通过改革、调整利益关系，协调各方行动，心往一处想，劲往一处使，在行业内外形成良好风尚，造成生产销售放心粮油的氛围，促进粮油食品行业高质量、高标准、高水平地健康发展，从而使粮油企业做强做大，为走向粮油食品强国开辟出一条新路。

4. 粮油食品安全的要害在于抓添加剂　在现代化的食品加工业中，离不开使用添加剂。我曾经说过，成在添加剂，败也在添加剂。在涉及食品不安全的重大事件中，事实证明大都出在与乱用、滥用添加剂上。比如近年来，塑化剂问题炒得沸沸扬扬，中国粮食行业协会召开了部分专家、企业领导人座谈，已经印发制定了《关于防止塑化剂污染粮油制品、确保粮油制品的实施方案》，目的是引起全行业的重视，举一反三，做好工作。食品添加剂的名目繁多，每个企业务必严格按照国家标准执行，加强约束和防范，切忌乱用和超标使用。如不慎重行事，出了问题就可能使企业声名扫地，甚至关门垮台。要尽量研究如何开发使用天然添加剂代替化学添加剂。要在这方面不断创新，开拓新材料、新技术，达到新水平，要走正道不要走哄蒙拐骗的邪路。

5. 要注意抓薄弱地区、薄弱环节　目前，一部分城乡结合部和少数农村，仍然是靠小商贩、小作坊、小集市生产销售粮油食品，不安全的问题很多，有的还有制假造假的黑窝点。对此，各地协会要在当地党政的领导下，把工作重点放在这些地区上，要千方百计让这些地方的人民能真正吃上放心粮油。要坚决消除在这些地方制造不合格、不安全食品的黑窝点，使之不要危害于人，各地要敢于碰硬、敢于动手，清除恶瘤。

6. 粮食产品需要净化，更重要的是粮食人的灵魂需要净化，社会风尚需要净化　放心粮油、食品安全工作的核心是要树诚信，讲良心。粮食事关国计民生，涉及千家万户，粮食产业因此是良心行业，粮食产品是良心产品，粮食人是具有良心之人，历来如此。生产经营者有良心，才能把放心产品送到老百姓手中，让老百姓吃得放心。“吃、穿、住、用、行”，以“吃”为首，扩大内需，食品是首选商品。可以说粮食是关系国计民生的第一商品，粮食产业是国家经济的第一产业。如果说首都是第一要地，是“首善之区”，那么，作为第一产业的粮食也理所当然地应是“首善行业”。过去都以到粮食部门工作为荣，粮食企业历来都以诚实守信、童叟无欺的“金字招牌”而闻名。在新的形势下我们要继承发扬这一优良传统，并与时代精神相结合，力促实现中国梦的伟大理想在粮食行业落地生根，开花结果。要在全行业形成“遵法、厚德、尚智、为民”的良好风尚，引导每个粮食人成为“社会公德、职业道德、家庭美德、个人品德”的践行者。在座的各位，更应率先垂范，带头履行，为人楷模，干干净净做人，踏踏实实办事，反哺人民，报效祖国，为使全国人民吃上放心粮油、过上小康生活作出应有贡献。最后我殷切希望全国粮食行业的全体同行，把“维护国家粮食安全、确保人民吃粮安全”融化在血液中，真正落实到行动上！

（本文为作者于2013年7月11日在“全国放心粮油进农村进社区经验交流会”上的发言，略有删改）

我国食品工业经济运行分析

中国食品工业协会副会长兼秘书长　熊必琳

2012年，我国食品工业在全球经济增长放缓、国内经济下行压力加大的形势下，认真落实中央关于“稳中求进”的总方针，保持了持续健康较快发展，全年实现食品工业总产值近9万亿元，比上年增长21.7%。下面我谈的全国食品工业经济运行信息主要有三个部分：一是2012年食品工业经济运行综述；二是2013年一季度食品工业经济运行情况；三是对2013年食品工业经济运行趋势研判。

一、2012年食品工业经济运行综述

（一）生产稳定增长

根据国家统计局提供的数据，2012年全国规模以上食品工业企业增加值同比增长12.0%，增速回落3.0个百分点，比全国工业高2.0个百分点。其中农副食品加工业增长13.6%，食品制造业增长11.8%，酒、饮料和精制茶制造业增长12.5%，烟草制品业增长9.3%，分别比全国工业高3.6、1.8、2.5、−0.7个百分点。据测算，全年食品工业完成工业增加值占全国工业增加值的比重达到11.2%，对全国工业增长贡献率为12.6%，拉动全国工业增长1.3个百分点，是国民经济平稳较快增长的重要驱动力。分季度看，一季度食品工业增加值增长15.6%，二季度增长10.4%，三季度增长11.2%，四季度增长10.5%（表1），分别比全国工业高4.0、0.9、2.1、0.5个百分点。增速在大幅回落之后，已趋于稳定。

表1　2012年食品工业增加值季度增长速度　　单位：%

项　目	一季度	二季度	三季度	四季度	全　年
国内生产总值	**8.1**	**7.6**	**7.4**	**7.9**	**7.8**
规模以上工业增加值	11.6	9.5	9.1	10.0	10.0
规模以上食品工业增加值	15.6	10.4	11.2	10.5	12.0

（二）实力不断增强

2012年规模以上食品工业企业33 692个，占同期全部工业企业的10.1%；从业人员707.04万人，比上年新增39.70万人；完成现价食品工业总产值89 551.84亿元，同比增长21.7%。分行业看，农副食品加工业实现现价工业总产值52 369.00亿元，食品制造业完成15 859.56亿元，酒、饮料和精制茶制造业完成13 540.69亿元，烟草制品业完成7 782.58亿元，同比分别增长23.4%、21.0%、20.1%、15.6%。2012年全国食品工业季度产值见表2。

表 2　2012 年全国食品工业季度产值　单位：亿元

行业名称	一季度	二季度	三季度	四季度
食品工业总计	**20 227.37**	**21 239.63**	**22 926.33**	**25 158.51**
农副食品加工业	11 288.27	12 551.99	13 330.96	15 197.78
食品制造业	3 505.22	3 781.12	4 073.75	4 499.47
酒、饮料和精制茶制造业	3 075.78	3 278.13	3 462.56	3 724.22
烟草制品业	2 358.11	1 628.39	2 059.06	1 737.03

（三）行业优势鲜明

2012 年，我国宏观经济下行压力加大，国内生产总值按可比价格计算，一季度同比增长 8.1%，二季度同比增长 7.6%，三季度同比增长 7.4%，四季度同比增长 7.9%。规模以上工业增加值增速前三季度逐月回落，8 月增幅最低为 8.9%，12 月回升至 10.0%。食品工业认真把握中央关于“稳中求进”的总基调，在消费需求拉动下，保持稳定增长。6 月份食品工业增加值增长速度为全年最低 9.7%，12 月份回升至 11.5%。消费需求是促进食品工业较快增长的内生动力。

1. 消费需求快速增长　伴随城镇化进程，城镇消费群体增加。2012 年城镇人口 71 182 万人，占总人口比重 52.57%，比上年末增加 2 103 万人；乡村人口 64 222 万人，占总人口比重 47.43%，同比减少 1 434 万人。

2. 消费水平不断上升　2012 年我国人均收入提高，城镇居民人均可支配收入 26 959 元，实际增长 9.6%；农村人均纯收入 7 917 元，实际增长 10.7%。消费支出明显增加，消费能力加强，恩格尔系数下降。农村居民食品消费支出占消费总支出的比重为 39.3%，城镇为 36.2%，分别比上年同期下降 1.1、0.1 个百分点。

3. 消费显示巨大潜力　2012 年，中央出台一系列扩大内需、促进消费的宏观政策措施，食品消费显示出巨大潜力。

（四）市场供需平衡

2012 年，食品工业实现销售产值 88 022.20 亿元，同比增长 21.1%。其中，农副食品加工业完成 51 313.90 亿元，食品制造业完成 15 650.86 亿元，酒、饮料和精制茶制造业完成 13 202.62 亿元，烟草制品业完成 7 854.80 亿元，同比分别增长 22.4%、21.1%、19.9%、14.8%。食品市场供需平衡，全年产品销售率 98.3%，比全国工业平均水平高 0.3 个百分点。分行业看，农副食品加工业产品销售率为 98.0%，食品制造业为 98.7%，酒、饮料和精制茶制造业为 97.5%，烟草制品业为 100.9%，同比分别增长 0.6、2.3、1.3、15.5 个百分点。2012 年食品工业出口交货值占销售产值的 4.62%，比上年回落 0.5 个百分点。食品工业的主要市场还是在国内。食品工业主要产品产量稳定增长，全年增速超过 20% 的产品有精制食用植物油、大米、速冻米面食品、成品糖；增速超过 10% 的产品有鲜冷藏肉、方便面、饲料、小麦粉、冷冻水产品、软饮料、精制茶(表 3)。

表 3　2012 年全国食品工业主要产品产量

产品名称	计量单位	2012 年产量	同比增长（%）
精制食用植物油	万 t	5 176.18	26.42
大　米	万 t	10 769.66	23.33
速冻米面食品	万 t	410.58	22.67
成品糖	万 t	1 406.80	18.50
鲜、冷藏肉	万 t	3 128.06	19.88
方便面	万 t	946.74	19.39
饲　料	万 t	21 676.87	17.45
小麦粉	万 t	12 331.72	14.35
冷冻水产品	万 t	677.48	12.43
软饮料	万 t	13 024.01	11.99
精制茶	万 t	192.91	10.88
乳制品	万 t	2 545.19	8.07
饮料酒	万 kL	6 381.63	5.96
糖　果	万 t	242.09	4.65
罐　头	万 t	971.46	4.02
酱　油	万 t	700.36	3.68
原　盐	万 t	6 215.54	3.66
发酵酒精（折 96 度，商品量）	万 kL	820.62	3.46
卷　烟	亿支	25 160.78	2.81
冷冻饮品	万 t	254.31	0.88

（五）利润大幅上升

2012 年，规模以上食品工业实现利润总额 6 571.47亿元，同比增长 25.2%，增幅分别比 1～3 月、1～6 月、1～9 月扩大 0.3、1.3、0.9 个百分点，比全国工业高 19.9 个百分点。分行业看，农副食品加工业、食品制造业、酒饮料和精制茶制造业、烟草制品业分别实现利润 2 671.51 亿元、1 311.47 亿元、

1 530.00 亿元、1 058.49 亿元；同比分别增长20.6%、25.8%、31.8%、27.2%。在食品工业 56 个小类行业中，52 个行业利润同比增长，4 个行业下降。在 31 个省、自治区、直辖市中，有 26 个利润同比增长，5 个下降。其中，西藏、贵州、天津、青海、新疆、甘肃利润增幅超过 50%；海南、北京、宁夏、广西、重庆利润快速下降。2012 年按季度划分的食品工业利润额见表 4，2012 年食品工业经济效益指标见表 5，2012 年全国食品工业主要经济指标结构见表 6。

表 4　2012 年按季度划分的食品工业利润额

单位：亿元

行业名称	一季度	二季度	三季度	四季度
食品工业总计	**1 455.60**	**1 413.62**	**1 560.58**	**2 141.66**
农副食品加工业	500.31	552.75	576.55	1 041.91
食品制造业	262.43	269.91	313.13	466.01
酒、饮料和精制茶制造业	332.88	343.96	378.58	474.57
烟草制品业	359.98	247.01	292.33	159.17

2012 年，规模以上食品工业企业上缴税金 7 794.32亿元，同比增长 18.2%，比全国工业平均水平高 6.6 个百分点。其中，主营业务税金及附加 4 821.70亿元，同比增长 16.8%；应交增值税 2 972.62亿元，同比增长 20.5%。食品工业上缴税金占全国工业的 19.0%，若不计烟草制品业，占全国工业的 6.9%。分行业看，农副食品加工业、食品制造业、酒饮料和精制茶制造业、烟草制品业分别上缴税金 1 125.32 亿元、632.92 亿元、1 079.29 亿元、4 956.78亿元，同比分别增长 22.9%、20.3%、20.9%、16.3%。

2012 年，规模以上食品工业企业实现主营业务收入 87 982.57 亿元，同比增长 19.0%；增速比全国工业平均水平高 7.9 个百分点。食品工业主营业务收入利润率为 7.47%，比全国工业高 1.4 个百分点。分行业看，四大类行业分别为 5.20%、8.36% 、11.41%、14.01%。农副食品加工业利润率水平最低，烟草制品业最高。剔除烟草制品业，可以看出，深加工程度越高，利润率水平就越高。

食品工业每百元主营业务收入中的成本为 78.60 元，同比下降 0.30 元，比全国工业低 6.19 元。分行业看，农副食品加工业每百元主营业务收入中成本最高，达到 88.31 元；烟草制品业最低，为 25.94 元。

表 5　2012 年食品工业经济效益指标

单位：亿元

行业名称	主营业务收入	同比增长（%）	利润总额	同比增长（%）	税金总额	同比增长（%）
食品工业总计	**87 982.57**	**18.97**	**6 571.47**	**25.17**	**7 794.32**	**18.18**
农副食品加工业	51 341.89	20.56	2 671.51	20.64	1 125.32	22.93
食品制造业	15 681.92	17.63	1 311.47	25.80	632.92	20.31
酒、饮料和精制茶制造业	13 404.55	16.84	1 529.99	31.78	1 079.29	20.88
烟草制品业	7 554.20	15.13	1 058.49	27.22	4 956.78	16.32

表 6　2012 年全国食品工业主要经济指标结构

单位：%

行业名称	主营业务收入比重	利润总额比重	税金总额比重
食品工业总计	**100.00**	**100.00**	**100.00**
农副食品加工业	58.35	40.65	14.44
食品制造业	17.82	19.96	8.12
酒、饮料和精制茶制造业	15.24	23.28	13.85
烟草制品业	8.59	16.11	63.59

（六）投资继续扩大

2012 年，食品工业固定资产投资施工项目 24 463 项，其中当年新开工项目 19 189 项。全年完成固定资产投资额 12 833.75 亿元，同比增长 30.7%；增幅高出全国平均水平 10.1 个百分点。分行业看，农副食品加工业完成投资额 6 906.62 亿元，食品制造业完成 3 080.04亿元，酒、饮料和精制茶制造业完成 2 601.92 亿元，烟草制品业完成 245.17 亿元，同比分别增长 32.0%、28.1%、36.2%、−8.7%。2012 年食品工业固定资产投资情况见表 7。分地区看，河南、山东、辽宁、吉林、黑龙江、湖北、湖南、河北、四川、江苏位列完成投资额前 10 位，完成投资额占全国食品工业的 65.9%。从资金来源构成看，国家预算内资金占 0.4%，国内贷款占 7.2%，自筹资金占 88.1%，利用外资占 1.8%，其他资金占 2.5%。

表7 2012年食品工业固定资产投资情况 单位：亿元

行业名称	合计	一季度	二季度	三季度	四季度
食品工业总计	**12 833.76**	**1 465.64**	**3 697.93**	**3 867.43**	**3 802.76**
农副食品加工业	6 906.61	759.01	1 973.07	2 106.45	2 068.08
食品制造业	3 080.04	380.64	926.14	903.18	870.08
酒、饮料和精制茶制造业	2 601.92	296.40	727.06	799.71	778.75
烟草制品业	245.17	29.58	71.66	58.08	85.85

（七）区域发展较为均衡

2012年，中部、东北部地区食品工业发展速度较快，各地区之间增长速度总体上差别不大，发展较为均衡。2012年，按完成现价食品工业产值计，山东、河南、辽宁、湖北、四川、江苏、广东、湖南、吉林、福建位列前10位，共计完成食品工业总产值58 838.65亿元，占全国食品工业的65.70%。前10位中，东部、中部、西部、东北地区分别有4个、3个、1个、2个省，东部、中部、西部、东北地区完成产值分别占同期全国食品工业的42.43%、24.89%、18.90%、13.78%，占全国比重同比分别增长－0.41、0.42、－0.74、0.73个百分点。2012年分地区的食品工业产值见表8。

表8 2012年分地区的食品工业产值

地区名称	企业数（个）	工业总产值（亿元）	同比增长（%）	销售产值（亿元）	同比增长（%）
食品工业总计	**33 692**	**89 551.84**	**21.74**	**88 022.20**	**21.08**
东部地区	14 016	37 996.54	20.36	37 806.28	20.04
中部地区	9 143	22 290.72	23.34	21 897.81	23.02
西部地区	6 300	16 926.42	21.95	16 237.31	19.95
东北地区	4 233	12 338.16	22.95	12 080.80	22.43

2012年，东部、中部、西部、东北地区食品工业实现利润分别占全国食品工业利润总额的41.8%、24.0%、24.1%、10.1%。由于烟草制品业、酒制造业重点企业中有不少位处西部地区，这两个行业平均利润率水平较高，因此西部地区食品工业利润率领先全国平均水平，达到9.77%；东北地区食品工业利润率5.52%，比全国食品工业平均水平低1.95个百分点。2012年按区域划分食品工业利润率见表9。

表9 2012年按区域分的食品工业利润率

地区名称	主营业务收入（亿元）	利润总额（亿元）	利润率（%）
食品工业总计	**87 982.57**	**6 571.47**	**7.47**
东部地区	37 938.32	2 746.70	7.24
中部地区	21 841.44	1 579.85	7.23
西部地区	16 187.38	1 581.08	9.77
东北地区	12 015.43	663.83	5.52

（八）行业集中度继续提高

2012年，全年完成主营业务收入超过百亿元的食品工业企业有54个，不计烟草制品业，食品工业主营业务收入百亿元以上企业有33个。重点行业生产集中度水平继续提高，大中型食品工业企业贡献突出，规模优势显著。2012年规模以上大中型食品工业企业共计4 740个、小型企业28 952个，分别占食品工业企业数的14.1%、85.9%；大中型食品工业企业完成产值占全行业的50.6%，小型企业占49.4%；实现利润总额分别占61.0%、39.0%；上缴税金分别占82.7%、17.3%。

（九）食品进口大幅增加

据海关总署统计，2012年我国食品进出口1 416.8亿美元，同比增长12.8%。其中，出口542.5亿美元，同比增长2.2%；进口874.3亿美元，同比增长20.5%。进口大于出口，贸易逆差331.8亿美元。一是一般贸易进出口占主导地位。2012年，我国以一般贸易方式进出口食品1 154.9亿美元，同比增长12.9%，占同期我国食品进出口总额的81.5%；以加工贸易方式进出口144.8亿美元，同比增长6.1%，占10.2%。二是水产品、蔬菜是我国食品出口主要商品。全年出口水产品、蔬菜占食品出口总值的57.2%；肉及肉制品占9.4%。三是粮食、油料、油脂等粮油产品是食品进口的主要商品，以上产品进口金额占食品进口总值的66.0%。其中，大豆和植物油分别进口349.9亿美元和121.5亿美元，同比分别增长17.6%和14.3%。美国是我国最大的进口食品来源地，中美双边食品贸易额为280.1亿美元，同比增长18.9%；东盟是我国第二大食品贸易伙伴，双边贸易额为244.7亿美元，同比增长5.8%；欧盟列第三位，进出口126.6亿美元，同比增长6.1%。2012年按季度划分食品进出口金额见表10。

表10 2012年按季度划分食品进出口金额

单位：亿美元

进出口分类	一季度	二季度	三季度	四季度
食品进出口总值	**317.0**	**347.9**	**362.3**	**388.8**
其中：出口金额	125.3	131.0	131.6	153.9
进口金额	191.7	216.9	230.7	234.8

（十）重点行业运行情况

1. *粮食加工业* 粮食加工主要指小麦、稻谷、玉米、豆类和薯类的加工。粮食加工业是关系国计民生、社会安定的基础行业，在全面建设小康社会、推进城镇化的进程中，具有重要的战略意义。近年来，我国粮食加工业持续强劲发展。2012年全国规模以上粮食加工企业5 473个，完成现价工业总产值9 890.7亿元，同比增长21.0%，占食品工业总产值的11.0%。全年生产小麦粉12 331.72万t，大米10 769.66万t。谷物磨制业经济效益得到改善，2012年全行业实现利润506.46亿元，行业平均利润率5.1%。粮食加工逐步向原料产区、重点销区和重要物流节点集中，小麦粉重点生产区域集中在以豫、鲁、皖、苏、冀为代表的华中和华东地区。以上5个省小麦粉产量占全国产量的82.1%，区域集中度处于高水平。大米加工重点地区主要有鄂、黑、皖、湘、吉等中部和东北地区，以上5个地区大米产量占全国产量的63.6%。2012年我国粮食产量58 957万t，连续9年增产。其中小麦产量增产2.7%，稻谷增产1.6%，玉米增产8.0%，为我国粮食安全打下坚实基础。

2. *食用植物油加工业* 我国是食用植物油生产和消费大国，食用植物油及原料60%依靠进口，因此油料及价格受国际市场影响较大，尤其是大豆油对外依存度较高。2012年我国规模以上食用油加工企业1 992个，完成现价工业总产值9 040.3亿元，同比增长22.6%，占食品工业总产值的10.1%。目前，我国食用植物油行业加工技术水平提高，工业企业向规模化、集约化方向发展，市场花色品种丰富。食用植物油加工企业分布“东强西弱”，因原料依赖国际市场，大型压榨企业主要集中在华东沿海一带。2012年食用油产量前5个省份分别是山东、广东、江苏、湖北和黑龙江，5省的食用植物油产量合计占全国的54.7%。食用植物油加工业目前存在的主要问题是产能过剩，综合利用程度低，生产原料对外依存度高等。

3. *屠宰及肉类加工业* 2012年屠宰及肉类加工企业实现工业总产值10 427.94亿元，比上年增长20.7%，占食品工业总产值的11.65%。受上年猪粮比下降的影响，2012年猪粮比下降趋势仍未扭转。同时，家禽养殖和加工也受到“速成鸡”“H7N9”等风波影响，行业遭受重创，恢复发展有待时日。按产值计算，牲畜屠宰行业占比提高至41.0%；禽类屠宰占比下降为28.8%；肉制品加工占比30.2%。冷鲜肉大量面市，全年产量3 128.06万t，同比增长19.9%。全年规模以上定点屠宰企业生猪屠宰量为2.2亿头，同比增长4.8%。与上年相比，鲜、冷藏肉比重增加，牛、羊、猪、禽、蛋等肉类食品结构合理，牛羊肉略显紧俏，细分品种增加。

4. *制糖业* 食糖是关系国计民生的重要商品，也是食品工业生产重要原辅料。2012年全国规模以上制糖企业290个，实现工业总产值1 200.23亿元，比上年增长17.3%，占食品工业总产值的1.34%。生产成品糖1 406.80万t，同比增长18.50%。年末库存比年初减少0.8%，产品销售率100.1%。同期我国食糖进口创出新高，全年进口374.70万t，价值22.40亿美元，进口量相当于同期我国食糖产量的27.0%。受国际糖价下跌影响，我国食糖价格比年初下降约20%，年末现货价格5 500元/t。受价格因素影响，食糖行业经济效益大幅下降，全年实现利润总额69.56亿元，同比下降47.2%。主营业务收入利润率6.37%，比上年下降7.0个百分点。预计2013年食糖进口量将超过300万t，相当于我国食糖产量的22.6%。

5. *液体乳及乳制品制造业* 2012年液体乳及乳制品制造业恢复性发展，速度较快。行业诚信建设、安全生产能力得到提高，但全行业仍处于转型发展期。2012年规模以上液体乳及乳制品工业企业649个，完成现价工业总产值2 542.36亿元，同比增长18.1%，占食品工业总产值的2.84%。生产液体乳2 545.1万t，同比增长8.1%；销售量2 518.7万t，产品销售率99.1%，同比增长1.6个百分点。全行业实现利润159.55亿元，同比增长21.7%。乳制品企业在调整振兴中发展，经济效益好转。液体乳及乳制品制造业产业链向上延伸，标准化规模养殖基地建设取得显著进展，生鲜乳质量水平提高，有效保障乳制品质量安全。

6. *方便食品制造业* 方便食品制造业是《全国食品工业“十二五”发展规划》中要重点发展的行业之一。目前，我国方便食品市场格局面临新的突破和转变。2012年全国规模以上方便食品工业企业1 096个，完成现价工业总产值2 904.99亿元，同比增长24.4%，占食品工业总产值的3.24%。其中，米面制品制造、速冻食品制造、方便面及其他方便食品制造分别占全行业的20.6%、20.1%、59.3%。全行业当年实现利润 210.30 亿元，同比增长 22.3%。其中，米面制品制造、速冻食品制造、方便面及其他方便食品制造分别占 16.3%、19.9%、63.8%。全行业平均主营业务收入利润率 7.46%，比上年提高 0.32 个百分点。其中，米面制品制造、速冻食品制造、方便面及其他方便食品制造分别为 5.71%、7.20%、8.20%。2012 年方便食品制造业经济指标见表 11。

表 11　2012 年方便食品制造业经济指标

行业名称	企业数（个）	工业总产值（亿元）	同比增长（%）	销售产值（亿元）	同比增长（%）
方便食品制造	**1 096**	**2 904.99**	**24.41**	**2 867.04**	**18.32**
米、面制品制造	461	599.15	22.94	597.58	31.31
速冻食品制造	292	584.35	16.93	572.55	19.40
方便面及其他方便食品制造	343	1 721.49	27.71	1 696.90	13.40

7. 酿酒工业　酒制造业是我国传统食品产业，近年来大力开展技术进步工作，强化质量管理，酒类市场稳定向好，呈现多元化发展。2012 年全国规模以上酿酒工业企业 2 364 个，完成现价工业总产值 7 527.02亿元，同比增长 20.7%，占食品工业总产值的 8.41%。全年酒精、白酒、啤酒、葡萄酒产量分别为 820.62 万 kL、1 153.16 万 kL、4 902.00 万 kL、138.16 万 kL，同比分别增长 3.5%、18.6%、3.1%、16.9%。2012 年末，酒类市场格局出现分化。在"塑化剂"风波、"戒酒令"等因素影响下，白酒产品年末库存比年初增加 20.1%；全年销售白酒 1 126.7 万 kL，产品销售率为 98.1%，高端市场趋冷。葡萄酒市场面临发展机遇和空间，在科技进步支撑下，产品结构得到调整，综合利用水平提高；开发酿酒葡萄种植，原料安全保障能力提高。啤酒市场消费上升，销售大于产量。全年啤酒销售量 4 905.30 万 kL，产品销售率达到 100.4%，年末库存量比年初减少 12.2%。黄酒市场整体向好，2012 年规模以上黄酒制造企业完成工业总产值 145.34 亿元，同比增长 22.60%，比酒制造业平均增长速度高 1.95 个百分点，从区域性市场逐步转向全国性市场，呈现加速发展趋势。

8. 软饮料制造业　软饮料市场突出"安全""健康""天然"的消费理念，包装水、茶饮料、果菜汁饮料消费向好，碳酸饮料消费下滑。2012 年软饮料制造业生产软饮料 13 024 万 t，销售 12 836 万 t，产品销售率 98.7%。虽然产品销售率比上年提高 1.8 个百分点，但期末库存比年初增加 25%。主要产品产量中，碳酸饮料类 1 311.29 万 t，同比增长 −1.5%；包装饮用水类 5 562.78 万 t，同比增长 19.2%；果汁和蔬菜汁饮料类 2 229.17 万 t，同比增长 14.2%。2012 年软饮料制造业产值见表 12。

表 12　2012 年软饮料制造业产值

产品分类	企业数（个）	工业总产值（亿元）	同比增长（%）	销售产值（亿元）	同比增长（%）
软饮料制造业	**1 582**	**4 811.35**	**16.85**	**4 718.49**	**16.26**
碳酸饮料制造	187	755.58	1.40	765.94	6.43
瓶（罐）装饮用水制造	487	859.74	23.46	842.41	24.54
果菜汁及果菜汁饮料制造	448	1 147.15	21.23	1 100.87	17.20
含乳饮料和植物蛋白饮料制造	202	734.40	18.12	733.85	18.35
固体饮料制造	89	433.99	14.61	443.29	16.37
茶饮料及其他饮料制造	169	880.49	20.77	832.13	15.22

二、2013 年一季度食品工业经济运行情况

2013 年初，食品工业生产低位开局，食品市场需求趋旺，产销衔接水平较高。但高端食品、饮料市场销量下滑，食品工业利润、食品进出口额增幅收窄，行业运行面临新情况和新问题。

（一）生产增速明显回落

2013 年一季度规模以上食品工业企业增加值同比增长 9.5%。1～2 月增加值增长 9.0%，1～3 月增长 8.7%，分别比全国工业增长−0.9、−0.8 个百分点。不计烟草制品业，一季度食品工业的工业增加值增长 10.5%，高出全国工业 1.0 个百分点。分行业看，农副食品加工业增长 9.7%，食品制造业增长 11.5%，酒、饮料和精制茶制造业增长 11.5%，烟草制品业增长 4.3%。

（二）企业规模稳定增长

2013 年一季度，规模以上食品工业企业 35 084 个；完成主营业务收入 22 842.7 亿元，同比增长 16.5%，增幅比上年增长 −15.1 个百分点，比全国

工业增长 4.6 个百分点，占规模以上工业的 10.3%。其中，农副食品加工业完成主营业务收入 12 643.5 亿元，食品制造业完成 4 063.3 亿元，酒、饮料和精制茶制造业完成 3 524.7 亿元，烟草制品业完成 2 611.2 亿元，同比分别增长 17.4%、18.3%、15.2%、11.2%。食品市场产销两旺，主要食品供需平衡。一季度食品工业产品销售率 97.45%，同比增长 0.24 个百分点。其中，农副食品加工业产品销售率为 95.60%，食品制造业 99.50%，酒、饮料和精制茶制造业 98.80%，烟草制品业 103.00 %，同比分别增长 0.20、0.40、-0.70、2.2 个百分点。产品销售率高于 100%的行业有其他烟草制品制造，糖果、巧克力及蜜饯制造，罐头食品制造，产品销售率分别为 109.7%，107.9%，100.4%。制糖业、烟叶复烤、酒的制造产品产销率较低，分别只有 47.5%、88.5%、90.8%。2013 年一季度食品工业主要经济指标见表 13。

表 13　2013 年一季度食品工业主要经济指标

行业名称	主营业务收入（亿元）	同比增长（%）	利润总额（亿元）	同比增长（%）
食品工业总计	**22 842.7**	**16.5**	**1 704.8**	**17.0**
农副食品加工业	12 643.5	17.4	555.8	9.9
食品制造业	4 063.3	18.3	329.3	28.4
酒、饮料和精制茶制造业	3 524.7	15.2	394.1	17.7
烟草制品业	2 611.2	11.2	425.6	18.4

（三）工业利润增幅回落

2013 年一季度食品工业实现利润总额 1 704.8 亿元，同比增长 17.0%，增幅比全国平均水平高 4.9 个百分点，比上年同期回落 7.9 个百分点。除农副食品加工业外，其他三大类食品工业的利润增幅都高于主营业务收入的增幅。其中，食品制造业利润增幅比主营业务收入增幅高 10.1 个百分点。2013 年一季度食品工业主营业务收入利润率为 7.46%，同比提高 0.03 个百分点。其中，农副食品加工业利润率 4.40%，食品制造业 8.10%，酒、饮料和精制茶制造业 11.18%，烟草制品业 16.30%，同比分别增长 -0.30、0.64、0.24、0.99 个百分点。

（四）食品投资持续向好

2013 年一季度食品工业完成固定资产投资额 1 838.81亿元，同比增长 25.5%，增幅比全国平均水平高 4.6 个百分点。分行业看，农副食品加工业完成投资额 939.70 亿元，同比增长 23.8%；食品制造业完成 439.83 亿元，同比增长 15.5%；酒、饮料和精制茶制造业完成 417.8 亿元，同比增长 41.0%；烟草制品业完成 41.49 亿元，同比增长 40.3%。

（五）食品进出口增势渐弱

据海关总署统计，2013 年一季度我国食品进出口 334.5 亿美元，同比增长 5.5%。其中，出口 129.3 亿美元，同比增长 2.9%；进口 205.2 亿美元，同比增长 7.1%。2013 年一季度食品进出口贸易中，一般贸易方式占总额的 83.2%；加工贸易方式占 9.3%。一季度食品出口的主要类别有水产品、蔬菜、水果等，以上三类产品出口金额占当期食品出口总额的 56.1%；进口食品中，粮食、油料、油脂等粮油产品占了进口总额的 59.4%。3 月份，我国大豆进口量同比减少 20.4%，主要原因是自去年 9 月以来，豆油市场一直面临商业库存高以及需求疲弱等问题，导致大豆现货价格持续下跌，进口量减。另外，我国生猪存栏量已经连续 4 个月下降，对饲料（豆粕）的需求缩减，部分压榨企业采取限产、甚至停产的方式降低损失。

（六）食品价格波动较大

2013 年 1 月份食品价格同比上涨 2.9%，2 月份上涨 6.0%，3 月份上涨 2.7%。受春节因素影响，2 月份食品价格涨幅较大。2013 年一季度食品价格同比上涨 3.8%。其中，粮食价格涨 5.0%，油脂涨 4.7%，肉禽及其制品涨 3.2%，蛋价涨 14.8%，水产品涨 3.9%，液体乳及乳制品涨 4.2%，烟酒及用品涨 1.2%。2013 年一季度工业生产者出厂价格同比下降 1.7%，其中食品出厂价格上涨 1.3%。工业生产者购进价格同比下降 1.9%，农副产品类购进价格上涨 2.3%。总体来看，食品原辅材料多数上涨，生产成本总体上升。一季度农产品生产价格同比上涨 1.9%，其中粮食价格涨 2.1%，油料价格涨 3.5%，糖料跌 1.2%，蔬菜涨 4.1%，水果涨 2.8%，生猪跌 3.1%，活牛涨 16.3%，活羊涨 9.0%，家禽涨 7.5%，禽蛋涨 10.8%，渔业产品涨 3.4%。

三、对 2013 年食品工业经济运行发展研判

2013 年是全面贯彻落实党的十八大精神的开局之年，是实施“十二五”规划承前启后的关键一年，食品工业面临的宏观经济环境积极向好的因素增多，整体环境进一步转好。当前我国正处于工业化、城镇化的重要阶段，经济转型升级处于关键时期，发展有巨大潜力和空间。积极扩大国内有效需求、完善消费政策、提高居民消费能力等宏观调控政策，有利于拉动食品消费需求持续增长，激发行业发展的内生动力。

基于对宏观经济形势分析及 2012 年以来食品工业发展态势和 2013 年一季度食品工业发展运行情况，

中国食品工业协会对2013年全年食品工业发展趋势做出以下研判：

（一）工业生产低位开局，继续保持稳定增长

2013年，食品工业低位平稳开局，在市场需求的拉动下，二季度、三季度食品工业将实现较快增长，四季度食品工业会有新的销售旺季，工业发展速度将达到全年峰值。预计食品工业增加值增长速度不低于10%，全年食品工业总产值将超过10万亿元，总体运行态势健康良好。

（二）食品安全加强监管，总体形势趋稳向好

食品安全受到空前的关注。十二届全国人大一次会议通过国务院机构改革方案，组建国家食品药品监督管理总局，将进一步加强食品安全的监督管理执法；各级政府把食品安全列为改善民生、提高执政能力的首要问题；通过新闻媒介的监督，全社会更加重视食品安全。食品工业企业通过加强行业诚信体系建设，提高全行业食品安全保障能力，改善和提高食品安全水平，助推食品工业健康发展。

（三）经济效益稳定上升，增长幅度或将收窄

综合考虑食品工业原辅料成本上升、劳动力红利日益减弱等因素，食品工业应加快转型发展，提高工业效率。全年食品工业经济效益仍将保持稳定增长，但增幅可能收窄。预计全年食品工业企业实现工业利润约7 500亿元，上缴税金约8 900亿元，同比增长幅度约15%。

（四）食品价格总体稳定，大宗产品或有波动

在国家各项宏观政策调控下，食品价格走稳，涨幅收窄，对CPI的影响减弱，已从2012年的60%下降至50%左右。进入二、三季度后，原料供应充足，食品价格将趋向稳定。综合考虑国内外原辅料价格走势、气候、市场供求等因素影响，生猪、食用油、食糖、乳业等大宗产品价格或有局部波动。要特别加强对大宗原料生产价格的监测与预警，防止因量价失衡引发行业运行波动。

总体上看，一是粮油加工业仍将保持一定增长，主食产品、冷冻米面制品等深加工产品将进一步繁荣市场供应。二是屠宰及肉制品加工行业，特别禽类养殖、加工将逐渐恢复。三是方便食品将继续较快增长，软饮料、制糖以及糕饼等产品，将出现应季消费的明显特征。四是乳制品预计持续向好。五是酿酒行业将逐渐恢复。

我国大豆食品行业发展现状与前景

中国食品工业协会豆制品专业委员会常务副会长　卫祥云

一、我国大豆食品行业总体现状

（一）原料大豆的使用

在我国，大豆主要消费于四个方面：一是榨油消费；二是食品工业消费；三是种子消费；四是其他工业消费。根据我会近年来对会员企业的统计，并综合了我国居民豆类及豆制品的消费变化趋势估算，2008—2012年，我国用于食品工业的大豆量分别约为900万t、950万t、1 000万t、1 050万t和1 100万t。每年用于传统豆制品加工的大豆约占食品工业用的50%左右，用于直接食用的约占30%，用于其他食品加工的约占20%。据统计，2012年我国国产大豆产量为1 280万t左右，根据这个数字可以看出，约有80%的国产大豆用于我国的大豆食品行业。

（二）行业发展现状

1. 行业经济运行情况

根据我会每年对规模企业（行业前50强企业）的统计，近五年我国大豆食品行业投豆量、销售额、出口额及规模企业数量的情况如下：2008年至2012年，我国年总投豆量分别为56.51万t、74.23万t、97.53万t、106.04万t和106.00万t；年销售额合计分别为67.66亿元、84.83亿元、102.98亿元、131.95亿元和155.58亿元；年出口额分别为1 000.00万美元、1 000.00万美元、1 000.00万美元、2 036.69万美元和4 706.66万美元；年销售额上亿元的豆制品企业分别为17个、20个、27个、29个和38个。从以上数据可以看出，近五年来，我国大豆食品行业的投豆量迅速提升，大豆食品市场销售保持在持续稳定的增长，同时出口额不断增加，规模企业的数量越来越多。2008年，在全国豆制品行品牌企业50强中，排在第50位的企业年销售额为1 100万元左右，而在2012年，销售额低于7 000万元的企业已进入不了50强。

2. 产品市场、工艺设备及企业品牌情况

（1）产品市场情况　现在我国大豆食品市场供应

更加规范，产品质量稳步提高。如江苏、浙江、山东、广东、安徽等地纷纷建立了大豆食品生产基地。同时，大豆食品新产品在市场上涌现出来，使得我国大豆食品行业的产品结构日趋完善。从直接提供给消费者的各种豆制品到作为原辅料提供给其他食品行业的豆粉、大豆蛋白等商用产品，从液态豆浆到固态豆浆粉，从豆腐、百页等传统生鲜食品到利乐装豆浆、休闲豆干等即饮即食类产品，我国大豆食品的种类可谓是丰富多样。此外，针对高、中、低端市场的不同需求，使得行业细分化也愈加明显。如豆浆产品，涵盖了普通巴氏消毒豆浆，携带和饮用均十分方便的瓶装豆浆和自立袋豆浆，以及更加美观大方、且可以长途运输的利乐装豆浆等。即食、调味类豆制品如休闲豆腐干产品的包装逐渐多样化，近两年还出现了礼盒装豆腐干产品，而即食素肉（膨化豆制品）由于成本投入较小，并保留了大豆食品的营养价值，在农村等低端市场和在校学生中颇受欢迎。

（2）工艺设备情况　近年来，我国大豆食品生产工艺技术水平与日本等技术先进国家的差距逐渐缩小，各类豆制品生产均已实现了工业化和规模化。就加工工艺而言，企业在不断改进工艺的同时，运用UHT超高温灭菌、均质工艺、半干法制浆工艺等先进技术使产品质量更加稳定。从加工设备来看，豆制品的生产从洗豆、泡豆工序、点浆、凝固到最终的杀菌、包装系统，全部采用计算机自动控制，而且各系统之间的连接也已实现了自动化，不但使豆制品生产工艺实现了流水线标准化控制，提高了豆制品产品的质量安全，同时在很大程度上减少了人为控制对最终产品品质的影响程度，并大幅度减轻了员工的劳动强度，同时还实现了环保和节能。在2013年5月，我国自主研发的全自动化豆腐生产线成功出口到西班牙，通过该条生产线，豆腐生产从大豆浸泡直至装盒-预冷杀菌全部实现自动化操作。

（3）企业品牌情况　目前，我国取得食品生产许可（QS）证的豆制品企业，从2008年的1 400个左右，逐年递增，截止到2013年5月底，已达到了4 069个。由此可以看出，我国大豆食品生产企业的质量安全意识得到了加强，企业规模化发展是必然趋势。从各地区的生产许可证企业数量来看，东南部经济较发达地区的企业数量明显大于西北部地区。在规模企业数量不断增多的同时，企业自身也经历了长足发展，产能、产量、销售额及市场占有率等各项经济指标均得到了健康、稳步增长。在过去的五年里，一些企业由于发展势头良好，即便产能满负荷运转，产品仍然是供不应求，因此他们在原有的基础上对厂房进行了新建、扩建。如祖名豆制品在扬州和安吉的新厂均已成功运营，重庆奇爽在当地梁平县建立了分公司，永和食品在牡丹江建立了原料大豆的种植基地，安徽马鞍山黄池食品新建了豆腐干和豆浆的生产基地，重庆天润新建投产了年产5万t的豆制品生产基地，这些新的生产线和基地也都已顺利投入生产并运营。此外，一些颇具实力的投资者、经销商看好大豆食品市场潜力，纷纷转入豆制品行业，其中最具代表性的有四川徽记食品、上海金丝猴纷纷进入休闲豆腐干领域，并创下佳绩；益海嘉里旗下著名品牌“金龙鱼”增加了豆浆粉产品；黑龙江北大荒也增加了豆腐、豆浆等新品种。规模企业的飞速发展，以及其他行业的企业正在以不同的方式和不同的产品定位进军大豆食品产业，使得市场竞争愈加激烈，同时有力地推动了大豆食品行业的发展。

二、部分重点产品情况

根据我国《大豆食品分类》行业标准，按照终端产品把大豆食品分为14大类。现就我国市场中常见的几类大豆食品进行介绍。

（一）豆腐等生鲜大豆食品

在传统大豆食品中，豆腐占据了50%的消费份额，是重要的产品类别。根据我会对50强规模企业的豆腐生产量统计，2012年规模企业用于豆腐的投豆量为23.40万t，占总投豆量的22%，比2011年的16.72万t增长40%。从上述数据可以看出，随着消费者对健康的日益重视以及对大豆营养的逐步了解，豆腐在百姓饮食消费中保持稳定并略有增长。同时，规模企业豆腐的投豆量占总投豆量的22%，而我们预估豆腐在传统大豆食品中占据了50%的消费份额，这说明我国规模企业的研发和深加工能力不断加大，新产品种类不断丰富，产品附加值也在提升，而不再局限于豆腐单一品种的生产。全国豆腐生产企业分布比较广泛，南方豆腐企业的发展状况优于北方。在生产豆腐的50强企业中，如祖名豆制品、上海清美、汉康、北京白玉、深圳福荫、苏州金记等企业均是或以豆腐等鲜货起家或以豆腐为主打产品，同时辐射了豆浆、豆腐干等其他类豆制品；而四川徽记、重庆天润等企业则以休闲豆腐干等起家，目前为配合当地消费者对“放心豆制品”及菜篮子工程的需要，增加了豆腐生产项目，扩大了企业产品品类。我们认为，新鲜豆制品的理想消费状态是：头天晚上生产、第二天早晨5、6点开始送货、下午5点基本销售一空。我们看到，优势企业的豆腐品牌发展到一定程度后，往往采取本地化建厂模式来完成市场布局。今后，豆腐等水含量较大且保质期较短的产品，主要营销模式将是以中心工厂为依托，合理确定消费半径，做好物流配送，实现较长时间内的集中营销，并让产品尽量缩短与消费者的距离。

（二）豆浆类产品

豆浆类产品包括了豆浆和豆浆粉。在以往的发展中，豆浆的生产和消费一直在低层次徘徊，而近年来消费者对奶制品的消费信心指数下降，给豆浆的发展带来了空间和商机。特别是人们对大豆食品营养价值的不断认识，使得豆浆行业市场前景十分乐观。现在我国豆浆产品的口味越来越丰富，新产品、新包装层出不穷，不少豆浆生产企业都加大了产品的研发和市场开拓的投入。对于豆浆而言，"口感"和"营养"成为其核心的诉求。根据我会统计，2012 年规模企业用于豆浆类产品的投豆量为 20.76 万 t，2011 年为 18.34 万 t，同比增长 13.2%。其中：

1. *豆浆粉类市场稳步提升*　豆浆粉的投豆量 2012 年为 13.90 万 t，2011 年为 13.39 万 t，同比增长 3.81%。从销售额看，永和、冰泉、维维等豆浆粉品牌的销售额增长均超过了 15%以上，特别是益海嘉里的豆浆粉生产，销售额增长了近一倍，产品附加值的提升是重要原因之一。

2. *液态豆浆加快发展*　在液态豆浆方面，目前虽然还缺乏全国品牌，仍以地方品牌为主。但是，一些颇具实力的企业如祖名豆制品、马鞍山黄池食品等均纷纷上马了高品质的豆浆生产线，并已经或者即将上市，今后无论从品质和口感方面，还是开拓全国、高端市场方面，都将给行业带来巨大变化。2012 年用于液态豆浆行业的投豆量为 6.86 万 t，比 2011 年的 2.86 万 t 增长了 140%。由此可见，液态豆浆发展潜力巨大，市场空间亟待挖掘。未来的 3～5 年将是豆浆竞争格局成型的关键期，企业需要苦练内功，从原料大豆的精选、设备和工艺的技术升级，并配合研发创新，加强豆浆的包装、品种、口感等向多元化发展，形成豆浆丰富的产品线，提高品质，并相应地扩大豆浆产品消费群体的适应性与广泛性。

（三）豆腐干产品

近几年，休闲豆腐干的产品类型和消费概念逐渐成形，大大拓宽了豆腐干的市场范围，我国豆腐干的生产量有了明显的提高。根据我会统计，2012 年，规模企业用于豆腐干类产品的投豆量为 20.33 万 t，2011 年为 18.65 万 t，同比增长 9%。休闲豆腐干已成为我国大豆食品产业发展势头良好的产品之一。在我国豆制品品牌企业前 50 强当中，以休闲豆腐干为主的企业占到了近 1/3，其中重庆奇爽、四川徽记、上海金丝猴、重庆天润、湖南满师傅、成都香香嘴、安徽成德、四川国柱等企业均为休闲豆腐干类产品年销售额达到 1 亿元以上的企业。

（四）腐竹产品

腐竹富含营养且口感独特，该类产品长期以来深受人们的喜爱。近年来，各级地方政府对该市场的有效监管，以及生产企业的安全意识不断提高、自动化程度的加强，规模企业增长迅速，市场占有率开始增大，使得消费者对该类产品的信心大为增强。目前腐竹产业主要以区域形式发展，比如河南许昌、河南安阳、山西洪洞、广西桂平地区、广东江门、福建、云南等，其中河南腐竹约占到全国市场的半壁江山。腐竹产品属于豆制品中的干燥类产品，由于其便于运输和保存，故销售半径大，有利于形成全国性品牌，甚至出口。因此，未来腐竹工业化生产，针对性地选择合适的大豆品种，选育、种植、开发腐竹专用大豆十分重要。此外，新产品研发和市场开拓也是腐竹类产品行业亟待突破的两大瓶颈。

（五）膨化豆制品

以膨化豆制品为原料、大豆素肉为产品概念的新产品近年来不断推陈出新，正在成为一个新的市场热点。根据我会统计，2012 年我国豆制品行业 50 强企业用于膨化豆制品产品的投豆量约为 25.11 万 t，2011 年为 24.18 万 t，同比增长 3.8%。在某些地区，膨化豆制品已成为当地的优势产业，如山东城头镇，全镇用于膨化豆制品生产的大豆使用量约 35 万 t，并以合作社牵头在黑龙江省建立了 1.33 万 hm^2 非转基因大豆原料种植基地，目前该镇已形成了从种植、加工到销售的完整产业链。

三、发展趋势和目标

（一）消费量

根据我国居民膳食指南要求，人均日消费大豆及其制品要达到 40 g 才算合理，而目前约 20 g，距离目标还相差很远，为实现上述目标可以分两步走：第一步，到 2015 年底，大豆食品（豆类及其制品）的消费量力争达到每人每年 10 kg，即每日人均消费大豆 28 g 左右。其中，豆腐、豆浆等传统大豆食品的消费量力争达到 6 kg 以上，即人均每日 17 g；新型豆类食品（如营养棒、豆乳酪等）1 kg，即人均每日 2.8 g；直接食用及其他用于食品原料的大豆为 3 kg，人均每日 8.6 g 左右。第二步，到 2020 年底，大豆食品（豆类及其制品）的消费量要达到每人每年 14.6 kg，即每日人均消费大豆 40 g 左右。

（二）规模企业数量

到 2015 年底，全国各省会城市及常住人口达到 500 万人的城市，至少出现 1 个年耗用大豆 1 万 t 以上的以鲜货大豆食品为主的规模企业。全国年耗用大豆1万t以上的企业力争达到50个，其中有5个企业的年营业额达到10亿元左右；龙头企业在多元化调整产品结构的同时，要明确主打产品的定位，争取单品达到一定规模，以增强发展后劲。

（三）产品目标

在保证豆腐类产品消费量保持稳定的前提下，扩大豆浆类产品、休闲类大豆食品的消费量，引导企业多开发方便食用、口感美味、绿色有机的终端消费产品。

（四）设备发展目标

（1）共性设备与个性设备衔接配套；

（2）大豆食品生产工艺与设备有机结合；

（3）设备布局科学合理；

（4）设备零部件的自主研发生产；

（5）加强食品检测技术的攻关和应用。

四、大豆食品对专用原料迫切需求

（一）现状

从源头上抓好大豆原料的质量，为企业生产高品质豆制品提供优质原料，已成为大豆食品工业持续健康发展的关键问题之一。但是，我国目前的大豆多为农户分散种植，农业生产标准化程度低，导致原料大豆质量不稳定，没有形成专用化供应，成为困扰豆制品企业的难题。近年来，也有部分大豆食品企业开始尝试以自主实施订单农业的方式，与原料种植地签订合约，或企业兴建自己的原料基地。但是，由于大豆食品企业对育种和种植并非专业，同时企业与种植户在合约签署、履行约定等方面无法完全做到及时、准确的沟通，因此企业在原料收购和基地建设等方面进展并不顺畅。

（二）展望

针对目前现状，我们认为要真正实现大豆食品原料供应的专用化、可追溯，应从政策、技术、企业、农户多方面发力。一是政策上不应只粗放地鼓励农民种大豆，而是应该为研发、种植、使用有中国优势的食品专用化大豆提供政策倾斜。二是育种方面应培育适合大豆食品企业加工所需的专用品种，如豆腐用大豆需要高含量的11S球蛋白；豆浆用大豆应没有脂肪酶、且低亚麻酸含量；腐竹用大豆需要蛋白质、脂肪和蔗糖含量达到最佳比例；纳豆用大豆要求颗粒小、吸水性好等。三是种植方面应引导农民分种分收，并提供必要的技术辅导和设施建设，可以合作社等形式与企业对接，形成专种专用、优质优价的合作生产机制，并实现规模化种植，最终向专业化、品牌化的道路发展。四是大豆贸易方面，大豆贸易商、经销商在大豆种植者和大豆食品企业中间起到桥梁作用，因此其对于大豆和大豆食品产业的发展非常重要。在收购原料时，应改变混贮混收模式，做到专业化经营。可以说，采用分种、分采、分贮、分收甚至按技术指标检测制定价格的模式，也将有利于带动、组织中小农户步入专用化种植、供应的良性发展。目前，大豆食品加工行业对提高原料豆品质有迫切的需要，因此作为全国豆制品专业委员会，我们希望能促进大豆产区与大豆食品企业的对接，用食品的品质标准要求指导产区的生产，用产区的专用化、规模化生产为食品企业产品提供保障，形成产业链上下游的互动共赢。

我国主食加工业发展情况分析

农业部农产品加工局

2012年，农业部启动实施了主食加工业提升行动，行业良好发展氛围正在形成，工商资本进军主食加工业趋势明显，产业规模稳步扩大。数据显示，2012年全国规模以上主食加工企业达到1 096个，全年实现总产值2 905亿元，比上年增长24.41%（未扣除物价因素，下同）。主食加工业产业结构不断优化，品种呈现多元化发展态势，行业劳动生产率显著提高，产业聚集效应明显，布局渐趋合理，产业链逐步向上下游延伸，纵向一体化程度不断加强。

一、行业发展特点

（一）原料供给

主食产品原料主要有小麦粉、大米、肉类、蔬菜类和植物油。2012年我国主食加工业主要原料产量稳步提高，供应较为充足，同时原料价格随季节和国际市场波动，整体有所上升。其中，小麦粉价格在上半年整体较稳，但8～12月价格开始逐渐上涨，至

12月末涨幅已超过20%。

(二) 加工生产

1. 增长态势明显，效益稳步提高　2012年，规模以上主食加工企业共有1 096个，其中米、面制品企业461个，占42.1%；速冻食品制造企业292个，占26.6%；方便面及其他方便食品制造企业343个，占31.3%。主食加工企业1～12月主营业务收入、利润总额和上交税金分别较上年同比增长17.11%、22.29%和25.31%；从业人员累计35.4万人，较上年同比增长1.99%。

2. 领域不断拓展，产品趋向多元　近年来，主食加工业适应消费趋势变化拓展生产领域，逐步实现以生产传统米面制品为主，向以生产多种类主餐食品转变，工业化主食产品产销两旺，品种多元化初步形成。目前市场上的主食产品主要有：面制主食包括馒头、挂面、方便面、鲜湿面、花卷、面包、锅盔、凉皮、烧饼、烙饼等；米制主食包括方便米饭、米粉(米线)、方便粥、米糕等；带馅主食包括包子、饺子、粽子、汤圆等；调理制品包括速冻调味肉类制品、预制菜肴等。

3. 领军企业逐渐形成，生产效率显著提高　主食加工行业已经形成了一批市场占有率高、工艺技术先进、加工标准化、配送连锁化和供应社会化的领军企业。在速冻食品行业，北方的瑞达、民乐、狗不理，南方的龙凤、安井、五羊、大三江，中原的三全、思念、科迪等，已经成为引领主食加工业发展的骨干力量。由规模企业带动，主食加工行业劳动生产率显著提高，2012年人均总产值与上年相比涨幅达21.98%。其中，米、面制品制造企业人均总产值提高了20.7%，速冻食品制造企业提高了9.12%，方便面及其他方便食品制造企业提高了28.06%。

4. 产业加快聚集，布局不断优化　2012年，我国主食加工生产企业持续向主要原料产区、重点销售区域和重要交通物流节点集中，产业布局渐趋合理。小麦主产区河南省的方便食品制造业总产值超过全国总量的四分之一，居全国第一位，仅在郑州周边就集聚了思念、三全、白象、多福多等一批品牌企业，借助中原地区交通便利的条件，产品销售覆盖全国大部分地区。在珠三角、长三角和环渤海等城市化进程较快的地区，逐步形成市场集聚型主食加工业，如北京市的旗舰、嘉和一品等品牌企业，探索了主食加工的业态创新。河南、山东、江苏、安徽、河北、湖北、湖南、广东、广西、陕西等省、自治区的主食工业已经成为支撑省内经济发展的重要支柱产业。

5. 产业链双向延伸，辐射带动作用增强　主食加工企业日益注重完善产业链条，在加工制造基础上，不断向上游原料生产和下游市场流通两个方向延伸。例如，三全食品股份有限公司投入2 000万元成立全资子公司郑州全生农牧科技有限公司，主要从事种植、养殖和饲料加工业务，通过自产主食原料，减少成本上涨的冲击；北京旗舰食品股份有限公司通过与社区养老机构合作，建立社区销售网点食品券提货式。主食产业化龙头企业通过建立种植基地，与农户签订订单，带动农民增收；通过发展包装、物流、服务相关产业扩大城镇就业，对促进地方经济发展发挥了积极作用。

(三) 市场贸易

1. 市场规模不断扩大　2012年，全国规模以上方便食品制造业实现销售产值比上年增长22.45%，产销率达到98.67%。其中河南、天津、山东3个省、直辖市的销售分别占全国比重的21.52%、14.00%和5.84%。实现出口交货值比上年增长15.8%，山东、江西、福建和江苏四省出口交货值占比分别为28.9%、17.1%、15.5%和12.2%。

2. 销售渠道渐成体系　各地主食加工企业通过设立销售市场、超市和食品专卖点等销售平台，逐步建立健全主食供应网络体系，提高了主食供应能力。例如，天津市建成目前全国规模最大的放心馒头生产线，直接销售专卖网点超过260个，产品销售覆盖全市城区和部分近郊区。山西省政府连续三年拨出专项资金，支持各市县主食生产销售网点建设，已建成规范运营的市级配送中心14个，县级配送中心133个，城乡连锁店和经销店1.17万个，覆盖全省三分之二以上的人口。山东省主食服务网点已发展到2.2万个，建成配送中心60个，日配送能力达到3 500 t。

3. 品牌经营成效显著　主食生产加工企业注重品牌经营，利用兼并、重组等方式扩大规模、增强竞争能力，效果良好，近年来逐渐形成一大批中国名牌产品，如河南“三全食品”“兴泰食品”“思念食品”“白象食品”，上海“良友食品”，安徽“同福食品”等。品牌化经营使得市场不断向知名度高、实力强的企业集聚，如全国拥有速冻食品生产企业2 000余个，销售额超过亿元的冷冻食品企业约有50个，其中思念、三全、龙凤和湾仔码头4个企业的市场份额就超过60%。

4. 营销模式多元发展　主食加工产品销售方式经过不断摸索和发展，逐渐形成了以超市（包括普通综合超市及大型连锁超市）和农贸市场为主导，以专卖店、便利店、代理、团购等多种灵活形式为补充的多元化经营格局。目前，主食加工营销模式既有适合中小城镇和社区的家庭作坊式和现蒸现卖式，也有适合大型城市的超市铺货式、中央厨房式等生产配送模式。北京、上海、杭州、福州、深圳等大城市陆续制定政策，推动本地农贸市场超市化改革进程，进而推动主食加工销售向生产配送模式发展。

5. *产品价格有所提升* 由于原料价格上涨，2012年各种主食产品集中涨价现象较为明显。企业或者直接提高单位产品售价，或者在售价不变基础上降低产品重量，以缓解粮油、猪肉等原料价格上涨带来的成本压力。以河南开封为例，2012年4月，馒头价格由每千克3.2元涨为3.7元，手擀面由每千克5元涨为5.36元，而挂面每把包装重量持续下降，由400 g降为380 g、350 g，售价却没有变化。方便面企业也普遍提高价格，其中2012年10月份，占方便面市场份额最大的康师傅带头提价10%。

6. *质量安全需要关注* 2011年4月，上海华联等超市被指多年销售"染色馒头"，馒头的生产过程中出现了将旧馒头贴上最新生产的日期、过期馒头回炉加工为"新馒头"、乱使用染色剂、甜蜜素和防腐剂等现象。2011年11月，思念、三全和湾仔码头等知名速冻水饺先后被检出含有金黄色葡萄球菌，令国内速冻食品销售市场遭受打击，速冻食品价格大幅下降，降价幅度在20%左右，2012年前7个月，不少品牌销量同比下降，8月以后才逐渐恢复至上年水平。

（四）技术与装备

1. *工艺技术不断改进* 近年来，面条、馒头等主食加工行业均在不断探索工艺技术改进，取得良好效果。如挂面生产企业通过开发营养性、功能性产品，改良产品口感特性，简化蒸煮食用方法等实现产品技术创新。馒头生产企业加强抗老化技术研究，通过添加乳化剂、酶制剂等保鲜剂，提高面团吸水量、改善面筋网络结构、提高馒头表面面粉糊化程度等实现馒头抗老化工艺。方便面生产企业改进和面工艺，以达到提高加水量、减少甚至取代油炸工序的目的。速冻主食生产企业加强对可溶性大豆多糖的研究，利用它提高产品的水分稳定性、高温耐受性，减少产品对设备的沾黏，改善了产品不耐煮、易破漏等缺陷。

2. *国产设备有所突破* 2012年，我国企业自主研发的馒头智能化生产线等成功推广使用，大大提高了行业劳动生产率。河南兴泰科技实业有限公司研发的DFD-1型智能化仿生馒头生产线，是目前国内第一台模拟手工成型技术且自动化程度较高的生产线，拥有自主知识产权。北京金田麦国际食品有限公司与外国设备供应商共同研制了米粉生产设备，使米线、河粉等传统食品实现了工业化生产。挂面工业化生产设备也有较大进步，已形成日产3～12 t的系列配套生产线，设备采用气流面粉输送技术和真空连续和面技术，实现了供粉、和面、喂面的连续自动化；采用高温快速烘干技术，用烘干机代替烘房，实现了由低温工艺向高温工艺的转化。

3. *仍需加大研发力度* 尽管近年来我国主食加工业技术与装备得到长足发展，但由于整体水平较低、多项关键和核心技术空白，提升行业技术与装备水平仍然任重道远。面制主食长期以手工作业为主，原料配比无定量，加工操作随意性强，质量不稳定。馒头行业缺少原料特性、专用添加剂及配料、工艺与配方等基础研究。包子成型机仍以日本设备为主，速冻饺子仍需手工包装，需要加强国产设备研发。米制主食多数生产工艺未定型，装备配套不完善。米饭生产设备多为进口，其核心设备超高温水池的技术国内仍然空白。粽子生产全部为手工，且没有可以引进的设备。

（五）产业引导

为顺应城乡居民对主食产品社会化供应的迫切需要，2012年，农业部下发了《农业部关于实施主食加工业提升行动的通知》（农企发［2012］2号），决定在"十二五"期间实施主食加工业提升行动，确定了北京、山西、河南、广西4个试点地区，举行了启动仪式，认定了一批示范企业，组织了交流研讨，开展了技术需求与标准体系专题研究。下一步要继续坚持"政府引导、企业主体、多方联动、稳步推进、务求实效"的原则，扩大试点范围，围绕"九个一"的目标要求，深入实施主食加工业提升行动。即：在全社会树立一个主食工业化的理念、营造一个良好的发展环境、研发一批技术装备、推广应用一批技术设备、制修订一批标准、培育一批示范企业、宣传推介一批主食精品、总结推广一批营销模式、争取制定出台一批扶持政策。各地政府也十分重视主食工业化发展，加大了政策扶持力度。河南省是目前主食工业化发展最突出的省份，把主食工业化发展作为推进食品工业结构升级的重要途径，出台了《河南省人民政府关于大力推进主食产业化和粮油深加工的指导意见》（豫政［2012］33号）和《2012—2020年河南省主食产业化发展规划》，取得了一些值得借鉴的经验。天津市政府作出"抓好'放心馒头'工程生产供应体系建设，让'利达'馒头惠及更多天津百姓"的部署。西安、济南、合肥、成都、贵阳、廊坊等地积极培育主食产业化龙头企业，增加社区服务网点，不断提高主食产品质量和服务水平。

二、主要问题与建议

（一）主要问题

1. *行业整体水平不高* 多数主食生产仍没有摆

脱小作坊、摊贩式的生产经营模式，缺少现代化的成套流水线，不能适应主食的工业化生产需求，与发达国家平均70%的主食工业化率相比有着巨大差距。米制品仍处于初级加工或粗加工水平，产品品种单一，工业化生产群体尚未形成。

2. *产业结构不合理* 从产品结构看，面制品工业化程度相对较高，米制品工业化程度相对较低。而在面制主食产品中，符合消费者日常饮食习惯的馒头和鲜湿面条等传统主食产品所占比重较小。从区域布局看，粮食主产省和经济发达地区主食工业化发展较快，其他地区发展相对滞后。

3. *科技创新能力不强* 主食研发一直没有列入国家重点支持的科技支撑计划等相关项目，也尚未建立起全国性的主食产业技术创新队伍，主食加工机械的产品设计大多数采用模仿设计方法，并没有开展真正意义上的自主设计，在优化设计、安全设计和卫生设计等方面更是欠缺。大多主食产品仍沿用传统工艺和设备，产品科技含量较低，先进的技术装备仍依赖进口。

4. *标准体系不完善* 主食产品花样繁多，但相关标准体系严重欠缺。产品以企业标准为主，部分产品借用面包、饼干等烘焙食品的行业标准。各类主食的产品质量、生产设备、成品包装、检测方法等方面都没有十分严格的规范，不能适应现今市场经济条件下大规模、机械化的生产要求。已有标准修订不及时，很多指标已经不适应当前技术发展的要求。

5. *产品质量管理混乱* 一些工业化程度较低、尤其是以手工作坊为主的产品，根本谈不上质量管理，仅能依靠一个卫生许可证进行监督控制。主食工业产品的售后服务缺失，是食品工业中比较突出的问题，既没有政策，也没有标准，需要尽快加以规范。

（二）政策建议

1. *开展关键技术装备研发* 通过对传统主食和工业化主食的生化机理对比分析，加强主食加工工艺、技术装备的研发，为产品的规范化管理和质量提升奠定基础。设立加工技术装备开发专项，开展机械结构优化设计、机械安全设计、机械卫生设计等研究工作，在保障主食食品安全的前提下提高机械性能。涉及的主食产品主要是带馅主食、馒头、面条、方便食品和调理制品等。

2. *加强产业扶持政策研究* 为促进我国主食工业化健康、快速发展，参照日本、欧洲等发达国家在主食加工方面的经验，结合我国的实际情况，针对主食加工设备生产企业及主食产品生产企业制定相应的支持政策（如设备补贴政策、税收优惠政策等）。在支持政策的选择方面，应立足优化配置，保证重点，压缩一般；做到先急后缓，分步实施，分期推动，分类指导；优先选择提升食品安全见效快、产业作用大、基础条件好的企业和产品先行启动。

3. *加快创新体系建设* 建立主食加工业共性技术研发平台，加强技术创新的统筹管理，建立协同创新机制，逐步形成以企业为主体、以科研院所和高等院校为依托的技术协作网络。通过设立专项科研基金和重点实验室，对制约主食产业发展的工艺技术、加工装备和管理模式等进行科技攻关。

4. *建立和完善标准体系* 初步建立科学、系统、可行的主食标准体系表，并在此基础上，根据主食产业发展的需要，着手编制部分影响重大并具有示范效应的基础性标准和技术规范。主要包括：一是重点针对带馅主食的特点，建立产品的生产原料标准，规范主食原料质量，解决上下游标准不配套问题；二是以消费量大、标准欠缺严重的领域为突破口，编制相关的产品标准、技术规程和检验规程；三是在农业部农产品加工标准委员会下设立主食加工标准分委会，以便有计划地开展标准制修订工作。

5. *加快主食加工业主体培育* 引导企业加快技术改造和产品升级，加强企业管理，推进主食产业的品牌建设，提升主食产品质量水平，发展集约经营，培育一批主食加工业示范企业。

我国农产品进出口情况分析

商务部对外贸易司

一、概　　述

2012年我国农产品进出口金额为1 739.5亿美元，同比增长13.0%。其中，农产品出口金额为625.0亿美元，同比增长4.0%；进口金额为1 114.4亿美元，同比增长18.7%。分大洲出口情况，出口亚洲为38 726.68百万美元，出口南美洲2 062.40百万美元，出口非洲 2 479.58 百万美元，出口北美洲 8 182.65百万美元，出口欧洲 9 969.25 百万美元，出口大洋洲 1 145.42 百万美元。分大洲进口情况，从亚洲进口 24 050.22 百万美元，从南美洲进口 28 542.05百万美元，从非洲进口 2 798.59 百万美元，从北美洲进口 34 147.60 百万美元，从欧洲进口 10 681.78百万美元，从大洋洲进口 11 268.13 百万美元，从其他地区进口 0.06 百万美元。

二、分类别进出口情况

（一）分类别出口情况

2012 年，我国农产品分类别出口情况为：活动物 58 286.6 万美元，同比增长 2.1%；畜肉及杂碎 47 824.0万美元，同比增长－13.2%；禽肉及杂碎 50 226.0万美元，同比增长－4.2%；水、海产品 1 130 192.9万美元，同比增长 2.8%；乳品、蛋品、蜂蜜及其他食用动物产品 60 682.8 万美元，同比增长 7.4%；其他动物产品 205 732.6 万美元，同比增长 12.0%；活植物及花卉 25 611.0 万美元，同比增长 11.8%；食用蔬菜 690 601.5 万美元，同比增长－20.8%；食用水果及坚果 377 161.1 万美元，同比增长 18.3%；咖啡、茶、马黛茶及调味香料 194 297.1万美元，同比增长－3.8%；谷物 44 307.6 万美元，同比增长－27.2%；制粉工业产品 60 227.3 万美元，同比增长 2.6%；油料、工业用或药用植物、稻草、秸秆及饲料 262 661.0 万美元，同比增长 12.0%；植物液、汁 98 998.5 万美元，同比增长 0.9%；编结用植物材料 9 118.3 万美元，同比增长 7.0%；动植物油脂及其分解产品 56 736.2 万美元，同比增长 4.3%；肉类制品 213 296.3 万美元，同比增长 14.5%；水产品制品 681 773.7 万美元，同比增长 13.6；糖及其制品 126 536.9 万美元，同比增长－1.9%；可可及其制品 33 292.3 万美元，同比增长 5.7%；谷物、粮食粉、淀粉制品、糕点 142 699.8 万美元，同比增长－0.6%；蔬菜、水果、坚果等制品 756 689.7 万美元，同比增长 8.4%；杂项食品 222 141.8万美元，同比增长 10.7%；饮料、酒及醋 138 660.0 万美元，同比增长 17.2%；食品工业的残渣、废料，配制的动物饲料 293 450.8 万美元，同比增长 42.6%；烟草及其制品 126 190.2 万美元，同比增长 10.6%；其他农产品 149 202.5 万美元，同比增长 0.3%。此外，还有两项专项统计未计算在出口总额之内，即禽类产品 282 805.4 万美元，同比增长 13.5%；畜类产品 330 242.9 万美元，同比增长 2.3%。

（二）分类别进口情况

2012 年，我国农产品分类别进口情况为：活动物 49 952.3 万美元，同比增长 32.6%；畜肉及杂碎 315 077.4 万美元，同比增长 24.2%；禽肉及杂碎 95 528.8 万美元，同比增长 9.6%；水、海产品 548 864.9万美元，同比增长－1.7%；乳品、蛋品、蜂蜜及其他食用动物产品 475 847.8 万美元，同比增长 20.9%；其他动物产品 44 650.4 万美元，同比增长 4.2%；活植物及花卉 13 673.5 万美元，同比增长 6.0%；蔬菜 240 686.5 万美元，同比增长 32.0%；食用水果及坚果 380 727.3 万美元，同比增长 25.5%；咖啡、茶、马黛茶及调味香料 30 632.0 万美元，同比增长 31.9%；谷物 474 317.3 万美元，同比增长 135.6%；制粉工业产品 57 955.4 万美元，同比增长 7.2%；油料、工业用或药用植物、稻草、秸秆及饲料 3 859 407.0 万美元，同比增长 20.1%；植物液、汁 20 336.8 万美元，同比增长 28.5%；编结用植物材料 19 292.0 万美元，同比增长－20.9%；动植物油脂及其分解产品 1 304 092.5 万美元，同比增长 13.0%；肉类制品 882.9 万美元，同比增长 12.9%；水产品制品 17 440.8 万美元，同比增长 0.9%；糖及糖食 254 329.2 万美元，同比增长 19.3%；可可及其制品 62 400.7 万美元，同比增长 3.2%；谷物、粮食粉、淀粉制品、糕点 43 890.8 万美元，同比增长 26.0%；蔬菜、水果、坚果等制品 63 110.0 万美元，同比增长 5.5%；杂项食品 95 845.8万美元，同比增长 11.6%；饮料、酒及醋 310 270.7 万美元，同比增长 21.4%；食品工业的残渣、废料，配制的动物饲料 304 943.0 万美元，同比增长－1.7%；烟草及其制品 131 597.4 万美元，同比增长 15.6%；其他农产品 1 933 089.4 万美元，同比增长 15.1%。此外，还有两项专项统计未计算在进口总额之内，即禽类产品 112 469.2 万美元，同比增长 8.1%；畜类产品 1 448 690.8 万美元，同比增长 11.1%。

三、重点大宗商品前三大市场

（一）2012 年重点大宗出口商品前三大出口市场

1. 茶叶　出口数量 313 483.7 t，同比增长－2.8%；出口金额 104 213.1 万美元，同比增长 8.0%。一是出口摩洛哥数量为 55 763.0 t，同比增长－12.3%；出口金额 18 256.7 万美元，同比增长－3.7%。二是出口美国数量为 24 320.7 t，同比增长 1.9%；出口金额 8 590.6 万美元，同比增长 30.1%。三是出口香港数量为 10 213.9 t，同比增长－11.0%；

出口金额5 843.3万美元，同比增长−12.8%。

2. 肠衣　出口数量82 827.4 t，同比增长−4.2%；出口金额109 724.4万美元，同比增长−0.2%。一是出口德国数量为19 693.0 t，同比增长−2.7%；出口金额26 907.2万美元，同比增长−7.9%。二是出口日本数量为3 188.8 t，同比增长−6.7%；出口金额16 071.7万美元，同比增长2.0%。三是出口荷兰数量为12 254.0 t，同比增长−9.5%；出口金额14 478.9万美元，同比增长−10.1%。

3. 大米　出口数量279 086.6 t，同比增长−45.9%；出口金额27 213.2万美元，同比增长−36.2%。一是出口韩国数量为101 507.0 t，同比增长−57.5%；出口金额7 961.8万美元，同比增长−57.9%。二是出口日本数量为49 808.2 t，同比增长81.4%；出口金额5 312.4万美元，同比增长103.9%。三是出口越南数量为9 422.7 t，同比增长−11.1%；出口金额2 758.1万美元，同比增长−14.0%。

4. 大蒜　出口数量1 545 276.6 t，同比增长−15.3%；出口金额168 939.7万美元，同比增长−32.2%。一是出口印度尼西亚数量为402 001.2 t，同比增长−1.3%；出口金额33 637.9万美元，同比增长−32.4%。二是出口美国数量为111 581.4 t，同比增长−3.3%；出口金额19 655.1万美元，同比增长−12.9%。三是出口巴西数量为104 262.0 t，同比增长−13.7%；出口金额13 212.6万美元，同比增长−23.8%。

5. 豆粕　出口数量1 232 672.1 t，同比增长203.4%；出口金额67 080.6万美元，同比增长246.3%。一是出口日本数量为669 119.2 t，同比增长166.9%；出口金额34 778.2万美元，同比增长208.9%。二是出口越南数量为264 476.9 t，同比增长903.1%；出口金额14 950.1万美元，同比增长1 182.3%。三是出口美国数量为47 299.1 t，同比增长177.0%；出口金额3 095.5万美元，同比增长196.0%。

6. 番茄酱罐头　出口数量1 067 497.2 t，同比增长−5.0%；出口金额91 041.1万美元，同比增长−3.3%。一是出口尼日利亚数量为116 973.1 t，同比增长28.5%；出口金额12 889.6万美元，同比增长24.7%。二是出口加纳数量为77 848.4 t，同比增长0.2%；出口金额8 182.6万美元，同比增长−2.2%。三是出口俄罗斯联邦数量为94 565.5 t，同比增长−11.2%；出口金额6 932.7万美元，同比增长−10.2%。

7. 蜂蜜　出口数量110 158.4 t，同比增长10.3%；出口金额21 505.1万美元，同比增长6.7%。一是出口日本数量为29 117.8 t，同比增长−2.4%；出口金额6 277.6万美元，同比增长−7.4%。二是出口比利时数量为16 970.1 t，同比增长27.2%；出口金额3 408.2万美元，同比增长27.7%。三是出口英国数量为17 435.3 t，同比增长4.9%；出口金额3 105.5万美元，同比增长0.7%。

8. 柑橘属水果　出口数量1 082 217.3 t，同比增长20.0%；出口金额97 190.6万美元，同比增长33.8%。一是出口马来西亚数量为130 661.4 t，同比增长0.5%；出口金额18 249.0万美元，同比增长27.3%。二是出口印度尼西亚数量为174 756.3 t，同比增长−2.9%；出口金额17 120.5万美元，同比增长2.3%。三是出口越南数量为235 155.4 t，同比增长21.2%；出口金额11 980.7万美元，同比增长34.3%。

9. 花生仁果　出口数量146 059.1 t，同比增长−11.7%；出口金额27 236.1万美元，同比增长4.8%。一是出口日本数量为14 539.4 t，同比增长−7.1%；出口金额3 553.1万美元，同比增长12.5%。二是出口西班牙数量为17 794.2 t，同比增长11.7%；出口金额3 316.2万美元，同比增长37.9%。三是出口泰国数量为10 744.1 t，同比增长39.7%；出口金额2 030.1万美元，同比增长67.9%。

10. 鸡肉　出口数量147 275.2 t，同比增长−12.5%；出口金额38 841.2万美元，同比增长−10.1%。一是出口香港数量为101 698.0 t，同比增长−9.8%；出口金额26 878.0万美元，同比增长−7.2%。二是出口马来西亚数量为22 122.9 t，同比增长−23.6%；出口金额6 076.5万美元，同比增长−22.8%。三是出口吉尔吉斯斯坦数量为5 592.6 t，同比增长5.5%；出口金额1 474.3万美元，同比增长19.7%。

11. 鸡肉制品　出口数量264 079.9 t，同比增长3.8%；出口金额120 526.4万美元，同比增长10.6%。一是出口日本数量为226 651.0 t，同比增长3.6%；出口金额106 657.5万美元，同比增长10.6%。二是出口香港数量为20 919.7 t，同比增长7.2%；出口金额7 607.1万美元，同比增长17.9%。三是出口荷兰数量为4 178.2 t，同比增长8.2%；出口金额1 621.4万美元，同比增长0.2%。

12. 烤鳗　出口数量32 529.1 t，同比增长−7.6%；出口金额103 998.1万美元，同比增长15.4%。一是出口日本数量为16 162.7 t，同比增长−24.6%；出口金额52 628.1万美元，同比增长

−2.9%。二是出口俄罗斯联邦数量为 4 475.4 t，同比增长 32.8%；出口金额 17 051.6 万美元，同比增长 84.0%。三是出口美国数量为 3 810.5 t，同比增长−2.2%；出口金额 15 344.6 万美元，同比增长 36.7%。

13. *芦笋罐头*　出口数量 51 876.1 t，同比增长−16.6%；出口金额 12 095.0 万美元，同比增长−11.3%。一是出口西班牙数量为 16 956.4 t，同比增长−22.0%；出口金额 4 788.9 万美元，同比增长−17.8%。二是出口德国数量为 11 138.1 t，同比增长−12.3%；出口金额 2 130.1 万美元，同比增长−6.2%。三是出口荷兰数量为 4 968.6 t，同比增长 3.0%；出口金额 1 113.1 万美元，同比增长 15.5%。

14. *棉花*　出口数量 17 558.4 t，同比增长−31.7%；出口金额 3 679.9 万美元，同比增长−53.3%。一是出口孟加拉国数量为 5 041.4 t，同比增长 37.1%；出口金额 993.9 万美元，同比增长−17.4%。二是出口香港数量为 3 368.6 t，出口金额 694.4 万美元。三是出口朝鲜数量为 3 204.9 t，同比增长−43.1%；出口金额 670.0 万美元，同比增长−23.8%。

15. *蘑菇罐头*　出口数量 307 823.8 t，同比增长−5.7%；出口金额 52 246.2 万美元，同比增长−5.9%。一是出口俄罗斯联邦数量为 44 539.3 t，同比增长−19.7%；出口金额 6 426.5 万美元，同比增长−24.8%。二是出口日本数量为 19 229.0 t，同比增长−6.2%；出口金额 6 007.8 万美元，同比增长 1.8%。三是出口美国数量为 31 668.3 t，同比增长−18.6%；出口金额 5 750.7 万美元，同比增长−21.2%。

16. *墨鱼及鱿鱼*　出口数量 217 144.9 t，同比增长 2.0%；出口金额 117 604.7 万美元，同比增长 8.2%。一是出口日本数量为 38 006.1 t，同比增长 2.5%；出口金额 19 841.0 万美元，同比增长 7.9%。二是出口香港数量为 16 654.5 t，同比增长 104.0%；出口金额 17 039.5 万美元，同比增长 161.7%。三是出口美国数量为 26 245.3 t，同比增长−12.7%；出口金额 15 334.8 万美元，同比增长−10.3%。

17. *苹果*　出口数量 975 878.3 t，同比增长−5.7%；出口金额 95 991.3 万美元，同比增长 5.0%。一是出口印度尼西亚数量为 129 568.7 t，同比增长−16.7%；出口金额 14 289.8 万美元，同比增长−4.2%。二是出口俄罗斯联邦数量为 147 750.3 t，同比增长−10.4%；出口金额 10 609.4 万美元，同比增长−10.6%。三是出口泰国数量为 80 367.4 t，同比增长−9.1%；出口金额 9 731.9 万美元，同比增长 1.3%。

18. *苹果汁*　出口数量 591 632.8 t，同比增长−3.5%；出口金额 114 200.4 万美元，同比增长 5.8%。一是出口美国数量为 296 751.3 t，同比增长 10.1%；出口金额 57 364.1 万美元，同比增长 17.0%。二是出口日本数量为 62 895.9 t，同比增长 14.3%；出口金额 12 417.9 万美元，同比增长 24.1%。三是出口加拿大数量为 50 452.1 t，同比增长 126.3%；出口金额 10 665.1 万美元，同比增长 146.6%。

19. *食糖*　出口数量 41 727.0 t，同比增长−23.5%；出口金额 3 734.0 万美元，同比增长−19.0%。一是出口香港数量为 27 362.0 t，同比增长−10.1%；出口金额 1 907.8 万美元，同比增长−9.5%。二是出口马来西亚数量为 2 956.6 t，同比增长 5.8%；出口金额 435.5 万美元，同比增长 12.9%。三是出口美国数量为 2 500.6 t，同比增长−33.3%；出口金额 366.8 万美元，同比增长−30.4%。

20. *水煮笋*　出口数量 158 754.7 t，同比增长−2.8%；出口金额 24 418.3 万美元，同比增长 10.0%。一是出口日本数量为 90 868.1 t，同比增长 2.4%；出口金额 17 270.3 万美元，同比增长 9.6%。二是出口美国数量为 14 630.2 t，同比增长−5.2%；出口金额 1 359.9 万美元，同比增长 9.5%。三是出口越南数量为 2 332.8 t，同比增长 383.5%；出口金额 870.8 万美元，同比增长 547.1%。

21. *虾产品*　出口数量 301 617.6 t，同比增长−6.1%；出口金额 254 299.6 万美元，同比增长 7.3%。一是出口美国数量为 50 227.5 t，同比增长 6.4%；出口金额 40 051.8 万美元，同比增长 10.4%。二是出口马来西亚数量为 34 867.8 t，同比增长−2.3%；出口金额 36 737.3 万美元，同比增长 14.1%。三是出口日本数量为 41 193.7 t，同比增长−29.8%；出口金额 33 077.1 万美元，同比增长−4.3%。

22. *烟草*　出口数量 211 433.1 t，同比增长−5.5%；出口金额 65 725.9 万美元，同比增长 0.8%。一是出口印度尼西亚数量为 60 427.5 t，同比增长 18.7%；出口金额 23 868.3 万美元，同比增长 7.3%。二是出口比利时数量为 27 534.0 t，同比增长 1.1%；出口金额 10 248.2 万美元，同比增长 7.9%。三是出口菲律宾数量为 17 416.4 t，同比增长−8.3%；出口金额 3 767.5 万美元，同比增长 25.7%。

23. *羽毛羽绒*　出口数量 35 810.2 t，同比增长 9.2%；出口金额 75 434.1 万美元，同比增长

36.6%。一是出口台湾省数量为 5 367.0 t，同比增长 49.3%；出口金额 29 066.5 万美元，同比增长 86.0%。二是出口美国数量为 11 416.8 t，同比增长 －2.0%；出口金额 14 238.2 万美元，同比增长 4.4%。三是出口韩国数量为 1 968.3 t，同比增长 0.3%；出口金额 9 156.3 万美元，同比增长 30.0%。

24. 玉米　出口数量 256 778.2 t，同比增长 89.5%；出口金额 10 098.1 万美元，同比增长 117.8%。一是出口朝鲜数量为 256 590.6 t，同比增长 89.7%；出口金额 10 057.9 万美元，同比增长 120.0%。二是出口厄立特里亚数量为 100.0 t，出口金额 18.2 万美元。三是出口巴基斯坦数量为 47.2 t，同比增长－64.2%；出口金额 11.7 万美元，同比增长－48.7%。

25. 植物油　出口数量 113 314.6 t，同比增长 －17.3%；出口金额 24 736.5 万美元，同比增长 －2.4%。一是出口朝鲜数量为 46 383.7 t，同比增长 27.1%；出口金额 7 510.3 万美元，同比增长 50.4%。二是出口香港数量为 21 713.3 t，同比增长 26.5%；出口金额 4 916.6 万美元，同比增长 36.2%。三是出口日本数量为 11 363.7 t，同比增长 45.5%；出口金额 2 011.5 万美元，同比增长 16.5%。

26. 纸烟　出口数量 24 346.6 t，同比增长 5.9%；出口金额 45 014.8 万美元，同比增长 19.4%。一是出口香港数量为 6 174.4 t，同比增长 19.1%；出口金额 17 099.9 万美元，同比增长 35.8%。二是出口阿拉伯联合酋长国数量为 4 249.8 t，同比增长－16.3%；出口金额 4 310.3 万美元，同比增长－4.4%。三是出口新加坡数量为 856.3 t，同比增长 6.9%；出口金额 2 079.9 万美元，同比增长 10.5%

27. 中药材　出口数量 195 455.0 t，同比增长 0.1%；出口金额 83 456.6 万美元，同比增长 14.8%。一是出口香港数量为 93 021.1 t，同比增长 0.3%；出口金额 23 819.6 万美元，同比增长 18.3%。二是出口日本数量为 18 960.5 t，同比增长 －5.0%；出口金额 22 018.0 万美元，同比增长 25.4%。三是出口韩国数量为 24 917.2 t，同比增长 17.1%；出口金额 9 206.5 万美元，同比增长 36.0%。

28. 猪肉　出口数量 66 243.1 t，同比增长 －17.9%；出口金额 29 503.8 万美元，同比增长 －9.5%。一是出口香港数量为 51 185.1 t，同比增长 －18.9%；出口金额 22 927.3 万美元，同比增长 －10.5%。二是出口吉尔吉斯斯坦数量为 6 742.0 t，同比增长 1.9%；出口金额 2 749.2 万美元，同比增长 16.1%。三是出口澳门数量为 3 636.5 t，同比增长 －4.9%；出口金额 1 687.7 万美元，同比增长 11.8%。

29. 猪鬃　出口数量 6 747.1 t，同比增长 －16.8%；出口金额 8 348.9 万美元，同比增长 －18.3%。一是出口德国数量为 945.0 t，同比增长 －32.2%；出口金额 1 395.6 万美元，同比增长 －32.1%。二是出口印度尼西亚数量为 1 289.6 t，同比增长 0.1%；出口金额 1 029.7 万美元，同比增长 5.1%。三是出口意大利数量为 493.8 t，同比增长 －37.2%；出口金额 670.7 万美元，同比增长 －38.0%。

(二) 2012 年重点大宗进口商品前三大进口市场

1. 菜籽油　进口数量 1 175 366.8 t，同比增长 113.4%；进口金额 151 590.1 万美元，同比增长 128.1%。一是从加拿大进口数量 987 162.1 t，同比增长 87.8%；进口金额 127 207.6 万美元，同比增长 99.8%。二是从阿拉伯联合酋长国进口数量 93 847.3 t，同比增长 885.1%；进口金额 12 049.7 万美元，同比增长 1 270.2%。三是从荷兰进口数量 42 018.3 t，进口金额 5 433.4 万美元。

2. 大豆　进口数量 58 383 853.0 t，同比增长 10.9%；进口金额 3 498 803.0 万美元，同比增长 17.3%。一是从美国进口数量 25 970 783.8 t，同比增长 16.2%；进口金额 1 539 833.7 万美元，同比增长 21.7%。二是从巴西进口数量 23 890 985.5 t，同比增长 15.8%；进口金额 1 425 811.0 万美元，同比增长 20.9%。三是从阿根廷进口数量 5 896 225.8 t，同比增长－24.8%；进口金额 368 334.5 万美元，同比增长－15.6%。

3. 稻谷和大米　进口数量 2 368 037.7 t，同比增长 296.2%；进口金额 115 297.4 万美元，同比增长 182.9%。一是从越南进口数量 1 544 559.3 t，同比增长 560.7%；进口金额 68 193.1 万美元，同比增长 451.9%。二是从巴基斯坦进口数 579 582.9 t，同比增长 6 586.5%；进口金额 26 878.1 万美元，同比增长 6 182.9%。三是从泰国进口数量 199 280.2 t，同比增长－42.2%；进口金额 18 279.6 万美元，同比增长－33.9%。

4. 冻鱼　进口数量 1 950 651.2 t，同比增长 －9.9%；进口金额 334 951.8 万美元，同比增长 －12.4%。一是从俄罗斯联邦进口数量 897 256.3 t，同比增长－8.4%；进口金额 128 216.8 万美元，同比增长－16.6%。二是从美国进口数量 342 513.8 t，同比增长－8.5%；进口金额 77 110.2 万美元，同比增长－12.1%。三是从挪威进口数量 153 295.0 t，同比增长－12.7%；进口金额 29 692.9 万美元，同比增长－20.1%。

5. 豆饼、豆粕　进口数量 45 421.7 t，同比增长－79.7%；进口金额 2 125.2 万美元，同比增长－77.9%。一是从印度进口数量 34 453.6 t，同比增长－83.9%；进口金额 1 283.0 万美元，同比增长－85.2%。二是从丹麦进口数量 5 200.0 t，同比增长－16.8%；进口金额 468.9 万美元，同比增长－14.4%。三是从台湾省进口数量 3 288.0 t，同比增长－3.7%；进口金额 292.5 万美元，同比增长－1.0%。

6. 豆油　进口数量 1 826 113.9 t，同比增长 59.7%；进口金额 227 674.7 万美元，同比增长 71.9%。一是从巴西进口数量 913 060.5 t，同比增长 82.4%；进口金额 113 153.0 万美元，同比增长 90.9%。二是从阿根廷进口数量 702 791.9 t，同比增长 70.1%；进口金额 87 787.5 万美元，同比增长 86.3%。三是从美国进口数量 207 058.8 t，同比增长－9.2%；26 193.4 万美元，同比增长 1.6%。

7. 鸡肉及其副产品　进口数量 473 760.0 t，同比增长 22.7%；进口金额 87 028.2 万美元，同比增长 8.2%。一是从巴西进口数量 230 271.0 t，同比增长－10.9%；进口金额 54 824.3 万美元，同比增长－7.8%。二是从美国进口数量 176 963.9 t，同比增长 231.7%；进口金额 19 187.3 万美元，同比增长 227.1%。三是从阿根廷进口数量 48 194.1 t，同比增长－15.7%；进口金额 8 275.1 万美元，同比增长－24.1%。

8. 棉花　进口数量 5 134 778.0 t，同比增长 52.7%；进口金额 1 180 200.2 万美元，同比增长 24.7%。一是从美国进口数量 1 462 570.3 t，同比增长 49.3%；进口金额 368 435.4 万美元，同比增长 25.5%。二是从印度进口数量 1 438 132.2 t，同比增长 41.9%；进口金额 303 011.0 万美元，同比增长 14.3%。三是从澳大利亚进口数量 818 234.9 t，同比增长 54.5%；进口金额 191 260.0 万美元，同比增长 23.5%。

9. 牛肉及其副产品　进口数量 70 471.1 t，同比增长 164.0%；进口金额 28 086.2 万美元，同比增长 150.3%。一是从澳大利亚进口数量 31 512.0 t，同比增长 186.7%；进口金额 14 257.6 万美元，同比增长 142.4%。二是从乌拉圭进口数量 18 488.4 t，同比增长 84.4%；进口金额 6 053.3 万美元，同比增长 80.4%。三是从巴西进口数量 8 854.1 t，同比增长 278.1%；进口金额 3 769.4 万美元，同比增长 331.5%。

10. 配制的动物饲料　进口数量 115 904.1 t，同比增长－1.8%；进口金额 23 382.6 万美元，同比增长 8.3%。一是从美国进口数量 45 705.7 t，同比增长－13.2%；进口金额 7 282.9 万美元，同比增长－6.7%。二是从荷兰进口数量 25 530.1 t，同比增长 38.4%；进口金额 3 160.8 万美元，同比增长 49.2%。三是从英国进口数量 2 298.4 t，同比增长－16.3%；进口金额 1 478.6 万美元，同比增长 13.0%。

11. 饲料用鱼粉　进口数量 1 245 581.4 t，同比增长 2.9%；进口金额 169 027.2 万美元，同比增长－3.4%。一是从秘鲁进口数量 708 703.5 t，同比增长－2.8%；进口金额 95 434.1 万美元，同比增长－10.5%。二是从美国进口数量 172 097.2 t，同比增长 10.9%；进口金额 25 348.2 万美元，同比增长 13.1%。三是从智利进口数量 125 193.2 t，同比增长－8.2%；进口金额 16 777.9 万美元，同比增长－14.7%。

12. 糖　进口数量 3 747 166.0 t，同比增长 28.4%；进口金额 224 382.2 万美元，同比增长 15.5%。一是从巴西进口数量 1 989 085.8 t，同比增长－0.1%；进口金额 113 196.9 万美元，同比增长－10.7%。二是从泰国进口数量 936 580.7 t，同比增长 240.9%；进口金额 56 926.1 万美元，同比增长 211.4%。三是从古巴进口数量 426 000.0 t，同比增长 5.4%；进口金额 27 890.9 万美元，同比增长－7.6%。

13. 鲜、干水果及坚果　进口数量 3 266 462.1 t，同比增长 2.1%；进口金额 367 195.6 万美元，同比增长 25.5%。一是从泰国进口数量 720 023.1 t，同比增长 18.9%；进口金额 105 641.0 万美元，同比增长 41.4%。二是从智利进口数量 187 991.7 t，同比增长 11.6%；进口金额 57 403.7 万美元，同比增长 30.0%。三是从美国进口数量 205 411.7 t，同比增长－11.8%；进口金额 53 143.1 万美元，同比增长 6.8%。

14. 小麦　进口数量 3 691 876.8 t，同比增长 195.3%；进口金额 110 560.2 万美元，同比增长 162.8%。一是从澳大利亚进口数量 2，426 116.6 t，同比增长 279.6%；进口金额 66 583.3 万美元，同比增长 237.9%。二是从美国进口数量 640 037.9 t，同比增长 49.1%；进口金额 23 163.5 万美元，同比增长 49.5%。三是从加拿大进口数量 401 840.9 t，同比增长 133.1%；进口金额 15 458.1 万美元，同比增长 142.0%。

15. 羊毛　进口数量 309 467.5 t，同比增长

−3.9%；进口金额 263 733.9 万美元，同比增长−7.8%。一是从澳大利亚进口数量 173 386.0 t，同比增长−4.1%；进口金额 191 301.1 万美元，同比增长−9.5%。二是从新西兰进口数量 57 993.7 t，同比增长 9.9%；进口金额 28 923.8 万美元，同比增长−3.3%。三是从南非进口数量 15 725.9 t，同比增长 41.8%；进口金额 17 205.4 万美元，同比增长 40.2%。

16. 羊肉及其副产品　进口数量 126 736.8 t，同比增长 49.3%；进口金额 43 431.5 万美元，同比增长 53.6%。一是从新西兰进口数量 72 592.1 t，同比增长 57.8%；进口金额 26 933.9 万美元，同比增长 62.2%。二是从澳大利亚进口数量 51 949.9 t，同比增长 45.1%；进口金额 15 830.7 万美元，同比增长 45.1%。三是从乌拉圭进口数量 2 194.8 t，同比增长−28.7%；进口金额 666.9 万美元，同比增长−11.8%。

17. 玉米　进口数量 5 195 007.1 t，同比增长 196.2%；进口金额 168 518.6 万美元，同比增长 191.3%。一是从美国进口数量 5 100 930.1 t，同比增长 202.5%；进口金额 165 464.7 万美元，同比增长 195.6%。二是从老挝进口数量 52 700.2 t，同比增长 49.9%；进口金额 1 312.4 万美元，同比增长 58.0%。三是从泰国进口数量 17 945.0 t，进口金额 587.9 万美元。

18. 猪肉及其副产品　进口数量 1 358 195.6 t，同比增长 0.6%；进口金额 242 571.4 万美元，同比增长 14.8%。一是从美国进口数量 589 385.3 t，同比增长−26.4%；进口金额 106 732.2 万美元，同比增长−13.4%。二是从丹麦进口数量 220 436.2 t，同比增长 5.4%；进口金额 36 416.2 万美元，同比增长 15.2%。三是从德国进口数量 155 805.8 t，同比增长 207.4%；进口金额 28 734.6 万美元，同比增长 266.1%。

19. 棕榈油　进口数量 5 230 468.4 t，同比增长 11.3%；进口金额 544 034.3 万美元，同比增长 1.4%。一是从马来西亚进口数量 2 795 132.2 t，同比增长−8.6%；进口金额 291 498.8 万美元，同比增长−17.5%。二是从印度尼西亚进口数量 2 435 299.9 t，同比增长 48.6%；进口金额 252 532.1 万美元，同比增长 38.0%。三是从泰国进口数量 36.3 t，同比增长−60.0%；进口金额 3.2 万美元，同比增长−48.9%。

四、分贸易方式进出口情况

（一）分贸易方式出口情况

2012 年农产品一般贸易出口额 5 019 180.0 万美元，同比增长 3.1%；加工贸易出口额 986 398.4 万美元，同比增长 7.6%；来料加工装配贸易出口额 200 663.6 万美元，同比增长 4.2%；进料加工贸易出口额 785 734.8 万美元，同比增长 8.5%；边境小额贸易出口额 143 170.7 万美元，同比增长 4.0%；易货贸易出口额 10.5 万美元；其他贸易出口额 107 838.7万美元，同比增长 19.7%；无偿援助和赠送出口额 10 503.0 万美元，同比增长 32.4%；侨港澳及台湾华人捐赠出口额 2.0 万美元，同比增长−95.6%；对外承包工程出口货物出口额 384.5 万美元，同比增长 58.5%；租赁贸易出口额 49.5 万美元。出料加工贸易出口额 1 085.3 万美元，同比增长 0.6%；保税仓库进出境出口额 42 549.9 万美元，同比增长 16.7%；保税仓储转口货物出口额 45 564.9 万美元，同比增长 20.9%；其他出口额 7 699.7 万美元，同比增长 16.1%。

（二）分贸易方式进口情况

2012 年农产品一般贸易进口额 8 847 289.5 万美元，同比增长 19.3%；加工贸易进口额 938 147.7 万美元，同比增长 5.9%；来料加工装配贸易进口额 169 783.9 万美元，同比增长 8.9%；进料加工贸易进口额 768 363.8 万美元，同比增长 5.2%；边境小额贸易进口额 59 412.9 万美元，同比增长 13.9%；易货贸易进口额 10.8 万美元；出口加工区进口设备进口额 3.7 万美元，同比增长−42.2%；其他贸易进口额 1 303 988.8 万美元，同比增长 26.1%；无偿援助和赠送进口额 7.6 万美元，同比增长−1.0%；外企投资进口设备进口额 10.6 万美元，同比增长−65.2%；出料加工贸易进口额 4 261.8 万美元，同比增长 15.5%；免税外汇商品进口额 143.3 万美元，同比增长 25.4%；保税仓库进出境进口额 387 654.3 万美元，同比增长 42.1%；保税仓储转口货物进口额 902 750.6 万美元，同比增长 20.3%；其他进口额 9 160.7 万美元，同比增长 36.6%。

五、分企业性质进出口情况

（一）分企业性质出口情况

2012 年国有企业农产品出口额 770 391.5 万美元，同比增长 1.6%；外商投资企业出口额 2 161 235.9万美元，同比增长−0.7%；中外合作企业出口额 107 728.7 万美元，同比增长 0.3%；中外合资企业出口额 1 049 206.7 万美元，同比增长−3.4%；外商独资企业出口额 1 004 300.5 万美元，同比增长 2.1%；集体企业出口额 195 233.0 万美元，同比增长−6.7%；私营企业出口额 3 125 602.2 万美元，同比增长 9.3%；个体工商户出口额 3 839.8 万美元，同比增长－26.2%；其他出口额 295.9 万美元，同比增长－15.1%。

（二）分企业性质进口情况

2012 年国有企业农产品进口额 2 878 780.3 万美元，同比增长 34.8%；外商投资企业进口额 3 782 812.6万美元，同比增长 2.8%；中外合作企业进口额 51 456.0 万美元，同比增长－10.2%；中外合资企业进口额 1 309 795.8 万美元，同比增长 3.0%；外商独资企业进口额 2 421 560.8 万美元，同比增长 3.0%；集体企业进口额 424 708.3 万美元，同比增长－9.9%；私营企业进口额 4 058 544.9 万美元，同比增长 31.0%；个体工商户进口额 3 436.0 万美元，同比增长 17.4%；其他进口额 560.5 万美元，同比增长－0.4%。

我国生猪屠宰行业经济运行分析

商务部市场运行和消费促进司

一、行业发展基本状况

（一）行业规模分析

1. *定点企业数量大幅减少*　2011 年 12 月至 2012 年 11 月，商务部、工业和信息化部、财政部、环境保护部、农业部、卫生部、国家工商总局、国家质量监督检验检疫总局和国家食品药品监管局等九部门，联合在全国开展生猪定点屠宰资格审核清理工作，各地区、各有关部门按照相关法律法规规定的条件和标准，对全国生猪定点屠宰厂（场）和小型生猪屠宰场点进行了审核清理。全国屠宰企业总数由 19 938个下降至 14 720 个，减少了 5 218 个，降幅达 26.2%。其中，生猪定点屠宰厂（场）由 5 919 个减至 4 585 个，减少了 1 334 个，削减幅度达 22.5%；小型生猪屠宰场点由 14 019 个减至 10 135 个，减少了 3 884 个，削减幅度达 27.7%。分地区看，山东、河南、安徽、江苏和陕西减幅超过 40%，山西、辽宁、四川、重庆、青海、浙江、吉林、湖北、海南、兵团减幅超过 20%。其中，生猪定点屠宰厂（场）减幅超过 20%的地方共有 9 个，分别是安徽、江苏、重庆、青海、西藏、湖南、浙江、陕西、河南；小型生猪屠宰场点减幅超过 20%的地方共有 16 个，分别是陕西、河南、山西、安徽、山东、新疆、辽宁、四川、宁夏、兵团、吉林、海南、湖北、浙江、福建、重庆。削减后，仅有三个地区定点屠宰企业数量超过 1 000 个。其中，四川稳居第一，保留的企业数量有 2 436 个；广东、广西位居其次，分别有 1 697 个和 1 054个；山东、安徽、江苏和河南企业数则从 2011 年的 1 200 个以上降至 1 000 个以下；上海、北京两个主销区分别保留了 13 个和 12 个定点屠宰企业。

2. *定点屠宰量同比小幅增长*　2012 年生猪供给过剩，价格高位回落，全国生猪定点屠宰量小幅增长。商务部生猪等畜禽屠宰统计监测系统年报数据显示，2012 年全部定点屠宰企业生猪屠宰量 3.55 亿头，同比增长 4.1%；规模以上企业生猪屠宰量达 2.77 亿头，同比增长 7.4%。全国屠宰量前 50 名企业（未按集团排名）中，30 个企业生猪屠宰量同比增长，20 个下降。从规模以上企业月度走势看，季节性变化规律依然明显，1 月份、9～12 月份消费旺季屠宰量高于其他月份。2012 年 1 月份屠宰量为 2 014.2万头，较 2010 年 1 月份、2011 年 1 月份分别下降 5.4%、18.4%，原因是 2012 年春节在 1 月份，2010 年和 2011 年春节均在 2 月份，一般春节前屠宰及食品加工企业大量备货，生猪屠宰量大幅增长，春节期间及春节后终端需求下降，屠宰量大幅回落。2012 年生猪供给显著增多，2～11 月份各月屠宰量同比均增加，累计同比增幅为 7.7%；11 月份以后，猪价止跌反弹，部分养殖户压栏惜售，12 月份屠宰量 2 212.6万头，同比微降 0.9%。分地区看，32 个监测地区中，25 个地区定点屠宰企业的生猪屠宰量增加，7 个地区减少。其中，江西、湖北、西藏、青海、宁夏、广东和福建定点屠宰企业生猪屠宰量增幅明显，同比增幅均超过 10%；甘肃、新疆、河南、安徽、陕西、黑龙江和江苏屠宰量同比下降，甘肃降幅最大，超过 10%。海南、山西、重庆、陕西、湖北以及江西等九个地区规模以上企业生猪屠宰量增幅明显高于当地全部定点屠宰企业屠宰量增幅。

3. *资产总额增速放缓*　受 2012 年生猪定点屠宰资格审核清理工作影响，全国生猪定点屠宰企业资产总额增速同比小幅回落。商务部生猪等畜禽屠宰统计监测系统年报数据显示，2012 年末全国生猪定点屠宰企业资产总额合计达1 068.37亿元，同比增长11.9%，较2011年下降6.5个百分点。其中，规模以上屠宰企业资产总额953.14亿元，同比增长13.7%，较2011年下降4.9个百分点。分地区看，32个监测地区中，山东、四川、河南三个养猪大省定点屠宰企业资产总额均超过100亿元，其中山东最高，为164.05亿元；江苏、辽宁、安徽、黑龙江和湖南定点屠宰企业资产总额分别在40亿～70亿元之间；北京、湖北、吉林、广东、浙江、河北和陕西在20亿～40亿元之间。从变化幅度看，2012年屠宰企业资产总额增幅超过20%的地区只有新疆、福建两个地区，少于2011年的11个地区；天津、西藏两地区屠宰企业资产总额同比分别下降6.0%、1.1%。

（二）行业结构分析

1. 规模化程度提高　审核清理后，屠宰行业规模化程度小幅提高。2012年屠宰厂（场）占全部屠宰企业数量的比重达到31.1%，同比提高1.5个百分点。分地区看，江苏、上海和北京规模化程度最高，保留的定点屠宰企业全部为大型屠宰厂（场），新疆、甘肃、天津、宁夏、内蒙古、陕西、青海和广东定点屠宰企业的规模化程度也比较高，50%以上的企业为大型屠宰厂（场）；广西、四川、辽宁、海南、湖北、重庆、江西和吉林规模化程度较低，大型屠宰厂（场）的比重不到20%。从变化情况看，屠宰企业削减以后，陕西、山西和河南大型屠宰厂（场）的比重大幅提高，与2011年同期比分别提高24个、14个、14个百分点。商务部生猪等畜禽屠宰统计监测系统年报数据显示，2012年规模以上企业（年屠宰量2万头以上）屠宰量占全部定点屠宰企业生猪屠宰量的78.0%，同比提高2.4个百分点。全国屠宰量前50名企业（未按集团排名）生猪屠宰量合计占全国定点屠宰企业的比重为14.8%，同比提高1.0个百分点。其中，屠宰量超过100万头的企业有20个，高于2011年同期的15个。

2. 区域集中度基本稳定　商务部生猪等畜禽屠宰统计监测系统年报数据显示，2012年全国生猪屠宰量排名前10名的地区依次是四川、山东、广东、河南、江苏、浙江、湖南、广西、黑龙江和安徽，屠宰量合计占全国生猪定点屠宰量的68.3%，同比下降0.5个百分点。四川和山东屠宰量分别超过4 000万头，广东、河南和江苏屠宰量在2 000万～4 000万头之间，浙江、湖南、广西、黑龙江、安徽、河北和湖北位于第三梯队，屠宰量在1 000万～2 000万头之间。从企业分布看，山东依然是我国大型屠宰厂较为集中的地区，全国屠宰量前50名企业中，山东省入围企业有12个，与2011年持平；北京有12个定点屠宰厂（场），入围企业达5个；河南入围5个，较2011年增加1个；辽宁入围4个，浙江、江苏和湖北分别入围3个。

（三）行业效益分析

1. 生猪及猪肉价格高位回落　在生猪存栏持续高位、经济增速放缓的背景下，2012年国内生猪供过于求，价格高位回落。商务部生猪等畜禽屠宰统计监测系统月报数据显示，2012年规模以上企业生猪平均收购价格15.73元/kg，同比下跌8.1%；白条肉平均出厂价格20.68元/kg，同比下跌7.2%。从年内走势看，生猪收购价格与白条肉出厂价格走势一致，总体呈下降态势。其中，1月份受春节需求增加拉动，生猪收购价格和白条肉出厂价格环比分别上涨2.7%和2.9%；2月份以后，猪肉需求下降，生猪存栏增多，生猪收购价格连跌6个月，7月份跌至年内最低点14.63元/kg，累计下跌18.5%；白条肉出厂价格连跌5个月，6月份跌至年内最低点19.26元/kg，累计下跌18.5%；8～12月份，生猪收购价格和白条肉出厂价格震荡上行，12月份分别涨至16.38元/kg、21.42元/kg，环比涨幅达到年内最大，分别为6.2%、5.5%，较年内低点分别上涨12.0%、11.2%，但仍未超过1月份的价格水平。从同比变化看，受翘尾因素影响，2012年1～3月份生猪收购均价和白条肉出厂均价同比涨幅分别为19.1%、19.7%；2月份以后，猪价环比连续下降，7月份生猪收购价格和白条肉出厂价格同比跌幅达到最大，分别为24.4%、23.1%。分地区看，西藏、贵州、新疆、青海、内蒙古、宁夏、云南、上海和北京等省（自治区、直辖市）全年生猪收购均价高于全国平均水平；山东、河南、广西和山西价格较低，平均在15元/kg以下。从价格变化情况看，东南沿海、长江中下游及华北地区生猪收购价格跌幅较为显著，广西和海南同比跌幅最大，分别为13.0%和12.0%，西北地区跌幅最小。

2. 营业收入增幅大幅回落　2012年全国生猪定点企业生猪屠宰量小幅增长，但白条肉价格高位回落，并持续在低位徘徊，导致屠宰企业营业收入同比增幅大幅回落。商务部生猪等畜禽屠宰统计监测系统年报数据显示，2012年全国生猪定点屠宰企业营业收入总额为2 709.69亿元，同比增长2.8%，增幅较2011年回落23.6个百分点。其中，规模以上屠宰企业营业收入2 358.39亿元，同比增长5.7%，回落21.8个百分点。分地区看，32个监测地区中，24个地区定点屠宰企业营业收入同比增长，8个地区下降。其中，宁夏、江西、福建、兵团和海南增幅较为显著，分别增长63.0%、39.2%、26.0%、23.1%

和21.5%；辽宁、江苏、安徽和新疆下降幅度较为明显，分别下降12.5%、8.4%、7.5%和7.1%。从总额看，与资产总额排名一致，山东、四川和河南定点屠宰企业营业收入位居前三位，分别为519.38亿元、368.45亿元、259.46亿元，其中山东、四川同比分别增长1.4%、7.7%，河南下降3.2%。

3. 盈利能力小幅下降　2012年生猪及猪肉价格高位回落，加上人力及水电煤等经营成本持续上升，国内生猪屠宰行业面临较大经营压力。商务部生猪等畜禽屠宰统计监测系统年报数据显示，2012年全国生猪定点屠宰企业利润率为1.85%，同比下降0.38个百分点。监测的32个地区中，13个地区盈利能力高于全国平均水平，其中广西最高，利润率达到4.79%，同比上升1.66个百分点。从营业收入排名前50强企业看，利润率低于全国平均水平的屠宰企业有30个，其中有10个屠宰企业利润总额为负。毛白价差反映出同样变化趋势，毛白价差等于白条肉出厂价格减去生猪收购价格，可以粗略反映屠宰企业的毛利。商务部生猪等畜禽屠宰统计监测系统月报数据显示，2012年规模以上屠宰企业毛白价差为4.95元/kg，与2011年比，每千克下降0.22元，降幅为4.3%。从年内变化趋势来看，上半年毛白价差降幅比较明显，从1月份5.68元/kg降至6月份4.61元/kg，降幅为18.8%；下半年有所好转，12月份升至5.04元/kg，较6月份低点增长9.3%，但仍低于一季度平均水平。分地区看，全国32个监测地区中，15个地区毛白价差高于全国平均水平。其中，西藏、新疆、海南较高，分别为7.15元/kg、6.17元/kg和6.08元/kg；北京、重庆较低，分别为3.88元/kg、3.70元/kg。从变化幅度来看，在32个监测地区中，24个地区毛白价差同比下降，8个地区上升。其中，重庆、宁夏、青海同比降幅较大，分别下降20.2%、17.3%和16.1%；海南、上海、新疆增幅较大，分别增长24.2%、18.3%和12.2%。

二、存在的问题及原因

（一）屠宰产能过剩

由于商务主管部门加大生猪定点屠宰资格审核清理工作力度，2012年全国定点屠宰企业产能小幅下降，产能利用率有所提高，但仍处于过剩局面。商务部生猪等畜禽屠宰统计监测系统年报数据显示，2012年末全国定点屠宰企业设计年屠宰能力约为8.5亿头，全年实际生猪屠宰量是3.55亿头，仅占设计产能的42%左右，但较上年提高2个百分点。产能过剩原因主要有两点：一是部分企业扩张速度过快；二是我国生猪屠宰行业集中度不高，企业散而小，落后产能过剩。

（二）行业集中度较低

近年来，我国生猪屠宰深加工业发展迅速，双汇、雨润、金锣等大型屠宰加工企业纷纷扩大规模，投建新厂，不仅屠宰深加工能力增强，生猪屠宰、冷冻冷藏及检验技术也进步较快。但是，产业链源头的分散化导致了我国屠宰及肉制品加工业的集中度较低。在国外，规模屠宰企业占据绝对市场份额，美国、荷兰、丹麦呈寡头垄断局面，美国、荷兰前三强生猪屠宰企业市场份额分别约占50%和75%，丹麦最大的屠宰企业就占到80%。而我国屠宰行业依旧处于分散竞争型阶段，目前我国屠宰企业前三强（雨润、双汇、金锣）的市场份额仅为10%左右。

（三）行业整体盈利能力低

目前，我国白条肉、热鲜肉仍占全国生肉上市量的60%左右，冷鲜肉和小包装分割肉各自仅占10%，肉制品产量只占肉类产量的15%。这样的结构决定了我国生鲜猪肉大部分经由批发市场进行流通，产品差异化和品牌化程度低，附加值不高，屠宰行业整体利润率偏低。商务部生猪等畜禽屠宰统计监测系统年报数据显示，2012年全国生猪定点屠宰企业营业收入利润率为1.85%。

（四）猪肉质量安全事件频发

从2011年“瘦肉精”事件到2013年福建漳州病死猪制售案，猪肉食品质量安全一度成为国内舆论关注的焦点，上海黄浦江死猪漂浮事件更是引起了公众对病死猪流向的讨论。据公安部数据，2013年3月福建漳州公安机关破获的制售病死猪案涉案猪肉数量近40 t，案值达3 000多万元。而在此之前，福建警方已经至少捣毁七个病死猪制售窝点。部分经营主体安全生产意识淡薄、违法收益畸高、检测体系不完善等因素成为猪肉质量安全频发的主要原因。

（五）屠宰行业污染严重

生猪屠宰过程中产生大量污水、废气，污染较重，其中污水处理成本最高，尤其是一些小规模屠宰加工企业，无法承担大笔的污染处理费用。随着城市环保要求的不断提高，屠宰企业环保压力不断增大，近年来广东省频发驱逐猪场的案例，成为屠宰行业与环保矛盾进一步激化的一种体现。未来大中型屠宰企业迁离市区将会成为一种趋势，屠宰厂在选址、设计和生产上需要更注重环保，注意污水处理和节能降耗。

三、行业发展趋势预测

（一）行业发展环境

2012年，国家采取多项措施净化屠宰行业发展环境，促进行业健康发展。其中包括：深入推进生猪定点屠宰资格审核清理工作，大力开展打击私屠滥宰专项行动，完善屠宰法律法规标准体系，建立食品安全宣传和教育工作机制，继续实施储备肉调控政策等。2012 年，商务部等九部门联合在全国开展的生猪定点屠宰资格审核清理工作，加快了屠宰加工行业结构调整步伐，提升了行业整体水平；全国开展“打击私屠滥宰强化肉品卫生安全专项治理行动”，大力深挖私屠滥宰违法犯罪网络、打击取缔私屠滥宰“黑窝点”、私宰肉品加工“黑作坊”、销售私宰肉品“黑市场”。2012 年以来，国家先后两次实施收储调控生猪价格，为稳定生猪市场价格发挥了积极作用。

（二）行业趋势预测

1. *区域布局渐趋合理* 根据商务部《全国生猪屠宰行业发展规划纲要（2010—2015）》和工信部、农业部联合制定的《肉类工业“十二五”发展规划》，未来我国肉类产业将进一步向畜禽主产区、西部地区和少数民族地区集中，并且鼓励畜禽主产区利用资源优势加大力度发展屠宰及肉类加工业，这将有利于肉类产业区域布局逐步合理。

2. *产业集中度逐步提升* 为净化生猪屠宰行业发展环境、加快屠宰加工行业结构调整、淘汰落后产能与过剩产能，商务部等相关部门将继续加强生猪定点屠宰企业资格清理审核，加上技术、资金方面实力强的龙头企业不断进行企业间联合、兼并和收购，屠宰产业集中度将逐步提升。《肉类工业“十二五”发展规划》（以下简称《规划》）指出，到 2015 年，全国手工和半机械化生猪屠宰等落后产能淘汰 50%以上，其中大中城市和发达地区力争淘汰 80%以上。规模以上肉类工业企业数量达到 5 000 个，占行业内企业总数的比例达到 50%，工业总产值达到 9 000 亿元（按 2010 年不变价格计算），年均增长 12.4%，销售额占全行业市场交易总额的 80%左右。

3. *产品结构逐渐合理* 目前，我国冷鲜肉和小包装分割肉各占生肉上市量的 10%，肉制品产量占肉类总产量的 15%。与发达国家肉类冷链流通率 100%、肉制品占肉类总产量 50%的水平相差很大，无法适应城乡居民肉食消费结构升级的要求。未来我国将逐步改变以白条肉、热鲜肉为主的供给结构，建立现代冷链物流配送体系，扩大冷鲜肉、小包装分割肉和肉制品的生产比重。《规划》指出，2015 年县级以上城市热鲜肉销售比例降到 50%以下，冷鲜肉占比提高到 30%。肉制品产量达到 1 500 万 t，比 2010 年增长 25%，占肉类总产量的比重达到 17%以上。

4. *产业一体化趋势明显* 屠宰行业实力较强的企业延伸产业链的趋势明显，具体表现为：一是建立自己的生猪养殖场，向上游延伸；二是建立品牌专卖渠道，销售冷鲜肉和低温肉制品等中高端产品，向下游延伸。这有利于企业控制生猪源头质量、降低企业成本和增强盈利能力。

5. *产品附加值进一步提高* 随着生猪屠宰加工行业的整合，行业内的优势企业将通过现代化技术发展肉类产品的精深加工，形成具有竞争优势的特色品牌，从供给结构、产品产量等多个方面提高产品附加值，增强企业自身的市场竞争力。

四、政策建议

（一）完善法规标准，建立监管长效机制

加快推进法律法规制（修）订工作，颁布《生猪定点屠宰厂（场）资质等级要求》，出台《畜禽屠宰检验规程》等国家和行业标准；同时，要建立执法程序、执法责任追究等方面的制度规定。探索建立生猪养殖、屠宰加工、猪肉流通、消费全过程的监管机制，确保产品质量安全。

（二）统筹行业规划，调整优化资源配置

继续开展生猪定点屠宰资格审核清理工作，控制生猪定点屠宰厂（场）数量，淘汰落后产能和过剩产能，加快屠宰行业结构调整步伐，逐步提升屠宰行业整体水平。鼓励支持先进的屠宰加工企业以多种方式兼并重组，加大城市及其周边定点屠宰企业的整合力度，引导撤并的定点屠宰厂（场）和小型屠宰场点融入大型屠宰企业的生产、加工、配送和销售等供应链管理体系，转为其购销网点和分割配送点，推进生猪产业链一体化进程，提高行业集中度。

（三）实施分类管理，注重流通规范秩序

鼓励技术先进、管理水平高的大型龙头企业依托自身质量、品牌和规模优势，在全国或较广区域内配置生产资源，开展养殖、屠宰、加工、配送、销售一体化经营，在全国建立品牌肉连锁店、专卖店，实现优质猪肉产品跨区域流通，提高全产业链的管理和技术水平。规范边远和交通不便地区小型屠宰场点发展，解决因城乡差异造成的定点企业数量过多，监管手段不足的问题，保证行业公平竞争和肉品安全供应。

（四）加大投入力度，提高技术管理水平

充分利用财政支持政策，继续开展屠宰行业监管技术系统和肉品质量安全信息可追溯系统建设；鼓励大型定点屠宰厂（场）发展冷链和跨区域销售网络，支持少数民族和边远落后地区定点屠宰企业标准化改造；引导企业加大资金投入力度，升级改造生猪定点屠宰厂（场），提升检验检疫能力，新建或改造污水处理和无害化处理设施等，进一步提高企业技术管理水平。

我国酒类流通行业经济运行情况

商务部酒类流通管理办公室

一、酒类流通行业发展概况

酒类是利高、税高、风险高的特殊食品，酒类流通行业健康有序发展，对于满足多元化消费需求、保障消费安全、促进社会和谐发展具有重要意义。在制度化、规范化、法制化建设的推动下，2012年我国酒类流通行业规模持续扩大，现代化水平稳步提升，结构调整积极推进，经济社会效益不断显现。同时，受国内外经济形势和政策因素影响，酒类流通行业面临深刻调整。

（一）行业规模分析

1. 企业数量　2012年全国规模以上酒类生产企业（主营业务收入2 000万元以上，下同）总数2 364个，比2011年净增加110个。根据商务部酒类流通统计监测系统数据测算，2012年全国酒类经营企业约300万个，比2011年净增加2万个。

2. 产销量　2012年全国规模以上酒类生产企业饮料酒（包括白酒、啤酒、黄酒、葡萄酒和其他酒）及发酵酒精总产量7 202万kL，同比增长5.7%。其中，饮料酒总产量6 382万kL，同比增长6.0%；发酵酒精产量821万kL，同比增长3.5%。典型酒类流通企业饮料酒销售量同比增长1.9%，其中，批发企业饮料酒销售量同比增长2.7%，酒类零售企业饮料酒销售量同比下降5.3%。

3. 进出口规模　2012年全国酒类商品进口总量56 949万L，同比增长14.2%；进口总额293 869万美元，同比增长20.2%；出口总量26 316万L，同比下降3.4%；出口总额64 925万美元，同比增长33.7%。酒类贸易逆差228 944万美元，同比增长16.8%。

（二）行业结构分析

1. 地区和酒种结构　2012年全国饮料酒产量地区占比，东部为49%，中部为29%，西部为22%。各酒种产量地区结构呈现如下特点：一是东部地区白酒、中部地区葡萄酒产量涨幅明显，同比分别上涨23.8%和33.5%；二是西部地区白酒产量达430万kL，比东部、中部地区分别高出16.4%和21.9%，白酒产业优势突出；三是啤酒产量增长总体平稳，全国产量同比增长3.1%，其中东部、中部、西部分别增长1.1%、5.2%和5.1%，中西部地区增幅略高于东部地区。2012年全国典型酒类流通企业饮料酒销售额地区占比，东部为52.3%，中部为12.2%，西部为35.5%。其中，东部地区葡萄酒、啤酒的销售额占比分别为73.9%和89.8%，西部地区白酒销售额占比为56.2%。

2. 经营类型结构　根据商务部酒类流通统计监测系统数据及部分地区酒类流通企业备案登记数据测算，2012年酒类经营企业约300万个，其中批发经营者31.5万个，占比10.5%；零售经营者196.8万个，占比65.6%；餐饮经营者59.1万个，占比19.7%；娱乐企业10.5万个，占比3.5%。

3. 所有制结构　2012年，酒类生产企业所有制结构多元化程度进一步提升，在葡萄酒、果酒、功能性酒等产业领域，私营资本发展较快，逐渐成为重要的所有制形式；在啤酒生产行业，外资通过兼并、收购寻求扩张，外资所占比重增大。2012年，酒类经营企业中，内资企业占比为95.0%，外商投资企业占比为3.7%，港澳台商投资企业占比为1.3%。内资企业中，有限责任公司所占比重最高，达到46.6%。

4. 经营品种结构　2012年，典型酒类流通企业经营的主要酒类品种销售额，白酒为770.9亿元，占52.0%；啤酒为402.7亿元，占27.2%；葡萄酒为36.7亿元，占2.5%。

5. 酒类进口国别结构　我国前五大酒类进口国依次为法国、澳大利亚、智利、英国、西班牙，其中法国所占比重最高。2012年，来自上述国家酒类进口额均呈上升趋势。

（三）行业效益及效率分析

1. 销售收入　2012年，全国规模以上酒类生产企业全年主营业务收入7 547亿元，同比增长19.6%。其中，饮料酒行业为6 854亿元，同比增长20.5%；发酵酒精行业为694亿元，同比增长11.9%。2012年，酒类市场销售总体呈现增长态势，全国典型酒类流通企业饮料酒销售额同比增长 9.8%。部分酒类重点销区销售额增长相对较快，如北京市酒类流通企业酒类销售额同比增长 15.9%。

2. 单品价格　根据商务部酒类流通统计监测系统数据，对全国 24 个白酒单品的月度零售均价监测显示，2012 年 1～12 月份，除低端白酒加权单价同比下降 1.0%外，中高端白酒单价均同比上涨。其中，中端白酒同比上涨 7.3%，高端白酒同比上涨 20.1%。啤酒和葡萄酒的加权单价分别同比上涨 16.0%和 13.1%。2012 年 1～12 月，与去年同期相比，除啤酒外，其他酒种价格增速均呈减缓趋势，特别是下半年以来，增速放缓趋势渐趋明显，到 2012 年末，高端白酒、中端白酒、葡萄酒价格均回落接近于年初水平，低端白酒价格较年初下降近 25%。

3. 酒类上市公司情况　根据沪深股市上市公司数据，截至 2012 年 12 月 31 日，全国酒类行业上市公司共 30 个，市值总计 7 337.9 亿元，同比下降 4.1%；主营业务收入总计 1 644.8 亿元，同比增长 24.2%；净利润总计 434.3 亿元，同比上涨 47.4%。其中，贵州茅台的市值、净利润最高，分别为 2 170 亿元、133.1 亿元；五粮液的主营业务收入最高，为 272.0 亿元。全国酒类行业上市公司市值总和占沪深两市总市值的 3.2%。

（四）行业现代化程度

2012 年，酒类零售业态向餐饮、商超、专业连锁、专卖店等多元化发展的趋势进一步深化。如华泽集团、浙江商源等酒类流通企业大力推进连锁专卖经营模式；厦门优传等进口酒流通企业等创新采用进口葡萄酒“一站式”供应链管理模式，减少流通环节，降低流通成本。2012 年，酒类流通电子商务得到进一步发展，酒仙网、也买酒、酒美网等专业酒类流通网站及电子商务平台不断发展壮大。2012 年，互联网、物联网等现代信息技术在酒类流通行业得到进一步推广运用。茅台、五粮液、泸州老窖、张裕等行业领军企业利用无线射频（RFID）技术，建设酒类从生产、库存、批发直至零售终端的全程电子追溯体系，初步实现来源可溯、去向可追、责任可究。上海、广东等重点酒类销区探索开展酒类流通电子随附单追溯体系试点。

二、酒类流通行业存在问题

（一）缺少全国性酒类管理法规

商务部 2005 年颁布的《酒类流通管理办法》属于部门规章，法律位阶较低，强制力较弱。全国 10 个省级地区和 6 个大中城市颁布实施地方性酒类管理法规，一定程度上促进了本地区酒类行业的有序发展，但因酒类全国流通，统筹地区间酒类管理的难度较大。《食品安全法》第 101 条为酒类管理提供了立法基础，特殊食品中，乳品、转基因食品、生猪屠宰、食盐均已专门立法实施严格管理，但酒类的全国性管理法规有待出台。

（二）无序竞争问题突出

随着酒类市场持续较快发展，酒类生产企业之间、流通企业之间、生产企业和流通企业之间市场竞争加剧，部分酒类流通企业过分追求经济利益，导致酒类市场无序竞争、不规范经营等问题凸显，如部分零售商向供应商违规收取高额店庆费、节日促销费等，增加了供应商和消费者的负担，阻碍了酒类市场的持续健康发展。

（三）制假售假屡禁不止

部分酒类生产和经营企业诚信意识薄弱，酒类市场以假乱真、以次充好、仿冒名牌等现象频发，制假售假形势严峻。在个别地区，制售假酒日益呈现产业化、组织化、网络化、隐蔽化的特点，侵害了合法企业的知识产权，影响了酒类流通行业健康发展，对消费者饮酒安全也构成威胁。部分企业进口廉价散装葡萄酒进行灌装，冒充原瓶进口名酒进行销售，扰乱了进口酒市场秩序。

（四）行业组织化程度较低

我国现行的酒类流通法规对酒类流通主体的约束力有限，在没有酒类地方性法规的地区，进入和退出酒类流通市场除须符合工商登记要求外，没有任何限制，大大增加了管理难度和管理成本。酒类流通行业中、小、微企业点多面广，组织化程度较低，运营能力、服务水平、专业人才等良莠不齐，“小、散、弱”的局面短期难以根本改变。

（五）市场供需矛盾逐步显现

近年来，酒类行业一直处于快速增长期，酒类流通企业因价格上涨预期、销售形势良好、盈利前景看好等各种原因，增加了大量酒类商品库存。2012 年，酒类市场由供需总体平衡转为供大于求，酒类市场特别是白酒市场供需矛盾逐步显现，酒类流通企业逐步“去库存化”，如典型酒类批发企业白酒库存同比增速，在 2012 年一季度呈上升趋势，4 月份之后总体呈下降趋势，第四季度月度波动明显。

三、酒类流通行业发展趋势

随着国家严控“三公”经费常态化、长期化，全社会厉行节约、反对浪费蔚然成风，以及科学饮酒、理性饮酒、文明饮酒等理念不断深入人心，酒类流通行业将相应地调整发展方式、升级品牌模式、创新流通体系，体现为以下三方面趋势：

（一）行业发展方式将由“粗放型”转变为“集约型”

转型升级是“十二五”时期我国经济发展的主线，也是酒类流通行业发展的主线。目前酒类流通行业依靠粗放式营销、规模化扩张的发展方式亟须转型。随着《酒类流通管理办法》确定的酒类流通经营者备案制度、随附单溯源制度等得到进一步强化，《商务部关于“十二五”期间加强酒类流通管理的指导意见》等行业规划得到进一步落实，酒类流通追溯等多项行业标准得到进一步宣贯，我国酒类流通行业发展的政策法规环境不断完善，将持续规范和引导酒类流通行业依靠提高流通效率、降低流通成本、专业化服务、精细化营销来实现集约型发展。

（二）品牌发展模式将由“卖品牌”升级为“建品牌”

酒类流通企业作为连接生产与消费的纽带，从更好地满足消费者安全消费、实惠消费、便利消费的需求出发，越来越重视构建诚信服务体系，认真推行“真品售酒、实价售酒”，由原先依托酒类产品品牌转为打造流通企业品牌。目前，北京朝批、华致酒行、优传、ASC、建发、酒仙网等一批具有竞争优势的知名酒类流通品牌崛起，代表了行业的品牌化趋势。

（三）酒类流通体系将由“垂直化”创新为“扁平化”

随着“科学饮酒、理性饮酒、文明饮酒”等新型酒类消费文化渐趋流行，文明消费、厉行节约的良好社会风气不断强化，以70后、80后为主流的酒类消费群体的饮酒观念正在发生变化，如酒品消费和服务消费并重，关注饮酒与健康、饮酒与安全，追求个性化、时尚化、差异化等。一些酒类流通企业从市场需求出发，注重创新酒类流通体系，如实行线上线下相结合、推行一站式供应链管理、应用物联网强化流通信息管理，推进扁平化流通，与消费者需求联系更为紧密，以此减少流通环节、降低流通成本、提高流通效率。部分酒类流通企业主动适应竞争环境的变化，不断加大终端市场营销力度，下沉营销重心，做细、做强、做活终端营销，推行团购直销、定制营销、宴席推广等，创新酒类营销模式。

四、对策措施及政策建议

（一）尽快出台全国性酒类管理法规

建议借鉴美、日、俄及欧洲国家酒类立法经验，加快推进全国性酒类管理立法，提升酒类管理的法律层次，严格酒类生产、流通、进出口管理，通过有效监管流通主渠道，规范企业酒类生产经营行为。已有地方性酒类法规的地区，进一步修订完善相关法规，依法实施酒类批发许可等制度，提高市场准入门槛。

（二）强化酒类溯源管理

溯源管理是确保产品质量和食品安全的关键举措。建议强化酒类溯源管理，完善随附单溯源制度，推广应用酒类电子追溯，建立来源可溯、去向可查、责任可究的溯源体系。借助现代信息技术，完善酒类市场运行监测体系、统计分析体系、诚信服务体系建设，逐步实现酒类流通全过程信息化管理，促进酒类市场的公平、有序竞争。

（三）规范酒类市场秩序

建议建立健全部门联合协作机制，协调各监管部门各司其职，按各自职责范围开展工作，严厉打击制售假冒伪劣酒类商品等违法违规行为，加强对进口葡萄酒、名酒专卖店、酒类物流、酒类电子商务等的整顿和规范。推进酒类行业公平交易，对大型商场收取酒类商品高额进场费，酒类经销商违规促销、恶性竞争等行为予以规范。

（四）发挥酒类行业协会作用

酒类流通监管涉及面广、工作量大，建议充分发挥酒类行业协会的桥梁纽带作用，支持行业协会制定行规行约，推进行业诚信自律，指导或委托行业协会做好行业统计、信息收集、市场分析、趋势研究、咨询服务等工作。

（五）创新流通发展方式

建议在保障消费者安全和权益的前提下，创新酒类流通发展方式，提高流通效率，鼓励发展以实力雄厚的批发商直供销售终端、大型零售企业连锁化经营等为主体，中小企业特色化经营为补充的新型酒类流通模式。加强品牌塑造，鼓励酒类流通企业通过兼并、重组等方式做大做强。引导中小企业细分市场开展特色经营，发展品牌专营店、特许经营店等。

我国造纸工业经济运行状况

中国造纸协会

一、纸及纸板生产和消费情况

(一) 纸及纸板生产量和消费量

据中国造纸协会调查资料，2012 年全国纸及纸板生产企业约 3 500 个，全国纸及纸板生产量为 10 250 万 t，较上年增长 3.22%；消费量为 10 048 万 t，较上年增长 3.04%；人均年消费量为 74 kg（13.54 亿人），比上年增长 1 kg。2003—2012 年，纸及纸板生产量年均增长 10.13%，消费量年均增长 8.54%。主要产品中：新闻纸生产量 380 万 t，占纸及纸板总产量的 3.71%，同比增长−2.56%；消费量 393 万 t，占纸及纸板总消费量的 3.91%，同比增长 1.03%。未涂布印刷书写纸生产量 1 750 万 t，占纸及纸板总产量的 17.07%，同比增长 1.16%；消费量 1 684 万 t，占纸及纸板总消费量的 16.76%，同比增长−0.18%。涂布印刷纸生产量 780 万 t，占纸及纸板总产量的 7.61%，同比增长 7.59%；消费量 638 万 t，占纸及纸板总消费量的 6.35%，同比增长 6.51%。其中铜版纸生产量 695 万 t，占纸及纸板总产量的 6.78%，同比增长 8.59%；消费量 581 万 t，占纸及纸板总消费量的 5.78%，同比增长 9.21%。生活用纸生产量 780 万 t，占纸及纸板总产量的 7.61%，同比增长 6.85%；消费量 731 万 t，占纸及纸板总消费量的 7.28%，同比增长 8.46%。包装用纸生产量 640 万 t，占纸及纸板总产量的 6.24%，同比增长 3.23%；消费量 655 万 t，占纸及纸板总消费量的 6.52%，同比增长 3.64%。白纸板生产量 1 390 万 t，占纸及纸板总产量 13.56%，同比增长 3.73%；消费量 1 379 万 t，占纸及纸板总消费量的 13.72%，同比增长 4.31%。其中涂布白纸板生产量 1 340 万 t，占纸及纸板总产量的 13.07%，同比增长 3.88%；消费量 1 329 万 t，占纸及纸板总消费量的 13.23%，同比增长 4.48%。箱纸板生产量 2 080 万 t，占纸及纸板总产量的 20.29%，同比增长 4.52%；消费量 2 157 万 t，占纸及纸板总消费量的 21.47%，同比增长 4.05%。瓦楞原纸生产量 2 020万 t，占纸及纸板总产量的 19.71%，同比增长 2.02%；消费量 2 027 万 t，占纸及纸板总消费量的 20.17%，同比增长 1.81%。特种纸及纸板生产量 220 万 t，占纸及纸板总产量的 2.15%，同比增长 4.76%；消费量 183 万 t，占纸及纸板总消费量的 1.82%，同比增长 2.23%（表 1）。

表 1　2012 年纸及纸板生产和消费情况　　单位：万 t

品　种	生产量			消费量		
	2011 年	2012 年	同比（%）	2011 年	2012 年	同比（%）
总　量	**9 930**	**10 250**	**3.22**	**9 752**	**10 048**	**3.04**
1. 新闻纸	390	380	−2.56	389	393	1.03
2. 未涂布印刷书写纸	1 730	1 750	1.16	1 687	1 684	−0.18
3. 涂布印刷纸	725	780	7.59	599	638	6.51
其中：铜版纸	640	695	8.59	532	581	9.21
4. 生活用纸	730	780	6.85	674	731	8.46
5. 包装用纸	620	640	3.23	632	655	3.64
6. 白纸板	1 340	1 390	3.73	1 322	1 379	4.31
其中：涂布白纸板	1 290	1 340	3.88	1 272	1 329	4.48
7. 箱纸板	1 990	2 080	4.52	2 073	2 157	4.05
8. 瓦楞原纸	1 980	2 020	2.02	1 991	2 027	1.81
9. 特种纸及纸板	210	220	4.76	179	183	2.23
10. 其他纸及纸板	215	210	−2.33	206	201	−2.43

（二）纸及纸板主要产品2003—2012年生产和消费情况

1. 新闻纸　2012年新闻纸生产量380万t，较上年增长－2.56%；消费量393万t，较上年增长1.03%。2003—2012年生产量年均增长率6.98%，消费量年均增长率5.58%。

2. 未涂布印刷书写纸　2012年未涂布印刷书写纸生产量1 750万t，较上年增长1.16%；消费量1 684万t，较上年增长－0.18%。2003—2012年生产量年均增长率6.90%，消费量年均增长率6.28%。

3. 涂布印刷纸　2012年涂布印刷纸生产量780万t，较上年增长7.59%；消费量638万t，较上年增长6.51%。2003—2012年生产量年均增长率13.99%，消费量年均增长率8.83%。其中，2012年铜版纸生产量695万t，较上年增长8.59%；消费量581万t，较上年增长9.21%。2003—2012年生产量年均增长率14.22%，消费量年均增长率11.01%。

4. 生活用纸　2012年生活用纸生产量780万t，较上年增长6.85%；消费量731万t，较上年增长8.46%。2003—2012年生产量年均增长率9.42%，消费量年均增长率9.31%。

5. 包装用纸　2012年包装用纸生产640万t，较上年增长3.23%；消费量655万t，较上年增长3.64%。2003—2012年生产量年均增长率3.25%，消费量年均增长率2.95%。

6. 白纸板　2012年白纸板生产量1 390万t，较上年增长3.73%；消费量1 379万t，较上年增长4.31%。2003—2012年生产量年均增长率10.85%，消费量年均增长率8.81%。其中，2012年涂布白纸板生产量1 340万t，较上年增长3.88%；消费量1 329万t，较上年增长4.48%。2003—2012年生产量年均增长率11.33%，消费量年均增长率9.18%。

7. 箱纸板　2012年箱纸板生产量2 080万t，较上年增长4.52%；消费量2 157万t，较上年增长4.05%。2003—2012年生产量年均增长率13.23%，消费量年均增长率11.71%。

8. 瓦楞原纸　2012年瓦楞原纸生产量2 020万t，较上年增长2.02%；消费量2 027万t，较上年增长1.81%。2003—2012年生产量年均增长率13.05%，消费量年均增长率10.85%。

9. 特种纸及纸板　2012年特种纸及纸板生产量220万t，较上年增长4.76%；消费量183万t，较上年增长2.23%。2003—2012年生产量年均增长率11.90%，消费量年均增长率5.93%。

二、纸及纸板生产企业经济指标完成情况

据国家统计局统计，2012年1～12月规模以上造纸企业2 748个；从业人员70.38万人；工业总产值（当年价）7 075亿元，同比增长8.80%；工业销售产值（当年价）6 926亿元，同比增长8.30%；主营业务收入6 888亿元，同比增长6.87%；产销率97.00%，较上年下降0.50个百分点；产成品存货296亿元，同比增长1.42%；利税总额554亿元，同比增长5.29%。其中，利润总额343亿元，同比增长3.61%；资产总计7 868亿元，同比增长6.83%；资产负债率58.82%，较上年减少0.61个百分点；负债总额4 628亿元，同比增长5.71%；在统计的2 748个造纸企业中，亏损企业有354个，占规模以上造纸企业的12.88%。

三、纸及纸板生产企业经济类型与规模结构

根据国家统计局提供的2012年1～12月规模以上造纸企业的相关数据分析，国有及国有控股企业有72个，占规模以上造纸企业的2.62%；“三资”企业有336个，占12.23%；集体及其他企业有2 340个，占85.15%。在造纸企业主营业务收入总额中，国有及国有控股企业占10.72%，“三资”企业占27.79%，集体及其他企业占61.49%。在利税总额中，国有及国有控股企业占6.35%，“三资”企业占26.67%；集体及其他企业占66.98%。在利润总额中，国有及国有控股企业占3.35%，“三资”企业占27.08%，集体及其他企业占69.57%。按照我国大、中、小型企业划分标准，2012年在2 748个规模以上造纸企业中，大中型造纸企业504个，占18.34%；小型企业2 244个，占81.66%。在纸及纸板产品主营业务收入中，大中型企业占65.28%，小型企业占34.72%。在利税总额中，大中型企业占62.82%，小型企业占37.18%。在利润总额中，大中型企业占62.14%，小型企业占37.86%。

2012年纸及纸板产量超过100万t的生产企业有玖龙纸业（控股）有限公司（1 045万t）、理文造纸有限公司（414万t）、山东晨鸣纸业集团股份有限公司（398万t）、华泰集团有限公司（270万t）、山东太阳纸业（269万t）、金东纸业（江苏）股份有限公司（204万t）、中国纸业投资总公司（195万t）、宁

波中华纸业有限公司（含宁波亚洲浆纸业有限公司）（156万t）、吉安集团股份有限公司（131万t）、荣成纸业（中国）控股有限公司（111万t）、山东博汇纸业股份有限公司（110万t）、山东世纪阳光纸业集团有限公司（107万t）、海南金海浆纸业有限公司（102万t）、安徽山鹰纸业股份有限公司（101万t）。2012年纸浆产量超过100万t的生产企业有山东亚太森博浆纸有限公司（177万t）、海南金海浆纸业有限公司（126万t）。

四、纸浆生产和消耗情况

（一）2012年纸浆生产情况

据中国造纸协会调查资料，2012年全国纸浆生产总量7 867万t，较上年增长1.86%。其中，木浆810万t，较上年增长-1.58%；废纸浆5 983万t，较上年增长5.71%；非木浆1 074万t，较上年增长-13.39%（表2）。

表2　2003—2012年纸浆生产情况

单位：万t

品种＼年度	2006	2007	2008	2009	2010	2011	2012
纸浆合计	**5 196**	**5 924**	**6 415**	**6 733**	**7 318**	**7 723**	**7 867**
1. 木　浆	526	605	679	560	716	823	810
2. 废纸浆	3 380	4 017	4 439	4 997	5 305	5 660	5 983
3. 非木浆	1 290	1 302	1 297	1 176	1 297	1 240	1 074
其中：苇　浆	144	144	150	144	156	158	143
蔗渣浆	74	90	97	98	117	121	90
竹　浆	95	120	146	161	194	192	175
稻麦草浆	908	849	808	676	719	660	592
其他浆	69	99	97	97	111	109	74

（二）2012年纸浆消耗情况

2012年全国纸浆消耗总量9 348万t，较上年增长3.36%。木浆2 291万t，占纸浆消耗总量25%，其中进口木浆占16%，国产木浆占9%。废纸浆5 983万t，占纸浆消耗总量64%，其中进口废纸浆占26%，国产废纸浆占38%。非木浆1 074万t，占纸浆消耗总量11%，其中稻麦草浆占6%，竹浆占2%，苇（荻）浆占2%，蔗渣浆占1%（表3）。

表3　2012年纸浆消耗情况

单位：万t

品　种	2011年	占比例（%）	2012年	占比例（%）	同比（%）
总　量	**9 044**	**100**	**9 348**	**100**	**3.36**
木　浆	2 144	24	2 291	25	6.86
其中：进口木浆	1 330	15	1 489	16	11.95
废纸浆	5 660	62	5 983	64	5.71
其中：进口废纸浆	2 182	24	2 405	26	10.22
非木浆	1 240	14	1 074	11	-13.39

注：废纸浆＝废纸量×0.8。

五、纸制品生产和消费情况

（一）纸制品生产量和消费量

根据国家统计局数据，2012年全国规模以上纸制品生产企业4 382个，生产量4 804万t，较上年增长6.43%；消费量4 573万t，较上年增长6.65%；进口量14万t，出口量245万t。2005—2012年，纸制品生产量年均增长14.41%，消费量年均增长14.58%。

（二）纸制品生产企业经济类型与规模结构

2012年全国规模以上纸制品生产企业4 382个，其中国有及国有控股企业有46个，占1.05%；“三资”企业有822个，占18.76%；集体及其他企业有3 514个，占80.19%。在纸制品生产企业主营业务收入总额中，国有及国有控股企业占0.79%，“三资”企业占27.83%，集体及其他企业占71.38%。在利税总额中，国有及国有控股企业占0.95%，“三资”企业占30.04%，集体及其他企业占69.01%。在利润总额中，国有及国有控股企业占0.84%，“三资”企业占31.03%，集体及其他企业占68.13%。按照我国大、中、小型企业划分标准，2012年在4 382个规模以上纸制品生产企业中，大中型纸制品生产企业455个，占10.38%；小型企业3 927个，占89.62%。在纸制品生产企业主营业务收入中，大中型企业占29.65%，小型企业占70.35%。在利税总额中，大中型企业占34.84%，小型企业占65.16%。在利润总额中，大中型企业占35.74%，小型企业占64.26%。

六、纸及纸板、纸浆、废纸及纸制品进出口情况

(一) 纸及纸板、纸浆、废纸及纸制品进口情况

2012年纸及纸板进口311万t，较上年增长-6.04%；纸浆进口1 647万t，较上年增长13.98%；废纸进口3 007万t，较上年增长10.23%；纸制品进口14万t，较上年增长-17.65%。2012年进口纸及纸板、纸浆、废纸、纸制品合计4 979万t，较上年增长10.13%，用汇220亿美元，较上年增长-8.33%。进口纸及纸板平均价格为1 218.14美元/t，较上年平均价格增长-3.44%；进口纸浆平均价格为674.64美元/t，较上年平均价格增长-18.31%；进口废纸平均价格为208.57美元/t，较上年平均价格增长-18.33%（表4）。

表4 2012年中国纸浆、废纸、纸及纸板、纸制品进口情况

单位：万t

品 种	2011年进口量	2012年进口量	同比（%）
一、纸 浆	1 445	1 647	13.98
二、废 纸	2 728	3 007	10.23
三、纸及纸板	331	311	-6.04
1. 新闻纸	1	13	1 200.00
2. 未涂布印刷书写纸	40	35	-12.50
3. 涂布印刷纸	37	35	-5.41
其中：铜版纸	30	27	-10.00
4. 包装用纸	18	20	11.11
5. 箱纸板	93	84	-9.68
6. 白纸板	79	72	-8.86
其中：涂布白纸板	79	72	-8.86
7. 生活用纸	9	4	-55.56
8. 瓦楞原纸	17	14	-17.65
9. 特种纸及纸板	30	28	-6.67
10. 其他纸及纸板	7	6	-14.29
四、纸制品	17	14	-17.65
总 计	**4 521**	**4 979**	**10.13**

(二) 纸及纸板、纸浆、废纸及纸制品出口情况

2012年纸及纸板出口513万t，较上年增长0.79%；纸浆出口7.99万t，较上年增长-19.37%；废纸出口0.24万t，较上年增长-33.33%；纸制品出口245万t，较上年增长0.82%。2012年出口纸及纸板、纸浆、废纸、纸制品合计766万t，较上年增长0.52%，创汇138亿美元，较上年增长4.55%。出口纸及纸板平均价格为1 226.39美元/t，较上年平均价格增长-2.75%；出口纸浆（以棉短绒纸浆为主）平均价格为1 588.88美元/t，较上年平均价格增长-31.63%；出口废纸平均价格为334.17美元/t，较上年平均价格增长54.86%（表5）。

表5 2012年中国纸浆、废纸、纸及纸板、纸制品出口情况

单位：万t

品 种	2011年出口量	2012年出口量	同比（%）
一、纸 浆	9.91	7.99	-19.37
二、废 纸	0.36	0.24	-33.33
三、纸及纸板	509.00	513.00	0.79
1. 新闻纸	2.00	0.00	
2. 未涂布印刷书写纸	83.00	101.00	21.69
3. 涂布印刷纸	163.00	177.00	8.59
其中：铜版纸	138.00	141.00	2.17
4. 包装用纸	6.00	5.00	-16.67
5. 箱纸板	10.00	7.00	-30.00
6. 白纸板	97.00	83.00	-14.43
其中：涂布白纸板	97.00	83.00	-14.43
7. 生活用纸	65.00	53.00	-18.46
8. 瓦楞原纸	6.00	7.00	16.67
9. 特种纸及纸板	61.00	65.00	6.56
10. 其他纸及纸板	16.00	15.00	-6.25
四、纸制品	243.00	245.00	0.82
总 计	**762.27**	**766.23**	**0.52**

(三) 纸及纸板各品种进出口量比重

1. 2012年纸及纸板各品种进口量比重 未涂布印刷书写纸11.3%，包装用纸6.4%，箱纸板27.0%，白纸板23.2%，瓦楞原纸4.5%，特种纸及纸板9.0%，其他1.9%，生活用纸1.3%，新闻纸4.2%，涂布印刷纸11.3%。

2. 2012年纸及纸板各品种出口量比重 未涂布印刷书写纸19.7%，包装用纸1.0%，箱纸板1.4%，白纸板16.2%，瓦楞原纸1.4%，特种纸及纸板12.7%，其他2.9%，生活用纸10.3%，新闻纸0.0%，涂布印刷纸34.5%。

(四) 纸及纸板主要产品2003—2012年进出口情况

1. 新闻纸 2012年进口量大于出口量，净进口量13万t。

2. 未涂布印刷书写纸　2012年出口量大于进口量，净出口量66万t。

3. 涂布印刷纸　2012年出口量大于进口量，净出口量142万t。其中，铜版纸2012年出口量大于进口量，净出口量114万t。

4. 生活用纸　2012年出口量大于进口量，净出口量49万t。

5. 包装用纸　2012年进口量大于出口量，净进口量15万t。

6. 白纸板　2012年出口量大于进口量，净出口量11万t。其中，涂布白纸板2012年出口量大于进口量，净出口量11万t。

7. 箱纸板　2012年进口量大于出口量，净进口量77万t。

8. 瓦楞原纸　2012年进口量大于出口量，净进口量7万t。

9. 特种纸及纸板　2012年出口量大于进口量，净出口量37万t。

（五）纸制品进出口情况

1. 纸制品进口　2012年纸制品进口量14万t，较上年减少3万t，同比增长－18%。

2. 纸制品出口　2012年纸制品出口量245万t，较上年增加2万t，同比增长1%。

七、纸及纸板生产布局与集中度

根据中国造纸协会调查资料，2012年我国东部地区12个省、自治区、直辖市，纸及纸板产量占全国纸及纸板产量比例为75.4%，比上年提高3.7个百分点；中部地区9个省、自治区比例占18.4%，比上年降低2.0个百分点；西部地区10个省、自治区、直辖市比例占6.2%，比上年降低1.7个百分点（表6）。

表6　2012年纸及纸板生产量区域布局变化

布局	2011年		2012年	
	产量（万t）	比例（%）	产量（万t）	比例（%）
纸及纸板产量	**9 930**	**100.0**	**10 250**	**100.0**
其中：东部地区	7 121	71.7	7 728	75.4
中部地区	2 023	20.4	1 887	18.4
西部地区	786	7.9	635	6.2

2012年纸及纸板产量超过100万t的省份有山东、广东、浙江、江苏、河南、福建、河北、湖南、广西、四川、湖北、安徽、天津、重庆、江西和海南16个省、自治区、直辖市，产量合计已达9 692万t，占全国纸及纸板总产量的94.56%（表7）。

表7　2012年纸及纸板产量100万t以上的省份

单位：万t

省份	2011年	2012年	同比增长（%）
山　东	1 630	1 710	4.91
广　东	1 496	1 579	5.55
浙　江	1 477	1 536	3.99
江　苏	1 051	1 206	14.75
河　南	828	780	－5.80
福　建	480	539	12.29
河　北	401	424	5.74
湖　南	372	355	－4.57
广　西	194	258	32.99
四　川	340	232	－31.76
湖　北	199	224	12.56
安　徽	235	213	－9.36
天　津	126	196	55.56
重　庆	178	171	－3.93
江　西	185	155	－16.22
海　南	113	114	0.88
合　计	**9 305**	**9 692**	**4.16**

2 第二部分

相关行业发展概况

油料加工业

一、基本情况

随着我国经济的快速发展及大众粮油消费结构的升级，食用植物油消费需求持续增加。2012 年，我国食用油消费总量为 2 890 万 t，同比增加 110 万 t。2012 年，我国油料总产量为 5 650 万 t。其中大豆产量为 1 280 万 t，油菜籽产量为 1 220 万 t，花生产量为 1 620 万 t，棉籽产量为 1 170 万 t，其他油料产量为 360 万 t。2012 年国产油料作物加工生产的植物油 1 100 万 t。

2012 年我国进口食用植物油为 956 万 t，其中进口大豆油为 182.6 万 t，进口菜籽油为 l18 万 t，进口棕榈油为 634 万 t。2012 年我国大豆进口量达到5 838 万 t，新增进口大豆折油约 106 万 t。2012 年我国油菜籽进口量达 292.9 万 t，进口油菜籽折油约 140 万 t，全年进口油料同比增加国内油脂供给约 176 万 t。2012 年我国进口大豆平均到港价格为 599.32 美元/t，进口油菜籽平均到港价格约 668.60 美元/t，进口棕榈油平均到港价格约 1 025.42 美元/t，进口大豆油平均价格为 1 246.77 美元/t，进口油菜籽平均到港价格约 668.60 美元/t。2012 年我国棕榈油进口量达到 634 万 t，需求方面受到国家加强食品安全监管政策的影响，棕榈油掺兑调和油的数量大幅减少，同时工业消费需求增幅也在放缓，使得港口库存持续攀升，导致棕榈油价格持续低迷，我国港口 24℃棕榈油价格在 6 300 元/t 左右，是 2012 年走势最弱的植物油品种。

受托市收购油菜籽政策的影响，2012 年我国菜籽油价格始终保持坚挺，长江流域国产四级菜籽油价格一直维持在 10 000 元/t 以上，国产大豆价格一直维持在 4 000 元/t 以上，主要得益于国家临储大豆收购政策的支撑。国家下发临储收购通知，收购价格为 4 000 元/t，较当时市场价格普遍高 100 元/t 左右，农户售粮积极性较高，中储粮一度成为市场的收购主体，临储大豆收购量达到 350 万 t。受全球大豆减产预期的提振，在沿海地区大豆价格大幅上涨背景下，国产大豆价格逐步走高，达到 4 300～4 400 元/t。2012 年国家继续实施油菜籽临储托市收购政策，收购价格提高 400 元/t，达到 5 000 元/t，由于托市价格远高于市场预期，中储粮的临储收购成为市场收购主体。初步统计夏收油菜籽临储收购总量为 377 万 t，折合菜籽油约 135 万 t，秋收油菜籽计划收购量为 48 万 t，折油为 17 万 t，完成计划收购量，全年临储菜籽油库存增加 150 万 t。

二、发展方向和重点

1. *总体情况* 稳定传统大豆油生产，着力增加以国产油料为原料的菜籽油、花生油、棉籽油、葵花籽油等油脂生产，大力推进以粮食加工副产物为原料的玉米油、米糠油生产，积极发展油茶籽油、核桃油、橄榄油等木本植物油生产，促进油脂品种多元化，提升食用植物油自给水平。提高油料规模化综合利用水平，开发提取蛋白产品。鼓励并支持国内有条件的企业“走出去”，合作开发棕榈、大豆、葵花籽等食用油资源，建立境外食用油生产加工基地，构建稳定的进口多品种油料和食用植物油源的保障体系。

2. *大豆油脂加工* 严格控制新建项目，引导工艺技术装备落后的大豆加工企业关停并转，降低设备闲置率，提高生产效率。充分发挥东北非转基因大豆优势，稳定当地大豆油脂加工产业集群，淘汰一批落后产能；沿海大豆加工区要进一步压缩产能，鼓励内资企业兼并、重组，积极培育大豆加工和饲料生产一体化的企业。

3. *油菜籽加工* 在长江中下游地区，依托现有骨干企业形成一批日处理油菜籽 400 t 及以上加工企业。西部内陆地区，依托现有骨干企业形成一批日处理油菜籽 200 t 及以上企业。鼓励建设一线多能的多油料品种加工项目，坚决淘汰落后产能。

4. *花生油加工* 在大力淘汰落后产能的基础上，努力在主产区培养形成一批日处理花生 200 t 及以上企业。

5. *油茶籽加工* 加强优质高产原料基地建设，在湖南、广西和江西等主产区建设若干年加工油茶籽 6 万 t 以上项目。

6. *其他油料加工* 在核桃、油橄榄主产区，建设若干年加工原料 3 万 t 以上项目；在棉花主产区，形成一批日处理棉籽300 t及以上的项目；在内蒙古、黑龙江和新疆等葵花籽主产区，建设若干年加工原料10万t以上项目，鼓励有条件的地区建设一线多能、多油料品种加工项目；依托主要稻谷加工区，建设若干年加工米糠3万t以上米糠油项目；依托玉米深加工企业或玉米加工集中区，建设若干年处理玉米胚芽6万t以上玉米油项目。

7. 发展目标　到2015年，食用植物油产量达到2 440万t。其中，国产油料产油量提高到1 260万t，花生油、菜籽油、棉籽油、葵籽油、米糠油和油茶籽油等植物油产量比重明显提高。淘汰油料加工落后产能2 000万t左右。

三、油脂工业动态

1. 中粮集团投资123亿元，在东莞麻涌镇奠基动工建设"中粮广东粮油产业园"。该产业园集油料、大米、面粉、淀粉糖、饲料加工以及粮油产品贸易为一体的综合性粮油产业园区。目前在建的储罐项目投资3 000万美元，建成后仓储能力达11.6万t。该项目投产后，年产值将超过200亿元，实现年利税约18亿元。

2. 由陕西秦裕木本油生物有限责任公司投资的陕西商南秦裕木本植物油茶项目开工建设，项目年产5 000 t油茶籽油，建设地点为商南县工业园区。该公司是一家油茶种植及深加工为一体的产业化龙头企业，已建成油茶基地8 000hm²，苗圃8hm²。项目建成达产后年产值超过120亿元，利税39亿元。

3. 山东鲁花集团在石河子投资建设年产5万t花生油项目，该项目可将花生从种植、收获到加工，形成种、收、加工产业一条龙，实现种植户和集团公司的利益双赢。按照单产500 kg的花生产量，80%的花生米产出率，鲁花集团在石河子建厂将需要花生原料面积在20 000hm² 左右，将推动石河子垦区大农业结构调整，同时每年可带动石河子市劳动力就业100人以上，实现年产值5亿元。

4. 中储粮油脂有限公司和北京协和医院开展以"营养配比、健康起跑"为主题的科研合作，推出新品3D芥花调和油。该新品选用了美国食品药品监督管理局认定健康的芥花、玉米、橄榄三种天然优质食用油，其中芥花籽油占50.0%，玉米油占33.3%，橄榄油占16.7%，严格按照3∶2∶1的比例进行科学配比。中国粮油学会专家组鉴定报告表明，该配比对于降低血脂和胆固醇有很好的促进作用。

5. 财政部拨付2013年产粮油大县奖励资金319.2亿元，对纳入奖励范围的产粮大县、产油大县、商品粮大省进行奖励。这次中央财政在奖励政策制定上有以下几个特点：一是继续加大奖励政策力度，新增奖励资金39.2亿元，同比增长14%，重点用于提高产粮大县、产油大县、商品粮大省奖励水平。二是引入绩效评价机制，将2012年各地奖励资金使用绩效评价结果作为2013年奖励资金分配因素，强化财政资金绩效管理，提高资金使用效益。三是将原产粮大省奖励调整为商品粮大省奖励，充分体现国家对粮油主产区贡献商品粮、保障国家粮食安全的奖励意图。据统计，自2005年国家出台产粮油大县奖励政策至今，中央财政累计拨付奖励资金1 589.2亿元。

四、科研、新产品与新技术

1. 湖北省科技厅组织专家对武汉轻工大学和湖北长坂雄风植物油有限公司共同完成的"浓香芝麻油制备新工艺和酶法改进芝麻蛋白及多肽性能新技术"项目，于2013年7月28日通过成果鉴定。该项目研究成果通过与国内外同类成果对比分析，解决了项目浸出芝麻油精炼、芝麻蛋白制备、芝麻蛋白多肽制备和浓香芝麻油制备工艺的技术关键与技术问题。浸出油精炼芝麻油美拉德反应制备浓香芝麻油，本工艺原理是利用芝麻饼粕通过蛋白酶酶解，得到一定水解度的酶解液，然后用浸出油精炼芝麻油与酶解液混合加热，使其发生美拉德反应产生浓香风味物，进而使芝麻油具有浓香风味。用两步酶处理提高芝麻蛋白含量，利用二次、三次糖化酶处理制得了芝麻分离蛋白，有效提高了芝麻蛋白纯度，使产品的蛋白含量达到85%以上；用双酶法分步水解制备芝麻蛋白多肽。项目整体技术水平达到国内领先水平。

2. 由中国粮油学会油脂分会主办的长寿花"高品质玉米油生产关键技术创新集成及产业化"项目，于2013年10月在三星集团通过成果鉴定。专家组听取了项目组的工作报告、技术报告，通过质疑、答辩和评议，鉴定结果认为，该项目整体技术水平达到国际先进水平。该工艺从玉米胚芽入手，通过智能净选技术，净选出玉米胚芽，经过低温物理压榨工艺，产出毛油，再经过8次适度精炼技术和常温连续脱蜡工艺，完成精炼环节。整个过程采用"全程密闭充氮保护"专利技术，采用世界领先的GMP工艺灌装，具有安全、卫生、无污染，天然营养等特点，最大限度地保留了亚油酸及植物甾醇、维生素E含量，并确保为同类产品中最高水平。

3. 渤海实业、江南大学等单位共同研发的"棉籽/米糠混合油精炼关键新技术及标准化生产"荣获"2012年度全国商业科技进步一等奖"。全国商业科技进步奖是"中国商业联合会科学技术奖"的重要组成部分，是我国商业行业科学技术研究成果的最高权威的综合性奖项。“棉籽/米糠混合油精炼关键新技术及标准化生产”项目，主要针对棉籽油加工过程中棉酚难以去除及米糠油色泽深、脱色难等问题，以“多出油、出好油”为目标，突破棉籽/米糠油加工关键技术瓶颈，形成了具有自主知识产权的油脂—溶剂混合精炼技术及标准化生产体系。该项技术大大提高了棉籽/米糠油的品质和精炼得率，对于保障我国食用油安全和国民健康，促进食用油产业发展具有重要意义。

4. 厦门市科技局主持了由厦门中盛粮油集团有限公司和武汉轻工大学共同完成的科技部“十二五”农村领域国家科技计划课题“油茶籽低温压榨技术与装备研究和示范（2011BAD02B02）”项目——“油茶籽低温压榨技术研究与应用”科技成果鉴定会。该课题组通过对油茶籽低温干燥、仁壳分离、加水调质、低温压榨生产油茶籽油的冷榨工艺进行系统研究，得到高品质的油茶籽油产品，经第三方检测机构检测符合国家标准。该项目采用微波加热，脱壳冷榨，实现制取油茶籽油产业化。各工序通过工艺参数确定、浸出油精炼、茶籽油美拉德反应制备浓香茶籽油，经第三方检测机构检测符合相关产品标准，产品经用户使用评价良好。该技术成果形成多项先进的油茶籽加工技术，可直接进行产业化生产，具有良好的社会和经济效益。

五、标准与行业工作

1. 由全国粮油标准化技术委员会油料及油脂技术工作组主办的《米糠油》国家标准研讨会，于2013年7月3日在安徽合肥召开。通过研讨发现，现在执行的《米糠油》国家标准是2003年制定颁布的，根据米糠油生产现状和发展趋势，结合我国“十二五”期间食品工业节能减排的要求以及减少过度加工，最大限度地保留米糠油内含营养成分和活性物质等要求，需要对《米糠油》标准中部分特征指标项目进行调整，并对部分质量指标作修改，以推动米糠油产业健康发展。本次修订将参考日本、泰国、印度等国家的米糠油标准，制定出符合我国国情的新国标。米糠是稻谷加工过程中的副产物，也是不用占地种植的油料资源。2012年我国稻谷总产量为2.04亿t，按此推算，若95%用于加工大米，约可产米糠1 428万t，这些米糠若有一半用于制油，出油率按16%计算，每年可为我国生产114万t米糠油，相当于714万t大豆产油。

2. 由全国粮油标准化技术委员会油料及油脂技术工作组主办的《牡丹籽油》行业标准研讨会，于2013年9月7日在山东菏泽召开。牡丹籽含油率27%～33%，富含人体需要的氨基酸、维生素、多糖和多种不饱和脂肪酸。其中，不饱和脂肪酸含量高达92%以上，α-亚麻酸占42%，多项指标超过橄榄油。2011年卫生部已正式批准牡丹籽油作为新资源食品，这标志着牡丹籽油可以作为食用油进行批量化生产。我国是世界上牡丹资源最丰富的国家，目前全国种植面积已达3.33万hm^2，牡丹籽年产量约5万t，分布于河南、山东、安徽、陕西、四川、甘肃、浙江等地，尤以洛阳、菏泽种植最多。会议指出，要以制定《牡丹籽油》行业标准为契机，认真研究油用牡丹的特性，挖掘其营养价值和保健价值，创新发展牡丹产业。

3. 2013年11月24日，由全国粮油标准化委员会油料及油脂技术工作组主办的《芝麻油》国家标准研讨会在安徽省合肥召开。在研讨会上，油料及油脂技术工作组组长何东平指出，现行的芝麻油标准是2008年制定的，近5年来我国芝麻油加工技术有了很大提高，原有标准已不符合当前发展需要，修订原有《芝麻油》国家标准非常必要。在新国标征求意见稿中，要特意增加对芝麻油真实性要求的条款。为避免芝麻油在运输和销售环节掺入其他食用油和非食用油，提出“零售终端不得销售散装成品芝麻油，不能脱离原包装销售”的要求。我国是芝麻生产和消费大国，种植面积在70万hm^2左右，约占世界芝麻种植面积的1/10左右，总产量在60万t左右，约占世界芝麻总产量的1/5。现在我国国产芝麻的产量已不能满足市场需求，每年需进口芝麻约40万t，年消费总量约100万t，占世界芝麻总产量的1/3。由于芝麻中含有许多微量成分的活性物质，具有解毒、抗菌、抗氧化等功能，可以作为保健食品的基础原料。

4. “中国粮油学会油脂分会2013年度会长办公（扩大）会议”，于2013年4月10日在河南滑县召开，会议由中国粮油学会常务副会长油脂分会会长王瑞元主持。会议传达了李克强总理关于“广积粮、积好粮、好积粮”的重要指示，增补了油脂分会理事、常务理事、副会长及专家组成员，安排落实了油脂分会第22届学术年会产品展示会有关工作。会上，王瑞元对中国粮油学会油脂分会2012年的工作进行了总结，同时提出了2013年度的工作计划。参加会议的有中国粮油学会油脂分会名誉会长、会长、副会长、秘书长、副秘书长、专家组正副组长以及部分常务理事，中国粮油学会常务副理事长兼秘书长胡承淼应邀参加会议。

5. “中国粮油学会油脂分会第二十二届学术年会暨产品展示会”，于2013年9月13～15日在上海召开，中国粮油学会油脂分会会长王瑞元出席开幕式并发表讲话。会议围绕食用油安全、节能、高效等议题进行了深入探讨。来自全国油脂界、相关行业大专院校和科研设计单位、工程设备供应厂家的代表参加了会议。王瑞元会长在会上作了题为“粮油加工业在发展中应处理好几个问题”的专题报告。会上，业内著名专家围绕节能减排、安全生产、新工艺、新设备、新技术、市场行情等进行了学术交流和分析。

（武汉轻工大学　何东平）

大豆加工业

一、基本情况

（一）资源概况

1. 世界大豆生产情况　2012 年世界大豆总产量为 25 810 万 t，同比增长 11.1%。世界大豆主产国有美国、巴西、阿根廷、中国、印度等（表 1）。表 1 中 5 个国家的大豆总产量，约占世界总产量的 92.7%，基本构成了世界大豆产量的主要市场份额。

表 1　2012 年世界大豆主产国生产情况

国　别	收获面积（khm²）	单　产（kg/hm²）	总产量（万 t）	同比增长（%）	占世界比例（%）
美　国	30 200	2 945	8 894	−0.5	34.5
巴　西	27 500	2 792	7 678	30.3	29.7
阿根廷	19 700	2 426	4 779	47.3	18.5
印　度	12 220	1 079	1 319	1.6	5.1
中　国	7 200	1 778	1 280	−11.7	5.0

注：表中数据来自于美国农业部资料。

2. 我国大豆生产情况　根据中国农业统计资料显示，2012 年我国大豆播种面积为 7 172 khm²，同比增长−9.1%；单位面积产量为 1 820 kg/hm²，同比增长−0.9%；总产量为 1 305.0 万 t，同比增长−9.9%。产量较大的省、自治区为黑龙江、内蒙古、安徽、河南、江苏、四川、吉林等地，约占全国总产量的 70.8%（表 2）。

表 2　2012 年我国大豆主产区生产情况

主产省区	播种面积（khm²）	单　产（kg/hm²）	总产量（万 t）	同比增长（%）	占全国比例（%）
黑龙江	2 664	1 740	463.4	−14.4	35.5
内蒙古	617	1 978	122.0	−11.1	9.3
安　徽	877	1 289	113.0	5.1	8.7
河　南	461	1 697	78.1	−11.3	6.0
江　苏	211	2 628	55.3	−4.0	4.2
四　川	223	2 325	51.9	8.1	4.0
吉　林	230	1 776	40.8	−48.2	3.1

注：表中数据来自于农业部《2012 年中国农业统计资料》。

（二）加工业概况

1. 世界大豆加工概况　根据美国农业部 2012/2013 年公布的世界大豆供需平衡和豆油、豆粕主产国产量报告显示，2012/2013 年度世界大豆压榨量为 23 239万 t，同比增长 3.7%；世界豆油总产量为 4 271 万 t，同比增长 0.7%；世界豆粕总产量为 18 030 万 t，同比增长 0.6%。其中，世界各主要大豆加工国 2012/2013 年度大豆压榨量、豆油和豆粕产量见表 3。

表 3　2012/2013 年度世界豆油、豆粕主要生产国加工情况

主要加工国	压榨量		豆　油		豆　粕	
	产量（万 t）	同比增长（%）	产量（万 t）	同比增长（%）	产量（万 t）	同比增长（%）
美　国	4 382	−2.1	901	0.7	3 624	−2.6
巴　西	3 680	2.2	669	−5.0	2 700	−5.1
阿根廷	3 980	6.1	634	7.3	2 594	−7.2
中　国	6 340	7.3	1 115	2.2	4 889	1.9

2. 我国大豆加工概况　2012 年，我国大豆压榨行业在产能过剩的背景下，继续延续以国有和民营企业为主体的产能扩张局面。在新增产能和贸易融资的双重作用下，我国进口大豆需求“剑指”6 000 万 t，港口库存消耗和国储大豆释放在一定程度上放缓了这一节奏。因此，2012 年我国大豆产业既是产能扩张的一年，也是“去库存”的一年。截至 2012 年底，我国大豆压榨行业设计产能达到 46.32 万 t/d（1.39 亿 t/年），其中进口大豆设计产能达到 40.64 万 t/d（1.22 亿 t/年），占全部设计产能的 87.72%。从产能分布的行政区域来看，山东、广东、江苏、辽宁、广西、黑龙江 6 省、自治区设计大豆压榨能力位居前

列。但是就开工率和效益而言，江苏、广东、广西最好，辽宁、山东其次，黑龙江最次。其中黑龙江压榨企业100%使用国产豆，开机率最低。吉林按照国产、进口大豆比价选择使用，开机率近乎黑龙江。辽宁压榨企业因依靠大连港，主要采用进口大豆，因九三大连、九三铁岭、营口益海嘉里、锦州来宝经营情况较好，使得辽宁省压榨量在东北三省位居前列。山东产能最高，但产能闲置问题严重，近1/4产能闲置，主要原因是贸易融资企业产能100%闲置，中小企业居多，开机跟随利润而定，产能利用率较沿海低。江苏在益海嘉里连云港、益海嘉里泰州和中粮张家港东海的带动下，开机率和压榨量较高。广西近些年后来居上，大厂林立。2009年我国大豆压榨行业设计产能为0.94亿t/年，2010年设计产能超过1亿t/年，产能快速增加的势头并没有因为2008年国家发展和改革委员会《关于促进大豆加工业健康发展的指导意见》出台而得到遏制。到2012年，大豆压榨业设计产能已经达到1.39亿t/年，较2009年增加0.45亿t/年，增幅达到47.87%。产能快速增加的原因是，2008年发展和改革委员会出台《关于促进大豆加工业健康发展的指导意见》后，外资企业新建压榨厂的步伐得到遏制，但取而代之的是较有影响力的国企，例如中粮、中储粮、九三。还有发展较好的民营企业，例如山东渤海，以及利用大豆进口平台进行贸易融资的企业，例如日照昌华。

数据显示，2012年1～11月，我国大豆压榨行业进口采购均价为595.3美元/t（CIF，未加税费）。其中显著高于进口均价的企业有益海嘉里、嘉吉，显著低于进口均价的企业有中储粮、汇福、中纺、来宝、渤海。中粮、邦基、中储粮、渤海压榨量较2011年同期大幅度增加的原因如下：中粮集团旗下的中粮荆州、中粮九江、中粮巢湖原本压榨菜籽，2012年在压榨菜籽的闲暇之余也进行大豆压榨，共计压榨了30万t左右，占到中粮2012年新增压榨量的40.76%。中粮实际开机率要略低于81.08%，原因是未将中粮荆州、中粮九江、中粮巢湖三厂产能计入。邦基全年从晨曦采购港口低价分销大豆，降低了原料采购成本，加之其采取基差定价方式销售豆粕，使得行情下跌阶段企业销量不降反升，双重效应的叠加提振了开机率。中储粮压榨量较2011年同期大幅度提高，主要原因是4个在建项目有两个在2011年下半年投产，因此产能的提高，带动了2012年压榨量的提升，但38.79%的开机率，说明其产能利用率很低，开机率处于行业中下游水平。山东渤海、广西6 000 t/d大厂于2012年8月份竣工投产，产能增加促进压榨量提升，但开机率基本维持在2011年同期水平。益海嘉里、北京汇福压榨量下降，主要是因为同期大豆进口数量大幅度下降，原料不足影响其开机生产。2012年1～11月，益海嘉里压榨量较2011年同期下降140万t，主要原因是其大豆进口从2012年5月开始陆续较2011年同期显著下降，原料供给不足使得2012年初较2011年同期迅速提升的开机率，在4月份开始急转直下，一直持续到11月份。虽然其开机率较2011年显著下降，但依然稳居榜首，达到81.03%。同期三河汇福因为进口量较2011年同期下降66.51万t，降幅达48.66%，致使原料供给不足，使得开机率显著下降。通过对益海、中粮、九三、邦基、渤海、嘉吉、中纺、来宝、汇福、植之元、中储粮等11家大豆压榨集团2012年1～11月的大豆压榨量和进口量分析可以发现，除了植之元和中储粮大豆进口数量超过同期压榨量，其余9个企业均呈现出大豆进口量不足以支撑本集团同期压榨量的局面。2012年1～11月，上述11个大型压榨集团共计压榨大豆3 655.6万t，共计进口大豆2 936.2万t，进口大豆占到大豆压榨总量的80.32%，存在719.4万t缺口。缺口主要通过以下方式弥补：一是消化上年港口库存。截至2012年11月30日，港口大豆库存为560.6万t，1月初港口大豆库存为681.37万t，2012年1～11月份消耗港口库存120.77万t；2011年11月30日，港口大豆库存为686.7万t，1月初港口大豆库存为645.3万t，2011年同期港口库存不但没有下降，反而增加41.40万t。二是采购港口分销大豆。青岛晨曦和日照昌华，是近4年来进口大豆信用证融资的大户，也是大豆港口分销的主力军。2012年1～11月，青岛晨曦共计进口大豆515.71万t，却只压榨了3.4万t，因此其进口的512.31万t大豆均被用于港口分销。日照昌华是主营海产品的企业，2010年投资建设的4 000 t/d大豆压榨项目至今未见竣工，但是2012年1～11月份却共计进口大豆136.68万t，同时还进行棕榈油进口采购，因此其进口的大豆和棕榈油全部用于贸易融资和港口分销。与青岛晨曦和日照昌华形成鲜明对比的是，邦基在华的4个大豆压榨厂从2011年11月至今，各月均无进口大豆采购，但同期却压榨了475.9万t大豆。三是国储大豆释放。2012年1月17日至11月8日，陆续举行了36次国储大豆拍卖会，从4月份国储大豆开始密集成交，较好的成交势头一直维持到2012年11月8日举行的2012年最后一次国储拍卖会。2012年全年共释放国储大豆388.79万t，上年同期只释放了1.61万t。2012年前期释放的国储大豆陆续流向市场和加工环节，对压榨环节所需大豆形成了有力的弥补。后期释放的国储大豆还在陆续回运当中，因此

388.79 万 t 的国储大豆释放量中，还有一部分以库存的形式存在，会对 2013 年的压榨量形成供给。四是个别国产新豆补充。益海嘉里黑龙江地区的压榨企业金海粮油，在 2012 年 1～12 月压榨了 16 万 t 大豆，同期黑龙江省内的大豆压榨企业共计压榨了 123.83 万 t 大豆。数据显示，2012 年我国进口大豆 5 838 万 t，增加 11.2%；进口均价为每吨 599.3 美元，上涨 5.8%。2012 年 1～11 月份我国共计进口大豆 5 250万 t，比 2011 年同期的 4 722 万 t 增加 528 万 t，共计释放国储 388.79 万 t（2011 年同期为 1.61 万 t），港口库存消耗 126.07 万 t（2011 年同期港口库存增加 41.37 万 t）。国储大豆的大量释放和港口库存的显著下降，对 2012 年大豆压榨行业原料供给形成有力的弥补，因此 2012 年我国大豆压榨行业较 2011 年同期是“去大豆库存”的一年。2012 年如果没有国储释放和港口库存消耗，大豆进口将进一步显著增加，破位 6 000 万 t 将势不可挡。据统计，2012 年我国大豆压榨能力继续增加，日压榨能力达到 41 万 t，比上年增加 4 万 t/d。2013 年新增产能以大型企业集团扩产较多，单个项目产能较大，且在华南及沿海地区大豆/油菜籽双榨生产线较多。山东、黑龙江、江苏及广东仍是主要的生产基地，规模以上企业（1 000 t/d以上）日压榨能力分别在 9.5 万 t、5.8 万 t、5.3 万 t 及 4.7 万 t 左右，合计占总产能的 61%左右。

2012 年，大豆深加工主要产品是大豆异黄酮、大豆分离蛋白、大豆乳清蛋白、大豆低聚糖、大豆磷脂、大豆蛋白肽、食用纤维素等，它们依然是我国大豆加工业的重要发展方向。由于这些产品产量低，缺乏相关统计数据，难以逐一介绍。其中，大豆蛋白产品是一种绿色食品添加剂，产品中氨基酸种类有近 20 种，并含有人体必需氨基酸，不含胆固醇，是植物蛋白中为数不多的可替代动物蛋白的品种之一。大豆蛋白类产品由于营养价值高，在国内市场主要用于食品行业的非淀粉添加剂，可以提高产品的蛋白质含量，增加营养价值。目前国内大豆分离蛋白的年消费量超过 20 万 t，年消费增长率高达 10%。

二、科研、新产品、新技术

1. 由哈高科大豆食品有限公司承担的国家农业科技成果转化资金重点项目“高凝胶稳定性大豆分离蛋白生产技术中试与示范”项目于 2012 年 2 月 27 日通过验收。验收会受科学技术部委托，由黑龙江省科技厅主持，科学技术部中国农村技术开发中心胡小鹿和马洪义参加了会议。该项目国拨经费 100 万元。项目执行期内，改造年产 3 000 t 高凝胶稳定性大豆分离蛋白生产线 2 条，年产 6 000 t 大豆分离蛋白生产线 1 条，产品销售收入 14 592 万元，利税 4 542.4 万元。项目的实施对于改善大豆分离蛋白的凝胶稳定性，保证了其产品在贮运、销售过程中的凝胶性稳定，摸索出适合工业化生产的提高大豆分离蛋白凝胶稳定性的关键技术。该项目的实施可打破国外企业的技术垄断，为国内大豆深加工企业提供技术保障，增加国内大豆蛋白生产企业的国际市场竞争能力。

2. 由黑龙江八一农垦大学主持，东北农业大学、哈尔滨医科大学、黑龙江省农业科学院等多个科研院所参加的“十一五”黑龙江省科技重大项目——“黑龙江省优势农产品食品安全综合控制技术应用与监控体系的建设”，于 2012 年 7 月 9 日在哈尔滨通过黑龙江省科技厅组织的成果鉴定。该项目重点围绕农业投入品对环境的影响，以及针对优势农产品大豆及加工制品大豆油、豆酱、酱油产品质量安全管理体系及追溯、预警体系，危害食品安全的农药、微生物快速检测技术等方面开展了系统研究和应用。该项目主要取得了从资源可持续利用与环境保护，探讨了农业投入品对环境的影响，优化垦区乃至黑龙江省大豆生产过程中肥料、农药、生物调节剂及农膜投入品的高效合理运用途径，形成了大豆生产节肥增效技术体系；建立了大豆油不同的包装、储存、运输环境条件下的风险的评估模型和大豆油贮藏品质的预测模型及大豆油脂质量安全预警系统，并在九三油脂集团取得了良好应用效果；建立了酱油和豆酱生产企业良好操作规范（GMP）及豆酱生产过程中的有害微生物污染来源追溯体系，并建立了酱油质量控制的 HACCP 体系等多项科研成果。项目的顺利完成对提升食品安全质量的关键技术起到引领和示范作用。省科技厅成果处和社发处、农垦总局科技局等相关领导以及项目主要研究人员参加了鉴定会。在鉴定会上，鉴定专家对项目组取得的成果给予了高度评价，并希望部分成果尽快转化，为黑龙江省的食品安全做出更大的贡献。

3. 由东北农业大学所属的黑龙江省大豆技术开发研究中心（国家大豆工程技术研究中心）等单位承担的黑龙江省重大科技计划项目——“大豆蛋白与油脂加工共性关键技术研究与开发”，于 2012 年 12 月 8 日通过黑龙江省科技厅组织的成果鉴定。评审专家一致通过了鉴定，并认为该项目总体研究成果达到国内领先水平，个别技术达到世界领先水平。据了解，该项目于 2009 年立项，共有 7 个单位、107 位专家参与研究、开发和技术推广转化。研发出 6 项具有国内领先水平或国际先进水平的大豆深加工生产新技术，开发出 9 种新产品，建立示范生产线 2 条，申请和获得专利 26 项，发表学术论文 60 篇。目前，很多技术已经应用到企业，3 年累计增收 17 979 万元，新增利税 1 973万元，带动社会效益 5 500 万元。该项目通过鉴定并进行技术推广和产业化后，将改变黑龙江省大豆产业产品品种单一、产品附加值低的现状，对发挥黑龙江省大豆主产区优势、加长大豆加工产业链、实现黑龙江省大豆终端产品价格的提升有重要作用。可以提高黑龙江省优质非转基因大豆的价格和产量，实现农民增收。研究出的新产品和新技术还会提高大豆食品的质量，有利于老百姓的健康，比如低热值油脂产品，有降脂的功效，还能提升食用油的安全性。

三、国内外市场概况

(一) 国内市场

1. 大豆供需平衡分析　据美国农业部资料显示，2012/2013 年度我国大豆总供给量为 7 240 万 t，同比增长 4.2%；总需求量为 7 440 万 t，同比增长 6.5%（表 4）。由于 2012/2013 年度我国大豆供需有 200 万 t 的缺口，所以该年度供应比较紧张。

表 4　2012/2013 年度我国大豆市场供需平衡情况

单位：万 t

名　称	2011/2012年度	2012/2013年度	同比增长（%）
产　量	1 449	1 280	－11.7
进口量	5 501	5 960	8.3
总供给量	6 950	7 240	4.2
压榨量	5 910	6 340	7.3
食品与其他用量	1 050	1 070	1.9
出口量	25	30	20.0
总需求量	6 985	7 440	6.5

2. 豆油供需平衡分析　据美国农业部资料显示，2012/2013 年度我国豆油总供给量为 1 275 万 t，同比增长 1.0%；总需求量为 1 287 万 t，同比增长 7.6%；总需求量大于总供给量 12 万 t，则该年度供需环境相对紧张（表 5）。

表 5　2012/2013 年度我国豆油市场供需平衡情况

单位：万 t

名　称	2011/2012年度	2012/2013年度	同比增长（%）
产　量	1 082	1 115	3.0
进口量	180	160	－11.1
年度供给量	1 262	1 275	1.0
食用消费量	1 090	1 166	7.0
年度国内消费	1 190	1 280	7.6
出口量	6	7	16.7
年度需求量	1 196	1 287	7.6

3. 豆粕供需平衡分析　据美国农业部资料显示，2012/2013 年度我国豆粕总供给量为 4 899 万 t，同比增长 5.8%；总需求量为 4 870 万 t，同比增长 8.5%；总需求量小于总供给量 29 万 t，则该年度供需环境相对宽松（表 6）。

表 6　2012/2013 年度我国豆粕市场供需平衡情况

单位：万 t

名　称	2011/2012年度	2012/2013年度	同比增长（%）
生产量	4 611	4 889	6.0
进口量	20	10	－50.0
年度供给量	4 631	4 899	5.8
饲用消费量	4 310	4 670	8.4
年度国内消费量	4 412	4 730	7.2
出口量	75	140	86.7
年度需求量	4 487	4 870	8.5

(二) 国际市场

1. 世界大豆供需平衡分析　据美国农业部公布的供需报告显示，2012/2013 年度世界大豆总供应量（包括产量和进口量）为 36 212 万 t，同比增长 5.0%；总需求量（包括国内消费量和出口量）为 35 897万 t，同比增长－3.0%；总需求量小于总供给量 315 万 t，则该年度供需环境相对宽松（表 7）。主要出口国有美国、阿根廷、巴西等；主要进口国有中国及欧盟国家等。

表 7　2012/2013 年度世界大豆供需平衡情况

单位：万 t

名　称	2011/2012年度	2012/2013年度	同比增长（%）
产　量	25 428	26 716	5.1
进口量	9 076	9 496	4.6
总供给量	34 504	36 212	5.0
压榨量	22 521	23 239	3.2
国内消费量	27 980	26 315	－6.0
出口量	9 045	9 582	5.9
总需求量	37 025	35 897	－3.0

2. 世界豆油供需平衡分析　据美国农业部公布的供需报告显示，2012/2013 年度世界豆油总供应量（包括产量和进口量）为 5 139 万 t，同比增长 0.5%；总需求量（包括国内需求量和出口量）为 5 151 万 t，同比增长 0.4%；总需求量大于总供给量 12 万 t，则该年度供需环境相对紧张（表 8）。主要出口国有美国、阿根廷、巴西及欧盟 27 国等；主要进口国有中国、印度等。

表 8　2012/2013 年度世界豆油供需平衡情况

单位：万 t

名　称	2011/2012 年度	2012/2013 年度	同比增长（%）
产　量	4 240	4 271	0.7
进 口 量	874	868	−0.7
总供给量	5 114	5 139	0.5
国内需求量	4 205	4 246	1.0
出 口 量	928	905	−2.5
总需求量	5 133	5 151	0.4

3. 世界豆粕供需平衡分析　据美国农业部公布的供需报告显示，2012/2013 年度世界豆粕总供应量（包括产量和进口量）为 23 471 万 t，同比增长 −0.9%；总需求量（包括国内需求量和出口量）为 23 392万 t，同比增长−0.8%；总需求量小于总供给量 79 万 t，则该年度供需环境相对宽松（表 9）。主要出口国有美国、阿根廷、巴西、印度等；主要进口国有中国、欧盟国家等。

表 9　2012/2013 年度世界豆粕供需平衡情况

单位：万 t

名　称	2011/2012 年度	2012/2013 年度	同比增长（%）
产　量	17 930	18 030	0.6
进 口 量	5 761	5 441	−5.6
总供给量	23 691	23 471	−0.9
国内需求量	17 678	17 716	0.2
出 口 量	5 898	5 676	−3.8
总需求量	23 576	23 392	−0.8

四、质量管理与标准化工作

（一）质量管理

1. 豆制品产品质量国家监督抽查　国家质量监督检验检疫总局组织对 2012 年豆制品产品质量进行了国家监督抽查，对北京、河北、辽宁、上海、江苏、浙江、安徽、福建、江西、山东、河南、湖北、湖南、广东、广西、重庆、四川、贵州等 18 个省、自治区、直辖市 168 个企业生产的 176 种豆制品进行了监督抽查。本次抽查依据《食品安全国家标准　食品添加剂使用标准》（GB 2760—2011）、《非发酵性豆制品及面筋卫生标准》（GB 2711—2003）、《发酵性豆制品卫生标准》（GB 2712—2003）、《食品中可能违法添加的非食用物质和易滥用的食品添加剂品种名单（第一批）》（食品整治办 2008 年 3 号）等标准和文件的要求，对豆制品产品的总砷、铅、黄曲霉毒素 B_1、苯甲酸、山梨酸、糖精钠、甜蜜素、安赛蜜、脱氢乙酸、柠檬黄、日落黄、苋菜红、诱惑红、胭脂红、亮蓝、二氧化硫残留量、甲醛次硫酸氢钠、菌落总数、大肠菌群、沙门氏菌、金黄色葡萄球菌、志贺氏菌等 22 个项目进行了检验。抽查发现有 10 种产品不符合标准的规定，涉及菌落总数、苯甲酸、山梨酸、脱氢乙酸项目。

2. 酱产品质量国家监督抽查　国家质量监督检验检疫总局组织对 2012 年酱产品质量进行了国家监督抽查，对北京、天津、河北、辽宁、吉林、黑龙江、江苏、浙江、安徽、福建、山东、湖北、广东、重庆、四川、云南等 16 个省、直辖市 134 个企业生产的 150 种酱产品进行了监督抽查。本次抽查依据《酱卫生标准》（GB 2718—2003）等强制性国家标准及相应产品标准的要求，对酱产品的总酸（以乳酸计）、氨基酸态氮、总砷（以 As 计）、铅（Pb）、黄曲霉毒素 B_1、苯甲酸、山梨酸、对羟基苯甲酸酯类、糖精钠、环己基氨基磺酸钠（甜蜜素）、乙酰磺胺酸钾（安赛蜜）、大肠菌群、致病菌（沙门氏菌、金黄色葡萄球菌、志贺氏菌）等 15 个项目进行了检验。抽查发现有 6 种产品不符合标准的规定，涉及氨基酸态氮、山梨酸、苯甲酸、甜蜜素、糖精钠项目。

3. 酱油产品质量国家监督抽查　国家质量监督检验检疫总局组织对 2012 年酱油产品质量进行了国家监督抽查，对北京、天津、内蒙古、辽宁、吉林、黑龙江、江苏、浙江、福建、江西、山东、湖北、湖南、广东、四川、甘肃等 16 个省、自治区、直辖市 255 个企业生产的 261 种酱油产品进行了监督抽查。本次抽查依据强制性国家标准《食品安全国家标准　食品添加剂使用标准》（GB 2760—2011）、《酿造酱油》（GB 18186—2000）、《酱油卫生标准》（GB 2717—2003）等相应产品标准及产品明示质量要求，对氨基酸态氮、铵盐、总酸、总砷、铅、黄曲霉毒素 B_1、苯甲酸、山梨酸、对羟基苯甲酸酯类、菌落总数、大肠菌群、致病菌（沙门氏菌、金黄色葡萄球菌、志贺氏菌）等 14 个项目进行了检验。抽查发现有 17 种产品不符合标准或产品明示质量要求，涉及氨基酸态氮、铵盐、菌落总数、大肠菌群、苯甲酸项目。

（二）标准化工作

1. 农业部于 2012 年 2 月 21 日批准发布了《大豆疫霉病菌检疫检测与鉴定方法》（NY/T 2114—2012）农业行业标准。规定了大豆疫霉病菌的现场和室内检疫检测及鉴定方法，适用于大豆植株、土壤样品以及大豆籽粒（包括种子）中大豆疫霉病菌的检疫检测与鉴定。同期批准发布了《大豆疫霉病监测技术规范》（NY/T 2115—2012）农业行业标准。本标准规定了大豆疫霉病的检测方法，适用于田间大豆疫霉病的监测。上述两项标准自 2012 年 5 月 1 日起实施。

2. 农业部于 2012 年 6 月 6 日批准发布了《大豆主要病害防治技术规程》（NY/T 2159—2012）农业行业标准。本标准规定了大豆主要病害的综合防治技术，适用于全国大豆主产区大豆病害的防治。本标准自 2012 年 9 月 1 日起实施。

3. 商务部于 2012 年 3 月 23 日批准发布了《大豆蛋白制品》（SB/T 10649—2012）内贸行业标准。本标准规定了大豆蛋白制品的术语和定义、分类、原料、辅料和添加剂、技术要求、生产加工的卫生要求、检验方案、检验规则、标签、标志、包装、运输、贮存、销售和召回的要求，适用于大豆蛋白制品的生产、检验和销售。批准发布了《大豆食品工业术语》（SB/T 10686—2012）内贸行业标准。本标准规定了大豆食品加工中常用的术语与定义，适用于大豆食品生产、加工、贸易、管理和科研、教学工作。批准发布了《大豆食品分类》（SB/T 10687—2012）内贸行业标准。本标准规定了大豆食品的分类、定义，适用于大豆食品的管理、生产、检验、科研、教学及其他有关领域。批准发布了《商用豆浆机》（SB/T 10696—2012）内贸行业标准。本标准规定了商用豆浆机的术语和定义、技术要求、检验规则、试验方法、标志、包装、运输、贮存等，适用于非专供家庭使用的商用豆浆机，通常用于在宾馆、酒店、饮品店等商业企业以及政府机关、企业、学校等餐厅环境。上述四项标准自 2012 年 6 月 1 日起实施。

4. 商务部于 2012 年 12 月 20 日批准发布了《豆制品良好流通规范》（SB/T 10828—2012）内贸行业标准。本标准规定了豆制品良好流通规范的要求，适用于豆制品销售链中采购、流通加工、贮存、运输、销售等流通环节中的任何组织。批准发布了《豆制品企业良好操作规范》（SB/T 10829—2012）内贸行业标准。本标准规定了豆制品企业的选址及厂区环境、厂房及设施、机械设备、管理机构及人员、教育培训、卫生管理、生产过程管理、质量管理、记录和文件管理、标识标签、管理制度的建立和考核等方面的良好操作规范，适用于以大豆或其他杂豆为主要原料生产、经营豆制品食品的企业，不适用于大豆蛋白生产企业。以上两项标准自 2013 年 6 月 1 日起实施。

五、行业管理

1.“中国大豆产业协会一届二次理事会”于 2012 年 3 月 24 日在北京召开，出席这次会议的有中国大豆产业协会会长万宝瑞、中国工程院院士盖钧镒、农业部总经济师杨绍品、农业部种植业管理司巡视员曾衍德、农业部财务司巡视员邓庆海、农业部农垦局局长李卫国、农业部人事劳动司副司长周清、农业部经管总站副站长黄连贵、中国农业科学院科技局局长王小虎、中国大豆产业协会专职副会长刘登高，以及中国大豆产业协会副会长、秘书长、常务理事和理事、秘书处工作人员。会议决定，鉴于万宝瑞会长已担任国家食物与营养咨询委员会主任，不再担任中国大豆产业协会会长职务，由农业部总经济师杨绍品作为候任会长。将中国大豆产业协会挂靠单位由农业部优质农产品开发服务中心调整为中国农业科学院。按照《章程》规定，会议采取“等额选举、无记名投票”的方式进行选举，调整副会长两人，增补副会长一人，国家大豆工程技术研究中心主任冯晓增补当选为副会长，国家大豆工程技术研究中心成为中国大豆产业协会副会长单位。当日下午召开了中国大豆产业协会一届六次常务理事会，新当选的杨绍品会长做了重要讲话，与会代表对大豆产业协会今后的发展方向做了充分讨论。中国大豆产业协会是由中国境内从事大豆生产、加工、流通、科研、推广以及相关领域的企事业单位和个人自愿联合组成的具备全国性、一级社会团体法人资格的非营利性行业组织，接受农业部和民政部的业务指导与监督管理，挂靠在中国农业科学院。

2.“第二届国际大豆食品产业发展大会”于 2012 年 4 月 18～20 日在上海光大酒店召开，来自中国、美国、日本、韩国、印度的大豆食品及相关产业专家、代表约 200 人出席了大会。中国食品工业协会豆制品专业委员会会长王薇、美国驻上海总领馆农业贸易处施耐劳领事、美国大豆协会国际项目驻中国首席代表张晓平、中国台湾豆腐同业公会理事长詹武雄分别在大会开幕式上致辞，表达了对海内外大豆食品业界加强交流合作、互惠共赢的心声。会议由吴月芳秘书长主持。据王薇会长介绍，中国大豆市场中，约有 5 700 万 t 大豆用于榨油，1 100 万 t 大豆用于大豆食品工业。其中 550 万 t 大豆用于生产传统豆制品，300 万 t 用于直接食用，另外 200 多万 t 用于其他食品加工。从规模企业的统计数字看，近两年，中国大豆食品增长较快，目前销售额上亿元的企业达到了 29 个，2 个企业销售额超过 10 亿元。在大会论坛上，中国食品工业协会豆制品专业委员会常务副会长卫祥云、国家大豆改良中心盖钧镒院士、中国疾控中心营养与安全所杨晓光研究员、美国明尼苏达大学吉姆·欧弗教授、日本福山大学坂田博美教授、中国台湾川武食品公司成安知、印度大豆食品推广与福利协会苏雷石·伊塔普、韩国泰进株式会社金炳燮、舒莱公司代步珅、祖名豆制品股份公司蔡祖明、美国中西部发货人协会布鲁斯·艾贝分别进行了主题演讲，阐述了中外大豆食品的产业、市场、原料育种、贸易等方面的现状、挑战与机遇，分享了大豆食品对于公众营养改善、健康功能食品开发方面的价值。大会论坛以精彩的演讲、丰富的信息含量和开阔的国际视野深深吸引了与会代表。

3.“中美大豆产业高峰论坛”于2012年7月31日在北京举行。国务院原副秘书长、中国粮食行业协会会长、中国饲料工业协会原会长白美清，国家粮食局副局长曾丽瑛，美国农业部总经济师约瑟夫·葛乐伯，美国驻华大使馆公使衔农业参赞辛思凯，农业部国际合作司副司长谢建民，全国畜牧总站副站长、中国饲料工业协会副秘书长沙玉圣，全国水产技术推广总站站长魏宝振，中国食品土畜进出口商会会长边振琥，国家粮油信息中心主任尚强民，美国大豆基金会主席郭范妮莎，美国大豆协会会长魏文和美国大豆协会、美国大豆基金会、美国大豆进出口协会代表，以及美国伊利诺伊州大豆协会、印第安纳州大豆联盟、肯塔基州大豆基金会、明尼苏达州大豆研究与推广协会、俄亥俄州大豆协会等11个州的农民代表及中国饲料、畜牧、养殖、油脂加工企业代表、大豆经销商近500人出席活动。大会由美国大豆协会驻北京办事处主任张晓平主持。边振瑚在论坛上作了《中国大豆加工工业发展概况》报告，全面阐述了中国大豆加工工业的发展现状和特点。目前中国大豆压榨能力已达到9 000万t，企业呈大型化发展，这些企业压榨能力占全国总压榨能力的60%。他指出，行业的特点是利润薄，风险大，发展趋势较好，但存在加工能力盲目扩张现象。尚强民作了《中国大豆市场》报告。他回顾了1995年至2012年中国大豆复合增长率达到30%，1995年以来年均增长12%。中国大豆压榨量达到6 000万t，其中国内占400万t，进口为5 900万t。他指出，2012年中国粮食结构发生了重大变化，从净出口国变为净进口国，2012年中国大豆进口量将超过5 800万t。大会分别设立了“中美大豆产业高峰论坛畜禽饲料分论坛”和“中美大豆产业高峰论坛水产养殖分论坛”。论坛分别由来自中美两国相关技术专家作技术、市场方面的报告。

4.由中国食品工业协会豆制品专业委员会、淮南市人民政府共同主办的“全国豆制品精品展销”和“第十九届中国豆腐文化节”于2012年9月15日同期在安徽省淮南市举行。中国食品工业协会豆制品专业委员会常务副会长卫祥云、秘书长吴月芳，淮南市委书记杨振超、市长曹勇、市政协主席高德金等领导，以及来自全国各地的豆制品企业代表参加了开幕式暨启动仪式。卫祥云常务副会长在致辞中说，中国豆腐文化节已经成功举办了十八届，在弘扬豆腐文化、促进豆腐产业发展方面起到了积极作用。通过豆腐文化节，淮南的豆制品已经走出国门，冲出亚洲，走向了世界。希望豆制品企业以此次展销会为契机，加强交流与合作，共同努力，推动豆制品产业不断发展。展销会设计为4个展区，50个标准展位和1个综合服务区，共有2 800 m^2。分别为豆制品文化主题展、豆制品制作技术与工艺展、豆制品暨淮南特色农产品展、豆制品加工与包装设备展。参展商品整齐地码放在货架上，柜台上摆放着供给市民品尝的琳琅满目的商品。本次参展客商来自全国12个省、3个直辖市的75个企业，其中全国豆制品50强企业占到半数以上。产品拥有豆腐干、豆浆、腐竹、即食类豆制品，以及小型豆腐机械、大豆原辅料等系列，品种多达千余种。在精品展销会现场，为塑造企业的品牌形象，促进各企业产品质量的提高，还举办了“2012全国即食豆腐干消费者品鉴活动”。该评比采取消费者现场品评的方式，以“五香味”、“麻辣味”、“泡椒味”等口味来设置“消费者喜爱的豆腐干”的奖项。本届展销会通过全国豆制品精品展销会、即食豆腐干消费者品鉴等活动的举办以及中国地方名、特、优豆制品产品展示，豆制品制作技术、工艺发布等活动内容，将提升中国豆腐文化节的规格与品位，及“豆腐故里”淮南的对外影响力和知名度。

5.由中国食品工业协会豆制品专业委员会与山东枣庄山亭区政府共同主办的“第二届中国（城头）豆制品文化节”于2012年10月12日在该区城头镇豆制品基地开幕。中国食品工业协会豆制品专业委员会常务副会长卫祥云、秘书长吴月芳，农业部农村社会事业发展中心主任王秀忠，国家工业和信息化部中小企业发展促进中心副主任郑红，山东省政协副主席李德强等领导，以及国内外客商、全国豆制品企业代表等出席开幕式。卫祥云副会长在致辞中首先对此次豆制品文化节的成功举办表示祝贺。他希望有关部门和城头镇要以此为契机，加大宣传和推介力度，精心组织开展好旅游商品展销、招商引资推介会、庄户豆制品文化、感受休闲旅游，提供优质的服务，创造良好的环境。把本届节会办成一次交流的盛会，一次展示的盛会，一次收获的盛会。仪式结束后，与会领导还实地参观了豆制品机械展销会、春福盈豆制品有限公司、嘉利丰豆制品有限公司和誉亚大豆机械有限公司。文化节同期，中国食品工业协会豆制品专业委员会主办了“全国豆制品行业营销管理研讨会”和首届中国“全豆宴”名厨争霸赛。本届文化节以“健康、休闲、合作、共赢”为主题，旨在加强行业间交流与合作，弘扬豆食文化，促进产业发展。同时，文化节的举办，对提升城头豆制品知名度、外向度和美誉度，进而叫响“中国豆制品第一镇”品牌起到了重要的推动作用。

（中国包装和食品机械有限公司行业办公室　王国扣）

淀粉加工业

一、基本情况

（一）资源概况

根据有关资料报道，2012 年全国玉米总产量达到 20 561.4 万 t，比 2011 年增长 8.53 %（表 1）。2012 年我国玉米消费情况为：饲用 58.82%，工业用 29.72%，食用 8.76%。2012 年世界玉米产量为 82 396.5万 t，其中美国为 27 243.2 万 t，占世界总产量的 34.81 %；中国为 20 561.4 万 t，占世界总产量的 26.60 %。

表 1　2012 年我国玉米主产区产量

单位：万 t、%

省、自治区	2011 年	2012 年	同比增长
黑龙江	2 675.7	2 887.9	7.93
吉　林	2 339.0	2 578.8	10.25
山　东	1 978.6	1 994.5	0.80
内蒙古	1 632.1	1 784.4	9.33
河　南	1 696.5	1 747.8	3.02
河　北	1 639.6	1 649.5	0.60
辽　宁	1 360.3	1 423.5	4.65
山　西	854.6	903.9	5.77
陕　西	550.7	566.9	2.94
其　他	4 447.9	5 024.2	12.96
总　计	**1 9175.0**	**20 561.4**	**7.23**

（二）加工业概况

根据中国淀粉工业协会不完全统计，2012 年我国淀粉总产量达 2 252.68 万 t，同比增长 0.31%。其中，玉米淀粉为 2 122.44 万 t，同比增长 1.93 %；木薯淀粉为 68.19 万 t，同比下降 24.27 %；马铃薯淀粉为 38.47 万 t，同比下降 33.49 %；其他淀粉为 23.58 万 t。

1. *我国淀粉及深加工品产量和品种情况*　2011 年和 2012 年，政府有关部门针对玉米深加工行业出台了 8 项调控措施，有效地控制了玉米淀粉行业的发展速度。2012 年玉米淀粉产量的增长幅度由两位数降到近几年的最低水平（1.93 %），且由于 2012 年木薯和马铃薯都减产，故木薯和马铃薯淀粉产量下降，所以 2012 年总淀粉产量基本上维持了上年的水平。由于下游产品的市场需求较好，深加工产品总量有增加（表 2、表 3）。

表 2　2012 年我国淀粉产量和品种情况

品　种	产量（万 t）	占总淀粉（%）	同比增长（%）
玉米淀粉	2 122.44	94.22	1.93
木薯淀粉	68.19	3.03	−24.27
马铃薯淀粉	38.47	1.71	−33.49
甘薯淀粉	19.64	1.04	87.94
小麦淀粉	3.94		−22.75
合　计	**2 252.68**	**100.00**	**0.31**

表 3　2012 年我国淀粉深加工品产量与品种情况

主要品种	产量（万 t）	占深加工（%）	同比增长（%）
变性淀粉	171.56	12.15	22.42
结晶葡萄糖	351.96	24.93	25.87
液体淀粉糖	794.53	56.28	0.38
糖　醇	93.63	6.64	−3.43
合　计	**1 411.68**	**100.00**	**7.90**

2. *淀粉产量分布及生产规模情况*　从我国地区生产情况统计，山东省仍然占据着我国玉米淀粉总产量的首位（43.50 %）；其次是吉林和河北省，分别占全国玉米淀粉总产量的 19.47 %和 13.69 %。该三省玉米淀粉产量之和，占全国玉米淀粉总产量的 76.66 %。全国玉米淀粉产量 10 万 t 以上的企业为 41 个，玉米淀粉总产量为 2 017 万 t，占玉米淀粉总产量的 95.07 %（表 4）。

表 4　2012 年我国淀粉产量分布及生产规模情况

地　区	淀粉产量（万 t）	占总产量（%）	玉米淀粉生产规模情况	
			企业数（10 万 t/年）	企业最大产量（万 t/年）
山　东	979.89	43.50	14	282.50
吉　林	438.65	19.47	6	202.99
河　北	304.82	13.53	10	56.00
河　南	116.25	5.16	5	26.85
陕　西	104.25	4.63	3	75.00
广　西	60.67	2.69		
其他 16 省份	248.15	11.02	3	83.50
合　计	**2 252.68**	**100.00**	**41**	

注：其他 16 省份为山西、内蒙古、辽宁、黑龙江、江苏、江西、湖北、四川、广东、海南、云南、甘肃、宁夏、青海、新疆和贵州。

二、市场及进出口情况

2012 年受国内物价整体上涨和人工费用增加的影响，玉米种植成本居高不下，因而玉米淀粉加工业的原料——玉米的价格也继续上涨且维持在较高水平，玉米淀粉的市场低迷，深加工品市场发展态势较好。总体看，企业利润情况略好于 2011 年。2012 年我国玉米淀粉等 13 种产品的进出口情况，从总量看，2012 年进口总量为 1 393 162 t，同比增长 19.0 %；出口总量为 918 683 t，同比下降 16.0 %。从进口的品种看，木薯淀粉的进口量逐年攀升，2012 年再次创历史最高，仅此一个品种，所耗的外汇占了玉米淀粉等 13 个品种总外汇的 88.0 %。马铃薯淀粉由于 2012 年产量与上年相比减少了 1/3，为了满足国内市场的需求，进口量比 2011 年有较大幅度的增长。糊精及改性淀粉的出口量无甚变化，但进口量比上年增加，虽然国内产量比上年增长了 12%，但由于市场需求旺盛，仍需增加进口量以满足需求。从出口的品种看，绝大部分品种出口量下降，仅化学纯果糖出口量大幅增长。总看看，由于 2012 年出口总量减少，且大部分品种的到岸价上涨，全行业未能创汇（表 5）。

表 5　2012 年我国淀粉及部分深加工品进出口情况

品　名	进　口（t）	同比增长（%）	出　口（t）	同比增长（%）
玉米淀粉	854	－62	105 636	－54
木薯淀粉	1 035 096	19	575	4
马铃薯淀粉	37 353	61	5 229	－14
小麦淀粉	784	31	5 789	－46
山梨醇	2 187	5	34 065	－30
甘露糖醇	396	－30	7 049	基本持平
肌醇	12	－37	4 163	20
葡萄糖及葡萄糖浆，果糖<20%	1 626	46	495 616	－11
葡萄糖及糖浆，20%≤果糖≤50%，转化糖除外	9 938	－53	8 847	－40
果糖及果糖浆，果糖>50%，转化糖除外	3 947	4	89 322	59
糊精及其改性淀粉	287 932	20	110 780	5
未列名淀粉	11 361	416	35 845	－20
化学纯果糖	1 676	－18	15 767	142
合　计	**1393 162**	**19**	**918 683**	**－16**

三、生产技术发展情况

（一）生产规模

我国淀粉加工业的发展已呈现出集约化、规模化（表 6、表 7）。玉米淀粉年产量为 100 万 t 以上的企业尽管只有 4 个，但合计产量占总产量的 36.27 %；变性淀粉年产量为 5 万 t 以上的企业有 9 个，产量占总产量的 54.66 %；结晶葡萄糖企业最大年产量为 130 万 t，占总产量的 37 %；液体淀粉糖年产量为 100 万 t 以上的企业 2 个，产量占总产量的 43 %。

表 6　2012 年我国玉米淀粉生产规模

项　　目	2011 年	2012 年	同比增长（%）
年产 100 万 t 以上企业（个）	5	4	－20.00
年产 100 万 t 以上企业总产量（万 t）	825.25	769.87	－6.72
占全国玉米淀粉总产量（%）	39.63	36.27	－8.48
年产 40 万 t 以上企业（个）	9	12	33.33
年产 40 万 t 以上企业总产量（万 t）	553.25	734.11	32.69
占全国玉米淀粉总产量（%）	26.57	34.58	30.14

表 7 2012 年我国部分淀粉深加工品生产规模

项目		2011 年	2012 年	同比增长（%）
变性淀粉	年产 5 万 t 以上企业（个）	8	9	12.50
	年产 5 万 t 以上企业总产量（万 t）	90.39	93.78	3.75
	占全国总产量（%）	64.50	54.66	−15.26
	年产 3 万 t 以上企业（个）	5	11	120.00
	年产 3 万 t 以上企业总产量（万 t）	20.54	41.59	102.48
	占全国总产量（%）	14.66	24.24	65.34
	年产 2 万 t 以上企业（个）	6	8	33.33
	年产 2 万 t 以上企业总产量（万 t）	12.78	17.66	38.18
	占全国总产量（%）	9.11	10.29	12.95
结晶葡萄糖	年产 20 万 t 以上企业（个）	3	4	33.33
	年产 20 万 t 以上企业总产量（万 t）	143.00	226.81	58.60
	占全国总产量（%）	51.14	64.44	26.00
	年产 10 万 t 以上企业（个）	6	5	−16.70
	年产 10 万 t 以上企业总产量（万 t）	89.35	70.06	−21.59
	占全国总产量（%）	31.96	19.90	−37.74
	年产 5 万 t 以上企业（个）	4	5	25.00
	年产 5 万 t 以上企业总产量（万 t）	26.58	34.86	31.15
	占全国总产量（%）	9.51	9.90	4.10
液体葡萄糖	年产 50 万 t 以上企业（个）	4	3	−25.00
	年产 50 万 t 以上企业总产量（万 t）	453.54	408.76	−9.88
	占全国总产量（%）	56.83	51.44	−9..49
	年产 10 万 t 以上企业（个）	10	10	持平
	年产 10 万 t 以上企业总产量（万 t）	213.84	209.80	−1.89
	占全国总产量（%）	26.79	26.40	−1.46
	年产 5 万 t 以上企业（个）	14	13	−7.15
	年产 5 万 t 以上企业总产量（万 t）	98.58	96.27	−2.35
	占全国总产量（%）	12.35	12.11	−1.95

（二）新工艺、新技术、新产品与新装备

科学发展观在企业发展中的优势越来越明显。根据中国淀粉工业协会对 16 个企业（玉米淀粉、木薯淀粉、淀粉深加工产品）的调查统计，2012 年这些企业获得专利 112 项。其中一个企业至今已有 85 项专利获得授权，有 27 项科研成果通过鉴定；还有一个企业近几年已获得三项国家科技大奖；开发新产品 13 个。

1. 节能降耗技术　2012 年中国淀粉工业协会在行业内推广了多项节能降耗的新装置和新技术。例如，由南京高捷轻工设备有限公司自行研制的蒸汽机械再压缩（MVR）板式蒸发节能装置，节能效果非常明显，有关人士曾粗略估算，如果味精行业全面推广使用，每年可节约标煤 200 万 t 以上。近几年，由于膜质量的提高，使膜过滤技术在行业推广的速度加快，一些企业使用膜浓缩后取得了显著的成效，如用于木糖水解液的浓缩，与采用四效蒸发装置相比，可节约能耗 98%。模拟移动床色谱分离技术的特点是分离效率高又节能，目前在淀粉糖生产中的应用已经得到了广泛的认可，果葡糖浆（F－55）生产中已普遍采用，结晶葡萄糖母液分离、低聚异麦芽糖分离等方面也有应用。

2. 科技成果推广　2012年淀粉行业在科技成果推广方面取到了显著成效。例如，西王集团药业公司的“混合脱色助滤剂在无水葡萄糖生产中的应用”和“无水葡萄糖干燥及回收系统控制与应用”两项科技成果通过了省级鉴定，该两项科技成果应用于生产线后，均起到了提高生产效率、提升产品质量、降低生产成本的效用。山东龙力生物科技股份有限公司“玉米芯废渣制备纤维素乙醇技术与应用”项目在获得了中华人民共和国“2011年度国家技术发明奖二等奖”后，于2012年实现了工业化，年产纤维素燃料乙醇6万t。由广西中粮生物能源有限公司与天津大学共同完成的“木薯非粮燃料乙醇成套技术及工程应用”项目获中华人民共和国“2011年度国家科学技术进步二等奖”，并建有“年产20万t燃料乙醇示范工程”。该项目的顺利完成对于全面提升我国木薯燃料乙醇生产技术水平、改善我国能源结构、建设和发展我国非粮燃料乙醇产业具有重大意义。2012年中国淀粉工业协会还推广了由山东十方环保能源股份有限公司设计，在西安国维淀粉有限责任公司实施的废水处理提标项目，目前该公司的出水COD：20～40 mg/L，氨氮：0～4 mg/L，均达到了GB 25461—2010标准中水污染物特别排放限值的要求。

3. 科技项目验收　2012年淀粉行业通过了一批科技成果验收项目。例如，杭州纸友科技有限公司承担的国家重大产业技术开发专项——“改性淀粉连续流态化反应关键技术开发”项目通过验收。验收意见认为，该项目完成了大量淀粉粉体和微量试剂的均匀混合、粉体流态化、快速催化、粉尘回收和全过程自动化控制等5个关键重大技术研究开发，并在此基础上将上述技术进行优化集成，建成了国内万吨级示范装置1套。项目整体技术达到国际先进水平，其中高效固态均匀混合、快速催化等关键技术达国际领先水平。

四、行业信用建设

2012年是中国淀粉工业协会开展行业企业信用评价工作的第五年，在企业自愿申报的基础上，坚持“公平、公正、公开的原则，经第三方专业评价机构——北京中贸远大商务咨询有限公司认真、客观地评估和信用评价工作委员会审议，至今已评出了信用等级AAA的21个，信用等级AA的3个（表8）。

表8　2008—2012年中国淀粉行业企业信用等级评价结果名单

序号	企业名称	信用等级
1	黄龙食品工业有限公司	AAA
2	长春大成实业集团有限公司	AAA
3	诸城兴贸玉米开发有限公司	AAA
4	山东寿光巨能金玉米开发有限公司	AAA
5	内蒙古奈伦农业科技股份有限公司	AAA
6	河南巨龙淀粉实业有限公司	AAA
7	诸城市润生淀粉有限公司	AAA
8	河北玉峰淀粉糖业集团	AAA
9	德州福源生物淀粉有限公司	AAA
10	黑龙江北大荒马铃薯传统有限公司	AAA
11	广西明阳生化科技股份有限公司	AAA
12	甘肃荣华实业（集团）股份有限公司	AA
13	郸城财鑫糖业有限责任公司	AAA
14	泗水利丰食品有限公司	AAA
15	河北德瑞淀粉有限公司	AAA
16	河南永昌飞天淀粉糖有限公司	AAA
17	孟州市玉米有限责任公司	AAA
18	重庆江北机械有限责任公司	AA
19	西安国维淀粉有限责任公司	AAA
20	内蒙古博思达机械有限公司	AAA
21	长治市金泽生物工程有限公司	AAA
22	河南淇雪淀粉有限公司	AAA
23	广西武鸣县安宁淀粉有限责任公司	AA
24	茌平县同创生物技术有限公司	AAA

五、存在问题

（一）初级加工产品多，产业链延伸不足

近几年，淀粉深加工产品的产量虽有增加，但多属初级产品，产业链延伸不足，如玉米淀粉深加工目前虽已有淀粉糖类、变性淀粉和发酵产品，但品种少，且在此基础上继续延伸产业链的产品则更少。

（二）自主创新能力不强

行业内以企业为主体的技术创新联盟虽有几个，但多有名无实，生产技术和装备以及新产品开发等方面的研发，落后于世界先进水平。

（三）污染物治理任务艰巨

尽管行业内玉米淀粉生产企业基本上都有了污水治理设施，但还未做到100%的治理和100%达标。特别是薯类淀粉生产，污水治理几乎是空白，治理任务很艰巨。

（中国淀粉工业协会　董延丰）

制 糖 工 业

一、制糖期基本情况

我国有15个省、自治区产糖，沿边境地区分布，主产糖区集中在我国北部、西北部和西南部。甘蔗糖产区主要分布在广西、云南、广东、海南及邻近省、自治区；甜菜糖主要分布在新疆、黑龙江、内蒙古及邻近省、自治区。与糖料种植相关的人员近4 000万人。2012/2013年制糖期全国食糖总产量中，甘蔗糖占91.7%，甜菜糖占8.3%。本制糖期食糖产量超过55万t的企业集团已经发展到10个，占全国食糖产量的65.3%。我国的食糖生产销售年度为10月1日至翌年的9月30日，开榨时间由北向南各不相同。甜菜糖厂一般在9月底或10月初开机生产。甘蔗糖厂中，湖南省10月底或11月初开榨，广西、广东、海南等省、自治区11月中旬或12月初开榨，云南省12月底或次年1月初开榨。2012/2013年制糖期自2012年9月17日新疆伊力特糖业有限公司正式开机生产，至2013年6月21日云南省广南冠桂糖业有限公司最后一个停机，历时278 d，比上制糖期多生产40 d。截止到2013年9月，全国共有开工制糖生产企业（集团）48个，开工糖厂267个（较上制糖期减少3个），其中甘蔗糖生产企业（集团）43个，糖厂231个；甜菜糖生产企业（集团）5个，糖厂36个；另有炼糖企业11个。

2012/2013年制糖期，全国共生产食糖1 306.84万t。其中优级和一级白砂糖1 228.87万t，精制糖14.7万t，绵白糖30.49 t，赤砂糖和红糖27.07万t，原糖及其他5.71万t。本制糖期，全国糖料种植面积185.47万hm^2，同比增长4.17%。其中，甘蔗种植面积163.21万hm^2，同比增长4.68%；甜菜种植面积22.26万hm^2，同比增长0.6%。甘蔗品种目前仍以台糖系列和粤糖系列为主，两大系列品种占总种植面积的93.4%；其他品种约占总种植面积的6.6%。甜菜主要种植品种仍以原种引进为主。甜菜品种主要以德国KWS系列、瑞士先正达为主，占甜菜总种植面积的58.71%。2012/2013年制糖期食糖产量、播种面积、开工糖厂数见表1。

表1 2012/2013年制糖期全国糖料播种面积、食糖产量基本情况

企业名称	糖料播种面积（万hm^2）	产糖量（万t）	开工糖厂数（个）
全国累计	**185.47**	**1 306.84**	**267**
甘蔗糖合计	**163.21**	**1 198.34**	**231**
广　东	16.00	121.25	29
其中：湛江	13.33	105.96	22
广　西	105.60	791.50	103
云　南	33.08	224.19	73
海　南	6.23	49.78	18
福　建	0.25	1.62	1
其　他	2.05	10.00	7
甜菜糖合计	**22.26**	**108.50**	**36**
黑龙江	6.68	23.69	10
新　疆	9.36	54.66	14
内蒙古	3.33	16.28	4
其　他	2.88	13.87	8

2012/2013年制糖期全国糖料收购价较上制糖期相比，甘蔗收购价有所下降，甜菜收购价略有上升。甘蔗平均收购价格（地头价，不含运输及企业对农民各种补贴费用等，下同）为469元/t，同比每吨减少24元，甜菜平均收购价格为489元/t，同比每吨增加8元。2012/2013年制糖期全国制糖行业主要技术指标：甘蔗平均单产63.75 t/ hm^2，甜菜平均单产46.05 t/ hm^2。甘蔗平均含糖分13.43%，甜菜平均含糖分14.23%。甘蔗产糖率11.19%，甜菜产糖率10.96%。

二、市场概况

（一）国内食糖市场

2012/2013年制糖期全国食糖产量1 306.84万t，较上制糖期增加155.09万t，增幅为13.46%。其中甘蔗糖产量1 198.34万t，较上制糖期增加147.33万t，同比增长14%；甜菜糖产量108.5万t，较上制糖期增加7.77万t，同比增长7.7%。本制糖期食糖消费量1 390万t，比上制糖期增加60万t，同比增长4.5%；年人均食糖消费量为10.58 kg。食糖消费结构基本稳定，食糖消费总量中民用消费为36%，工业消费为64%。2012/2013年制糖期，中国糖业协会食糖价格5 653元/t，较上制糖期下跌955元/t；

工业累计销售平均价格为 5 532 元/t，较上制糖期下跌 840 元/t。本制糖期全国制糖行业销售收入 760 亿元（其中综合利用产品销售收入 38 亿元），同比减少 15 亿元；实现利税总额 6.16 亿元（其中：利润－31 亿元），同比减少 69.73 亿元；农民种植糖料收入同比增加 54 亿元。2012/2013 年制糖期行业运行特征：

1. *食糖生产继续保持增长，农民收入稳步提高* 2012/2013 年制糖期，加工糖料量达到 11 312 万 t，较上制糖期增加 1 588 万 t，食糖产量 1 306.84 万 t，较上制糖期增加 155.09 万 t。农民种植糖料收入较上制糖期增加 54 亿元。

2. *食糖消费恢复性增长* 2012/2013 年制糖期食糖替代品产量增长放缓，2012 年淀粉糖总产量 1 300 万 t，较上年增长 1.56%；食糖消费量达到 1 390 万 t，较上制糖期增加 60 万 t。

3. *国际食糖市场价格继续回落，食糖进口量增加* 2012/2013 年制糖期纽约原糖价格震荡下跌，最低跌破 16 美分/磅，进口食糖与国内食糖差价继续扩大，食糖进口量维持较高水平，配额外进口食糖明显增加。

4. *全行业亏损，经济效益下滑* 2012/2013 年制糖期全行业亏损，经济效益明显下降。

5. *国家采取调控措施，有效地稳定食糖市场* 国家通过采取食糖临时收储措施，稳定食糖价格；通过打击食糖走私活动，维护市场秩序，保持食糖市场运行基本稳定。

（二）国际食糖市场综述

2012/2013 年制糖期，国际食糖市场继续保持供大于求格局，国际食糖价格总体延续了上一年制糖期的震荡下跌运行态势。在 2012/2013 年制糖期初，受全球产销过剩压力、巴西和印度等食糖主要出口国货币贬值压力等因素影响，纽约原糖期货价格自每磅（0.453 6 kg）22 美分一线震荡下跌，至 2013 年 7 月中旬创出每磅 15.93 美分的近三年新低。随后，在市场预期全球食糖产销过剩压力减缓以及巴西和印度等食糖主要出口国货币贬值压力下降等因素刺激下，步入震荡反弹，并在制糖期末报收于每磅 17.48 美分。在 2012/2013 年制糖期，纽约原糖每磅价格在 15.93～21.83 美分的区间内震荡运行。

展望 2013/2014 年制糖期，全球食糖产量尚有诸多不确定因素。主流机构普遍预期全球食糖产量将小幅下降。全球食糖主产国方面，预计泰国和中国等国的食糖产量增加，巴西和印度的食糖产量波幅有限，欧盟、俄罗斯和乌克兰等国家和地区的食糖产量将明显下降。全球食糖消费方面，食糖价格下跌有效刺激了食糖消费，未来全球经济企稳并趋于复苏的预期将有利于提升全球食糖消费，市场预期全球食糖消费保持增长。综合判断，预期 2013/2014 年制糖期的全球食糖产销将保持连续第四年过剩，但过剩幅度大幅收窄。市场预计，国际食糖生产成本将仍然是国际食糖市场的一个重要支撑。但是，市场预计美国等发达经济体未来或将逐步退出当前宽松的货币政策，将会导致美元走强，进而会对以美元为计价货币的国际食糖市场形成压力。另外，全球食糖主要消费国家的食糖库存增加，以及国际市场玉米价格下跌导致玉米生产乙醇成本下降，也将给国际食糖市场增加压力。因此，在市场预期 2013/2014 年制糖期的国际食糖市场仍然是产销过剩但产销过剩幅度大幅收窄的背景之下，预计国际食糖价格可能将回归其价值中枢并以此中心展开震荡。

（三）食糖进出口贸易

2012/2013 年制糖期，我国累计进口食糖 366.14 万 t，累计出口食糖 4.63 万 t。虽然本制糖期食糖净进口量较上制糖期有所下降，但仍为较高水平。2003—2013 年我国食糖进出口贸易情况分别见表 2、表 3。

表 2 2003—2013 年全国食糖进口与贸易方式统计表

单位：万 t

年 度	合 计	一般贸易	来料加工	进料加工	保税仓库进出境货物	边 贸	其 他
2003	77.51	61.74	1.30	14.17			0.30
2004	121.43	99.26	1.19	18.63			2.35
2005	138.97	85.04	5.67	41.29			6.97
2006	136.54	99.30	3.50	20.72	12.93		0.09
2007	119.34	99.18	1.59	13.28	5.22		0.07
2008	77.99	61.91	1.97	8.89	3.67		1.55
2009	106.45	83.02	0.17	9.93	12.77		0.56
2010	176.61	163.91	0.87	10.89	0.04	0.07	0.83
2011	291.94	276.68	0.97	13.27	0.06		0.96
2012	374.72	360.86	0.99	12.55	0.04		0.28
2013	233.38	225.01	0.58	7.42			0.37

注：2013 年度统计数字截至 8 月底。

表 3 2003—2013 年全国食糖出口与贸易方式统计表

单位：万 t

年 度	合 计	一般贸易	来料加工	进料加工	保税仓库进出境货物	边 贸	其 他
2003	10.32	2.15	0.88	5.71		1.29	0.29
2004	8.52	1.92	0.87	5.26			0.47
2005	35.83	2.21	4.16	29.11			0.35
2006	15.45	2.49	3.06	9.61			0.29
2007	11.05	2.24	2.80	5.98			0.03
2008	5.84	1.76	2.15	1.51			0.42
2009	6.39	2.21	0.90	3.15			0.13
2010	9.43	5.65	0.91	1.99		0.25	0.63
2011	5.94	1.79	0.99	2.17		0.03	0.96
2012	4.71	1.64	0.93	1.87		0.02	0.25
2013	3.30	1.16	0.63	1.13		0.01	0.37

注：2013 年度统计数字截至 8 月底。

三、行业工作

1.“全国食糖产销工作会议暨全国食糖、糖蜜酒精订货会”于 2012 年 11 月 1 日至 2 日在杭州市召开。会议通过相互交流、分组讨论，总结了 2011/2012 年制糖期各产区食糖产销工作，通报了 2012/2013 年制糖期各产区糖料种植及产量预计情况；分析研究了 2012/2013 年制糖期全国糖料生产及食糖产销形势，对新制糖期食糖供求平衡、产销工作、政府调控工作提出建议；通报了新制糖期国家对食糖行业宏观调控的思路和原则；分析和展望了我国经济运行态势和全球食糖形势。

2.“中国糖业协会理事长扩大会议”于 2012 年 12 月 14 日在北京召开。会议认真学习了党的十八大精神，通报了国务院关于 2012/2013 年制糖期制糖行业宏观调控政策的意见，并就如何全面贯彻落实党的十八大精神，做好 2012/2013 年制糖期食糖产销工作，确保糖业持续健康稳定发展进行了热烈交流和深入讨论。

3.“2012 年度对外委托项目专家论证会”于 2012 年 12 月 14 日在北京组织召开，环境保护部总量控制司主持会议。会议对中国糖业协会承担的“制糖行业‘十二五’水污染物减排监督管理系统研究”项目进行论证。该项目对制糖行业产能分布、产排污情况、水污染物减排设施运行情况和总量减排存在的问题、主要废水处理技术及其主要控制参数进行了详细的分析和研究，在此基础上设计了《制糖行业水污染物减排台账》，并编制了填写说明。项目成果为制糖行业水污染物减排的监督管理提供了有效的技术支撑。

4.“广西食糖交易会暨中国糖业协会商业流通会员座谈会”于 2013 年 3 月 3 日在广西南宁召开。国家有关部委领导及广西壮族自治区有关领导作了重要讲话，会议介绍了 2012/2013 年制糖期的全国食糖产销情况和本制糖期制糖行业的宏观调控政策，分析了 2012 年国内食品工业运行情况及 2013 年发展趋势。会议期间，工商企业还探讨了流通领域中存在的问题及对策，并展开了交易洽谈。

5.“中国糖业协会四届四次理事长工作会议”于 2013 年 5 月 20 日至 23 日在安徽召开。会议听取并审议了协会秘书处工作报告和糖精限产限销工作报告，并对影响我国糖业持续健康稳定发展的重大问题及其对策进行了研究和讨论。会议重点讨论并通过了协会秘书处提交的相关决议、决定，还研究并通过了协会副理事长调整、增补及其他有关事宜。

6.“中国糖业第二届专家组 2013 年工作会议”2013 年 6 月 4 日在重庆召开。与会专家对《糖业新技术、新装备推广目录》进行了充分讨论，提出了宝贵意见，并就今后一段时期我国糖业技术进步和产业升级发展方向进行了深入交流。

7.“中国糖业协会四届四次理事扩大会”于 2013 年 8 月 21 日在内蒙古呼和浩特市召开。会上，全国各主产省、自治区糖业协会负责人汇报了 2012/2013 年制糖期产销情况、2013/2014 年制糖期产销预期和对国家宏观调控的意见和建议。大会审议并通过了《关于〈通过中国糖业协会秘书处工作报告〉的决议》《关于〈开展对我国糖业可持续发展相关对策研究〉的决定》《关于〈变更中国糖业协会副理事长人选〉的表决》等有关决议。会议期间，还向 2012 年度中国轻工业制糖行业十强企业办理了牌匾和证书。

8.“全国糖业 2012/2013 年制糖期绩效同业对标与科技创新年会”于 2013 年 9 月 10 日至 11 日在广西南宁召开。会上，国家有关部委领导介绍了科技创新、技术改造等有关产业政策；表彰了2012/2013年制糖期全国糖业绩效同业对标“综合绩效标杆企业”13个和“单项绩效标杆企业”124个；听取了10个标杆企业代表的最佳对标实践介绍，还有8个涉糖企业代表向与会代表作了糖业新技术、新装备推介。会议期间，中国糖业协会专家组和广西制糖学会还联合举办了“中国糖业资源高值化利用高峰论坛”，有8位专家就我国糖业资源高值化利用作了精彩的演讲。

（中国糖业协会　王让梅　蒋玉富）

蔬菜加工业

一、基本情况

（一）资源情况

随着农业结构调整和人们生活水平的提高，蔬菜生产规模也由20世纪90年代的快速发展期进入到21世纪的平稳发展期。2012年全国蔬菜种植面积为20 352.6 khm^2，同比增长3.6%；蔬菜总产量为70 883.1万t，同比增长4.4%，创历史新高。2012年我国蔬菜产业已迈入提高质量、增加单产、调整结构、优化布局、扩大进出口的新阶段。我国是世界上最大的蔬菜生产国和消费国，近年来蔬菜生产持续稳定发展。2012年蔬菜播种面积排名前五位的省依次是山东1 806.0 khm^2，河南1 730.3 khm^2，江苏1 323.4 khm^2，四川1 253.9 khm^2，湖南1 239.2 khm^2。随着新品种、新技术的研发，蔬菜单产、总产大幅提升。2012年蔬菜单产排名前五位的省、自治区依次是河北63 966 kg/hm^2，辽宁61 125 kg/hm^2，新疆53 953 kg/hm^2，山东51 972 kg/hm^2，内蒙古51 181 kg/hm^2。2012年蔬菜产量排名前五位的省依次是山东9 386.0万t，河北7 695.1万t，河南7 011.7万t，江苏4 984.6万t，四川3 764.7万t。我国设施蔬菜发展较快，成为世界设施蔬菜种植面积最大的国家。

2012年我国蔬菜生产基地建设逐步向优势区域集中，形成华南与西南热区冬春蔬菜、长江流域冬春蔬菜、黄土高原夏秋蔬菜、云贵高原夏秋蔬菜、北部高纬度夏秋蔬菜、黄淮海与环渤海设施蔬菜等六大优势区域，呈现栽培品种互补、上市档期不同、区域协调发展的基本格局，有效缓解了淡季蔬菜供求矛盾。自山东寿光建立第一个蔬菜批发市场以来，我国蔬菜市场建设得到快速发展，目前经营蔬菜的批发市场达2 000余个，农贸市场2万余个，覆盖全国的蔬菜市场体系已基本形成。据不完全统计，约70%的蔬菜经批发市场销售，在零售环节经农贸市场销售的占80%，经超市销售的占15%。据农业部2012年农产品质量安全例行监测结果，蔬菜监测合格率为97.9%，同比提高0.5个百分点，蔬菜质量总体上是安全、放心的。商品蔬菜质量也明显提高，净菜整理、分级、包装、预冷等处理数量逐年增加，商品化处理率由“十五”末的25%提高到目前40%。

（二）发展导向

1. *加快建设现代蔬菜产业体系，保障市场均衡供给*　发展北方设施蔬菜，抓好南方冬春蔬菜，稳定大中城市郊区蔬菜面积。加快蔬菜科技创新，加快选育一批高产、优质、多抗的新品种，特别是选育适宜设施栽培、耐贮运、加工、出口的专用品种。促进产销衔接，加强对蔬菜生产的信息监测。

2. *转变发展方式，提高单产、降低损耗*　目前日光温室黄瓜最高每公顷产量超过37.5万kg，而大面积每公顷产量只有7.5万kg；蔬菜腐损率为20%～30%，与发达国家5%的水平相比差距较大。据测算全国蔬菜单产提高1个百分点、损耗率降低1个百分点，蔬菜播种面积0.19亿hm^2的情况下，一年可增加净菜1 170万t，完全可满足城镇化需求的增长。

3. *政策引导，推进蔬菜产业发展*　一是农业部、财政部联合下发的《2012年扶持“菜篮子”产品生产项目实施指导意见》。截至2012年底，农业部在园艺作物优势产区开展标准园创建活动，中央财政安排9亿元补助资金，创建1 800个标准园，其中蔬菜标准园1 300个。二是根据国家发改委颁布的《农产品冷链物流发展规划》，到2015年我国果蔬冷链的发展目标：冷链流通率达到20%以上、冷藏运输率提高到30%左右，流通环节产品腐损率降至15%以下，并提出要增加冷链容量1 000万t，大踏步地追赶发达国家水平。三是国家税务总局下发的《出口退税率文库20120201A版》，其中将蔬菜及加工系列的退税率调整为零，即在流通环节免征增值税，同时在出口环节不退税。该政策减轻了蔬菜流通企业税赋负担，惠及广大消费者，但对于出口蔬菜的加工企业影响较大。

二、加工业概况

（一）蔬菜加工的总体情况

2012年我国蔬菜加工总体保持平稳态势，基本上形成了以东部沿海地区鲜冷冻蔬菜出口、西北地区蔬菜汁和脱水蔬菜出口、西南与东北地区加工蔬菜出口为主的“环形”格局，其中山东、广东、江苏、福建是主要的蔬菜及其加工产品出口的省份。逐步形成了腌制蔬菜、脱水蔬菜、速冻蔬菜、蔬菜汁和加工蔬菜等具有比较优势的加工产品。

农业部加强农产品加工技术研发体系建设，到2012年分4批共认定了1个国家农产品加工技术研发中心和261个专业分中心。其中果蔬加工领域59个，农产品加工装备领域15个，并成立了蔬菜加工、农产品加工装备等9个专业委员会。

（二）生产及加工技术

1. *蔬菜采后领域* 我国的蔬菜采后技术向着智能性分级、包装、贮藏、鲜切加工保鲜及无损检测技术方向发展。净菜整理等环节的蔬菜商品化处理率提高到40%。

2. *蔬菜汁领域* 目前我国果蔬汁加工业处于快速发展期，该领域的加工技术主要包括原料预处理、烫漂及护色、破碎和榨汁、澄清和过滤及其膜分离、调配、均质、脱气、浓缩、杀菌等。其中，膜分离技术特别是反渗透和联合膜分离应用于果蔬汁浓缩是目前研究热点；杀菌技术有超高压杀菌、超高压脉冲电场杀菌、微波杀菌和生物保藏等。2012年在以上技术的应用与实践上取得不同程度的突破，国外普遍采用的闪蒸浓缩、高温短时杀菌、无菌灌装等技术装备已开始引起业内企业的重视和应用。在蔬菜汁加工装备方面，我国专业生产果蔬汁饮料加工机械的企业有300多个，产品品种达1 000多种，机械加工装备细化程度越来越高，机电一体化的应用更加广泛，其发展趋势呈现出高技术、高效率、高智能化的特点。大型企业集成了国际上最先进的直饮型蔬菜汁加工技术装备，大型企业的关键设备如榨汁机、超滤、蒸发器、灌装机还是以国外引进为主。2012年我国果菜汁及果菜饮料制造行业产值利润实现平稳增长，规模以上生产企业448个，销售产值增长17.2%，出口交货值增长16.8%，全年产量增长14.2%。在番茄酱加工领域，中粮屯河、新中基等企业在国际市场上已经具备一定的价格话语权。

3. *腌制蔬菜领域* 我国蔬菜腌制包括发酵性腌制和非发酵性腌制。其中，发酵性腌制品中的湿态发酵、半干态发酵、干态盐渍菜，以及非发酵性腌制品中的盐渍品、酱渍品、糖醋菜等，均实现了大规模标准化腌制。在技术方面，对于腌制过程中食盐保藏、微生物发酵、蛋白质分解的作用过程及对色泽、鲜味等品质的影响取得重要进展。在加工技术装备方面，各类加工设备如切菜机、压菜机、真空包装机、自动灭菌机等得到广泛应用。低盐化腌制菜成为腌制蔬菜发展方向，降低亚硝酸盐含量的问题取得重要进展。

4. *脱水蔬菜领域* 主体技术依然是热风干燥技术，市场应用比较普遍；真空冷冻干燥技术可使蔬菜脱水前后品质基本相同，已被生产企业广泛应用；微波真空干燥技术、远红外干燥技术、热泵干燥技术和渗透干燥技术也开始了不同程度的研究和应用；各类干燥技术和设备日渐成熟，逐步实现产业化应用。国外采用能耗低、效率高、产品品质稳定的多级分区变温干燥技术，也已引起业内的广泛注意。适用于脱水蔬菜的品种有洋葱、胡萝卜、芹菜等近20种，脱水蒜片、葱片、姜片、胡萝卜丝、洋葱、辣根、蒜粉、蒜粒等为常用的脱水加工产品。冻干蔬菜有FD香葱、FD草莓、FD菠菜、FD甘蓝菜、FD香菇等，可有效保持蔬菜的色、香、味。膨化蔬菜脆片以其纯净天然、味道鲜美、口感酥脆、色泽鲜艳、营养丰富，适合不同口味人群、易于保存和携带方便等特点，受到国际市场青睐。

5. *速冻蔬菜领域* 液氮速冻技术的冻结速度快、品质好、无污染，已成为速冻领域里最具活力的一部分，广泛用于黄瓜、青刀豆、青花菜等蔬菜中的速冻。我国开展了不同蔬菜冻结过程中冷风温度、物料特征尺寸和表面传热系数等因素的研究，开展了液氮流态化速冻装置的应用研究，在完善现有速冻设备的自动化控制系统、提高效能及配套性能、开发液氮速冻机和钢带式速冻机等方面取得了重要进展，选料、预冷、清洗、切分、烫漂、沥水、快速冷冻和包装等各个环节的新装备不断涌现。

6. *蔬菜物流领域* 主要侧重于蔬菜贮藏保鲜及流通技术的应用研究。物理保鲜技术主要包括辐照、气调包装（MAP）、乙烯膜、超声波、充氮和臭氧等，其中辐照技术、MAP技术的应用研究受到重视；化学保鲜技术中的保鲜剂在国内蔬菜贮藏中被广泛使用；生物保鲜技术引起国内的普遍重视，相继开展了微生物菌体次生代谢产物、微生物菌体直接作为保鲜剂，以及在动植物的天然成分中提取保鲜剂在蔬菜保鲜中的应用研究。在蔬菜冷链物流系统中，加强分级、包装、预冷等设施建设，发展保温及冷藏运输，技术改造主要侧重于预冷、低温分拣加工、冷藏运输工具等冷链设施设备的投入。目前我国冷链物流中，预冷与冷却环节较为薄弱，预冷保鲜率仅为30%，远低于发达国家的80%；储藏环节较为完善，运输环节尚处于起步阶段，销售环节过度集中于大超市和大卖场。蔬菜物流领域还建立了蔬菜物流信息平台、蔬菜物联网；在高端蔬菜流通领域中实施了条码自动识别系统、货物自动跟踪系统等物流自动化设施，RFID（射频识别）、GPS全球（卫星）定位系统、GIS（地理信息系统）和EDI（电子数据交换）技术也开始引起我国蔬菜物流业的重视。

（三）蔬菜加工业的发展

1.2012年我国蔬菜加工业取得了进一步的发展，加工生产量增长，国际竞争力提高，产业布局更加完善。蔬菜生产不仅满足了国内消费，而且出口量扩大，继续位居世界第一位。国家发展和改革委员会与工信部联合发布的《食品工业"十二五"发展规划》中提出，到2015年果蔬加工业产值达到3 000亿元，果蔬汁产量达到300万t，果蔬罐头产量超过200万t，蔬菜平均加工转化率达到5%以上。

2.为了解决我国农产品产后损失严重问题，2012年中央财政安排5亿元专项资金启动实施了农产品产地初加工补助项目，带动地方和农民投入超过10亿元，支持1.3万多个农户和1 200多个合作社建设贮藏窖、冷藏库和烘房，新增马铃薯贮藏能力50万t、果蔬冷藏能力30万t、果蔬制干能力30万t，项目区农产品的产后损失明显下降。

3.到2012年底，全国有112个蔬菜加工企业为国家级农产品加工业出口示范企业，在行业中起到了革新技术、示范带动、规范市场的作用。如涪陵榨菜，生产番茄酱的中粮屯河、新中基，生产速冻蔬菜的浙江海通，生产脱水蔬菜的山东省临沂大林等，其中临沂大林是目前世界上最大的真空冷冻干燥蔬菜生产企业。

4.水生蔬菜产业是我国传统优势产业，水生蔬菜看中国，其保鲜加工产品是我国出口创汇的主要农产品之一，现已形成了长江、珠江和黄河3个流域的水生蔬菜产业带，其中长江流域是种植和加工的优势区域。江苏省荷仙集团具有一定的技术经济实力，但其他企业资金投入较少、科技含量低、产品单一且雷同，只是莲藕、干莲籽和茭白的开发，龙头企业少难以支撑水生蔬菜产业的快速发展。

5.大蒜深加工产品具有高附加值、低成本、高利润的特点，可用于制药、食品加工、保健品和添加剂等。如大蒜深加工产品是普通大蒜售价的7～8倍，"黑蒜"衍生出的黑蒜茶及黑蒜饼干在韩国和日本深受欢迎。由于大蒜深加工企业少、技术装备落后、合格率低，造成大蒜出口仅限于低端原料市场。

三、国内外市场概况

（一）国内市场

2012年蔬菜价格整体出现"五段式"波动现象。上半年受低温影响，蔬菜供需偏紧，价格走高，春节过后不降反升，4～6月蔬菜价格逐步回落；下半年雨量充足，供需趋于缓和，叶类菜消费期限偏短，价格出现小幅反弹，8月受台风和洪灾等气候影响，价格持续反弹；涝灾使部分粮田绝产，农户纷纷抢种一茬速生蔬菜使全国秋菜大幅增加，迅速拉低了菜价；11月后露地菜逐渐退出市场，蔬菜成本提高，冬季蔬菜价格上扬。相比2011年同期，除7、9、10、11月小幅下降外，其他时期的价格普遍上涨。据全国农产品批发市场信息网监测，蔬菜价格已连续8年上涨，2012年蔬菜市场平均价格比2003年上涨1.25倍。

（二）国际市场

2012年蔬菜出口相比2011年的增长各季度表现低迷，总体呈现下降趋势，尤其是鲜冷冻蔬菜和干蔬菜的出口同比下降，大蒜和蘑菇的出口额也下滑。2012年出口量为934.93万t，同比下降3.9%；出口额为100.1亿美元，同比下降14.8%。进口量为22.21万t，同比增长32.76%；进口额为4.15亿美元，同比增长27.3%。贸易顺差95.9亿美元，同比下降16.0%。我国蔬菜出口市场已经覆盖150多个国家和地区，2012年我国蔬菜出口主要集中于日本、美国、韩国，以及东盟、欧盟和香港等传统出口市场，出口额比重占70%以上。私有企业、外资企业和国有企业出口占比分别为60%左右、30%左右和10%以下；山东、广东、江苏和福建为主要出口省份，占我国蔬菜出口总量的60%以上。出口下降的主要原因有出口退税政策调整、蔬菜价格大幅上扬、以初级加工为主的产品附加值低、农资成本增加、人民币对美元的快速升值等。

四、质量管理与标准化建设

（一）质量管理

1.按照国务院办公厅《2012年食品安全重点工作安排》和农业部《2012年农产品质量安全监管工作要点》的精神，继续以蔬菜高毒农药问题为重点，强化农药监督管理，严查、严打在蔬菜用药中非法添加高毒农药行为。继续在全国蔬菜主产县和农药生产使用大省，以甲胺磷等5种禁用农药和克百威、氧乐果等高毒限用农药为重点，深入开展蔬菜农残超标专项治理，加强生产过程中农药使用监管，加强农药使用管理和技术指导。

2.2012年农业部组织开展了4次农产品质量安全例行监测，共监测全国150个大中城市5大类产品102个品种87项参数，抽检样品近4万个。据农业部农产品质量安全例行监测结果显示，其中蔬菜一季度、二季度、三季度和四季度监测合格率分别为：97.3%、98.8%、98.0%、97.5%，全年监测平均合格率97.9%，同比提高0.5个百分点，蔬菜质量安全水平总体稳定，继续趋好。

3.2012年继续完善国家级“菜篮子”产品质量安全追溯信息平台和省、市、县各级分中心（站）的建设，加快制定全国统一的《食用农产品质量安全合格证明管理办法》《农产品质量安全追溯管理规范》和《有机产品认证实施规则》，实现生产有记录、流向可追踪、质量可追溯、责任可界定。

4.2012年在蔬菜生产和加工的龙头企业中，开始了与发达国家接轨的先进蔬菜生产与加工的专项管理体系的构建工作，部分企业也取得了相关认证。这些工作主要包括加强危害分析与关键控制点（HACCP）、良好的农业规范（GAP）、良好的操作规范（GMP）、标准操作规程（SOP）等先进理念在蔬菜加工企业中的实施。

（二）标准化建设

根据农业部办公厅《2014—2018年农产品加工（农业行业）标准体系建设规划》，截至2012年在5 000项农业行业标准中，蔬菜加工农业行业标准共82项（其中产品标准33项、方法标准30项、管理标准13项、基础标准6项）。2012年有关部门发布蔬菜生产、加工制品、加工机械等技术标准34项，其中国家标准1项、农业行业标准19项、内贸行业标准14项（表1）。

表1　2012年有关部门发布的蔬菜加工相关标准情况

序号	标准号	标准名称
1	GB/T 29373—2012	农产品追溯　果蔬
2	NY/T 435—2012	绿色食品　酱腌菜
3	NY/T 437—2012	绿色食品　水果、蔬菜脆片
4	NY/T 654—2012	绿色食品　白菜类蔬菜
5	NY/T 655—2012	绿色食品　茄果类蔬菜
6	NY/T 743—2012	绿色食品　绿叶类蔬菜
7	NY/T 744—2012	绿色食品　葱蒜类蔬菜
8	NY/T 745—2012	绿色食品　根菜类蔬菜
9	NY/T 746—2012	绿色食品　甘蓝类蔬菜
10	NY/T 747—2012	绿色食品　瓜菜类蔬菜
11	NY/T 748—2012	绿色食品　豆类蔬菜
12	NY/T 2118—2012	蔬菜育苗基质
13	NY/T 2119—2012	蔬菜穴盘育苗　通则
14	NY/T 2135—2012	蔬菜清洗机洗净度测试方法
15	NY/T 2171—2012	蔬菜标准园建设规范
16	NY/T 2182—2012	农作物优异种质资源评价规范　莲藕
17	NY/T 2183—2012	农作物优异种质资源评价规范　茭白
18	NY/T 2277—2012	水果蔬菜中有机酸和阴离子的测定　离子色谱法
19	NY/T 2286—2012	番茄溃疡病菌检测与鉴定方法
20	NY/T 2288—2012	黄瓜绿斑花叶病毒检测与鉴定方法
21	SB/T 10065—2012	豆芽菜生长机技术条件
22	SB/T 10680—2012	肉类蔬菜流通追溯体系编码规则
23	SB/T 10681—2012	肉类蔬菜流通追溯体系信息传输技术要求

（续）

序号	标准号	标准名称
24	SB/T 10682—2012	肉类蔬菜流通追溯体系信息感知技术要求
25	SB/T 10683—2012	肉类蔬菜流通追溯体系管理平台技术要求
26	SB/T 10684—2012	肉类蔬菜流通追溯体系信息处理技术要求
27	SB/T 10714—2012	芹菜流通规范
28	SB/T 10715—2012	胡萝卜贮藏指南
29	SB/T 10716—2012	甜椒冷藏和运输指南
30	SB/T 10751—2012	豆芽生产 HACCP 应用规范
31	SB/T 10756—2012	泡菜
32	SB/T 10788—2012	茄子流通规范
33	SB/T 10789—2012	西葫芦流通规范
34	SB/T 10790—2012	果蔬真空预冷机

五、行业工作

1.“第十三届中国（寿光）国际蔬菜科技博览会”于 2012 年 4 月 20 日至 5 月 20 日在山东寿光举行。本届博览会由农业部、商务部、山东省政府等 14 个单位共同主办，30 多个驻华大使馆、外商协会、国际组织参与协办。来自韩国、加拿大等 20 多个国家和地区以及国内 28 个省、自治区、直辖市的 2 000 多个涉农企业参展，近万名客商云集并进行技术交流和商贸洽谈，共有 200 多个重要代表团和 212 万人次到会参观。签约项目 41 个，签约额达 381 亿元，贸易额 161 亿元。

2.“2012 中国蔬菜新优品种博览会暨中国蔬菜种子种苗农资连锁高峰论坛”于 2012 年 7 月 2～6 日在上海浦东举行。本次大会由中国园艺学会、中国农业科学院蔬菜花卉研究所等主办。大会以“让世界菜篮子丰富起来”为主题，通过蔬菜、瓜果田间及展位的形式，集中展示数千种国内外最新的蔬菜科技成果。来自全国 28 个省、自治区、直辖市 345 个科研院所、政府相关部门和企业等 700 多人参加了会议。

3.“2012 年长江流域蔬菜经济技术协作交流会暨第 23 届全国城市菜篮子工程联席会”于 2012 年 11 月 24～25 日在武汉举行。会议由中国园艺学会长江蔬菜协会、湖北省农业厅联合主办。来自全国 210 多位代表共聚一堂，探讨如何加快新一轮“菜篮子工程”建设，推进蔬菜产业可持续发展。

4.“全国第三届蔬菜规模化高效育苗技术经验交流会”于 2012 年 3 月 22～24 日在武汉举行，会议由国家大宗蔬菜产业技术体系等主办。会议针对蔬菜营养液育苗技术、栽培基质、工厂化育苗智能装备与应用、瓜类嫁接苗关键技术问题等展开了交流和研讨。

5.“2012 年中国（北京）国际果蔬、加工技术及物流展览会”于 2012 年 11 月 9～11 日在北京国家会议中心举行。展览会由中国果品流通协会、中国出入境检验检疫协会等主办。马来西亚、泰国、美国等 9 个国家组团参展，中国台湾及国内各主要果蔬产区的展团共同亮相展会。国内外果蔬生产、加工、物流企业 1 000 多人参会。

6.“第十届中国果菜产业论坛暨优质农产品产销对接会”于 2012 年 11 月 30 日至 12 月 2 日在广州举行，对接会以“鲜活农产品的物流体系建设”为主题，围绕我国鲜活农产品流通模式创新与实践、果菜农民专业合作社在流通工作中的地位和作用、鲜活农产品冷链物流工艺技术与装备等热点问题进行交流和探讨。

7.“第三届广西—东盟蔬菜新品种展示交流会”于 2012 年 11 月 29 日至 12 月 6 日在南宁举行，国内外 186 个育种单位和企业送来参展品种 1 560 个，囊括了我国南方以及东南亚地区蔬菜的主要种类及品种，此次交流会是由广西农业厅等主办。新加坡、越南、老挝、缅甸等国家农业部组织代表团参加，中国台湾代表团和来自国内外代表 5 000 多人参加了展示会。此次活动建造了一个融学术探讨、技术交流、品种展示与交易的平台，营造国内外蔬菜业界交流合作共赢的大平台。

（山东省农业机械科学研究院　李寒松）

茶 叶 加 工 业

一、我国茶叶在世界上的地位

根据国际茶叶委员会统计，2012 年世界主要茶叶生产国产茶总量为 359.7 万 t，同比增长 6.90%。虽然上述发布仅为主要产茶国数据，且我国茶叶总产量也较国内发布数字稍低，但从中可看出我国茶产业在世界上的地位。根据国际茶叶委员会统计，2012 年我国茶叶产量为 173.7 万 t，同比增长 17.60%，居世界第一位。第二位是印度，2012 年茶叶总产量为 101.6 万 t，同比增长－0.29%。第三位是肯尼亚，2012 年茶叶总产量为 32.8 万 t，同比增长－2.47%。

二、我国茶叶生产情况

2012 年，尽管受到国际金融危机、国内廉政建设政策颁布以及茶叶作为礼品的功能弱化的影响，我国茶产业依然保持平稳增长，内销市场蓬勃发展，行业规模继续扩大，整体上仍呈现出产销两旺的繁荣景象。现根据国家统计局和农业部等发布数据，对有关情况分析如下：

（一）茶园面积

2012 年我国茶园面积和采摘面积统计见表 1。从表 1 中可以看出，我国茶园面积和采摘面积仍处于上升趋势。2012 年我国茶园面积为 2 279.9 khm^2，较上年增加 167.3 khm^2，同比增长 7.92%；采摘面积为1 735.2 khm^2，较上年增长 90.5 khm^2，同比增长 5.50%。特别是贵州、湖北、四川等省增长较快，我国茶园面积前 5 位的省份为云南、四川、湖北、贵州和福建。

近年来，我国对茶树无性系良种的推广十分重视，2012 年我国无性系良种茶园面积已达到1 198.67 khm^2，同比增长 15.71%，无性系茶园面积占全国茶园总面

表 1　2012 年我国茶园面积统计

地　区	茶园总面积（khm^2）			采摘面积（khm^2）		
	2011 年	2012 年	同比增长（%）	2011 年	2012 年	同比增长（%）
全国总计	**2 112.6**	**2 279.9**	**7.92**	**1 644.7**	**1 735.2**	**5.50**
江　苏	26.7	34.0	27.34	26.7	28.8	7.87
浙　江	164.4	183.0	11.31	164.4	164.6	0.12
安　徽	122.3	149.7	22.40	122.3	131.0	7.11
福　建	186.0	221.5	19.09	186.0	195.5	5.11
江　西	45.3	65.5	44.59	45.3	49.9	10.15
山　东	12.7	20.8	63.78	12.7	14.3	12.60
河　南	71.9	87.6	21.84	71.9	73.5	2.23
湖　北	154.7	260.1	68.13	154.7	189.4	22.43
湖　南	83.3	108.8	30.61	83.3	86.8	4.20
广　东	37.2	41.8	12.37	37.2	37.9	1.88
广　西	45.7	55.6	21.66	45.7	47.0	2.84
海　南	1.0	1.0		1.0	0.8	－20.00
重　庆	25.4	35.1	38.19	25.4	25.8	1.57
四　川	167.2	266.6	59.45	167.2	186.7	17.64
贵　州	95.8	251.5	162.53	95.8	121.3	26.62
云　南	290.3	389.7	34.24	290.3	208.7	－28.11
陕　西	90.8	97.1	6.94	90.8	69.2	－23.79
甘　肃	4.0	10.2	155.00	4.0	4.0	

积的50.9%。同时，为规范和提高茶园清洁化生产水平，我国对无公害茶园和有机茶园的发展同样十分重视，2012年我国无性系良种、无公害和有机茶园面积如表2所示。表2中所列比例为2012年无性系茶园占全国和各省、自治区、直辖市2012年茶园总面积的百分数。

表2 2012年我国无性系良种、无公害和有机茶园面积

地区	无性系良种（khm^2）			无公害茶园（khm^2）		有机茶园（khm^2）	
	2012年	比例（%）	同比增长（%）	2012年	同比增长（%）	2012年	同比增长（%）
全国总计	**1 198.67**	**50.9**	**15.71**	**1 489.07**	**13.13**	**141.33**	**−0.52**
江苏	10.27	30.8	9.66	26.20	57.10	3.67	9.09
浙江	124.87	67.6	4.46	152.73	0.22	15.00	−5.86
安徽	29.33	21.0	10.00	96.67	3.57	6.67	0.00
福建	204.67	95.9	1.99	38.00	14.00	20.00	40.00
江西	34.07	50.8	19.95	51.67	9.52	17.67	6.31
山东	1.27	4.7	3.23	20.33	1.90	1.07	9.46
河南	33.47	22.6	15.40	73.47	21.77	2.93	4.76
湖北	60.00	23.1	13.92	186.67	7.69	8.33	0.00
湖南	43.67	42.2	21.30	80.93	2.88	3.20	14.29
广东	28.00	67.7	2.44	38.67	0.00	5.07	1.33
广西	37.60	53.7	4.44	22.33	9.84	3.33	130.23
重庆	18.33	41.7	50.96	24.00	4.35	3.40	0.00
四川	133.33	53.2	8.11	166.67	6.38	3.60	−32.50
贵州	270.20	82.7	32.41	133.60	33.25	9.53	8.73
陕西	21.80	21.4	23.40	20.93	4.88	9.07	7.53
云南	146.67	37.9	4.76	346.67	4.00	28.07	32.88
甘肃	1.00	10.8	18.40	9.33	2.04	0.53	0.00
海南	0.13	19.8	239.10	0.20	287.63	0.03	

（二）茶叶产量

2012年我国及各产茶省、自治区、直辖市茶叶总产量及茶类产量统计见表3。2012年我国干毛茶产量为178.98万t，同比增长10.26%。增长的原因是：在政策和产业良好发展趋势的影响下，近些年茶区新茶园发展情绪高涨，茶园采摘面积不断扩大。同时各地还以茶园素质提升为依托，加快提高茶叶生产水平。以采摘面积计算，每公顷茶叶产量为103.15 kg，同比增长4.5%，扭转了2011年的下降趋势。表明我国茶叶生产开始走出单纯依赖面积扩张误区，采摘从偏爱抢早、抢嫩甚至仅采单芽向重视单产转化。

2012年，除海南省以外，我国主要产茶省、自治区、直辖市均普遍增产，云南、福建、四川、湖北、贵州等省增产幅度较大。在日趋丰富的茶叶市场需求引导下，我国茶叶产品呈现多元化发展趋势。各地加大了茶类结构调整力度，表现出绿茶产量继续增长，红茶和黑茶增幅较大，在六大茶类中占比重较小的白茶和黄茶产量下降。

（三）茶叶农业产值

据农业部门发布的信息，2012年我国茶叶农业总产值达到940亿元，同比增长20%。其原因是：全国主产茶省、自治区、直辖市普遍增产，茶叶品质普遍提高和增值，增值幅度多在15%～30%，促使全国增值幅度显著提高。根据我国茶叶流通协会数据，2012年我国茶叶行业规模突破1 400亿元。

2012年我国干毛茶产值、名优茶产量与产值情况见表4。

表 3　2012 年我国茶叶产量统计

省份	干毛茶总产量(t)			绿茶产量(t)		红茶产量(t)		青茶产量(t)		黑茶产量(t)		白茶产量(t)		黄茶产量(t)		其他茶产量(t)	
	2011 年	2012 年	同比增长(%)	2012 年	同比增长(%)	2012 年	同比增长(%)	2012 年	同比增长(%)	2012 年	同比增长(%)	2012 年	同比增长(%)	2012 年	同比增长(%)	2012 年	同比增长(%)
全国总计	**1 623 214**	**1 789 753**	**10.26**	**1 247 827**	**9.68**	**132 416**	**16.48**	**217 879**	**9.08**	**79 836**	**25.81**	**10 244**	**−28.20**	**178.9**	**−54.25**	**101 371**	**7.81**
江苏	14 580	15 371	5.43	12 674	5.37	2 452	4.21									245	23.12
浙江	169 524	174 840	3.14	168 731	3.01	1 370	3.01			3 159	3.00					1 579	3.00
安徽	87 598	95 374	8.88	89 150	9.50	4 422	4.59	70				48				1 684	−0.18
福建	295 976	320 958	8.44	110 064	3.47	27 365	20.51	172 690	9.68			9 284	18.80			1 555	−4.48
江西	32 734	38 662	18.11	29 317	18.71	5 123	15.12	1 530	47.12	46		286	35.55	12.0	25.00	2 348	3.16
山东	10 704	13 323	24.47	13 323	24.47												
河南	49 347	51 374	4.11	45 496	2.58	5 878	15.37										
湖北	184 165	206 984	12.40	165 004	11.11	21 746	12.24	4 116	4.26	11 363	33.81	151	58.95			4 604	22.87
湖南	132 787	135 346	1.93	58 363	−13.44	15 890	3.18	3 582	1.33	48 010	27.51	4	33.33	9.9	−29.29	9 487	8.35
广东	59 637	63 095	5.80	25 741	1.74	1 338	4.61	30 143	10.61					8		5 865	
广西	44 410	49 359	11.14	34 087	3.83	8 720	54.99	362	7.74	949	20.28					5 240	8.51
海南	1 241	1 196	−3.63	1 011	−9.08	134	61.45									51	10.87
重庆	27 895	31 372	12.46	24 059	7.88	3 101	8.58	30	3.45	1 883						2 299	15.10
四川	186 207	210 201	12.89	171 628	16.62	3 195	23.65	4 558	12.24	14 403	10.45	268	2.29	145.0		16 004	−15.53
贵州	58 381	74 359	27.37	63 161	32.00	950	7.83	132	206.98	23	475.00	203	144.58	4.0	−50.00	9 886	3.93
云南	238 337	271 704	14.00	199 817	15.90	30 731	20.83	666	−66.41							40 490	6.16
陕西	28 430	35 195	23.80	35 195	23.80												
甘肃	944	1 002	6.14	1 002	6.14												

表 4　2012 年我国干毛茶产值、名优茶产量与产值

省　份	干毛茶总产值（万元）			名优茶总产量（t）			名优茶总产值（万元）		
	2011 年	2012 年	同比增长（%）	2011 年	2012 年	同比增长（%）	2011 年	2012 年	同比增长（%）
全　国	**7868 521**	**9396 306**	**19.42**	**707 153**	**777 914**	**10.01**	**5 402 171**	**7 031 288**	**30.16**
江　苏	201 319	230 254	14.37	4 850	5 101	5.18	170 278	193 598	13.70
浙　江	1008 721	1150 000	14.01	70 801	74 900	5.79	931 000	1 057 000	13.53
安　徽	460 000	620 000	34.78	29 000	32 000	10.34	350 000	442 000	26.29
福　建	1365 000	1500 000	9.89	130 000	140 000	7.69	850 000	910 000	7.06
江　西	192 279	231 687	20.50	8 478	9 783	15.40	162 330	195 802	20.62
山　东	216 374	217 784	0.65	6 420	6 538	1.83	173 371	184 420	6.37
河　南	590 500	772 000	30.74	29 360	35 000	19.21	485 500	615 400	26.76
湖　北	705 717	845 000	19.74	81 000	89 800	10.86	542 000	642 200	18.49
湖　南	426 000	486 658	14.24	11 760	12 342	4.95	113 124	139 569	23.38
广　东	197 000	20 8000	5.58	19 700	20 280	2.94	111 000	117 000	5.41
广　西	152 000	186 000	22.37	26 500	28 200	6.42	95 000	116 200	22.32
重　庆	65 500	75 325	15.00	11 536	14 230	23.35	35 900	48 961	36.38
四　川	860 000	980 000	13.95	100 000	102 000	2.00	650 000	764 000	17.54
贵　州	504 666	688 142	36.36	19 311	26 935	39.48	349 837	494 444	41.34
陕　西	360 000	478 000	32.78	8 263	10 576	27.99	192 000	238 000	23.96
云　南	551 000	710 935	29.03	150 000	170 000	13.33	673 500	868 700	28.98
甘　肃	8 660	10 860	25.40	140	200	42.86	2 400	3 000	25.00
海　南	3 786	5 662	49.56	34	29	−13.43	431	994	130.41

（四）茶叶内销

我国茶叶增产后的销售增长，主要是依赖国内市场的开拓。据统计，2012 年国内茶叶销售绿茶仍然占 70%的份额，并且保持平稳增长态势。乌龙茶也同样在保持继续增长。红茶销售在市场上的比重继续扩大，但较上年放缓。黑茶成为六大茶类中的热销产品，湖南黑茶凭借自身保健功效和强势宣传，带领梧州六堡茶、雅安藏茶的顺势发展。

（五）茶叶出口

据海关统计，2012 年我国茶叶出口量为 31.3 万 t，同比增长－2.82%，出口金额为 10.42 亿美元，平均单价为 3 301 美元/t，分别同比增长 7.98%和 11.11%。其中，绿茶出口量为 24.87 万 t，同比增长－3.41%，金额为 7.56 亿美元，平均单价为 3 039 美元/t，分别同比增长 6.98%和 10.76%；红茶出口量为 35 847 t，金额为 1.19 亿美元，平均单价为 3 315 美元/t，分别同比增长 0.76%、9.30%和 8.47%；乌龙茶出口量为 17 372 t，同比增长－3.20%，金额为7 985 万美元，平均单价为 4 597 美元/t，分别同比增长 7.74%和 11.30%；花茶出口量为 7 322 t，同比增长－0.25%，金额为 5 155 万美元，平均单价为 7 040 美元/t，分别同比增长 11.30%和 11.57%；普洱茶出口量为 4 288 万 t，金额为 3622 万美元，平均单价 8 448 美元/t，分别同比增长 0.34%、22.61%和 22.19%。

在茶叶出口市场中，位居前五位的国家是摩洛哥、乌兹别克斯坦、美国、日本和俄罗斯。

三、茶事动态

1. 2013 年 2 月 15 日下午，在美国访问的国家副主席习近平前往艾奥瓦州马斯卡廷，跟 27 年前到美国考察时结识的 17 位老友喝茶叙旧。马斯卡廷食品公司总裁多伊尔图斑特对习近平说，当时您送了我一听茶叶，茶叶早就喝光了，但为了见证这段友谊，这个茶叶罐我保存了 27 年。习近平接过话头说："我还会送你茶叶"。

2. 2013 年 5 月 25 日，中共中央政治局常委、国务院总理温家宝到湖南省湘西土家族苗族自治州古丈县视察茶叶生产，在位于武陵山区深处的古丈县梳头溪村茶园，向采茶妇女招手致意，询问种茶收入等情况，并走进茶园请教采茶技术。

3. 2012 年 5 月，贵州省印江县缠溪镇湄坨村村支书卢镇辉、村主任李文科，受全村乡亲委托，写信告诉温家宝总理湄坨村通过发展茶产业实现了脱贫增收。6 月 13 日，温家宝总理亲笔给他们写了回信，特别指出"湄坨村脱贫增收的实践告诉我们，从当地实际出发，依靠科技发展茶产业，并实行生产、加工、销售相结合，就能带动群众就业和增收。"

4.2012年11月16日，卫生部和农业部联合发布了食品安全国家标准《食品中农药最大残留限量》，于2013年3月1日实施。涉及茶叶中农药残留由原来的9项增加到25项，同时结束了茶叶中农药残留有关规定分布在8个标准中的局面。新标准的发布和实施，统一了茶叶中的安全限量指标，消除了标准间重复和冲突的现象，适应性更强，更便于操作。同时也预示着2013年茶叶将面临更多监督和检测，保证质量安全是企业存续的根本。

（中国农业科学院茶叶研究所　权启爱）

蜂产品加工业

一、基本概况

2012年，我国现有蜂产品加工企业2 000余个，主要集中于浙江、江苏、北京、湖北、安徽、上海、山东、四川等省、直辖市。近年来，随着国家支持蜂农专业合作社政策的出台以及科学养蜂的观念逐渐深入人心，养蜂生产的组织化程度和规模化水平有了突破性的转变和提高。自2007年7月1日我国《农民专业合作社法》实施以来，养蜂合作社得到了较快发展。据中国蜂产品协会调查统计，2008年在工商部门登记的蜂农合作社为122个；到2011年底已超过700个，增长5倍多。其中广西、安徽、新疆、江苏、江西、陕西、浙江7个重点省、自治区是蜂农合作社较集中、规范化程度较高、经济效益较好的地区，获得工商登记注册的蜂农合作社数量达到276个，占到全国的40%左右。2012年12月，农业部、财政部联合发出通知，明确将养蜂专用平台（含蜂箱保湿装置、蜜蜂饲喂装置、电动摇蜜机等）列入补贴范围。对蜂业的健康发展提供了政府财政的支持。近几年来，各级地方政府也非常重视和支持养蜂业发展，从地方财政中划拨专款补贴蜂农，支持养蜂合作社的建立和发展，积极协调养蜂合作社与龙头企业的对接，取得了显著成效。蜂产品加工业跨产业链条较多，涵盖食品、保健品、医药和日化等多个领域，产品主要有蜂蜜及其制品、蜂王浆及其制品（如蜂王浆软胶囊）、蜂花粉及其制品（如蜂花粉片和速溶花粉饮品）、蜂胶及其制品（如蜂胶软胶囊）、蜂蜡制品，蜂产品饮料（如蜂蜜酒、蜂蜜醋、王浆酒、蜂胶酒）、蜂日化产品（香皂、牙膏、化妆品）以及蜂毒制剂等。

二、生产与销售

（一）蜂蜜生产

改革开放以来，我国养蜂事业发展迅猛，全国现有蜂农30余万人，饲养蜂群由1949年的50万群发展到2011年的894.7万群，拥有世界约1/8以上的蜂群。蜂群数量的增加，带动了蜂产品产量的快速增长和产品种类的不断丰富，我国蜂蜜年产量从1958年的1.23万t发展到2012年的44.8万t，占世界蜂蜜总产量的1/4以上。2012年蜂产品出口金额为2.72亿美元，占畜产品出口总额的4.2%。我国养蜂生产主要集中在河南、浙江、四川、湖北、黑龙江等省份，这5省份蜂蜜产量占全国的61%。2008—2012年我国主要省份蜂蜜产量见表1。

表1　2008—2012年我国主要省份蜂蜜产量

单位：万t

省　份	2008年	2009年	2010年	2011年	2012年
河　南	10.25	10.09	9.83	10.0	2.50
浙　江	8.53	8.81	7.21	7.8	10.46
四　川	4.19	4.50	4.30	4.3	3.50
广　东	1.32	1.44	1.55	1.6	1.00
黑龙江	1.22	1.50	1.64	2.0	0.75
山　东	0.93	0.81	0.62	0.6	0.35
广　西	0.80		0.93	1.0	1.20
新　疆	0.55	0.77	0.86	1.0	4.10
北　京	0.31	0.28	1.12	0.3	0.35
辽　宁	0.20	0.17	0.17	0.2	0.35
甘　肃	0.11	0.09	0.09	0.1	1.00
11省合计	28.41	28.46	28.32	28.9	25.56
全　国	**40.00**	**40.12**	**40.10**	**43.1**	**44.80**

注：2008—2011年数据来自《中国统计年鉴》，2012年数据来自国家蜂产业技术体系各省综合试验站调研。

（二）蜂蜜出口

2012年我国出口蜂蜜数量为110 158.4 t，达到了创历史的最高数量，同比增长10.3%；出口金额为21 505.1万美元，同比增长6.7%，平均单价为1 952.2美元/t，同比增长－3.2%。2012年我国对欧洲的英国、比利时、西班牙、荷兰、德国、葡萄牙、波兰、意大利、法国、爱尔兰、罗马尼亚（按出口数量排序）等11国蜂蜜出口量为64 670 t，出口总金额为1.209亿美元，对欧洲出口的蜂蜜占出口总量的58.70%。2012年安徽省超过湖北跃居蜂蜜出口第一大省，出口量为23 060 t，平均出口价1 814美元/t；湖北位居第二，出口量为21 023 t，单价为1 962美元/t；第三是浙江省，出口量为16 762 t，单价为1 943美元/t；第四为山东省，出口量为13 932 t，单价为2 249美元/t；江苏省居第五位，出口量为9 791 t，单价为1 839美元/t。2012年我国蜂蜜出口贸易情况见表2。

表2 2012年蜂蜜出口贸易情况

出口地区	2012年			与2011年同比增长（%）		
	出口数量（t）	出口金额（万美元）	单价（美元/t）	出口数量	出口金额	单价
亚　洲	38 998.80	8 257.70	2 117.40	−2.40	−6.40	−4.00
非　洲	3 973.50	672.50	1 692.50	36.10	38.20	1.50
欧　洲	65 899.10	12 328.30	1 870.80	20.80	18.70	−1.70
南美洲	99.10	18.50	1 863.60	−1.00	8.90	10.10
北美洲	41.40	9.70	2 336.00	−97.10	−96.30	20.60
大洋洲	1 146.50	218.40	1 905.10	18.00	24.40	5.40

2012年从我国进口蜂蜜的国家和地区中，按金额排名第一位是日本，数量为29 117.8 t，同比增长−2.4%；金额为6 277.6万美元，同比增长−7.4%；平均单价为2 155.9美元/t，同比增长−5.1%。第二位是比利时，数量为16 970.1 t，同比增长27.2%；金额为3 408.2万美元，同比增长27.7%；平均单价为2 008.4美元/t，同比增长0.4%。第三位是英国，数量为17 435.3 t，同比增长4.9%；金额为3 105.5万美元，同比增长0.7%；平均单价为1 781.2美元/t，同比增长−3.9%。2012年我国按企业性质出口情况见表3。

表3 2012年分企业性质出口情况　　单位：t、万美元、%

企业性质	2012年		2011年		同比增长	
	数量	金额	数量	金额	数量	金额
国有企业	22 195.1	4 212.7	18 861.4	3 695.9	17.7	14.0
外商投资企业	3 984.2	823.1	5 218.7	1 119.5	−23.7	−26.5
中外合资企业	3 194.4	661.4	4 338.2	890.8	−26.4	−25.8
外商独资企业	789.8	161.8	880.5	228.7	−10.3	−29.3
集体企业	9 332.5	1 770.1	10 061.9	2 044.6	−7.2	−13.4
私有企业	74 646.7	14 699.2	65 752.2	13 287.0	13.5	10.6
其　他	0	0	0	0	−14.3	−50.5

随着我国经济发展和人们生活水平的提高，国际蜂蜜厂商越来越重视庞大的中国市场。他们充分挖掘我国高收入人群和年轻一代追求洋品牌的心理，以高价位迅速抢占我国蜂蜜产品的高端市场，使我国蜂蜜进口数量呈现快速增长的趋势。2012年我国进口蜂蜜数量达到3 300多t，同比增长36.6%。预计未来我国进口蜂蜜数量还会不断上升。我国进口蜂蜜产品有两种方式：一是原料进口，加工分装后贴国内品牌进行销售。二是直接进口国外小包装成品蜂蜜，进口蜂蜜的市场零售价格一般比国产蜂蜜高3～10倍，有的甚至更高。但是，进口蜂蜜质量良莠不齐，根据2012年、2013年国家质量监督检验检疫总局公布的数据来看，进口蜂蜜不合格的情况时有发生，主要不合格原因为菌落超标、药残超标和掺假等。

（三）蜂蜜内销

根据国家统计局数据显示，我国蜂蜜产量10多年来逐年增加，为扩大国内市场奠定了基础。近年来内销市场占有份额越来越大（表4）。

表 4　2001—2012 年我国蜂蜜出口与内销比例变化情况　单位：万 t

年　份	总产量	出口数量	所占比例（%）	内销数量	所占比例（%）
2001	25.20	10.70	42.40	14.50	57.50
2002	26.50	7.60	28.67	18.90	71.33
2003	29.90	8.40	28.10	21.50	71.90
2004	29.30	8.20	28.00	21.10	72.00
2005	29.32	8.80	30.00	20.50	70.00
2006	33.30	8.10	24.30	25.20	75.70
2007	35.40	6.40	18.10	29.00	81.90
2008	40.00	8.50	21.25	31.50	78.75
2009	40.20	7.20	17.91	33.00	82.09
2010	40.10	10.10	25.10	30.00	74.90
2011	43.10	9.98	23.15	33.12	76.85
2012	44.80	11.00	24.55	33.80	75.45

从表 4 可以看出，2001 年蜂蜜产量为 25.2 万 t，减去出口 10.7 万 t，国内市场消费量约 14.5 万 t。按当时 12.76 亿人口计算，人均消费蜂蜜约 110 g。到了 2012 年，蜂蜜产量为 44.8 万 t，减去出口 11 万 t，国内消费量约 33.8 万 t，是 2001 年国内销售量的 2.33 倍。按国家统计局公布的全国人口 13.47 亿人计算，人均消费量已达 250 g 以上，10 年间翻了一番多。虽然比美国人均消费 500 g 左右、德国人均 1 000 g左右相差甚远，但已接近日本人均消费量 300 g 左右的水平。我国消费人数是美国的 4 倍，欧洲的 2 倍，众多的人口，使我国成为名副其实的蜂蜜消费大国。

（四）蜂王浆生产与出口

2012 年，随着劳动力成本、饲料及运输费用不断上升，推动了 2012 年浆价高升高走。蜂王浆市场出现了多年少见的价格飙升现象，收购价比 2010 年翻了近一番，比 2011 年上涨了 40%～50%。蜂农收入增加了，蜂王浆出口创历史最好水平。因前几年我国蜂王浆价格始终在低谷徘徊，蜂农无利可图，大部分转产蜂蜜，造成 2011 年我国蜂王浆产量大幅下降，蜂王浆总产量不足 3 000 t。比高产年份 4 000 t 的总量下降了 1 000 t，降幅超过 25%，2011 年底原料经销商和生产厂家的库存严重不足。值得注意的是，2012 年我国蜂王浆内销量大约为 1 800 t，比 2011 年又减少 100 多 t，比 10 年前下降了 300～400 t。主要原因是蜂王浆保健品的市场价格较低，毛利空间不大，可以用于广告宣传和服务营销的费用不多。再加上“蜂王浆激素论”的误导，使得相当一部分消费者远离蜂王浆。面对这些谬论，虽然有的企业通过流行病学调查和激素含量测定，证明蜂王浆的安全性是可靠的。但整个行业缺乏有组织、有权威、有力度的反击，致使谬论以讹传讹，影响蜂王浆的内销市场。

而蜂王浆产品（鲜蜂王浆、蜂王浆冻干粉、蜂王浆制剂）出口打破了近三年的平稳情况，呈现出大幅增长的态势，2012 年出口量为 1 579 t，同比增长 9.3%；出口额创 10 年最高，达到 5 178 万美元，同比增长 41%，占保健品出口总额的 24%。除蜂王浆制剂出口额略有下降外，其他两种产品量价齐升。其中，鲜蜂王浆出口量为 682 t，同比增长 9.9%；出口额 1 985 万美元，同比增长 38.6%。蜂王浆冻干粉出口量为 256 t，同比增长 26.5%；出口额为 2 400 万美元，同比增长 67.4%。蜂王浆制剂出口量为 641 t，同比增长 13.2%；出口额为 792 万美元，同比增长 −2%。日本和欧盟仍是我国蜂王浆产品出口主流市场，但出口量继续下降，而对非洲和中东国家出口明显增加。与此同时，各出口企业增强了质量意识，改进硬件设施和软件管理水平，购置 LC－MAS 等精密检测仪器，加强自检能力，产品质量得到了进一步的保证。并且，我国蜂业龙头企业积极参与蜂王浆国际标准的制定工作，说明我国蜂王浆产业已走向国际标准的大舞台。2012 年由于浆价大幅上扬，蜜源缺乏季节，一部分蜂农又恢复了喂糖取浆，蜂王浆企业普遍反映，2012 年，10－HDA 不合格率明显增高，有的只能依靠过滤浆渣满足标准和市场需求。蜂农队伍老化，蜂王浆生产后继乏人，随着城镇化和新农村建设，农村年轻人就业机会增多，农民工收入不断提高，大部分人不愿意再过风餐露宿、四处漂流的养蜂生活，养蜂业的比较优势逐渐失去。蜂农队伍老化一直是近年来蜂业界关注的话题，而蜂农队伍老化直接影响的是蜂王浆生产。因为，蜂农老化，视力下降，移虫能力下降。这对今后的蜂王浆生产是一个严肃的考题。

（五）蜂胶市场

2012 年，我国蜂胶市场可以概括为毛胶质量下降、产品成本上升、市场销售不振、假冒伪劣回潮。

1. *蜂胶原料*　据调查估算，2012 年，我国毛胶实际产量约 300 t，成交量约 250 t。从 2011 年春起，毛胶价格大幅上涨，收购价一般为 230～280 元/kg，提纯蜂胶的供货价格达到 900～1 350 元/kg。盖布胶收购价一般为 75～80 元/kg，其提纯胶约为 750～800 元/kg。2012 年开春以来，毛胶价格虽然有所回落，但由于受前期涨价的影响，部分蜂农追求产量，毛胶质量越来越差，含胶量大多在 25%～30%，较高的不过 40%～50%。毛胶含胶量下降已成为全国性的突出问题。受蜂胶原料涨价和其他各种费用的同步增长，使坚持做真蜂胶的中小企业面临着成本大幅上涨，利润严重缩水和市场疲软的多重压力，进货积极性不高，需求减少。而随着蜂胶质量下降，价格上涨，2012 年进口蜂胶呈上升趋势，海关进出口数据表明，巴西蜂胶的进口量较前同比增长了近 32%。

2. *蜂胶产品* 2010 年 11 月，央视曝光假蜂胶以来，使快速增长的蜂胶市场迅速大幅下滑。随着蜂胶打假初见成效，在蜂胶市场略有好转时，却又一次被 2012 年 4 月发生的“毒胶囊”事件再次推回谷底，全国蜂胶保健食品销售总体持续下滑。在正常情况下，全国蜂胶保健食品年销售额约在 30 亿元，粗略估计，2011 年销售额总体减少三成以上。2012 年按提纯蜂胶实际消耗量 100 t 左右匡算，全年销售额约为 16 亿元，与上年同比持续减少约二成。

（六）蜂花粉

2012 年蜂花粉实际贸易量应该在 3 500 t 左右，当然实际蜂农一般采收的蜂花粉应该远超过 3 500 t，因为按转地蜂农保守估计，每群蜂一年估计要喂食蜂花粉至少 5～10 kg，如果全国按 200 万群转地蜜蜂计算，非贸易的蜂花粉也有 1 万 t 以上。因此，我们认为全国蜂花粉每年的总体产量应该在 1 万 t 左右，约 1/3～1/2 为贸易所需，其他的都是作为蜜蜂饲料使用。由于蜂花粉产量的无限性，我们认为实际每年蜂花粉的产量按贸易量来估计比较合适，近几年维持在 5 000 t 左右，每年偏差不大。在产品销售方面，国内主要以茶花粉、荷花花粉、油菜花粉以及杂花粉为主，其中油菜花粉占总体贸易量的 1/3～1/2 强。另外非蜂花粉品种松花粉这几年销售也比较好，主要由云南等地区人工生产。产品价格也已经有了较大的回落。2012 年蜂花粉的总体需求与 2011 年保持基本不变。根据海关数据，以 HS 编码 04100043（蜂花粉类）统计，我国出口的蜂花粉类近几年基本都在 800～1 000 t。

（七）蜂蜡

2012 年我国蜂蜡出口量为 7 098 t，同比增长 −18.9%；平均出口价格为 5 700 美元/t，同比上涨 8.9%；出口金额为 4 048 万美元，同比增长 −11.68%。我国蜂蜡主要出口市场为欧盟、北美、韩国和俄罗斯等国家和地区。2012 年我国蜂蜡对欧盟出口量为 3 772 t，同比增长 −28.08%；出口均价为 5 760 美元/t，同比上涨 8.03%；出口额为 2 173 万美元，占我国蜂蜡对外出口的 53.67%。2012 年我国拥有 61 个蜂蜡出口企业，比 2011 年减少了 5 个。其中，民营企业为 48 个，蜂蜡出口额占比为 83.07%；国有企业为 9 个，出口额占比为 12.3%；“三资”企业为 16 个，出口额占比为 4.63%。2012 年我国从事蜂蜡产品出口贸易的省、自治区、直辖市共有 16 个。其中，辽宁、浙江和北京的蜂蜡出口价格较高，分别为 8 300 美元/t、6 540 美元/t 和 6 200 美元/t；出口量较大的为河南、辽宁和浙江等省。

三、科研、新技术、新设施

1. 2012 年国家蜂产业技术体系在北京、黑龙江、新疆、辽宁、浙江、陕西、甘肃、海南、四川、安徽等地开展西方蜜蜂饲养技术的研究，制定西方蜜蜂规模化饲养技术模式方案，应用于示范基地。通过广泛调研，开展中华蜜蜂规模化饲养技术瓶颈分析，编制了“2012 年中华蜜蜂规模化饲养示范蜂场管理技术规范”等，在吉林、天水、儋州、晋中、兴城、金华、泰安、新乡、延安、固原、河南、辽宁等试验站开展了中华蜜蜂规模化饲养技术研究，已达到人均饲养 70～210 群规模，蜂蜜天然成熟，生产效率提高 50%以上；在吉林、甘肃、海口、宁夏、辽宁、陕西、山东、浙江、云南等地建立了中华蜜蜂地方良种选育基地，开展了中华蜜蜂良种选育工作；在吉林、辽宁、山西、山东、甘肃、陕西、宁夏、湖北、河南、浙江、海南等 11 省、自治区，进行了中华蜜蜂区域蜂箱的样箱设计和制作，并开展了蜂箱和蜂巢的调研工作，已在儋州、兴城、新乡等 3 个综合试验站设计制作地方蜂箱 3 套，分别在海南、辽宁、河南等中蜂主产区试用；通过免移虫技术和机械化取浆技术的改进，形成西方蜜蜂规模化蜂王浆生产技术模式，免移虫技术使免移虫产卵效果和孵化效果达到90%～95%，免移虫王台接受效果为 85%～95%；研制和改进了电动摇蜜机和多功能电气控制装置、电动脱蜂机等机具；研发的蜂群增长阶段代花粉饲料产品，已经投入生产。

2. 在蜂产品开发方面，2012 年形成新工艺 4 套（蜂王浆咀嚼片加工新工艺 1 套、蜂胶精油提取新工艺 3 套）、新设备 2 台（动态双临界蜂胶快速萃取与蜂蜜叠压高能薄膜浓缩新设备、蜂蜜叠压高节能保鲜杀酵机）、新产品 5 种（蜂王浆咀嚼片、神蜂精Ⅱ、宝元灵、灵芝蜂蜜、蜂王浆奶粉)。完成《基于PDA蜂场管理系统》的软件登记(软件登记号:2012[11204491]);初步建立了同位素质谱溯源性识别分析技术、液质联用Q-TOF-LC/MS溯源性识别分析技术、液质联用LC/MS/MS溯源性识别分析技术、液质液相色谱LC溯源性识别分析技术、近红外溯源性识别分析技术等。

3.2012年完成了成果鉴定4项:一是“黄环系蜜浆高产蜂种扩繁”通过吉林省科技厅组织的鉴定;二是“长白山中华蜜蜂蜂蜜营养素鉴定及其营养学评价”通过吉林省科技厅组织的鉴定;三是“长白山中华蜜蜂种型分化分子机制及种性评价研究”通过吉林省科技厅组织的鉴定;四是“南满意蜂(暂定名)地方生态品种的抢救和保护利用研究”通过吉林省科技厅组织的鉴定。获奖成果4项:一是“中国蜜蜂主要寄生螨种类鉴定及防治技术”获北京市科学技术三等奖;二是“蜂王浆优质高效生产和质量安全评价新技术的研究与应用”获中国农业科学院科技成果二等奖;三是“高效养蜂科技扶贫示范项目”获吉林省科技进步三等奖;四是“蜜蜂高效养殖及其产品研究与应用”获江西省科技进步二等奖。

4.2012年受农业部科技教育司的委托,中国农业科学院科技局组织有关专家,对中国农业科学院蜜蜂所承担的农业科技成果转化项目“蜂花粉功能油脂加工技术中试与推广”进行了项目验收。专家组一致认为:该项目建立了花粉功能油脂工厂化超临界萃取工艺、花粉功能油脂软胶囊(商品名为“脑力灵软胶囊”)成型工艺,制定了企业产品质量标准,为规模化生产奠定了基础。该项目通过动物实验确证了花粉功能油脂具有抗疲劳和改善记忆功效。该项目为解决我国长期以来蜂花粉产品生产粗放简单、商品价值低等问题提供了适用技术,显著提高了蜂花粉加工生产的技术水平,可促进企业、蜂农增收,带动养蜂业的发展。该项目全面完成了合同书规定的各项任务指标,验收合格。

四、标准化工作

到2012年底,现行有效与蜂产品相关的国家标准和行业标准共204项,其中国家标准78项,部门公告的检验方法标准5项,行业标准121项。2012年我国发布的蜂产品行业标准有4项(表5)。

由于2011年4月20日卫生部发布的《食品安全国家标准 蜂蜜》标准没能涵盖国标《蜂蜜》(GB 18796—2005)所涵盖的内容,主要涉及蜂蜜的特征指标如水分、羟甲基糠醛、淀粉酶活性、酸度、灰分以及蜂蜜真实性检测等,而GB 18796—2005一旦废止,会对全国的蜂蜜行业产生不良的影响。因此,需有关部门尽快出台“蜂蜜”行业标准。行业标准的有关工作由蜂产品协会协调,蜂蜜专家委员会牵头,有关工作报总社批准。《蜂蜜》行业标准于2012年4月9日通过审定,2012年4月18日全国供销合作总社发布GH/T 18796《蜂蜜》行业标准,于2012年4月20日实施。近年来,我国蜂产品专卖店作为零售业态之一,发展速度较快,但仍处于成长阶段,存在一些亟待解决的问题,主要是有的专卖店运营和管理系统不完善,缺乏核心竞争力、标准化管理能力和品牌推广扩张能力,在规模和服务等方面存在较多的问题和差距。为进一步规范和提升蜂产品专卖店的发展,起草小组依据相关的国家法律、法规,参照有关标准及技术文献,结合我国蜂产品专卖店的实际情况,对蜂产品专卖店的术语和定义、适用范围、合规性要求、环境要求与产品防护要求、从业人员要求和服务要求等方面研究并制定了《蜂产品专卖店(柜)规范》标准内容。GH/T 1082—2012《蜂产品专卖店(柜)规范》行业标准于2012年7月9日发布,2012年8月1日实施。

表5 2012年我国发布的蜂产品行业标准

序号	标准号	标准名称
1	GH/T18796—2012	蜂蜜
2	SN/T3155—2012	出口猪肉、虾、蜂蜜中多类药物残留量的测定 液相色谱-质谱/质谱法
3	GH/T1082—2012	蜂产品专卖店(柜)规范
4	GH/T1081—2012	蜂胶中杨树胶的检测方法 反相高效液相色谱法

总体看来,我国现行的蜜蜂产品国家标准、行业标准及相关标准基本涵盖了蜂蜜生产经营的收购、运输、生产、销售、检测等各个环节。应该说,随着标准体系框架不断完善,逐步将产前、产中、产后全过程纳入标准化轨道,使每个环节都有标准可依、有规范可循。蜂蜜的标准化工作正在落实预防为主、源头管理的工作思路,切实推动蜂蜜市场从粗放经营向集约经营转变,提高全行业的科技含量、产品质量和经营水平。通过标准的完善,为食品安全、质量检验、产品检测和市场监管工作提供了技术支撑和执法依据。

五、行业工作

1. 2012年国家蜂产业技术体系在山西、河北、江苏、湖北、四川、重庆、安徽、福建、山东、云南、河南、江西、北京、东北三省、海南、广西、广州、陕西、宁夏、浙江等省，共举办152期培训，培训蜂农及技术人员11 449人次，参加人员主要为蜂业管理人员和蜂农。结合养蜂生产实际，以最新的科研成果为内容，主要讲解蜜蜂抗病育种技术、蜂王浆机械化生产新器具新技术、蜂蜜优质大规模生产模式和技术、中蜂科学饲养技术、蜜蜂病虫害防治、蜂产品质量安全问题及溯源等方面的内容，深入养蜂重点地区深入调研蜂农实际需求，编写、发放培训手册、技术资料共9 760册，用以蜂农快捷地了解知识，发放中蜂囊状幼虫病防控药物30 000包。

2.《养蜂管理办法（试行）》于2012年2月1日起正式实施。《办法》指出，养蜂者可自愿向县级政府养蜂主管部门登记备案，免费领取"养蜂证"，并可凭此证享受技术培训等服务，"养蜂证"有效期为3年。这预示着，投资养蜂产业终于有了具体的政策保障。

3. 2012年各级监管部门加大了监管和打击力度，假冒伪劣蜂蜜、蜂胶产品在一定程度上得到遏制，市场环境得到改善，蜂产品原料质量也有所提高。从农业部及各省、自治区、直辖市监管部门公布的抽查结果情况看，2012年我国市场流通的蜂产品质量比2011年明显提高。截至2012年12月底，全国共抽查了1 230批次的蜂产品，其中有1 195批次的产品合格，抽查合格率高达97.15%，比2011年提高了24.66个百分点，质量提升非常明显。不合格问题主要是葡萄糖和果糖含量、C-4植物糖、10-羟基-2癸烯酸（10-HDA）含量、菌落总数等不合格，少部分也存在氯霉素超标。流通蜂产品质量安全水平提升反映了我国蜂产品原料质量提高。2010—2012年我国蜂产品质量抽查结果见表6。

表6 2010—2012年我国蜂产品质量抽查结果（省部级）

年份	抽查批次	合格批次	不合格批次	合格率（%）
2010	544	406	138	74.63
2011	259	195	74	72.49
2012	1 230	1 195	35	97.15

4. 从2012年7月起，蜂蜜等产品不再接受有机产品的认证申请，蜂蜜被禁止标榜为"有机"产品。在这种形势下，以往市民认准"有机蜂蜜"来选购的观念需要及时更新，因为所谓的"有机蜂蜜"就是冒牌口号，而真正的天然、生态蜂产品无论在认证、包装上都出现了变化。有机认证取消后，目前国家推出了"Bee China"的中国蜂产品标志，只有生产质量有保障的企业才可以使用这类标志。同时，中国蜂产品协会还在食品安全部门的协助下，推出了蜂产品的"追本溯源"——只要用手机二维码一扫，就可以通过编码获知这瓶蜂蜜是来自哪个产地的，养蜂人是谁，甚至是出自于哪个箱的，都可以一清二楚。这是本年度中国蜂产品协会开唱的优化市场重头戏。

5. 蜂产品溯源信息体系建设及"中国蜂产品"证明标志使用试点，是通过制定国际通用的蜂产品编码标准、建立企业可溯源的生产加工流程信息、消费者及管理部门可查询的信息平台等方式，逐步引导并推进蜂产品行业生产经营方式的转型升级，进一步提高行业企业的管理及蜂产品的质量安全水平。相关体系建设以蜂产品的生产、流通为对象，以"可管、可防、可控、可查"为目标，通过企业和相关部门建成集"管、防、控"于一体的覆盖整个产业链的全程质量信息溯源体系，为蜂农、养蜂专业合作社、加工企业、销售企业、消费者及监管部门提供综合性的信息服务平台。参加试点的企业，在可溯源的产品中，凡符合"中国蜂产品"证明性标志使用条件的成熟蜂蜜（目前暂不接受其他产品的申报），可申请使用该标志。中国蜂产品协会根据国家工商部门的相关规定及标志管理办法，对申请单位及产品进行审核、授权及监督管理，并进行宣传和推广。第一批蜂产品溯源试点单位名单见表7。

表7 第一批蜂产品溯源试点单位名单

省份	序号	企业名称
北京	1	颐寿园（北京）蜂产品有限公司
	2	北京蜜蜂堂科技发展有限公司
	3	北京百花蜂产品科技发展有限公司
	4	绿纯（北京）生物科技开发中心
浙江	5	杭州蜂之语蜂业股份有限公司
	6	江山福赐德蜂业科技开发有限公司
湖北	7	武汉市黄陂区西北蜂养蜂专业合作社
	8	湖北随州鸿发蜂产品有限公司
山东	9	山东康宝蜂业有限公司
安徽	10	合肥志诚蜂业有限责任公司
新疆	11	尼勒克县顺鑫养蜂专业合作社
黑龙江	12	黑龙江神顶峰黑蜂产品有限公司
吉林	13	延边宝利祥蜂业有限公司
甘肃	14	天水西联蜂业有限责任公司
福建	15	福建省神蜂科技开发有限公司
河南	16	河南卓宇蜂业有限公司
湖南	17	湖南省明园蜂业有限公司
陕西	18	陕西老蜂农生物科技有限责任公司
江苏	19	南京西洋湖养蜂专业合作社
辽宁	20	沈阳王氏天兴蜂蜜有限公司
青海	21	青海省花宝蜂业股份合作公司
天津	22	天津市蜂产品公司
江西	23	江西华茂保健品开发有限公司
广西	24	南宁市全健蜜蜂养殖场

（中国农业科学院蜜蜂研究所 闫继红）

食用菌加工业

我国食用菌产业由初期农民自发的“庭院经济”、传统栽培，到后来的标准化、规模化园区式生产，再升级到设施化、工厂化模式，充分体现出食用菌产业依托科技不断创新、稳步发展的过程。目前，我国食用菌种类有70多种，形成商品的有50多种，具一定规模生产的有20多种。伴随着改革发展，我国食用菌从30多年前庭院经济、特种蔬菜生产、成片集约化到目前工厂化生产，其栽培种类不断增多，如白灵菇、杏鲍菇、茶树菇、真姬菇、鸡腿菇、灰树花、灵芝等受到了市场的青睐，成为我国食用菌产业新的增长点，为我国食用菌产业持续、稳定、健康发展注入了新的活力。在发展区域布局上，我国食用菌产业呈快速发展趋势，为农业增效、农民增收发挥了重要作用。

一、基本情况

（一）产量产值

1. *产量* 2012年度全国食用菌产量、产值均呈现稳步增长态势，2012年全国食用菌总产量达2 827.99万t，比2011年增长9.96%。产量排在前10位的省份分别是：河南为457.9万t，山东为366.14万t，黑龙江为248.54万t，福建为220.08万t，江苏为212.7万t，河北为210.09万t，四川为148.8万t，辽宁为136.94万t，吉林为131.36万t，浙江为126.9万t。年产量为100万t以上省份还有湖北为111.9万t，广西为104万t；年产量为50万t以上的还有江西、湖南、广东3个省。全国各省、自治区总产量整体处于平稳上升趋势，与2011年相比增长幅度最大的是河南和云南，分别同比增长83.7%和59.85%。

2. *产值* 2012年全国食用菌总产值达1 772.06亿元，同比增长19.05%。从全国食用菌产值分布情况看，2012年年产值超过100亿元的省份有山东、河南、江苏、河北、福建、湖北6个省；年产值超过50亿元的省份有浙江、辽宁、吉林、广东、广西、四川、云南、湖南和江西9个省、自治区。

（二）出口创汇

1. *出口量* 我国海关总署统计资料显示，2012年我国食用菌出口总量为47.78万t，同比下降8.11%。出口量排名前3位的省份依次是湖北为42.2万t，福建为25.7万t，广东省为21.2万t。

2. *创汇* 海关总署统计数字表明，2012年我国食用菌出口创汇总额达17.4亿美元，同比下降27.68%。创汇排名前3的省份依次是福建为6.3亿美元，广东为3.2亿美元，湖北3.1亿美元。

二、科研、新产品、新技术

1. 山东青岛市优质农产品开发中心攻克技术难关，成功研发可用于规模生产的虫草大米技术，国民饭桌上将再添极富含营养价值的食材。北冬虫夏草，是现代珍稀中草药，与青藏高原冬虫夏草“同属”，有调节免疫系统功能、抗肿瘤、抗疲劳等多种功效。据悉，带有虫草素的虫草米今年将面世，当地市民有望品尝到这种新的食材。

2. 广东省科技厅连续多年资助“食用菌产业推进关键技术研究与示范”项目。项目实施以来，分离获得食药用菌近100株野生菌，其中对华南特有的珍稀品种毛蜂窝菌进行了人工驯化，在国内外首次获得成功。建立了高产耐冷藏草菇新品种选育技术、高效蛹虫草子实体生产技术体系、食用菌产品深加工技术体系。开发出具有益智和增强免疫功能的功能食品“真菌精华素”。建立示范基地，推广应用项目成果，示范基地产值达6 500万元，带动粤北1 000多户农户栽培食用菌，年新增产值2 500万元，

3. “2012全国食用菌新产品新技术推广暨产销对接大会”在南京召开，参展企业共210多个，标准展位近200个，特装特展共5个，是历届食用菌会展规模最大、档次较高的一次。参展企业有的一次签单1 000多万元，还有的参展样品当天售完，意向性协议达1亿元以上，总体约8亿元人民币。大会邀请的150多个经销商、代理商和超市采购商纷纷与主产地和生产企业接触，有的初步达成产销意向，同时一些主产地和生产企业代表也主动与到会的采购商联系产销对接方式。

4. “中国虫草素产学研合作战略联盟”在上海张江高科技园区成立。该联盟由上海国宝企业发展中心联合北京大学生命科学院、清华大学医学院等单位共同发起，旨在推进虫草素产业技术创新与产业化。同

时召开了"首届中国虫草素论坛"。会上，与会专家发出《关于尽快在我国实现"虫草素"产业化的建议书》，就组建国家虫草素工程中心、国家虫草素专家委员会、国家虫草素院士工作站和博士后工作站，制定虫草素产业国家标准、开发高纯度虫草素为一类原料新药等，提出了一系列意见建议。

5. 云南省昆明食用菌研究所举行了"李玉院士工作站"暨"中华全国供销合作总社食用菌工程技术研究中心"揭牌仪式。中国工程院李玉院士和中华全国供销合作总社科技教育部、云南省人力资源和社会保障厅、云南省科学技术厅、云南省财政厅、云南省供销社有关负责人出席。长期以来，吉林农业大学食用菌团队与昆明食用菌研究所保持着良好的合作关系，"十二五"期间，将充分利用"工作站"这一新的合作平台，以项目为载体，开展更加紧密的合作，围绕各项目标任务，切实做好科技创新、成果转化和人才队伍建设等各项工作。

6. 浙江省"食用菌菌种液化新工艺研究"在金针菇工厂化生产试验成功，标志着拥有自主知识产权的食用菌新型菌种生产技术取得重大进展。浙江省农业厅联合浙江大学食用菌研究中心、开化县农科所等单位开展科技攻关，经过一年多的攻关研究，建立了拥有自主知识产权的纯菌丝接种新工艺，并在液化专用固体菌种培育、菌种固—液转化和快速自动接种技术等关键环节取得了创新性的进展，研发了金针菇、杏鲍菇、秀珍菇等菇种的专用液化菌种。浙江试验成功的金针菇液化菌种新工艺与常规固体菌种接种工艺相比，呈现五大优势：一是发菌速度快，全程栽培周期从 50 d 缩短到 46 d；二是菌种用种量节省 90%；三是节约接种环节成本 78.2%；四是提高接种成品率 20%；五是金针菇产量提高 7%，且品质明显提高。

三、市场流通

（一）工厂化产品市场流通

2012 年食用菌工厂化产品主要是国内销售，涉及出口业务的只有 12 个企业（包括菌棒出口），出口量和全年工厂化生产总产量相比只占很少的部分。工厂化产品经销途径主要是自销，自销企业占所有工厂化企业比例的 30%。这些自销企业针对的主要市场是工厂周边的消费市场，拥有自己的经销档口。还有近 20%的企业是自销和代理销售相结合的形式，50%以上的企业是代理销售。据调查，虽然自销会增加成本，但是很多有实力的企业都表示要建立自己的销售渠道，不但能及时掌握现有流通市场的销售规律控制生产量，而且能不断开拓新的消费市场，有效解决企业的产品销售难题，增强企业生命力。除了销售形式有所转变外，2012 年调查中发现销售的途径也有所转变。例如：关注商超的工厂化企业明显增多，在永辉大型连锁超市就可以看到 5 种食用菌工厂品牌。同时也有工厂化企业尝试网络销售，但目前网络营销平台和销售方式还有待进一步完善。

（二）主要品种生产与销售

1. *双孢菇工厂化生产增速较快* 双孢菇是世界食用菌生产中产量最大的一个菇种，分布地域较广泛。我国近年来双孢菇市场销售价格相对较好，成为新建工厂化企业重点考虑的生产品种。2012 年全国工厂化双孢菇日产量达到 331.9 t，有代表性的大型双孢菇工厂化企业有辽宁田园、山东集盛等。双孢菇工厂化生产设备方面，国内发展较早的大型双孢菇工厂化企业使用的都是国外进口设备，新建企业大多使用国内自主研发生产的设备。菌种来源除了我国科研院所自主分离外，大部分双孢菇工厂化企业选择国外引进的菌种，如美国的 sylvan（施尔丰）菌种，在国内的双孢菇工厂化企业中使用率较高。双孢菇工厂化发展过程中值得注意的是我国农户种植双孢菇的产区也在增加，例如山东邹城、武城、河南夏邑、广西等地双孢菇产量较大，往年大部分季节性种植产品用于加工、出口销售，也对鲜品销售市场形成一定的冲击，但 2012 年冲击力度比较大。例如北京新发地市场 10 月份双孢菇售价在 10 元/kg，主要原因是蘑菇罐头出口受阻，很多加工厂不再收购双孢菇，所以大量的菇类涌入鲜品市场，造成价格下降。5～7 月季节性种植的双孢菇不能上市，工厂化菇价格上升幅度较大，北京市场销售价格最高达到 21 元/kg。

2. *白灵菇工厂化生产技术有待提高，产品销售受季节性上市冲击较大* 从目前的整体发展态势看，我国白灵菇工厂化生产因为受品种自身生长习性的影响，工厂化生产技术不是很稳定。截至目前，我国白灵菇工厂化生产企业有 17 个，日产量达到 51.6 t。工厂化产品大部分以鲜品销售为主，1～10 月的平均售价为 16 元/kg，其中 9 月份价格高达 30 元/kg。白灵菇市场价格也受季节性种植的冲击，我国的新疆、河南、河北、天津等地均有种植。

3. *金针菇产量再创新高，产能价值降低* 金针菇是我国食用菌工厂化生产中技术最完善的品种，无论是从生产企业数量还是产能，均呈现爆发式增长。2012 年工厂化金针菇日产量达到 2 718.95 t，仅江苏省的金针菇产量就达到 792.5 t，其次是山东省产量达 550.64 t。伴随着工厂化金针菇产能的提高，2012 年 3～7 月金针菇的价格降到了历史最低水平，北京新发地中央粮油批发市场金针菇鲜品销售价格显示，从2月17日12元/kg一路下滑到4月份的6元/kg，6月份降至5元/kg，直到7月份以后价格才出现缓慢上升趋势。从全国来看，工厂化金针菇产品的销售情况存在着较大的区域差异。2012年金针菇产品价格下跌，主要发生在金针菇工厂化程度较高、产量较大的上海、北京、江苏和广东等地区，以上海和北京市场为代表竞争十分激烈，价格倒逼成本的现象严重，部分工厂化金针菇生产企业已经转产杏鲍菇等品种，甚至有些实力较差的企业已经停产或关闭。在2012年调查中关停并转的55个企业中，有63%是金针菇工厂化生产企业。新疆等省、自治区的市场和二、三线城市因为供需平衡，价格波动较小，企业获利也相对稳定。

4. 杏鲍菇产量剧增，销售价格震荡运行　通过调查统计，2012我国杏鲍菇工厂化日产量达到1 562.85 t。目前的发展态势显示，杏鲍菇产量还将继续增长，一方面是大型的杏鲍菇工厂化生产企业增资扩产，在建的杏鲍菇工厂化企业较多；另一方面是金针菇工厂化生产企业因为金针菇销售价格遇冷，根据厂房的建造结构和生产设备情况转为生产杏鲍菇。2012年1～10月份上海市场杏鲍菇售价最高达到9元/kg，最低时达到5元/kg，10月初价格在7元/kg左右，明显低于2011年杏鲍菇平均售价11.1元/kg。虽然杏鲍菇目前市场价格好于金针菇，但是要警惕产能过剩。

5. 蟹味菇、白玉菇行业巨头垄断市场，生产成本相对较高　2012年全国蟹味菇、白玉菇日产总量达到167 t，代表性的企业有上海丰科生物科技股份有限公司、上海雪榕生物科技股份有限公司、山东荣丰食用菌有限公司等，这些大型企业的产品品质较好，获得了经销商和消费者的广泛认可，市场占有率较高。例如，上海丰科在中国大陆首创了蟹味菇、白玉菇工厂化栽培的新模式，目前上海总部拥有食用菌生产加工厂房50 000 m^2，同时在山东青岛、河北秦皇岛建立了大规模的生产型子公司，并在工艺、配方、包装等方面不断推陈出新，并积极实施加强型扩展战略，走在行业的前列。蟹味菇、白玉菇在投入产出比方面和其他工厂化品种相比生产成本较高，主要体现在生产设备投入和产品包装方面。

6. 海鲜菇投建发展迅速，节能降耗减低成本势在必行　海鲜菇工厂化生产主要集中在福建省，省内集中的产区是在顺昌县。2008年至2012年短短的五年时间，顺昌工厂化海鲜菇生产厂家从5个迅速发展到56个，海鲜菇全国市场占有率达80%，打造了一个令业界惊叹的“海鲜菇王国”。2012年海鲜菇价格每千克为14～24元（其中，“神农白玉”每千克高达36元），节日期间甚至供不应求。然而，2012年投资一哄而上带来了市场问题，如产能相对饱和、价格成本倒挂等现象，在5～6月份产品销售淡季表现十分明显。5月份上海市场海鲜菇售价在8～9元/kg，这个价格已经到了企业生产成本的边缘。据调查，个别小的生产企业每千克的成本就达到10元以上。所以，除了不断拓宽市场销售空间，节能降耗、减低成本是当前海鲜菇工厂化生产企业应该着力关注落实的问题。

四、质量管理与标准化工作

（一）质量管理

2012年4月19日，中国食用菌协会印发了《全国食用菌质量安全行动意见》，提出了行动总体要求、目标任务和重点工作。为确保行动的有效实施，中国食用菌协会专门成立了“食用菌质量安全行动”领导小组。针对古田县查获35 t致癌金针菇引起消费者恐慌的事件，以及8月至9月北京、杭州、陕西、河南等地误食野生毒蘑菇事件，中国食用菌协会相继在中央电视台12频道《平安365》栏目、《中国青年报》、《中国食品报》、福建省电视台制作金针菇、如何鉴别毒蘑菇、如何鉴别黑木耳掺假等专辑，强调质量安全的重要性，宣讲食用菌的营养保健功效，产品特性与消费知识，稳定了民心，产生了良好的社会反响。

（二）标准化工作

2012年3月25日，“中国食用菌协会第五届第二次常务理事扩大会议”讨论通过了《关于成立中国食用菌协会标准化技术委员会的意见》。该协会标准化技术委员会秘书处由中华全国供销合作总社昆明食用菌研究所承担，并负责技术委员会的筹建。针对食用菌产业标准现状，中国食用菌协会标准化技术委员会向全国发放“关于协助开展全国食用菌标准情况调查的函”，调查了近三年来正在承担的食用菌相关国家/行业标准制修订情况、本地区已公布的食用菌地方标准、食用菌加工企业执行三年以上的企业标准，以及计划申报的食用菌标准情况。调查结果共收到全国15个省、自治区、直辖市食用菌标准调查表。统计显示，近三年15个省、自治区、直辖市承担的食用菌国家、行业标准共23项，已公布的地方标准共222项，企业标准共17项，计划申报标准有34项。同时按照中国食用菌协会的部署，在前期调研、信息收集、会议召开的基础上，从食用菌循环经济和标准化两个方面进行分析总结，完成《全国食用菌循环利用情况及食用菌标准现状调研》报告撰写。在全国食用菌标准调研基础上，经过统计、梳理，结合网络查阅，整理《全国现行食用菌标准名称汇编》，汇编共收集国家标准29项，行业标准69项，地方标准252项。

五、行业工作

（一）召开常务理事（扩大）会议，总结部署全年工作

2012 年 3 月 25 日，“中国食用菌协会第五届第二次常务理事（扩大）会议”在北京召开。会议讨论并审议了协会工作报告和工作计划、各分支机构工作报告、人事调整议案等议题；针对行业内亟待解决的问题和诉求，明确了坚持改革、稳中求进的发展方向。会议向 20 个“全国食用菌产业化示范基地县”颁发了匾牌。

（二）扎实推进产业化发展示范县工作

2012 年，中国食用菌协会坚持把推进食用菌产业化发展作为加快转变发展方式、推进农业现代化、建设食用菌强国的重要举措来抓。4 月份印发了“关于报送‘全国食用菌产业化建设’总结及继续申报‘全国食用菌产业化发展示范县（区）’的函”，各主产基地县积极申报，后经审核、评定明确 20 个为“2012 年度全国食用菌产业化发展示范县”。这些食用菌产业化示范县在生产规模、科技进步、标准化生产、龙头企业带动、循环经济建设、文化建设、市场建设和政府支持等方面均达到建设要求，起到了示范带头作用。

（三）开展“全国食用菌专业合作社争先创优”活动

为引导食用菌专业合作社由数量型向质量型、由松散型向紧密型转变，促进合作优势的充分发挥，使专业合作社成为菌业增效、菌农增收的重要组织载体。2012 年 7 月，中国食用菌协会组织开展了“全国食用菌专业合作社争先创优活动”，创建了组织机构健全、内部管理完善、经营效益明显、示范带动能力强的 10 个“十佳食用菌专业合作社”、10 个“十佳食用菌合作组织”和 10 名“十佳食用菌专业合作社理事长”，并于 9 月份在湖南省常德市召开的“食用菌专业合作社会议”上进行了表彰，带动了全国食用菌专业合作社的发展和整体水平的提升。

（四）搭建服务平台，促进交流与合作

1. 中国食用菌协会联合中国烹饪协会、高密市人民政府，于 2012 年 7 月 16～17 日在山东高密举办了“中国（潍坊・高密）食用菌创新发展交流大会暨第八届中国国际食用菌烹饪大赛高密杯邀请赛”，参会代表 800 余人。此次会议交流了创新发展思路、举措和成果，推出了食用菌菜品 50 余种，对提升行业整体水平、宣传菌菇文化、拉动食用菌餐饮消费发挥了积极作用。

2. “中国食用菌产业发展大会暨首届全国食用菌专业合作社会议”于 2012 年 9 月 18 日在湖南省常德市召开，参会代表 300 余名，会议交流总结了我国食用菌产业化和专业合作社建设工作经验，表彰了全国食用菌产业化建设示范县、食用菌合作组织、专业合作社和理事长。会上，中国食用菌协会与常德市人民政府签订了《推进食用菌产业发展战略合作协议》。

3. 中国食用菌协会与杭州市科协合作，在浙江省举办了《食用菌应用技术与文化》展览，展出食用菌图片 300 多幅，美术作品 50 幅，标本 200 多幅，食用菌产品 30 余个。展览时间 16 d，接待观众 5 000 多人。展览期间，举办了专题讲座，加深了杭州市民对菌类营养、健康、菌文化的了解与认知。

4. “食用菌标准化技术委员会和循环经济产业发展会议”于 2012 年 10 月 20 日在昆明召开，参会代表 150 人。会议讨论了标准化委员会管理制度、食品安全问题、食用菌循环利用技术。组织了废弃菌糠综合利用技术培训，正式启动了行业标准化工作。

（五）承办国际活动，彰显食用菌大国形象

1. “2012 年国际蘑菇学会委员会会议”于 2012 年 8 月 26 日在北京召开，中国食用菌协会作为国际蘑菇学会副主席单位参加了会议。会上，国际蘑菇学会主席格雷格西莫介绍了国际蘑菇学会 2011 年主要工作，通报了 2011 年会员情况及财务状况。张祥茂会长代表第十八届国际食用菌大会的主办方，向各位委员报告了大会筹备情况。同时，会议就进一步促进食用菌全球科学家、生产企业和致力于食用菌产业发展的机构间的对话与交流工作进行了研究。

2. “第十八届国际食用菌大会”于 2012 年 8 月 27 日在北京召开。中国食用菌协会自 2004 年加入国际蘑菇学会以来，一直致力于促进中国食用菌产业国际地位的提升，经过多年来的不懈努力，成功申办第十八届国际食用菌大会。该次会议由国际蘑菇学会发起，中国食用菌协会、中国农业科学院，中国食品土畜进出口商会联合主办，中国农业科学院农业资源与农业区划所和北京通州区人民政府承办，参会代表来自 65 个国家和地区，总人数达 875 人。会议围绕食用菌资源、遗传育种、栽培、生理、病虫害防治等领域的最新技术成果及研究进展进行研讨，与会期间还举办食用菌产业展，汇聚了国内外先进食用菌新品种、新技术、新产品、新设备，为海内外宾客展示了世界食用菌产业的发展水平。

3. “中日食用菌菌种技术交流会”于 2012 年 8 月 28 日在北京举行。会上，中国食用菌协会会长张祥茂、日本全国食用菌菌种协会会长郡山贤一相互介绍了本国食用菌产业现状及菌种发展情况，表达了中日两国进一步加强交流与合作的意愿。郡山贤一会长表示，日本食用菌产量较低，但在菌种保护及管理方面具有一定的经验，希望通过此次交流会，促进两国食用菌界信息的沟通。日本代表团还参观了北京房山区庙耳岗食用菌生产基地及英良蟹味菇工厂。

4.“第五届黑木耳节暨世界发展中国家食用菌产业论坛”于2012年9月1日在黑龙江牡丹江召开。来自美国、澳大利亚、南非等10余个国家和国内20多个省市参展商、参展企业代表近千人参会。借助黑木耳节的平台优势，当地食用菌产业快速发展，农民增收显著。目前，牡丹江市食用菌栽培量已达28.3亿袋，实现年产值62亿元，拉动全市农民人均增收2 058元。会上，国际蘑菇学会授予牡丹江市“世界黑木耳之都”称号。

5.2012年11月24日至12月3日，中国食用菌协会秘书长何海龙带队组团考察了美国和加拿大的食用菌情况，走访了企业，考察了消费市场，参观了位于加拿大温哥华的中国食用菌协会副会长单位——江苏安惠生物科技有限公司北美公司。与美国、加拿大的食用菌企业家、科技工作者交流讨论了菌种保护、生产技术、质量安全等诸多问题。

（中国食用菌协会　戚俊）

乳制品制造业

一、基本情况

（一）生鲜乳生产

2012年，我国生鲜乳产量继续缓慢增长，全年奶类产量为3 875.4万t，同比增长1.7%。其中，牛奶产量为3 743.6万t，同比增长2.3%；其他乳制品产量为131.8万t，同比减少13.8%。牛奶产量前5位省、自治区为内蒙古、黑龙江、河北、河南和山东，其中内蒙古产量为910.2万t，占全国的24.3%。其他奶类生产方面，陕西、内蒙古、河南、山东、河北等省、自治区产量较高，其中陕西产量为47.3万t，同比增长12.9%，占全国的35.9%。从牛奶生产增长情况看，黑龙江牛奶产量增长最多，净增16.8万t；吉林、宁夏、湖北、西藏、山西、安徽、江西、广西、山东等9省、自治区增长速度超过5%，其中吉林产量为49.1万t，同比增长8.6%；广东、重庆、福建、浙江、天津5省、直辖市出现负增长，其中广东产量为13.6万t，同比降幅为4.2%。奶类、牛奶产量前五位省、自治区情况分别见表1、表2。

表1　2012年全国奶类总产量前5位省、自治区情况

地　区	产量（万t）	同比增长（%）	占全国比例（%）
全国总计	**3 875.4**	**1.7**	**100.0**
内蒙古	930.7	−0.1	24.0
黑龙江	565.0	2.7	14.6
河　北	479.0	2.6	12.4
河　南	330.4	2.9	8.5
山　东	294.1	5.4	7.6

资料来源：国家统计局。

表2　2012年全国牛奶产量前5位省、自治区情况

地　区	产量（万t）	同比增长（%）	占全国比例（%）
全国总计	**3 743.6**	**2.3**	**100.0**
内蒙古	910.2	0.2	24.3
黑龙江	559.9	3.1	15.0
河　北	470.4	2.5	12.6
河　南	316.1	3.1	8.4
山　东	283.9	5.6	7.6

资料来源：国家统计局。

（二）经济运行状况

2012年，全国规模以上乳制品企业（即年主营业务收入2 000万元及以上工业企业）有650个，其中内资企业为555个，占企业总的85.4%；港澳台商投资企业为17个，占企业总的2.6%；外商投资企业为78个，占企业总的12.0%。

2012年全国规模以上企业实现工业销售总产值为2 462.2亿元，同比增长7.0%。其中，内资企业为1 539.9亿元，同比增长7.7%，占销售总产值的62.5%；港澳台商投资企业为63.6亿元，同比增长−7.8%，占销售总产值的2.6%；外商投资企业为858.7亿元，同比增长7.0%，占销售总产值的34.9%。

2012年全行业流动资产合计935.7亿元，同比增长10.2%；固定资产合计534.4亿元，同比增长13.3%。其中，不同类型企业固定资产合计分别为：内资企业363.0亿元，同比增长17.5%，占全行业的67.9%；港澳台商投资企业26.2亿元，同比增长−6.5%，占全行业的4.9%；外商投资企业145.2亿元，同比增长7.9%，占全行业的27.2%。全行业资产总计1 782.5亿元，同比增长12.9%。其中，内资企业1 102.9亿元，同比增长13.9%，占全行业的61.9%；港澳台商投资企业52.7亿元，同比增长-30.7%，占全行业的3.0%；外商投资企业626.9亿元，同比增长17.2%，占全行业的35.2%。

2012年全国乳制品工业企业负债合计976.2亿元，同比增长8.1%；资产负债率为54.8%，比2011年降低2.4个百分点。其中，内资企业负债为585.7亿元，同比增长5.5%；负债率为53.1%，同比降低4.2个百分点。港澳台商投资企业负债为33.8亿元，同比增长-12.2%；负债率为64.1%，同比升高13.5个百分点。外商投资企业负债为356.7亿元，同比增长15.4%；负债率为56.9%，同比降低0.9个百分点。

2012年全行业利税总额为285.7亿元，同比增长5.3%。其中，利润为174.0亿元，同比增长-2.1%；税金为111.7亿元，同比增长19.5%。利润占利税的比重为60.9%。其中，内资企业利税总额为166.9亿元，同比增长7.1%。其中利润为104.6亿元，同比增长0.9%；税金为62.3亿元，同比增长19.6%。利润占利税总额的比重为62.7%。港澳台商投资企业利税总额为6.1亿元，同比增长-39.1%。其中，利润为1.9亿元，同比增长-70.2%；税金为4.2亿元，同比增长17.9%。利润占利税总额的比重为31.7%。外商投资企业利税总额为112.7亿元，同比增长6.9%。其中，利润为67.5亿元，同比增长-0.1%；税金为45.2亿元，同比增长19.5%。利润占利税总额的比重为59.9%。

2012年全行业成本费用利润率为9.21%，比2011年提高0.9个百分点。其中内资企业为8.33%，同比提高0.65个百分点；港澳台商投资企业为5.13%，同比降低5.7个百分点；外商投资企业为11.29%，同比提高2.2个百分点。2012年全行业亏损企业为106个，企业亏损率为16.3%。其中，内资企业为81个，占内资企业总数的14.6%；港澳台商投资企业为7个，占港澳台商投资企业总数的41.2%；外商投资企业为18个，占外商投资企业总数的23.1%。2012年全国规模以上企业乳制品、液体乳、乳粉产量前5位省、自治区情况分别见表3、表4、表5。

表3 2012年全国乳制品产量前5位省、自治区情况

地 区	产量（万t）	同比增长（%）	占全国比例（%）
全国总计	**2 545.2**	**8.1**	**100.0**
内蒙古	325.7	-8.6	12.8
山 东	320.7	14.9	12.6
河 北	272.5	3.1	10.7
黑龙江	185.7	-3.8	7.3
河 南	175.4	19.0	6.9

资料来源：国家统计局月报数。

表4 2012年全国液体乳产量前5位省、自治区情况

地 区	产量（万t）	同比增长（%）	占全国比例（%）
全国总计	**2 146.6**	**8.1**	**100.0**
内蒙古	273.4	-5.4	12.7
山 东	265.7	17.6	12.4
河 北	239.6	-6.1	11.2
陕 西	155.1	8.9	7.2
河 南	145.4	18.9	6.8

资料来源：国家统计局月报数。

表5 2012年全国乳粉产量前5位省、自治区情况

地 区	产量（万t）	同比增长（%）	占全国比例（%）
全国总计	**136.5**	**2.4**	**100.0**
黑龙江	40.8	-8.2	29.9
内蒙古	28.5	-7.8	20.9
陕 西	13.5	13.3	9.9
湖 南	6.3	33.8	4.6
浙 江	4.9	72.8	3.6

资料来源：国家统计局月报数。

（三）产业结构

2012年，据中国乳制品工业协会对101个会员单位（销售收入占全行业的93.2%）的统计，在乳粉类产品中，全脂乳粉占28.4%，全脂加糖乳粉占4.0%，脱脂乳粉占1.5%，婴幼儿乳粉占52.1%，中老年乳粉占5.2%，调味乳粉占2.5%，其他乳粉占6.2%。

2012年，根据中国乳制品工业协会统计数据，全国奶油类产品产量约5.5万t；干酪产量约3.0万t。其中，原干酪约占32.1%，再制干酪约占67.9%。炼乳产量约19.3万t，其中甜炼乳约占81.9%，无糖炼乳约占18.1%。

2012年，根据中国乳制品工业协会统计数据，全国液体乳产品构成为巴氏杀菌乳约占10.2%，灭菌乳约占48.9%，调制乳约占22.0%，发酵乳约占19.0%。

（四）大型骨干企业

2012年，乳制品行业大型骨干企业得益于品牌效应和高附加值产品的增长，增长速度和效益均好于同期行业平均水平，产业集中度进一步增加。根据中国乳制品工业协会的统计，2012年，行业销售收入前10位的企业为内蒙古伊利实业集团股份有限公司、内蒙古蒙牛乳业（集团）股份有限公司、杭州娃哈哈集团有限公司、光明乳业股份有限公司、旺旺控股有限公司、维维集团股份有限公司、黑龙江省完达山乳业股份有限公司、雀巢中国有限公司、多美滋婴幼儿食品有限公司和浙江贝因美科工贸股份有限公司。前

10位企业销售收入总计为1 589亿元，占全国规模以上企业总销售收入的63.5%，比2011年提高0.6个百分点。2012年，利税总额前10位的企业完成利税总额为240亿元，占全国的84.0%；利润总额前10位的企业利润总额为154亿元，占全国的88.5%；乳制品产量前10位企业总产量为1 116万t，占全国的43.8%，同比提高3.0个百分点；液体乳产量前10位的企业总产量达1 081万t，占全国的50.4%，同比提高了4.7个百分点；乳粉产量前10位企业总产量61万t，占全行业的44.7%。

二、市场状况

（一）生鲜乳收购价格

2012年，全国生鲜乳平均价格在高价位的基础上继续增长。特别是重点产区，生鲜乳收购价格增长较快，奶源紧张的形势又开始呈现。根据农业部对河北、河南、山东、山西、黑龙江、辽宁、新疆、内蒙古、陕西、宁夏等10个主产省份生鲜乳价格监测情况（应是奶农实际得到的价格），2012年1～12月，生鲜乳价格稳中略涨，12月底价格比年初上涨4.3%。其中，12月平均价格为3.38元/kg（表6），同比上涨4.0%；新疆生鲜乳价格较高，为4.22元/kg；内蒙古生鲜乳价格较低，为2.94元/kg。

表6 2012年农业部监测10个主产省份生鲜乳月平均价格情况

月　份	1	2	3	4	5	6
月平均价格（元/kg）	3.26	3.28	3.28	3.27	3.27	3.27
月　份	7	8	9	10	11	12
月平均价格（元/kg）	3.27	3.27	3.28	3.31	3.34	3.38

数据来源：农业部监测数据。

根据中国乳制品工业协会对75个会员企业（集团）的统计，2012年1～12月，乳制品企业生鲜乳平均收购价约为3.60元/kg，较2011年增长4.3%。其中收购价最高的企业为5.05元/kg（广东）；收购价最低的企业为2.28元/kg（内蒙古）。从价格区间看，收购价低于3.00元/kg的企业有6个，占总数的8.0%；收购价为3.00～3.50元/kg的企业有23个，占总数的30.7%；收购价为3.50～4.00元/kg的企业有33个，占总数的44.0%；收购价为4.00～5.00元/kg的企业有10个，占总数的13.3%；收购价在5.00元/kg及以上的企业有3个，占总数的4.0%（表7）。从价格增长情况看，2012年原料乳收购价比2011年增长的有62个，占总数的82.7%；与2011年持平的有4个，占总数的5.3%；比2011年降低的有9个，占总数的12.0%；收购价增长幅度在10%以上的企业有11个，占总数的14.7%；增长幅度在5%以上的企业有30个，占总数的40.0%。

表7 2012年75个企业（集团）生鲜乳收购价格情况

生鲜乳收购价格（元/kg）	企业数（个）	占统计总数比重（%）
＜3.00	6	8.0
3.00～3.50	23	30.7
3.50～4.00	33	44.0
4.00～5.00	10	13.3
≥5.00	3	4.0

数据来源：中国乳制品工业协会。

（二）进出口

1. **进口** 2012年，受国际乳制品价格回落和国内乳制品消费需求共同影响，我国乳制品进口持续快速增长，其中液体乳类产品增长迅猛。2012年1～12月，我国乳制品累计进口为114.6万t，货值为32.2亿美元，同比分别增长26.5%和22.7%；乳制品的平均进口价格同比降低2.9%，其中乳粉的平均进口价格降低8.0%。其他乳制品（乳糖、零售包装婴幼儿乳粉、干酪素、乳清蛋白粉等）累计进口为19.5万t，货值为14.6亿美元，同比分别增长23.9%和24.9%。进口乳制品中，乳粉、乳清粉、液体乳、奶油、干酪等进口量较大。其中，乳粉进口为57.3万t，同比增长27.5%；乳清粉进口为37.8万t，同比增长9.9%。在进口增速上，液体乳和酸乳增速最快，分别增长131.3%和210.2%（表8）。

表8 2012年乳制品进口情况

产品名称		数量（t）	同比增长（%）	金　额（万美元）	同比增长（%）
液体乳		93 784	131.3	11 871	96.2
乳粉	脱脂乳粉	167 553	29.1	55 468	21.8
	全脂乳粉	402 661	26.6	135 598	15.1
	调味乳粉	2 896	71.7	1 852	63.6
	合　计	**573 110**	**27.5**	**192 919**	**17.2**
炼　乳		5 514	12.4	1 259	9.3
酸　乳		7 897	210.2	2 487	178.6
乳清粉		378 380	9.9	74 806	31.0
奶　油		48 326	35.5	19 566	6.6
干　酪		38 806	35.7	18 668	34.2
乳品合计		**1 145 817**	**26.5**	**321 576**	**22.7**

数据来源：中国海关。

2012年进口的其他乳制品中，乳糖类产品为8.0万t，同比增长44.8%；货值为1.6亿美元，同比增长124.4%。零售包装婴幼儿乳粉为9.1万t，同比增长 16.9%；货值为 10.5 亿美元，同比增长 21.7%（表 9）。

表 9　2012 年其他乳制品进口情况

产品名称	数　量（t）	同比增长（%）	金　额（万美元）	同比增长（%）
乳糖类	79 812	44.8	15 585	124.4
零售包装婴幼儿乳粉	91 487	16.9	104 811	21.7
酪蛋白类	12 476	23.3	12 390	16.8
白蛋白类	11 576	−18.5	13 043	−0.7
合　计	**195 351**	**23.9**	**145 828**	**24.9**

数据来源：中国海关。

2. **出口**　2012 年我国乳制品出口恢复缓慢，仍然低迷。2012 年 1～12 月份，共出口乳制品为 4.5 万 t，同比增长 3.6%；出口金额为 8 236 万美元，同比增长 3.4%。其他乳制品累计出口为 4 814 t，同比增长 5.2%；货值为 2 992 万美元，同比增长 13.5%。出口产品中，液体乳、乳粉、炼乳出口恢复情况相对较好。其中，液体乳出口为 2.7 万 t，同比增长 8.4%；乳粉出口为 9 703 t，同比增长 4.0%；炼乳出口为 3 723 t，同比增长 18.9%（表 10、表 11）。

表 10　2012 年乳制品出口情况

产品名称		数　量（t）	同比增长（%）	金　额（万美元）	同比增长（%）
液体乳		27 275	8.4	2 312	12.2
乳粉	脱脂乳粉	345	73.2	166	82.5
	全脂乳粉	5 999	−8.6	2 076	−12.0
	调味乳粉	3 359	30.9	1 742	38.3
	合　计	**9 703**	**4.0**	**3 984**	**7.3**
炼　乳		3 723	18.9	720	20.1
酸　乳		526	−38.2	50	−37.2
乳清粉		702	−39.0	143	−1.9
奶　油		2 567	−23.6	801	−32.9
干　酪		400	18.1	226	27.6
乳品合计		**44 896**	**3.6**	**8 236**	**3.4**

数据来源：中国海关。

表 11　2012 年其他乳制品出口情况

产品名称	数　量（t）	同比增长（%）	金　额（万美元）	同比增长（%）
乳糖类	294	−8.2	154	92.5
零售包装婴幼儿乳粉	388	27.9	361	74.5
酪蛋白类	4 101	4.3	2 419	3.8
白蛋白类	31	56.5	59	197.9
合　计	**4 814**	**5.2**	**2 992**	**13.5**

数据来源：中国海关。

2012 年 1～12 月份，全国进出口乳制品数量逆差为 110.1 万 t，货值逆差为 31.3 亿美元，分别比上年度增长 27.6%和 23.3%；进出口其他乳制品数量逆差为 19.1 万 t，货值逆差为 14.3 亿美元，分别比上年度增长 24.4%和 25.1%。

三、行业动态

（一）质量管理

1. 2011 年以来，经过国家对乳制品行业彻底的清理整顿，原料乳质量得到很大提升；所有乳制品生产企业都按照更严格的生产许可条件进行了重新审核，淘汰了达不到条件的企业，行业总体生产条件、技术装备及检验技术水平得到明显提升，企业管理能力和水平得以加强与完善。为保证乳制品的质量安全，企业对出厂产品实施了严格的批批全项检验制度，国家有关部门及相关机构也加大对乳制品的监测和抽检力度。从相关监测和抽检情况看，乳制品质量是稳定的、安全的、可靠的，从问题产品检出率看，国产乳制品好于进口产品。

2. 根据国家质量监督检验检疫总局的统计信息，2011—2012 年，国家质量监督检验检疫总局监测国产乳制品样品 128 240 个，发现问题样品 330 个，问题检出率为 0.26%。其中婴幼儿配方乳粉样品12 082 个，发现问题样品 93 个，问题检出率为 0.77%。2012 年，各口岸检验检疫部门共查出不合格进口乳品 318 批次 566 t，问题检出率为 0.76%。其中不合格婴幼儿配方乳粉 43 批次 80.95 t，问题检出率为 1.13%。相关问题产品都依法做了退货、销毁等处理，未进入国内市场。

3. 2012 年 2～12 月，为了对国内婴幼儿配方乳粉的质量安全状况进行动态监测，提升消费者对国产乳粉消费信心，中国乳制品工业协会继续开展“主流品牌婴幼儿乳粉月月抽检”活动。主流品牌是指产品产量大，市场占有率高，产品至少在 3 个以上省会级城市销售，在国内大多数市场上能够买得到的国产品牌。月月抽检活动由企业自愿申请参加，协会委托国家级食品质量安全监督检验机构连续 11 个月在市场随机抽样，对 16 项指标进行检测，包括蛋白质、脂肪、碳水化合物、乳糖占碳水化合物总量比等 4 项理化指标，铅、硝酸盐、亚硝酸盐、黄曲霉毒素 M_1 等 4 项污染物限量指标，菌落总数、大肠菌群、金黄色葡萄球菌、阪崎肠杆菌、沙门氏菌等 5 项微生物指标，三聚氰胺、革皮水解物等 2 项非法添加物和 1 项风险监测指标汞。参加抽检的企业品牌包括圣元、Arla、完达山、雀巢、明一、飞鹤、雅士利、三元、施恩、聪尔壮、阳光宝宝、伊利、贝因美、古城、光明等 15 个。2012 年共抽检样品163个，抽检合格率100%。从检验结果看，凡是有范围值的指标，实测值均基本接近中线；凡有最高限值的指标，实测值均是标准值的1/10～1/5。检验结果表明，市场上的主流品牌婴幼儿乳粉的质量是稳定可靠的。

（二）婴幼儿配方食品禁止添加牛初乳

鉴于婴幼儿配方食品的特殊性，且缺乏长期食用牛初乳对婴幼儿健康影响情况研究数据及牛初乳作为婴幼儿配方食品原料的安全性资料。本着审慎的原则，2012年4月16日，卫生部办公厅在给国家质量监督检验检疫总局《关于牛初乳产品适用标准问题的复函》中，规定自2012年9月1日起婴幼儿配方食品中不得添加牛初乳以及用牛初乳为原料生产的乳制品，此前合法生产或进口的产品可在保质期内继续销售。对于用牛初乳为原料生产乳制品及普通食品添加牛初乳原料的，应当符合相关食品标准的要求。复函中对牛初乳进行了定义，指健康奶牛产犊后七日内的乳；对牛初乳粉的检验，可参照现行中国乳制品工业协会《牛初乳粉》（RHB602—2005）中理化和卫生指标执行。

（三）雀巢并购惠氏

2012年4月23日，雀巢与辉瑞公司达成协议，雀巢以118.5亿美元现金并购辉瑞公司营养品业务，其中包括惠氏乳粉业务。购得惠氏后，雀巢同时拥有了两大乳粉品牌，在全球及中国的婴幼儿配方食品市场中的份额都得到大幅提升。

（四）国内企业海外并购

继2011年，光明、澳优海外并购后，2012年，又有企业斥巨资谋求海外发展，建立生产基地。2012年9月，圣元营养食品有限公司与法国索迪亚集团签订协议，投资9 000万欧元（约合7亿元人民币）在法国布列塔尼半岛建设一座年产10万t婴儿奶粉工厂。首批产品预计2014年底面世。2012年11月，上海鹏欣集团出资2亿新西兰元（约合1.64亿美元）购买了面积达7 885hm^{2}的16个新西兰奶牛农场的全部土地和附属的牲畜、动产、设备以及与奶牛场相关联的资产。

（五）行业年会

“中国乳制品工业协会第十八次年会暨第十二次乳品技术精品展示会”于2012年8月24～26日在杭州召开。国内外乳业相关人员3 000余人参加会议。工业和信息化部总工程师朱宏任、浙江省副省长郑继伟、中国轻工业联合会会长步正发等领导及国际乳品联合会技术总监乔治先生等出席了大会开幕式。中国乳制品工业协会第四届理事会理事长宋昆冈在大会开幕式上作了《新乳业 新思路》的报告，指出“十二五”期间中国乳业发展的基本思路是：以保障产品质量安全为中心，以发展自有奶源为基础，以市场需求为杠杆，实现生产发展与市场消费同步增长；通过产品结构调整、产业布局调整，大力开发农村市场，支持特种乳制品发展，实现乳业健康持续发展。年会期间，还举办了“中国乳业经济发展论坛”“国际乳品新技术新资源及市场发展趋势论坛”“全球婴幼儿配方粉科学与营养发展论坛”“国际乳品质量安全检测新技术论坛”等一系列活动，方便了企业获取国内外最新、最前沿行业信息和进行近距离交流，受到参会代表的极大关注和广泛好评。

（中国乳制品工业协会 岳增君）

烟草加工业

2012年，在党中央、国务院及工信部的领导下，全国烟草行业坚持以邓小平理论、“三个代表”重要思想、科学发展观为指导，把握“稳中求进”工作总基调，紧紧围绕“卷烟上水平”基本方针和战略任务，面对宏观经济下行压力加大和外部环境复杂多变形势，以培育品牌为重点，重基础、调结构、严管理、促规范、强素质，经济运行质量和效益明显提高，保持了行业持续健康发展。

一、基本情况

2012年，全行业实现工商税利8 649.39亿元，同比增加1 179.63亿元，同比增长15.79%。上缴国家财政7 166.62亿元，同比增加1 165.44亿元，同比增长19.42%。烟叶生产连续15年保持稳定发展，及时调整收购价格，烟农种烟效益明显提高。全国种植烤烟141.2万hm^2，收购烤烟273 700万kg，同比增加34 750万kg。卷烟产销总体平衡，重点品牌保持良好发展。坚持“控总量、调结构、降库存、稳价格”的卷烟生产经营调控方针，把保持良好市场状态作为调控主要目标，努力保持卷烟产销协调发展。全年卷烟产销增长控制在2.4%以内。产品结构不断优化，全国在产卷烟牌号98个，同比减少7个；综合配套能力不断加强，多元化投资管理水平明显提高。国产烟机对行业的服务与支撑保障能力有效提升，设备管理绩效评价工作全面展开，全年国产烟机出口合同金额达3 645万美元。高度重视丝束生产经营和进口工作，在货源供应偏紧情况下，保证了卷烟正常生产。积极推进多元化投资管理体制改革，启动行业宾馆酒店业整合试点工作，切实加强多元化企业经营管理，多元化投资质量和效益明显提高。

二、科研、新产品、新技术

1. 技术创新体系不断完善，内部激励机制初步建立。以“四个一流”（一流的服务、一流的手段、一流的管理、一流的素质）为目标，工业企业技术中心建设水平不断提升。加强烟叶主产区技术中心建设，首批认定4个行业级烟叶生产技术中心。

2. 国家烟草基因研究中心建设稳步推进，行业重点实验室建设不断加强。高度重视人才培养使用，注重激发科技人员创新热情，人员素质和研发水平不断提升。科技重大专项有效推进，取得一批重要成果。完成中式卷烟风格特征剖析研究；卷烟减害降焦技术深入推进，全国卷烟焦油量加权平均值降至10.9 mg/支，同比降低0.6 mg/支；烟草基因组计划实现从结构基因组向功能基因组研究过渡；造纸法再造烟叶技术升级重大专项全面启动。

3. 2012年获得授权烟草技术类专利2 018件，同比增长41%；发布行业和企业标准65项，组建5个重点标准研究室。密切关注国内外相关领域研究动态，认真做好履行《烟草控制框架公约》工作。

4. 信息化建设深入推进，系统集成和应用水平不断提升。以统筹规划为引领，以系统设计为重点，以重点项目为抓手，狠抓信息系统规范、安全管理和评价考核，行业生产经营决策管理系统全面投入使用，整体运行维护工作全面展开，信息化建设取得积极进展，信息资源利用水平进一步提高。

5. 16 000支/min、800包/min的超高速卷接包国产化样机顺利下线，新建超高速包装机组重大专项技改项目正式奠基。行业超高速卷接包机组重大专项取得阶段性成果以及技改项目的实施，将有力提升国产烟机工业的技术研发水平和生产制造能力，为行业提供强有力的技术装备支撑和保障。

三、国内外市场概况

（一）国内市场概况

1. 为切实维护烟农利益，烟叶收购价格比上年调增20%，相应提高优化结构和散叶收购补贴标准，保持产前投入补贴标准；积极组织抗灾救灾，及时下拨抗灾救灾资金，保护了烟农种烟积极性，烟叶生产连续15年保持稳定发展。全国烤烟收购均价21.5元/kg，同比增长22.7%；烟农总收入586.9亿元，同比增长40.5%；户均收入4.45万元，同比增长48.4%。

2. 优化结构工作全面推进，烟叶质量水平有新的提高。认真总结优化结构工作经验，在13个烟区开展优化结构工作，共处理不适用烟叶折合干烟27 600万kg。全国烟叶收购上中等级比例达到94.5%，有效提高了烟叶使用效率。精心组织烟叶订单生产试点，8个烟草工业公司在21个基地单元开展订单生产，处理不适用烟叶比重占20.8%。高度重视先进适用技术推广，切实加强特色优质烟叶开发，着力打造特色生态烟区，促进烟叶质量水平有新的提升，全国特色烟叶基地单元收购30 250万kg。散叶收购工作取得积极进展，全年散叶收购量超过50 000万kg。

3. 现代烟草农业建设扎实推进，减工降本增效取得明显成效。切实加强烟叶生产基础设施建设，全年共投入补贴资金147亿元，建设常规项目36万个、审查同意水源工程项目39个、安排土地整理3.1万hm^2。坚持以基地单元建设为载体，围绕“减工降本增效”，大力推进全程机械化作业试点，健全专业化服务体系，推动烟农专业合作社健康发展。一是卷烟产销总体平衡，重点品牌保持良好发展。保持良好市场状态作为调控主要目标，努力保持卷烟产销协调发展，全年卷烟产销增长控制在2.4%以内。产品结构不断优化，全国在产卷烟牌号单箱销售均价2.33万元，同比增长11.47%；产销量100万箱以上品牌16个，其中“红塔山”“白沙”“云烟”达到300万箱，“双喜·红双喜”超过400万箱，“532”品牌发展目标取得重大进展。焦油量8 mg /支以下产品销量646.92万箱，同比增长83.76%，其中6 mg/支以下达28.72万箱，低焦产品在加快发展。销售收入400亿元以上品牌9个，其中“双喜·红双喜”“云烟”“芙蓉王”“利群”“黄鹤楼”“玉溪”6个品牌超过600亿元，“中华”达到1 180亿元，“461”品牌发展格局基本形成，品牌发展上水平取得显著成效。二是现代营销网络建设加快推进，市场营销水平有效提升。高度重视零售终端建设，全面推广“135”工作法，切实加强现代物流建设和运营管理，有效发挥了市场营销对培育重点品牌的基础和引领作用。全国省际间交易比重达55.3%，同比提高0.6个百分点；卷烟网上订货率83 %，同比提高9.3个百分点；一次分拣到户率98.3%，同比提高0.6个百分点；平均零售毛利率10.45%，同比提高0.3个百分点；零售客户满意度83.3分，同比提高0.2分；零售客户平均收入2.59万元，同比增长16.7%。三是加强境外企业生产经营管理，拓展国际市场取得新的进展。全年行业境外卷烟销售612.9万件，同比增长20.9%，其中境外卷烟企业和合作销售367.2万件，同比增长36%。

（二）国外市场概况

1. *烟叶*　目前全世界约有120多个国家和地区种植烟叶。除中国外，2012年全世界共生产烤烟460.2万t。巴西是世界第二大烤烟生产国，同时也是世界第一大烤烟出口国。受严重干旱天气和种烟面积压缩的影响，2012年巴西烟叶产量出现了较大幅度的下降，全年烤烟产量61万t，同比下降13.2%；白肋烟产量8.8万t，同比下降18.9%。印度是世界第三大烟叶生产国，2012年烤烟产量27.3万t，同比下降1.6%；包括其他类型烟叶在内，2012年印度烟叶产量超过70万t。相反，美国烟叶在2009—2011年持续下降之后，2012年出现了恢复性增长，全年烤烟产量20.4万t，白肋烟产量9.1万t，深色晾烟1.2万t，明火烤烟2.1万t。阿根廷是南美第二大烟叶生产国，2012年烤烟产量7.4万t，同比下降13.1%。非洲烟叶产量规模虽然不大，但在出口市场上具有重要地位。2012年津巴布韦烤烟产量14.4万t，同比增长8.8%；坦桑尼亚、马拉维由于受天气和技术因素影响，烤烟产量出现大幅下降。尽管也受到天气因素影响，2012年，赞比亚、南非、刚果（布）、乌干达、肯尼亚、莫桑比克烤烟产量均有所增长。2012年，欧盟和原独联体国家烟叶生产整体呈下降趋势。在其他几个烤烟生产规模相对较大的国家中，孟加拉国产量9.0万t，与上年持平；印度尼西亚4.8万t，同比增长27.7%；菲律宾4.4万t，同比下降2.9%；意大利3.0万t，同比下降30.7%。土耳其是世界主要的香料烟生产国，但其产量在2008—2011年持续下降，2012年恢复到5.5万t，同比增长26.8%。值得关注的是，希腊烟叶生产在持续多年下降之后，许多烟农在经济环境低迷、缺乏其他就业和收入渠道情况下，开始恢复烟叶生产。

2012年，全球两大跨国烟叶公司的经营情况也是大相径庭。环球烟叶公司（Universal Leaf Tobacco Company Inc.），创建于1918年，总部位于美国弗吉尼亚里士满，目前在世界5个洲的30多个国家和地区从事烟叶收购加工业务。近年来，该公司控制了巴西烟叶的20%～30%、非洲烟叶的35%～45%以及北美烟叶的20%～30%，其主要客户是几大跨国烟草公司。由于几大跨国烟草公司近年来在加快推进烟叶直接采购和实体化运作，对环球烟叶公司的业务经营造成了很大影响。2012财政年度公司经营收入24.5亿美元，同比下降4.8%；其中与菲莫国际公司的交易额为6.1亿美元，同比下降18.7%；与帝国烟草公司的交易额为3.6亿美元，同比增长12.5%；与日本烟草公司的交易额为2.1亿美元，同比下降37.5%。全年实现利润1.8亿美元，同比下降29.2%；年末资产总额22.7亿美元，同比增长1.7%。联一国际公司（Alliance One International），由德孟公司和标准商业公司于2005年合并重组而成，总部位于美国北卡罗来纳州首府罗利，其烟叶收购加工业务分布在世界45个国家和地区。2012财政年度，该公司共销售烟叶42.7万t，同比下降2.8%；每千克烟叶价格4.81美元，比上年提高3.9%；全年经营收入21.5亿美元，同比增长2.7%；实现利润（调整后）1.5亿美元，同比增长16.5%；年末资产总额19.5亿美元，同比增长7.8%。联一国际公司的烟叶销往世界90多个国家和地区。从销售收入所占比重看，2012年美国市场占其销售收入比重为19.9%，比利时为10.3%，中国为9.6%，德国为4.6%，俄罗斯为4.3%，其他国家为40.9%。从最近3年该公司的运营情况看，美国和中国是公司业务量增长最多的两个国家。

2. *卷烟*

（1）菲莫国际公司（Philip Morris International Inc.）　自2008年正式从奥驰亚集团独立出来后，公司全力向美国以外烟草市场扩张，特别是把重点放在亚洲、东欧和非洲等新兴市场上，其卷烟销量稳定增长，其他非卷烟类烟草制品迅速发展，以“万宝路”为核心的品牌竞争优势进一步彰显。2012年，该公司共销售卷烟9 270亿支（剔除并购因素），同比增长1.3%。其中在东欧、中东和非洲市场销量增长4.7%；在亚洲市场销量增长4.2%。其重点卷烟品牌继续保持稳健发展态势，其中“万宝路（Marlboro）”销量3 016亿支；“蓝星（L&M）”销量937亿支；“邦德街（Bond Street）”销量468亿支；“百乐门（Parliament）”销量434亿支。其他烟草制品销量增长9.8%。公司的产品在全球180多个国家和地区销售，2012年在阿尔及利亚、阿根廷、澳大利亚、比利时、巴西等主要目标市场的份额均有不同程度提高，在公司盈利性最好的30个目标市场所占份额达37.4%，比上年提高0.6个百分点。全年实现销售收入773.9亿美元，同比增长1.4%。

（2）英美烟草公司（British American Tobacco）创建于1902年，长期以来对世界烟草产业有着重要影响，其许多战略举动具有一定的“风向标”意义。2012年，公司全面加强对其他非卷烟类烟草制品的市场拓展力度。投资1亿多英镑专门用于无烟气烟草制品的研发推广，在韩国推出“登喜路”牌新品雪茄，在欧美市场不断巩固提升其细切烟丝、鼻烟、口含烟业务，积极发展“下一代烟草制品（Next-generation Products）”。而在卷烟市场上，公司坚持以培育四个“全球驱动品牌”为核心，通过产品创新、技术创新和管理创新，继续保持较为稳健的发展态势。全年销售卷烟6 940亿支，同比下降1.6%；四个“全球驱动品牌”销量2 320亿支，同比增长3.0%。其中，“登喜路（Dunhill）”销量约490亿支；“健牌（Kent）”销量约670亿支；“好彩（Lucky Strike）”销量约330亿支；“波迈（Pall Mall）”销量约830亿支。其他国际性品牌销量3 770亿支，同比增长2.0%。全年实现销售收入458.7亿英镑（727.5亿美元），同比下降0.5%。

（3）日本烟草公司（Japan Tobacco Inc.）2012年，公司国内业务逐步从日本大地震影响中摆脱出来，卷烟销量出现了恢复性增长，全年在日本市场销售卷烟1 171亿支，同比增长8.0%；占国内市场份额的59.5%，比上年提高3.9个百分点。由于受许多国家执行《烟草控制框架公约》相关条款的影响，公司在2012年决定将其旗舰品牌“柔和七星（Mild Seven）”更名为“MEVIUS”并自2013年年初正式实施。同时，公司积极推进全系列烟草制品发展战略，不断加大向其他烟草制品市场扩张步伐，2012年，公司先后收购了比利时的格里森（Gryson）细切烟丝公司和埃及的纳哈拉（Nakhla）斗烟公司。在拓展国际烟草市场上，2012年公司取得了较为显著的成效，全年在日本以外销售卷烟4 365亿支，同比增长2.5%。八个“全球旗舰品牌”海外市场销量增长4.8%。其中“云丝顿（Winston）”销量1 394亿支；“乐迪（L&D）”销量451亿支；“骆驼（Camel）”销量407亿支。国际业务实现销售收入（不含税）126.2亿美元，同比增长12.6%。包括国内、国际市场，公司全年卷烟总销量为5 536亿支，同比增长3.6%。在2012财政年度，公司烟草业务销售收入为61 886亿日元（775.5亿美元），同比增长7.6%。除烟草业务外，公司还经营食品、药品等非烟草业务。自1985年4月改制成立以来，日本烟草公司一直都是政府控股。但2013年2月25日，日本政府为筹集地震重建资金拟出售所持部分公司股份，虽然日本政府仍为公司第一大股东并持有36.7%的股份，但已不具有绝对控股地位。

（4）帝国烟草公司（Imperial Tobacco Group PLC）世界第四大跨国烟草公司，目前共有3.7万名员工、47个烟草制造厂，产品销往世界160多个国家和地区。2012年，公司坚持以发展全系列烟草制品为重点，继续强化品牌营销、产品创新、成本控制和供应链管理，全年销售卷烟2 925亿支，同比下降3.2%；销售细切烟丝折算量441亿支，同比增长0.5%。公司的四个“核心战略品牌”（Key Strategic Brands）销量1 023亿支，同比增长6.9%；其中“大卫·杜夫（Davidoff）”销量197亿支；“金高卢（Gauloises Blondes）”销量320亿支；“威斯（West）”销量258亿支；“JPS”销量248亿支。全年烟草销售收入211.6亿英镑（335.6亿美元），同比下降0.5%。除烟草业务外，公司还经营物流配送业务，2012年物流业务净收入8.7亿英镑（13.8亿美元），同比下降6.4%。

（5）奥驰亚集团（Altria Group）自从把菲莫国际公司分离出去后，奥驰亚集团烟草业务主要集中于美国，目前是美国第一大烟草公司，下属菲莫美国公司、美国无烟气烟草公司和约翰·米德尔顿雪茄公司三个全资子公司从事烟草业务，同时还经营酒类和金融业务。2012年，集团一方面有效发挥在卷烟市场的传统优势，另一方面不断加大对雪茄、无烟气烟草制品的市场拓展力度，全年公司销售卷烟1 349亿支，同比下降0.2%；占美国卷烟市场的份额为49.8%，比上年提高0.8个百分点。其中“万宝路”销量1 164亿支，占美国卷烟市场的份额为42.6%。销售雪茄12.37亿支，同比下降0.7%；占美国雪茄市场（不含小雪茄）的份额达30.2%。销售无烟气烟草制品7.63亿盒，同比增长3.9%；占美国无烟气烟草制品市场的份额达55.4%。全年烟草业务销售收入239.1亿美元，同比增长1.3%。

（6）雷诺美国公司（Reynolds American Inc.）美国第二大烟草公司，英美烟草公司拥有其42%的股份，下属R.J.雷诺烟草公司、美国鼻烟公司、圣塔菲天然烟草公司和尼可维姆尼古丁替代品公司。2012年，公司加快实施烟草产品转型发展战略，大力推进新型卷烟、无烟气烟草制品和新产品研发和市场推广。2012年，公司销售卷烟689亿支，同比下降5.6%。其中“骆驼（Camel）”销量212亿支；“波迈（Pall Mall）”销量219亿支。总体看，近年来公司卷烟销量在不断减少，其占美国市场的份额也在不断降低。不过，在卷烟业务下滑的同时，其他烟草制品业务却持续增长，2012年销售湿润鼻烟4.4亿盒，同比增长8.0%；主打品牌“格瑞兹丽（Grizzly）”销量为3.9亿盒，占美国鼻烟市场份额的32.4%；销售天然卷烟31亿支，同比增长11.3%。公司全年实现销售收入122.3亿美元，同比下降3.3%。

（7）韩国烟草人参公社（KT&G） 韩国取消烟草专卖体制后，于1987年4月1日对其进行改制并逐步实行私有化。目前，共有4 080名雇员，除经营烟草主业外，还经营人参、食品、地产等多项非烟草业务。2012年，公司销售卷烟960亿支，同比增长2.7%；其中在韩国市场销售553亿支，同比增长4.1%；占韩国卷烟市场的份额为61.9%，比上年提高2.8个百分点；出口卷烟407亿支，同比增长1.0%。“爱喜（ESSE）”作为公司主打品牌，近年来在韩国以外市场快速增长，2007年境外销量为130亿支，2012年增加到231亿支，年均增长12.1%。2012年，该公司烟草业务销售收入25 239亿韩元（不含税收，约22.9亿美元），同比增长5.6%。

（8）埃及东方烟草公司（Eastern Company S.A.E） 是目前埃及唯一的卷烟生产商，2012年共有员工13 532名。受埃及政治经济局势剧烈动荡的影响，公司近年来面临较大的经营困难。2012年共生产卷烟770亿支，同比下降3.7%；在埃及国内销售卷烟560亿支，同比下降3.4%；出口卷烟6.9亿支，同比增长64.5%。此外，在埃及销售水烟（Moassel）1.5万t，同比下降11.8%；出口水烟1 488 t，同比下降13.3%。由于烟草税收和价格持续提高，全年销售收入169.2亿埃及镑（不含税收，约27.7亿美元），同比增长23.7%。

（9）斯堪的纳维亚烟草集团（Scandinavian Tobacco Group） 由原来的斯堪的纳维亚烟草公司和瑞典火柴公司（不包括美国雪茄业务）于2010年联合重组而成，总部设在丹麦哥本哈根，主要生产非卷烟类的斗烟、雪茄、细切烟丝、无烟气烟草制品等，其斗烟和雪茄生产规模目前均居世界第一。目前在世界20个国家设有33个烟草制品生产和经销公司，产品销往世界120多个国家和地区。2011年共有员工9 515人，全年销售机制雪茄29亿支、手工雪茄1.4亿支、斗烟2 242 t、细切烟丝3 020 t。

四、质量管理与标准化工作

1.“管理创一流”活动，是2012年全行业企业管理工作的重点。各企业以质量体系建设为主线，以对标工作为重点，围绕突出运用、突出创新，突出解决企业管理工作中存在的问题，结合当前的重点工作，努力把企业管理工具用活、用实、用新，企业管理整体水平在实践中得到进一步提升。在2012年全国烟草行业企业管理现场会上，要求持续推进基础管理，持续推进管理优化、管理整合、管理创新，持续推进队伍建设，把“管理创一流”活动进一步引向深入。

2.省级局内部专卖管理监督处（简称“内管处”）与专卖管理监督处分开，不再合署办公；地市级局设内部专卖管理监督派驻办公室（简称“派驻办”），接受内管处和所在地市级局的双重管理；县级局设内部专卖管理监督派驻工作组，接受派驻办和所在县级局的双重管理。原地市、县两级烟草专卖局内部专卖管理监督机构同时撤销。国家烟草专卖局选定5个联系单位加强调研督导，总结推广好的经验和做法，发挥以点带面的示范作用，着力解决基层内管不敢管、不愿管、不到位问题。

3.2012年，国家烟草专卖局再次调整卷烟盒标焦油最高限量，规定自2013年1月1日起生产的盒标焦油量在11 mg/支以上的卷烟产品不得在境内市场销售，同时也不得进口。近年来行业低焦油产品加快发展，焦油量8 mg/支以下产品产量比2009年增长6.7倍，其中6 mg/支以下卷烟产量达到23.6万箱。

五、行业管理

1.在2012年1月召开的全国烟草工作会议上，国家烟草专卖局、国家烟草总公司对2012年行业工作主要任务提出具体要求，确定了“1+5”工作目标任务。“1”即以培育品牌为重点；“5”即五项要求——重基础、调结构、严管理、促规范、强素质。这是保持行业持续健康发展的重要措施，在“卷烟上水平”取得明显成效，经济效益保持较高速度增长形势下，具有十分重要的意义。全行业紧紧围绕“1+5”工作目标任务，狠抓各项措施的落实，确保完成全年各项工作。

2.2012年是中国烟草总公司成立30周年，也是行业管理体制改革30周年。7月20日，国家烟草专卖局、国家烟草总公司在北京召开庆祝中国烟草总公司成立30周年报告大会，回顾行业改革发展历程，总结行业改革发展经验，提出行业改革发展新的任务，大力弘扬30年形成的行业精神，努力推动行业持续健康发展。2012年也是《烟草专卖法》实施20周年。行业各单位积极开展纪念活动，通过多种形式回忆30年来行业走过的奋进历程和取得的宝贵经验，展现烟草行业在改革发展中对“两个至上”行业共同价值观的生动实践。

3.2012年行业坚持以现代烟草农业建设为统领，以优化结构为中心，以维护烟农利益为根本出发点，保持烟叶生产稳定发展。在认真总结2011年试点经验的基础上，行业下发《2012年烤烟不适用烟叶田间处理工作的意见》，安排在13个省全面开展优化烟叶结构工作，确定了129.2万 hm^2、27 250万kg的优化处理目标，并将补贴标准由2011年每公顷900元提高至1 125元。各产区按照“五个坚持”的要求，成立领导小组，明确责任目标，严格工作程序，新一轮的不适用烟叶处理工作全面推进。

4.2012年9月在上海召开的全国卷烟营销网络建设现场会提出，要以“四个一流”为目标，以“四同”（发展同向、工作同心、服务同步、利益同体）为核心，以终端建设为重点，全面建设国际一流的现代卷烟营销网络。

5.行业不断加大科技创新力度，持续推进卷烟减害降焦工作。2012年，国家烟草专卖局再次调整卷烟盒标焦油最高限量，规定自2013年1月1日起生产的盒标焦油量在11 mg/支以上的卷烟产品不得在境内市场销售，同时也不得进口。近年来行业低焦油产品加快发展，焦油量8 mg/支以下产品产量比2009年增长6.7倍，其中6 mg/支以下卷烟产量达到23.6万箱。

6.“管理创一流”活动深入推进。2012年2月，国家烟草专卖局下发通知，在全行业开展“践行‘两个至上’、做到‘三个始终’、树立‘五种意识’”即“235”教育实践活动。两个至上是国家利益至上，消费者利益至上；三个始终是始终把品牌培育工作作为卷烟商业企业的第一要务，始终把为零售客户提供优质服务作为流通企业根本任务，始终把调动全体员工积极性、主动性、创造性作为一切工作出发点；五种意识是责任意识、忧患意识、公仆意识、民主意识、创新意识。行业各单位认真组织开展“235”教育实践活动和基层创优活动，制订活动方案、建立工作机制、创新活动载体，在推进“卷烟上水平”基本方针和战略目标任务，以及落实“1＋5”工作目标任务中，收到了明显的成效。行业认真总结宣传“自觉践行行业共同价值观优秀员工”马兰爱岗敬业、勇于奉献的典型事迹，教育实践活动深入推进。

7.2012年7月21日，国家烟草专卖局、公安部联合召开2012年全国卷烟打假工作会议，表彰2011年全国卷烟打假工作先进单位和个人。2012年行业着力构建“政府引导、部门联合、多方参与、密切合作”的打假体系，充分发挥与公安等执法部门联合打假长效机制作用，坚持“端窝点、断源头、破网络、抓主犯”的工作重点，卷烟打假取得积极成效。全年共查处案值5万元以上制售假烟案件4 200多起，查获假烟20多万件，破获制售假烟网络案约700个。

（郑州烟草研究院　王英元）

酿　酒　工　业

一、经济运行状况

据国家统计局数据，2012年酿酒行业总产量7 202.25万kL（含饮料酒及发酵酒精），同比增长5.67%；全行业完成工业总产值7 527.02亿元，同比增长20.65%；实现工业销售产值7 322.89亿元，同比增长20.82%；全行业出口交货值62亿元，同比增长23.36%。但各项指标与前一年相比，增幅均有回落。2012年酿酒行业发展呈现出以下特点：

1.行业区域集中度增强，产销全年呈增长趋势

步入“十二五”以来，由政府主导的产业整合为酿酒行业的发展注入了动力，如四川和贵州共同打造优势产区“白酒金三角”，实施“长江上游名酒经济带”战略；贵州重点打造黔北、黔中、黔南三大品牌基地；山东省《蓬莱市葡萄酒庄聚集区总体规划》布局“一带三谷”（“一带”即以206国道为轴线，着力打造集葡萄种植、葡萄酒生产、观光旅游于一体的18 km葡萄长廊绿色产业带；“三谷”即南王山谷、邱山山谷和猎王谷），重点打造葡萄酒业等。中国轻工业联合会和中国酒业协会共同开展了行业特色区域建设，包括中国（宜宾）白酒之都、广东佛山豉香型白酒产业基地等项目，也加速了行业集中度的提升。地方政府对酿酒产业的高度关注和大力支持，在实现酿酒产业空间聚集、整合优势资源、推动结构调整、促进产业升级等方面发挥了推动作用，也进一步刺激了行业产能的扩张。根据国家统计局的数据，2012年我国2 364个规模以上酿酒生产企业，在工业总产

值、工业销售产值、销售收入、行业资产等主要经济指标继续保持了两位数的增长趋势，产业规模继续扩大。在全国各省中，饮料酒及发酵酒精总产量排在前五位的省与2011年保持一致，分别是山东、河南、四川、广东和江苏，五省合计产量为3 146万kL，占行业比重的43.68%，比2011年上升0.71个百分点，说明区域集中度进一步提高。总体来看，酿酒生产继续向具有地域优势、原料优势和消费优势的区域进一步集中。

2. 利润同比继续增长，行业效益继续提升 在行业整体成长的背后，行业整体效益也在提升。据国家统计局数据，2012年酿酒行业2 364个规模以上生产企业利润总额为1 054亿元，同比增长36.45%；全行业平均销售利润率13.98%，同比增加1.72个百分点；行业平均毛利率32.73%，同比增加1.2个百分点。全年累计成本费用总额6 030.48亿元，同比增长16.57%，低于销售收入和利润的增长水平；成本费用利润率17.49%，比上年同期提高2.54个百分点，行业整体效益继续提升。

3. 产销增速放缓，行业发展步入缓增通道 从以上分析可以看出，2012年酿酒行业继续保持着较高的增长水平，但受国内经济放缓影响，酿酒产业在增长幅度上也出现收窄的迹象。虽然各项指标依然保持增长态势，但与2011年同期相比，产量增幅下降了7.75个百分点，产值增幅下降了12.65个百分点，销售产值增幅下降了11.29个百分点，销售收入增幅下降了12.74个百分点，利润增幅下降了5.52个百分点。

4. 进出口贸易依然活跃，但增长幅度大幅下降 2012年，受国内外经济增长放缓的影响，我国酒类产品出口贸易虽然延续高增长态势，但增长幅度大幅下降。据海关总署数据，2012年酒类产品进出口贸易总额达35.88亿美元，同比增长22.41%，增速同比下降34.54个百分点。其中，出口额6.49亿美元，同比增长33.53%，增速同比下降17.78个百分点；进口额29.39亿美元，同比增长20.20%，增速同比下降37.92个百分点，其中作为主力军的进口葡萄酒贸易总额同比增长8.77%。

5. 行业资产快速增长，产业结构调整加速 近10年酿酒产业的蓬勃发展对业外资本产生了巨大吸引力，外部资金大量涌入，刺激了酒企的产能扩张。据测算，2010—2012年间，白酒行业资产总额增长70%，啤酒行业仅2012年新增产能就达到443万kL。如此大规模资本增长和产能扩张，在当前国际经济复苏缓慢、国内需求相对不足的大背景下，很可能会带来产能过剩和供需矛盾，给行业发展带来隐忧，加大了酒行业的经营风险。

6. 理性饮酒观念提升，市场消费相应变化 随着居民收入的不断提高和消费者食品安全意识的不断增强，消费者对酒类产品的健康消费、饮用体验和产品附加值都提出了更高的要求，价格的接受程度也更加理性，优质合理的价格成为普遍要求，这些都将引导消费市场的进一步转变。

7. 现代化营销手段，融入传统酿酒产业 随着行业的发展，以品类、品牌为划分依据的多元市场营销管理体系逐渐发展，厂商通过建立利益共同体进行管理，大大提高了营销管理的现代化水平。

二、科技工作

（一）科学技术奖励情况

2012年7月，经国家科学技术奖励工作办公室批准，原“中国酿酒工业协会科学技术奖”变更为“中国酒业协会科学技术奖”。中国酒业协会在总结上年度开展活动的基础上，修订了《中国酒业协会科学技术奖奖励颁发暨实施细则》，并于2012年8月正式启动本年度项目申报工作。申报工作为期3个月，总计收到47个单位的57个项目。按照《奖励办法》规定，经过评审委员会专业组专家评审、评审委员会审议、奖励委员会审定和中国酒业协会批准，以及网站公示等环节，授予20个项目荣获2012年度科学技术奖荣誉称号。其中，“纯生啤酒生产关键技术和装备国产化”项目为一等奖，“优良黄酒发酵菌的选育及提高黄酒质量的关键技术”等9个项目为二等奖，“燃料乙醇生产中杂醇油的综合利用”等10个项目为三等奖。为进一步推进酿酒行业科学技术创新，激励广大科技工作者勇攀科技高峰，促进科技成果转化，中国酒业协会决定对获奖项目，于2013年4月在北京召开的“第四届理事会第七次（扩大）会议”上为获奖单位颁发证书及奖金给予表彰。希望广大科技工作者继续努力，不断创新，创造出更多的科技成果，为推动我国酿酒行业科技和经济发展做出更大贡献。

（二）成果鉴定情况

1. 中国酒业协会技术委员会于2012年11月14日组织有关专家在湖北武汉对由百威英博投资（中国）有限公司与中国食品发酵工业研究院合作完成的“啤酒制造过程中碳足迹评价体系的开发及应用”和“优质啤酒麦芽供应链关键技术保障体系的建立与应用”项目进行了科技成果鉴定。这两个项目于2009年同时启动，目前已在百威英博（中国）的部分下属企业推广应用，取得效果十分显著。专家们认为项目完成单位通过对啤酒生产碳足迹的研究，建立了碳排放因子数据库，开发了啤酒制造过程的碳足迹评价体系及盘查工具包，对于指导啤酒企业进行以低碳为方向的技术创新与升级改造有重要意义；在麦芽供应链关键技术研究中，国内首次建立涵盖大麦选育种、农业种植、物流管理、科学制麦、麦芽酿造性能预测技术的一套完整的啤酒麦芽质量保障体系，具有较大的推广价值和应用前景；两个项目均达到国际先进水平，鉴定委员会一致同意通过鉴定。

2. 中国酒业协会技术委员会于 2012 年 6 月 30 日组织有关专家在山东省日照市对山东新贵科技股份有限公司自主研制的“基于现代物流技术的啤酒原浆保鲜配送与终端销售设备”项目进行了成果鉴定。鉴定委员会专家听取了项目组的工作汇报、技术报告、检测报告和应用报告，查阅了项目相关资料，并对项目中的一些关键技术、发明专利等进行了细致询问，同时提出了一些建设性意见。随后，全体参会人员前往山东新贵科技股份有限公司，对远程终端控制系统控制室、车载智能啤酒保鲜运输设备生产车间进行了现场考察。最后，鉴定委员会结合鉴定材料及现场考察情况，经过讨论和评议，形成鉴定意见。认为该项目在啤酒原浆保鲜销售装备及技术开发方面具有较高的创新价值，实现了安全防伪、防混加、防掺假、恒温、恒压、保鲜等功能，为啤酒保鲜配送，走向市场奠定了基础，具有推广应用价值，属国内首创技术，一致同意该项目通过鉴定。该项目以啤酒原浆产品销售、运输、配送、消费的全程服务为主线的软件嵌入式设备，通过远程监控、终端统计以及 GPS 定位等功能，从技术上强化了食品安全的管理功能，实现了鲜（生）啤酒从生产到消费的一站式运输，为啤酒消费市场开发了一种新的消费模式。

3. 中国轻工业联合会于 2012 年 10 月 19 日在无锡江南大学主持召开了“酱香型白酒关键微生物及其在古贝春酱香型白酒生产中的应用”项目鉴定会。该项目为中国白酒“169”计划、“十一五”国家科技支撑计划——“优势传统白酒、黄酒类制造业关键技术与应用和发酵食品生产用功能微生物的改良和发酵技术”的研究内容，项目由江南大学和古贝春集团有限公司共同研究完成。鉴定会上，项目负责单位江南大学对项目完成情况及所取得应用研究成果作了详细报告。通过对鉴定材料的认真审阅和对项目完成单位采取的研究方法、研究成果的学术价值和应用价值的讨论、质疑，最后专家组一致认为：项目鉴定资料定齐全，符合鉴定要求，项目总体研究技术水平达到国际领先，同意通过鉴定。鉴定会上，专家组还对项目完成单位在古贝春酱香型白酒生产过程菌群结构的定性与定量研究、群体微生物发酵特征、功能微生物鉴定分离及其应用等方面取得的研究成果给予高度肯定和赞扬。该项目研究成果针对北方酱香型白酒生产的缺陷，通过纯种功能微生物的组合发酵及其在古贝春酱香型白酒生产中的应用，对我国酱香型白酒群体微生物的特征和固态发酵规律研究具有重要价值。不仅显著提高了企业优质品率，推动了生产技术的进步，而且产生了明显的社会效益和重大的经济效益。

三、质量管理与标准化工作

（一）质量管理

1. 开展“啤酒麦芽质量与食品安全鉴评”工作

根据中国酒业协会啤酒原料专业委员会 2012 年工作计划和中国啤酒原料“135 质量提升计划”，为进一步了解我国啤酒麦芽质量现状和麦芽生产企业技术水平及啤酒麦芽产品食品安全现状，提升我国麦芽制造企业的质量安全意识，推动我国麦芽制造行业技术进步。啤酒原料专业委员会于 2012 年 10 月开展了“2012 年度中国啤酒麦芽质量与食品安全鉴评”工作。本次鉴评的鉴评体系和计分方法仍采用权重打分法和平均值偏离差打分法相结合的方式；同时，采用了国家最新颁布和实施的国家食品安全标准作为相关评判依据，经过检测、分析、评判和综合评定，得出了样品最终综合得分。经研究决定，对在本次鉴评中综合评定表现优秀的产品的申报单位——中粮麦芽（大连）有限公司等 16 个企业，授予 2012 年度“中国啤酒麦芽质量与食品安全鉴评”优质产品称号。这项活动的开展有力推动了我国啤酒麦芽生产健康有序的发展

2. 开展“中国国际特色啤酒品鉴及行业检查”工作　为全面检查我国特色品种啤酒的质量，引导啤酒品种特色发展，中国酒业协会啤酒分会于 2012 年 7 月正式启动“2012 年中国国际特色啤酒品鉴及行业检查”工作。经申报单位自愿申报、资格审查、国家级啤酒评酒委员感官品评，以及消费者评委品尝等环节的综合评价，啤酒分会提出了表彰方案，经三届五次理事长办公会审查，决定对本次活动中综合成绩优秀的特色啤酒产品及申报单位进行表彰，授予“百威纯生啤酒”等 39 个产品为“2012 中国优质特色啤酒产品”称号，颁发奖牌及证书；授予“蓝带 1844 啤酒”等 25 个产品为“2012 中国创新特色啤酒产品”，特颁发证书。此外，对积极参加本次活动的 7 个微酿啤酒产品及送样单位提出公开表扬。这次活动为加快我国啤酒产品结构调整，推进我国啤酒行业走特色化发展之路作出更大的贡献。

（二）标准化工作

1. 为规范葡萄酒行业发展，加强行业管理，防止盲目投资和低水平重复建设，引导企业合理布局，保障葡萄酒质量安全，促进葡萄酒行业健康有序发展，根据国家有关法规和产业政策，工业和信息化部于2012年6月13日发布了《葡萄酒行业准入条件》，要求各部门、各相关企业在葡萄酒项目建设、环评审批、土地供应、信贷投放、能源供给、质量和安全监管等工作中要以本准入条件为依据。这项准入条件的发布，有力推动了我国葡萄酒行业健康有序的发展。

2. 针对酒类行业酒精门事件、塑化剂事件，少数企业采用酒精、香精加水勾兑冒充粮食蒸馏酒事件，商务部2013年21号公告颁布了《酒类行业流通服务规范》，于2013年11月1日在全国实施。该标准由商务部2012年立项，中国商业联合会零售供货商专业委员会、北京五洲创意营销策划有限公司、中国人民大学牵头，由宜宾五粮液股份有限公司等26个企业组成起草小组，先后九易其稿，召开了三次大型讨论会，最终统一了意见，通过专家评审，形成报批稿，后经商务部审查批准发布。为宣贯本标准，中国商业联合会、中国保护消费者基金会、新浪网主办了“中国酒类行业品牌与服务评价暨老八大名酒五十年风云巡礼”活动，该活动将宣贯国家标准《商业企业品牌评价与企业文化建设指南》《商品售后服务评价》及行业标准《酒类行业流通服务规范》融为一体，全面展示、颂扬中国酒类行业品牌与企业文化建设，售后服务体系建设，酿造健康酒、粮食蒸馏酒及保护消费者合法权益的优秀企业和个人。

四、行业工作

1. “中国酒业协会第四届理事会第七次（扩大）会议”于2013年4月17～18日在北京召开，协会副理事长、常务理事、理事及部分会员单位出席了会议。会议还邀请了工业和信息化部消费品工业司、国务院国有资产管理委员会行业联系办公室、国家科学技术奖励工作办公室、国际酒精政策中心，以及来自学界、媒体、咨询等政府主管部门、合作单位等代表出席了会议，会议取得了圆满效果。会议主要内容包括审议并通过第四届理事会2012年度工作报告，提出并通过第四届理事会成员调整意见，颁发2012年度“中国酒业协会啤酒行业科技进步优秀论文奖”、“‘茅粮杯’第十届全国白酒行业生产技术与发展研讨优秀论文奖”、2012年度“中国酒业协会科学技术奖”，以及“‘赛诺杯’第二届全国啤酒品酒职业技能竞赛五一劳动奖章”、“全国技术能手”等奖项；召开2013中国国际“酒与社会”论坛，举办2013中国国际酒业装备技术博览会，以及召开各分支机构理事（扩大）会议/论坛等。

2. 由中国酒业协会举办的“2012年中国国际酒与社会论坛”于2012年4月25日在京举行。论坛以“诚信、自律、责任、关爱”为主题，与会有关领导和专家分别作了题为“诚信为本促发展，责任为先构和谐”“广告与自律”“通过自律来实现酒精饮料负责任的营销”“诚信体系建设对酿酒行业的重要意义”“规范流通环境对促进生产和消费的作用”“食品安全监管的核心和重点”的主旨报告。与会代表百威英博啤酒投资（中国）有限公司亚太区法律及企业事务副总裁王仁荣、贵州茅台酒厂股份有限公司董事长袁仁国、中国食品有限公司总经理栾秀菊和劲牌有限公司营销副总裁王南波分别做了题为“深化企业社会责任体系，鼓励消费者理性饮酒”“民族酒业应同舟共济加强自律”“加强诚信建设，探索长效机制”“理性竞争撑起行业一片天”的主题演讲，与会代表受益匪浅。

3. 由中国酒业协会酒精分会主办，四川省酿酒协会、杰能科（中国）生物工程有限公司和绵竹金盛源生物化工有限责任公司共同协办的年会，于2012年10月16～19日在四川省成都市举办。整个会议日程安排紧张有序，内容丰富，报告和交流广泛而深入。会议邀请了国家环保部污染防治司对酒精生产企业的环保核查进展情况进行了通报，中国酒业协会王琦副理事长兼秘书长为大会做了《2011年和2012年1～8月份酒精行业经济运行分析》报告和协会工作报告。中国酒业协会酒精分会秘书长张国红就酒精增值税进项税额核定扣除试点的政策说明和部分省份执行情况、食用酒精勾兑白酒有关问题和食用酒精产品执行国家标准问题，向与会代表进行了说明。本次会议围绕年会主题“技术创新、节能减排和提升效益”进行了大会交流，交流内容包括“高效节能工业酶制剂酒精工业发展驱动力”“代谢工程改造工业酒精酵母”“酒精酵母在生产过程中的管控”“技术创新提升工厂效益”“高浓度酒精发酵工艺条件优化”“酒精浓醪发酵技术分享”“乙醇沼气双发酵耦联环形工艺”“酒精废水厌氧处理及节能减排技术”等。会议期间，与会代表参观了绵竹金盛源生物化工有限责任公司。

（本文由中国酒业协会提供资料，本编辑部汇总整理）

蚕丝加工业

一、基本情况

（一）蚕桑生产

1. 产量　2012 年尽管春季遭遇多年罕见的持续低温阴雨天气，使桑树发芽晚、叶片生长慢，蚕桑生产受到严重影响，但各地采取积极有效措施，使蚕茧总产量连续获得了第三个增产年。由于上下齐心协力，严格按照市场需求控制了生产规模，尽管春期一些企业压级压价伤农，然而蚕茧市场供求缺口较大刺激秋茧价格飙升，使蚕茧总产值连续获得了第四个增收年，再创历史新高。据农业部种植业管理司专业统计，2012 年 18 个桑蚕主产省、自治区、直辖市共有桑园面积 82.4 万 hm^2，同比增加 12 467hm^2，增长 1.5%；共发放蚕种 1 644 万张（盒），同比减少 15 万张（盒），减少 0.9%；蚕茧总产量 64.7 万 t，同比增加 8 448 t，增加了 1.3%。

2012 年桑蚕茧价格先低后高，全年平均价格和蚕农收入创历史新高。由于春期在本来就减产的情况下，一些企业人为压低鲜茧收购价格，使春茧价格由上年同期的 40.32 元/kg 下降到 33.20 元/kg，同比下降 17.6%；又由于春季价低伤农较深，造成因蚕茧供求缺口较大秋季茧价大幅反弹，使秋茧价格直线上升到 37.50 元/kg，比春茧价格提高 4.30 元/kg，同比增长 13.0%；比 2011 年秋茧价格高 7.56 元，同比增长 25.3%。春、秋相抵，2012 年蚕茧价格全年平均 35.78 元/kg，同比提高 1.52 元/kg，同比增长 4.4%。除浙江、湖南、贵州的蚕茧价格下降 7.0% 左右外，其他省、自治区、直辖市的蚕茧价格均有不同程度的上涨。

由于蚕茧产量增加、茧价上涨，2012 年蚕茧总产值继续创历史新高，达到 231.7 亿元，同比增加 12.7 亿元，同比增长 5.8%。增加较多的地区：广西增加 11.4 亿元，同比增长 14.3%；云南省增加 3.9 亿元，同比增长 29.8%；四川省增加 2.4 亿元，同比增长 10.9%。减少较多的地区：浙江省减少 3.0 亿元，同比增长−13.1%；陕西省减少 2.1 亿元，同比增长−33.5%。

2. 资源分布　2012 年我国东部地区桑园面积、蚕茧产量占全国的比例继续下降，西部地区占全国的比例继续上升。与上年相比，东部地区的江苏、浙江、广东、山东 4 省的蚕茧产量占全国的比例由 30.4%继续下降到 28.5%，桑园面积占全国的比例由 24.8%下降到 23.8%；而西部地区的广西、四川、重庆、云南、陕西 5 省、自治区、直辖市的蚕茧产量占全国的比例由 60.1%继续上升到 62.6%，桑园面积占全国的比例由 59.4%上升到 61.1%。特别是广西的蚕茧产量达到 25.6 万 t，占全国的比例由 36.1%进一步上升至 39.5%；桑园面积扩大到 16.8 万 hm^2，占全国的比例由 18.5%上升到 20.4%。

（二）加工量、产值、利税、固定资本投资

2012 年生丝产量为 12.6 万 t，同比增长 10.28%；绢丝产量为 12 495 t，同比下降 27.48%；绸缎产量为 69 696 万 m，同比增长 10.38%。据国家统计局对 940 个丝绢纺织及精加工规模以上工业企业统计，2012 年实现工业总产值 1 149.38 亿元，同比增长 16.16 个百分点，较全国纺织工业高出 3.87 个百分点；资产合计 644.31 亿元，同比增长 12.98%；实现主营收入 1 111.19 亿元，同比增长 14.59%；完成利润总额 59.40 亿元，同比增长 29.88%；完成出口交货值 118.8 亿元，同比增长 5.17%；行业整体从业人数 20.29 万人，同比增长 0.89%。2012 年上半年，国内干茧和生丝价格基本保持平稳，截至 6 月底，国内干茧和生丝价格分别为 10.04 万元/t 和 31.56 万元/t，分别较年初下降 4.4%和 3.9%。但受秋茧价格上涨以及国内生产成本高企的影响，下半年茧丝价格呈现走高趋势，截至 10 月底，国内干茧和生丝价格分别为 11.41 万元/t 和 36.09 万元/t，分别较年初上涨了 10%和 9.2%。

二、新技术、新成果

1. “数控缫丝机技术开发”通过国家茧丝绸项目验收　由浙江临安中汇纺织机械有限公司承担的 2012 年国家茧丝绸发展专项资金项目“数控缫丝机技术开发”1 月 15 日在临安通过了由浙江省经信委组织的专家验收。该项目应用机器视觉技术，研发了给茧机存茧量智能检测系统，并通过细分加茧量，实现了可控加茧；研发了纤度在线数字化检测装置，为纤度集中自动调节控制提供了依据；通过集成缫丝机

温度控制、水电气集中控制等模块，形成了自动缫丝机数字化智能控制系统，对缫丝工艺参数和能耗进行实时自动采集和监测，实现了缫丝机自动控制和信息化的有效融合；开发了新型免穿瓷眼和电动巡回座车，有效降低了劳动强度。产品在缫丝工艺智能控制技术和信息化集成等方面有较大创新，技术处国内领先水平。

2. 桑蚕天然彩色茧丝蛋白纤维项目获省级科技最高奖 桑蚕天然彩色丝是中国特色的高档天然纤维材料，产品具有天然色彩和显著不同于白色丝的吸放湿性、抑菌性、抗氧化及吸收紫外线的优势，适应生态环保和天然功能性纺织生产的国内外发展趋势，极具发展潜力。近百年来，天然彩丝蛋白质纤维原料的研制与精细化加工技术国内外都未能取得突破，无法生产符合现代丝织工业要求的原料茧，纤维则存在颜色杂、色度低、丝质差，深加工产品极易褪色和颜色不匀等行业国际性难题，只能化学固色生产粗硬的生丝，无法生产高档丝线和面料。该项目是鑫缘茧丝绸集团股份有限公司与苏州大学进行产学研密切结合的联合攻关成果，基础研究和关键技术开发曾获得“十一五”国家科技支撑计划支持，在进一步得到了江苏省科技成果转化资金支持下，项目成果迅速得到了产业化生产应用。项目成果已实现产业化，使我国成为世界上第一个实现天然彩色茧丝生产水平达到白色茧丝的国家。项目完成了国内外最大规模的彩色茧种质资源保存与创新，建立了有色茧基因资源有效开发和利用的有效生物资源平台；建立了家蚕天然有色茧基因研究的高水平技术平台。推广应用 2 对优质高产彩色茧新蚕品种；建设了天然蚕茧收烘、缫丝、织造和服饰加工的生产线，进行了天然彩色茧新品种饲育和推广；解决了天然彩色茧深加工关键技术，开发出 9 种天然彩色茧丝新产品并畅销市场。

3. 家蚕重要经济性状功能基因组与分子改良研究取得标志性成果 项目围绕家蚕重要经济性状功能基因组与分子改良的研究所取得的成果具有较高的学术价值，代表了国际同领域先进水平。在遗传连锁图谱方面，构建了与经典连锁群对应的家蚕 SSR 标记分子连锁图谱，以此为基础在分子水平上定位了一批家蚕重要突变基因；在家蚕蛋白质组分析方面，研究获得了家蚕丝腺等重要组织蛋白质表达谱与蛋白质序列数据，分析了重要蛋白质的结构与功能；在家蚕基因组序列与结构分析方面，不仅整合中、日家蚕基因组测序数据，完成了家蚕基因组序列与染色体整合的基因组“精细图”，而且完成了 40 个蚕类基因组重测序及单核苷酸多态性高精度遗传变异图谱，使家蚕成为率先完成“框架图”、“精细图”和“遗传变异图”三部曲的少数物种之一，奠定了家蚕基因精细定位、克隆鉴定的坚实基础；在家蚕重要经济性状功能基因分析方面，系统分析了家蚕丝蛋白合成、发育变态、免疫与抗性、性别调控等的相关基因家族及调控网络，对其关键基因进行了克隆鉴定，形成了分子改良的理论基础；在家蚕品质分子改良与素材创新方面，基于基因组与基因功能研究基础，研究建立了高效转基因技术体系，通过转基因及分子辅助选择，创制了彩色丝、抗病毒等一批育种新材料，并育成转基因绿色茧（丝）等实用品种进入中试；在家蚕作为生物反应器的拓展利用研究方面，获得了一批具有潜在价值的生物反应器素材和遗传素材；在家蚕作为鳞翅目害虫防治模式研究方面也进行了探索。

4. 蚕蛹蛋白纤维纱线开发成功 蚕蛹蛋白纤维是综合利用高分子技术、生物工程技术和化纤纺丝技术，从蚕蛹中萃炼出优质蛋白 PC，与天然纤维素共混后，制成的新型生物质纤维。在加工过程中，采用高科技工艺，使蛋白质富集在纤维表面，形成皮芯结构的蛋白质纤维。蛋白 PC 中含有 18 种氨基酸，每种氨基酸的含量都在 15 mg/g 以上，其中丝氨酸、苏氨酸、色氨酸、酪氨酸等对人体皮肤十分有益，可保持肌肤表皮细胞活性，延缓肌肤氧化衰老。而纤维的皮芯结构又能保证氨基酸与皮肤充分接触，最大限度地发挥呵护肌肤的特殊功效。蚕蛹蛋白纤维虽然具有不少优良特性，但也存在可纺性较差的缺点。因此，在产品开发过程中，重点研究了蚕蛹蛋白纤维的预处理工艺，通过多次对比试验，有效地改善了纤维的可纺性，保证了纺纱过程的顺利进行，成功开发了蚕蛹蛋白纤维纯纺和蚕蛹蛋白与莫代尔、POREL 混纺纱线，而且同配比、同纱支纱线的质量在条干 CV 值、粗节、棉结和单纱强力等各方面都大大优于同行水平。该纱线可用于生产高档服装面料、T 恤、内衣、床上用品等产品，目前已有厂家采用蚕蛹蛋白纤维纯纺纱开发了高档针织内衣。蚕蛹蛋白产品保留了真丝织物的优点，又克服了真丝织物娇嫩、色牢度差、易缩、易皱、易泛黄、遇强碱易脆损等缺陷，产品柔软细腻、透气舒适、亲肤美肤、环保健康、染色绚丽，具有较好的市场前景。

5. 桑树基因组测序实现世界桑树基因研究零突破 一是确证了桑树染色体基数为 7，这是百余年来，对桑树学科发展最重要的贡献之一。二是首次发现桑树基因的进化速度大约是蔷薇目其他物种的 3 倍，且存在一系列新的多倍体类型，有力地支持了桑树具有广泛适应性和抗逆性。三是在家蚕的血淋巴和丝腺中鉴定出 5 个预测的桑树来源 miRNA，进一步加深了对植物-植食性昆虫之间适应性进化的理解。

桑树基因组研究的完成是对桑树学科发展里程碑式的贡献，蚕、桑学科的创新与发展将有力推动我国“栽桑养蚕”传统产业的变革与转型。

6. 新材料、新品种、新工艺开发成果显著 苏州大学通过桑蚕品种杂交选配培育的超细纤度家蚕新品种，其茧丝纤度可以达到1D左右，粒茧丝长可达1 300～1 500 m，属国内首创；四川省丝绸科学研究院采用自主开发的桑皮脱胶工艺技术和设备，可实现桑皮纤维制备全流程机械连续化生产；浙江嘉欣丝绸和浙江理工大学共同研发的超标准生丝加工工艺，高于国家生丝标准最高等级6A级，可大幅度提高生丝及其产品的质量；江苏鑫缘茧丝绸集团应用表面改性技术和新型纳米材料制备技术开发的多功能重磅真丝面料，提高了真丝面料的实用性和功能性；金富春集团公司开发的真丝弹力纤维面料，改变了传统真丝面料易皱、易变形的缺点，成为法国香奈儿等10多个世界顶级成衣品牌的首选面料。同时，真丝数码仿真彩色织造、超小浴比染色、计算机智能测配色连缸染色、喷雾染色、数码喷墨印花等先进节能技术得到大面积推广应用，行业节能减排水平不断提高。

7. 丝绸生产主要装备研发取得新突破 浙江理工大学与杭州中江纺织机械有限公司、杭州天峰纺织机械有限公司研发的新一代桑/柞蚕智能缫丝机，可大幅降低挡车工数量，具有人均产量高、性能稳定、智能化程度高等特点，产品达到国际先进水平。四川省丝绸科学研究院采用全新煮茧工艺技术路线、PLC程控技术研发的SR-3020型减压自动煮茧机，具有工艺流程短、煮茧质量好、工艺调整方便、自动化程度高、节能降耗显著等特点。山东日发纺织机械公司开发的智能化高档真丝剑杆织机其售价仅是进口机型的70%左右，设备性能达到或接近国外进口设备水平。我国自主研发的丝绸生产装备不断升级，必将促进世界各国丝绸生产水平的提升。

三、国内外市场概况

（一）国内市场

2012年，国内经济回稳向好，为丝绸商品内销提供了坚实基础，特别是随着国内扩大消费政策的实施，丝绸内销稳步增加。据中国丝绸营销网络管理系统监测的50家核心企业数据统计，2012年丝绸企业内销额46.32亿元，同比增长9.9%。从内销结构看，家纺内销额20.84亿元，占内销额比重的45%；真丝绸绸缎内销额13.15亿元，占内销额比重的28%；真丝服装内销额6.54亿元，占内销额比重的14%；丝绸服饰内销额4.5亿元，占内销额比重的10%；其他丝绸制品内销额1.22亿元，占内销额比重的3%。

（二）国外市场

2012年，在国际市场需求持续低迷、国内成本优势逐步弱化的背景下，我国丝绸商品出口有所下降。全年真丝绸商品出口额34.05亿美元，同比下降3.69%。从出口结构看，三大类出口商品均呈下降态势。其中，蚕丝类出口6.49亿美元，同比下降5.68%；真丝绸缎出口10.65亿美元，同比下降0.28%；丝绸制成品出口16.91亿美元，同比下降4.98%。从出口市场看，2012年我国真丝绸商品出口目的地排名前五位的依次为：美国、印度、意大利、日本和巴基斯坦，5个国家占我国真丝绸商品出口总额的53.34%。虽然2012年我国真丝绸商品出口整体下降，但进入下半年以来出口降幅出现了明显收窄态势。1～7月份降幅为9.44%，1～8月份降幅8.74%，1～9月份降幅7.08%，1～10月份降幅6.21%，1～11月份降幅5.82%，1～12月份降幅3.69%。

四、质量管理与标准化工作

1. 由中国发起制定《生丝电子检测试验方法》国际标准获得ISO组织投票通过并正式立项 2012年以来，在商务部国家茧丝办、国家标准化委员会、中国纺织工业联合会等部门的领导下，在日本、韩国、印度、意大利、瑞士、法国、德国、肯尼亚等8国专家的参与和支持下，项目组专家开展了大量比对试验和数据分析。目前项目已顺利完成ISO导则规定的前四个阶段的工作，第五询问阶段工作正在进行之中。该项国际标准的制定，对加快建立国际生丝品质电子检测标准体系，提高世界各国生丝质量水平，促进全球丝绸经贸往来，具有极其重要的战略意义。

2.《生丝电子检测试验方法》国际标准项目组国际会议在意大利举行 由我国主导起草的《生丝电子检测试验方法》国际标准项目组第二次国际会议在意大利科莫举行，来自中国、意大利、法国、瑞士、印度和日本的ISO注册专家和代表共20余人参加了会议。会议由ISO/TC38/SC23/WG25召集人主持，意大利丝绸协会会长代表会议承担方和东道主致欢迎词。会议完成了既定议程，取得了圆满成功。本次会议是继《生丝电子检测试验方法》国际标准项目组2010年7月在杭州成功召开第一次国际会议之后，由我国具体承办的又一次重要会议。

3. 广西桑蚕饲养标准通过专家审定 《农村桑蚕饲养技术规程》地方标准通过了广西农业厅、广西

标准化协会、广西蚕业站等部门技术专家审定。据了解，广西产茧量从2005年起连续6年居全国第一，2011年广西蚕农已达80多万户，桑园面积达20多万 hm^2，蚕茧产量达21.43万t，占全国产量的1/3。但由于没有农村桑蚕饲养方面的标准，严重制约地方养蚕业的发展。针对这一情况，广西象州县质监局于2012年年初申请对“农村桑蚕饲养技术规程”起草、立项。在标准的制定过程中，有关专家、技术人员、标准管理人员搜集了相关的国家标准和大量的文献资料进行参考，并深入到农户跟踪收集桑蚕饲养全程信息，对前期准备、桑叶采选、饲养、上族与采茧等各项技术指标进行了多次验证。这一地方标准对规范农民饲养桑蚕、提高鲜茧质量具有重要的指导意义。

五、行业管理

1. 中国茧丝绸行业发展战略研讨会在北京召开　会议提出，要从国家发展的战略高度重新审视茧丝绸行业的发展，贯彻落实《茧丝绸行业“十二五”发展纲要》，加快产业结构调整和升级步伐，进一步推动茧丝绸行业做优、做强。代表们认为，在当前的大形势下，茧丝绸行业发展创新要适应各族人民过上更好生活的新期待，适应工业化对行业发展提出的新要求，创造出适应市场需求的新优势。丝绸是纤维皇后，丝的价格至少是棉花价格的10倍，因此不能和化纤、棉麻进行价格竞争，茧丝价格战的结果就是丝绸丧失竞争力。品牌是我们实现丝绸强国需要突破的一个瓶颈，同时也是丝绸强国的一个重要标志。丝绸企业拥有高档丝绸标志这样的基础，可以“抱团”共创丝绸行业品牌。在创立品牌的过程中，应该努力营造一个适宜品牌生长的生态环境，探索“质量、创新、快速反应、社会责任”四位一体的品牌价值评估体系。丝绸产品的定位应该是传承文化，精品强国。丝绸是稀缺资源，茧丝绸不仅仅是传统的民生行业，还是新型战略产业的重要组成部分，同时还是文化的重要载体，它是一个能够影响世界的、永恒的产业。要以科技创新为先导，拓展茧丝绸发展领域实现茧丝绸产业的多元化发展。开发功能性丝绸服装，推进蚕桑在医药卫生等领域的应用，构建公共服务体系，促进茧丝绸产业升级，提高行业运行质量。

2. 蚕茧收购质量监督检查工作　为保持茧丝市场供求总体平衡，维护收购秩序稳定，保护蚕农利益，确保茧丝绸行业平稳有序发展，国家商务部、工商总局印发了《关于做好2012年蚕茧生产与收购管理工作的通知》。通知要求各有关部门要高度重视蚕茧收购工作，切实加强蚕茧收购管理，维护正常收购秩序。各级工信、工商行政管理部门要对从事鲜茧收购的经营者进行全面清理，严把市场主体准入关，未取得鲜茧收购资格的单位和个人，一律不得经营鲜茧收购业务；各级工商行政管理部门要加大市场巡查和执法力度，积极配合各级工信、商务等部门维护蚕茧收购市场秩序；建立毗邻市、县工商部门区域监管协作机制，加强协调沟通，严厉查处无照收购、超范围收购蚕茧行为；严禁已取得经营资格的单位以租借、转让等方式，为未取得经营资格的单位提供蚕茧收购活动；要指导签订鲜茧收购订单合同双方诚信履约，依法维护合同当事人的合法权益，确保收购市场稳定。在蚕茧收购期间，各地、各相关部门开展了联合执法和专项检查，严厉打击无证经营，全国共出动检查车辆1 400（车）次，先后对500多起无证收购蚕茧、压级压价和滥收毛脚茧行为进行了查处，杜绝了大规模的蚕茧大战、短斤少两和给蚕农“打白条”的现象发生，确保了蚕茧收购秩序总体平稳，切实维护了广大蚕农的利益。

3. 2012年度全国桑蚕种桑蚕茧桑蚕丝生产指导性计划发布　为加强我国茧丝绸行业宏观指导，确保茧丝供需基本平衡，引导行业平稳、健康、有序发展，维护农、工、贸三方利益，经征求有关部门意见，2012年全国桑蚕茧丝生产指导性计划总体与2011年持平。要求各地参照指导性计划，结合本地实际，切实做好2012年桑蚕种、桑蚕茧和桑蚕丝的生产指导工作。要结合生产计划、茧丝绸市场和国内外市场消费变化，做好茧丝绸行业市场监测和信息引导工作，合理安排生产规模，避免盲目扩种扩养；加大蚕桑生产科技投入，提高桑蚕病虫害防治水平，严防桑园病虫害和桑蚕微粒子病的发生；加强对蚕农技术培训和技术辅导，通过增加蚕茧单产和质量，不断提高蚕桑生产效率；开展桑园多种经营和茧丝综合利用开发，提高蚕桑生产综合效益和蚕农收入，实现蚕桑业稳定发展，确保丝绸工业效益增长和出口贸易稳定，保持我国茧丝绸业健康持续发展。

4. 国家茧丝绸产品质量监督检验中心（柳州）通过验收　中国合格评定国家认可委员会组织的专家评审组对广西质检院实验室扩项评审暨广西纤检所国家计量认证扩项评审和国家茧丝绸产品质检中心（柳州）审查认可/计量认证首次评审进行了现场评审。评审组依据《检测和校准实验室能力认可准则》和《实验室资质认定评审准则》等文件，通过现场提问、审查管理体系文件、抽查检验报告及原始记录、核查人员技术档案、仪器检查、考核授权签字人等手段，对实验室管理体系、工作程序、人员、设备、检测方法、环境与设施、样品处置、质量控制和验证活动、记录（质量记录和技术记录）、结果报告等全部要素进行了全面的评审。

5. 丝绸新标准促企业结构调整　工业和信息化部依据2011第43号文发布公告，批准85项纺织行业标准，包括《桑蚕丝针织服装》等7项丝绸行业标准，并于2012年7月1日起实施。新标准对企业生产有更高的质量要求，部分行业标准直指企业薄弱环节，尤其对发展程度较低企业来说，新标准将促使企业不断进行技术创新和产品研发，提高企业生产水平。

6. 中国纤维检验局部署加强蚕丝被质量监管　中国纤维检验局下发《关于进一步加强蚕丝被质量监督管理的通知》，通知要求，一是严格按照《产品质量法》和《絮用纤维制品质量监督管理办法》等法律法规的要求，加大对蚕丝被质量安全监控，加强风险排查，建立完备的信息监控预警制度，及时掌握安全动态和舆情动向，认真梳理生产企业基本情况及产品质量状况，遇有重要情况及时报告、及时处置。二是严格按照蚕丝被标准（GB/T 24252—2009）所规定的质量要求，切实加强对蚕丝含量、质量等级、内在质量要求、使用说明、名称及标注等方面质量监督检查，杜绝不合格产品流入市场，防止侵害消费者合法权益行为发生。三是运用多种形式，广泛开展安全教育，充分利用“质量月”等时机广泛宣传蚕丝被的质量技术标准、使用须知、鉴别方法、注意事项等，引导企业自律和合法经营，引导广大消费者提高鉴别使用能力。

（中国农业科学院蚕业研究所　梁培生）

饲料加工业

一、经济运行状况

2012年我国粮食总产达58 957万t，比2011年增加1 836万t，同比增长3.2%。连续两年迈上1.1万亿斤（1斤=500 g）大关，实现九连增，为饲料工业的持续健康发展奠定了坚实的物质基础。2012年，我国饲料工业紧扣农业部提出的“保供给、保安全、保生态”的中心任务，紧紧围绕做大做强，转变发展方式，调整产业结构，保安全、增效益，加快推进由饲料大国向“饲料强国”的总体目标迈进。积极应对突发事件，克服疫情、自然灾害、生产成本上涨等不利因素，采取有效措施，保证了饲料工业持续健康发展，其经济运行情况呈现以下特点：

1. 产量、产值双增，企业经营利润下滑　2012年饲料总产量、产值继续增长。2012年全国商品饲料总产量19 449万t，同比增长7.7%，已连续8年过亿吨。其中，配合饲料产量为16 363万t，同比增长9.7%；浓缩饲料产量为2 467万t，同比下降3.0%；添加剂预混合饲料产量为619万t，同比增长2.3%。2012年全国饲料工业总产值和总营业收入分别为7 073亿元和6 869亿元，同比增长分别为11.4%和11.9%。其中，商品饲料工业总产值6 463亿元，同比增长12.2%；饲料添加剂总产值553亿元，同比增长24.3%；饲料机械设备总产值56亿元，同比增长14.3%。受复杂严峻的国际国内宏观经济形势影响，特别是国际金融危机影响依然存在，出口受阻、内需不足、饲料原料价格上涨、人力资源成本增加、经营成本大幅攀升等，企业利润有所下滑。

2. 肉蛋奶产量继续增长　一是肉类。2012年猪牛羊禽肉产量8 221万t，同比增长5.4%。其中，猪肉产量5 335万t，同比增长5.6%；生猪存栏47 492万头，同比增长1.6%；生猪出栏69 628万头，同比增长5.2%。二是蛋类。2012年禽蛋产量2 861万t，同比增长1.8%。三是奶类。2012年牛奶产量3 744万t，同比增长2.3%。

3. 饲料工业的运行呈现出“四快一稳”　一是配合饲料产量和比重快速增长。二是猪饲料产量和比重快速增长。三是大型饲料企业产量和营业收入快速增长。从上市公司的年报来看，饲料产量和净利润增长大都在20%以上。四是饲料原料价格和经营成本快速上涨。五是饲料质量安全状况保持稳定。

4. 行业竞争力（集中度）明显增强　2011年，年产10万t以上的饲料加工企业数量达360个，是2002年的6倍，平均每年增加33个企业。其中，全国年产饲料50万t以上的企业有33个，生产的饲料占全国饲料总量的比例为43%；年产饲料100万t以上的企业18个，年产饲料200万t以上的企业有10个。2012年，我国排前30位的饲料企业（集团）总产量为8 858万t，占全国饲料总产量45.5%，比2011年提高2.3个百分点。年产饲料100万t以上的企业（集团）从 2011 年的 18 个提高到 20 个。

5. 七个省份饲料产量占全国 50%以上 2012 年，四川省饲料总产量首次突破千万吨，至此我国超过 1 000 万 t 的省份达 7 个。分别为广东 2 332 万 t，同比增长 11.3%；山东 2 154 万 t，同比增长 5.1%；辽宁 1 326 万 t，同比增长 9.0%；河南 1 321 万 t，同比增长 4.7%；河北 1 185 万 t，同比增长 3.0%；湖南 1 045 万 t，同比增长 3.9%；四川 1 002 万 t，同比增长 13.2%。以上 7 省产量达 10 365 万 t，占全国总产量 53.3%。从增长幅度看，以上 7 省同比平均增长幅度为 7.2%，略低于全国总体增长水平。

6. 生产方式转变加快 畜禽标准化规模养殖快速发展，2012 年全国年出栏 500 头以上生猪、存栏 500 只以上蛋鸡和存栏 20 头以上奶牛规模化养殖比重分别达 37%、80%、51%，标准化规模养殖已成为畜产品供给的重要来源。随着党的十八大提出的“四化同步”，城乡发展一体化的快速推进，散养户的快速退出，专业化、标准化、规模化养殖进一步加速。预计目标，到 2015 年，我国规模养殖比重将提高 10～15 个百分点，存栏 100 头以上奶牛、年出栏 500 头以上生猪规模化养殖比重分别超过 38%和达到 50%。

7. 区域化布局不断优化 畜牧业生产区产业优势明显，生猪、蛋鸡和奶牛优势省猪肉、禽蛋和牛奶产量分别占全国总产量的 92.0%、67.7%和 88.3%。2012 年，添加剂预混合饲料，山东占 11.1%，广东占 8.7%，排名首次超过北京 8.4%。我国预混合饲料主要集中在东部地区（北京、天津、河北、上海、江苏、浙江、福建、山东、广东、海南、辽宁），东部地区占全国预混合饲料产量的 55%。

8. 不同规模企业发展不平衡 从不同规模企业情况看，饲料产量同比都保持增长态势。月产 10 万 t 以上的企业产量累计增长率最高，同比增长 16.9%；其次是月产 1 万～10 万 t 和月产 0.5 万～1 万 t 的企业产量累计均同比增长 13.0%；月产量 0.5 万 t 以下的饲料加工企业产量同比增长 4.0%。饲料产量增长幅度基本与企业规模成正比。

9. 大型企业向原料产区扩张势头比较明显 大型饲料企业通过新建、改（扩）建、收购等，使行业整合速度进一步加快，此外还通过向养殖业等下游产业链延伸，降低企业经营风险。正大、中粮、双胞胎、正邦、禾丰、通威、海大、恒兴、大北农等大型饲料加工企业在国内加快产业布局速度，纷纷从饲料原料销区向东北三省、中西部地区等饲料原料主产区扩张建厂。比较明显的是许多南方销区大型企业，不断到北方粮食主产区投资建厂或并购。

10. 经营模式多样化 为适应规模化养殖和健康理念，企业不断推出新的管理模式、技术模式和产品模式。新希望六和、通威等大型企业推出的养殖担保公司、养殖合作社、一条龙企业终端产品品牌建设等创新模式，是近几年行业发展新的特点和趋势。我国饲料工业正在进入以服务竞争、价值链竞争的时代，如恒兴股份提供“饲料＋种苗＋制剂＋养殖技术等一体化的养殖服务平台”，海大集团“冬季攻势是 2013 年开展服务营销战略（饲料、苗种、微生态制剂）的重要行动”，大北农提出“创建全球领先的养猪综合服务企业（饲料＋兽药＋种猪＋疫苗＋微生态＋信息）”等。

11. 专业化程度将越来越高 饲料加工企业的生产设备越来越专一，一条生产线只生产一种饲料。企业的营销也越来越专业，双胞胎、安佑、金新农等大型企业在仔猪饲料特别是教槽料方面都很有建树。双胞胎 2012 年销售量达 690 万 t，猪饲料销售居全国第一，全球第八。福建天马专做鳗鲡、大黄鱼、石斑鱼等高端水产饲料，鳗鲡饲料产销量居世界首位。广东粤海饲料集团专做虾饲料，向淡水饲料进军。

12. 行业管理更加规范，企业自律意识提高 2012是《饲料和饲料添加剂管理条例》正式实施第一年，在《条例》及配套规章宣贯力度加大的同时，畜牧饲料监管工作力度也不断加大，饲料生产安全进一步得到保障。饲料法律法规体系不断完善，执法体系不断健全，监测技术不断提高，执法力度不断增强，饲料行业的监管工作逐步实现全面化、规范化，保障了饲料行业健康、持续地发展。

二、未来发展趋势

随着我国养殖结构性调整，养殖规模化进程加快，我国饲料工业已进入转型升级阶段，主要表现在大中型饲料加工企业、农业产业化龙头企业、专业化和特色化企业，它们获得了更多的发展机会。而小型饲料加工企业在激烈的竞争中，其数量将继续减少，“强者愈强、弱者淘汰”的工业发展趋势更为突出，整合的力度进一步加大。未来我国饲料工业发展将呈现以下发展趋势：

1. 行业整合进一步加快，规模品牌企业发展加速 大型农牧企业具备资金、技术、管理、信息、人才、采购等条件，在产品定价方面占据主导优势。在“谁先涨价，谁先丢掉市场”的情况下，使得小型加工企业非常艰难，将会加快大中型饲料加工企业的并购速度，没有竞争力的企业将被淘汰出局，企业数量将会再度减少。据预测，今后 5 年内，随着养殖业规模化程度的大幅提升，饲料加工企业利润率进一步降低，这一趋势将延续甚至深化，30%以上的饲料加工企业将主动或被动地退出市场。

2. 企业不断探索新的营销模式　荷兰泰高“汉德瑞”实现服务创新模式，用服务切入市场，为养殖场提供全方位的解决方案，实现个性化服务。广东海大明确“打造服务体系，构建价值链优势”未来战略定位，努力使养殖户有利润优势。“海因特”与客户的合作率先打破了行业固有的简单贸易式合作模式，提出的从原料采购、品控、生产工艺、配方技术、销售培训、售后服务等环节的全方位技术服务方案，形成了独具特色的技术服务模式。

3. 成本竞争能力与合作能力将成为企业快速发展的优先条件　成本竞争能力领先以海大集团为优，海大集团追求成本优势的途径主要是研发、采购（期货）、精细化管理。双胞胎提出的“发展靠规模，盈利靠采购”，“卖得好不如买得好”的理念，通过集团采购降低了原料采购成本。合作能力领先以六和集团为优，比如同原料、设备供应商的合作，包括从银行获得资金支持等。六和的饲料、养殖、屠宰、食品等多数新厂，大多是以合作的方式设立的。例如“新希望六和”同陕西石羊、山西大象、河北兴达、千喜鹤的合作，同海波尔、美国联合、日本三井物产等外企的合作。深入产业链的上下游进行合作和发展，使得“新希望六和”近年来更加迅猛发展，在行业内业绩突出。

4. 企业经营定位更为明确，大型饲料企业转型升级加快　大型饲料集团通过产业链的纵向、横向整合，逐渐由原来单纯“饲料产品提供商”的角色，转变为“产业链整合者”，如新希望六和、温氏、正大、恒兴、中粮、正邦、双胞胎等集团公司相继以各种方式扩大养殖投资和规模。正邦先后控股天普阳光、和康源牧业、得宝集团、和美华集团、万事兴农牧（临沂）、河南广联、鑫欣牧业、广西广联、湖北原种猪场，还有旗下的正邦养殖、正邦食品、正邦种业等。大北农、双胞胎、禾丰等大型饲料加工企业积极调整战略布局，实现外延扩张势头未减。

5. 饲料加工业进入高成本和资本时代　随着社会进步，“四化同步”的稳步推进，国民收入“倍增计划”的实施，大宗原料市场与国际接轨，未来饲料行业将迎来高成本时代。随着我国饲料行业成熟度的逐步提升，其劳动密集型和资本密集型的产业特点将逐渐显现并占据主导，会有更多企业谋求上市。不少基金公司在与饲料加工企业，特别是饲料添加剂加工企业接触。具备成长性的中小企业有可能成为基金公司“狩猎”的对象。齐鲁证券、东方证券都在关注饲料行业。目前，我国直接融资的比重在20%，而美国直接融资比重超过80%以上，发达国家平均比重在50%。我国已经形成了四个层次的市场架构，包括主板（上交所）、中小板（深交所）、创业板，这三个属于场内市场层次；还有股份报价转让系统（大地股份、金泰得、君德同创等），这是场外交易的市场层次，是基础市场。饲料加工企业积极借力资本市场，截至目前我国各类饲料上市企业由2000年的9个增加到24个，企业投融资能力明显增强。未来禾丰牧业（上海）、广东恒兴（深圳）、溢多利（深圳）、安佑、粤海、福建天马、双胞胎、圣迪乐（铁骑力士）、新华扬、上海杰隆（中小板）、新疆泰昆、广州利达尔、上海新农、广州天科、河南普爱、北京资源、成都好主人等一批企业，将有可能从资本市场获得发展先机。正是在这样一个高成本、行业利润渐趋微薄的大环境下，饲料加工企业有打通产业链的发展趋势，上市、融资、发展、壮大成为饲料加工企业生存和发展的一条捷径。

6. 饲料加工业将进入“混业经营”时代　新希望六和打造了猪、禽、乳业3条完整的产业链。温氏、通威、正邦、大北农等大型企业，近年大举进入养猪领域，打造猪产业链。更多的企业或是涉足养殖，或是涉足兽药、疫苗、种业等领域。今后5年内，饲料行业的“混业经营”现象将更为突出，延伸产业链有利于提高抵御风险的能力，预计产业链将成为大型农牧饲料企业的主流选择。当然，这种“混业经营”应该是饲料行业企业有限的多元化，是主业清晰的多元化。中粮、华粮、中储粮、中纺粮油、中轻进出口、中艺华海进出口、中国中材等一批国企既做饲料加工，也做玉米、鱼粉、粕类、DDGS等大宗原料贸易，也可以将是一种“混业经营”。混业经营也体现在“联想”投资“恒兴”，私募大鳄“鼎晖”投资“海大”，武汉钢铁（集团）公司年内建万头猪场（与中粮合资）（非钢产业投资390亿元）养猪等。

7. 饲料工业的“第三产业”将成为掘金的“蓝海”　饲料工业作为一个产值7 073亿元的工业，理应有强大的“第三产业”支撑。今后5年内，预计饲料工业的“第三产业”将会得到迅猛发展。这既体现了产业发展的自然要求，也是六和等先行者成立“担保公司”、“专业化养殖服务公司”、“养猪合作社”、“家庭牧场”的初衷。

8. 玉米—豆粕日粮的主流地位下降　随着玉米、豆粕价格的高企，饲料产品利润率的下降，该日粮结构将会受到市场的冲击，今后杂粮、杂粕型日粮将会更多地出现在市场上，玉米—豆粕型为主的日粮结构将会逐渐削弱。中国饲料工业发展进入了全面的资源限制性发展阶段，未来饲料加工企业的竞争，某种意义上讲应该是能量饲料和蛋白质饲料的竞争，谁拥有了原料，谁就是最后的赢家。大宗饲料原料的供给将长期处于紧平衡。

9. *饲料原料价格的明显波动将成常态* 中国经济已经融入全球经济。由于资本的趋利性，国际上大宗农产品价格的明显波动化是不可避免的常态，饲料加工企业要有大宗原料价格明显波动常态化的预期。要善于利用各种有效手段（期货），规避和化解饲料原料价格明显波动的风险。加大、海大、双胞胎、中粮、中纺等公司都组建了专业的市场研究团队和期货操作团队，对饲料原料采购环节的风险进行有效管理。

10. *“健康”将成为生产力* 中国的消费者对动物食品的需求经历了从无到有、从少到多、从多到全、从全到鲜的几个阶段。目前，随着生活水平和消费能力的进一步提高，人们对食品的安全和健康更为关注，绿色和有机食品的概念已经深入人心。这就给企业创造了提高产品附加值的机会。健康牌将成为一些产业链企业的竞争力之源，并获得差异化竞争优势。

11. *畜牧饲料产业已经成为一个高危行业* 养殖业面临严峻的形势，在“十二五”期间，它可能将是一个高危行业。压力来自两方面：一是越来越复杂的动物疫情，疫病每年造成的畜禽死亡损失达上千亿元，“疫情决定行情”特点越来越明显；二是人为因素导致的食品安全风波。随着人类活动的增多，地球环境发生剧烈变化，生态系统趋于崩溃，动物疫病愈演愈烈，媒体的推波助澜、加之人们对卫生与安全的苛刻要求和对疫病的恐慌心理，使得饲料也缺乏稳定的生存基础，畜牧饲料已经成为一个高危行业。

12. *社会责任在农牧企业的影响力在扩大* 在全球化的今天，不少本土农牧企业已经认识到承担社会责任的意义，并积极地去实践。未来5年内，将有越来越多的饲料加工企业将社会责任与经营目标以及企业使命相结合，并从中获益。一个损害了社会效益的企业，其经济效益是难以持久的。对于以赢利为目的的企业，不能过分地强调社会效益，但是若长期损害社会效益，那它不是被政府所取缔就是被消费者所抛弃。目前，国际上已存在《SA8000社会责任国际标准》认证体系，主要内容基本与我国劳动法相符。主要内容包括坚持依法经营、诚信经营，提高持续稳定盈利能力，提高为消费者创造价值的自觉性和能力，节约能源、保护环境以及积极发展节能产业产品，保障员工生产安全，切实维护员工合法权益并建立工资正常增长机制，按时足额缴纳社会保险等费用，热心参与社会公益事业等。

13. *大型饲料加工企业的特征越来越清晰* 饲料加工企业的整合融合，不能只表现为规模扩张，更要重视质量提升；不能只表现为硬件改善，更要重视管理提升；不能只表现为市场份额扩大，更要重视技术提升；不能只表现为效益增加，更要重视履行社会责任。否则，只能是整而不融、大而不强。按照饲料行业“十二五”规划：到2015年，年产50万t的企业要达到50个，饲料产量占全国的比例达到50%。

14. *产业链延伸与专业化经营并存* 不少企业在进行混业经营、多业态经营、产业链延伸以扩大企业实力，但还有一些企业更注重专业化，只是做猪饲料（双胞胎），或蛋种鸡饲料（北京峪口禽业），或高档乳猪饲料（安佑），或TMR饲料，也有不少成功的案例。宁夏大北农的清真牛羊饲料（中国牛羊饲料第一品牌）也通过了伊斯兰教协会认证，并制定了《清真肉奶适用饲料通用标准》。

三、存在主要问题

我国饲料加工业在快速发展的同时，还存在一些主要问题：一是质量安全形势日趋复杂，社会关注度和媒体聚焦度不断加大。自2012年以来，行业不断爆出“健美猪”、“南山奶粉”和“速成鸡”事件，均不同程度地对行业造成了影响和冲击。二是科技创新与生产转化不足。我国饲料加工企业总体规模偏小，缺乏技术创新型人才，跟现代化企业管理水平有很大差距。大部分科技投入少，新产品开发能力差，饲料产品绝大多数属于同质低价产品，缺乏竞争力。此外，技术研发与生产转化不够。三是产业整体素质仍然较低。全国饲料加工企业1.5万多个，饲料加工企业数量多，平均生产规模小，分布范围广，企业自身抗风险能力低，不利于做好监管工作。监管服务任务繁重，需要大量人员和经费。四是饲料资源制约仍然是困扰因素。随着饲料产量持续增长，对饲料原料的需求大幅增加，原料资源紧缺更为突出。目前我国除豆粕、鱼粉等蛋白饲料原料长期依赖进口外，近几年玉米的供应也处于紧平衡状态。2012年大豆进口5 838万t，我国对进口大豆和鱼粉的依存度近80%以上。能量饲料供应趋紧更加凸显，2012年玉米的饲料消费约12 000万t，工业消费5 000万t。

四、发展建议

我国饲料加工业已形成一个完整的饲料工业体

系，成为全球第一饲料生产大国。我国饲料行业发展机遇与挑战并存，正处于养殖业现代化加速推进的重要时期和建设饲料强国的攻坚时期。全行业必须做好战略规划和部署，在全面提升农业现代化企业发展的同时，加大力度和采取有效措施应对制约因素，推动我国饲料加工业向饲料加工业强国迈进。

（一）高度重视饲料原料资源的供给

为解决饲料工业的快速增长带来的饲料资源的紧张局面，一是要加强科技研发和人力资源配置，成立国家饲料原料资源开发利用专项组织。每年定量对全国各地的可利用原料资源效价进行搜集、评估、实验室检定和制定使用标准，并发布推广，从而大力开发和利用我国本土自有的丰富资源。二是要成立国际大宗原料信息工作组织。专门对全球的玉米、大豆、鱼粉等主要原料作物为主的市场供给、产量销售、国际贸易等信息进行深度研究、对比，及时发布信息公告。从而充分利用国内、国际两种资源优势来有效弥补我国饲料原料供给的短缺问题。同时，避免由于信息不对称造成被国际贸易商操纵价格的被动局面。

（二）提高科技创新和应用能力

目前，在各国都在进行现代前沿高技术发展研究的大好形势下，在引进借鉴、应用相关技术的同时，更要突出自主创新和合理利用，大力培育饲料科研开发重大技术成果，切实做好新饲料原料资源开发、生物技术应用等核心关键技术的研发，破解饲料原料困局和饲料添加剂开发储备技术不足和滥用的难题。结合我国饲料加工业发展情况，走实际应用、专业研发和高校培育相结合的路子，推进科研院所、大学等饲料研究科技成果向优势企业转移速度，有效利用市场机制与政府推动机制，加速我国饲料添加剂企业的资源融合和并购重组。

（三）将新修订的《条例》和配套政策落实到位

全面提升和规范行业监管水平，加强法律法规的宣传培训工作，使行业从业人员懂法执法知法并自觉遵守行业规章制度。新修订《条例》明确了饲料管理部门、生产经营者、养殖使用者的相应责任，增加了饲料生产企业为饲料质量安全的第一责任人，只有这样才能强制性地提升企业现代化管理水平，增强企业抵御风险和威胁的能力。同时，新修订《条例》加大了对违法行为的处罚力度，这样更有利于行业的公平竞争，使行业管理更加规范，为食品安全、农产品质量安全发挥更积极的有效作用。而严格执法，将新修订《条例》和配套政策落实到位，是保障行业公平严格自律的关键。

（四）鼓励支持饲料加工企业进行产业化运作

鼓励支持和引导饲料加工企业做大做强，延伸产业链条，实现饲料原料采购与储备、饲料加工、种苗供给、畜禽养殖、生鲜加工、熟食制作、储藏运输等各环节的产业联结和产业承接，将相关单一环节的市场风险进行转移和嫁接，达到对市场能有效进行自我调控的目标，同时也发挥出各个环节的产能与需求，使大型企业具备一条龙全产业化运作中的综合能力，充分积聚并发挥在资金、技术、管理方面的优势，实现对饲料行业的引领和示范作用，淘汰落后饲料产能，真正体现饲料加工企业的科学化、现代化发展。研究推广已经成形或基本成形的以“公司＋协会＋农户＋基地”和“生产＋销售＋加工”为一体的全产业发展模式。鼓励支持饲料加工龙头企业与中小农户建立利益联结机制，利用龙头企业的拉动作用，支持扩大饲料加工企业规模和实力，树立产业品牌，实现产业品牌的巨大效用。

（本文由中国饲料工业协会和农业部畜牧业司提供资料，本编辑部汇总整理）

水产品加工业

一、基本情况

（一）生产情况

据《中国渔业统计年鉴》显示，2012 年我国水产品总产量为 5 907.68 万 t，比上年增长 5.43%，占世界水产品总产量的 35%左右。其中，海水产品产量为 3 033.34 万 t，占总产量的 51.35%，同比增长 4.31%；淡水产品产量 2 874.33 万 t，占总产量的 48.65%，同比增长 6.65%。在国内渔业生产中，鱼类产量为 3 476.40 万 t，甲壳类产量为 614.39 万 t，贝类产量为 1 318.74 万 t，藻类产量为 179.85 万 t，头足类产量为 69.89 万 t，其他产量为 126.07 万 t。总产量中，养殖产量为 4 288.36 万 t，占我国水产品总产量的 72.59%，占全球养殖水产品总量的 67%左右；捕捞产量为 1 619.32 万 t，占水产品总产量的

27.41%，占全球捕捞总产量的17%左右。

（二）水产品加工

1. 生产规模　2012年，我国水产品加工企业为9 706个，比2011年增加95个，同比增长0.99%。年加工能力为2 638.04万t，同比增长8.59%。水产品加工业冷库8 835座，同比下降3.68%。其中，冻结能力为58.89万t/d，同比下降13.09%；冷藏能力为451.50万t/次，同比增长5.57%；制冰能力为24.54万t/d，同比增长2.35%。

2. 加工产量与产值　2012年，我国水产品加工总量为1 907.39万t，同比增长6.99%。其中，淡水加工产品为343.99万t，同比增长12.73%；海水加工产品1 563.40万t，同比增长5.80%。冷冻水产品1 174.97万t，同比增长6.45%。其中，冷冻品563.34万t，同比增长3.31%；冷冻加工品611.60万t，同比增长9.52%。鱼糜制品及干腌制品产量为273.44万t，同比增长5.25%。其中，鱼糜制品117.16万t，同比增长12.63%；干腌制品为156.28万t，同比增长0.32%。藻类加工制品为101.39万t，同比增长4.57%。罐制品为35.54万t，同比增长33.82%。鱼粉产量为195.26万t，同比增长7.20%。鱼油制品产量为6.02万t，同比增长25.31%。其他水产加工品120.78万t，同比增长11.01%。2012年，我国水产品加工总产值为3 147.68亿元，同比增长34.94%。

二、科研、新产品、新技术

1.“海参功效成分研究及精深加工关键技术”通过专家鉴定　由中国海洋大学主持，獐子岛集团参与的“海参功效成分研究及精深加工关键技术”开发成果，通过了山东省科学技术厅组织的专家鉴定。该开发成果集成了海参加工关键技术与功效成分高效提取、制备技术取得新突破，课题组还研制了多种海参加工关键设备及产品，创新了加工工艺，建立了海参功效成分的快速定量、海参产地溯源及种类鉴别等一系列方法。

2.“一种利用鳀鱼蒸煮液制备调味基料的方法”获国家发明专利授权　由南海水产研究所岑剑伟、李来好、杨贤庆、魏涯等发明的“一种利用鳀鱼蒸煮液制备调味基料的方法”获国家发明专利授权，专利号为ZL200910041245.8。该发明在于提供一种利用鳀鱼蒸煮液制备调味基料的方法。该方法采用陶瓷膜技术回收蒸煮中的营养成分，并通过加入增香调味料和风味调料制作成海鲜调味基料。运用该发明制备海鲜调味品，能提高调味品的档次，降低加工企业的生产成本，提高生产企业的经济效益，从而在提高干鳀鱼加工副产物的利用价值的同时，减少对海洋环境的污染，对产业良性发展提供有力支持，具有较大的经济意义和社会价值。

3.“一种冻虾仁的保水方法”获国家发明专利授权　由中国水产科学研究院南海水产研究所发明的“一种冻虾仁的保水方法”获国家发明专利授权，专利号为ZL201020244660.6。该发明提供一种冻虾仁无磷保水处理方法。该法综合利用臭氧水杀菌，特殊保水剂浸泡处理控制虾仁冻藏过程水分流失，提高产品风味。该发明提供的冻虾仁无磷保水方法，改变了传统冻虾仁磷酸盐保水工艺，可解决冷冻贮藏过程中失水变色问题，避免以往磷酸盐保水剂会使虾仁制品产生令人不愉快的金属涩味且不利于人体健康事件的发生，提高虾仁制品质量与价格，促进其经济效益的提升。

4.“一种鳗鱼的熏制加工方法”获国家发明专利授权　由中国水产科学研究院南海水产研究所陈胜军、李来好、杨贤庆等发明的“一种鳗鱼的熏制加工方法”获国家发明专利授权，专利号为ZL200910036701.X。该发明涉及一种鳗鱼的熏制加工方法，适用于熏制整条鳗鱼或者鳗鱼段。应用该发明生产的烟熏鳗鱼产品肥而不腻，烟熏味浓郁，色泽金黄，组织嫩度适宜，风味好，品质稳定。该发明提供了鳗鱼加工的新品种，提高了鳗鱼的附加值，提高了鳗鱼生产企业的经济效益，为改变目前鳗鱼产业因产品单一、市场单一而受制于人的局面提供了技术支撑，具有巨大经济效益和社会效益。

5. 新型自动鱼鳞刮除机获奖　由福州大学机械工程学院林志军等发明的自动鱼鳞刮除机，在2012年7月举办的第五届全国大学生机械创新大赛中获得二等奖。自动鱼鳞刮除机由除鳞装置和传动机构组成。只要将鱼放到进入口，鱼便会送入刮鳞装置，几秒钟后，脱除了鱼鳞的鱼就被送到出口。除鳞装置在一定转速的滚轮上，将钢丝斜拉排列安装、利用滚子旋转形成内凹的曲面来适应鱼身宽度方向上的曲线变化，再通过韧性较好的旋转钢丝与鱼之间的相对运动，使钢丝掀起鱼鳞，并将其与鱼肉分离。设备两侧滚轮的位置能跟随鱼身长度方向上的薄厚变化进行调整，保证除去鱼鳞。这项发明解决了手工去除鱼鳞耗时长、鱼鳞处理不彻底的弊端。

6.“一种鳗鱼冰温海水喷淋保鲜与臭氧杀菌的方法及装置”获国家发明专利授权　由中科院南海水产研究所刁石强、李来好、吴燕燕等发明的“一种鳗鱼冰温海水喷淋保鲜与臭氧杀菌的方法及装置”获国家发明专利授权，专利号为ZL200910040803.9。该发明涉及一种鳀鱼冰温海水喷淋保鲜与臭氧杀菌的方法及装置，该装置包括一个装鱼容器（保温箱、保温桶或保温鱼舱）、一组臭氧发生器及臭氧混合器、一组制冷装置和一组水泵喷淋系统与容器相连接，组成一个水循环系统。应用该发明专利，可实现对捕获的鳀鱼进行有效杀菌和冰温条件下保鲜，延长其高品质的保鲜期和能保持完整的鱼体外观和营养成分。高鲜度的保鲜期比传统加冰保鲜方法要延长2倍以上的时间。

7. “一种军曹鱼片的脱脂方法”获国家发明专利授权　由中科院南海水产研究所吴燕燕、李来好、杨贤庆等发明的“一种军曹鱼片的脱脂方法”获国家发明专利授权，专利号为ZL201010148148.1。该发明包括：选择合适的脂肪酶、脂肪酶的用量、超声波辅助脂肪酶对军曹鱼片的脱脂处理工艺条件，以及脱脂后军曹鱼片的处理工艺。应用该发明专利可在较低的温度下对鱼片进行脱脂，能有效脱去鱼片至少50%的脂肪含量，还有利于鱼片的后序加工如去皮等，不影响鱼片成品的品质和口感，保证军曹鱼片的质量。该发明操作方法简单，产品质量稳定，生产成本低，能耗小，环境污染小，能有效提高生产企业的经济效益，解决了军曹鱼片因脂肪含量较高难加工的问题。

8. 下脚料生产鱼蛋白肽粉　湖北振源生物科技有限公司依靠生物技术，把鱼下脚料生产人体急需的鱼蛋白肽粉，破解了淡水鱼深加工难题。将鱼鳞、鱼头、鱼肚和肚杂等鱼下脚料和鲢鱼经过粉碎后，再经过过滤，把苦味、盐分等去掉，然后再浓缩冷冻和干燥，最后生产出鱼蛋白肽粉。

9. “在海藻化工生产漂浮废渣液中回收残余褐藻胶的方法”获国家发明专利授权　由中国水产科学研究院黄海水产研究所发明的“在海藻化工生产漂浮废渣液中回收残余褐藻胶的方法”获国家发明专利授权，专利号为ZL201010239730.9。该发明涉及的方法，包括溶气水的制备、溶气水和渣液的混合、连续漂浮净化、清液回收利用等方面。该方法是通过溶气水与漂浮废液混合漂浮，对废渣液进行有效净化，除去其中的杂质，实现了废渣液中废渣与胶液的分离，将原本废渣液中的胶液回收得到含胶的清液，再将净化后的清液作为冲稀水回收利用，从而使废渣液中的褐藻胶得到有效回收。该发明采用一种低成本方式将海带化工生产产生的漂浮废渣液中的褐藻胶进行了回收利用，在不影响产品品质的情况下可提高褐藻胶得率4%～5%。方法成本低，效率高，具有很高的实用性。

10. 淡水鱼加工技术研发与产业化示范”课题在海南启动　2012年7月13日，国家“十二五”科技支撑计划“淡水鱼加工技术研发与产业化示范”课题在海南省海口市正式启动。“淡水鱼加工技术研发与产业化示范”课题围绕罗非鱼、草鱼、鲢鱼等大宗淡水鱼加工过程中的重大关键技术、共性难题、产业发展瓶颈等问题开展研究与开发，将重点突破冷冻罗非鱼片在贮藏过程中褪色、鱼糜加工节水等4项重大关键技术；攻克3～5项淡水鱼加工过程中的技术难题，开发6～8个新产品，申报发明专利12～15项；建立3条产业化示范线；形成产学研结合的科技创新团队，建立具有较强研发能力的科研队伍，显著提高企业自主创新能力，为我国淡水鱼加工技术集成示范基地建设和淡水鱼加工产业的可持续发展提供科技支撑。

11. “新型海洋生物酶制品开发”课题通过中期检查　2012年12月13日，“863”计划海洋技术领域办公室在海南三亚组织有关专家对中国水产科学研究院黄海水产研究所主持的“新型海洋生物酶制品开发”（2011AA090703）课题进行了中期检查。课题自2011年7月启动以来，针对新型海洋右旋糖苷酶、海藻糖合成酶、弹性蛋白酶、褐藻胶裂解酶、漆酶等开展了小试或中试工艺和应用研究，碱性脂肪酶、溶菌酶、过氧化氢酶开展了发酵和制备工艺及规模放大试验，酯酶和碱性蛋白酶开展了稳定性和规模化应用技术研究。课题获得授权发明专利6项，申请发明专利7项，所取得的研究成果具有较好的社会效益和经济效益应用潜力。

三、国内外市场运行情况

（一）国内贸易

2012年面对经济下行压力，国内水产品市场保持了稳定的发展态势，水产品市场供应充足，价格稳中有升。水产品批发市场月度成交价格先扬后抑，在6月份达到高点后逐月回落，7、8月份仍高于去年同期，9～11月份略低于去年同期。海水产品前三季度价格总体较高，各月均超过了上年同期最高水平，维持高位运行。淡水产品价格波动较为明显。据对全国80个水产品批发市场成交价格统计，2012年全年水产品批发市场综合平均价格19.29元/kg，同比上涨6.46%。其中海水产品综合平均价格34.81元/kg，同比上涨7.49%；淡水产品综合平均价格13.52元/kg，同比上涨5.15%。另据对可比的43个水产品批发市场成交情况统计，成交量774.48万t，同比增长12.96%；成交额1 507.02亿元，同比增长17.43%。

（二）进出口贸易

据海关数据统计，2012年我国水产品进出口总量为792.50万t，进出口总额为269.81亿美元，同比分别下降2.9%和增长4.54%。其中出口量为380.12万t，同比下降2.84%；出口额为189.83亿美元，同比增长6.69%。进口量为412.38万t，同比下降2.94%，进口额为79.98亿美元，同比下降0.23%。贸易顺差为109.85亿美元，比上年增加12.09亿美元，同比增长12.36%。水产品继续位居大宗农产品出口首位，出口额占农产品出口总额的比重达到30%，较上年提高0.7百分点。

1. 一般贸易出口继续强于来进料加工贸易，出口价格增长趋势明显　一是一般贸易出口量减额增，优势养殖出口品种继续保持主导地位。2012年，水产品一般贸易出口量为251.54万t，同比下降0.77%；出口额为134.17亿美元，同比增长9.54%，产品出口价格普遍高于上年。其中，对虾、贝类、鳗鱼、罗非鱼、大黄鱼、小龙虾、鮰鱼等名优养殖水产品作为一般贸易主要出口品种，出口额占我国一般贸易出口总额的45.5%。对虾、贝类、大黄鱼和鳗鱼出口量减额增，罗非鱼出口形势有所好转，出口量和出口额均有一定幅度的上涨。淡水小龙虾由于2011年大旱，出口锐减，2012年呈现恢复性增长，出口量额分别上涨80.2%和63.1%。自捕水产品中，蟹类（含梭子蟹、大闸蟹、其他蟹及加工品，以捕捞蟹及其制品为主）出口量为18.6万t，出口额为25.8亿美元，同比分别增长13.9%和23.7%，超越贝类、对虾等传统优势品种成为我国第一大出口种类。二是来进料加工贸易略有下滑，进料加工比重与上年基本持平。2012年我国水产品来进料加工贸易出口量为113.29万t，出口额为53.37亿美元，同比分别下降6.22%和增长0.16%，来进料加工贸易出口额占水产品出口总额比重为28.12%，同比减少1.83%。进料加工贸易虽然利润较来料高，但受全球经济不景气、加工风险较大、市场开拓难等因素影响，2012年出口增长受阻，量额双降。2012年进料加工出口量为85.79万t，出口额为38.73亿美元，同比分别下降4.51%和0.06%；而来料加工客户相对稳定，2012年出口量为27.51万t，出口额为14.64亿美元，同比分别下降11.18%和增长0.75%。但是，在来进料加工贸易出口额中，进料加工仍占72.6%，与2011年的72.8%基本持平，表明进料加工在来进料加工中的主导地位没有改变，我国加工企业更加注重品牌建设、积极参与国际市场竞争的势头没有改变。

2. 多个市场出口呈现负增长，对欧盟出口持续下降　日本和美国依然位列我国出口市场前两位。韩国从我第四大出口市场滑落至第六位，且份额持续下降。主要出口市场中，只有我国台湾和香港出口量额双双增长，日本、美国及东盟出口量减额增，欧盟和韩国则是出口量额双双下降。值得注意的是，连续多年稳定增长的欧盟市场自2011年下半年起，出口开始呈现下降趋势，预示着欧债危机对我水产品出口的影响已开始显现，其后续影响值得高度警惕并积极应对。

3. 主要省份出口增速均有所放缓，山东、福建、辽宁、浙江出口量降幅明显　山东、福建、辽宁、广东、浙江、海南、江苏、广西等沿海省份仍是我水产品主要出口省份，出口额之和占全国水产品出口总额的93.9%。其中，山东省继续稳居我国水产品出口第一大省位置，山东、福建两省出口额之和占全国水产品出口总额的近一半。浙江省水产品出口量大幅下降，出口额小幅增加。广西区出口量额均有大幅增加，超过江苏位居第七位。内陆省份中，江西、湖北和吉林省位于前三位，其中，湖北省2011年因遭受严重自然灾害出口量额大幅下降，2012年呈现明显地恢复性增长。

4. 鱼粉进口量增额减，国内食用水产品进口量减额增　近年来，来进料加工原料进口呈现下降趋势，2012年继续下降，2012年来进料加工原料进口量为140.37万t、进口额为28.97亿美元，同比分别下降7.74%和11.76%，预示来进料加工贸易在今后仍不容乐观。鱼粉进口量增额减，进口量为124.57万t，同比增长2.94%，进口额为16.9亿美元，同比下降3.43%。供国内食用水产品进口量减额增，进口量为147.44万t，同比下降2.82%；进口额为34.11亿美元，同比增长14.33%。

（三）市场需求分析及预测

据专家初步分析，2012年水产品出口增长速度放缓，主要源于以下几方面：一是国际市场消费能力下降，受欧洲主权债务危机和美国公共债务规模扩大的影响，一些大型进口商、批发商和零售商持谨慎态度。二是水产品原料和劳动力等生产成本不断上涨，部分加工企业开始向次发展中国家转移，而部分国家也开始实施扩大出口战略，与我形成同构竞争态势。三是日本2011年受大地震、海啸和核泄漏影响，自身水产品供应难以满足需求增加了水产品进口，随着日本国内水产品生产的恢复，对我水产品进口逐步恢复到正常水平。尽管如此，2012年我水产品出口仍然是取得了骄人的业绩，水产品对外贸易顺差首次突破百亿元，提前3年完成了《全国渔业发展第十二个五年规划（2011—2015年）》确定的到2015年达到年出口额为180亿美元的目标任务，水产品继续位居农产品出口首位，出口额占农产品出口总额的比重提高到30%。以上成绩的取得，主要得益于近年来采取的一系列重要举措：一是利用国内外两种资源，推动出口增长。二是转变增长方式，提高产品竞争力。三是强化源头管理，保障产品安全。四是加快产业带建设，提升出口企业的实力。五是发挥协会作用，加强行业自律。六是加强政策研究，注重服务引导。

从发展的角度看，2013年的国际经济形势依然错综复杂、充满变数，世界经济低速增长态势仍将延续，各种形式的贸易保护主义明显抬头，潜在通胀和资产泡沫的压力加大，世界经济将由金融危机前的快速发展期进入深度转型调整期。虽然我国水产品出口贸易长期积累下来的劳动力素质优势、完整的产业链和规模经济优势、产业配套能力优势等很难在短期被替代和超越，未来一段时间内我国仍将是世界上最大的水产品加工出口基地，水产品出口贸易也仍将继续作为农产品出口的龙头和推动渔民增收与就业的重要支撑，但我国水产品出口仍将继续面临国际市场进口需求明显下降、国内生产成本大幅增加、部分国家同构竞争等不利因素的影响，我国水产品出口以低成本优势维持的快速增长时代也将逐渐远去，初步预计2013年我水产品对外贸易将呈现出口量继续小幅下滑、出口额略有增长的发展态势。从未来发展看，加强技术创新，加快转型升级，调整产品结构，发展精深加工，提高产品附加值，走品牌战略发展之路仍是我水产品对外贸易的发展方向和努力目标。

四、质量管理与标准化工作

1.20项渔业国家和行业标准获准发布　自2011年底以来，国家质量监督检验检疫总局、国家标准化管理委员会和农业部发布公告，分别批准发布《冻罗非鱼片加工技术规范》等9项国家标准和《淡水鱼苗种池塘常规培育技术规范》等11项水产行业标准。这些标准自2012年3月1日起陆续实施。

2.《干海参》食品安全国家标准制定工作进展顺利　2012年2月11～12日，由全国水产标准化技术委员会水产品加工分技术委员会主持的《干海参》食品安全国家标准研讨会在大连召开。会上，标准起草工作组汇报了标准（草稿）中技术指标的确立原则，指出此标准重点解决了干海参中外源性总糖的检测问题，以及干海参中污染物及兽药残留的评价方法，为科学评价干海参的质量及安全情况，提供了有力的科学依据。《干海参》食品安全国家标准的制定，将为提高干海参产品质量，清理干海参市场掺假的情况发挥重要作用，也将推进海参产业更大的发展。

3.“罗非鱼产品质量安全追溯技术研究与应用示范”项目通过验收　由南海水产研究所和广东省标准化研究院共同承担的“罗非鱼产品质量安全追溯技术研究与应用示范”项目（No.2008B080600005），于2012年4月17日在广州市通过了广东省科技厅组织的专家验收。该项目编写了《罗非鱼产品加工环节质量安全追溯编码体系研究报告》，编制了《罗非鱼产品可追溯规范》（DB44/T737—2010）和《罗非鱼加工产品可追溯编码规范》两项标准规范，还开发了“罗非鱼产品加工环节质量安全追溯系统”软件产品一套，并在相关企业进行了示范应用，具有较高的实际应用价值。验收专家组认为，该项目完成了合同规定的各项指标，一致同意通过验收。

五、行业管理

1.农业部水产品加工重点实验室召开“2012年度学术研讨会”　2012年8月21日，农业部水产品加工重点实验室“2012年度学术研讨会”在广州召开。会上，中国海洋大学薛长湖教授、上海海洋大学王锡昌教授、华南理工大学赵谋明教授、中科院南海海洋研究所孙恢礼研究员分别作了题为“水产品加工创新性研究与产业化发展思路”、“加强食品科学基础研究 促进食品科技产业发展”、“生物功能性肽研究进展”、“海洋水产品的高值利用与绿色技术”的报告。南海水产研究所吴燕燕研究员和郝淑贤副研究员分别作了题为“合浦珠母贝肉抗氧化肽的分离纯化及功能特性研究”和“罗非鱼片发色技术及发色产品安全性分析”的专题汇报。研讨会交流内容丰富，报告充满开拓精神，学术视角新颖，引起了大家的广泛兴趣。

2.有15个水产企业入选第五批农业产业化国家重点龙头企业　为支持农业产业化和龙头企业发展，按照《农业产业化国家重点龙头企业认定和运行监测管理办法》（农经发［2010］11号）的规定，农业部公布第五批农业产业化国家重点龙头企业名单，359个企业入选。其中，有15个水产企业入选，具体有大连上品堂海洋生物有限公司、大连海洋岛水产集团股份有限公司、安徽富煌三珍食品集团有限公司、福建海壹食品饮料有限公司、厦门市同安源水水产有限公司、福建省莆田市海源实业有限公司、福建福鼎海鸥水产食品有限公司、江西海浩鄱阳湖水产有限公司、荣成泰祥食品股份有限公司、蓬莱京鲁渔业有限公司、山东丁马生物科技有限公司、石岛集团有限公司、西霞口集团有限公司、湖北莱克水产食品股份有限公司、武汉高龙水产食品有限公司。

3.“全国水产品加工业发展促进工作会议”在大

连召开　“全国水产品加工业发展促进工作会议”于2012年11月5日在大连召开。会议总结交流了各地发展水产品加工业的主要经验，进一步深化了对发展水产品加工业重要性的认识，研究了进一步促进水产品加工业又好又快发展的相关措施。会议提出了今后一段时期我国水产品加工业发展的总体思路是：把保障水产品安全有效供给、促进渔民增收作为首要任务，以水产品精深加工和产业集聚发展为主攻方向，以科技创新为重要支撑，以体制机制创新为动力，加快转变水产品加工业发展方式，促进产业优化升级，进一步提高市场竞争力和渔业综合效益。会议要求，各级渔业主管部门要从全局和长远的高度切实提高认识，厘清发展思路，研究政策措施，促进水产品加工产业又好又快发展。一是深入研究，履职尽责，增强责任感、主动性。二是科学规划，优化布局，加大行业指导力度。三是制定法规，完善标准，引导水产品加工业规范化生产。四是争取政策，加大投入，营造良好政策环境。五是提供服务，加强自律，真正发挥行业协会协调作用。六是储备项目，寻找时机，积极培育发展后劲。

4.“中国水产流通与加工协会墨鱼分会”成立　2012年12月12日，中国水产流通与加工协会墨鱼分会成立大会在广州召开。会议选举产生分会一届理事会和领导机构，通过了墨鱼分会工作细则，圆满完成各项预定议程。中国水产流通与加工协会墨鱼分会第一次代表大会选举产生69名理事，李海波等10位当选为副会长，中国水产流通与加工协会副秘书长王悦当选为秘书长，杭州好时鲜水产品有限公司董事长夏良富当选为墨鱼分会会长，聘请浙江省水产流通与加工协会常务副会长余匡军担任名誉会长。会议阐述了分会的任务和未来要开展的工作。墨鱼分会的成立是中国墨鱼产业适应国内外产业形势新变化，加快形成新的产业发展方式的需要，分会将重点围绕强化行业自律、规范市场行为、制订加工技术标准、监控产品质量安全、反映会员需求、制订进口墨鱼产品的国家标准或行业标准、规范墨鱼产品进口渠道等方面开展工作。

5. 举办专业研讨会，研讨产业热点问题

（1）“第四届中国对虾产业发展论坛”在珠海召开　中国水产流通与加工协会联合国家虾产业技术体系，于2012年5月23～24日在广东珠海举办了“第四届中国对虾产业发展论坛”。来自国内的对虾苗种、饲料、养殖、加工、贸易企业及科研院所的130多位代表出席了本届论坛，本次论坛旨在加强国内业界的交流，推动企业的创新。本次论坛分为主题报告、对虾主产区报告和专题讨论三部分，主题报告主要包含养殖模式、养殖病害、养殖体系、加工、贸易等方面。本届论坛主要面向国内对虾生产加工企业，在探讨我国对虾产业国情，寻求适宜我国对虾产业发展的道路和规划方面有着重要指导作用。

（2）“水产冷冻技术高级研讨会”在青岛举办　2012年5月29日，由中国水产流通与加工协会联合中国海洋大学食品学院、美国JBT科技在青岛成功举办“水产冷冻技术高级研讨会”，来自水产冷冻领域的企业代表参加了研讨。本次研讨会，重点介绍了国际上先进的技术和设备，进行技术、经验的交流和探索。参加此研讨会的代表来自海南、广东、浙江、山东、辽宁、安徽、福建等多个省份，企业代表反映水产加工行业的发展遇到了瓶颈，一方面体现在劳动成本上升，有提高机械化程度需求；另一方面，国际市场中，初级水产品加工有东南亚国家的竞争压力，进行精深加工的趋势明显。他们对先进的技术和设备更有良好的需求。

（3）“鲨鱼可持续利用会议”在北京召开　为了科学、公平、公正地评价鲨鱼的开发与利用，确保产业的稳定发展，中国水产流通与加工协会2012年7月20日在北京召开了“鲨鱼可持续利用”会议，农业部渔业局，国家林业局，中国水产科学研究院东海、南海水产研究所，上海海洋大学的鲨鱼研究专家和管理者，以及来自中国大陆与香港地区的鲨鱼捕捞、加工、销售、餐饮的业界代表参加会议。会议从资源、捕捞、加工、消费全产业链研讨了鲨鱼养护政策、非政府组织（NGO）对鲨鱼的观点，以详实的科学研究数据，一手的影视资料，对中国鲨鱼产业形成了正确观点，澄清了鱼翅贸易的真实现状。会议认为：一是要正确看待鲨鱼产业，要考虑鲨鱼的利用对发展中国家渔民生存、生计的影响，媒体报道我国对鲨鱼的割翅弃鱼现象是不真实的。要认清我国鲨鱼产业目前松散无组织的状态，无法有效应对国际非政府组织（NGO）的不公平攻击。二是鲨鱼是海洋生态体系中的一个组成部分，不是专门为了捕鲨而捕鲨，是在捕捞经济鱼类的同时，兼捕了依赖这批经济鱼类为食的鲨鱼，这意味着在生态平衡的意义上，兼捕行为恰是维持海洋生态平衡的行为。三是应当加大技术投入，进一步加大开发力度，做好深加工产品，提高鲨鱼的利用率。现阶段我国仅仅利用了鲨鱼翅作为美食，距离欧美发达国家开发鲨鱼的鱼肝油、鲨鱼软骨素等高技术高附加值的产品还存在差距。四是我国缺少必要的正义声音，说明我们对这一行业的关注度不够。在国际场合，行业代表、国内专家应当代表我国利益正确应对媒体和相关国际组织，亮出正确的观点。五是建立鲨鱼产品的可追溯体系，对鲨鱼种群、捕捞、加工生产、贸易利用等方面加强调查研究，有效保障鲨鱼的可持续利用。

(4)“鮰鱼加工出口情况分析座谈会”在北京召开 由中国渔业协会鮰鱼分会组织的“2012年鮰鱼加工出口情况分析座谈会”于2012年8月21日在北京召开，全国鮰鱼重点加工出口企业参加了会议。会议认为，由于目前全球经济处于萧条状态，受大环境的影响，美国经济不景气，消费市场低迷，加上去年美国进口和本土鮰鱼片货存量较大，以及廉价的越南巴沙鱼片在美国的销售量成倍增长，鮰鱼片价格一路下跌。与会代表达成一致意见，2013年鮰鱼出口形势严峻，全体会员应该团结起来，抱团取暖，渡过难关。根据目前我国鮰鱼养殖、加工成本测算，对美最低报价为：美西部港口2.45美元/磅，美东部港口2.5美元/磅。

(5)“第九届罗非鱼产业发展论坛”在海口召开 由中国水产流通与加工协会和国家罗非鱼产业技术体系联合主办的“第九届罗非鱼产业发展论坛”，于2012年11月12～13日在海口市召开，来自国内罗非鱼种苗、养殖、加工、贸易、饲料和加工设备企业、渔业主管部门及科研院所的代表，我国台湾地区的同业人士，以及美国、英国、荷兰、德国、以色列、冰岛、挪威等国家代表参加了会议。本次论坛分为“全球罗非鱼产业形势分析”及“海外罗非鱼生产与市场形势”两个主题，同时分设了“罗非鱼产业的可持续之路”和“中国罗非鱼的消费及市场发展”两个分会场，从国内外罗非鱼生产贸易、加工技术、内销市场开拓、废弃物利用以及国际主要市场变化、认证体系建设等方面进行了分析。本届论坛对过去罗非鱼产业10年进行了总结，同时也对产业的未来进行了展望。与过去几届论坛相比规模更大，报告内容更具有实践指导意义。在当前产业发展面临诸多困难的情况下，本届论坛对厘清发展思路，推动转型升级和市场开拓方面取得了一定成效，增强了罗非鱼业者对产业的信心，为今后罗非鱼产业如何走好可持续发展之路提出了新的思考和构想。

(中国水产流通与加工协会 陈丽纯)

林产品加工业

一、经济林、竹、油茶及花卉产业

2012年，新造经济林面积为110.11万 hm^2，比2011年下降9.62%。各类经济林产品总量达到1.42亿t，比2011年增长5.97%。水果产量为12 227万t，比2011年增长6.59%，其中苹果、柑橘和梨分别为3 387万t、2 555万t和1 674万t；干果产量为987万t，比2011年增长6.47%；林产饮料产品的产量为184万t，比2011年增长15.46%；林产调料产品的产量为58万t，比2011年下降0.73%；林产工业原料的产量为179万t，比2011年增长3.73%；木本油料的产量为177万t，其中油茶籽的产量占97.82%；竹笋干、食用菌等森林食品的产量为308万t；木本药材的产量为130万t。2012年，竹材产量为16.44亿根，比2011年增长6.82%，其中毛竹为11.15亿根，篙竹为5.29亿根。村及村以下各级组织和农民生产竹材为12.87亿根，占全部竹材产量的78.28%。2012年，油茶产业发展重点县增加100个，种植面积达到350万 hm^2，当年新造林面积为23.59万 hm^2，低产林改造面积为11.42万 hm^2。油茶籽产量为173万t，比2011年增长16.73%。油茶产业产值达387亿元。2012年，花卉种植面积为96.91万 hm^2；切花切叶为185亿支；盆栽植物为34亿盆；观赏苗木为124亿株；草坪为5.24亿 m^2。具有一定规模的花卉市场为4 233个，花卉企业为4.30万个，其中大中型花卉企业为9 007个；花卉从业人员为463万人，花农为129万户；控温温室面积和日光温室面积分别为4 006万 m^2 和16 658万 m^2。

二、木材生产及林产工业

1. 木材产量稳定 2012年，全国商品材总产量与2011年基本持平，为8 174.87万 m^3。从木材产品结构看，原木产量为7 494.37万 m^3，比2011年增长0.60%；薪材产量为680.50万 m^3，比2011年下降2.27%。从木材生产单位看，林业系统内生产的木材为1 873.61万 m^3，比2011年减少7.88%，占全部木材产量的22.92%；系统外企、事业单位采伐自营林地的木材为402.07万 m^3，同比增长33.28%，占全部木材产量的4.92%；乡(镇)集体企业及单位生产木材产量为634.16万 m^3，同比增长18.38%，占全部木材产量的7.76%；村及村以下各级组织和农民个人生产的木材为5 265.03万 m^3，与2011年基本持平，占全部木材产量的64.40%。

2. *锯材产量持续增长* 2012年，全部锯材产量为5 568.19万m^3，比2011年增长24.84%。

3. *人造板产量增速放缓* 2012年，受国内房地产调控和国际社会购买力下降的双重影响，木质家具生产和建筑装饰行业受到冲击，我国人造板产量增速放缓。全年人造板总产量为22 335.79万m^3，比2011年增长6.77%。在全部人造板产量中，胶合板为10 981.17万m^3，比2011年增长11.26%，占全部人造板产量的49.16%；纤维板为5 800.35万m^3，比2011年增长4.28%，占全部人造板产量的25.97%，其中中密度纤维板产量为5 022.45万m^3；刨花板产量为2 349.55万m^3，比2011年下降8.20%，占全部人造板产量的10.52%；其他人造板为3 204.71万m^3（细木工板占58.28%），比2011年增长9.44%，占全部人造板产量的14.35%。另外，人造板表面装饰板产量为1.92亿m^3，单板产量为3 492万m^3。从分省情况看，人造板生产主要集中在东、中部地区，山东、江苏、广西、河南、安徽、河北6省、自治区产量均超过1 000万m^3，6省、自治区人造板产量共计16 392.56万m^3，占全国人造板总产量的73.39%。

4. *木竹地板产量首度下降* 2012年，全部木竹地板产量为6.04亿m^2，比2011年下降3.94%。在木竹地板产量中，实木木地板为1.25亿m^2，占全部木竹地板产量的20.75%；复合木地板为3.71亿m^2，占全部木竹地板产量的61.33%；其他木地板为0.59亿m^2，占全部木地板产量的9.79%；竹地板为0.49亿m^2，占全部木地板产量的8.12%。木竹地板产量最大的省份是江苏省，产量达到1.44亿m^2。

5. *木制家具产量小幅下降* 2012年，全国木制家具总产量为23 897万件，比2011年下降3.64%。

6. *木浆产量缓慢下降* 2012年，纸和纸板总产量10 250万t，比2011年增长3.22%；纸浆产量为7 867万t，比2011年增长1.86%，其中木浆产量为810万t，比2011年下降1.58%。

7. *林化产品产量出现下降* 2012年，全国松香类产品产量为141.00万t，比2011年下降0.22%，其中松香产量为109.18万t，同比下降12.91%；松节油产量为15.99万t，同比增长10.02%；栲胶产量为6 926 t，同比下降24.13%；紫胶产量为1 971 t，同比下降3.67%。

三、木材产品市场供给与消费

（一）木材产品供给

木材产品市场供给由国内供给和进口两部分构成。国内供给包括商品材、农民自用材和农民烧柴、木质纤维板和刨花板；进口包括进口原木、锯材、单板、人造板、家具、木浆、木片、纸和纸制品、废纸及其他木质林产品。2012年木材产品市场总供给为49 491.59万m^3，比2011年增长2.88%。

1. *商品材* 2012年，全国商品材产量为8 174.87万m^3，比2011年增长0.36%。其中，原木产量为7 494.37万m^3，比2011年增长0.60%；薪材（不符合原木标准的木材）680.50万m^3，比2011年下降2.27%。

2. *农民自用材和烧柴* 根据测算，2012年农民自用材和烧柴折合木材供给量为3 969.88万m^3，其中农民自用材为1 262.12万m^3，农民烧柴为2 707.76万m^3。

3. *木质纤维板和刨花板* 2012年，木质纤维板产量为5 689.80万m^3，比2011年增长3.71%；木质刨花板产量为2 326.29万m^3，比2011年下降7.57%。木质纤维板和刨花板折合木材供给13 731.08万m^3，扣除与薪材产量的重复计算部分，木质纤维板和刨花板相当于净增加木材供给13 629.01万m^3。

4. *进口* 2012年，我国木质林产品进口折合木材为23 496.70万m^3，其中原木为3 789.27万m^3，锯材（含特形材）为2 690.16万m^3，单板和人造板为249.63万m^3，纸浆及纸类（木浆、纸和纸板、废纸和废纸浆、印刷品）为15 207.78万m^3，木片为1 364.47万m^3，家具、木制品及木炭为195.40万m^3。

5. *其他* 2012年，超限额采伐、上年库存等形式形成的木材供给为221.13万m^3。

（二）木材产品消费

木材产品市场消费由国内消费和出口两部分构成。国内消费包括工业与建筑用材消费、农民自用材和烧柴消费；出口包括出口原木、锯材、单板、人造板、家具、木浆、木片、纸和纸制品、废纸及其他木质林产品。2012年木材产品市场总消费为49 491.59万m^3，比2011年增长3.68%。

1. *工业与建筑用材消费* 据国家统计局和有关部门统计，按相关产品木材消耗系数推算，2012年我国建筑业与工业用材折合木材消耗量为37 801.94万m^3，比2011年下降2.84%。其中，建筑业用材（包括装修与装饰）为14 347.39万m^3，比2011年增长12.08%；家具用材（指家具的国内消费部分，出口家具耗材包括在出口项目中）为6 148.72万m^3，比2011年下降12.11%；造纸业用材14 796.38万m^3，比2011年增长2.10%；煤炭业用材1 063.91万m^3，比2011年增长0.20%；车船制造、铁路、化工、化纤等其他部门用材 1 445.53 万 m^3，比 2011 年增长 11.09%。

2. 农民自用材和烧柴　根据产量测算，农民自用材消耗量为 1 262.12 万 m^3，农民烧柴消耗量为 2 707.76万 m^3。由于农民自用材消耗中有很大一部分用于农民建房，约合 1 135.91 万 m^3，扣除这部分与建筑用材消耗的重复计算后，农民自用材和烧柴消耗量为 2 833.97 万 m^3。

3. 出口　2012 年，我国木质林产品出口折合木材为 8 855.68 万 m^3，其中原木为 0.36 万 m^3，锯材为 116.78 万 m^3，单板和人造板为 3 241.58 万 m^3，纸浆及纸类（木浆、纸和纸板、废纸和废纸浆、印刷品）为 2 068.34 万 m^3，家具为 3 156.90 万 m^3，木片、木制品和木炭为 271.72 万 m^3。

（三）木材产品市场供需的特点

2012 年，我国木材产品市场供需的主要特点表现为：木材产品总供求小幅增长，其中国内供给增速明显低于进口增速、国内需求增幅略高于出口增幅；原木与锯材产品总体价格水平在小幅波动中略有上涨。

1. 国内实际供给与进口增长，但国内供给增幅低于进口增幅，木材产品总供给小幅增加　从国内供给看，2012 年虽然薪材、农民烧柴、刨花板产量等木材产品产量减少，但占国内主要供给份额的原木和纤维板产量增长，以及对 2011 年末针叶材高库存的消化，国内木材产品实际供给增长 1.03%；从进口看，一方面原木、锯材、人造板、纸和纸板等产品进口下降的同时，单板、木浆、废纸、木片等产品进口量大幅度增长，木材产品进口总量增长 5.01%。

2. 国内实际消费和出口增长，且国内消费增幅略高于出口增幅，木材产品总消费小幅扩大　2012 年，我国实施房地产调控政策、固定资产投资增速下滑，宏观经济增速回落，但房地产销售呈现回暖态势，建筑用材、造纸用材的需求增长，木材产品国内消费增长 3.78%；同时，尽管国际经济复苏缓慢，当年美国经济和欧美房地产市场温和复苏，国际市场对木质林产品的需求有所回升，在主要出口木质林产品中，除家具出口小幅下降外，胶合板、纸和纸板、纤维板等产品的出口量均有较大幅度增长，木材产品出口总规模增长 3.21%。

3. 原木与锯材产品总体价格水平在小幅波动中略有上涨　2012 年，木材产品（原木与锯材）价格水平表现出总体平稳、小幅波动的特点；进口木材产品价格水平小幅下降的趋势，涨跌幅度分别在 2%和 4%以内；木材产品市场总体价格水平先跌后涨的趋势，但涨跌幅度较小，除 3 月与 10 月外，其他月份的涨跌幅度在 2%以内。

四、主要林产品价格

根据商务部和中国木材与木制品流通协会发布的木材市场价格综合指数的月度数据，2012 年木材（原木和锯材）价格综合指数从年初的 100.0%开始回落，4 月降至 94.4%，然后价格开始持续回升，到 8 月达到了 97.6%，9 月又跌至 95.8%，之后迅速上升到 11 月的 105.0%，年末回落至 104.4%。从各月环比变化看，3 月的跌幅最大，为 5.20%；10 月的涨幅最大，达 8.98%；其他月份的环比涨跌幅度，除 7 月涨幅为 1.04%和 9 月跌幅为 1.84%外，都未超过 1%。

2012 年进口木材（原木和锯材）价格综合指数从年初的 113.4%回落至 2 月的 109.9%，3 月开始回升，至 4 月达到 111.3%，5 月又降至 107%，6 月开始连续回升至 8 月的 109%，从 9 月开始持续下降至 12 月的 103.9%。从各月环比变化看，除 2 月和 5 月的跌幅分别为 3.09%和 3.86%外，其他月份的环比涨跌幅度均在 2%以内。

五、主要林产品进出口

1. 林产品进出口贸易微幅增长，出口增速大幅回落，进口减少；贸易逆差缩小；在全国商品进出口贸易中，林产品所占比重略降　2012 年，林产品进出口贸易总额为 1 206.39 亿美元，比 2011 年增长 0.25%，增幅下降 28 个百分点。其中，林产品出口为 586.91 亿美元，比 2011 年增长 6.64%，增速回落 12.18 个百分点，低于全国商品出口 7.92%的增长速度，占全国商品出口额的 2.86%，比 2011 年降低了 0.04 个百分点；林产品进口为 619.48 亿美元，比 2011 年减少 5.13%，占全国商品进口额的 3.41%，比 2011 年下降了 0.34 个百分点。林产品贸易逆差为 32.57 亿美元，比 2011 年缩小了 70.08 亿美元。

2. 林产品进出口贸易中木质林产品仍占绝对比重，但其出口占比有所提高、进口占比进一步下降　2012年，林产品进出口贸易总额中，木质林产品占 67.61%，比 2011 年提高了 0.33 个百分点。其中，林产品出口额中，木质林产品占 75.19%，比 2011 年提高了 1.50 个百分点；林产品进口额中，木质林产品占 60.43%，比 2011 年下降了 1.45 个百分点。

3. 林产品贸易市场主要分布于亚洲、北美洲和欧洲，但出口市场中，亚洲和欧洲的份额下降、北美洲和拉丁美洲的份额提高；进口市场中，欧洲和拉丁美洲的份额上升，北美洲和亚洲的份额下降。从主要贸易伙伴看，美国、日本仍为最主要的出口市场，而且市场集中度略有提高；进口市场以美国、东南亚地区和加拿大为主，但市场集中度有所下降 2012年，林产品出口总额中各洲所占份额依次为亚洲42.87%、北美洲25.94%、欧洲19.37%、拉丁美洲4.19%、非洲4.03%、大洋洲3.60%，与2011年相比，北美洲和拉丁美洲分别提高了1.43和0.41个百分点，亚洲和欧洲分别下降了1.10和1.00个百分点；林产品进口总额中各洲所占份额分别为亚洲43.70%、北美洲20.24%、欧洲19.76%、拉丁美洲7.55%、大洋洲5.66%、非洲3.09%，与2011年相比，亚洲和北美洲的份额分别下降了0.74和1.14个百分点，欧洲、非洲和拉丁美洲的份额分别提高了0.96、0.43和0.38个百分点。从主要贸易伙伴看，前5位出口贸易伙伴依次是美国、日本、中国香港、英国和澳大利亚，占45.87%的市场份额，比2011年提高了1.45个百分点，其中美国的份额提高了1.24个百分点；前5位进口贸易伙伴分别为美国、泰国、印度尼西亚、马来西亚和加拿大，集中了51.44%的市场份额，比2011年下降了2.56个百分点，其中马来西亚和加拿大的份额分别下降了2.01和0.85个百分点。

（国家林业局发展规划与资金管理司 刘建杰 于百川 姜喜麟）

农作物秸秆加工业

一、基本情况

2012年，我国粮食总产达到58 957万t，比上年增加1 836万t，同比增长3.2%，再创历史新高，粮食总产实现历史罕见的“九连增”。作为粮食生产附属产物的秸秆，产量也达到历史新高。如何高效地利用秸秆，避免焚烧造成环境污染，实现秸秆经济效益、社会效益和生态效益，成为农作物秸秆加工业的关键问题。在国家和各级政府的共同努力下，2012年我国秸秆综合利用效果显著，各地根据实际需要重点推广了保护性耕作、秸秆养畜、秸秆能源化利用等技术，投资建立了秸秆直燃发电、秸秆沼气、秸秆气化、秸秆成型燃料等秸秆利用技术项目，综合利用效果显著。

（一）主要成就

1. *秸秆综合利用率有所提高* 根据农业部农业生态与资源保护总站组织专家对全国秸秆综合利用进展情况进行系统评估，2012年我国主要秸秆总产量为9.2亿t，可收集量为7.9亿t，利用量为5.8亿t，综合利用率达到74.1%，较2008年提高5.4个百分点。

2. *保护性耕作技术推广有了新的突破* 保护性耕作技术可有效地改善土壤结构，提高土壤有机质含量，减少水分蒸发，增强蓄水保墒保肥能力。2012年，农业部投入引导资金2 710万元，新建示范县31个，续建示范县79个，滚动建设示范县100个，保护性耕作面积突破6 451.27 khm^2，比上年增加735.74 khm^2，增长幅度达到12.87%，增幅显著。目前，全国免耕播种机保有量达到77.57万台（套），机械化免耕播种面积达到12 572.69 khm^2，秸秆机械化粉碎还田面积达到31 686.9 khm^2，机械深耕作业面积达到14 118.81 khm^2，为保护性耕作技术的推广提供了保证。

3. *秸秆养畜发展形势喜人* 秸秆养畜是推动种养殖业有机结合、发展农业循环经济的关键环节，是保障动物性食品供给、降低粮食安全压力的必然选择，是治理秸秆焚烧的长效手段，是促进农民增收、加快建设社会主义新农村的现实途径。2012年，全国秸秆饲用量达到2.2亿t，相当于6 000万t饲料粮，增加农业产值1 000亿元。其中，秸秆捡拾打捆面积为1 435.51 khm^2，比2010年增长313.31 khm^2，增幅为27.92%；机械化青贮秸秆为7 837.32万t。

4. *秸秆能源化利用技术发展迅速* 成为第四能源的秸秆等农林废弃物已经被称作“生物质能资源”，是我国秸秆利用发展趋势。目前，我国秸秆的能源化利用主要有秸秆发电、秸秆沼气、秸秆气化、秸秆压块、秸秆制乙醇等技术。全国已累计建设秸秆固体成型加工点超过100处、年产成型燃料30万t以上，秸秆沼气集中供气工程150多处，秸秆热解气化站近900处，生物质直燃发电项目40多个，总装机容量约82万kW。据测算，秸秆新型能源化开发利用量约640万t。

（二）存在问题

2012年，由于政策、资金、技术及认识等方面的差距，致使我国秸秆利用仍然存在突出的问题。

1. *焚烧秸秆现象屡禁不止，危害大* 2012年江苏、安徽等地出现大面积焚烧秸秆情况，出现天空“雾蒙蒙的”，并伴有秸秆焦煳气味，PM10 指数达到 478，属于重度污染，同时还引起了持续能见度小于 3 000 m 的霾。

2. 秸秆焚烧数量大　据中国气象局国家卫星气象中心《气象卫星监测作物秸秆焚烧专报（2012 年第 02 期）》，仅 6 月 11～17 日一周，利用卫星共监测到河南、安徽、湖北、河北、江苏、陕西、山东等省的焚烧作物秸秆火点 512 个（不包括云覆盖下的着火点信息）。其中，河南省 166 个，涉及 14 个地区 57 个县；安徽省 117 个，涉及 7 个地区 21 个县；河北省 37 个，涉及 5 个地区 17 个县；江苏省 58 个，涉及 7 个地区 20 个县；陕西省 23 个，涉及 4 个地区 11 个县；山东省 95 个，涉及 9 个地区 26 个县；山西省 12 个，涉及 3 个地区 8 个县。

3. 收储运体系不完善　秸秆分散、体积大、密度较低，缺乏配套的收集、运输机械设施，尤其是在粮食主产省，秸秆量大，茬口时间紧，劳动力少，收割以后难以及时清理，收集储运成本较高，加之服务体系尚未建立，服务市场难以形成，制约了秸秆综合利用的发展。

4. 农民购机积极性不高　秸秆收集机械价格较高，一次性投资大，季节性强，作业时间短，机械利用率低，影响了农民购机的积极性。

（三）成效显著的地区

在各级政府的指导下，全国各地加大了秸秆综合利用工作的力度，秸秆利用普遍取得了良好的效果，河北、江苏、山西等地农作物秸秆综合利用效果较为突出。

1. 河北省　河北省农作物秸秆资源非常丰富，年秸秆总产量为 6 176 万 t 左右。其中，小麦秸秆为 2 745 万 t，玉米秸秆为 2 971 万 t，棉花秸秆为 282 万 t。此外，还有大豆、马铃薯、花生、高粱等的秸秆。河北省各级政府高度重视秸秆综合利用，遏制焚烧秸秆，实现了废弃秸秆的资源化利用。2012 年，河北省秸秆综合利用量为 4 824 万 t，占总量的 78%，主要用于肥料、饲料、燃料、食用菌基料等，其中机械直接还田为 2 300 万 t 左右，占综合利用量的 47.7%；通过秸秆青贮、氨化微贮等约为 864.5 万 t，利用率为 17.9%；栽培食用菌利用秸秆约 320 万 t，利用率为 6.7%；秸秆能源化利用约为 73.5 万 t。此外，还有堆沤还田、直接饲喂等。

2. 江苏省　2012 年是贯彻落实江苏省人民代表大会常务委员会《关于促进农作物秸秆综合利用的决定》的关键年，各级政府按照省政府要求，进一步加大推进力度，在各级财政安排 3.3 亿元资金的带动下，全年完成稻麦秸秆机械化还田面积 2 460.76 khm^2，还田率达 37.8%，超过省人大《决定》要求 2.8 个百分点，秸秆综合利用率达到 80% 以上。其中，镇江市 2012 年秸秆综合利用率 96.8%，苏州市秸秆综合利用率达高于 95.6%。

3. 山西省　为了落实省政府提出的力争 2015 年秸秆综合利用率达到 80%的目标，2012 年省财政资金安排 1.125 亿元，在 11 个市的 79 个县实施秸秆还田作业补贴项目，实施面积达 25 万 hm^2。据农机部门统计，项目区涉及 567 个乡（镇）、3 575 个村，受益农户 58.59 万户，受益人口达 187 万人。而且，通过示范辐射，带动全省 1 163.88 khm^2 秸秆还田。

二、新产品和新技术

秸秆利用技术是秸秆综合利用发展瓶颈之一，国家以及各级政府为了解决秸秆焚烧带来的问题及秸秆利用率偏低等问题，组织开展了一系列技术研究项目，在秸秆乙醇、秸秆还田、秸秆发电、秸秆饲料等方面取得了显著成就，有力地推动了农作物秸秆的综合利用，提高了农作物秸秆的经济价值和社会价值。

1. 由南宁市农业机械化技术推广服务站和武鸣县农机化技术推广服务站承担的“香蕉秆粉碎还田机具研制与应用”项目，于 2012 年 3 月通过了广西南宁市科学技术局组织的科技成果鉴定。鉴定委员会专家认为，该项目研究成果达到国内领先水平，鉴定委员会一致通过科技成果鉴定。该项目研制成功的 1JHJ - 140 型香蕉秆粉碎还田机，拥有自主知识产权，获得国家实用新型专利 1 项，申请发明专利 1 项，填补了广西蕉秆粉碎无机械化的空白。与同类型机具相比，该机结构简单，操作方便，工作效率高，而且功率消耗少，运行平稳可靠，动力充足，使用过程中香蕉秆纤维不会缠绕滚筒，粉碎效果好。该项目技术的推广应用，必将对提高香蕉生产机械化水平，加快香蕉产业化、规模化发展起到良好的推进作用。该项目获得“2012 年度南宁市科学技术进步三等奖”。

2. 由合肥工业大学与安徽丰原生物新能源科技有限公司等单位联合研发的“生物质成型燃料超焓燃烧发电锅炉”，于 2012 年 6 月研制成功，攻克了常温空气无焰燃烧和发电锅炉高温超焓燃烧两大技术难题，解决了生物质能源大规模产业化利用的问题，获国家发明专利，该技术处于国际领先水平。据测算，建设一座 2×15 MW 的生物质发电厂，每年可消耗 25 万 t 秸秆，给农民带来收益 5 000 万元；可发电 2.4 亿 kW · h，减排二氧化碳 22 万 t，实现利税3 500万元。

3. 由中国农业机械化科学研究院等单位承担的

国家863计划“秸秆收集固化成型关键技术及装备”重点项目，于2012年7月通过了科技部高技术研究发展中心组织的结题验收。项目重点针对我国大宗农作物秸秆资源特点和收集技术设备瓶颈问题，突破秸秆机械特性、土壤植物分离机理、压缩成型、自动捆扎等共性关键技术，研制具有自主知识产权的压缩、成型、自动捆扎关键装置和小麦、水稻、玉米、棉花秸秆以及玉米根茬收获典型装备，构建形成了秸秆收集固化成型装备技术体系，对促进农业增效和农民增收，以及农业资源的高效利用与可持续发展具有重要意义。项目共投入资金5 000多万元，突破了共性关键技术25项，开发农业装备新产品10种、新装置19种，大部分成果实现转让和应用。3项科技成果通过省部级以上科技成果鉴定，处于国际先进水平。研究提出标准草案39项，其中国标1项、行标20项、企标18项。发表论文95篇，其中SCI或EI收录达到46篇。申报专利78项，其中发明专利38项；授权专利26项，其中发明专利5项。

4. 由农业部南京农业机械化研究所、盐城市射阳县红日纺机厂承担的江苏省科技支撑计划项目“棉秆收获切碎压捆联合作业技术及装备的研究与开发”，于2012年9月在江苏省盐城市通过验收。项目创新研发了4MGB－237型自走式棉秆拔秆切碎联合收获机，改进优化了9YL－40型直立式棉秆液压打包机。棉秆联合收获机突破了棉秆高效整株拔取、强制平顺输送、低耗切碎集箱等关键技术，可一次性完成拔秆、输送、切碎、集料，大大提高了棉秆收获效率，降低了收获成本；棉秆液压打包机可以将切碎后的棉秆压缩打包，在方便储藏和运输的同时，也显著降低了棉秆的运输成本，有利于提高棉秆资源化利用程度。

5. 由河北农业大学和河北众邦生物技术有限公司共同研制的“秸秆发酵饲料新技术”，于2012年11月通过农业部饲料效价与安全监督检验测试中心、中国农业微生物菌种保藏管理中心等多个部门的检测，可以向市场上推广。该技术是将农作物的废弃秸秆、枯草树叶等经过发酵变成含蛋白20%以上的有机饲料，可代替饲料粮30%左右，不仅可节省粮食，而且可降低畜牧业成本，增加农民收入。据统计，羊吃这种秸秆发酵饲料每月能多长1.5 kg肉，按每千克羊肉50元计算，一个月多赚了75元。与之前未使用秸秆发酵饲料相比，使每只羊增收30%～40%。同时，使用秸秆做饲料还让每只羊的饲养成本降低了80～100元。

6. 由甘肃农业大学、平凉红牛集团等单位联合完成的“甘肃肉牛主产区玉米秸秆饲料化及品质育肥技术体系研究与应用”项目，于2012年11月获得“2012年度甘肃省科技进步一等奖”。项目主要针对秸秆饲料化的关键技术环节，通过添加有机盐和发酵益生菌，优化玉米秸秆青贮的微生态系统，提高了秸秆饲料的营养品质；根据甘肃省两个肉牛类群不同育肥阶段的能量需求和对其他营养成分的需要及饲料成本变化，研发了平衡饲粮配合及最低成本控制系统，建立了全过程、阶段式、品质育肥精准管理技术体系，肉牛日增重、屠宰率提高，牛肉品质优良。该项目在甘肃肉牛主产区的4市（州）开展，研究成果在甘肃省22个牛羊产业大县和重点牛羊生产企业推广应用，累计生产优质玉米秸秆青贮1 226.5万t，育肥肉牛199.16万头，新增效益10.9亿元。

7. 由山东泉林纸业有限责任公司承担的“秸秆清洁制浆及其废液肥料资源化利用新技术”项目，获“2012年国家科技进步二等奖”。该项目解决了用农作物秸秆造纸中，秸秆制浆成浆质量不高、产生的黑色废液难以处理、排放之后严重污染环境的技术难题。该项目技术在工业生产中已整体应用了5年。应用该技术后，泉林纸业形成了以秸秆为原料，以本色文化纸、生活用纸、食品包装纸（盒）和有机肥料为主导的产品结构，废水处理效果优于美国及欧盟等发达国家以木材为原料的木浆生产废水排放标准，实现了行业的最低排放。此外，企业生产的本色生活用纸、食品包装纸（盒）等本色系列产品在核心卫生指标上优于国外木浆产品卫生标准，在健康、环保、安全方面具有明显的差异化竞争优势。

三、政策促进与行业管理

提高秸秆综合利用，不仅需要国家各级政府大力支持，还需要社会各种力量的鼎力支持。国家及各地政府在政策制定、举办召开的各种活动中都倾注了相当的关注，在产业政策支持、科研开发支持等方面都采取了重大举措，保障了秸秆产业的良好发展。

1. 由江苏省农机局举办的“秸秆机械化还田及农机化新技术研讨培训班”，于2012年5月9～10日在江苏省常熟市召开。全省各市、县的农机推广部门的技术人员和部分农机主管部门分管领导参加了此次培训。培训班邀请5名省内外相关专家围绕机械化秸秆还田与水稻机插集成技术、稻麦秸秆机械化还田农机农艺融合技术进行了专题演讲。

2. 由农业部科教司主办的“全国户用秸秆沼气现场经验交流会”，于2012年6月6日在江苏省淮安市举行。会议认为，近年来我国畜牧业养殖结构调整加快，散养户减少，给全国30%～40%的户用沼气带来了不同程度的原料短缺问题。但江苏淮安的经验说明，以秸秆为原料发展户用沼气，不仅能使原来不具备建池条件的农户用上沼气，还能有效解决已建沼气池的原料短缺难题。

3. 由国家发改委能源局组织的“秸秆生物质能源化利用产业研讨会”，于 2012 年 9 月 19 日在江苏省镇江市召开。国家发改委能源局、镇江市领导、国电集团、中石化、国投等大型央企以及美国杜邦、康泰斯（中国）、帝斯曼（中国）等一大批国外顶级生物质能源化利用企业和业内有关专家参加了研讨会。会议肯定了镇江市在秸秆综合利用和生物质能源化利用产业发展方面所作出的成绩，同时就生物质能源利用的关键技术以及下一步的产业化发展展开了广泛的讨论。专家一致认为，镇江市做了积极有效的探索，取得了成功的经验。做好这项工作，实现秸秆能源的有效利用，必须走政府推动和企业联动的模式，通过大量的技术革新和规模化利用，才能实现秸秆产业社会效益和经济效益的双赢。

4. 由国家能源局能源节约和科技装备司、国家林业局造林绿化管理司主办，国家能源非粮生物质原料研发中心承办的“非粮生物质原料论坛”，于 2012 年 10 月 26～27 日在北京举行。来自政府、大专院校、科研机构及 30 多家生物质能源行业企业的专家代表参加了会议，共同讨论非粮生物质原料发展，围绕“探索符合我国国情的可持续非粮生物质原料供应体系”这一主题，广泛深入地展开了探讨与交流。会议期间，共有来自全国非粮生物质原料领域的专家做了专题报告，内容包括原料发展战略政策、种植、培育、收储运体系、加工预处理、产业化体系构建等方面。此外，论坛还举行了非粮生物质原料高级专家研讨，来自政产学研的专家代表针对本领域的现状、问题及今后发展方向进行了深入讨论与总结。与会专家们一致认为，只有行业内各部门、单位通力协作，才能有效促进产业进步，并对今后非粮生物质原料领域的前景充满信心。

5. 由农业部科技教育司主办，农业部规划设计研究院、山东省农业厅、山东省滨州市人民政府承办的“全国秸秆循环农业现场经验交流会”，于 2012 年 10 月 29～30 日在山东省滨州市召开。来自全国 22 个省、直辖市的农村能源、农业环保及相关企业负责人和技术人员参加了会议。农业部科技教育司、农业部规划设计研究院、、国家发展和改革委员会环资司等领导出席会议并分别讲话。会上，总结了全国近年来涌现出的发展秸秆循环农业的成功经验，同时提出多产业融合是实现物质循环、能量流动、信息传递和价值增值的有效途径。

（天津市农业机械与农业工程学会　辛永波　宋樱　胡伟）

食品与包装机械制造业

2012 年，我国食品和包装机械行业积极贯彻中央关于“扩内需、稳增长、调结构、惠民生”的政策导向，坚持科学发展，创新发展模式；改善品种质量，淘汰落后产能；密切关注外部环境，及时调整应对策略；把握有利机遇，适应内需战略要求。立足内部挖潜，努力化解成本压力，立足内需市场，努力扩大赢利空间，调整和优化产业结构，转变经济发展方式，增强自主创新能力，在市场需求总体上升的拉动下，粮油加工、屠宰及肉制品加工、水产品加工、果品蔬菜加工等食品和包装机械持续稳定增长，酒类、饮料类、营养保健类、休闲方便类食品和包装机械加速发展。从食品工业市场需求主流来看，安全、营养、功能性食品需求上升，高端食品市场份额扩大，日常消费、大宗食品产销基本平衡，为食品和包装机械提供了新的发展空间。除一部分大型化产品仍需大量进口外，国内市场对食品和包装机械高端产品的需求也进一步增加。

一、经济运行情况

（一）工业产值情况

据不完全统计，2012 年我国食品和包装机械行业完成工业总产值 2 500.00 亿元左右（按全行业 7 000个企业计），同比增长 13.64%，超过全国机械工业当年增长率。与此同时，规模以上企业增长速度均为 20%以上，为拉动食品和包装机械行业健康运行发挥了重要作用。其中，食品机械工业产值为 1 150.00亿元，同比增长 16.16%；包装机械工业产值为 1 350.00 亿元，同比增长 11.57%（表 1）。

表 1　2012 年我国食品和包装机械工业总产值情况

单位：亿元

名　　称	2011 年	2012 年	同比增长（%）
食品和包装机械工业总产值	**2 200.00**	**2 500.00**	**13.64**
其中：食品机械工业产值	990.00	1 150.00	16.16
包装机械工业产值	1 210.00	1 350.00	11.57

由表 1 分析看出，2012 年我国食品和包装机械经济运行大体表明三种态势：一是总体发展速度有所回落，但保持正增长态势。由于劳动力、能源、原材料等生产成本上升，科技创新、技术进步的作用难以抵消生产成本的影响等因素，导致该行业发展速度有所回落。增长率由 2011 年的 20.55%下降到 2012 年的 13.64%，较 2011 年下降了 6.91 个百分点。但是，该行业持续加大技术进步和科技创新力度，大力推进产品质量和技术含量的提升，极大地促进了该行业继续保持正增长态势。二是由于政策性扶持力度较大，促进了食品机械发展速度持续增长。2012 年，中央和地方财政加大了对农产品初级加工机械（包括清洗、分级、烘干、储藏、保鲜和一次性加工机械等）的扶持力度，仅中央财政投入补助资金高达 10 亿元以上；由农业部、财政部共同组织实施的全国农产品产地初加工惠民工程，支持农产品初加工机械的改进提升。由于政策性资金的有效扶持，推进了食品机械发展速度持续增长，增长率由 2011 年的 10.71%提高到 2012 年的 16.16%。三是包装机械发展速度保持正增长，但降幅较大。与食品机械相比，包装机械更具有通用性强、适应面广、技术含量高等特点，近 5 年的发展速度相对较快。它不仅可以在食品行业中使用，而且还可以在其他行业中使用，这也是导致包装机械难以在产业政策上得到财政支持的重要原因。因此，2012 年我国包装机械的发展速度虽然保持正增长，但降幅较大，增长率由 2011 年的 30.00%下降到 2012 年的 11.57%，较 2011 年下降了 18.43 个百分点。

（二）进出口情况

2012 年，我国食品和包装机械进出口额为 68.25 亿美元，同比增长－6.31%（表 2）。其中，进口额为 39.28 亿美元，同比增长－18.35%；出口额为 28.97 亿美元，同比增长 17.10%。

1. 进口情况　在进口额中，食品机械进口额为 10.63 亿美元，占食品和包装机械进口额的 27.06%，同比增长－9.99%；包装机械进口额为 28.65 亿美元，占食品和包装机械进口额的 72.94%，同比增长－21.07%。进口的食品机械产品中，进口额较大的依次为水过滤、净化机械占 19.94%，烟草加工机械占 15.62%，饮料加工机械占 13.83%，畜禽屠宰和肉类加工机械占 10.63%，饮食加工机械占 10.16%，糕点和面条加工机械占 7.90%，糖果加工机械占 6.30%。进口的包装机械产品中，进口额较大的依次为打包和热缩包装机械占 26.49%，饮料及液体食品灌装机械占 15.60%，纸及纸板机械零部件占 9.67%，纸浆制品、纸制品和纸板制品加工机械占 8.59%，灌装机械占 6.95%、容器装封、贴标及包封机械占 6.74%，全自动或半自动电阻焊接机械占 6.63%，纸和纸板整理机械占 4.71%。

2. 出口情况　在出口额中，食品机械出口额为 12.31 亿美元，占食品和包装机械出口总额的 42.49%，同比增长 14.83%；包装机械出口额为 16.66 亿美元，占食品和包装机械出口总额的 57.51%，同比增长 18.83%。出口的食品机械产品中，出口额较大的依次为水过滤、净化机械占 17.3%，饮料加工机械占 14.38%，饮食加工机械占 13.4%，糕点和面条加工机械占 9.67%，食品机械零部件占 7.72%，畜禽屠宰和肉类加工机械占 6.34%，酿酒机械占 5.12%，面包和饼干加工机械占 4.06%，油脂加工机械占 3.25%。出口的包装机械产品中，出口额较大的依次为打包和热缩包装机械占 22.09%，饮料及液体食品灌装机械占 12.36%，灌装机械占 10.92%，纸浆制品、纸制品和纸板制品加工机械占 10.92%，包装容器加工机械占 6.24%，容器装封、贴标及包封机械占 5.88%，纸或纸板整理机械占 4.56%，纸浆、纸和纸板制品模制成型机械占 4.50%，包装机械零部件占 4.02%，全自动或半自动电阻焊接机械占 3.36%。

表 2　2012 年我国食品和包装机械进出口情况

单位：亿美元

名　　称	2011 年	2012 年	同比增长（%）
食品和包装机械进出口额	72.85	68.25	－6.31
其中：食品机械进口额	11.81	10.63	－9.99
包装机械进口额	36.30	28.65	－21.07
食品机械出口额	10.72	12.31	14.83
包装机械出口额	14.02	16.66	18.83

由表 2 分析看出，我国食品和包装机械进出口贸易表明了三种情况：一是进出口贸易整体下滑。由于受国际金融危机的影响，国际金融持续动荡，世界经济增长放缓，国际市场需求不旺，导致 2012 年我国食品和包装机械进出口贸易下滑。进出口额由 2011 年的 72.85 亿美元下降到 2012 年的 68.25 亿美元，增长率由 2011 年的正增长 20.65%下降到 2012 年的负增长 6.31%。二是进口贸易下降。2012 年我国食

品和包装机械行业加大了技术创新力度，一大批产品质量好、技术含量高、适应能力强、带动作用大的食品和包装机械不断投放市场，部分产品挡住了进口，导致进口贸易下降。进口额由2011年的48.11亿美元下降到2012年的39.28亿美元，增长率由2011年的正增长22.08%下降到2012年的负增长18.35%。三是出口贸易保持正增长。由于“十一五”期间我国开发研制了一大批食品和包装机械新产品、新技术等新成果，经过成果转化于2012年投入使用，带动了全行业技术水平和产品质量的整体提升，极大地促进了食品和包装机械出口贸易正增长。出口额由2011年的24.74亿美元上升到2012年的28.97亿美元，增长率保持了2011年到2012年的连续正增长，2012年同比增长17.10%。

二、科研、新产品与新技术

2012年，我国食品和包装机械行业高度重视新技术、新产品开发，积极推进关键技术成果产业化，淘汰落后产能，改造提升现有产品和落后技术，加快提高先进产能的比重。通过加快新兴科技与现有产品的有机融合，提高了关键单机和成套设备的技术水平。培育和发展了一批新产品、新技术和高端设备，推进了食品和包装机械重大成套技术装备的自主创新，提高了新产品产值比重，为做大做强食品和包装机械行业奠定了基础。

（一）开发研究取得新进展，技术水平创新高

由中国包装和食品机械总公司承担的“柑橘汁加工关键技术及设备开发”“苹果汁带式压滤技术与装备开发”“果蔬低温加工关键技术与装备”等科研院所技术开发研究专项，于2012年12月19日通过了中国机械工业联合会主持的鉴定会。其中，一是“柑橘汁加工关键技术及设备开发”项目重点研究了柑橘半果榨汁关键技术及装备，开发了与之配套的柑橘分级机、果汁精制机，形成了柑橘汁加工成套技术设备，具有较好的创新性，该成果达到国际先进水平。二是“苹果汁带式压滤技术与装备开发”项目重点研究了苹果高速锤式高效破碎、带式压滤、节能过滤等关键技术，研制了苹果破碎机、带式压滤机、转鼓过滤机等关键单机，形成了苹果汁加工成套技术装备，该成果达到国际先进水平。三是“果蔬低温加工关键技术与装备”项目重点研究解决了真空环境下连续油炸技术难题，研制了连续式真空油炸设备，该成果达到国际先进水平，并结合工艺研究应用于苹果、香蕉、土豆脆片加工，产品具有较好品质。以上项目成果的取得、应用推广及产业化，对于丰富我国果蔬加工装备品种，促进相关领域技术装备和产业发展具有重要意义。

（二）以企业为主体加大技术创新力度，新产品技术含量明显提升

1. 由中天昊宇科技股份有限公司研发的“全自动连续式杀菌釜”，于2012年12月荣获温州市人民政府科技进步一等奖。该产品克服了现有各种杀菌釜间断性分批杀菌的缺陷，实现了连续式杀菌过程。该产品具有结构紧凑、生产速度快、杀菌效果好、能耗和噪声低等特点，获国家发明和实用新型专利，其技术水平处于国内同类产品领先地位。

2. 由广州达意隆包装机械股份有限公司研发的“全自动轻量化瓶吹灌旋一体机”，于2012年12月荣获中国机械工业科学技术三等奖。该机是一种新型环保、节能型成套设备，在观念、产品设计和生产工艺等方面有较大的突破，实现了从产品设计到制造、使用到后期PET瓶回收处理全过程的节能环保，设备性能达到或超过国内外同类产品的先进水平。轻量化PET瓶较传统PET瓶节省39%的原材料，整套设备较传统生产线节省能耗20%以上，对于推动下游企业的绿色生产起到了积极的促进作用。

3. 由江苏新美星包装机械有限公司开发的“轻量瓶高速节能型旋转式全自动吹瓶机”，荣获2012年中国轻工业联合会科技进步二等奖。该机设有先进的红外线加温系统、热平衡调节装置、实时温度监测系统和可靠的安全门系统等，可对生产全过程和各个独立区域进行全面控制，对吹制过程进行实时监测，保障瓶坯加热温度和瓶子外观色泽均匀，确保工艺参数稳定、准确和调节方便，可最大限度地提高瓶子的成品率、成型质量和安全运行。具有智能化程度高、性能稳定可靠、生产效率高、成本低等特点。

除上述情况外，由石家庄晓进机械制造科技有限公司研发的智能化面条成套生产线，采用光电控制系统，具有自动化程度高、面条质量好、生产效率高等特点。由杭州永创智能设备股份有限公司研发的智能化包装生产线，可自动塑封、贴标、开箱、装箱、封箱、捆扎、机器人码垛等，实现了存贮、分类、不合格品自动剔除等数字化管理等。由吉林艾斯克集团公司研发的肉鸡自动屠宰加工生产线，可实现自动切割、转挂、掏膛、分选、降温、称重分级等功能，提高了肉鸡屠宰生产效率和安全卫生。由广州南联实业有限公司研发的全自动高速金属罐饮料灌装封口组合机，实现了饮料灌装、封罐的连续作业，各工序运作同步、高速、稳定，运行安全卫生。

三、质量管理与标准化工作

（一）质量管理

2012年，国家质量监督检验检疫总局和部分省市质检机构组织了对食品和包装机械产品质量监督抽查，并对抽查不合格产品和生产企业进行了有效处理。主要抽查结果如下：

1. 铝塑泡罩包装机　国家质量监督检验检疫总局于2012年9月公布了铝塑泡罩包装机产品质量国家监督抽查结果，本次共抽查了北京、辽宁、上海、浙江等4个省、直辖市19个企业生产的19种铝塑泡罩包装机产品，抽查机构为国家医疗器械及制药机械质量监督检验中心。本次抽查依据为《铝塑泡罩包装机》（JB 20023—2004）标准规定，对铝塑泡罩包装机产品的导线标识、运转要求、噪声、保护接地电路的连续性、绝缘电阻、耐压、打批号装置、成品合格率以及包装成品的外观、尺寸、密封性、填充率等12个项目进行了检验。抽查发现有6种产品不符合标准的规定，抽样合格率仅为68.4%，不合格产品涉及导线的标识、成品合格率、耐压项目等。其中，在导线的标识方面，保护导线未使用黄绿线或编织导线，未标识保护接地符号或黄绿双色组合标记；在成品合格率方面，标准值为96%，而实测值为88.7%～95.0%；在耐压方面，电路导线和保护接地电路之间出现击穿现象。

2. 饲料粉碎机　国家质量监督检验检疫总局于2012年9月公布了饲料粉碎机产品质量国家监督抽查结果，本次共抽查了山东、河南、湖南、广西、四川等5省、自治区50个企业生产的50种饲料粉碎机产品，抽查机构为国家牧业机械质量监督检验中心。本次抽查依据为《锤片式饲料粉碎机　第1部分：技术条件》（JB/T 9822.1—2008）等标准的规定，对饲料粉碎机产品的安全要求、安全标志、锤片硬度、锤片质量、轴承温升、吨料电耗、噪声、生产率、使用说明书中安全注意事项等9个项目进行了检验。抽查发现有3种产品综合判定不合格，抽样合格率为94.0%，不合格产品涉及吨料电耗、锤片硬度、轴承温升项目。其中，在吨料电耗方面，标准值为17 kW·h/t，而实测值为18～19 kW·h/t；标准值为10.0 kW·h/t，而实测值为11.8～12.1 kW·h/t。轴承温升方面，标准值为25 ℃，而实测值为28 ℃。在锤片硬度方面，标准值为40～48HRC，而实测值为14～47HRC、13～52HRC；淬火区标准值为56～62HRC，而实测值为20～37HRC、11～34HRC。

3. 厨房机械　国家质量监督检验检疫总局于2012年7月公布了厨房机械产品质量国家监督抽查结果，本次共抽查了河北、江苏、浙江、山东、广东等5省37个企业生产的37种厨房机械产品，包括多功能食品加工机、榨汁机、搅拌器、面条机、打蛋机等5个品种，抽查机构为国家家用电器质量监督检验中心、国家日用电器质量监督检验中心、国家电器产品质量监督检验中心。本次抽查依据为《家用和类似用途电器的安全　第1部分：通用要求》（GB 4706.1—2005）、《家用和类似用途电器的安全　厨房机械的特殊要求》（GB 4706.30—2008）及产品明示质量要求，对厨房机械产品的对触及带电部件的防护、输入功率和电流、发热、工作温度下的泄漏电流和电气强度、耐潮湿、非正常工作、稳定性和机械危险、机械强度和结构、内部布线、电源连接及外部软线、外部导线用接线端子、接地措施、螺钉和连接、电气间隙、爬电距离和固体绝缘等16个项目进行了检验。抽查发现有2种产品综合判定不合格，抽样合格率为94.6%，不合格产品涉及对触及带电部件的防护、发热项目不符合标准的规定。

4. 广东省食品和包装机械　广东省质量技术监督局于2012年9月公布了食品和包装机械产品质量省级监督抽查结果，抽样合格率为96.9%。本次抽查了广州、深圳、珠海、佛山、东莞、中山、江门、肇庆、顺德等9个地区125个企业生产的食品和包装机械产品共162批次，依据《GB 16798—1997　食品机械安全卫生》、《JB 7233—1994　包装机械安全要求》及相关国家或行业标准中对食品和包装机械的材质要求、产品接触和非接触表面卫生要求、防产品滞留结构要求、产品区域防污染密封要求、产品区域卫生性密封要求、装卸料操作安全卫生性要求、紧固件防松要求、黏接件要求、运动部件防护要求、电气安全要求、安全操作参数要求、机械连锁装置要求、人孔盖安全设计要求、操作平台和护栏安全设计要求、机械外表面加工质量要求、噪声要求、启动和停车操作卫生要求、产品区域零部件清洗方便性要求、设备可拆卸性要求、连锁保护要求、防爆措施要求、防护装置要求、驱动机构要求、充填机构要求、人体防护要求、说明书要求、标牌要求等，对这49个项目进行了抽查。抽查发现5批次产品不合格，涉及防产品滞留结构要求、产品区域卫生性密封要求、运动部件防护、电气安全、产品接触表面的表面质量要求、电气设备、危险部件的防护、危险区防护、安全标志、防护装置、封口切割及捆扎机构等。

5. 上海市电动食品加工器具　上海市质量技术监督局于2012年7月公布了本市生产和销售的电动食品加工器具产品质量监督抽查结果，抽查产品包括榨汁机、搅拌机、磨豆机、料理机、咖啡研磨机等。本次抽查产品12批次，其中不合格0批次，抽样合格率100%。本次监督抽查依据《GB 4706.1—2005 家用和类似用途电器的安全 第1部分：通用要求》和《GB 4706.30—2008 家用和类似用途电器的安全 厨房机械的特殊要求》等国家标准及相关行业标准要求，对产品的标志和说明、对触及带电部件的防护、输入功率和电流、发热、工作温度下的泄漏电流和电气强度、瞬态过电压、耐潮湿、非正常工作、稳定性和机械危险、机械强度、机械结构、内部布线、电源连接和外部软线、外部导线用接线端子、接地措施、螺钉和连接、爬电距离和固体绝缘等项目进行了检验，所有检验项目均为强制性产品认证安全检验项目。

（二）标准化工作

2012年，根据工业和信息化部以及中国机械联合会标准化工作部署，食品和包装机械标准化工作坚持"紧贴需求、突出重点、整体提升"的基本要求，在提水平、强质量、增能力上狠下功夫，着力提升标准的先进性、适用性和有效性，为食品和包装机械技术升级和质量提升服务。主要工作如下：

1. 积极推进标准制修订过程管理 2012年，机械工业食品机械标准化技术委员会和全国食品包装机械标准化技术委员会，强化标准制修订过程管理，在标准立项、起草、征求意见、审查等环节加强指导，严格把关。一是注重标准立项阶段的调查研究，对立项必要性和可行性进行充分论证，广泛听取各方意见和建议，促进标准立项更贴近需求和实际；注重各方面意见的沟通协调，指导标准项目的申报工作，提高项目建议质量，使项目及时、准确地体现产业发展、技术进步和市场变化对标准化的需求。二是增强标准起草、征求意见、审查等制修订过程的公开性和透明度，广泛吸纳有代表性的设计单位、生产制造企业和重点用户参与到标准起草、征求意见和标准审查工作中来，尤其是做好标准制定过程中技术创新、知识产权处置、试验验证、产业化和应用推广的统筹协调，探索标准争议协商解决机制。

2. 编制和完善标准体系 按照工业和信息化部以及中国机械联合会标准化工作安排，2012年机械工业食品机械标准化技术委员会和全国食品包装机械标准化技术委员会编制了新一轮的食品机械和包装机械标准体系，对原来的标准体系进行了重新修订、补充和完善。在充分分析了食品和包装机械标准发展现状、发展需求的基础上，按照"科学性、完整性、系统性、动态性和可持续性"原则，编制了《食品机械"十二五"技术标准体系建设方案》和《包装机械"十二五"技术标准体系建设方案》，提出了建设目标、建设内容和推进计划，构建了一套面向市场、思路清晰、重点突出、层次分明、结构合理的食品和包装机械标准体系，制定了一批市场急需、关键领域标准缺失，以及推进产业结构调整和优化升级的食品和包装机械标准项目。该标准体系建设方案的制定和实施，将对"十二五"期间我国食品和包装机械标准工作起到重要的引导和支撑作用。

3. 加大标准制修订力度 2012年，我国食品和包装机械继续加大标准制修订工作力度，取得了标准的制定数量和质量双提升。不断完善标准制修订机制，加强标准制定的顶层设计。在当年发布的标准数量上，力求积极推进；在标准质量上，强调技术性能、安全卫生、安全防护、外观质量等方面全面提高，带动标准技术水平和内在质量整体提升。2012年，由国家标准化管理委员会、工业和信息化部和农业部共批准发布了食品和包装机械标准70项，同比增长7.69%（表3）。其中，批准发布国家标准14项，同比增长－17.65%；批准发布农业行业标准7项，同比增长250.00%；批准发布内贸行业标准20项，同比增长81.82%；批准发布机械行业标准23项，同比增长9.52%；批准发布轻工行业标准6项，同比增长－57.14%。

表3 2012年批准发布食品和包装机械标准情况

单位：项

标准类别	2011年	2012年	同比增长（%）
合 计	**65**	**70**	**7.69**
国家标准	17	14	－17.65
农业行业标准	2	7	250.00
内贸行业标准	11	20	81.82
机械行业标准	21	23	9.52
轻工行业标准	14	6	－57.14

四、主要行业活动

1. 中国食品和包装机械工业协会等级评估活动 为了加快推进行业协会的改革和发展，加强自律、增强服务功能，充分发挥行业协会在经济建设和社会发展中的重要作用，民政部开展了全国性行业协会评估活动。经全国性社会组织评估委员会审议通过和民政部批准，中国食品和包装机械工业协会于2012年4月24日被评为4A级全国性行业协会。评估的主要依据为基础条件、内部管理、工作绩效、制度建设、国际交流与合作等。根据《社会组织评估管理办法》的规定，社会组织评估结果分为5个等级，由高至低依次为5A级、4A级、3A级、2A级、1A级，社会组织评估等级有效期为5年。获得3A级以上评估等级的社会组织，可以优先接受政府职能转移，优先获得政府购买服务，优先获得政府奖励。获得4A级以上评估等级的社会组织，在年度检查时可以简化年度检查程序。中国食品和包装机械工业协会荣获“中国社会组织评4A等级”称号，充分肯定了该协会在实体化建设、推动食品和包装机械行业发展等方面所取得的成绩。

2. 举办“第十二届上海国际包装和食品加工技术展览会” 由中国包装和食品机械总公司及中国食品和包装机械工业协会共同主办的“第十二届上海国际包装和食品加工技术展览会”于2012年5月9～11日在上海新国际博览中心举行。展出内容涉及饮料加工、乳品加工、酒类加工、肉类加工、休闲食品加工、果蔬加工、烘焙食品加工、粮油加工、糖果加工、保健食品加工等10余类食品和包装机械，以及相关保鲜冷藏设备、厨房设备、检测设备、印刷设备、装卸设备、码垛设备等，总展出面积达73 000 m^2，成为同行业中参观选购设备、了解国内外相关产品发展现状及趋势的首选展览会。本届展览会参展外商来自奥地利、德国、法国、西班牙、美国、日本、意大利、英国、芬兰等10余个国家，共有来自国内23个省份及香港和台湾地区的企业参展。广州南联实业有限公司、上海普丽盛轻工设备有限公司、中天昊宇机械设备有限公司、杭州永创智能设备股份有限公司、汕头市粤东机械有限公司、石家庄晓进机械制造科技有限公司等，均以大面积展位展示了本企业的新产品和新技术。

3. 举办“第二届亚洲食品装备论坛” “第二届亚洲食品装备论坛暨中国食品和包装机械工业协会第五届三次理事会、中国食品科学技术学会食品机械分会二届三次理事会”于2012年6月28日在成都举行，会议主题为“创新驱动促转型，落实规划保发展”。工业和信息化部、中国食品科学技术学会、中国食品工业协会等领导以及食品和包装机械相关大专院校、科研单位和制造企业300多人参加了会议。会上，中国食品和包装机械工业协会理事长李树君指出，我国食品和包装机械在国际竞争中处于产业价值链的中低端，出口产品以中低端为主，缺少自主品牌，产品附加值低，因此在国际市场上缺少话语权和议价权。随着实物产品需求总量增长趋缓，对食品和包装机械的水平和质量要求提高，国内市场国际化趋势明显，成本上升、压力加大、行业利润空间被压缩等一系列挑战下，李树君建议应重点处理好四大关系：一是处理好大力开拓高端产品市场需求与严格控制低档产品扩张的关系；二是加快产业、产品升级与提高创新能力的关系；三是转变粗放生产方式与提高经济效益的关系；四是实施“走出去”战略与培育知名大型企业集团和品牌的关系。会议邀请天津科技大学、北京工商大学等行业专家进行了大会交流。会议期间，召开了中国食品和包装机械工业协会第五届三次理事会、中国食品科学技术学会食品机械分会二届三次理事会，成立了第五届中国食品和包装机械行业专家委员会。

4. 举办“现代食品工程化技术与装备项目工作会” 国家863计划“现代食品工程化技术与装备项目工作会”于2012年8月23日在北京召开。项目牵头单位、课题承担单位负责人、主要研究人员以及科技部农村司、条财司、农村中心和教育部科技司有关同志参加了会议。科技部农村司王喆副司长出席会议并致辞。王喆副司长先后介绍了我国食品产业的发展现状及趋势，“十二五”国家科技规划管理改革的方针政策以及863计划专项经费管理办法等相关文件精神，并就组织实施部门的管理、人才团队培养、协同创新能力建设等方面提出了殷切希望。随后，课题负责人以及主要团队负责人分别就任务分工、考核指标以及实施方案等相关内容进行了汇报和交流。本项目围绕非热加工、节能干燥、水产品加工、罐头食品加工、发酵肉制品加工、玉米及膳食纤维工程化加工、食品安全控制以及食品表征属性与品质识别等高新技术进行深入研究。通过项目的实施，可有效提高我国食品工程技术的研发能力和工程装备的制造能力，建立起适应我国食品产业发展、能够独立自主为我国食品产业提供核心装备和技术的创新体系，提升食品产业整体科技水平。

5. 举办“食品装备制造业发展圆桌高峰论坛” 以“绿色、安全、智能”为主题的“食品装备制造业发展圆桌高峰论坛”于2012年9月18日在慧聪产业园召开。论坛由中国食品和包装机械工业协会秘书长楚玉峰主持，参加论坛研讨的嘉宾来自相关协会、设备制造企业和使用单位的专家。研讨认为，安全是食品工业的底线，绿色是国家政策要求和消费者需求，而智能则是食品装备制造业必须为之奋斗的未来。那么，我国食品装备制造业如何保障安全底线、如何满足绿色需求、如何奔向智能未来、如何占领加工制造业的国际制高点、如何适应和引领低碳环保以及智能安全的市场需求，各位嘉宾均站在不同的角度提出了各自的意见和建议，共同探讨食品装备制造业的发展和未来。当前，食品工业的安全问题备受关注，急需上游产业提供更多更好的技术装备予以支撑。随着“以节能减排为着力点 推动经济增长方式转变”的基本思路不断推进，产业结构调整及升级则已成为食品工业发展的必由之路；原材料及劳动力成本上升等问题日益突出，也需要食品装备制造业通过加大技术创新进行抵消，不断寻求新突破。

（本文由中国食品和包装机械工业协会提供数据，内容由本编辑部编写）

棉花加工与机械制造业

到2012年的10年间，我国棉花加工与机械制造业发生了很大变化。实施了棉花质量检验体制改革，从而带动了棉花加工与机械制造业的变革、发展和技术升级。

一、棉花加工业情况

棉花加工业作为棉花产业链中的重要环节，在棉花产业发展中起着非常重要的作用。到2012年的10年间，我国棉花加工企业数量由多到少，加工规模由小到大，改变了散、小、乱的格局，企业结构趋于合理，市场竞争趋于理性；加工工艺、设备由中型化、机械化向大型化、自动化、信息化方面发展，行业技术加速升级，与国际水平的差距大大缩小；企业管理水平稳步提高，生产效率提升，能耗下降，棉花加工质量稳定。为保障棉农收入、促进棉花产业升级、提高棉纺织品国际市场竞争能力作出了重要贡献。

（一）棉花加工企业结构趋于合理，市场竞争趋于理性

1. *企业数量大幅减少* 10年前，我国棉花加工企业达1万多个，小轧花机、土打包机遍地开花，市场秩序混乱，棉花质量受到严重损害，棉花资源浪费严重。通过近10年的改革，截至2012年8月31日，已改造的400型棉花加工企业为2 156个（2 366条生产线）。2012年度棉花加工企业送检数据显示，实际收购加工送检的企业为1 806个。国家棉花临时收储预案规定，由具有400型棉花加工资格的棉花企业直接交储，受国家政策导向影响，200型棉花加工企业纷纷停产转行或转变职能。为了提高棉花流通效率，降低流通成本，打击掺杂使假，提高棉花质量，增加棉花和纺织品的国际竞争力，推动棉花产业的健康发展，国家五部委发起了棉花质量检验体制改革。一方面停止审批中小型新企业的设立；另一方面通过企业间的兼并重组，国家政策资金扶持将部分小型企业升级为拥有400型打包机的大型企业，以减少企业数量。为配合棉花质量检验体制改革方案的顺利实施，进一步加强棉花市场监督管理，国家发展和改革委员会、国家工商总局、国家质量检验检疫总局发布了《棉花加工资格认定和市场管理暂行办法》，对棉花加工企业实行严格的市场准入制度，提高了棉花加工资格认定的门槛。《办法》要求棉花加工企业要符合所在地棉花加工企业合理规划布局的要求，并已纳入全国棉花加工业生产设备更新改造规划；而且必须有当地棉花质量监督机构依法出具的质量保证能力资格认定证明。质量保证能力要求：一是具备保证棉花质量所必需的棉花加工场所；二是具备必要的符合国家规定的进厂籽棉质量检验环境条件和相应的仪器设备；三是配备符合国家规定的压力吨位400 t及以上的打包机、自动取样和称重装置、条码信息系统等设备，并具备符合国家标准规定的轧花工艺和设备；四是配备经国家人事、劳动部门会同有关部门考核合格的专职棉花品质检验及加工技术人员（包括获得棉花质量检验师执业资格证书人员、棉花检验和加工技术职业资格证书人员）等。同时规定了严格的申请程序。

2. *加工规模成倍扩大* 10年前，棉花加工企业主要使用80～100片的中型锯齿轧花和200型打包机加工棉花，加工规模普遍较小，而且由于企业数量多，资源少，企业年平均加工能力不足1 000 t。国家实施棉花质量检验体制改革后，要求全行业改（85±5）kg的国产小包棉为（227±10）kg的国际大包棉，将原来的200 t中型打包机全部更换为400 t以上的大型打包机，停止审批不具备压力吨位为400 t以上的大型打包机的棉花加工企业。经过几年的改革，全行业技术进步明显加速，通过更新改造小型设备和工艺线，淘汰落后产能，加工企业规模扩大，竞争能力显著增强，一批有实力、有影响力的企业脱颖而出，年加工能力大幅度提高。根据中国棉花协会的统计，2012年全国棉花产量为741万t，1 806个企业收购加工送检，平均每个企业年加工量为4 100多t，是2003年的4倍。

（二）企业效益和棉花加工质量双提高

根据中国棉花协会统计的数据，10年前我国棉花产量486万t，加工产能上亿吨，产能严重过剩，导致棉花加工企业间恶性竞争严重，市场混乱；而企业收购量少，加工成本高，行业效益低。实施棉花质量检验体制改革后，企业数量减少、规模扩大，企业设计规模年加工能力一般在5 000 t以上，实际年加工量也达到了4 000 t，加之国家通过银行贷款和收储等多种措施重点扶持大型企业，使得大型企业的收购加工量逐年增加，效益不断提高。自国家开始实行公

证检验制度后，对棉包实行包包检验，此举促使棉花加工企业在收购、加工、储运棉花的过程中更加注重棉花质量。根据中国纤维检验局的统计，2012 年棉花加工企业送检量达到 720.7 万 t。棉花加工企业为了提高棉花加工质量，在工艺设备上增加了质量控制装置和技术手段，加强了管理，使棉花质量不断提高。

（三）加工技术和标准化建设双升级

1. *加工技术全面升级* 自棉花质量检验改革至 2012 年，棉花加工企业的设备和工艺都上了新台阶。打包机由过去 200 型全部换成现在的 400 型全自动打包机，压力吨位、打包速度、质量都有所提高；轧花机由过去的 80～100 片为主上升为以 100 片以上的大中型为主，加工量和加工速度明显提高。在工艺上增加了不少控制加工质量的辅助设备，如烘干机、加湿装置、在线测试回潮率等。加工工艺由手动、机械化向自动、信息化发展，特别是棉包条码信息技术的使用，为棉花现代物流奠定了基础。通过 10 年改革和发展，使棉花加工企业的设备更加大型、优质和自动化，工艺更加完善和精细。

2. *棉花加工标准体系进一步完善* 棉花加工技术、工艺、设备的全面升级，对标准等技术文件的制修订也提出了新要求。为此，全国棉花加工标准化技术委员会配合棉花质量检验体制改革，开展了大规模的标准制修订工作。在这 10 年间，制修订了 16 个棉花加工机械设备产品国家标准，10 个棉花加工企业管理标准，1 个方法标准，逐步形成了完善的行业技术标准体系。

（四）企业管理水平和从业人员素质大大提高

为了配合棉花质量检验体制改革，行业协会对纳入规划的棉花质量检验体制改革的企业从业人员进行了管理、技术和信息化培训，培训人员达几万人，基本做到了全员培训，有 3 万多人取得了棉花加工、打包、检验和信息管理资格证书。设备生产企业也对使用单位的人员进行技术培训，企业自身也年年搞内训，使得棉花加工行业的企业管理和从业人员素质有很大的提高。棉花加工分会与清华大学合作，连续 4 年举办了 6 期“棉花产业工商管理人员高级研修班”，重点培训棉花加工企业的中高层管理人员，培训人员达 300 多人，为管理人员及时地了解和掌握全新的经营管理知识，提高管理水平作出了贡献。另一方面，由于在 10 年发展中，不少企业重组、倒闭、转行，使更多的优秀管理人员和技术人员向行业好的企业转移和集中，也使行业企业的整体管理和技术水平有所提高。

（五）市场格局发生变化

过去，尽管棉花加工企业数量很多，但供销社企业还是占主导地位。自质量检验体制改革以来，整个棉花加工行业的市场结构发生了变化，由供销社集体企业占主导地位的格局变成多种经济成分并存，共同主导中国棉花加工市场。根据相关部门统计，截至 2012 年 9 月底，全国共有 2 400 个棉花加工企业基本完成更新改造，其中供销合作社系统 1 080 个，占总数的 45%。新疆 1 004 个棉花加工企业完成更新改造，其中供销社系统 518 个，占全疆总数的 51.6%。

二、棉花加工机械制造业情况

10 年来，棉花加工机械制造企业发展竞争激烈，企业数量从分散到集中，不断减少。企业生产的设备向大型化、自动化、信息化和精细化发展。

（一）对重要棉花加工机械产品实行生产许可证制度

为加强对棉花加工机械市场及产品的管理，规范棉花加工机械生产、保证棉花加工质量，国家质量监督检验检疫总局下发了《关于对部分棉花加工企业机械产品实行生产许可证制度的通知》，设立了棉花加工机械产品生产许可证审查部。审查部设立在中华全国供销合作总社郑州棉麻加工机械质量监督检验测试中心。棉花加工机械产品生产许可证审查部受全国工业产品生产许可证办公室的委托，负责起草和宣贯《棉花加工机械产品生产许可证实施细则》，承担棉花加工机械产品生产许可质量审查相关工作。审查部设立之初，只有 2 个申证单元，锯齿轧花机（80 片及以上）、液压棉花打包机（公称压力为 2 000kN 及以上）。后来增加了籽棉清理机（台时处理量 5 t/h 及以上）、皮棉清理机（台时处理量 800 kg/h 及以上）、皮辊轧花机（滚刀式皮辊长度 1 000 mm 及以上）、锯齿剥绒机（锯片数 140 片及以上）。至 2012 年，共有 6 个申证单元，详见表 1。

表 1 棉花加工机械产品申证单元及规格

序号	产品单元	产品规格	企业类型
1	锯齿轧花机	锯片数 80 及以上	生产型或组装型
2	液压棉花打包机	压力 4 000kN 系列及以上	生产型或组装型
3	籽棉清理机	台时处理量 5 t/h 及以上	生产型或组装型
4	皮棉清理机（刺辊式）	台时处理量 800 kg/h 及以上	生产型或组装型
5	皮辊轧花机（滚刀式）	皮辊长度 1 000 mm 及以上	生产型或组装型
6	锯齿剥绒机	锯片数 140 片及以上	生产型或组装型

棉花加工机械审查部严格按照生产许可证实施细则进行审查，在规范棉花加工机械行业发展，提高棉花加工质量等方面作出了积极的贡献。

（二）通过发展和竞争淘汰，棉花加工机械制造企业数量锐减

根据棉花加工机械生产许可证审查部统计，2009年我国获得棉机生产许可证的企业为51个，达到了顶峰。随着棉花质量检验体制改革任务的逐渐完成，棉花加工企业大幅减少，对棉花加工机械产品的需求也大幅减少，一些原来生产中小型设备、质量一般的棉花加工机械制造企业自然而然被淘汰出局。到2012年，通过生产许可证年审的只有21个。在这21个中，近两年还能正常生产运作的也就10个左右。近10年我国棉花加工机械获证企业见表2。

表2 近10年我国棉花加工机械获证企业

年度	获证企业（个）	年度	获证企业（个）
2003	47	2008	50
2004	57	2009	51
2005	47	2010	32
2006	49	2011	27
2007	50	2012	21

（三）棉花加工机械产品由量性大发展到结构性的大调整

1. 棉花加工机械由小型化向大型化、自动化发展　自棉花流通体制改革以来，受棉花加工企业数量倍增的驱动，棉花加工机械制造行业的发展，主要体现在各种棉花加工机械产品生产数量的提高上，以满足大量新生的棉花加工企业需求，当时的主导产品为80～100片的轧花机和200 t位的打包机。在棉花质量检验体制改革之后，棉花加工企业开始走大型化、规模化的发展道路，棉花加工主机设备打包机和轧花机也开始向大型化、自动化、信息化转变，打包机以400型为主，轧花机以100片以上大中型机为主，中小型打包机和轧花机开始逐步被淘汰，大型轧花机、打包机产量较改革前有了较大的增长，具备智能自动和信息处理功能的大中型设备逐渐受到青睐。

2. 棉花加工机械从求大求快转向求质　尽管大型轧花机具有效率高、自动化、智能化、节省人工、节省厂房等优点，但其加工质量跟中型轧花机相比还有一定差距，对棉花纤维的损伤较大，加工出的皮棉短纤维率较高、索丝较高，不是很受纺织企业的欢迎。同时，棉花质量检验体制改革完成后，社会对现有棉花加工机械的需求基本处于饱和状态，棉花加工机械制造企业也必须另谋出路，开发新的技术和产品，再次进行产品的升级换代。现在不少企业开始研发新型产品，在如何提高棉花加工质量和节能降耗上下功夫，开始把重心放在完善和延长加工工艺，重点生产籽皮棉三丝清理设备，烘干、加湿等调湿装置、新型籽棉清理机和轧花机等，使我国棉花加工走向了高效化和精细化。

（四）棉花加工机械企业装备制造和技术创新能力增强，推动了棉花加工产业升级

近几年，行业龙头企业——邯郸金狮棉机有限公司、南通棉花机械有限公司和山东天鹅棉业机械股份有限公司先后完成退城进园建设，企业装备水平大幅提升。为了进一步提升竞争能力，主要棉花加工机械制造企业更加注重技术和产品创新。比较有影响的创新有：一是开发了散装籽棉喂料机械，实现籽棉货场喂棉自动化，改变了我国棉花加工人工喂棉的历史。二是棉包条码信息管理系统开发和使用，实现了我国棉包信息化，并与国际接轨。三是棉花加工成套机械计算机管控系统的开发和使用，实现了我国棉花加工机械控制智能化和车间管理信息化。四是以打模、运模和开模及机采棉清理加工机械的研制、推广和使用，开启了我国机采棉全程机械化发展的全新里程。五是行业技术研发方向更多地集中在“如何保持棉纤维原生品质和节能降耗”上，并催生了一大批先进技术和机械。2011年，国家科技部批准依托中棉工业有限责任公司成立国家棉花加工工程技术研究中心，这是国家最高的工程技术开发平台，旨在针对影响我国棉花加工行业的重大关键共性技术进行攻关，加快科技成果的工程化和产业化，促进我国棉花加工技术进步和产业升级，并与世界先进水平保持同步。

（五）棉花加工机械市场集中度越来越高

10年来，一批民营企业开始渗入棉花加工机械行业，截至2012年，正常申证的企业为21个，供销社系统的企业只有6个，占29%，其余全为其他所有制企业，棉花加工机械市场多种经济并存的市场格局形成。在市场份额上，南通棉花机械有限公司生产的大型液压棉花打包机不论在新疆兵团市场或在地方市场都占据绝对优势；山东天鹅棉业机械有限公司和邯郸金狮棉机有限公司几乎控制了对技术和装备有高要求的新疆兵团棉机市场；其他非供销社系统的棉机制造企业凭借成本优势和价格优势，在内地和新疆自治区地方市场也有一些份额。

（中国棉花协会棉花加工分会　余泳　岳准）

第三部分

政策法规及重要文件

食品安全事故应急预案

（卫生部 卫应急发［2013］2号 2013年1月7日）

一、总 则

（一）编制目的

建立健全卫生部门应对食品安全事故的运行机制，有效组织开展特别重大食品安全事故的医疗卫生应对工作，保障公众健康与生命安全。

（二）编制依据

依据《中华人民共和国突发事件应对法》、《中华人民共和国食品安全法》、《中华人民共和国食品安全法实施条例》等法律法规和《国家突发公共事件总体应急预案》、《国家食品安全事故应急预案》等规范性文件制定本预案。

（三）适用范围

本预案适用于卫生部开展《国家食品安全事故应急预案》（以下简称《预案》）规定的特别重大食品安全事故相关应急准备和应急处置等工作，以及指导和支持地方卫生部门开展重大及以下级别食品安全事故的应急准备和应急处置等工作。食源性疾病中涉及传染病疫情的，按照《中华人民共和国传染病防治法》和《国家突发公共卫生事件应急预案》等相关规定开展疫情防控和应急处置。

（四）事故处置原则

按照“以人为本，减少危害；统一领导，分级负责；科学评估，依法处置；居安思危，预防为主”的原则，充分发挥卫生部门的职能作用，最大限度地避免或减少食品安全事故造成的人员伤亡和健康损害。

二、组织机构及职责

（一）卫生部特别重大食品安全事故应急工作领导小组及其职责

发生特别重大食品安全事故，国务院批准启动Ⅰ级应急响应并成立国家特别重大食品安全事故应急处置指挥部（以下简称指挥部），根据指挥部的要求和实际工作需要，卫生部成立特别重大食品安全事故应急工作领导小组（以下简称领导小组），统一领导和协调全国卫生系统的食品安全事故应急处置工作。领导小组组长由卫生部主要负责同志担任，副组长由有关分管负责同志担任。领导小组成员单位根据特别重大食品安全事故的性质、类别和应急处置工作的需要确定，主要包括卫生部办公厅、规财司、应急办、疾控局、医政司、医管司、监督局、科教司、国际司，国家食品药品监管局食品安全监管司，国家中医药局医政司，中国疾控中心，食品风险评估中心、卫生监督中心、健教中心（新闻中心）等。领导小组主要职责是：参与指挥部的工作，牵头负责指挥部医疗救治组、检测评估组的工作，配合国务院食品安全办做好指挥部办公室的相关工作；研究确定特别重大食品安全事故医疗卫生应对的决策部署，组织、协调开展特别重大食品安全事故的医疗救治、流行病学调查、检测分析评估等工作。

（二）领导小组工作组设置及职责

1. 综合协调组　应急办牵头，成员包括应急办、监督局、办公厅、规财司、科教司、国际司、中国疾控中心、食品风险评估中心和卫生监督中心。负责综合协调卫生部特别重大食品安全事故应急处置工作，承担指挥部检测评估组事故评估相关工作，并配合指挥部办公室做好相关工作。

2. 医疗救治组　医政司牵头，成员包括医政司、医管司、国家中医药局医政司。承担指挥部医疗救治组具体工作，负责组织、协调开展特别重大食品安全事故相关人员医疗救治工作。

3. 检测分析组　监督局牵头，成员包括监督局、中国疾控中心和食品风险评估中心。负责组织、开展特别重大食品安全事故相关检测及检测结果分析，承担指挥部检测评估组检测相关工作。

4. 调查处置组　监督局牵头，成员包括监督局、疾控局，食品药监局食品安全监管司，中国疾控中心、食品风险评估中心。负责组织、开展特别重大食品安全事故相关因素流行病学调查和事故现场卫生学处理工作，配合指挥部事故调查组、危害控制组做好相关工作。

5. 新闻宣传组　办公厅牵头，成员包括办公厅、应急办、监督局、中国疾控中心、食品风险评估中心、健教中心（新闻中心）、健康报社参加。负责卫生部特别重大食品安全事故应急处置舆情监测研判、风险沟通和信息发布工作，并配合指挥部新闻宣传组做好相关工作。

领导小组各工作组同时承担领导小组组长及副组长交办的其他相关工作。

（三）卫生部食品安全事故应急专家委员会

卫生部成立由食品安全、流行病学、临床医学、毒理学、卫生检验、卫生管理等方面专家组成的食品安全事故应急专家委员会（以下简称专家委员会），对食品安全事故应急管理提供决策咨询和技术建议。应急办负责联系和协调专家委员会的日常管理工作。领导小组及其工作组根据特别重大食品安全事故应急处置工作需要，组织专家委员会专家对事故进行分析评估，为事故级别的评估核定、应急响应级别的调整和终止提出建议，对事故医疗救治、流行病学调查、检测分析等应急处置工作提供技术指导和支持。

（四）应急处置专业技术机构

各级医疗机构、疾控机构及卫生行政部门所属的食品安全相关技术机构，应当在卫生行政部门的组织领导下开展应急处置相关工作。

三、应急保障

（一）信息保障

1. 建立健全食源性疾病监测、医疗救治等信息网络，由办公厅负责食品安全信息网络体系的统一管理。

2. 监督局牵头，建立健全食源性疾病监测信息网络；制定食品安全事故信息报告制度，组织收集和分析食品安全事故信息；设立信息报告和举报电话，畅通信息报告渠道，确保食品安全事故的及时报告与相关信息的及时收集。

3. 医政司牵头，建立健全医疗救治信息网络，实现信息共享。

（二）人员及技术保障

1. 应急办牵头组织、指导食品安全事故卫生应急处置相关培训，加强应急处置能力建设，提高快速应对能力和技术水平。

2. 科教司负责协调、组织、指导食品安全事故应急相关科研项目，指导食品安全事故应急相关培训工作。

（三）物资与经费保障

规财司牵头协调保障食品安全事故应急处置、产品抽样及检验等所需物资与经费。

（四）宣教培训

监督局牵头，依法依职责，加强对食品安全法律、法规、标准和食品安全知识的宣传、教育，指导食品安全事故流行病学调查与现场卫生处理相关培训，促进专业人员掌握食品安全相关工作技能，提高消费者的风险意识和防范能力。

四、监测预警、报告

（一）监测预警

监督局牵头，会同国务院有关部门根据国家食品安全风险监测工作需要，在综合利用现有监测机构能力的基础上，制定和实施加强国家食品安全风险监测能力建设规划，建立覆盖全国的食源性疾病、食品污染和食品中有害因素监测体系。卫生部根据食品安全风险监测结果，对食品安全状况进行综合分析，对可能具有较高程度安全风险的食品，提出并公布食品安全风险警示信息。

（二）事故报告

监督局牵头，建立卫生部门食品安全事故报告机制，及时收集、汇总和分析有关监管部门提供的信息和卫生系统报告的食品安全事故信息。重大及以上级别食品安全事故信息及时向应急办通报。

五、应急响应

按照《国家食品安全事故应急预案》规定，食品安全事故分为特别重大、重大、较大和一般四个级别。根据食品安全事故分级情况，食品安全事故应急响应分为Ⅰ级、Ⅱ级、Ⅲ级和Ⅳ级响应，分别由国务院和省、市、县级人民政府启动应急响应。

（一）应急机制启动

监督局在组织收集和分析食品安全事故信息过程中，发现可能达到特别重大级别的食品安全事故，要会同食品风险评估中心和中国疾控中心及时向部应急办提出组织开展事故级别核定的建议。应急办根据建议，及时组织专家进行分析评估，核定事故级别。对评估达到特别重大食品安全事故级别，需启动Ⅰ级应急响应的，由卫生部和食品安全办向国务院提出启动Ⅰ级应急响应的建议。

（二）分级响应

在国务院批准启动食品安全事故Ⅰ级应急响应，成立国家特别重大食品安全事故应急处置指挥部后，卫生部在指挥部的统一指挥与调度下，按相应职责做好事故应急处置相关工作。地方政府卫生行政部门在处理重大及以下级别食品安全事故需要卫生部支持的，由应急办负责组织、协调国家级专业技术机构、专家和有关资源，为地方卫生部门开展食品安全事故应急处置工作提供指导和支持。食源性疾病中涉及传染病疫情的，由应急办、疾控局按照《中华人民共和国传染病防治法》和《国家突发公共卫生事件应急预案》等相关规定开展疫情防控和应急处置。

（三）应急处置措施

国务院启动食品安全事故Ⅰ级应急响应，卫生部成立特别重大食品安全事故应急工作领导小组后，领导小组各工作组要按照相应职责做好事故应急处置相关工作，最大限度减轻事故危害。综合协调组负责统筹协调特别重大食品安全事故应急响应阶段的医疗救治、流行病学调查、实验室检测和信息报告管理等工作；及时向中办、国办、国务院食品安全办和相关部门报告和通报特别重大食品安全事故及处置信息；及时组织开展事故发展趋势评估，提出调整应急响应级别和终止应急响应的建议；协调特别重大食品安全事故应急处置所需设施、设备和物资的储备和调用；负责与世界卫生组织等国际组织、有关国家及港澳台地区卫生部门联络协调，处理涉外相关事务；协调、支持专家委员会开展工作；负责卫生部特别重大食品安全事故应急工作领导小组各类工作文件材料整理、归档工作。医疗救治组负责协调、组织、指导医疗机构开展因特别重大食品安全事故引起健康危害的人员的医疗救治工作，制定相应救治方案，根据事件处置工作需要，调派医疗专家或相应救治力量。检测分析组负责提出特别重大食品安全事故样品或标本等的检测方案和要求，组织实施相关检测，综合分析各方检测数据，为查找事故原因和采取控制措施提供参考依据。调查处置组负责规范、组织、指导调查机构开展特别重大食品安全事故有关因素流行病学调查和事故现场卫生学处理工作；负责食源性传染病疫情的相关处置。新闻宣传组负责舆情监测研判，协调相关司局组织答问口径；发布相关信息，传播健康知识；对应急处置工作组织宣传报道；协调新闻宣传主管部门做好舆论引导；配合相关部门做好信息发布工作。

（四）检测分析评估

监督局组织中国疾控中心、国家食品安全风险评估中心或有能力的地方疾控机构及其他相关技术机构对引发食品安全事故的相关危险因素及时进行应急检测，并对检测数据进行综合分析和评估。

（五）应急响应级别调整及终止建议

应急办要根据食品安全事故的发展和处置进展情况，及时组织专家进行分析评估，对事故发展趋势和事故后果进行分析预测，对调整应急响应级别、应急处置措施和终止应急响应提出具体意见，并及时以卫生部名义向指挥部提出调整应急响应级别或终止应急响应的建议。根据下级人民政府卫生行政部门的请求，由应急办及时组织专家对地方重大及以下级别食品安全事故响应级别的调整和终止的分析论证提供技术指导与支持。

六、后期处置

（一）总结

特别重大级别食品安全事故应急响应工作结束后，由应急办组织领导小组有关单位及时对卫生部门食品安全事故应急处置工作进行总结，评估应急处置工作开展情况和效果，提出相关工作建议，完成总结报告，报经领导小组同意后，以卫生部名义报国务院及食品安全办。

（二）奖励

对在食品安全事故应急管理和处置工作中作出突出贡献的先进集体和个人，应当给予表彰和奖励。

（三）责任追究

对迟报、谎报、瞒报和漏报食品安全事故重要情况或者应急管理工作中有其他失职、渎职行为的，依法追究有关责任单位或责任人的责任。

七、附　　则

（一）预案管理与更新

食品安全事故有关的法律法规被修订，部门职责或应急资源发生变化，应急预案在实施过程中出现新情况或新问题时，由应急办牵头，结合实际及时修订与完善本预案。中国疾控中心、食品风险评估中心参照本预案，制定本单位食品安全事故应急预案。

（二）演习演练

应急办负责组织开展卫生部的食品安全事故应急演练，并指导地方卫生部门做好食品安全事故应急演练，检验和强化应急准备和应急响应能力。同时，要通过对演习演练的总结评估，完善应急预案。

（三）预案实施

本预案自发布之日起施行。

关于开展创建国家农产品质量安全监管示范县试点工作的意见

（农业部　农质发［2013］2号　2013年1月23日）

各省、自治区、直辖市及计划单列市农业（农牧、农村经济）、畜牧、兽医、农垦、渔业厅（局、委、办），新疆生产建设兵团农业局：

为贯彻落实《国务院关于加强食品安全工作的决定》，深入推进农产品质量安全监管，努力确保不发生重大农产品质量安全事件，依据《农产品质量安全法》、《食品安全法》等相关法律法规，从2013年开始，我部将在先行试点的基础上，逐步推进国家农产品质量安全监管示范县创建工作，通过典型示范带动，全面提升农产品质量安全监管能力和水平。现提出如下意见：

一、充分认识创建国家农产品质量安全监管示范县的重要意义

加强农产品质量安全监管是从源头保障食品安全的重要措施，是发展现代农业的重要内容。创建农产品质量安全监管示范县，整体提升农产品质量安全监管能力，对于落实属地管理责任、促进农业产业健康发展、确保农产品消费安全具有十分重要的意义。

1. 保障现代农业产业健康发展的必然选择　农产品质量安全直接影响农产品消费，已成为制约产业持续健康发展的重要因素。创建国家农产品质量安全监管示范县，整体推进农产品质量安全监管，不断创新监管模式，努力确保不发生重大农产品质量安全事件，切实维护产业发展环境，是保障现代农业产业健康发展的必然选择。

2. 保障农产品消费安全的重要途径　农产品质量安全事关人民群众的身体健康和生命安全，是重大的民生问题。创建国家农产品质量安全监管示范县，积极探索有效监管手段，加强食品安全源头控制，提升农产品质量安全水平，既是确保农产品消费安全的重要举措，也是维护公众健康和生命安全的有力保障。

3. 落实农产品质量安全属地管理责任的有力抓手　贯彻落实《农产品质量安全法》和《国务院关于加强食品安全工作的决定》，关键在于落实属地责任。创建国家农产品质量安全监管示范县，以县域为单元整体推进，有利于强化地方政府负总责、监管部门各负其责、企业是第一责任人的责任体系，是落实农产品质量安全属地管理责任的有力抓手。

4. 整体提升基层农产品质量安全监管能力的有效手段　县乡基层政府直接面对生产经营农户，在农产品生产源头把关和质量控制上具有不可替代的作用。创建国家农产品质量安全监管示范县，通过典型引路，为依法履行监管职责树立样板，为探索行之有效的监管手段开辟渠道，为展示监管成效搭建平台，为培育监管人才打造基地，是整体提升基层农产品质量安全监管能力的有效手段。

二、指导思想、基本原则和目标任务

（一）指导思想

以党的十八大精神为指导，深入贯彻落实科学发展观，遵循“政府主导、依法履职、保障安全、服务产业”的工作方针，按照高产、优质、高效、生态、安全的要求，把农产品质量安全作为加快现代农业建设、转变农业发展方式的重点环节，以落实监管责任和生产单位主体责任为着力点，以完善监管条件为抓手，以形成完整的农产品质量安全控制体系为核心，以提升监管能力为目标，按县域整体推进，高起点、高标准和高水平地创建一批农产品质量安全监管示范县，充分发挥典型示范和辐射带动作用，引领农产品质量安全监管模式创新，全面提升我国农产品质量安全监管能力和水平。

（二）创建原则

1. 坚持依法履职与机制创新相结合　创建国家农产品质量安全监管示范县，以落实《农产品质量安全法》等相关法律法规为主线，同时运用科学理念和先进技术，探索农产品质量安全监管模

式，创新长效监管机制，在依法履职和机制创新两个方面树立农产品质量安全监管的“样板”、“标杆”，由点及面、逐步放大，充分发挥示范带动作用。

2. 坚持提高监管能力和增强工作实效相结合 提高监管能力是示范县创建的根本任务，增强监管实效是示范县创建的工作目标。创建工作，要坚持从实际出发，因地制宜，与县域内的产业发展相协调，突出实效，确保可看、可学、可推广。

3. 坚持政府监管与落实生产经营主体责任相结合 创建国家农产品质量安全监管示范县，充分落实地方政府负总责的要求，切实强化相关部门的监管职责，积极引导生产经营者落实主体责任，推进诚信体系建设，建立守信激励、失信惩戒的信用约束机制，培育诚信守法的良好环境。

4. 坚持创建示范与先行试点相结合 创建国家农产品质量安全监管示范县，是积极探索适合中国农业生产特点的监管模式的过程，在不同的区域选择有条件的县开展创建试点，进一步完善监管模式，确保示范创建工作取得实效。

（三）目标任务

按照先行试点、再全面铺开的方式，力争用5年的时间，结合农业部优势农产品区域布局规划、新一轮“菜篮子”工程规划和特色农产品区域布局规划，围绕监管体系建设、投入品监管、标准化生产、检验监测、质量安全执法、长效机制建设，创建一批国家农产品质量安全监管示范县，实现基层监管能力提升、标准化生产能力提升和生产者素质能力提升，使示范县成为农产品质量安全依法监管的样板区、体现监管成效的展示区、探索监管手段的先行区和各地学习交流的培训基地，示范带动各地依法履行农产品质量安全监管职责，引领推动各地探索农产品质量安全新型监管模式，全面提升我国农产品质量安全监管能力和水平。

三、基本条件

（一）地方政府属地管理责任依法履行

县级人民政府高度重视农产品质量安全监管工作。农产品质量安全监管纳入本县经济社会发展规划和政府考核范围，监管职责落实到位。对县域内农产品质量安全监管工作有相应的指导意见，出台明确的激励扶持政策。设有农产品质量安全工作领导机构，制定并组织实施监管工作年度计划，组织协调有关方面形成监管合力。农产品质量安全监管工作经费纳入县级财政预算，规模能够保障监管实际工作需要。

（二）农产品质量安全监管体系健全

县级农业行政主管部门设置专门农产品质量安全监管机构，有多名专职工作人员。全部涉农乡镇建立农产品质量安全监管公共服务机构，达到“有机构、有职能、有人员、有条件、有经费”的要求，管理制度健全，切实发挥作用。在蔬菜、水果、茶叶和畜牧、水产重点生产养殖村全部设有农产品质量安全监管员（协管员、信息员），农产品生产经营单位有明确的责任人，监管网络完善。对县、乡、村三级监管人员有专门的培训计划，能够做到全员培训。

（三）生产经营单位主体责任落实到位

全面落实农产品生产企业、专业合作社、生产基地、种养殖大户的主体责任，建立不使用禁用药物的承诺制度，责任告知率达到100%，合理使用农业投入品，落实生产记录档案制度，逐步建立农产品产地检验准出制度。对小规模生产者有落实主体责任的措施和手段。农产品批发市场全部设立或者委托农产品质量安全检测机构，对进场销售的农产品实施抽查检测。

（四）农业投入品监管有力

县域内放心农资经营和配送网络健全，70%以上的农资实施连锁、统购、配送等营销模式，农资购买索证索票、经营台账等制度全部落实。100%执行高毒农药定点经营或专柜销售制度。建有农资监管信息平台，实现监管信息化，县域内所有农资产品100%纳入平台管理。开展农业投入品质量抽检和执法检查，假劣农资案件查处率达到100%，建立黑名单制度。农产品产地环境监管、监测与评价和农业面源污染治理积极开展，污染区域种植、养殖结构能够科学合理调整。

（五）标准化生产水平较高

农产品标准化生产整建制推进，农业标准转化率达到100%，标准入户率达到60%。农产品生产企业、农民专业合作社100%落实生产记录制度，严格执行农（兽）药安全使用间隔期（休药期）规定。生产过程中实施病虫害绿色防控、测土配方施肥、健康养殖等技术，开展动植物病虫害专业化统防统治。“三品一标”持续稳定发展，产地面积占辖区食用农产品生产面积的50%以上，获证主要农产品占同类农产品商品量的35%以上，标识率达到80%以上，认证登记、标志使用等奖励机制健全。“三品一标”证后监督检查措施到位，退出机制健全，县域内的品牌形象良好。

（六）农产品质量安全监测扎实有效

建立县级农产品质量安全综合检测站，检验检测范围覆盖产地环境、投入品、农产品（含种植业产品、畜禽产品和水产品）及其生产全过程，配齐专业技术人员和必备的条件，有稳定的运行经费和规范的工作机制，有效开展监测工作和对生产的指导服务。县级农业部门对农产品质量安全实施监测，监测参数、产品范围覆盖本县主导产业、生产基地和市场。乡镇农产品质量安全监管机构设有检测室，配有专业检测人员，积极开展农产品产地检测，生产指导服务到位。农产品生产企业、农民专业合作社配有快速检测室，开展农产品自律性检测。

（七）农产品质量安全执法到位

经编制部门批准，设有农业（畜牧兽医、渔业）综合执法机构，人员、经费、手段等能够确保农产品质量安全相关法律法规执行到位。农业（畜牧、水产）、公安、质监、工商等部门有良好的联动工作机制。农产品质量安全监督抽查、日常执法检查有力有序，生产经营不合格农产品行为、非法添加禁用物质行为和假冒“三品一标”产品行为的查处率达到100%。涉嫌犯罪案件及时移送司法机关，案件移送率达到100%，积极配合司法机关调查取证。

（八）农产品质量安全制度机制基本完善

在检查、监测、宣传等常规监管措施的基础上，结合县域实际情况，积极探索创新生产主体备案、产地准出、质量追溯、包装标识、市场准入等有效的监管措施和手段，形成一套完整的监管模式和严格的农产品质量安全控制体系。建立完善的检查记录和监管档案制度。能够将一些监管措施上升到制度层面，逐步形成用制度管事的常态化监管方式。农产品质量安全方面的规章制度基本健全，形成较为完整的制度体系。农产品质量安全应急预案完善，遇有农产品质量安全突发应急事件能够妥善处置。农产品质量安全监管相关部门监管职责分工明确，形成“分兵把口、协调配合”的农产品质量安全综合监管机制。

（九）农产品质量安全水平较高

省级以上各类监测的合格率达到97%以上，本县生产的蔬菜、水果、茶叶中禁用农药、畜产品中“瘦肉精”等违禁药物、水产品孔雀石绿、硝基呋喃等禁用药物的检测合格率必须达到100%，“三品一标”产品的抽检合格率达到98%以上。近3年县域内未发生农产品质量安全事故，同时本县生产的农产品也没有造成其他地方发生农产品质量安全事故。

四、认定与管理

国家农产品质量安全监管示范县的认定，实行“县级政府申请，省级农业部门推荐，农业部批准”的方式。各省（区、市）按照基本条件组织创建。农业部按照《国家农产品质量安全监管示范县认定标准》（另行印发）进行认定，对各省（区、市）推荐的创建县进行综合评审，发文公布。农业部适时出台有关管理办法，对示范县实施动态管理。自2013年起，农业部开展创建国家农产品质量安全监管示范县的试点工作。创建试点县由省级农业部门推荐、农业部确定。农业部将视财政资金情况给予适当支持。

五、工作要求

（一）加强组织领导

各地要高度重视示范县创建工作，提高认识，加强领导，统筹推进。省级农业部门要加强协调配合，建立相应的工作机制，研究部署重大工作，解决创建工作中的实际问题，为创建工作提供有力的组织保障。创建县政府要成立示范县创建工作领导小组，切实加强创建工作的组织实施。

（二）加强政策扶持

各地要加大对农产品质量安全监管示范县创建的投入力度，建立固定的经费投入渠道，现有各类农业投资渠道安排的项目，应向示范县倾斜。同时要积极拓宽经费来源，逐步建立以政府投入为主的投入机制，确保创建工作顺利进行。有条件的省可参考本意见，结合本省实际情况，积极开展省级农产品质量安全监管示范县或乡镇创建工作。

（三）加强工作指导

各省级农业行政主管部门要按照农业部加强农产品质量安全监管工作的总体要求，结合本地实际，突出地方特色，形成工作亮点，加强农产品质量安全监管示范县创建的规划指导、业务支持和资源整合，推动示范县创建工作健康有序发展。

（四）加强总结宣传

各级农业部门要及时了解示范县发展的有关情况，不断探索和总结好经验、好做法，加强典型宣传与推广，充分发挥示范县的辐射带动作用，同时为示范县发展营造良好的社会环境。

粮食公益性行业科研专项实施方案

（国家粮食局 国粮办展［2013］34号 2013年2月25日）

根据财政部、科技部《公益性行业科研专项经费管理试行办法》（财教［2006］219号）和国家粮食局《粮食公益性行业科研专项经费管理暂行办法》要求，为做好粮食公益性行业科研专项的组织实施工作，制订本实施方案。

一、指导思想

坚持创新驱动发展战略，推动科技创新与粮食流通产业紧密结合，着力构建以企业为主体、市场为导向、产学研相结合的粮食社会化科技创新体系。通过公益性行业科研专项，积极引进高技术，培育粮食行业创新队伍，增强自主创新能力，形成产业发展内生动力，显著提高粮食产业科技水平，为国家粮食安全和产业发展提供强有力支撑。

二、目　标

以保障国家粮食安全为中心，以促进粮食流通现代化为重点，以产业发展需求为导向，以重点领域关键技术创新为突破，加强粮食行业应急性、前瞻性、基础性科学研究，促进粮食流通发展方式转变和结构升级，走可持续发展道路。以信息、生物、新材料、节能低碳、先进装备等高新技术改造和提升粮食流通传统产业。力争突破粮食储藏、物流装备、质量安全、宏观调控、粮油加工等5个粮食流通技术领域的重大技术问题，解决行业基础共性技术难题，在基础理论研究、应用技术开发和标准体系方面，形成一批具有自主知识产权的创新性成果。

三、原　则

1. 需求导向，加强顶层设计　面向粮食收购、储藏、品质监测、物流、加工装备以及宏观调控等领域技术需求，解决行业发展急需的基础性、前瞻性、应急性科研和技术问题。发挥市场导向、专家咨询、社会需求、部门管理结合的有效作用，强化顶层设计，注重协同创新，全面推进粮食行业重大科技问题的解决。重点支持下列四类项目，一是支撑“粮安工程”的技术，二是科研基础性和前瞻性研究工作，三是带动行业转型升级的高新技术，四是行业发展需要的实用型技术。

2. 明确目标，合理区分层次　行业专项经费支持的项目要根据行业特点，建立明确的绩效考核目标，充分体现科技引领、支撑、服务的作用。对基础性、前沿性科技工作要超前布置，对高新技术与行业专业交叉的基础性研究要提前培育。合理安排各项科技计划，做好行业专项与各类国家科技计划支持项目的合理区分、有效衔接。行业专项重点支持粮食行业内重大问题的研究和基础性科研工作。国家投入要体现政策资源的联动性和连续性，体现需求导向。在国家科技投入引导、社会资源优化配置的前提下，充分调动社会多方投入，做到基础性研究以国家投入为主，市场培育型研究和产业化项目以企业投入为主，国家适当补助的引导机制。

3. 健全机制，完善创新体系　依托国家级粮食科技创新平台、高等院校、省级科研单位和企业研发力量，构建粮食社会化创新体系。坚持产学研用相结合，坚持项目、基地和人才相结合，对重点领域加强人才结构和梯队的培育、重点扶持中青年科研学科带头人。坚持超前布置与实际应用相结合，加强优势科技资源集成整合，形成整体协调、资源互补、联合推进的创新机制。建立结构清晰、目标明确、分工合理、相互协作的粮食技术创新体系。

4. 规范管理，提高资金使用效益　严格按照国家有关财务制度的规定，将专项经费纳入单位财务统一管理，单独核算，确保专款专用，不得随意转拨资金。合作研究的项目要明确各单位任务分工、经费预算。按照相关财务制度和法律规定，明确相关要求，严格知识产权保护。建立面向结果的追踪问效机制，提高科技成果转化效率，切实提高专项资金的使用效益。

四、行业技术需求

为满足粮食流通产业发展的客观需求，解决制约产业发展的技术瓶颈。围绕保障粮食安全（包括数量、质量安全），守住管好天下粮仓的重点任务，为做好“广积粮、积好粮、好积粮”三篇大文章和“粮安工程”提供技术支撑。将行业需求分为五个方面，即：粮食储藏技术、粮食质量安全保障技术、粮食物流和装备技术、粮食宏观调控保障技术、粮油加工及主食工业化技术。主要思路为：

（1）在粮食流通业务（收购、储藏、物流、加工、调控）各环节提升科学技术水平；

（2）满足节能环保、智能高效、健康营养、资源综合利用等科学发展的需要，通过高新技术应用，提高粮食流通效率；

（3）加强信息技术、生物技术等高新技术在粮食储藏、物流、加工、检测及调控等流通环节应用开发，培育粮食产业新的增长点；

（4）促进交叉学科的技术融合和产业融合，以项目带动人才、基地、产业有效发展，培育新兴产业，不断完善和建立粮食社会化科技创新体系。

五、储藏领域目标

1. 主要目标　以保障我国粮食数量安全、质量安全和粮食企业安全生产为总体目标，重点推进粮食储藏特性和储粮生态理论等基础研究，利用信息、生物、新材料等高新技术提升现有粮食储藏技术，推进粮食储备“四合一”技术向智能预警、检测、控制升级，着力解决我国粮食储藏保质保鲜、生态环保、节能降耗等方面的基础研究和技术难题。通过行业公益性科研专项实施，形成一支集基础研究、应用研究和示范推广于一体的粮食储藏科研创新团队，构建产学研相结合的粮食储藏科研创新平台，逐步建立粮食产后技术推广服务体系。

2. 重点方向　粮食及油脂油料储运技术基础数据研究；粮食仓储行业安全生产防护技术研究；成品粮及特种用途粮储运技术和应急储备研究；基于集成创新的粮食及油脂油料绿色储运技术；基于生物技术的储粮有害生物综合治理技术；粮食水分基础研究及智能干燥技术；基于信息技术的粮情测控、智能通风、低温冷却等储粮“四合一”技术升级研究；建立基于区域产后技术服务体系的大农户安全储粮及现代物流技术。

六、质量安全领域目标

1. 主要目标　以我国大宗粮油资源为重点研究对象，重点围绕当前我国粮油质量安全检验、监测、预警、控制过程中急需解决的重大共性技术、关键技术、公益技术开展研究，重点构建粮食质量安全监测预警技术体系，建设各层级粮食品质质量基础数据库，开发质量监测预警技术，开展质量安全状况的风险评估等，全面提升粮食质量安全的保障水平；重点突破污染物的合理化脱毒处置技术，切实解决我国污染粮食的合理利用问题；重点突破一批粮食质量安全快速、准确检测的关键技术，在基础性、前瞻性的粮食质量安全检测技术研究和应用评价方面取得重大进展，建立完善粮食质量安全收购储备和安全供应技术体系，实现我国粮油质量安全关键技术与设备的重大突破和提升。为保障国家粮食质量安全，保护消费者利益，合理利用粮食资源，促进粮油贸易发展，增加农民收入，创造更大社会效益、经济效益提供技术支撑。

2. 重点方向　粮食质量安全监测预警技术与风险评估技术；粮食质量安全检测技术；污染粮油处置技术及有害物质消减技术研究；粮食质量安全追溯技术；粮食品质检验技术与资源调查。

七、粮食物流及装备领域目标

1. 主要目标　研创“北粮南运”高效粮食物流装卸运输技术，研发粮食物流过程品控追溯技术，研究基于物联网、云计算技术的粮食物流监管及信息服务技术，研究粮食物流高效衔接技术及标准体系，研究粮食产后节能减排综合技术，实现粮食物流现代化、高效化、智能化、低碳化发展，提升粮食物流效率，降低粮食物流成本，保证粮食物流过程品质安全，降低粮食储运加工能耗，实现物流高效无缝衔接。通过3～5年科技攻关，从技术上可降低粮食物流损失1.5%，降低粮食物流现有成本10%，提高粮食物流效率，缩短北粮南运时间20%，基础理论和标准化研究能力明显提升。

2. 重点方向　“北粮南运”粮食物流装卸运输技术装备；“北粮南运”过程粮食品控及追溯技术；粮食物流节能综合利用技术；粮食物流高效衔接技术；基于物联网、云计算的粮食物流监管及信息服务技术体系。

八、粮食宏观调控保障技术领域目标

1. 主要目标　面向粮食宏观调控，针对粮油数量安全、品质保证和应急保障三个方面的业务需求，开展智能传感器和在线监控系统研究，建立基于物联网的粮油库存监管技术体系和便携式的检测装备，提高粮油库存监管工作的效率；研究粮食供应数量及价格的早期预警技术，建立新颖的粮食数量安全预警的技术体系，实时提供粮食数量安全早期警情分析和粮食需求与价格信息；建设成品粮应急调度决策支持系统，实现高效的成品粮应急保障和成品粮应急物流通道的科学管理。

2. 重点领域 在监控方面，重点发展低成本、数字化、精度高、寿命长的传感器元器件和高集成度、功能一体化的测量装备。研制粮食体积、密度、数量的便携式测量设备，简化测量过程，提高测量精度，实现储粮数量的精确测量。建立粮油库存监管云平台系统，开发监测信息自动分析与预测的监控系统。在调控方面，通过研究全球与区域粮食供应数量的早期监测预警技术，结合政治、经济、能源、社会、投机、习惯等因素，实时提供粮食需求与价格信息。在成品粮应急响应方面，建立成品粮应急调度决策支持系统，实现高效的成品粮应急保障。

九、粮油加工领域目标

1. 主要目标 围绕粮油加工业发展的基础理论和关键技术重大需求，实现理论创新和关键技术突破，推进粮食加工业升级改造，提升粮食加工行业的高新技术水平，促进主食品工业化的发展，建立主食品工业化的理论体系和现代装备制造体系，在粮油生产过程中，实现生产过程的精细化管理和智能化控制，显著提升粮食加工信息化智能化水平，实现粮食加工现代化、高效化、智能化、低碳化发展，提升粮食加工效率，保证粮食加工和主食工业化过程品质安全，降低粮食加工和主食加工能耗，实现原粮加工和主食加工高效连接，最大限度地利用粮食资源，探索和推进信息化与工业化深度融合发展模式。

2. 重点领域 主食加工的谷物化学、谷物营养、谷物蛋白脂肪形态学研究和主食加工营养物质转化与保持、有害物质消解理论研究；智能化精准控制、高效节能粮食加工技术及集成装备；粮油加工新技术新工艺研究与装备开发；智能化主食加工技术研究与装备开发；全谷物食品与杂粮加工的新技术研究与装备开发；新型营养健康方便食品的开发及装备研发。

十、实施步骤

粮食公益性行业科研专项，由国家粮食局组织，严格执行财政部、科技部《公益性行业科研专项经费管理试行办法》和国家粮食局《粮食公益性行业科研专项经费管理暂行办法》，主要依托粮食科技社会化创新体系组织和实施。项目执行单位、牵头人为承担单位和承担人。

1. 承担单位遴选方式 项目承担单位必须具备良好的技术基础，拥有相关技术自主知识产权，在鼓励产学研结合的前提下，申报项目尽量由承担单位独立完成，合作单位原则不超过3个。专项项目承担单位按项目类别分别采用二种方式遴选确定。一是粮食科研性基础工作、针对行业特有需求的研发项目、技术前瞻性强的研发项目，主要由国家级公益性科研机构、高等院校、有科研基础的企业承担，以指定委托为主；二是其他项目，采用公开竞争择优评审等方式选择承担单位。

2. 实施步骤 粮食行业专项的实施周期不超过3年。

（1）任务确定 专项启动后，由国家粮食局组织各创新平台和技术领域执行专家组根据行业需求提炼需要解决的技术问题，经申请、汇总梳理、专家评审形成项目需求。报经管理咨询委员会审议，并提出项目建议和项目承担方式建议，经科技部查重并调整后，由国家粮食局审定并报财政部核准后下达。

（2）执行 承担单位根据国家粮食局、财政部审批下达的专项预算，制订项目实施方案，经专家评审后，组织实施。承担单位要与国家粮食局签订研究任务委托协议书。国家粮食局根据项目进度和实施情况拨付资金。

（3）考核 建立专项项目年度评议和绩效考评制度。每年度末由项目承担单位根据任务委托协议内容指标，组织对项目进行考核，将考核结果报国家粮食局。国家粮食局根据任务书内容指标，对承担单位进行年度评议，对未完成任务书任务指标的，提出整改要求。项目执行期间及完成后，国家粮食局可根据需要按照有关规定组织开展绩效考评。项目执行到期后由国家粮食局及时组织验收。每三年对项目承担单位进行一次综合考核。验收和考核结果分为合格、不合格两种。综合考核不合格的单位和项目负责人，不再具备专项项目承担资格。承担单位及项目负责人的考核结果记入诚信档案。

3. 申请受理 每年1月30日前接受项目申请。中国大陆境内具有独立法人资格的科研院所、高等院校和内资或内资控股企业均可申报。

2013年食品安全重点工作安排

（国务院 国办发［2013］25号 2013年4月7日）

2012年，各地区、各有关部门按照国务院的部署，深入开展食品安全治理整顿，强化日常监管，严惩重处食品安全违法犯罪，消除了一大批食品安全隐患，保持了食品安全形势总体稳定向好。但制约我国食品安全的突出矛盾尚未根本解决，问题仍时有发生。为进一步提高食品安全保障水平，根据《国务院关于加强食品安全工作的决定》（国发［2012］20号）和国务院关于地方改革完善食品药品监督管理体制的有关精神，现就2013年食品安全重点工作作出如下安排：

一、全面排查隐患，深化治理整顿

（一）深入开展风险隐患排查整治 各地区、各有关部门要集中力量全面组织开展食品安全风险隐患大排查大整治，在种植、养殖、屠宰、生产、流通、餐饮以及进出口等各环节广泛排查各类食品安全风险隐患，深挖带有行业共性的隐患和“潜规则”。重点排查列入《食品中可能违法添加的非食用物质和易滥用的食品添加剂名单》的物质。强化进口食品检验检疫和监督管理，坚决依法处理不合格食品，防止不合格食品进入流通和消费领域。在此基础上，建立风险隐患清单，实施整治督办制度，坚决清理整顿不符合食品安全条件的生产经营单位，坚决取缔“黑工厂”、“黑作坊”和“黑窝点”，切实净化食品市场和消费环境，有效防范系统性、区域性食品安全风险。

（二）开展饲料农药兽药专项整治 全面加强对饲料、农药和兽药生产经营企业的监管，严格执行许可准入制度。严厉打击在饲料中添加激素类药品或其他禁用药品、在农药兽药中添加违禁物质等违法生产销售行为。以蔬菜、水果、茶叶种植基地和畜禽、水产品养殖场（小区）为重点，严厉查处使用禁用农药兽药或其他违禁物质、超范围超剂量使用农药兽药、将人用药品用于动物、不执行休药期规定等违法违规行为。

（三）开展私屠滥宰和“注水肉”等违法违规行为专项整治 严格屠宰行业准入，加强定点屠宰企业资格证牌使用管理。规范屠宰检疫和肉品品质检验行为，落实“两章两证”（即肉品品质检验合格章、生猪检疫合格验讫章、肉品品质检验合格证、动物检疫合格证明）制度，严惩重处只收费不检疫等违法行为，严厉打击销售未经检疫检验或检疫检验不合格肉品的违法行为。坚决取缔私屠滥宰窝点。严惩收购加工病死畜禽、向畜禽注水或注入其他物质等违法违规行为。加强对农贸市场和超市等生鲜肉经营场所、肉制品加工企业和餐饮服务单位等生鲜肉采购单位的监督检查，督促落实进货查验、索证索票制度。

（四）开展保健食品专项整治 完善保健食品生产、经营行政许可制度，整顿、关闭不符合规定的保健食品生产经营单位。以减肥、辅助降血糖、缓解体力疲劳类保健食品为重点开展整治，对生产环节非法添加药物成分的，依法吊销相关批准证明文件；涉嫌犯罪的，依法移交公安机关立案侦查。严厉查处套用、冒用批准文号、违法发布广告等行为。

（五）开展食品标签标识问题专项整治 进一步细化完善食品标签标识管理规定，着力解决食品标签标识不规范问题。强化食品出厂检验、流通环节食品标签标识检查，严厉打击篡改生产日期、伪造产地、违法涂改标签、伪造冒用食品生产经营许可证及“三品一标”（即无公害农产品、绿色食品、有机农产品和农产品地理标志）标识等违法行为。

（六）切实巩固治理整顿成果 各地区、各有关部门要继续严厉打击食品非法添加和滥用食品添加剂行为，进一步深化乳制品、酒类、调味品、食品包装材料、“地沟油”等综合治理和专项整治。扩大食品安全监督检查、市场巡查、执法抽检的频次、范围，督促企业规范内部管理，切实巩固各项治理整顿成果。及时总结治理整顿经验，细化完善监管措施，健全长效机制。

二、严惩违法犯罪，加强应急处置

（一）进一步加大打击惩处力度 各级监管部门要认真履行职责，坚持重典治乱，切实提高对食品安全违法行为的惩处力度。公安机关要进一步巩固“打四黑除四害”专项行动成果，严厉打击在饲料、农药兽药、保健食品中非法添加违禁物质和为谋财有危害食品安全等违法犯罪行为，强化刑事责任追究。建立健全公安机关和监管部门之间案件移交、立案等衔接机制，提高办案效率。地方各级人民政府要积极支持公安机关明确机构和人员负责打击食品安全违法犯罪工作。地方各级食品安全综合协调机构要协调有关方面加快完善技术鉴定相关制度，明确技术鉴定机构，积极为公安机关提供技术支持并协调解决鉴定费用。

（二）强化食品安全应急处置　各地区、各有关部门要根据政府机构改革和职能转变要求，完善各级各类食品安全预案，建立各级人民政府及相关部门共同参与的协调联动工作平台，明确部门应急处置职责。制定食品安全事故调查处理办法，规范事故调查处理流程，提高事故查处效率。各地要积极组织开展应急演练，切实提高快速响应能力。发生食品安全事故后，及时启动应急预案，有序开展事故调查、危害控制、医疗救治、分析评估、信息发布等工作，确保食品安全事故在第一时间得到有效处置，最大限度地减少损失和危害。

（三）加强舆情监测和信息发布　各地区、各有关部门要全面建立食品安全舆情监测制度，密切监测舆情特别是网络舆情，强化信息通报。完善食品安全信息发布机制，加强信息发布前的相互沟通，确保信息的科学性、准确性和及时性，重大食品安全信息统一归口发布。针对人民群众关心的食品安全热点问题，及时、客观、准确发布权威信息，回应社会关注。

三、加强能力建设，夯实基层基础

（一）健全食品安全监管体制机制　要按照有关规定，加快改革完善食品安全监管体制，切实加强地方各级食品安全监管机构能力建设，确保职能、机构、队伍、装备及时划转到位，保障机构人员编制和工作经费，建立健全工作机制，提升工作水平。地方各级人民政府要切实负起责任，全面梳理查找监管漏洞和盲区，结合实际逐项明确细化监管分工和要求，特别是要针对群众反映强烈的监管职责不清问题，尽快明确监管责任主体和要求。建立健全部门间、区域间食品安全监管联动机制，强化跨部门、跨区域信息通报和案件协查，及时彻底查处不合格产品。全面落实食品安全有奖举报制度，完善投诉举报机制，充分发挥群众监督作用。

（二）健全基层食品安全监管体系　推进食品安全工作重心下移，力量配置下移，强化基层食品安全管理责任，确保县级人民政府食品安全监管责任到位，乡镇、街道食品安全管理责任到位。充分发挥基层派出机构及乡镇农产品质量安全监管公共服务机构的作用，加快构建覆盖社区（村）的协管员队伍。加强乡镇、街道与监管部门的沟通协作，密切协管员队伍与监管执法队伍的衔接配合，全面推行基层食品安全网格化监管，加快形成分区划片、包干负责的基层食品安全工作责任网。

（三）完善相关法律法规　推动食品安全法、保健食品监督管理条例、餐厨废弃物管理及资源化利用条例等法律法规的制修订，强化相关法律法规的衔接，完善监管执法依据，加大惩处力度。明确食品安全刑事案件侦办中的行为定性、案件管辖、证据规格等法律适用问题，特别是行政执法证据在刑事诉讼中的运用问题。推动地方加快畜禽屠宰、食品生产加工小作坊和食品摊贩管理等方面的立法工作。

（四）加快食品安全标准建设　健全标准审评程序和制度，增强标准制定的透明度。2013 年底前，基本完成食品相关标准的清理，完善食品中致病微生物、食品添加剂使用、食品生产经营规范、农药兽药残留等方面的标准，制修订蜂蜜、食用植物油等产品标准和配套检验方法标准。各地要结合实际做好食品安全地方标准的制修订和企业标准的备案工作，省级人民政府有关部门依照规定向社会公布备案的食品安全企业标准。加强食品安全标准的宣传培训及跟踪评价，及时做好标准的解读工作。

（五）做好风险监测评估工作　组织实施国家食品安全风险监测计划，强化农产品质量安全例行监测，加强农产品产地环境监测。按照“统一计划实施、统一经费渠道、统一数据库、统一结果分析”的要求，建立统一的食品安全风险监测体系。逐步规范食源性疾病监测、报告工作，在优势农产品主产区建立食用农产品质量安全风险监测点，初步建成统一的风险监测数据库。加快国家食品安全风险评估中心建设，加强评估基础数据采集和相关研究，重点围绕食品安全突出问题开展风险评估。进一步完善《食品中可能违法添加的非食用物质和易滥用的食品添加剂名单》、《保健食品中可能非法添加的物质名单》、《饲料、养殖中禁用药物和物质清单》。

（六）加强检验检测能力建设　按照“提高现有能力水平、按责按需、填平补齐、避免重复建设、实现资源共享”的原则，统筹各级食品安全检验能力，特别是最急需、最薄弱环节以及中西部地区和基层的食品安全检验能力建设。组织开展县级食品检验资源整合试点，推动县域内食品安全检验人员和设备的统筹使用，检验经费的统一归口管理，检验建设项目的统筹规划安排，检验任务的统一部署实施，提高基层整体检验水平。支持农贸市场检验检测站建设，补助检验检测经费。严格检验机构管理，规范委托检验行为。规范食品快速检测试剂及设备的技术认定，明确生产资质要求。继续推动提升食品企业检测水平。

（七）推进食品安全监管信息化建设 根据国家重大信息化工程建设规划，充分利用现有信息化资源，按照统一的设计要求和技术标准，建设国家食品安全信息平台，2013年底前，完成主系统和子系统的总体规划和设计。统筹规划建设食品安全电子追溯体系，统一追溯编码，确保追溯链条的完整性和兼容性，重点加快婴幼儿配方乳粉和原料乳粉、肉类、蔬菜、酒类、保健食品电子追溯系统建设。

四、加强诚信建设，落实主体责任

（一）督促企业强化内部管理 各级监管部门要严格督促食品生产经营单位强化内部管理，建立健全质量安全管理体系，保障食品安全投入，配备专、兼职安全管理人员，严格落实进货查验、出厂检验、食品安全事故报告等制度。强化农民合作社、农业产业化龙头企业、农产品批发市场等生产经营主体的农产品质量安全管理责任。2013年底前，督促所有规模以上食品生产企业和相应的经营单位设置食品安全管理机构，明确分管负责人。推进食品安全责任强制保险制度试点，开展食品生产企业首席质量官制度试点。

（二）加强食品安全诚信体系建设 制定进一步加强食品安全信用体系建设工作的指导意见，完善诚信信息共享机制和失信行为联合惩戒机制。建立实施“黑名单”制度，公布失信食品企业名单，促进行业自律。加快规模以上乳制品、肉类食品加工企业和酒类流通企业诚信管理体系建设。加强对食品相关行业协会的监督指导，充分发挥行业协会作用。

（三）大力开展食品安全宣传 将食品安全纳入公益性宣传范围，列入国民素质教育内容和中小学相关课程。打造一批精品科普栏目、节目、宣传片，利用报刊、广播、电影、电视、互联网、手机等各类媒介，深入宣传党和政府抓食品安全工作的决心、部署和成效，普及食品安全知识，提高全社会的食品安全意识、认知水平和应对风险能力。组织好2013年食品安全宣传周等重大宣传活动。支持新闻媒体开展舆论监督。加强对食品安全监管先进人物和诚信经营典型的宣传，发挥示范引导作用。

（四）强化食品安全培训 各级监管部门要制定年度培训计划，开展食品安全法律法规、业务技能、工作作风等方面的培训，提高监管人员的责任意识和业务素质。加强对协管员队伍的基础知识培训。强化对食品从业人员的职业道德和专业知识培训。各级食品安全监管人员、各类食品生产经营单位负责人、主要从业人员全年接受不少于40小时的食品安全集中培训。

五、加强组织保障，严格责任追究

（一）加强组织领导 地方各级人民政府要进一步落实食品安全属地管理责任，切实加强对本地区食品安全工作的统一领导和组织协调，主要负责人要亲自抓，分管负责人要直接负责，逐级落实工作责任。建立稳定的食品安全资金投入保障机制，将食品安全监管人员经费及行政管理、风险监测、监督抽检、标准制修订、应急处置、科普宣教等各项工作经费纳入财政预算，强化对经费的统筹分配和使用，进一步向基层倾斜，提高资金使用效率。进一步加大食品安全科技研发投入，集中力量开展重大科技攻关。积极开展农产品质量安全监管示范县（市）等各类示范创建工作。

（二）强化协调配合 各地区、各有关部门要密切配合，通力协作，形成全程监管合力。各级监管部门要认真履行职责，切实提高执行力，确保监管到位，坚决杜绝有案不查、推诿扯皮等问题。各级食品安全综合协调机构要加强综合协调和监督指导，及时解决工作中的重点难点问题，开展督促检查，确保各项工作扎实推进。

（三）强化考核评价 进一步完善食品安全绩效评价指标体系，逐级健全督查考核制度，加强对地方政府、监管部门食品安全工作的考核。将信息通报、行政执法、违法行为处理等列入对监管部门履职情况考核的内容。将食品安全纳入社会管理综合治理考核、政府绩效考核内容。发生重大食品安全事故的地方在文明城市、卫生城市等评优创建活动中实行一票否决。

（四）严格责任追究 健全食品安全责任追究制，细化责任追究对象、方式、程序。县级以上地方各级政府要督促各监管部门建立具体到单位、人员、岗位的责任制。监察部门要依法依纪严肃追究重大食品安全事件中失职渎职责任。

关于加强粮食文化建设的指导意见

（国家粮食局 国粮发［2013］78号 2013年4月12日）

各省、自治区、直辖市、计划单列市和新疆生产建设兵团粮食局：

为认真贯彻落实党的十八大精神，切实加强粮食文化建设，促进新时期粮食文化发展繁荣，充分发挥粮食文化对粮食流通事业科学发展的引领推动作用，为保障国家粮食安全、建设社会主义文化强国、全面建成小康社会做出贡献，现提出如下意见。

一、加强粮食文化建设的重要性和紧迫性

党的十八大报告指出，全面建成小康社会，实现中华民族伟大复兴，必须推动社会主义文化大发展大繁荣，兴起社会主义文化建设新高潮，增强国家软实力，发挥文化引领风尚、教育人民、服务社会、推动发展的作用。这一重要论述充分阐明了加强文化建设的重大意义，为加强粮食文化建设指明了方向。

（一）加强粮食文化建设是传承中华民族优秀文化的重要内容 中华民族在五千多年的农耕文明中创造了博大精深的粮食文化，成为中华文化的重要组成部分。在我国进入全面建成小康社会的关键时期和深化改革开放、加快转变经济发展方式的攻坚时期，文化越来越成为民族凝聚力和创造力的重要源泉、综合国力竞争的重要因素和经济社会发展的重要支撑。加强粮食文化建设，对于传承和弘扬有深厚历史积淀的中华优秀粮食文化、把握粮食发展规律、健全粮食规章制度、增强粮食文化自信，提高粮食行业软实力，促进全社会树立正确的粮食消费观，确保我国粮食安全，具有十分重要的现实意义和深远的历史意义。

（二）加强粮食文化建设是促进粮食流通事业科学发展的必然要求 粮食流通事业的科学发展，必然要求粮食流通产业的科学化、集约化、信息化等物质成果的发展，同时也要求粮食行业制度文化、管理文化、行为文化和员工道德品质、文化素质、精神风貌等精神成果的发展。实现粮食流通事业科学发展，必然要求用科学理论、先进理念、优秀文化武装员工，促进优秀传统粮食文化与当代先进粮食文化相结合，构建具有鲜明时代特色的粮食文化体系，充分发挥粮食文化的导向、凝聚和激励作用，调动员工积极性，为推动粮食流通事业科学发展提供强大精神动力、智力支持和人才支撑。

（三）加强粮食文化建设是全面提高粮食行业员工素质的重要途径 在经济全球化背景下，人们的思想观念更加多元，文化需求更加多样，粮食流通事业既面临新的发展机遇，也面临严峻考验。粮食行业要实现科学发展，要求员工必须具备较高的思想政治觉悟、丰富的科学文化业务知识、较强的组织管理协调能力，以及勇于进取、追求卓越、爱岗敬业、诚实守信的精神。通过加强粮食文化建设，建立先进的粮食文化导向，转变人的思想，约束人的行为，提高人的素质，激发人的潜能，可以促进员工全面发展，提高整体素质，培养造就大批优秀人才，促进粮食行业持续健康科学发展。

二、粮食文化建设的指导思想、基本原则和目标

（一）指导思想 高举中国特色社会主义伟大旗帜，以邓小平理论、“三个代表”重要思想、科学发展观为指导，坚持为人民群众服务、为中国特色社会主义服务的方向，紧紧围绕“守住管好‘天下粮仓’，切实做好‘广积粮、积好粮、好积粮’三篇文章”的总要求，以继承弘扬优秀粮食文化为主题，以培育、提炼、形成和践行粮食行业核心价值观为核心任务，以满足广大人民群众的精神文化需求为出发点和落脚点，努力建设粮食特色鲜明、符合行业实际的文化体系，为促进粮食流通事业科学发展，保障我国粮食安全提供强有力的文化支撑。

（二）基本原则 坚持用社会主义核心价值观引领粮食文化建设，倡导科学、文明、进步的粮食消费理念；坚持以人为本、贴近实际、贴近生活、贴近群众，推动粮食文化事业全面协调可持续发展；坚持改革开放、继承创新，传承中华民族优秀粮食文化，吸纳各行业先进文化，借鉴国外粮食文化经验，不断探索我国粮食文化建设的新内容、新形式和新载体，促进粮食文化发展繁荣。

（三）建设目标 努力增强全行业的文化创造活力，为建设社会主义文化强国贡献力量。到2020年，

粮食文化建设的奋斗目标是：传承和弘扬传统优秀粮食文化取得明显成果；广大粮食干部职工积极履行粮食行业使命，践行粮食行业核心价值观，不断提高思想道德和科学文化素质；爱粮惜粮节粮的观念深入人心，形成全民勤俭节约、杜绝浪费粮食的好风尚；不断拓宽粮食文化传播交流的途径，扩大粮食文化的影响力和覆盖面；充分满足人民群众对粮食文化产品的多样化需求，不断丰富粮食职工的文化生活，促进粮食文化事业发展繁荣。

三、粮食文化建设的主要内容

（一）提炼形成和倡导实践粮食行业核心价值观 深入开展社会主义核心价值体系学习宣传教育，用社会主义价值观引领、凝聚粮食行业共识，在弘扬粮食行业“惜粮如金、奉献为民、质量第一、诚实守信”等传统美德的基础上，对“守住管好‘天下粮仓’，切实做好‘广积粮、积好粮、好积粮’三篇文章”等体现行业使命、体现时代精神、体现员工价值追求的核心理念，进行深入研究提炼，形成粮食行业核心价值观，积极培育完善粮食行业核心价值体系，组织引导粮食职工认真学习、积极实践，并与理想信念教育、国情教育、道德教育、革命传统教育和改革开放教育结合起来，引导粮食职工把“个人梦”融入“中国梦”，把个人价值融入行业核心价值。

（二）挖掘和整理传统优秀粮食文化 深入研究粮食典籍和古今粮食文化学术思想，广泛收集、研究整理民间粮食文化、地域粮食文化、粮食产销和储运文化、粮食行政和企业文化、粮食消费文化等，梳理粮食文化的源流脉络，深入探索粮食文化的演进发展规律，搭建粮食文化理论架构。积极开展粮食文献、粮油票证、粮食遗址、文物古迹的调查工作，并积极争取有关部门的支持与合作，加强研究和保护，使其成为弘扬传统优秀粮食文化的载体。做好粮食特色理论、民俗、工艺、技术等非物质文化遗产的发掘、整理、研究、应用等工作，推动有关项目列入国家非物质文化遗产名录，并加以保护与传承。

（三）培育践行新时期粮食行业的新理念、新风尚、新精神 在长期的粮食流通工作实践中，粮食行业积累创造了一批影响广泛、具有行业特色、业内共识的精神财富，如“宁流千滴汗、不坏一粒粮”的敬业精神，“爱粮节粮、杜绝浪费”的节俭精神，“为耕者谋利、为食者造福”的奉献精神，“天下粮人是一家”的大局精神，等等。对这些颇具时代特色的粮食人精神，应积极传承和发扬光大。同时，要根据新形势下粮食生产、流通和消费中出现的新情况新问题，积极培育形成守住管好天下粮仓的新理念、新风尚、新精神，使之不断提升，不断丰富，切实践行。

（四）促进粮食文化的繁荣与传播 努力建设粮食文化宣传教育基地和粮食文化载体。保护具有历史文物价值的粮食机构旧址、仓储加工建筑设施和器具等，在有条件的地方建设粮食博物馆、粮食史陈列馆、图书馆（室）、荣誉室、全国中小学爱粮节粮教育社会实践基地，挂牌命名，健全制度，规范管理，同时，广泛运用政府网站粮食文化建设专栏、报纸杂志、“粮食文化墙”、博客微博、手机短信等多种载体，使之成为展示传播粮食文化、普及粮食知识、弘扬粮食人精神理念的重要平台和阵地。积极创作粮食文学艺术作品，出版一些有影响力的粮食文化研究成果。鼓励粮食行业员工用书法、美术、摄影、诗歌散文、小说、歌曲、影视剧等多种形式，创作粮食文化艺术作品，书身边的人、画眼前的事、写行业的实、表心中的情，反映粮食流通事业的改革发展，为人民群众提供丰富的粮食精神文化产品，用文学艺术作品教育人、感召人、鼓舞人，促进粮食文化的发展繁荣。大力传播粮食文化。加强与文化传播机构、媒体和国际粮食组织的交流合作，拓展粮食文化传播交流渠道，开展形式多样的粮食文化宣传交流活动。深入推进“粮食文化中国行——进乡村·进社区·进家庭”活动，利用“世界粮食日”、全国爱粮节粮宣传周、粮食科技周、放心粮油宣传日、粮食法律法规颁布日等时机，采取展览、讲座、粮食知识竞赛、征文等多种形式，积极发挥“粮食形象大使”的作用，面向社会广泛宣传普及粮油知识，弘扬粮食文化，促进人民群众对粮食文化的认同、理解和传播。广泛开展群众性文化体育活动，让粮食职工在活动中陶冶情操、增长知识、强健体魄、提高素质。各级粮食部门要结合实际，深入开展“创和谐单位、建文明家庭”的活动，推动粮食文化传播的群众化、常态化。

（五）积极开展爱粮节粮行动 “爱粮节粮、反对浪费”是中华民族的优秀传统文化，也是粮食文化建设的重要内容。要广泛学习宣传和深刻理解“厉行勤俭节约、反对铺张浪费”的重要意义，教育粮食职工在粮食收购、储运、加工、消费等环节带头节约粮食、减少损失浪费，带头合理膳食、健康消费，带头讲餐桌文明、树用餐新风，倡导科学饮食、文明用餐的餐饮文化和绿色低碳的生活方式，引导粮食职工自觉加入创建爱粮节粮示范单位、示范家庭和“光盘行动”行列，养成健康节约的饮食消费习惯，促进全社会形成重粮、爱粮、节粮的浓厚文化氛围。

四、粮食文化建设的保障措施

（一）科学规划，加强领导 把粮食文化建设目标任务纳入粮食流通事业发展整体规划和评价粮食流通工作的重要内容，统一部署实施，实现粮食文化建设与粮食流通工作协调发展。各级粮食部门要确定负责粮食文化建设的工作机构、明确工作职责、选用得力人员，建立党委（组）统一领导、书记负总责、分管领导具体抓、各有关职能部门分工落实的运行机制，形成党政工团齐抓共管、各部门互相支持配合、上下联动、全员参与、层层抓落实的工作格局。

（二）统筹协调，形成合力 各级粮食部门要加强同文化、新闻出版、广播电视、财政、教育、科技等部门的沟通协调，充分利用各种社会资源，搭建政府主导、市场引导、部门合作、共同推进粮食文化建设的平台。要加强与有关院校的联系与合作，推进粮食文化进学校、进课堂，将粮食文化研究列入科研专项，支持粮食科研、教育、培训等机构开展粮食文化研究培训和学术交流活动，充分发挥粮食科研院所和教育机构人才知识密集、文化氛围浓厚的优势，使之成为传承、研究、弘扬粮食文化的重要阵地，为粮食文化建设提供学术支撑。

（三）加大投入，提供保障 要积极争取各级政府的支持，逐步加大对粮食文化建设经费的投入，鼓励和引导社会资金参与粮食文化建设，建立多渠道、多形式的粮食文化建设经费投入长效机制。重点扶持公益性粮食文化事业发展、粮食文化创新、粮食文化遗产保护，支持重大粮食文化项目建设。

粮食文化建设是一个循序渐进、不断完善、不断丰富、不断提升的过程，也是一项振兴行业、惠及人民的系统工程。各级粮食部门要根据本指导意见，结合各地实际制定实施措施。要认真研究和解决工作中遇到的新情况、新问题，及时总结好的经验和做法，扎实推进粮食文化建设。

关于做好2013年粮食质量安全重点工作的通知

（国家粮食局 国粮发［2013］101号 2013年5月6日）

各省、自治区、直辖市及新疆生产建设兵团粮食局：

为认真贯彻落实国务院食品安全委员会第五次全体会议精神，根据《国务院办公厅关于印发2013年食品安全重点工作安排的通知》（国办发［2013］25号）的部署，现就2013年粮食质量安全重点工作通知如下。

一、完善监管机制，落实属地管理责任

粮食质量安全不仅是食品安全的重要组成部分，也是国家粮食安全的重要内容。要严格按照食品安全地方政府负责制的要求，完善粮食质量安全监管机制，落实属地管理责任。

（一）完善机制，落实责任 要按照质量安全属地管理的要求，将本行政区域内各种性质原粮和政策性成品粮油的质量安全纳入监管范围，全面梳理查找监管漏洞和盲区，结合实际逐项明确监管分工和要求。尽快明确或设立负有质量安全监管责任主体的职能处（科、股）室，明确职责要求，明确岗位，落实人员，落实责任，落实经费，形成粮食质量安全工作有人抓、有人管、有人负责的监管机制。有关落实情况，要报上一级粮食部门备案。要强化基层质量安全意识和属地管理责任，加强市、县级基层粮食部门监管体系建设，扎实推进监管重心下移，力量配置下移，细化完善质量安全监管措施，全面推行基层粮食质量安全监管网格化监管。省级粮食部门要加强对市、县级粮食部门机构落实、责任细化等方面的督促指导，确保市、县粮食质量安全监管责任和人员到位。

（二）明确任务，细化措施 要围绕《国家粮食局关于全面贯彻落实〈国务院关于加强食品安全工作的决定〉的通知》（国粮发［2012］222号）提出的各项任务和2013年全国粮食流通工作会议确定的工作任务，结合本地实际，明确2013年粮食质量安全监管应开展的工作、要求和完成时限，细化落实措施和责任分工，特别是要深入开展粮食行业质量安全风

险隐患排查，深挖带有行业共性的隐患和“潜规则”，有效防范系统性、区域性粮食质量安全风险。

（三）健全制度，依法监管 要根据粮食质量安全的新形势、新任务、新要求，制定或完善监管制度，切实做到依法管质，尤其是加快制定或完善粮食质量安全事故应急预案，明确应急处置的职责和责任，规范事故调查处理流程，组织开展应急演练，提高快速响应能力，最大限度地减少损失和危害。要全面建立粮食质量安全舆情监测和信息发布管理等制度，密切监测舆情特别是网络舆情，及时掌握并分析研判粮食质量安全或相关的舆情态势，加强舆论引导，依法依规及时、客观、准确地发布权威信息，回应社会关切。要按照重大食品安全信息统一归口发布原则，完善粮食质量安全信息发布机制，加强管理，未经充分论证，不得擅自向社会发布粮食质量安全信息。

（四）强化考核，严格责任 国家粮食局将对省级粮食部门落实2013年粮食质量安全重点工作情况进行考核评价。省级粮食部门应探讨建立对市、县（市）级粮食部门开展粮食质量安全监管履职的定期考核评价与通报机制，以促进各项工作的落实。省、地（市）、县（市）级粮食部门应将粮食质量安全监管工作履职情况纳入年度绩效评价指标体系和考核内容，建立具体到职能处（科、股）室及有关人员的岗位责任制和责任追究制，提出可量化、可考核、可奖惩的具体指标和考核办法，细化责任追究方式、程序，严格责任追究。

二、加强能力建设，提升技术支撑手段

粮食质量安全监管队伍装备标准化建设和检验检测体系建设是质量安全监管能力建设的重要内容，是开展依法监管的重要技术支撑。

（一）充实装备，高效执法 要认真落实《国家食品安全监管体系“十二五”规划》关于“强化省、市、县三级监管队伍和食品安全事故应急处置专业队伍标准化配备”的要求，积极向当地政府汇报，主动与财政、发展改革等部门沟通，争取资金和政策支持，为一线粮食质量安全监管执法人员配备现场快速检测设备、现场执法与调查取证设备、通讯设备等，为依法履行监管职责提供技术支撑。

（二）完善体系，提升能力 省级粮食部门要继续按照“机构成网络、监测全覆盖、监管无盲区、系统无风险”的原则，统筹考虑地域分布、机构运行成本和实际监管工作需要，科学规划粮食检验监测机构布局，做到本省（区、市）所有市、县区域内的粮食质量安全都有机构监管、有机构监测和检验，不能出现监管盲区。要按照国家粮食质量安全检验监测能力建设项目要求，积极协调落实地方配套资金，按期完成年度粮油检验技术装备建设计划，不断提升检验能力。

（三）严格纪律，依规检验 要加大对所隶属检验机构的管理力度，增强其大局意识、责任意识、风险意识，严格检验机构内部管理，规范委托检验行为，审慎出具检验报告，对检验中发现的重大粮食质量安全问题要及时向同级食品药品监管部门报告，并妥善处置，同时向上一级粮食部门报告。省级粮食部门要加强对质检人员和企业主要从业人员的粮食质量安全技术指导，不断提升政策水平和检验技术水平。

（四）统筹规划，信息共享 省级粮食部门要按照《国家食品安全监管体系“十二五”规划》有关信息化建设要求和国家粮食局大力推动粮食行业信息化发展的指导意见，积极推进粮食质量安全监管信息化建设。

三、强化质量监管，保障百姓吃粮安全

粮食质量安全监测与抽检是抓收购、保质量、惠民生的重要内容，也是落实“积好粮”、推进“粮安工程”的客观要求。

（一）适时监测，指导收购 省级粮食部门要安排专人负责《国家食品安全风险监测计划》的落实工作，按照国家粮食局下达的监测计划和要求开展质量安全监测工作，统一组织协调，科学、合理安排好采样及检验工作进度，提高监测工作的时效性。要在粮食主产区建立质量安全风险监测点，逐步规范监测，及时发现质量安全隐患。要建立监测工作责任追究制度和监测结果分析研判机制，做好风险监测评估工作。对监测中发现的问题，要在省级人民政府和食品安全综合协调部门的统一领导下，审慎稳妥处置，科学指导粮食收购。

（二）加强抽检，确保质量 要按照粮食质量安全属地管理的原则，依照职责，加强库存粮油和供应的政策性成品粮油的质量安全抽检工作。优化抽检方案，扩大质量安全监督抽查、执法抽检频次、范围。切实提高对粮食质量安全违法行为的打击惩处力度，督促企业规范内部管理，确保质量安全。

（三）服务社会，惠及民生 各级粮食部门要充分发挥粮食检验检测机构的技术和专业优势，配合有关部门做好市场粮油以及粮油产品的质量安全抽检工作，配合有关部门做好涉及粮油产品质量安全事件的

调查处置工作，切实保障百姓吃粮安全。

四、落实主体责任，夯实企业监管基础

质量安全工作的基础是企业。加强收购、储存环节粮食经营者履行质量安全主体责任的督促指导，是保障粮食质量安全的重要措施。

（一）督促企业，强化管理 各级粮食部门对纳入本层级监管的粮食经营者，要加强质量安全督导，督促企业强化内部管理，健全质量安全管控体系，保障质量安全投入。2013 年底前，督促所有规模以上粮食收储经营企业设置质量安全管理机构，明确分管负责人和直接责任人，细化责任与要求。

（二）严格检验，认真把关 要督导粮食经营者严格落实粮食入库和销售出库质量检验制度、索证索票制度和质量安全事故报告制度。督促企业严格执行国家粮食收购质价政策，保护农民利益。要提高质量安全风险防控能力，严格粮食入库、销售出库粮食质量检验，特别是省级粮食部门设立的必检食品安全性指标检验、储存期间使用过化学药剂并在残效期内的药剂残留检验，防止不符合食品安全标准的粮食流入口粮市场。要督促企业建立粮食质量档案，明确保存期限，确保质量信息可追溯，责任可追究，问题可倒查。

（三）诚实守信，增强自律 要继续梳理、掌握粮食质量安全监管对象的情况，加快推进粮食行业诚信体系建设，完善诚信信息共享机制和失信行为联合惩戒机制，逐步建立企业执行法律法规、粮食政策和出入库质量检验制度等方面的检查档案和信用档案，逐步实施分类监管，进一步落实粮食企业质量安全主体责任。

（四）搞好宣传，抓好培训 要全力做好 2013 年食品安全宣传周活动以及国家粮食局安排的相关质量安全宣传活动。利用多种形式，将诚实守信、质量安全、爱粮节粮等内容纳入公益性宣传范围，加大宣传力度，普及质量安全知识。要按国家有关规定，加强对粮食质量安全监管人员、各类粮食经营企业负责人和主要从业人员，进行法律法规、食品安全和粮食质量安全政策、业务技能和工作作风等方面的岗位培训，树立科学监管理念，提高监管人员责任意识和业务素质。

五、加强基础研究，加快标准体系建设

科学、合理的粮油标准是落实加强质量安全管控的重要技术依据，也是服务于“三农”、科学引导粮油消费、维护粮油市场稳定的政策基础。

（一）认真清理，科学制标 要全力推进食品安全标准建设，力争在 2013 年底前，配合有关部门基本完成食品相关标准清理工作，明确粮油质量安全标准框架体系，做好重点粮油急需的产品标准和配套检验方法标准制修订，进一步完善粮油标签标识管理规定。加强对新发布的粮油食品安全标准的宣传培训及跟踪评价，及时做好标准解读。积极参与粮油国际标准化工作，增强话语权。

（二）加强会检，服务制标 要进一步做好收获粮食质量会检、质量调查和品质测报工作，完善国家级质量会检工作，强化尽早扦样、按时送样工作；规范省级质量调查工作，重点前移，确保第一时间摸清新收获粮食总体质量情况。借助行业科研专项工作，推动粮食品质测报工作。

（三）标准验证，强化制标 要加快推动“国家粮油标准研究验证测试体系”建设工作，2013 年完成对部分科研院所、院校、省级质检机构国家粮油标准研究验证测试中心（站）命名挂牌工作，提高粮油标准制修订工作的科学性和技术水平。各地粮食检验机构要按照《食品检验机构资质认定条件》的要求，积极主动申请资质认定，拓展检测范围，扩大服务领域，为粮食质量安全监管工作及食品安全监管工作发挥好技术服务作用，积极争取食品检验机构资质认定。

六、加强组织领导，落实质量监管经费

加强粮食质量安全监管是守住和管好“天下粮仓”的重要内容，也是考查粮食部门履职的重要标尺。

（一）统筹安排，有序推进 要把落实 2013 年粮食质量安全重点工作列入重要议事日程，按照粮食质量安全属地管理原则，切实加强对本地区粮食质量安全监管工作的统一领导和组织协调，主要负责人要亲自抓，分管负责人要直接负责。要抓紧制定本地区的具体工作方案，分解细化任务，明确工作要求，落实责任分工。要适时开展督促检查，确保各项工作扎实推进。

（二）积极争取，落实经费 要结合粮食安全省长负责制的落实，积极向当地政府及财政、发展改革等有关部门汇报粮食质量安全监管工作的重要性和紧迫性，切实落实国办发［2013］25 号关于地方各级人民政府要“建立稳定的食品安全资金投入保障机制，将食品安全监管人员经费及行政管理、风险监测、监督抽检、标准制修订、应急处置、科普宣教等

各项工作经费纳入财政预算”的要求，将粮食质量安全监管的各项工作经费纳入当地财政预算，保障各项工作的有效开展。要科学、合理地使用经费，提高资金使用效率。

绿色食品检查员注册管理办法

（中国绿色食品发展中心 2013 年 5 月 15 日）

第一章 总 则

第一条 为加强对绿色食品检查员的管理，提高检查员队伍整体素质和业务水平，促进绿色食品事业持续健康发展，根据国家法律法规和《绿色食品标志管理办法》，制定本办法。

第二条 绿色食品检查员（以下简称检查员）是指经中国绿色食品发展中心（以下简称中心）核准注册的从事绿色食品认证审核和现场检查的人员。

第三条 中心对检查员实行统一注册管理。检查员应在中心注册，取得《绿色食品检查员证书》。

第四条 绿色食品检查员分为两个级别：检查员和高级检查员。

检查员是指满足本办法相应要求，能够对申请材料实施认证审核或对申请认证企业实施现场检查的人员。

高级检查员是指满足本办法相应要求，并具有丰富的认证审核和现场检查的经验，能够对申请认证企业实施现场检查或对申请材料实施认证审核的人员。

检查员的注册专业分为种植、养殖和加工。

第五条 检查员的来源包括各级绿色食品管理机构的专职工作人员、大专院校、科研机构、行业协会的专家和学者。检查员不得来源于生产企业。

第二章 注册条件

第六条 申请注册的检查员应当具备以下条件：

（一）个人素质

1. 热爱绿色食品事业，对所从事的工作有强烈的责任感。

2. 能够正确执行国家有关认证方针、政策、法律及法规，掌握绿色食品认证标准及有关规定。

3. 具有良好观察能力和业务能力，并能根据客观证据做出正确的判断。

4. 具有良好口头和书面表达能力，能够客观全面地表述概念和意见。

5. 具有履行检查员职责所需的保持充分独立性和客观性的能力，具有有效开展审核和检查工作所需的个人组织能力和人际交流能力。

6. 身体健康，具有从事野外工作的能力。

（二）教育和工作经历

具有国家承认的大学本科以上（含大学本科）学历，至少 1 年相关专业技术或相关工作经历；或具有国家承认的大专学历，至少 2 年相关专业技术或相关工作经历。具有相关专业中级以上（含中级）技术职称视为符合教育和工作经历。

（三）专业知识

注册种植业检查员应具有农学、园艺、植保、农业环保及相关专业的专业知识；注册养殖业检查员应具有畜牧、兽医、动物营养或水产及相关专业的专业知识；注册加工业检查员应具有食品加工、发酵及相关专业的专业知识。

（四）培训经历

1. 申请注册检查员应完成中心有关检查员课程的培训，并通过考试，取得《绿色食品检查员培训合格证书》。

2.《绿色食品检查员培训合格证书》应在申请注册前 3 年内获得。

（五）认证审核和现场检查经历

依据认证审核和现场检查经历对检查员进行分级：

1. 检查员 申请人应在取得检查员培训合格证书后参加至少 2 次注册专业类别绿色食品认证审核和现场检查见习，并由所在省绿色食品管理机构（以下简称“省绿办”）就申请人的能力给出鉴定意见，包括：对绿色食品生产和加工知识运用能力；依据标准和有关规定从事审核和检查的能力；审核和检查报告编写的能力；个人素质情况等。

2. 高级检查员 申请人应取得检查员级别注册资格 1 年以上，并至少完成 10 个相关专业类别绿色食品企业的认证审核和现场检查。

3. 所有认证审核和现场检查经历应在申请注册前3年内获得。

第七条　检查员完成由中心指定的相关专业课程的学习，并通过中心或中心委托的有关单位组织的各门专业课程的考试，取得专业考试合格证书的，视为符合专业知识的要求。

第八条　检查员可以同时注册多个专业。高级检查员扩大注册专业类别，需从申请注册检查员开始。

第三章　注册程序

第九条　申请人自愿填写相应的申请表格，并附本办法规定的有关材料，经省绿办签署推荐意见后报中心。

第十条　申请人与中心签署保密协议，确保不泄露申请认证企业商业和技术秘密。

第十一条　申请人应签署一份个人声明，声明其保证遵守（或已经遵守）绿色食品检查员行为准则及绿色食品认证有关规定。

第十二条　申请注册应当提供以下材料：

《绿色食品检查员注册申请表》，省绿办推荐意见，保密协议，个人声明，学历证书复印件（或职称复印件、专业考试合格证书复印件），工作经历书面证明，认证审核和现场检查经历书面证明，检查员培训合格证书复印件，近期免冠1寸照片2张。

申请注册高级检查员还应附检查员证书复印件。申请扩大专业注册，还应提供专业考试合格证书复印件或其他有效证明文件。

第十三条　中心对申请人提交的申请材料进行评定。

第十四条　中心对评定合格的申请人予以注册，并颁发《绿色食品检查员证书》。

第十五条　《绿色食品检查员证书》的内容包括：检查员姓名，注册级别，注册专业类别，注册日期，注册有效期，注册编号，注册机构名称、工作单位等。

第四章　检查员职责、职权和行为准则

第十六条　检查员依据《绿色食品标志管理办法》及有关法律法规履行以下职责：

（一）对申请认证企业的申请材料进行认证审核，核实申请认证企业提供的信息、资料是否完整，是否符合绿色食品认证的有关要求等。

（二）依据注册的专业类别，对申请认证企业实施现场检查，全面核实申请认证企业提交申请材料的真实性，客观描述现场检查实际情况，科学评定申请认证企业的生产过程和质量控制体系是否达到认证标准及有关规定的要求，保证现场检查报告与认证企业和产品的一致性，综合评估现场检查情况，填写书面评估报告。

（三）对申请认证产品产地环境质量现状进行调查，并作出调查结论。

（四）对申请认证产品实施抽样，填写产品抽样单。

（五）完成中心布置的其他认证工作。

第十七条　检查员具有以下职权：

（一）检查申请认证企业的生产现场、库房、产品包装、生产记录和档案资料等有关情况。根据检查需要，可要求受检方提供相关的证据。

（二）依据标准独立地对申请认证企业申请材料提出审核意见，不受任何单位和个人的干预。

（三）指出申请认证企业在生产过程中不当行为，并要求其整改。

（四）了解申请认证企业的产地环境监测情况和产品质量检测情况。

（五）向中心如实报告有关绿色食品管理机构、监测机构和申请认证企业在绿色食品认证工作中存在的问题。

（六）向上级绿色食品管理机构提出改进绿色食品认证工作的建议。

（七）有权向绿色食品管理机构申诉对检查员的各种投诉。

（八）检查员依据注册的级别，具有相应的工作职权：检查员有权对所在省绿色食品申请认证企业进行认证审核和现场检查；高级检查员有权对所在省、国内其他区域和境外绿色食品申请认证企业进行认证审核和现场检查。

第十八条　检查员应遵守以下行为准则：

（一）遵守国家有关认证的法律法规、绿色食品的认证规章制度和保密协议。

（二）从事审核和检查工作应遵循科学、公正、公平的原则。

（三）按照注册专业类别从事审核和检查工作。

（四）不断学习检查所需的专业知识，提高自身素质和检查能力。

（五）尊重客观事实，如实记录认证现场检查或认证审核对象现状，保证认证审核和现场检查的规范性和有效性。

（六）检查员在检查前后一年内不得与申请认证企业有任何有偿咨询服务关系；可以提出生产方面改进意见，但不得收取费用。

（七）不应向申请认证企业作出颁证与否的承诺。

（八）未经中心书面授权和申请认证企业同意，不得讨论或披露任何与审核和检查活动有关的信息，法律有特殊要求的除外。

（九）到少数民族地区检查时，应尊重当地文化和风俗习惯。

（十）不接受申请认证企业、定点监测机构任何形式的酬劳。

（十一）不以任何形式损坏中心声誉，并针对违反本行为准则进行的调查工作提供全面合作。

（十二）接受中心的监督管理。

第十九条 绿色食品认证审核和现场检查实行检查员负责制。检查员应在续展认证报告或现场检查评估报告上签字，并对所认定的事实负责。

第五章 监督管理

第二十条 中心统一负责检查员监督管理。省绿办负责所辖区域内检查员日常管理工作。

第二十一条 检查员证书的有效期为3年。检查员需在注册证书期满前3个月向中心提出更换证书的书面申请。超过有效期未提交更换证书申请或3年内未完成3个以上注册专业类别申请认证企业认证审核和现场检查的，不予换证。

第二十二条 根据中心对地方绿色食品管理机构工作激励机制，建立检查员绩效考评制度，对于工作业绩突出和表现优秀的检查员，中心不定期给予表彰和奖励。

第二十三条 对违反检查员行为准则，尚未构成严重后果的，中心依据有关情况给予检查员批评、暂停注册资格等处置。在暂停期内，检查员不得从事相关认证审核和现场检查等活动。对于暂停注册资格的检查员，应在暂停期内采取相应整改措施，并经中心验证后，恢复其注册资格。

第二十四条 有下列情况之一者，撤销其检查员资格：

（一）与申请认证企业合作（或提示申请认证企业），故意隐瞒申请认证产品真实情况而骗取绿色食品认证的。

（二）经核实，在认证审核或现场检查工作中，存在故意弄虚作假行为的。

（三）严重违反检查员行为准则或由于失职、渎职而出现严重质量安全问题的。

（四）严重违反检查员行为准则，对绿色食品事业或中心声誉造成恶劣影响的。

第二十五条 被中心撤销注册资格的人员，1年内不再受理其注册申请。

第二十六条 中心就检查员的资格处置情况向绿色食品工作系统及其上级行政主管部门等相关方进行通报。

第二十七条 严重违反本办法要求，构成犯罪的，由国家有关部门追究其刑事责任。

第六章 附　　则

第二十八条 本办法由中心负责解释。

第二十九条 本办法自颁布之日起实施。

新食品原料安全性审查管理办法

（国家卫生计生委令　第1号　2013年5月31日）

第一条 为规范新食品原料安全性评估材料审查工作，根据《中华人民共和国食品安全法》及其实施条例的有关规定，制定本办法。

第二条 新食品原料是指在我国无传统食用习惯的以下物品：

（一）动物、植物和微生物；

（二）从动物、植物和微生物中分离的成分；

（三）原有结构发生改变的食品成分；

（四）其他新研制的食品原料。

第三条 新食品原料应当具有食品原料的特性，符合应当有的营养要求，且无毒、无害，对人体健康不造成任何急性、亚急性、慢性或者其他潜在性危害。

第四条 新食品原料应当经过国家卫生计生委安全性审查后，方可用于食品生产经营。

第五条 国家卫生计生委负责新食品原料安全性评估材料的审查和许可工作。国家卫生计生委所属卫生监督中心承担新食品原料安全性评估材料的申报受理、组织开展安全性评估材料的审查等具体工作。

第六条 拟从事新食品原料生产、使用或者进口的单位或者个人（以下简称申请人），应当提出申请并提交以下材料：

（一）申请表；

（二）新食品原料研制报告；

（三）安全性评估报告；

（四）生产工艺；

（五）执行的相关标准（包括安全要求、质量规格、检验方法等）；

（六）标签及说明书；

（七）国内外研究利用情况和相关安全性评估资料；

（八）有助于评审的其他资料。

另附未启封的产品样品 1 件或者原料 30 克。

第七条 申请进口新食品原料的，除提交第六条规定的材料外，还应当提交以下材料：

（一）出口国（地区）相关部门或者机构出具的允许该产品在本国（地区）生产或者销售的证明材料；

（二）生产企业所在国（地区）有关机构或者组织出具的对生产企业审查或者认证的证明材料。

第八条 申请人应当如实提交有关材料，反映真实情况，对申请材料内容的真实性负责，并承担法律责任。

第九条 申请人在提交本办法第六条第一款第二项至第六项材料时，应当注明其中不涉及商业秘密，可以向社会公开的内容。

第十条 国家卫生计生委受理新食品原料申请后，向社会公开征求意见。

第十一条 国家卫生计生委自受理新食品原料申请之日起 60 日内，应当组织专家对新食品原料安全性评估材料进行审查，作出审查结论。

第十二条 审查过程中需要补充资料的，应当及时书面告知申请人，申请人应当按照要求及时补充有关资料。根据审查工作需要，可以要求申请人现场解答有关技术问题，申请人应当予以配合。

第十三条 审查过程中需要对生产工艺进行现场核查的，可以组织专家对新食品原料研制及生产现场进行核查，并出具现场核查意见，专家对出具的现场核查意见承担责任。省级卫生监督机构应当予以配合。参加现场核查的专家不参与该产品安全性评估材料的审查表决。

第十四条 新食品原料安全性评估材料审查和许可的具体程序按照《行政许可法》、《卫生行政许可管理办法》等有关法律法规规定执行。

第十五条 国家卫生计生委根据新食品原料的安全性审查结论，对符合食品安全要求的，准予许可并予以公告；对不符合食品安全要求的，不予许可并书面说明理由。对与食品或者已公告的新食品原料具有实质等同性的，应当作出终止审查的决定，并书面告知申请人。

第十六条 根据新食品原料的不同特点，公告可以包括以下内容：

（一）名称；

（二）来源；

（三）生产工艺；

（四）主要成分；

（五）质量规格要求；

（六）标签标识要求；

（七）其他需要公告的内容。

第十七条 有下列情形之一的，国家卫生计生委应当及时组织对已公布的新食品原料进行重新审查：

（一）随着科学技术的发展，对新食品原料的安全性产生质疑的；

（二）有证据表明新食品原料的安全性可能存在问题的；

（三）其他需要重新审查的情形。对重新审查不符合食品安全要求的新食品原料，国家卫生计生委可以撤销许可。

第十八条 新食品原料生产单位应当按照新食品原料公告要求进行生产，保证新食品原料的食用安全。

第十九条 食品中含有新食品原料的，其产品标签标识应当符合国家法律、法规、食品安全标准和国家卫生计生委公告要求。

第二十条 违反本办法规定，生产或者使用未经安全性评估的新食品原料的，按照《食品安全法》的有关规定处理。

第二十一条 申请人隐瞒有关情况或者提供虚假材料申请新食品原料许可的，国家卫生计生委不予受理或者不予许可，并给予警告，且申请人在一年内不得再次申请该新食品原料许可。以欺骗、贿赂等不正当手段通过新食品原料安全性评估材料审查并取得许可的，国家卫生计生委将予以撤销许可。

第二十二条 本办法下列用语的含义：实质等同，是指如某个新申报的食品原料与食品或者已公布的新食品原料在种属、来源、生物学特征、主要成分、食用部位、使用量、使用范围和应用人群等方面相同，所采用工艺和质量要求基本一致，可以视为它们是同等安全的，具有实质等同性。传统食用习惯，是指某种食品在省辖区域内有30年以上作为定型或者非定型包装食品生产经营的历史，并且未载入《中华人民共和国药典》。

第二十三条 本办法所称的新食品原料不包括转基因食品、保健食品、食品添加剂新品种。转基因食品、保健食品、食品添加剂新品种的管理依照国家有关法律法规执行。

第二十四条 本办法自2013年10月1日起施行。原卫生部2007年12月1日公布的《新资源食品管理办法》同时废止。

2014—2018年农产品加工（农业行业）标准体系建设规划

（农业部 农办企［2013］24号 2013年6月25日）

农产品加工标准体系建设是农业标准体系的重要组成部分，也是促进我国农产品加工业发展的一项重要工作。本着立足行业、突出重点、需求优先、分步实施的原则，就2014—2018年农产品加工标准制修订工作，特制定本规划。

一、农产品加工标准体系建设的必要性

近年来，随着我国农产品总量持续增加、品种不断丰富和消费需求逐步升级，农产品加工业进入了快速发展的新阶段。但是应该看到，标准化水平不高的问题一直困扰着农产品加工业健康发展。为此，加快建设农产品加工标准体系日益紧迫。

（一）有利于完善农业行业标准体系

农产品加工标准体系是农业行业标准体系的重要组成部分，是提高农产品质量安全水平和市场竞争力的重要保障。当前，我国农产品加工业已经成为延长农业产业链、就业链和效益链，拉动农业农村经济和县域经济发展新的增长极。因此，加快建立和完善满足行业健康发展需要的农产品加工标准体系建设，推动农产品加工标准化进程，是农业标准体系建设的必然选择。

（二）有利于推动农产品加工业快速发展

“十一五”以来，我国农产品加工业快速发展，已经成为国民经济基础性、战略性和支柱性产业。但是与发达国家相比，我国农产品加工业整体水平仍然偏低，尤其是农产品加工标准化严重滞后于产业发展。农产品加工标准化是当今世界农产品加工业发展的潮流和趋势，建立和完善农产品加工标准体系，是提高我国农产品加工标准化和质量安全水平，促进农产品加工业健康发展的重要手段。

（三）有利于增强农产品加工行业国际竞争力

标准作为创新技术产业化、市场化的关键环节，已经成为参与国际合作与竞争、保障产业利益和经济安全的重要手段；同时，标准作为技术性贸易措施，在国际贸易中的应用日趋频繁，已成为国际经济和科技竞争的制高点。建立和完善农产品加工标准体系，有利于积极参与国际标准的制修订，实现与国际标准的有效对接，切实把握国际贸易标准制定的主动权和话语权，有效突破技术性贸易壁垒，抵御国外产品对我国市场的冲击，从根本上提升我国农产品加工制品的市场竞争力。

二、农产品加工标准体系现状

截止到2012年，在5 000项农业行业标准中，农产品加工标准579项，占总数的11.6%，初步构建了涵盖粮油加工、果蔬加工、畜产品加工和特色农产品加工等主要领域的农产品加工标准体系。

（一）标准体系建设情况

1. *粮食加工标准* 现有以产品标准为主的粮食加工农业行业标准45项；其中产品标准21项，检验检测方法标准14项，基础标准2项，管理标准8项。

2. *油料加工标准* 现有以方法标准为主的油料加工农业行业标准46项；其中方法标准29项，产品标准11项，管理标准5项，基础标准1项。

3. *果品加工标准* 现有以方法标准为主的果品加工农业行业标准共235项；其中方法标准140项，产品标准76项，管理标准13项，基础标准6项。

4. *蔬菜加工标准* 现有以产品标准为主的蔬菜加工农业行业标准共82项；其中产品标准33项，方法标准30项，管理标准13项，基础标准6项。

5. 肉（蛋）品加工标准　现有以方法标准为主的肉（蛋）品加工农业行业标准109项；其中方法标准56项，产品标准29项，管理标准24项。

6. 乳制品标准　现有以方法标准为主的乳制品农业行业标准13项；其中方法标准8项，产品标准4项，管理标准1项。

7. 茶叶加工标准　现有以产品标准为主的茶叶加工农业行业标准28项；其中产品标准12项，管理标准6项，基础标准6项，方法标准4项。

8. 特色农产品加工标准　现有蜂产品加工、麻类加工、人参加工、糖制品等21项标准；其中产品标准11项，管理标准7项，方法标准3项。

（二）农业行业标准体系存在问题

1. 缺乏系统性　长期以来，农产品加工标准分散在多部门和多系统，各行业标准体系之间既交叉重复，又有许多遗漏。农业行业标准以有关农业生产标准为主，而农产品加工标准仅仅是拾遗补缺，标准的配套程度低，互补性不强。特别是缺乏主要农产品初加工相关的系列标准。

2. 基础研究薄弱　标准体系是一个随着经济、技术和社会的发展而不断调整的动态系统。标准的制定必须以科学数据和风险评估为基础。目前，标准制定基础研究相对滞后，部分标准的缺失，一些标准的科学性和适用性得不到保证。

3. 针对性不强　标准作为规范生产、贸易行为和评判产品质量的技术准则，应有其鲜明的调控对象和制标目的。在现行农业行业标准中，部分农产品加工标准的服务对象不明确，制定标准的目标模糊、依据不足，考虑产业发展水平和国际贸易需求较少。

4. 结构不合理　在国际标准体系中，农产品加工标准是以具有通用性的基础标准和检测方法标准为主。而我国现行农业行业标准中农产品加工方面的标准结构不尽合理，基础标准仅占标准总数的3.6%；尤其是对加工过程要素的覆盖不够全面，尚未建立对生产、加工、贮藏等环节进行规范的标准体系，一些过程要素标准缺失，如产品及加工用原料分级标准、技术操作规程、良好操作规范、全程质量控制标准等。

5. 实施效果不明显　由于农产品加工标准整体水平不高，与产业发展需求有一定脱节，特别是一些标准针对性、适用性不强，以及某些标准的缺失和滞后，导致现行标准实施效果不理想，对于规范生产与贸易行为没能发挥标准应有的作用。

三、农产品加工标准体系建设指导思想、建设原则与总体目标

（一）指导思想

以邓小平理论和“三个代表”重要思想为指导，深入贯彻落实科学发展观，以满足行业需求为导向，以农产品初加工为重点，加快建立与完善符合国情、与国际接轨，结构合理、科学先进的农产品加工农业行业标准体系，为推动农产品加工产业升级、提升农产品及其加工制品国际竞争力，促进农产品加工业健康发展，提供有力的技术支撑。

（二）建设原则

1. 坚持突出重点与统筹兼顾相结合　围绕履行部门职能，以保障农产品加工过程质量安全，增强市场竞争力为重点，集中制修订农产品初加工生产、贸易等亟须的重要标准。体系建设要科学安排，合理规划，循序渐进。

2. 坚持科学性与适用性相结合　除急需填平补齐标准外，标准要随着科技发展和生产贸易需要及时制修订，以科技创新带动标准水平的提升，确保标准的科学性、先进性和适用性。

3. 坚持标准制定与基础研究相结合　合理配置资源，切实改变重制定轻研究的倾向，加强标准制定前期的基础技术研究，为标准制修订工作提供扎实的科学依据。

（三）总体目标

总的目标是：标准体系进一步完善，标准质量水平明显提高，标准实施效果显著增强。主要是完成主要农产品采后预处理、贮藏保鲜标准、分等分级标准、商品化处理等标准的制（修）订；完成重要新型农产品加工制品标准的制（修）订；完成与原料控制、产品质量控制相关的检测方法标准的制（修）订；制订一批传统主食产品加工标准。力争通过几年的努力，逐步建立结构合理、层次清晰，既适合我国国情、又与国际接轨的农产品加工标准体系，改变目前农产品加工标准缺失、滞后、零散的现状。

四、农业行业标准（农产品加工）体系建设内容

通过梳理现有的国家标准和行业标准，根据农业行业标准的特点，重点制修订农业行业标准122项。其中拟制修订基础标准8项，管理标准49项，方法标准25项，产品标准40项。

（一）粮食加工标准

计划制定以方法标准为主的粮食加工标准27项。其中，基础标准1项、管理标准6项、方法标准11项、

产品标准9项。基础标准是薯类加工名词术语；管理标准主要是传统米粉加工、燕麦粉加工技术规范等；方法标准主要是谷物、小麦及面制品品质特性测定标准；产品标准主要是发芽糙米、全麦粉新型产品标准等。

（二）油料加工标准

计划制定以管理标准和产品标准为主的油料加工标准25项。其中，基础标准1项、管理标准9项、方法标准3项、产品标准12项。基础标准是低温压榨制油名词术语；方法标准主要是饼粕中木酚素及酚酸类物质的测定；管理标准主要是特色油料加工技术规范；产品标准主要是特色油品及植物蛋白标准。

（三）果品加工标准

计划制定以管理标准为主的果品加工标准21项。其中，管理标准10项、方法标准4项、产品标准7项。管理标准主要是葡萄干、龙眼干等果品干制加工技术规范，以及西甜瓜、龙眼等贮运技术规范；方法标准则是果品及其制品中营养成分的测定标准；产品标准主要是桃、梨、菠萝等果品加工专用原料标准。

（四）蔬菜加工标准

计划制定以管理标准为主的蔬菜加工标准12项。其中，基础标准2项、管理标准8项、产品标准2项。基础标准主要是蔬菜加工技术通则和净菜加工名词术语；管理标准主要包括蔬菜分级、速冻、加工、包装、贮运等技术规范；产品标准主要涉及鲜切根茎类蔬菜、辣椒红素等新型加工产品。

（五）肉（蛋）加工标准

计划制定以管理标准为主的肉（蛋）加工标准29项。其中，基础标准3项、管理标准13项、方法标准5项、产品标准8项。基础标准主要是肉（蛋）加工名词术语和通则；管理标准主要是畜禽屠宰、肉与副产物加工、蛋品生产等技术规范；方法标准主要是肉及肉制品中蛋白、水分和脂肪酸的测定；产品标准主要涉及肉制品及副产物、液态蛋、蛋粉等新型加工产品。

（六）特色农产品加工标准

计划制定蜂产品加工标准8项。其中基础标准1项、管理标准3项、方法标准2项、产品标准2项。基础标准是蜂蜜水果茶名词术语；管理标准以蜂产品加工技术规范为主；产品标准涉及蜂王浆片、蜂花粉片等新型加工产品。

此外，配合农业部相关司局做好茶叶、乳制品、农产品加工机械标准制（修）订工作。

五、农产品加工标准体系建设保障措施

（一）加强协调，完善工作机制

农产品加工标准涉及多部门多领域，要建立协调有力、运转顺畅的工作机制。各级农产品加工主管部门要进一步提高对农产品加工标准制修订及宣贯工作的认识，加强组织领导，搞好协调服务，及时提出本地区农产品加工标准制（修）订需求。鼓励国家农产品加工技术研发体系以及相关科研院校，积极参与标准制定和宣贯工作。充分发挥农业部农产品加工标准化技术委员会在标准体系建设中的重要作用。标准体系建设，要逐步形成政府引导、市场推动、社会参与、产学研相结合的工作格局，争取尽早形成即与相关标准体系关联，又相对独立的农产品加工标准体系。

（二）加大资金投入，夯实标准基础

农产品加工标准体系建设是一项公益性、技术性、基础性工作，政府部门应加大对农产品加工标准体系建设的投入，鼓励行业协会、企业和社会组织对制定标准的投入，形成标准制定经费的多元化投入机制。加快培养标准化人才，建立一支水平高、结构优的专家队伍，提高标准体系建设的科学性和适用性。

（三）加强科学研究，提高标准制定水平

农产品加工标准化工作起步晚，基础研究积累少，标准制定技术支撑薄弱。因此，要鼓励企业和科研单位，把技术创新与相关的农产品加工标准基础研究结合起来，特别是与行业科研项目相结合，提高标准制定的科学性和适用性。

（四）严格标准制定与审查程序，强化风险意识

严格标准制修订程序，搭建标准征求意见、信息收集与发布交流互动信息化平台，促进标准制修订过程公开透明。完善标准审查制度，明确标准审查要求，强化标准技术委员会委员审查标准的权利与义务。加强标准制定风险管理，强化标准制修订工作风险意识，将风险管理引入标准制定各环节。建立标准化工作突发事件快速反应机制，妥善处理突发事件。

（五）加强标准宣贯，提高标准实施效益

通过标准宣传和培训，增强企业的标准化意识，引导农产品加工生产经营者按标准组织生产、加工、销售，提高行业的标准化水平。采取政府推动、领军企业带动、行业自律联动等多种形式，扩大标准实施覆盖面，提高农产品加工企业贯彻标准的自觉性和社会对标准的认知度，探索建立标准宣贯的有效途径。

（六）搭建信息平台，提高服务能力

整合农产品加工标准信息资源，建立并完善农产品加工标准服务平台与相关行业网络的链接，逐步改变农产品加工标准信息资源分散、交流不畅等问题。

关于加强食品安全标准工作的指导意见

（国家卫生计生委 国卫食品发［2013］18号 2013年9月12日）

各省、自治区、直辖市卫生厅局（卫生计生委），新疆生产建设兵团卫生局，中国疾控中心、卫生监督中心、食品风险评估中心：

为指导各地做好食品安全标准工作，根据《中华人民共和国食品安全法》及其实施条例、《国务院关于加强食品安全工作的决定》、《国家食品安全监管体系“十二五”规划》和《食品安全国家标准“十二五”规划》，现提出以下指导意见：

一、依法履行食品安全标准工作职责

（一）高度重视食品安全标准工作 按照国务院部署，食品安全标准工作已列入当前食品安全重点工作和重点建设项目，要求加快食品标准清理整合和重点标准制（修）订，完善食品安全标准体系，在“十二五”期间，基本构建保障人民群众健康需要、适应我国国情的食品安全标准体系。各级卫生计生行政部门要充分认识食品安全标准工作的重要性和紧迫性，要完善管理制度，健全组织机构，加强人才队伍建设，依法履职，提高工作能力和水平，扎实做好各项工作。

（二）明确食品安全标准工作职责和任务 省级卫生计生行政部门依法负责食品安全地方标准制定公布和食品安全企业标准备案工作。地方各级卫生计生行政部门要承担食品安全国家标准、地方标准的宣传贯彻、跟踪评价和技术咨询等工作任务。国家食品安全风险评估中心承担食品安全地方标准备案工作，指导各地做好食品安全标准各项工作。

二、加强食品安全地方标准工作

（一）加强食品安全地方标准制度建设 省级卫生计生行政部门应当制定公布食品安全地方标准管理制度和工作程序。各级卫生监督机构、疾病预防控制机构要在省级卫生计生行政部门组织下，参与地方标准相关工作。鼓励相关部门、科研院校和社会各方参与食品安全地方标准制定等工作。省级食品安全地方标准审评专家委员会要做好地方标准的审查，确保食品安全标准科学性和权威性。

（二）严格食品安全地方标准范围 省级卫生计生行政部门要对本辖区现行食品地方标准进行清理，及时废止地方标准中不符合食品安全要求的内容。食品安全地方标准的立项要严格执行《食品安全地方标准管理办法》第三条规定，不得与国家标准交叉、重复和矛盾，食品安全国家标准已经涵盖的食品品种和相应指标，不应当重复制定地方标准。食品安全国家标准公布后，相应的食品安全地方标准自行废止。省级卫生计生行政部门制定食品安全地方标准立项计划时，应当及时与国家食品安全风险评估中心沟通。

（三）坚持科学合理、公开透明的原则 制定食品安全地方标准要充分考虑地方食品特色、传统以及饮食习惯等因素，要以食品安全风险监测及其评估结果为依据，参考和借鉴国内外相关标准规定，深入调查研究，广泛收集监测、检测等数据。要坚持公开透明原则，充分听取社会各方意见，确保标准科学合理、安全可靠。

（四）推进标准贯彻执行 省级卫生计生行政部门要主动公开食品安全地方标准工作进展和标准文本，加强标准宣传和贯彻实施工作，收集地方标准执行情况、问题和建议，逐步修订完善食品安全地方标准。

三、做好食品安全企业标准备案工作

（一）加强食品安全企业标准备案制度建设 省级卫生计生行政部门要健全食品安全企业标准备案制度和工作程序，主动向社会公布，接受食品生产经营企业和社会监督。要制订完善方便企业、服务企业的工作制度，增强服务意识，提高服务效率和服务质量，为企业做好备案工作提供技术指导和帮助。

（二）明确食品安全企业标准备案范围 对于没有食品安全国家标准和地方标准的食品，应当制定食品安全企业标准。企业制定严于国家标准或地方标准的食品安全企业标准，应当如实提交必要的依据和验证材料。除以上情形外，对已有食品安全国家标准或者地方标准的，或者国家另有相关规定的，不再备案相关的企业标准。

（三）坚持企业是食品安全第一责任人原则 食品生产企业依法制定发布食品安全企业标准后，应当按照规定将企业标准向省级卫生计生行政部门备案，由省级卫生计生行政部门存档备查。食品企业对其制定的企业标准内容真实性、合法性负责，并对备案后的企业标准的实施后果依法承担责任。备案的企业标准，在本企业内部适用。企业标准中凡不符合食品安全国家标准或地方标准的，一经发现，备案企业应当修订其企业标准。企业应当依据法律法规和食品安全标准要求，组织食品生产经营，确保食品安全。

（四）简化备案程序，方便公众查询 对新建食品生产企业，根据食品生产企业提交的《营业执照》或《企业名称预先核准通知书》，对符合相关要求的，省级卫生计生行政部门可以受理食品安全企业标准备案申请。省级卫生计生行政部门要将已备案的企业标准及时通报相关部门，同时按照政务公开要求，向社会公布已备案的企业标准，方便公众查阅。

（五）增强服务意识，提高工作效率 省级卫生计生行政部门要积极探索方便企业备案的工作程序和方式，可以委托有能力的省级以下地方卫生机构受理辖区内食品生产企业的标准备案申请，提供企业标准备案指导等，为企业标准备案提供便利。省级卫生计生行政部门应当鼓励食品行业协会或其他专业社会组织为食品生产企业制定食品安全企业标准提供专家咨询服务，指导食品生产企业制定食品安全企业标准。

四、开展食品安全标准研究和跟踪评价工作

（一）加强国际食品法典及其他国家食品标准技术法规的追踪研究 国家食品安全风险评估中心要积极参与国际食品法典委员会（CAC）工作，跟踪国际食品法典标准的制（修）订动态，参与或牵头与我国食品贸易密切相关的国际食品法典标准制定、修订和相关技术交流，逐步提高我国食品安全国家标准工作水平。

（二）认真执行《食品安全国家标准跟踪评价规范（试行）》 省级卫生计生行政部门要组织各地开展食品安全标准跟踪评价工作，制订年度食品安全标准跟踪评价工作计划，指定卫生监督和疾病预防控制等专业机构承担食品安全标准跟踪评价任务，安排专门技术人员负责跟踪评价工作，认真调查研究食品安全国家、地方标准的贯彻实施情况，科学分析执行中发现的问题和意见及建议，按时报送跟踪评价结果。

（三）做好标准跟踪评价与风险监测工作的衔接 各地在执行年度食品安全风险监测计划，安排食品安全风险监测工作任务时，可以将食品安全国家标准中的指标监测情况作为落实食品安全国家标准跟踪评价手段，通过监测来客观反映标准执行情况，为适时修订食品安全标准提供科学依据。

五、做好食品安全标准宣传贯彻工作

（一）开展食品安全标准宣传活动 省级卫生计生行政部门要建立食品安全宣传培训工作机制，开展形式多样的宣传活动，充分发挥电视、报刊、广播和网络等媒体作用，广泛宣传食品安全标准的重要意义和作用，引导公众科学认识食品安全标准，普及食品安全标准知识，营造良好的舆论氛围和社会环境。

（二）做好食品安全标准信息公开工作 各级卫生计生行政部门要按照我委《关于做好食品安全标准信息公开工作的通知》要求，完善标准信息公开工作机制和程序，认真做好食品安全标准信息公开工作，便于社会公众及时获取信息。

（三）做好标准技术咨询服务工作 各级卫生计生行政部门要建立食品安全标准咨询、指导和服务的工作机制，主动开展标准培训和技术咨询服务工作，特别是重点标准解读和技术咨询服务工作，推动标准的正确理解和全面贯彻实施。

六、加强食品安全标准审评委员会委员管理

（一）做好食品安全国家标准审评委员会日常管理 要加强标准审评委员会秘书处建设，改善工作条件，做好委员服务工作。要完善委员管理制度，完善标准审评工作程序，确保食品安全标准审评的公开、公正和透明，主动接受社会监督。

（二）加强地方食品安全标准专家管理 各级卫生计生行政部门要根据地方标准管理规定，做好地方标准审评专家委员会、标准制（修）订工作专家组管理，为标准专家提供相关保障措施，做好服务工作，同时严格专家委员会制度管理，确保食品安全标准工作的权威性。

七、加强食品安全标准工作能力建设

省级卫生计生行政部门要明确食品安全地方标准和企业标准、标准跟踪评价等工作的管理机构，充分利用现有卫生资源，发挥卫生监督机构、疾病

预防控制机构作用，同时注重发挥相关技术机构、科研院校和行业协会的积极性，配合做好食品安全标准工作。要加强人才队伍建设，大力培养食品安全标准专业人才，充实食品安全标准技术队伍，省级卫生计生行政部门要有专门处室或人员负责食品安全标准工作，各级卫生监督机构、疾病预防控制机构要有专门科室或人员负责食品安全标准工作。要落实食品安全标准工作的激励和考核制度，要将批准发布的食品安全标准列为科研成果，作为标准主要起草人专业技术职称（职务）晋升的评审依据。对食品安全标准工作成绩突出的单位和个人，要予以奖励并通报表扬。要加强食品安全标准工作的监督和考核评价，确保各项措施落实到位，取得实效。要将标准工作经费纳入各级地方财政预算，落实各项保障机制。

全国牛羊肉生产发展规划

（国家发展和改革委员会 2013 年 9 月 24 日）

引 言

牛羊肉是我国城乡居民重要的“菜篮子”产品，更是国内穆斯林群众的生活必需品。改革开放以来，我国肉牛肉羊产业快速发展，牛羊肉产量持续增长，在肉类总产量中的比重逐步提高，生产布局进一步向优势产区集中，对优化畜牧业产业结构、增加农牧民收入、丰富城乡居民“菜篮子”、促进社会和谐稳定发挥了重要作用。

近年来，随着人口增长和城乡居民消费水平提高，特别是城镇居民肉类消费结构的变化，牛羊肉消费持续快速增长，但受生产成本上升、发展方式转型、自然灾害和疫病多发等因素影响，牛羊肉生产增速减缓，价格连续上涨，部分少数民族地区市场供应偏紧。随着我国向小康社会迈进，消费量还将继续保持增长，必须坚持国内基本自给的方针，统筹农区和牧区肉牛肉羊产业发展，在充分发挥市场机制作用的基础上，有针对性地加强政策扶持和市场调控，着力提高牛羊肉生产能力。为引导肉牛肉羊产业发展，提高牛羊肉生产能力，保障市场供应，制定本规划。

本规划期限为 2013—2020 年，以 2011 年数据为规划基期（国家统计局尚未公布 2012 年肉牛、肉羊存出栏数据和分省牛羊肉生产数据）。规划中肉牛包括黄牛、水牛、牦牛三大种类，肉羊包括绵羊、山羊两大种类。

一、牛羊肉生产现状

我国是牛羊肉生产大国，羊肉产量居世界第一位，牛肉产量仅次于美国和巴西，居世界第三位。从国内生产情况看，我国牛羊生产水平不断提高，牛羊肉产量保持稳定增长，优势产区逐渐形成。

（一）总产量稳定增长

改革开放以来，我国牛羊肉生产快速发展，占肉类总产比重上升。牛羊肉产量由 1980 年的 71.4 万 t 增加到 2011 年的 1 040.6 万 t，增长 13.6 倍，年均增长 9.0%；占肉类总产量的比重由 1980 年的 5.9%上升到 2011 年的 13.1%，但 2007 年以来受国家出台生猪生产扶持政策影响，猪肉占肉类总产量的比重上升，牛羊肉所占比重有所回落。

牛存栏和出栏量分别由 1980 年的 7 167.6 万头和 332.2 万头，增加到 2011 年的 10 360.5 万头和 4 670.7 万头，牛肉产量由 26.9 万 t 增加到 647.5 万 t，增长 23 倍，年均增长 10.8%；占肉类总产量的比重由 2.2%上升到 8.1%。

羊存栏和出栏量分别由 1980 年的 18 731.1 万只和 4 241.9 万只，增加到 2011 年的 28 235.8 万只和 26 661.5 万只，羊肉产量由 44.5 万 t 增加到 393.1 万 t，增长约 8 倍，年均增长 7.3%；占肉类总产量的比重 3.7%上升到 4.9%。

（二）生产水平逐步提高

1. 牛羊良种种群扩大，质量提升　在引进国外优良品种同时，我国加大了国内外品种的杂交改良，成功培育出夏南牛、延黄牛、辽育白牛、南江黄羊、巴美肉羊等肉用新品种。建成了一批国产品种的肉牛肉羊原种场、繁育场和种公牛站，加快了良种推广。

表 1 1980—2011 年全国牛羊肉产量 单位：万头、万 t、%、万只

年份	牛存栏	牛出栏	牛肉产量	占肉类比重	羊存栏	羊出栏	羊肉产量	占肉类比重
1980	7 167.6	332.2	26.9	2.2	18 731.1	4 241.9	44.5	3.7
1985	8 682.0	456.5	46.7	2.4	15 588.4	5 080.5	59.3	3.1
1990	10 288.4	1 088.3	125.6	4.4	21 002.1	8 931.4	106.8	3.7
1995	10 420.1	2 243.0	298.5	7.3	21 748.7	11 418.0	152.0	3.7
2000	12 353.2	3 806.9	513.1	8.5	27 948.2	20 472.7	264.1	4.4
2001	11 809.2	3 794.8	508.6	8.3	27 625.0	21 722.5	271.8	4.5
2002	11 567.8	3 896.2	521.9	8.4	28 240.9	23 280.8	283.5	4.5
2003	11 434.4	4 000.1	542.5	8.4	29 307.4	25 958.3	308.7	4.8
2004	11 235.4	4 101.0	560.4	8.5	30 426.0	28 343.0	332.9	5.0
2005	10 990.8	4 148.7	568.1	8.2	29 792.7	24 092.0	350.1	5.0
2006	10 465.1	4 222.0	576.7	8.1	28 369.8	24 733.9	363.8	5.1
2007	10 594.8	4 359.5	613.4	8.9	28 564.7	25 570.7	382.6	5.6
2008	10 576.0	4 446.1	613.2	8.4	28 084.9	26 172.3	380.3	5.2
2009	10 726.5	4 602.2	635.5	8.3	28 452.2	26 732.9	389.4	5.1
2010	10 626.4	4 716.8	653.1	8.2	28 087.9	27 220.2	398.9	5.0
2011	10 360.5	4 670.7	647.5	8.1	28 235.8	26 661.5	393.1	4.9

2011 年，全国肉牛种公牛存栏 1 500 头、年生产冷冻精液 2 050 万剂、种羊场年提供良种羊 86 万只，分别比 2005 年增长 50%、21% 和 72%。

2. 标准化、规模化养殖得到推进 "十一五"以来，规模化养殖推广力度不断加大，提高了肉牛肉羊出栏率。2011 年，全国肉牛年出栏 50 头以上、肉羊年出栏 100 只以上规模养殖场的出栏量分别为 1 149万头、6 668 万只，比 2006 年增加 557 万头、2 389 万只，增长 94%、56%；肉牛肉羊出栏率达 45.1%和 94.4%，分别比 2006 年提高 4.8 和 7.2 个百分点。

表 2 牛羊肉生产格局变化情况 单位：万 t、%

项目		全国	西部 8 省、自治区	冀鲁豫 3 省	东北 3 省
1985 年	牛羊肉产量	106.0	56.5	21.8	4.5
	占全国比重	100.0	53.3	20.6	4.2
	牛肉产量	46.7	22.8	9.7	2.8
	占全国比重	100.0	48.8	20.8	6.0
	羊肉产量	59.3	33.7	12.1	1.7
	占全国比重	100.0	56.8	20.4	2.9
2011 年	牛羊肉产量	1 040.8	402.5	288.4	148.3
	占全国比重	100.0	38.7	27.7	14.2
	牛肉产量	647.8	190.2	202.7	124.7
	占全国比重	100.0	29.4	31.3	19.2
	羊肉产量	393.0	212.3	85.7	23.6
	占全国比重	100.0	54.0	21.8	6.0

（三）生产格局不断调整

我国肉牛肉羊生产主要集中在西部 8 省（自治区）、冀鲁豫 3 省和东北 3 省，2011 年三个区域牛肉产量分别占全国的 29.4%、31.3%、19.2%，西部 8 省区羊肉产量占全国一半以上。从生产格局变化看，1985 年以来农区肉牛养殖快速发展，牛肉产量增长 18 倍，占全国比重提高近 20 个百分点，西部 8 省、自治区牛肉产量占全国比重大幅下降；农区肉羊养殖受农村环境整治力度加大、肉羊散养户萎缩等影响，发展增速有限，羊肉产量占全国比重略有提高，西部 8 省、自治区羊肉生产保持稳定增长，产量占全国比重仍保持在 50%以上。

注：西部 8 省、自治区，包括内蒙古、四川、云南、西藏、甘肃、青海、宁夏和新疆。

二、牛羊肉供需形势

近年来，随着人口增长和生活水平提高，牛羊肉消费持续增长，局部地区供求偏紧，市场价格持续上涨。从长远看，必须坚持国内基本自给的方针，着力提高牛羊肉生产能力。虽然目前我国牛羊肉生产面临的不利因素较多，但是通过转变发展方式，加快科技进步，加大投入力度，促进牛羊肉生产持续发展、保障市场稳定供给是可以实现的。

（一）牛羊肉消费需求增加

“十一五”以来，我国牛羊肉消费需求增长较快。2010年，我国人均牛羊肉消费量分别为4.87 kg和3.01 kg，均比2005年增长12%，年均增长2.3%。目前，我国人均羊肉消费量是世界平均水平的1.5倍；人均牛肉消费量为世界平均水平的51%，特别是与欧美发达国家的消费水平差距较大。从今后一段时期看，随着人口增长、居民收入水平提高和城镇化步伐加快，牛羊肉消费总体上仍将继续增长，但增速会有所放缓。综合考虑我国居民膳食结构、肉类消费变化、牛羊肉价格等因素，预计2015年全国人均牛肉、羊肉消费量为5.19 kg和3.23 kg，分别比2010年增加0.32 kg和0.22 kg，年均增长1.28%和1.42%。按照2015年全国13.9亿人口测算，牛肉消费需求总量由2010年的653万t增为721万t，增加68万t；羊肉消费需求总量由2010年的403万t增为450万t，增加47万t。2020年全国人均牛肉、羊肉消费量为5.49 kg和3.46 kg，分别比2015年增加0.3 kg和0.23 kg，年均增长1.13%和1.39%。按照2020年全国14.5亿人口测算，牛肉消费需求总量由2015年的721万t增为796万t，增加75万t；羊肉消费需求总量由2015年的450万t增为502万t，增加52万t。

表3　2020年牛羊肉消费需求预测表　　单位：万t、kg、%

项　目	2000	2005	2010	2015	2020	2010—2015年均增长率	2015—2020年均增长率
牛肉消费总量	513.00	567.00	653.00	721.00	796.00	2.00	2.00
人均牛肉消费量	4.04	4.33	4.87	5.19	5.49	1.28	1.13
羊肉消费总量	265.00	352.00	403.00	450.00	502.00	2.23	2.21
人均羊肉消费量	2.09	2.69	3.01	3.23	3.46	1.42	1.39

（二）局部地区羊肉供求矛盾突出

总体来看，我国羊肉消费供求基本平衡，但在牧区和穆斯林群众聚居区，羊肉供求较为紧张。新疆是国内主要的穆斯林群众聚居区之一，肉类消费以牛羊肉为主且不可替代，人均羊肉消费量是全国平均水平的5倍左右，由于近年来人口快速增长，加上因旅游开发、援疆计划等增加的外来人口，羊肉供求矛盾加剧，价格涨幅较大，需要从周边地区大量调入。随着对口援疆工作的深入推进，新疆外来人口将继续增加，到2020年羊肉需求还将刚性增长，保障羊肉供给面临较大压力。在广大农区，居民肉类消费差异不大，猪肉、禽肉及牛羊肉之间替代性强，同时该区域拥有丰富的玉米及秸秆资源，规模化和产业化发展潜力大，供求可实现基本平衡。

（三）牛羊肉价格持续上涨

2007年下半年，受猪肉价格上涨的拉动，牛羊肉市场价格出现大幅上涨，12月份牛肉、羊肉价格分别为每千克27元和32.8元，比年初上涨35%和33%。此后，牛羊肉价格继续较快上涨。其中，羊肉价格从2008年的每千克31元涨至2012年的每千克57元，上涨了84%；牛肉价格从2008年的每千克33元涨至2012年的每千克50元，上涨了52%。今年一季度，牛羊肉价格继续上涨，3月份牛肉、羊肉价格每千克65.6元、65.8元，比上年同期上涨33.1%和12.7%，比2012年12月份上涨7.7%和4.7%。此次牛羊肉价格上涨的主要原因，一方面，随着消费者生活水平提高，牛羊肉消费量稳步增长，近年来猪肉瘦肉精等食品安全问题频发，消费者食品安全意识增强，减少了猪肉消费，相应增加了牛羊肉消费量；另一方面，受养殖成本上升、母畜养殖效益偏低等多重因素的影响，全国肉牛、肉羊存栏减少，产量增长减缓，个别年份略有下降，供求关系趋紧，局部地区出现牛羊肉供不应求。预计今后一段时期，随着消费需求增长拉动和生产成本进一步上升，牛羊肉价格仍将保持上涨态势。

（四）生产制约因素多

在资源环境约束方面，牧区草原退化严重，推行禁牧休牧轮牧和草畜平衡制度、转变草原畜牧业发展方式、保护草原生态环境的任务艰巨；农区土地资源紧缺，养殖场和饲草基地建设“用地难”问题突出。在良种繁育方面，我国自主培育的肉牛肉羊专用品种少，生产核心种群依赖进口，地方品种选育改良进展滞后、性能退化严重。在母畜存栏方面，母畜养殖周期长、比较效益低，养殖积极性不高，母畜存栏持续下降，已成为制约产业发展的主要瓶颈。“十一五”期间，全国能繁母牛、能繁母羊存栏比“十五”期间分别下降了10.2%、5.4%。在生产方式方面，肉牛肉羊以分散养殖为主体，2011年肉牛年出栏10头以下、肉羊30只以下的散养比重分别达57.1%和48.9%，规模养殖场大部分设施条件简陋，标准化生产水平低。在疫病和自然灾害方面，局部地区牛羊布病等人畜共患病疫情回升，口蹄疫等重大动物疫病防控形势依然严峻；牧区雪灾旱灾频繁，牲畜暖棚、饲草料储备库等配套率低，抗灾能力较弱。

（五）后续发展有潜力

尽管当前肉牛肉羊生产面临诸多不利因素，但从长远看，发展牛羊肉生产仍有增长潜力。牛羊肉消费增加，价格提升，有利于提高养殖效益，吸引越来越多的资本、技术和人才等资源进入牛羊产业。产业化龙头企业的发展壮大，“公司＋合作组织＋农户”、“公司＋基地”等经营模式的推广普及，有利于提高农户养殖水平和组织化程度，带动牛羊肉生产增产增效。国家肉牛肉羊产业技术体系形成，品种改良、舍饲圈养、饲草料调制、科学育肥等技术推广加强，牛羊肉生产的科技支撑作用将增强。随着国家综合国力的进一步增强，包括标准化规模养殖场建设在内的牛羊肉生产扶持政策力度不断加大，全国特别是西部牧区肉牛肉羊生产将加快转型，通过农牧结合、舍饲圈养等措施，促进肉牛肉羊生产持续稳定发展。

三、指导思想、基本原则和主要目标

（一）指导思想

以邓小平理论、“三个代表”重要思想、科学发展观为指导，深入贯彻落实党的十八大精神，坚持立足国内实现基本自给的方针，坚持稳定牧区、发展农区的总要求，以市场为导向，以转变生产方式为主线，以政策扶持为引导，着力提高良种化水平，稳定增加基础母畜；着力优化区域布局，加快推进标准化规模养殖；着力完善技术服务、疫病防控、防灾减灾体系，全面提升生产能力；着力加强产销衔接，积极促进产业化经营，确保牧区牛羊肉消费基本自给和全国市场有效供给。

（二）基本原则

1. *优化布局，突出重点* 综合考虑区域资源禀赋和牛羊肉生产基础，科学规划肉牛肉羊生产布局。加强牛羊肉重点区域生产能力建设，着力扶持牧区，引导发展农区，增强牛羊肉产品市场供给能力。统筹其他区域生产发展，落实地方政府责任，提高牛羊肉自给率，满足当地消费需求。

2. *科技支撑，主攻单产* 以提高肉牛肉羊个体生产性能为核心，依靠科技创新和技术进步，坚持良种良法配套，增强良种培育能力，研究推广先进适用饲养技术和养殖模式，稳步提升牛羊生产水平。

3. *转变方式，提升能力* 转变肉牛肉羊生产方式，大力发展适度规模养殖，提高规模化、标准化水平。加快完善良种繁育体系、饲草料供应保障体系、生产技术服务体系、疫病防控体系和防灾减灾体系，不断增强牛羊肉综合生产能力。

4. *产业带动，提质增效* 培育壮大一批带动能力强的养殖加工龙头企业，支持发展牛羊养殖专业合作组织，构建合理的产业链利益联结机制，提高牛羊生产的组织化、产业化程度，提升养殖效益，规范饲养技术，严格投入品和屠宰加工监管，确保牛羊肉质量安全。

5. *市场主导，政府扶持* 充分发挥市场机制在资源配置中的基础性作用，引导资金、技术、人才进入牛羊产业，提升自身发展能力。以牧区为重点，兼顾农区，强化政策扶持和宏观调控，抓好行业管理和服务，推动牛羊产业健康发展。

（三）规划目标

总体目标：全国肉牛肉羊生产总体保持稳定发展，规模化、标准化、产业化和组织化程度大幅提高，综合生产能力显著增强，牛羊肉生产基本满足市场需求。

分阶段发展目标：

——到2015年，全国牛羊肉产量达1 162万t，比2011年增加121万t，年均增长2.8%。其中，牛肉产量达717万t，比2011年增加69万t，年均增长2.6%；羊肉产量达445万t，比2011年增加52万t，年均增长3.1%。全国肉牛出栏率达到50%以上，肉羊出栏率达到105%以上；肉牛年出栏50头以上规模养殖比例达到33%以上，肉羊年出栏100只以上规模养殖比例达到35%以上。

——到2020年，全国牛羊肉总产量达1 304万t，比2015年增加142万t，年均增长2.3%。其中，牛肉产量达786万t，比2015年增加69万t，年均增长

1.9%；羊肉产量达518万t，比2015年增加73万t，年均增长3.1%。全国肉牛出栏率达到55%以上，肉羊出栏率达到110%以上；肉牛年出栏50头以上规模养殖比例达到40%以上，肉羊年出栏100只以上规模养殖比例达到45%以上。

专栏1　全国肉牛肉羊生产发展目标

项　目	2011年	2015年	2020年
产量目标			
牛肉产量，万t	648.0	717.0	786.0
羊肉产量，万t	393.0	445.0	518.0
生产水平目标			
肉牛出栏率，%	45.1	50.0	55.0
肉羊出栏率，%	94.4	105.0	110.0
肉牛规模养殖比例，%	24.6	33.0	40.0
肉羊规模养殖比例，%	25.0	35.0	45.0

四、技术路线

（一）培育推广优良品种

良种是牛羊生产发展的基础。加快肉牛肉羊高产高效优质新品种培育，立足国内地方品种资源，合理引进国外优良品种，坚持常规育种与现代生物技术相结合，以提高个体生产性能和产品质量为主攻方向，重点培育一批生长速度快、产肉性能高、牛肉品质好的肉牛新品种和繁殖效率高、适应性强、育肥性能好的肉羊新品种。加快推进黄牛、牦牛、水牛和绵羊、山羊地方品种遗传改良，加大肉牛人工授精技术和肉羊种公羊推广力度，因地制宜推广发展西门塔尔等乳肉兼用牛，提高优良种畜良种化水平。

（二）提高规模化养殖水平

规模养殖场是稳定牛羊生产的重要力量。坚持农牧结合，发展肉牛肉羊适度规模养殖。通过政策扶持，改善发展规模养殖所需的设施设备条件，促进农户走规模养殖发展道路，逐步提高规模养殖比重。结合区域特点，总结推广不同地区不同饲养阶段肉牛肉羊饲养模式。扶持发展养殖大户、家庭牧场和养殖专业合作组织，提高农牧民的组织化程度。培育壮大产业化龙头企业，大力发展“公司＋农户”等生产模式，推进产业化经营。

（三）推广普及先进实用技术

以推行“畜禽良种化、养殖设施化、生产规范化、防疫制度化、粪污处理无害化”为重点，提高肉牛肉羊标准化生产水平。推广优质牧草和农作物秸秆利用技术，科学优化牛羊饲草料结构，提高饲草料利用水平。因地制宜推广肉牛分段式育肥、牧区肉羊冬春季节圈养舍饲、南方山羊高床舍饲、全混合日粮饲喂、羔羊早期补饲与适时出栏等技术，提高饲养效率和效益。

（四）提高基础母畜养殖水平

基础母畜是肉牛肉羊产业持续健康发展的重要保障。推行牧区基础母畜舍饲，选留优质母畜，确定合理的母畜淘汰期限，优化畜群结构。加强纯种选育和杂交改良，积极推广优质种公牛冻精和种公羊，提高基础母畜性能。推广全价配合饲料饲喂和提前配种、犊牛早期断奶等技术，缩短产犊间隔，提高母牛利用效率和架子牛供应能力。推广母羊产前产后补饲、同期发情和羔羊早期断奶、科学饲喂等技术，提高两年三胎成功率和羔羊成活率，增加母羊数量和羔羊供应。

（五）加强疫病防控和防灾能力建设

强化牛羊口蹄疫、布病、结核病、包虫病等重大动物疫病的防控，加大投入力度，加强牧区能繁母畜暖棚、防灾饲草储备设施、南方地区防暑降温畜舍等建设，最大限度地减少疫病和自然灾害对生产造成的损失。到2020年，牧区牛羊冬春死亡率由目前的13%左右下降到7%左右，下降5个百分点。

五、区域布局

（一）肉牛区域布局

综合考虑各地区饲草料资源禀赋、生产基础、屠宰加工和区位优势等条件，肉牛生产加快发展冀鲁豫3省和东北3省，稳定发展西部8省、自治区，兼顾发展其他地区。

1. 冀鲁豫3省　冀鲁豫3省是我国肉牛主要产区，2000年以来牛肉产量占全国比重一直保持在30%以上。该区域农作物秸秆资源丰富，约占全国总量的1/3，饲料资源基础较好，品种以鲁西牛、南阳牛等地方品种及中国西门塔尔牛、夏南牛等培育品种为代表，养殖模式以舍饲圈养为主，是我国规模化集中育肥的主要区域。该区域紧邻“京津冀”、“长三角”大城市消费市场，屠宰加工企业多、现代化程度高。主要制约因素是，能繁母牛养殖数量下降快，地方优良品种群体规模严重萎缩，饲草料资源利用效率低。

表 4　2006—2011 年冀鲁豫 3 省肉牛生产情况　　单位：万头、万 t、%

年　份	存　栏	占全国比重	出　栏	占全国比重	产　量	占全国比重	规模比例	比全国水平
2006	3 158.8	23	1 913.3	34	280.4	37	9.9	−5.9
2007	2 076.5	20	1 357.0	31	209.1	34	14.1	−1.8
2008	2 022.5	19	1 372.3	31	211.6	35	20.8	1.3
2009	1 959.4	18	1 358.4	30	208.9	33	21.3	−0.5
2010	1 898.1	18	1 362.5	29	209.8	32	24.8	1.6
2011	1 848.2	18	1 317.4	28	202.7	31	26.2	1.6

注：由于 2006 年分省统计数未根据第二次全国农业普查结果做相应调整，本表 2006 年全国数采用未调整数据，以下表 5 至表 8 相同。

冀鲁豫 3 省的主要任务是大力发展肉牛标准化规模养殖，推行能繁母牛适度规模繁育。以鲁西牛、南阳牛、夏南牛和西门塔尔牛等品种为主，支持原良种场建设，加大品种改良力度，推广人工授精技术，提高个体单产水平。加强青贮、黄贮饲料设施建设，提高农作物秸秆利用率。扶持大型加工龙头企业，鼓励发展"公司＋基地＋农户"、养殖专业合作社等多种经营模式。推行农牧结合，配套建设有机肥生产等粪污处理设施，实现粪污资源化利用。

该区域要巩固传统优势，扭转能繁母牛存栏下滑趋势，稳步提高牛肉产量，注重提高产品品质，主要满足周边地区大中城市消费需求。争取到 2015 年，牛肉产量达到 240 万 t，到 2020 年，牛肉产量增加到 280 万 t，占全国比重 36%。肉牛规模养殖比例由 2011 年的 26.2%提高到 2020 年的 45%。

2. 西部 8 省、自治区　西部 8 省、自治区是我国传统的肉牛产区，2007 年以来牛肉产量占全国比重一直保持在 30%左右。该区品种以秦川牛、西藏牛、麦洼牦牛、青海高原牦牛等地方品种及中国西门塔尔牛、新疆褐牛、三河牛、大通牦牛等培育品种为代表。肉牛养殖模式包括三种，牧区主要采取放牧、"放牧＋补饲"的养殖方式，为其他地区提供架子牛，但草原普遍超载过牧，肉牛良种化程度不高，生产效率低；半农半牧区主要采取舍饲、半舍饲的养殖方式；农区农作物秸秆资源丰富，但育肥发展滞后，屠宰加工水平不高。

该区域主要任务是以秦川牛、新疆褐牛、西门塔尔牛和牦牛为重点，积极发展特色肉牛产业。在牧区，以饲养能繁母牛为主，提高母牛群体比重，充分发挥架子牛繁育区作用；因地制宜开展人工种草，减少天然草原载畜量，建设饲草料储备和防灾减灾设施，稳定生产能力。在半农半牧区，充分利用农区农作物秸秆资源丰富和牧区优质饲草、生产成本低廉的优势，适度扩大人工种草面积，推广专业化育肥，提高生产水平。在农区，加大农作物秸秆高效利用，提高饲草料利用率，承接牧区架子牛育肥，培育发展屠宰加工企业。

该区域要重点提高牛肉自给能力，满足本区域居民消费需求。到 2015 年，牛肉产量达 200 万 t。到 2020 年，牛肉产量达 215 万 t，占全国的 27%。肉牛规模养殖比例由 2011 年的 16.2%提高到 2020 年的 25%。

表 5　2006—2011 年西部 8 省区肉牛生产情况　　单位：万头、万 t、%

年　份	存　栏	占全国比重	出　栏	占全国比重	产　量	占全国比重	规模比例	比全国水平
2006	4 642.4	33	1 407.6	25	171.9	23	13.8	−0.2
2007	4 281.6	40	1 314.6	30	173.9	28	12.7	−3.2
2008	4 324.2	41	1 363.5	31	173.4	28	11.5	−8.0
2009	4 340.8	40	1 425.1	31	182.9	29	13.6	−8.2
2010	4 304.2	41	1 479.3	31	191.3	29	14.4	−8.8
2011	4 249.6	41	1 467.3	31	190.2	29	16.2	−8.4

3. 东北 3 省　2007 年以来，东北 3 省牛肉产量占全国的 20%左右，区域内饲草料资源丰富，品种以延边牛、复州牛等地方品种及中国西门塔尔牛、延黄牛、辽育白牛等培育品种为代表，规模养殖程度较高，良种繁育和推广体系比较健全，肉牛改良起步较早，成效显著。主要制约因素是，缺少龙头企业带动，秸秆等饲草料资源没有得到充分利用，饲养技术水平落后，能繁母牛饲养量逐年下降。

该地区主要任务是发挥粮食主产区玉米和农作物秸秆资源丰富的优势，加强主导品种选育和改良，发展集约化养殖，全面推广秸秆青贮、专业化育肥等技术，做大做强龙头企业，强化品牌创建。肉牛生产以满足当地居民消费需求为主，适当兼顾周边大城市消费。到2015年，牛肉产量达145万t，到2020年，牛肉产量达170万t，占全国比重22%。肉牛规模养殖比例由2011年的38.5%提高到2020年的55%。

表6 2006—2011年东北3省肉牛生产情况 单位：万头、万t、%

年 份	存 栏	占全国比重	出 栏	占全国比重	产 量	占全国比重	规模比例	比全国水平
2006	1 513.0	11	894.5	16	129.7	17	31.8	17.8
2007	1 395.0	13	795.0	18	119.0	19	37.7	21.8
2008	1 304.9	12	736.0	17	110.3	18	35.3	15.8
2009	1 361.9	13	791.7	17	118.8	19	36.1	14.3
2010	1 356.2	13	824.6	17	123.9	19	37.4	14.2
2011	1 313.7	13	829.0	18	124.7	19	38.5	14.0

除了以上三个主要区域，其他地区牛肉生产主要集中在南方安徽、湖北、湖南、广西、重庆、贵州等省区，牛肉产量占全国的20%左右。今后要加快草地改良，充分开发利用草山草坡资源，加强品种保护和利用，推广标准化规模养殖，肉牛生产以满足当地居民消费需求为主。

专栏2 重点区域肉牛生产发展目标

项 目	2011年	2015年	2020年	2020年占全国比例（%）	2011—2020年平均提高百分点
全国牛肉产量（万t）	648.0	717.0	786.0		2.2
冀鲁豫3省	203.0	240.0	280.0	36.0	3.6
西部8省、自治区	190.0	200.0	215.0	27.0	1.4
东北3省	125.0	145.0	170.0	22.0	3.5
规模化养殖水平（%）					
冀鲁豫3省	26.2	35.0	45.0		2.1
西部8省、自治区	16.2	20.0	25.0		1
东北3省	38.5	45.0	55.0		1.8

（二）肉羊区域布局

综合考虑各地区饲草料资源禀赋、生产基础、屠宰加工和区位优势等条件，肉羊生产巩固发展西部8省区，加快发展冀鲁豫3省，适当兼顾其他地区。

1. 西部8省、自治区　西部8省、自治区是我国羊肉的主产区，也是全国羊肉主销区，除新疆外，其他7个省、自治区均是羊肉净调出省份。品种以蒙古羊、藏羊、哈萨克羊、滩羊等地方品种为主。在牧区，以自然放牧、养殖母羊为主，输出架子羊；在半农半牧区，养殖方式由放牧向圈养舍饲转变；在农区，由散养向集中饲养转变，以外购架子羊育肥为主。近年来，8省、自治区的肉羊生产重心逐渐由牧区向农区转移，农区羊肉产量占8省、自治区羊肉总产量的比重由2000年的52%增加到2010年的58%。主要制约因素是，基础设施较差，饲草料资源利用效率较低，常年饲草料供给不平衡，良种化程度不高，生产水平较低，专业化、规模化集中育肥发展滞后，防灾抗灾能力弱。

从该区域的发展重点看，在牧区，要严格实行草畜平衡制度，加快地方优良品种的选育和提高，加强棚圈等饲养设施的建设，因地制宜开展人工种草，加强饲草料储备和防灾减灾设施建设，大力发展母羊饲养和羔羊当年出栏。在半农半牧区，要实行季节性禁牧、休牧，推广舍饲圈养、牧繁农育，提高母羊繁殖性能和育肥羊单产水平。在农区，要加快新品种培育和养殖方式转变，推广农作物秸秆高效利用、精饲料补饲增产等配套技术，推行规模化、标准化育肥，提高出栏率，培育壮大龙头企业，发展养殖专业合作社。

该区域要提高肉羊生产效率，增强区域供给能力，确保区域内羊肉基本自给。到2015年，肉羊生产防灾减灾基础设施基本完善，增加人工饲草料基地533.3万hm^2以上；努力实现减畜不减肉，羊肉产量比2011年持平略增，达到226万t，其中，新疆地区羊肉基本实现自给。到2020年，羊肉产量达到250万t，占全国比重48%。羊规模养殖比例由2011年的30.3%提高到2020年的50%。

表 7 2006—2011 年西部 8 省、自治区肉羊生产情况 单位：万只、万 t、%

年 份	存 栏	占全国比重	出 栏	占全国比重	产 量	占全国比重	规模比例	比全国水平
2006	17 984.1	49	11 869.1	48	219.5	47	27.9	10.6
2007	16 618.6	58	12 378.0	48	212.5	56	26.5	9.2
2008	16 029.0	57	12 598.9	48	204.5	54	24.9	5.6
2009	16 295.4	57	12 810.9	48	208.0	53	26.9	5.8
2010	16 210.6	58	13 222.6	49	215.2	54	28.3	5.4
2011	16 235.2	57	13 037.6	49	212.4	54	30.3	5.3

2. 冀鲁豫 3 省 冀鲁豫 3 省是我国重要的肉羊产区之一，羊肉产量占全国 20%以上。养殖模式以舍饲为主，地方品种资源多，以小尾寒羊、黄淮山羊为主，饲草料特别是精饲料资源丰富，屠宰加工企业较多，紧邻大中城市，运销便捷。主要制约因素是，母羊养殖数量下降快，架子羊供给严重不足，地方品种选育程度低，规模养殖发展滞后，加工企业规模小且分散。

表 8 2006—2011 年冀鲁豫 3 省肉羊生产情况 单位：万只、万 t、%

年 份	存 栏	占全国比重	出 栏	占全国比重	产 量	占全国比重	规模比例	比全国水平
2006	9 652.1	26	6 857.9	28	123.2	26	8.3	−9.0
2007	5 866.8	21	7 010.1	27	82.6	22	10.5	−6.8
2008	5 797.8	21	7 265.0	28	86.2	23	14.7	−4.6
2009	5 659.2	20	7 291.8	27	86.8	22	14.7	−6.3
2010	5 442.9	19	7 263.3	27	87.2	22	17.0	−5.9
2011	5 473.1	19	7 001.9	26	85.7	22	18.0	−7.0

该区域发展重点是加大地方优良品种保护与利用，推行适度规模舍饲养殖，推广母羊高效繁殖、全混日粮饲喂、羔羊育肥等技术，大力开展商品羊杂交配套生产。提高农作物秸秆利用率，降低饲养成本，推进规模化、标准化生产，提高生产能力。鼓励发展“公司＋基地”、“公司＋专业合作社＋农户”等多种产业化经营模式，创建优质羊肉品牌。

该区域重点要满足周边大中城市消费需求。到 2015 年，羊肉产量达 110 万 t；到 2020 年，羊肉产量达 150 万 t，占全国比重 29%。羊规模养殖比例由 2011 年的 18%提高到 2020 年的 45%。

专栏 3 重点区域肉羊生产发展目标

项 目	2011 年	2015 年	2020 年	2020 年占全国比例（%）	2011—2020 年均提高百分点
全国羊肉产量（万 t）	393	445	518		3.1
西部 8 省、自治区	212	226	250	48	1.8
冀鲁豫 3 省	86	110	150	29	6.4
规模化养殖水平（%）					
西部 8 省、自治区	30.3	40	50		2.2
冀鲁豫 3 省	18.0	35	45		3.0

其他地区羊肉生产主要集中南方和东北地区。主要任务是加快草山草坡改良，加大圈养设施改造力度，推行适度规模高床舍饲圈养，提高规模化程度，满足当地居民羊肉消费需求。

六、重点任务

（一）加强良种繁育与推广

组织实施肉牛和肉羊遗传改良计划，建立国家级肉牛肉羊育种核心场，开展品种登记、生产性能测定、遗传评估和疫病监测净化等基础工作。加强牛羊原种场、扩繁场和种公牛站建设，增强良种供应能力。加强国内肉牛肉羊品种的保护和利用，适当引进国外优良品种，推动产学研结合，培育一批肉牛肉羊新品种，增强自主育种水平。充分发挥科研院所和大专院校作用，加强地方资源优良基因挖掘、先进育种技术等技术研发，改善科研条件，提高科技支撑能力。继续实施肉牛和肉羊良种补贴，完善基层改良技术推广体系，加快推广肉牛人工授精技术和肉羊优秀种公羊，有计划地组织杂交改良工作。

（二）加强牛羊疫病防控

坚持生产发展和防疫保护并重的方针，加强肉牛肉羊疫病防控。实施牛羊重大动物疫病和重点人畜共患病防治计划，筛选流行菌（毒）株并建立资源库；开展免疫抑制与免疫失败控制技术、多病原混合感染与协同致病控制技术研究，建立疫苗免疫质量评价体系，加大疫病监测和流行病学调查力度，完善免疫、扑杀、无害化处理机制。大力实施布病防治计划。青藏高原等地区加强包虫病防治工作，加大监测驱虫、免疫工作力度。开展种牛、种羊场疫病监测净化工作，加强种牛、种羊场防疫设施和制度建设，提高生物安全水平。实施牛羊外来动物疫病风险防范策略，加强牛羊外来动物疫病监测，强化相关防控技术研究，防止外来动物疫病传入。

（三）大力发展适度规模养殖

综合考虑资源禀赋、环境承载能力等因素，科学规划规模养殖结构和布局，因地制宜发展适度规模养殖，推进标准化生产，提高养殖水平，增加养殖效益。大力推行牧区饲养母畜生产架子牛羊、农区集中育肥的有效模式，鼓励发展各种类型的农牧结合生态养殖，促进养殖粪污资源化利用。实施标准化规模养殖场建设项目和牧区畜牧业转型示范工程，支持规模养殖场、家庭牧场和专业合作组织基础设施改造，提高设施化和集约化水平。优先支持建设采取自繁自养模式、能繁母畜存栏达到一定标准的规模养殖场建设，增加基础母畜存栏量。优化母畜畜群结构，及时淘汰低产母畜、老龄母畜。引导标准化规模养殖场发挥示范作用，辐射带动周边广大养殖场户转变养殖方式，提高整体生产水平。

（四）合理开发饲草料资源

积极发展牛羊饲草料种植，鼓励主产区扩大人工种草面积，增加青绿饲料生产，加强青贮、黄贮饲料设施建设，提高农作物秸秆的利用效率，扩大牛羊肉生产饲料来源。结合实施退牧还草、游牧民定居、牧草良种补贴、易灾地区草原保护建设、秸秆养畜示范等工程项目，增强饲草料生产供应能力，提高饲草料科学利用水平，重点加强饲料资源开发与高效利用、安全生态环保饲料生产关键技术研究开发。加强牧区能繁母畜暖棚、防灾饲草储备设施等建设，缓解牧区冬季雪灾时牛羊饲草料供应不足、牲畜死亡率增加的问题。

（五）积极促进产业化经营

做大做强肉牛肉羊龙头企业，改善屠宰加工、品质检验设施装备条件，提高企业技术创新能力，开发特色牛羊肉产品，延长产业链条，加强品牌建设，增强市场竞争力，促进牛羊屠宰加工行业向规模化、标准化、品牌化方向发展。扶持家庭牧场和合作社、协会等农民专业合作组织发展，提高肉牛肉羊养殖组织化程度。引导肉牛肉羊屠宰加工企业建立稳定生产基地，通过订单收购、返还利润、参股入股等多种形式，与养殖场户或专业合作组织结成稳定的购销关系。大力推进产销衔接，建立和规范基层肉牛肉羊活体交易市场，加强牛羊肉加工配送、冷藏冷冻、冷链运输等市场流通设施建设，鼓励批发市场、大型连锁超市等流通企业与屠宰加工企业建立长期稳定的产销关系，减少流通环节，降低流通成本。提升产、加、销一体化程度，促进养殖、屠宰加工、流通等各环节利益合理分配，实现产业发展、企业增效、农牧民增收。

专栏4　国家支持的重点项目

1. 肉牛标准化规模养殖场建设　重点支持西部8省、自治区肉牛标准化规模养殖场建设，适当兼顾冀鲁豫3省、东北3省等主产区。资金主要用于规模养殖场圈舍、粪污处理设施和水电路等基础设施标准化改造，优先支持建设一批采取自繁自养模式、能繁母牛存栏达到一定标准的规模养殖场建设。

2. 肉羊标准化规模养殖场建设　以实施牧区畜牧业转型示范工程，即内蒙古及周边牧区草原畜牧业提质增效示范工程、新疆牧区草原畜牧业转型示范工程、青藏高原牧区特色畜牧业发展示范工程为基础，重点支持西部8省、自治区肉羊标准化规模养殖场建设，兼顾其他地区。资金主要用于规模养殖场圈舍、粪污处理设施和水电路等基础设施标准化改造，优先支持建设一批采取自繁自养模式、能繁母羊存栏达到一定标准的规模养殖场建设。

（续）

3. 种羊场种牛场建设　在肉牛、肉羊主产区建设一批生产规模大、种畜质量高的种牛场、种羊场。资金主要用于改扩建圈舍，购置饲养、生产性能测定和疫病净化等所需设备，完善粪污处理设施等。畜禽良种工程要重点安排种羊场种牛场建设，加大支持力度。

4. 肉牛和肉羊良种补贴　对肉牛、肉羊主产区内养殖场（户）购买优质种牛精液或种公羊、牦牛种公牛给予价格补贴。

5. 饲草基地和舍饲棚圈建设　在实行草原生态保护补助奖励机制的省（自治区），实施人工种植牧草良种补贴；结合退牧还草、游牧民定居、京津风沙源治理（二期）等工程，配套建设舍饲棚圈和人工饲草基地，推动传统畜牧业向现代畜牧业转变，解决农牧户饲养牲畜饲料短缺问题。

七、资金测算

多渠道筹集资金，逐步构建政府投资为引导、企业和农民投资为主体的多元投入机制，采取多种方式吸引社会资金发展肉牛肉羊产业，确保规划实施取得明显成效。纳入本规划资金测算范围的项目仅包括肉牛肉羊规模养殖场建设、良种场建设，初步测算规划期需要安排中央预算内投资17亿元。肉牛肉羊良种补贴、饲草基地和舍饲棚圈建设等方面的政府补贴或补助资金，通过加大原渠道资金规模和其他渠道解决，社会资金投入由企业、农民等自主决策，均未纳入本规划资金测算范畴。

（一）规模养殖场建设

重点支持西部8省、自治区年出栏300只以上的肉羊规模养殖场和年出栏100头以上的肉牛规模养殖场标准化改造。在满足西部8省、自治区资金需求的前提下，适当兼顾冀鲁豫3省、东北3省年出栏200～1 000头的肉牛规模养殖场。规划期内共需中央预算内投资13亿元，年度投资规模视实施情况和资金可能安排。

（二）良种场建设

重点支持基础母羊存栏800只以上的种羊场、基础母牛存栏300头以上的种牛场进行基础设施改造，共需中央预算内投资4亿元，年度投资规模视实施情况和资金可能安排。

八、效益分析与环境影响评价

（一）社会效益

1. 有利于满足城乡居民多样化的消费需求　规划实施后，将提高牛羊肉生产能力，增加市场供应，丰富“菜篮子”产品，满足广大人民群众多样化的消费需求，有利于提高我国食物与营养发展水平，改善城乡居民膳食结构，提升国民身体素质和健康水平。

2. 有利于转变牛羊生产方式　规划实施后，肉牛肉羊标准化规模养殖场和良种繁育体系建设得到加强，高效繁殖技术和饲养管理技术得到推广，标准化、规模化、良种化水平提高，有利于促进牛羊生产由传统粗放式向标准化规模养殖发展，为发展现代畜牧业奠定坚实基础。

3. 有利于促进民族团结和边疆稳定　肉牛肉羊产业是牧区的支柱产业，牛羊肉是部分边疆地区少数民族群众的生活必需品。规划实施后，牛羊肉产量增加，有利于保障边疆少数民族地区牛羊肉市场供应，保持市场价格基本稳定，使广大人民群众共享改革发展成果，促进民族团结和边疆稳定。

（二）经济效益

通过规划实施，推行标准化规模养殖，推广良种良法，提升肉牛、肉羊的胴体重水平，提高牛羊肉产量，将取得良好的经济效益。规划期内，牛羊肉产量年均增长2.5%，年均可增加产值近100亿元，到2020年可累计增加产值近800亿元。与此同时，随着专业合作社发展和产业化经营推进，肉牛肉羊生产水平和生产效益提高，有利于进一步增加农牧民收入。

此外，通过规划实施，规模化养殖场、屠宰加工厂等建设将加快，有利于进一步增加就业岗位和扩大就业渠道，促进富余劳力就业和农村劳力就地转移；有利于带动建筑业、设备生产等相关行业的发展，带来良好的间接经济效益。

（三）生态效益

1. 有利于促进农区秸秆的资源化利用　规划的实施，有利于加快推进农作物秸秆的饲料化利用，通过“过腹还田”，不仅可以减少农作物秸秆焚烧及废弃带来的环境污染，而且可以促进秸秆的资源化利用。

2. 有利于促进草场改良　规划实施后，通过支持草原围栏、人工饲草基地建设等，有利于促进牧区草原的禁牧休牧轮牧，缓解草原载畜压力，促进草原休养生息，减少草原沙化退化和水土流失，不断改良牧区草原生态环境。此外，通过规划实施，南方草山草坡开发利用力度加大，有利于改良草山草坡，避免开荒种地破坏生态。

3. 有利于牛羊废弃物的集中处理和资源化利用　规划合理布局牛羊养殖规模，农户散养比例逐步下降，减少了因散养带来的农村面源污染。规划推行标准化生产，支持规模养殖场的标准化改造，加大规模养殖场粪污无害化处理设施的建设力度，有利于牛羊粪污的集中处理。同时，大力推进种养结合，推动粪污还田利用，实现了粪污资源化利用，为种植业提供了有机肥源，有利于减少化肥对生态环境的污染。

（四）环境影响评价

肉牛、肉羊产业发展对生态环境有一定影响，通过采取有效应对措施可以降低影响程度。

1. 规模养殖粪污的局部富集将造成环境压力 规划实施大力鼓励牛羊的规模化养殖，尤其是随着牛羊产业的持续发展，可能出现局部地区牛羊养殖的大幅增长，造成区域内养殖粪污的局部富集，使生态环境的局部压力加大。应充分考虑各地环境状况，充分考虑当地土地消纳能力，注重不断优化牛羊养殖的区域布局，提倡种养平衡模式，不在环境敏感区发展规模化养殖场，新建、改扩建规模养殖场项目应依法进行环境影响评价，落实环境保护“三同时”要求。此外，通过大力推广清洁养殖模式，加强粪污无害化处理，促进养殖粪污的就近、就地无害化和资源化利用，实现牛羊养殖和生态环境的协调发展。

2. 人工饲草基地建设不当将加剧草原生态退化 人工饲草基地开发会造成地表土壤裸露、疏松，遇强降雨可能会造成水土流失；人工饲草生长过程中会耗用大量生态用水。应选种多年生牧草，减少草地耕翻和扰动，对拟利用的水源进行水平衡分析，根据水资源平衡结果，在留足生态用水的基础上，合理确定人工饲草基地建设规模。

3. 病害畜只处理不当将危害生态环境和人体健康 牛羊的养殖生产过程中，会产生一定量的病害或死淘畜只，作为细菌、病毒的重要携带者，若控制不利，病原体会通过水、空气、直接接触等途径感染畜群甚至人体。应加强牛羊重大动物疫病和重点人畜共患病的防治，进一步完善病害畜只的扑杀和无害化处理机制，保障畜群和人体的健康和安全。

九、保障措施

（一）强化科技支撑

坚持产学研相结合，依托国家肉牛、牦牛、肉羊产业技术体系和国家科技计划，组织相关科研院所和大专院校的科研力量，开展联合集中攻关，开展以分子育种和生物技术为重点的良种选育研究、以地方品种资源为基础的杂交优势利用研究、以提高饲料转化率为核心的动物营养技术研究、以非粮资源为重点的饲草资源利用研究等，加强人畜共患疫病防控技术、安全高效疫苗及诊断试剂研发，加快提高肉牛肉羊产业科技水平。

（二）加强技术推广服务

不断提升各级畜牧兽医技术推广机构的服务能力，支持农民合作社、专业服务公司、专业技术协会、涉农企业和科研教学单位开展技术推广服务，鼓励科技示范场和养殖大户开展技术示范，加快推广优质饲草生产、舍饲半舍饲、品种改良、疫病防控等先进适用技术。加强养殖户技术培训，提高养殖者生产技术水平。加强肉牛肉羊疫病防控，落实疫情报告、口蹄疫等重大疫病免疫、检疫、扑杀、无害化处理等防控措施，有效控制布病、结核病、包虫病等人畜共患病。

（三）完善财政金融等扶持政策

继续实施良种补贴、饲草料生产和养殖机械购置补贴等各项扶持政策。根据肉牛冻精市场价格情况，适时研究并适当提高补贴标准。结合“菜篮子”生产扶持等项目，加大对肉牛肉羊生产大县支持力度，特别是加强对基础母畜饲养的支持。金融机构要根据肉牛肉羊生产特点，创新金融产品和服务方式，合理确定贷款规模、利率和期限，简化贷款流程，提高服务效率，加强对肉牛肉羊产业的信贷支持。探索建立肉牛肉羊保险制度，降低养殖风险。在严格耕地保护制度的同时，切实落实养殖业用地政策，安排荒山、荒地等用于肉牛肉羊养殖场和饲草基地建设。积极发挥公共财政资金的引导作用，吸引社会资本投资养殖和屠宰加工业，建立多元化投融资机制，为肉牛肉羊业持续健康发展注入活力。

（四）严格质量安全监管

严格执行肉牛肉羊等反刍动物饲料生产企业管理制度，强化日常监督检查，加强反刍动物饲料中牛羊源性成分监测，严厉打击在反刍动物养殖和饲料生产环节违法使用“瘦肉精”等违禁添加物的行为。加强牛羊用兽药生产经营和使用监管，严格落实休药期制度和用药记录制度，严厉打击违规用药行为，加大兽药残留检测力度。落实养殖场（户）、屠宰加工企业质量安全主体责任，健全内部管控制度，切实保障牛羊产品质量安全。加强进口牛羊肉质量监管，防止以次充好和质量不合格牛羊肉流入国内。

（五）加强环境保护和资源化利用

坚持生产发展与环境保护相协调，走可持续发展道路。因地制宜发展牛羊适度规模养殖，科学确定养殖密度和养殖场规模，防止养殖密度和单场规模过大超出环境承载能力。严格执行项目环境影响评价制度，新建、改扩建规模养殖场项目必须进行环境影响评价，充分论证项目对土壤、水体等环境的影响，严格落实环保设施与项目同时设计、同时开工、同时运营的“三同时”制度。强化环境保护执法，依法加强监督检查，特别是加强对超大规模养殖场的监督检查，确保废弃物处理及排放符合法律规定。加强养殖场废弃物无害化处理和综合利用，推广科学的饲养方式和废弃物处理工艺，鼓励利用粪污生产有机肥等。

（六）抓好牛羊肉市场调控

加强牛羊肉供求、价格、销售量等市场信息监测，健全监测预警和信息发布制度，引导各地和企业搞好产销衔接。加强牛羊肉市场监管，严厉打击囤积居奇、串谋涨价等价格违法行为。穆斯林群众聚居区要按照自给优先的原则，引导企业适当减少地产牛羊肉外销。完善中央牛羊肉储备监管办法，确保储备数量真实、质量完好，并及时安排重点地区储备投放，保障市场供应，稳定市场价格。

（七）加强部门协调配合

明确各部门职责分工，加强协调配合，发挥各自职能作用，推动各项政策措施落到实处。发展改革部门牵头负责规划编制、中央预算内投资计划下达，在规划实施中期会同有关部门开展阶段性评估，根据评估结果及时调整完善规划。财政部门负责财政补贴项目实施管理、资金拨付和监督管理等。科技部门负责改善肉牛肉羊有关研发单位科技创新条件，提高科技支撑能力。畜牧兽医部门负责指导牛羊良种繁育、品种改良、饲草料生产和疫病防控等工作，加强生产监测体系建设，密切关注发展过程中出现的新情况、新问题。其他相关部门也要根据各自职能范围加强对牛羊肉生产的支持力度。

（八）落实地方责任

切实加强组织领导，落实“菜篮子”产品生产市长负责制的要求，主产区地方政府要制定牛羊肉生产发展规划，统筹考虑资源、环境、疫病防控等因素，优化牛羊生产布局，合理控制养殖数量，明确重点任务和目标。在穆斯林群众聚居区，地方政府根据消费需要设立最低保有量指标，建立牛羊肉生产基地，增加生产能力，保障本地市场的供给；健全社会救助和保障标准与物价上涨挂钩联动机制，缓解牛羊肉价格上涨对低收入群体生活影响；建立和完善牛羊肉储备制度，适时储备和投放，保障市场供应，稳定市场价格。

关于进一步促进茧丝绸行业健康发展的意见

（商务部等　商运发［2013］358号　2013年9月29日）

我国是茧丝绸发源地。丝绸承载着我国悠久的文化历史，是底蕴丰厚的文化载体和富有生命力的宝贵遗产。作为集农工贸于一体的传统产业，茧丝绸产业链长，涉及面广，应用前景广阔。近年来，茧丝绸行业实现了持续稳定发展，但还存在行业布局分散、技术装备落后、生产基础薄弱、创新能力不强、品牌建设滞后等问题。为支持茧丝绸行业转型升级，进一步促进茧丝绸行业健康发展，加快推进我国由丝绸大国向丝绸强国的转变，经国务院同意，现提出以下意见：

一、总体要求

（一）指导思想　以邓小平理论、“三个代表”重要思想、科学发展观为指导，深入贯彻落实党的十八大精神，以“调结构、创品牌、促升级”为主线，推进农工贸一体化改革，加快形成新的发展方式。优化资源配置，促进东中西部协调发展；拓宽应用领域，丰富产品结构；弘扬丝绸文化，培育民族品牌，扩大消费需求，提升产品附加值；加快新技术新工艺新设计研发应用，增强创新驱动发展新动力；增强产业竞争力，实现茧丝绸行业持续健康协调发展。

（二）主要目标　以提高蚕桑收入、提升加工水平、增加产品附加值为基础，实现行业经济总量的持续增长；以打造东部先进技术和文化创意优势产业集群、发展中西部规模化生产基地为基础，促进优势企业做大做强，实现产业结构的优化升级；以打造具有民族特色和国际影响力的企业和品牌为基础，实现丝绸文化和民族品牌的传承发展；以建立企业为主体、农工商和产学研用相结合的产业创新和服务体系为基础，实现关键共性技术和装备的提升突破。

二、重点任务

（一）优化产业区域布局 通过产业区域布局调整，推进区域协作和专业化分工，逐步形成优势互补、良性互动、协调发展新格局。中西部地区继续提高蚕桑生产加工集中度，建立和优化产业链；东部地区积极发挥人才、技术、管理、资本、信息、市场等优势，形成丝绸品牌设计研发中心、终端产品生产和贸易基地，不断提升市场竞争力。要结合产业区域布局和当地实际，重点发展具有竞争优势的茧丝绸企业，避免盲目发展和重复建设。

（二）提升生产和科技水平 加快选育耐旱、耐瘠薄的叶纤两用的桑树新品种及茧丝品质性状突出的桑蚕新品种。加快推进蚕桑生产基地建设和桑园改造，推广先进生产技术，建立蚕桑病虫害防控体系。开发蚕丝新材料、丝绸新产品，研发节能减排新技术，提高桑蚕茧丝资源综合利用水平，增强行业抗风险能力。加快茧丝绸技术创新体系和公共服务平台建设，推进新型技术装备研发和关键共性技术攻关，加快淘汰落后技术装备，提升茧丝绸加工整体水平，增强产业竞争力。

（三）统筹国内外市场 通过巩固传统市场、开拓新兴市场的多元化战略和优势企业“走出去”战略的实施，进一步巩固丝绸产品国际市场占有率，提高丝绸产品附加值；通过优化和创新商业营销模式、发展电子商务、建设专业营销网络和现代物流体系，大力拓展国内外丝绸消费市场。

（四）加强丝绸品牌建设 通过建立和完善品牌公共服务体系、实施品牌培育重点工程等措施，积极培育品牌，加快“高档丝绸标志”的推广，引导品牌企业实施商标国际化战略，加强对品牌企业国际商标注册的指导和培训，支持品牌企业参加海外展会，鼓励品牌企业在海外投资建设丝绸生产、加工基地及专业市场，满足丝绸产品本地化需求，提升品牌海外知名度。充分挖掘和保护民间丝绸工艺和传统技艺，做好相关非物质文化遗产的保护，积极推动丝绸文化与产业相融合的产业集群建设，加强丝绸文化国际推广，传承和发展我国传统丝绸文化，提升丝绸产业文化价值。

（五）增进国际交流 积极搭建茧丝绸行业国际交流与合作平台，推动行业技术合作与文化交流。发挥行业商协会等中介组织在制订国际丝绸标准、维护国际丝绸贸易秩序和应对贸易摩擦等方面的自律协调作用，提升我国茧丝绸行业国际地位和影响力。

三、政策措施

（一）加大财政扶持力度 充分发挥财政资金引导和带动作用，逐步扩大中央财政预算扶持茧丝绸行业发展的资金规模，着力支持桑园和蚕室改造、病虫防治、企业技术进步、科技创新、结构调整、节能减排、综合利用、营销渠道建设、品牌建设、丝绸文化建设、产业公共服务体系建设等。结合相关渠道，加强蚕桑良种繁育基地、生产基地建设。

（二）完善投融资机制 积极支持符合条件的茧丝绸企业采取上市和发行债务融资工具等多种方式筹集资金。推动产业投资基金等投融资服务机构建设，支持茧丝绸科研技术成果转化及中小型丝绸设计创意企业创业。鼓励民间资本和外资进入政策允许的茧丝绸产业领域。政策性金融机构在国家批准的业务范围内，对符合国家战略性新兴产业条件的蚕桑生物育种、生物新材料、清洁印染及先进后整理技术等给予融资支持。商业性金融机构应进一步改善金融服务，按照风险可控、商业可持续原则，为符合条件的茧丝绸企业提供融资支持。推动各类融资担保机构按照商业原则加大对茧丝绸科研服务机构、丝绸创意设计企业及科技成果转化服务企业提供融资担保的力度。

（三）加快技术创新与人才培养 推动行业技术创新和公共服务平台体系建设，加大企业技术创新的投入力度。深化茧丝绸科研体制改革，完善国家茧丝绸科研体系。依托骨干企业，建立创新型产业集群和协同工作机制，集中人才、资金、研发等优势资源攻关突破关键共性技术。进一步推进产学研用结合，加强丝绸纺织工艺、丝绸创意设计等专业建设；支持建立校企结合的丝绸人才综合培训和实践基地；加快海外高层次人才的引进；积极开辟人才海外培训交流渠道。

（四）提升行业管理水平 抓紧研究制修订相关法规及行业标准，规范桑蚕生产扶持、丝绸工业发展等。进一步完善国家厂丝储备管理办法，积极推进地方厂丝储备试点。加强丝绸产品商标权、茧丝绸科研成果专利权、丝绸创意设计成果专利权的申请、注册和保护，依法打击各类侵权行为。建立健全产业统计监测体系，把握行业运行动态，引导和规范茧丝绸产业有序发展。

（五）加强组织领导 有关部门应当积极配合协调，明确分工，加强部门联动和省市联动等机制建设，对行业发展进行业务指导并对本意见的贯彻执行情况开展督促检查。各级茧丝绸管理部门及相关单位要充分履行职责，加强协调配合，推动茧丝绸行业健康发展。

无公害农产品检测机构管理办法

（农业部　农质安发［2013］17号　2013年10月9日）

第一章　总　　则

第一条　为加强和规范无公害农产品检测机构管理，促进无公害农产品事业健康持续发展，根据《无公害农产品管理办法》和《农产品质量安全检测机构考核办法》规定，制定本办法。

第二条　本办法所称的无公害农产品检测机构（以下简称“检测机构”），是指经农业部农产品质量安全中心（以下简称“部中心”）选定，承担无公害农产品检测工作任务的检测机构。

第三条　部中心负责检测机构的选定和管理工作。

省级无公害农产品工作机构（以下简称“省级工作机构”）协助部中心做好所在行政辖区内检测机构的申请推荐、续展审查推荐和管理工作。

第四条　检测机构的选定遵循统筹规划、合理布局、择优选定的原则。

第五条　承担无公害农产品检测工作任务的检测机构，应当经部中心选定并获得《无公害农产品检测机构资质证书》（以下简称《检测机构资质证书》）后，在有效期内开展工作。

第六条　无公害农产品申请人原则上应委托所在省（区市）行政辖区内的检测机构进行检测；如所在省（区市）行政辖区内的检测机构的检测能力不能满足检测工作需要，经申请人所在省工作机构确认可委托跨省检测机构进行检测。

第二章　选定程序

第七条　申请检测机构资质的单位，应具备下列条件：

（一）通过计量认证，且计量认证证书在有效期内；

（二）通过农产品质量安全检测机构考核合格获得《农产品质量安全检测机构考核合格证书》（以下简称《考核合格证书》），且《考核合格证书》在有效期内；

（三）检测能力覆盖无公害农产品检测的项目内容范围；

（四）具备与无公害农产品检测工作相适应的人员、仪器、方法、场所环境和管理制度；

（五）熟悉农业和农产品生产实际情况，有长期从事农产品质量检验的专业队伍和工作经验。

第八条　符合本办法第七条规定的检测机构，可经所在省级工作机构推荐，向部中心提出检测机构申请。中国农业（水产、热带农业）科学院所属检测机构可通过所在地省级工作机构提出申请，也可以直接向部中心提出申请。

第九条　申请检测机构应提交以下材料：

（一）《无公害农产品检测机构申请书》；

（二）无公害农产品检测机构信息登录表；

（三）计量认证证书及附表（复印件）；

（四）《考核合格证书》（复印件）；

（五）单位法人证书（复印件）；

（六）最近3年能力验证结果证明材料；

（七）检测项目收费价目表；

（八）省级工作机构推荐意见（中国农业（水产、热带农业）科学院所属检测机构直接申请的除外）；

（九）其他资质证明材料。

第十条　部中心受理申请材料后，将组织人员对申请材料进行审查，必要时进行现场核查和能力验证。通过审查的，部中心正式行文公布并颁发《检测机构资质证书》。未通过审查的，部中心通知省级工作机构和申请人。

第三章　职责任务

第十一条　检测机构的职责任务：

（一）承担无公害农产品申请人委托的申报检测工作；

（二）接受无公害农产品工作机构委托的监督检测工作；

（三）承担无公害农产品标准制修订和检测技术及方法的研究工作；

（四）承担和接受无公害农产品检测相关的业务

培训、咨询和业绩评价检查等工作；

（五）承担无公害农产品质量安全信息汇总整理、预警和报告以及其他相关工作。

第十二条　检测机构接到检测任务后，应根据产品生产季节适时组织抽样，样品的抽取应由检测机构中有资质的人员承担或检测机构委托经其培训合格的省地县农业部门专业人员代为抽取。

第十三条　检测机构应按照无公害农产品检测目录和食品安全国家标准相关要求进行检验检测，并在规定时间内出具产品检验报告。

第十四条　检测机构应对出具的产品检验报告负责，保守受检单位或个人的技术和商业秘密。

第四章　监督管理

第十五条　《检测机构资质证书》有效期为3年。

《检测机构资质证书》期满继续从事无公害农产品检测工作的，应在《检测机构资质证书》有效期满前90天内提出续展申请，重新办理《检测机构资质证书》。

第十六条　在《检测机构资质证书》有效期内，检测机构的名称、资质条件、业务范围、检测能力、法人代表和联系方式或地址等变更时，应在20日内报部中心备案。

第十七条　检测机构在开展无公害农产品检测工作中发现存在重大安全隐患问题的产品和企业时，应及时向部中心报告，并抄报省级工作机构。

第十八条　检测机构应对年度无公害农产品检测工作进行全面总结和分析，包括无公害农产品申报，监督检测任务完成情况，产品存在安全问题分析和对策建议等内容，同时填报年度《无公害农产品检测工作信息汇总表》，于每年12月30日前以书面形式报部中心，抄报省级工作机构。

第十九条　部中心根据需要适时对检测机构工作质量进行考评，内容包括资质条件、检测能力与规范、工作水平和服务质量等方面。对考评优秀的单位，优先安排监督抽检等相关任务。

第二十条　有下列情形之一的，暂停检测机构资质：

（一）资质条件发生变化，暂不能满足无公害农产品检验检测工作需要的；

（二）当年监督考评不合格的；

（三）当年能力验证结果不合格的；

（四）连续2年未向部中心报送无公害农产品检测工作年度工作总结的；

（五）1年内出具的无公害农产品检验报告因存在不同类型质量问题被部中心退回超过（含）2份（次）的；

（六）不按规定时间出具检验报告的；

（七）具备其他暂停条件的。

第二十一条　暂停资质的检测机构，在暂停资质期间不得承担无公害农产品检测工作。暂停资质的检测机构整改经部中心核查确认后，可以继续承担无公害农产品检测工作。

第二十二条　有下列情形之一的，取消检测机构资质：

（一）未通过计量认证复审或农产品质量安全检测机构考核的；

（二）依托单位撤销或者法人资格终止的；

（三）提供虚假数据的或出具虚假检验检测报告的；

（四）《检测机构资质证书》有效期期满未重新申请续展的；

（五）续展考评不合格的；

（六）连续2年监督考评不合格的；

（七）连续2年能力验证结果不合格的；

（八）暂停资质的检测机构未整改或整改未通过部中心核查确认的；

（九）检测工作出现重大事故，严重影响无公害农产品工作质量的；

（十）其他已不具备检测机构资质条件的。

第二十三条　取消资质的检测机构，自取消资质之日起1年内不受理其检测机构资质的申请。

第二十四条　受检单位或个人对检测机构出具的产品检验报告有异议，自接到报告之日起5日内向检测机构书面提出复验的，检测机构应当进行复验。

第二十五条　检测机构工作人员应当遵纪守法，廉洁奉公，在承担任务过程中，不得从事有碍公正的活动。

第二十六条　无公害农产品认证申请时的检测费用由检测机构按照有关收费标准向申请人收取。监督抽检费用由任务下达单位支付。

第五章　附　　则

第二十七条　本办法由农业部农产品质量安全中心负责解释。

第二十八条　本办法自2013年12月1日起执行，《无公害农产品定点检测机构管理办法》（农质安发［2008］15号）和《关于加强无公害农产品检测信息交流的通知》（农质安函［2008］111号）同时废止。

新食品原料安全性审查规程

（国家卫生计生委　国卫食品发［2013］23号　2013年10月15日）

第一章　总　　则

第一条　为规范新食品原料安全性评估材料的审查（以下简称安全性审查）工作，根据《新食品原料安全性审查管理办法》，制定本规程。

第二条　新食品原料安全性审查是由国家卫生和计划生育委员会（以下简称国家卫生计生委）组织专家对安全性评估材料进行评审、必要时结合现场核查作出技术评审结论。国家卫生计生委根据技术评审结论作出是否批准的许可决定。

第三条　国家卫生计生委所属卫生监督中心承担对受理的新食品原料安全性评估材料组织开展专家评审和现场核查，以及技术评审结论的审核、报批等相关工作。

第二章　专家评审要求

第四条　卫生监督中心受理新食品原料安全性评估材料后，应当于60日内组织专家评审委员会会议（以下简称评审会议）进行评审。评审会议原则上每两个月召开1次。

第五条　卫生监督中心根据受理产品特点和安全性审查工作的需要，从专家库中随机抽选专家组成专家评审委员会。评审委员会至少由9名专家组成，一般应当包括食品、营养、医学、药学等专业的专家。同一专家连续参加评审会议不得超过三次。

有特殊专业需求时，经国家卫生计生委相关主管司局同意，可邀请专家库以外的专家参加。

第六条　每次评审会议召开前，专家评审委员会自行选举产生主任委员1名、副主任委员1～2名、秘书1～2名。主任委员负责主持评审会议、审定会议纪要及评审报告，副主任委员协助主任委员工作，秘书负责记录和整理评审意见。

第七条　专家评审委员会根据国家有关法律、法规要求，结合《新食品原料申报与受理规定》对申请材料进行评审，提出技术评审意见，并对技术评审意见负责。

第八条　专家评审委员会应当对下列内容进行重点评审：

（一）研发报告应当完整、规范，目的明确，依据充分，过程科学；

（二）生产工艺应当安全合理，加工过程中所用原料、添加剂及加工助剂应当符合我国食品安全标准和有关规定；

（三）执行的相关标准（包括安全要求、质量规格、检验方法等）应当符合我国食品安全标准和有关规定；

（四）各成分含量应当在预期摄入水平下对健康不产生影响；

（五）卫生学检验指标应当符合我国食品安全标准和有关规定；

（六）毒理学评价报告应当符合《食品安全性毒理学评价程序和方法》（GB15193）规定；

（七）安全性评估意见的内容、格式及结论应当符合《食品安全风险评估管理规定》的有关规定；

（八）标签及说明书应当符合我国食品安全国家标准和有关规定。

第九条　参与评审的专家与评审的产品存在利害关系时应当主动提出回避。专家对申请材料中涉及的商业机密应当予以保密。

第三章　现场核查要求

第十条　新食品原料技术评审过程中，评审委员会认为需要进行现场核查的，应当向卫生监督中心提出并指定现场核查的重点内容。

第十一条　卫生监督中心根据核查产品的特点，从专家库中随机抽选3名以上专家，组成现场核查专家组承担现场核查任务，同时应派相关人员负责现场核查的组织和监督工作。

第十二条　卫生监督中心应当在现场核查前将核查的时间、地点及内容，书面告知申请人及其所在的省级卫生监督机构。

第十三条　省级卫生监督机构应当派1～2名专家参与现场核查工作。

第十四条　现场核查专家组应当查看生产现场、核准研制及生产记录，针对专家评审委员会指定的重点内容进行核查。必要时，可根据现场情况增加核查内容。

第十五条　现场核查专家组根据现场核查情况，提出核查意见并对核查意见负责。

第十六条　参加现场核查的专家不参与所核查产品后续的安全性评审工作，但根据需要可向专家评审委员会介绍核查有关情况。

第四章　审查与批准

第十七条　专家评审委员会通过评审对新食品原料做出技术评审结论。技术评审结论分为4类：延期再审、建议不批准、终止审查和建议批准。

第十八条　有下列情况之一的，专家评审委员会作出“延期再审”的技术评审结论：

（一）需修改、补充材料的；

（二）需要进行现场核查的；

（三）需要进行验证性试验的；

（四）需要进一步科学论证的；

（五）其他延期再审的情况。

卫生监督中心对技术评审结论为“延期再审”的，向申请人出具“行政许可技术评审延期通知书”。

对需要补充检验或对检验结果需要验证的，应当将检验项目、检验批次、检验方法等要求告知申请人。验证试验应当在取得资质认定的食品检验机构进行。对尚无食品安全国家标准检验方法的，应当首先对检验方法进行验证。

第十九条　有下列情况之一的，专家评审委员会做出“建议不批准”的技术评审结论：

（一）不具有食品原料特性的；

（二）不符合应当有的营养要求的；

（三）安全性不能保证的；

（四）申报材料或样品不真实的；

（五）其他不符合我国有关法律、法规规定的。

卫生监督中心对技术评审结论为“建议不批准”的，向申请人出具“行政许可技术评审意见告知书”。

第二十条　申请人对专家评审委员会“建议不批准”的技术评审结论有异议的，可在30日内提出复核申请。卫生监督中心应当及时组织专家评审委员会对复核申请进行复核。

经复核后维持原“建议不批准”的以及逾期未提出复核申请的，卫生监督中心报国家卫生计生委核准后做出不予许可的决定，向申请人出具“不予行政许可决定书”，并告知不予许可的理由。

第二十一条　有下列情况之一的，专家评审委员会作出“终止审查”的技术评审结论：

（一）经审核为普通食品或与普通食品具有实质等同的；

（二）与已公告的新食品原料具有实质等同的；

（三）其他终止审查的情况。

对技术评审结论为“终止审查”的，卫生监督中心报国家卫生计生委核准后做出终止审查的决定，向申请人出具“行政许可终止审查通知书”，并告知终止审查的理由。

第二十二条　专家评审委员会对符合食品安全要求的，做出“建议批准”的技术评审结论。

对技术评审结论为“建议批准”的，卫生监督中心报国家卫生计生委核准后，由国家卫生计生委向社会公开征求意见，征求意见时间为30日。

卫生监督中心应当及时组织专家对征集的意见进行研究，并将研究意见和审查建议报送国家卫生计生委。

第二十三条　国家卫生计生委对卫生监督中心报送的审查建议进行行政审批，准予许可的向社会公告。卫生监督中心向申请人出具“行政许可审查结论通知书”。

第五章　附　　则

第二十四条　卫生监督中心应当及时向社会公开“终止审查”和“准予许可”的新食品原料情况，以便公众查阅。

第二十五条　卫生监督中心应当对新食品原料的申请材料和技术评审资料建立档案，妥善保存。

第二十六条　本规程自发布之日起实施。以往有关文件与本规程不一致的，按照本规程执行。

第二十七条　本规程由国家卫生计生委负责解释。

婴幼儿配方乳粉生产企业监督检查规定

（国家食品药品监督管理总局 2013年11月27日）

第一章 总 则

第一条 为进一步加强婴幼儿配方乳粉生产企业监督检查，督促婴幼儿配方乳粉生产企业落实质量安全责任，保障婴幼儿配方乳粉质量安全，依据《中华人民共和国食品安全法》及其实施条例、《乳品质量安全监督管理条例》、《国务院办公厅转发食品药品监管总局等部门关于进一步加强婴幼儿配方乳粉质量安全工作意见的通知》（国办发［2013］57号）等法律法规，制定本规定。

第二条 食品药品监督管理部门采取约谈企业负责人、查阅企业记录、调取企业生产控制资料、询问企业员工、检查生产现场、检验企业产品及所用原辅料、调查企业利益相关方等方式，依法对婴幼儿配方乳粉生产企业实施监督检查，适用本规定。

第三条 国家食品药品监督管理总局负责制定婴幼儿配方乳粉质量安全监督检查规章制度，并对省级食品药品监督管理部门实施监督检查工作进行指导和检查。

县级以上地方食品药品监督管理部门在其职权范围内负责本行政区域内婴幼儿配方乳粉生产企业监督检查工作，上级食品药品监督管理部门对下级食品药品监督管理部门开展的监督检查工作进行指导和检查。

第四条 婴幼儿配方乳粉生产企业应当接受县级以上地方食品药品监督管理部门依法进行的监督检查，并为其监督检查提供便利条件。

鼓励婴幼儿配方乳粉生产企业聘请食品安全社会专业机构，定期对本单位食品安全管理体系进行评价。

第五条 监督检查工作应当遵循科学公正、公开透明、程序合法、便民高效的原则。

第二章 企业质量安全责任

第六条 婴幼儿配方乳粉生产企业应当对其生产的婴幼儿配方乳粉质量安全负责。

第七条 婴幼儿配方乳粉生产企业应当保持资质一致性。重点落实下列责任：

（一）保证婴幼儿配方乳粉企业营业执照、生产许可证有效，证照一致；保证企业实际生产婴幼儿配方乳粉的场所、生产婴幼儿配方乳粉的品种等与许可证书内容一致。

（二）在生产许可证有效期内，企业生产条件、检验设备、生产技术或者工艺发生变化的，应当按规定向当地食品药品监督管理部门报告。

第八条 婴幼儿配方乳粉生产企业应当建立企业内部质量安全管理制度，设立质量安全管理机构和配备专职质量安全管理人员，明确岗位质量安全规范、质量安全责任。企业法定代表人是婴幼儿配方乳粉质量安全的责任人。企业法定代表人负责或者授权企业质量安全管理人员全权负责婴幼儿配方乳粉质量安全，并以书面文件形式授权其对婴幼儿配方乳粉质量安全负责。质量安全管理人员应当符合规定的条件要求，并按规定实行上岗培训和定期培训。

第九条 婴幼儿配方乳粉生产企业应当具备专业研发机构、研发技术装备和研发人员，能够自主研发婴幼儿配方乳粉，能够跟踪评价婴幼儿配方乳粉的营养和安全，研究生产过程中存在的风险因素，提出防范措施，有效控制产品易出现的质量安全问题。

第十条 婴幼儿配方乳粉生产企业应当具备自建自控奶源，建立并落实原辅料采购查验制度，重点落实下列责任：

（一）以生牛乳为原料的企业，应当具有自建自控奶源基地，并逐步做到生鲜乳全部来自企业全资或控股建设的养殖场且质量合格；生鲜乳生产、收购、贮存、运输、销售过程中禁止添加任何物质；建立生鲜乳进货查验制度，记录自建自控牧场生鲜乳的逐批检测情况；对不合格生鲜乳应主动报告主管部门采取销毁或者采取无害化处理措施；防止不合格生鲜乳流入市场。

（二）以原料乳粉为原料的企业，应当确保原料质量可控；应当严格执行原料乳粉、乳清粉批批检验，确保原料质量安全；生产0～6个月龄婴儿食用的婴儿配方乳粉应当使用灰分符合规定要求的乳清粉、乳清蛋白粉。

（三）建立原辅材料供销商审核制度和进货验证制度，应当记录供货方的资质及合格产品检验报告。

（四）建立原辅材料进货台账，应当记录每批采购的原辅料供货者的名称、联系方式、进货名称、数量、日期等内容。

（五）建立食品营养强化剂进货台账和使用记录，应当保证购进的食品营养强化剂与使用记录一致。

（六）记录各种购进原辅料的贮存、保管、领用出库等情况。

第十一条 婴幼儿配方乳粉生产企业应当建立并落实生产过程控制制度。重点落实下列责任：

（一）记录生产车间或场地清洁卫生情况；

（二）按生产工艺的要求，防止人流、物流交叉污染，防止原料、半成品、成品交叉污染；

（三）做好产品投料记录，包括名称、使用数量、投料人、投料批准人等；

（四）做好生产设备、设施维护保养和清洗消毒记录；

（五）做好其他关键质量控制点的质量控制记录，主要包括杀菌有效性、杂菌污染防止情况等；

（六）生产车间、原料库、辅料库、成品库需要变化的，应当做好变化记录；

（七）对车间、库房的湿度、温度、空气清洁度，应当做好监测记录；

（八）产品入库单、出库单、库存情况记录，应当与进货、销售台账相符；

（九）岗位操作人员卫生健康应当符合要求。

第十二条 婴幼儿配方乳粉生产企业应当建立并落实产品出厂批批检验制度。重点落实下列责任：

（一）有质量检验机构和专业检验人员，检验机构配备的设备能够满足法规和标准规定的检验项目需求，并定期与第三方检验机构进行检验能力比对；检验人员具备相应的资质条件要求，并经培训考核合格。

（二）做好出厂产品的原始检验数据和检验报告记录，包括检验产品的名称、规格、数量、生产日期、生产批号、执行标准、检验结论、化验员、审核人、检验合格证号或检验报告编号、检验时间等内容。

（三）企业的检验设备、计量器具应依法经检定合格或者校准，相关辅助设备及化学试剂应完好齐备，并在有效使用期内。

（四）检验项目应与企业所执行的标准及标签明示的项目一致。

（五）企业不得委托其他检验机构实施产品出厂检验。

第十三条 婴幼儿配方乳粉的产品配方、原辅料使用、产品包装及标签应当符合国家食品药品监督管理总局有关备案的规定，其产品标识标注内容应当符合法律、法规、规章及食品安全标准规定要求。

第十四条 婴幼儿配方乳粉生产企业应当遵守国家食品药品监督管理总局《关于禁止以委托、贴牌、分装等方式生产婴幼儿配方乳粉的公告》要求。

第十五条 婴幼儿配方乳粉生产企业应当建立并落实不合格品管理制度。重点落实下列责任：

（一）做好对采购的不合格食品原辅材料、食品添加剂、食品相关产品的处理记录；

（二）做好不合格产品的处理记录。

处理记录应当有批准人、监督人、经手人的签字，以及处理过程的文字、图片等证明资料。

第十六条 婴幼儿配方乳粉生产企业应当建立并落实不安全婴幼儿配方乳粉召回制度，记录对不安全婴幼儿配方乳粉自主召回、被责令召回的执行情况，包括：企业通知召回的情况；实际召回的情况；对召回产品采取补救、无害化处理或销毁的情况，整改措施的落实情况；向当地食品药品监督管理部门报告召回及处理情况。

第十七条 婴幼儿配方乳粉生产企业应当建立消费者投诉处理制度，认真落实婴幼儿配方乳粉先行赔偿责任，做好消费者投诉的处理记录，包括投诉者姓名、联系方式、投诉的食品名称、数量、生产日期或生产批号、投诉的质量安全问题、企业采取的处理措施、处理结果等。

第十八条 婴幼儿配方乳粉生产企业应当制定食品安全事故处置方案，定期检查各项食品安全防范措施的落实情况。发生食品安全事故的，企业应当妥善处置食品安全事故，建立并保存处置食品安全事故的记录。

第十九条 婴幼儿配方乳粉生产企业应当建立完善产品可追溯制度和电子信息记录系统，实现产品全程可查询、可追溯；应当妥善保管所有与婴幼儿配方乳粉相关的原辅料采购、生产、检验、销售等可追溯性原始记录，至少保存2年。

第二十条 婴幼儿配方乳粉生产企业应当主动收集企业内部发现的和国家发布的与企业相关的婴幼儿配方乳粉风险监测和监督抽检信息，并作出反应，同时应建立和保存相关记录。

第三章 监督检查程序

第二十一条 县级以上地方食品药品监督管理部门应当制定本行政区域内婴幼儿配方乳粉生产企业年

度监督检查计划，并报上一级食品药品监督管理部门备案。

县级以上地方食品药品监督管理部门可以根据上级食品药品监督管理部门的工作部署以及食品安全风险监测信息、企业食品安全信用档案记录、监管工作需要等情况，对婴幼儿配方乳粉生产企业年度监督检查计划作出调整并备案。

第二十二条 食品药品监督管理部门对婴幼儿配方乳粉生产企业实施现场检查，应当有2名以上工作人员参加，并出示有效证件。根据监督检查需要，食品药品监督管理部门可以聘请技术专家参与检查工作，可以邀请消费者代表、人大代表、政协委员、媒体记者等人员现场视察、观摩。

食品药品监督管理部门前往企业实施监督检查时，应出具《婴幼儿配方乳粉生产企业监督检查通知书》。

食品药品监督管理部门可以聘请食品安全社会专业机构，对企业实施监督检查。

第二十三条 食品药品监督管理部门可以根据监督检查工作需要，依照有关规定对产品进行抽样检验。

第二十四条 被检查企业应当指定有关人员配合食品药品监督管理部门检查工作，如实提供有关资料，回答相关询问，协助核查企业生产条件和抽取样品。

婴幼儿配方乳粉生产企业应当积极配合食品药品监督管理部门的监督检查工作，不得以暴力、威胁或者其他方式阻挠监督检查。

第二十五条 监督检查人员应当按《婴幼儿配方乳粉生产企业核查表》有关事项，如实记录监督检查结果。检查人员应当就检查情况与被检查单位参加人员交换意见。监督检查结论由监督检查人员和被检查企业法人代表或其授权的人员签字。被检查单位对检查结果有异议的，可以签署异议。监督检查人员应当就监督检查结论向本单位汇报。

被检查单位拒绝签字的，由监督检查人员书面记录后存档。

第二十六条 需要当地人民政府或者相关部门支持、配合监督检查工作的，食品药品监督管理部门应当提出工作建议，并以书面形式报告当地人民政府或者告知有关部门。

第四章 监督检查结果处理

第二十七条 县级以上地方食品药品监督管理部门应当将监督检查情况记入企业食品安全信用档案。

第二十八条 县级以上地方食品药品监督管理部门应当依法向社会公开监督检查结果。

第二十九条 县级以上地方食品药品监督管理部门在监督检查中发现婴幼儿配方乳粉生产企业违反有关法律法规规定的，应当依照有关法律法规规定予以处理。

第五章 监督检查工作要求

第三十条 参与婴幼儿配方乳粉生产企业监督检查的工作人员，应当遵守国家法律、法规及本规定，履职尽责、秉公执法、不徇私情。

第三十一条 监督检查人员进入洁净区域检查时，应当遵守企业安全卫生防护措施等制度要求。

第三十二条 有下列行为之一的，按照法律、法规规定进行处理，对监管工作人员按干部管理权限对相关责任人依法依规处理；构成犯罪的，依法追究刑事责任：

（一）未按规定开展监督检查造成不良后果或恶劣影响的；

（二）隐瞒监督检查信息的；

（三）阻碍、干涉监督检查工作的；

（四）在监督检查中伪造或者指使他人伪造记录的；

（五）擅自向外透露企业商业秘密的；

（六）利用监督检查工作向企业勒索、卡要或参与有偿活动的。

第三十三条 未依照本规定履行职责或者滥用职权等失职、渎职行为，造成严重后果的，依照《乳品质量安全监督管理条例》第六十二条有关规定，由纪检监察机关或者任免机关对主要负责人、直接负责的主管人员和其他直接责任人员给予记大过或者降级的处分；情节严重的，给予撤职或者开除的处分；构成犯罪的，依法追究刑事责任。

第三十四条 对依照本规定履行婴幼儿配方乳粉质量安全监督检查职责，保障婴幼儿配方乳粉质量安全做出突出成绩的单位和个人，由上级食品药品监督管理部门予以奖励。

第六章 附 则

第三十五条 企业可以聘请食品安全社会专业机构对本单位食品安全管理体系进行定期评价，评价结果报食品药品监督管理部门。具体管理办法另行规定。

第三十六条 本规定由国家食品药品监督管理总局负责解释。

中华人民共和国烟草专卖法

（全国人大常委会 2013年12月28日修正版）

第一章 总 则

第一条 为实行烟草专卖管理，有计划地组织烟草专卖品的生产和经营，提高烟草制品质量，维护消费者利益，保证国家财政收入，制定本法。

第二条 本法所称烟草专卖品是指卷烟、雪茄烟、烟丝、复烤烟叶、烟叶、卷烟纸、滤嘴棒、烟用丝束、烟草专用机械。卷烟、雪茄烟、烟丝、复烤烟叶统称烟草制品。

第三条 国家对烟草专卖品的生产、销售、进出口依法实行专卖管理，并实行烟草专卖许可证制度。

第四条 国务院烟草专卖行政主管部门主管全国烟草专卖工作。省、自治区、直辖市烟草专卖行政主管部门主管本辖区的烟草专卖工作，受国务院烟草专卖行政主管部门和省、自治区、直辖市人民政府的双重领导，以国务院烟草专卖行政主管部门的领导为主。

第五条 国家加强对烟草专卖品的科学研究和技术开发，提高烟草制品的质量，降低焦油和其他有害成分的含量。国家和社会加强吸烟危害健康的宣传教育，禁止或者限制在公共交通工具和公共场所吸烟，劝阻青少年吸烟，禁止中小学生吸烟。

第六条 国家在民族自治地方实行烟草专卖管理，应当依照本法和民族区域自治法的有关规定，照顾民族自治地方的利益，对民族自治地方的烟叶种植和烟草制品生产给予照顾。

第二章 烟叶的种植、收购和调拨

第七条 本法所称烟叶是指生产烟草制品所需的烤烟和名晾晒烟，名晾晒烟的名录由国务院烟草专卖行政主管部门规定。未列入名晾晒烟名录的其他晾晒烟可以在集市贸易市场出售。

第八条 烟草种植应当因地制宜地培育和推广优良品种。优良品种由当地烟草公司组织供应。

第九条 烟叶收购计划由县级以上地方人民政府计划部门根据国务院计划部门下达的计划下达，其他单位和个人不得变更。烟草公司或者其委托单位应当与烟叶种植者签订烟叶收购合同。烟叶收购合同应当约定烟叶种植面积。烟叶收购价格由国务院物价主管部门会同国务院烟草专卖行政主管部门按照分等定价的原则制定。

第十条 烟叶由烟草公司或者其委托单位按照国家规定的收购标准、价格统一收购，其他单位和个人不得收购。烟草公司及其委托单位对烟叶种植者按照烟叶收购合同约定的种植面积生产的烟叶，应当按照国家规定的标准分等定价，全部收购，不得压级压价，并妥善处理收购烟叶发生的纠纷。

第十一条 省、自治区、直辖市之间的烟叶、复烤烟叶的调拨计划由国务院计划部门下达，省、自治区、直辖市辖区内的烟叶、复烤烟叶的调拨计划由省、自治区、直辖市计划部门下达，其他单位和个人不得变更。烟叶、复烤烟叶的调拨必须签订合同。

第三章 烟草制品的生产

第十二条 开办烟草制品生产企业，必须经国务院烟草专卖行政主管部门批准，取得烟草专卖生产企业许可证，并经工商行政管理部门核准登记；其分立、合并、撤销，必须经国务院烟草专卖行政主管部门批准，并向工商行政管理部门办理变更、注销登记手续。未取得烟草专卖生产企业许可证的，工商行政管理部门不得核准登记。

第十三条 烟草制品生产企业为扩大生产能力进行基本建设或者技术改造，必须经国务院烟草专卖行政主管部门批准。

第十四条 省、自治区、直辖市的卷烟、雪茄烟年度总产量计划由国务院计划部门下达。烟草制品生产企业的卷烟、雪茄烟年度总产量计划，由省级烟草专卖行政主管部门根据国务院计划部门下达的计划，结合市场销售情况下达，地方人民政府不得向烟草制品生产企业下达超产任务。烟草制品生产企业根据市场销售情况，需要超过年度总产量计划生产卷烟、雪茄烟，必须经国务院烟草专卖行政主管部门批准。全国烟草总公司根据国务院计划部门下达的年度总产量计划向省级烟草公司下达分等级、分种类的卷烟产量指标。省级烟草公司根据全国烟草总公司下达的分等级、分种类的卷烟产量指标，结合市场销售情况，向烟草制品生产企业下达分等级、分种类的卷烟产量指标。烟草制品生产企业可以根据市场销售情况，在该企业的年度总产量计划的范围内，对分等级、分种类的卷烟产量指标适当调整。

第四章　烟草制品的销售和运输

第十五条　经营烟草制品批发业务的企业，必须经国务院烟草专卖行政主管部门或者省级烟草专卖行政主管部门批准，取得烟草专卖批发企业许可证，并经工商行政管理部门核准登记。

第十六条　经营烟草制品零售业务的企业或者个人，由县级人民政府工商行政管理部门根据上一级烟草专卖行政主管部门的委托，审查批准发给烟草专卖零售许可证。已经设立县级烟草专卖行政主管部门的地方，也可以由县级烟草专卖行政主管部门审查批准发给烟草专卖零售许可证。

第十七条　国务院烟草专卖行政主管部门会同国务院物价主管部门按卷烟等级选定部分牌号的卷烟作为代表品。代表品的价格由国务院物价主管部门会同国务院烟草专卖行政主管部门制定。卷烟的非代表品、雪茄烟和烟丝的价格由国务院烟草专卖行政主管部门或者由国务院烟草专卖行政主管部门授权省、自治区、直辖市烟草专卖行政主管部门制定，报国务院物价主管部门或者省、自治区、直辖市人民政府物价主管部门备案。

第十八条　国家制定卷烟、雪茄烟的焦油含量级标准。卷烟、雪茄烟应当在包装上标明焦油含量级和“吸烟有害健康”。

第十九条　禁止在广播电台、电视台、报刊播放、刊登烟草制品广告。

第二十条　卷烟、雪茄烟和有包装的烟丝必须申请商标注册，未经核准注册的，不得生产、销售。禁止生产、销售假冒他人注册商标的烟草制品。

第二十一条　烟草制品商标标识必须由省级工商行政管理部门指定的企业印制；非指定的企业不得印制烟草制品商标标识。

第二十二条　托运或者自运烟草专卖品必须持有烟草专卖行政主管部门或者烟草专卖行政主管部门授权的机构签发的准运证；无准运证的，承运人不得承运。

第二十三条　邮寄、异地携带烟叶、烟草制品的，不得超过国务院有关主管部门规定的限量。

第二十四条　个人进入中国境内携带烟草制品的，不得超过国务院有关主管部门规定的限量。

第五章　卷烟纸、滤嘴棒、烟用丝束、烟草专用机械的生产和销售

第二十五条　生产卷烟纸、滤嘴棒、烟用丝束、烟草专用机械的企业，必须报国务院烟草专卖行政主管部门批准，取得烟草专卖生产企业许可证。本法所称烟草专用机械是指烟草专用机械的整机。

第二十六条　生产卷烟纸、滤嘴棒、烟用丝束、烟草专用机械的企业，应当按照国务院烟草专卖行政主管部门的计划以及与烟草制品生产企业签订的订货合同组织生产。

第二十七条　生产卷烟纸、滤嘴棒、烟用丝束、烟草专用机械的企业，只可将产品销售给烟草公司和持有烟草专卖生产企业许可证的烟草制品生产企业。

第六章　进出口贸易和对外经济技术合作

第二十八条　国务院烟草专卖行政主管部门根据国务院规定，管理烟草行业的进出口贸易和对外经济技术合作。

第二十九条　经营烟草专卖品进出口业务、经营外国烟草制品寄售业务或者在海关监管区域内经营免税的外国烟草制品购销业务的企业，必须经国务院烟草专卖行政主管部门或者省级烟草专卖行政主管部门批准，取得特种烟草专卖经营企业许可证。持有特种烟草专卖经营企业许可证的企业，必须按照国务院烟草专卖行政主管部门的规定，向国务院烟草专卖行政主管部门报送进货、销售、库存的计划和报表。

第七章　法律责任

第三十条　违反本法规定擅自收购烟叶的，由烟草专卖行政主管部门处以罚款，并按照国家规定的价格收购违法收购的烟叶；数量巨大的，没收违法收购的烟叶和违法所得。

第三十一条　无准运证或者超过准运证规定的数量托运或者自运烟草专卖品的，由烟草专卖行政主管部门处以罚款，可以按照国家规定的价格收购违法运输的烟草专卖品；情节严重的，没收违法运输的烟草专卖品和违法所得。承运人明知是烟草专卖品而为无准运证的单位、个人运输的，由烟草专卖行政主管部门没收违法所得，并处罚款。超过国家规定的限量异地携带烟叶、烟草制品，数量较大的，依照第一款的规定处理。

第三十二条 无烟草专卖生产企业许可证生产烟草制品的，由烟草专卖行政主管部门责令关闭，没收违法所得，并处罚款。无烟草专卖生产企业许可证生产卷烟纸、滤嘴棒、烟用丝束或者烟草专用机械的，由烟草专卖行政主管部门责令停止生产上述产品，没收违法所得，可以并处罚款。

第三十三条 无烟草专卖批发企业许可证经营烟草制品批发业务的，由烟草专卖行政主管部门责令关闭或者停止经营烟草制品批发业务，没收违法所得，并处罚款。

第三十四条 无特种烟草专卖经营企业许可证经营烟草专卖品进出口业务、外国烟草制品寄售业务或者免税的外国烟草制品购销业务的，由烟草专卖行政主管部门责令停止经营上述业务，没收违法所得，并处罚款。

第三十五条 无烟草专卖零售许可证经营烟草制品零售业务的，由工商行政管理部门责令停止经营烟草制品零售业务，没收违法所得，并处罚款。

第三十六条 生产、销售没有注册商标的卷烟、雪茄烟、有包装的烟丝的，由工商行政管理部门责令停止生产、销售，并处罚款。生产、销售假冒他人注册商标的烟草制品的，由工商行政管理部门责令停止侵权行为，赔偿被侵权人的损失，可以并处罚款；构成犯罪的，依法追究刑事责任。

第三十七条 违反本法第二十一条的规定，非法印制烟草制品商标标识的，由工商行政管理部门销毁印制的商标标识，没收违法所得，并处罚款。

第三十八条 倒卖烟草专卖品，构成犯罪的，依法追究刑事责任；情节轻微，不构成犯罪的，由工商行政管理部门没收倒卖的烟草专卖品和违法所得，可以并处罚款。烟草专卖行政主管部门和烟草公司工作人员利用职务上的便利犯前款罪的，依法从重处罚。

第三十九条 伪造、变造、买卖本法规定的烟草专卖生产企业许可证、烟草专卖经营许可证等许可证件和准运证的，依照刑法有关规定追究刑事责任。烟草专卖行政主管部门和烟草公司工作人员利用职务上的便利犯前款罪的，依法从重处罚。

第四十条 走私烟草专卖品，构成走私罪的，依照刑法有关规定追究刑事责任；走私烟草专卖品，数额不大，不构成走私罪的，由海关没收走私货物、物品和违法所得，可以并处罚款。烟草专卖行政主管部门和烟草公司工作人员利用职务上的便利犯前款罪的，依法从重处罚。

第四十一条 烟草专卖行政主管部门有权对本法实施情况进行检查。以暴力、威胁方法阻碍烟草专卖检查人员依法执行职务的，依法追究刑事责任；拒绝、阻碍烟草专卖检查人员依法执行职务未使用暴力、威胁方法的，由公安机关依照治安管理处罚法的规定处罚。

第四十二条 人民法院和处理违法案件的有关部门的工作人员私分没收的烟草制品，依照刑法有关规定追究刑事责任。人民法院和处理违法案件的有关部门的工作人员购买没收的烟草制品的，责令退还，可以给予行政处分。

第四十三条 烟草专卖行政主管部门和烟草公司的工作人员滥用职权、徇私舞弊或者玩忽职守的，给予行政处分；情节严重，构成犯罪的，依法追究刑事责任。

第四十四条 当事人对烟草专卖行政主管部门和工商行政管理部门作出的行政处罚决定不服的，可以在接到处罚通知之日起十五日内向作出处罚决定的机关的上一级机关申请复议；当事人也可以在接到处罚通知之日起十五日内直接向人民法院起诉。复议机关应当在接到复议申请之日起六十日内作出复议决定。当事人对复议决定不服的，可以在接到复议决定之日起十五日内向人民法院起诉；复议机关逾期不作出复议决定的，当事人可以在复议期满之日起十五日内向人民法院起诉。当事人逾期不申请复议也不向人民法院起诉、又不履行处罚决定的，作出处罚决定的机关可以申请人民法院强制执行。

第八章 附 则

第四十五条 国务院根据本法制定实施条例。

第四十六条 本法自 1992 年 1 月 1 日起施行。1983 年 9 月 23 日国务院发布的《烟草专卖条例》同时废止。

第四部分 国内综合统计资料

国内综合统计资料
简 要 说 明

1. 本部分统计资料主要包括农林牧渔业主要产品产量、农产品加工机械拥有量及农产品加工行业固定资产投资情况、按国民经济行业分类统计有关农产品加工业现状、农产品加工业主要产品产量、农产品加工业主要产品出口创汇情况、农产品加工业部分行业与企业排序，以及我国西部地区综合统计等7部分统计数据。

2. 香港和澳门特别行政区的统计是构成国家统计总体的一部分，但根据《中华人民共和国香港特别行政区基本法》和《中华人民共和国澳门特别行政区基本法》的有关原则，香港、澳门与内地是相对独立的统计区域。根据各自不同的统计制度和法律规定，独立进行统计工作。本部分中所涉及的统计数据均未包括香港、澳门特别行政区和台湾省。这三部分相关统计数据，另在本年鉴附录中列出。

3. 本部分统计资料数据，除已注明“资料来源”之外，其余均采用国家统计局公布的数据。

4. 本部分采用的统计数据，基本上以2011年数据为主，为了保持与上卷年鉴提供数据的连续性，有一部分统计数据是在上卷基础上，延续列出。

5. 本部分有关表中所示“规模以上企业”是指年产品销售收入2000万元以上的企业。

6. 本部分有关表中所示工业产值、工业增加值、工业产品销售产值、利税总额等数据未单独标注者，均按当年价格计算（当年价格即为现行价格）。

7. 本部分统计资料数据所使用的计量单位，均采用国际统一标准计量单位。对有关行业未按国际统一标准计量单位提供的数据，编辑部均按国际统一标准计量单位进行了相应换算。

8. 本部分中同一类、同一行业统计数据，由于管理渠道、统计范围、数据采集方法、时间等略有不同，加之有些行业与相关管理部门交叉较多，因此数据也略有不同。但来自同一系统的数据基本上还是一致的。

9. 本部分统计资料中，依据国家统计局、农业部、国家林业局、中国食品工业协会、中国轻工业联合会、中国纺织工业联合会等部门、行业提供的相关数据，开辟了“我国西部地区综合统计”专栏。

10. 本部分统计资料中符号使用说明：“空格”表示该项统计指标数据不详或无该项数据；“*”或“①”表示本表下有注解。

11. 由于时间短促，难免有误，请给予批评指正。

农林牧渔业主要产品产量统计

表1 我国主要农产品产量（2008—2012年） 单位：万t

年 份	粮 食						
	合 计	谷 物				豆 类	薯 类
		小 计	稻 谷	小 麦	玉 米		
2008	52 871	47 847	19 190	11 246	16 591	2 043	2 980
2009	53 082	48 156	19 510	11 512	16 397	1 930	2 996
2010	54 648	49 637	19 576	11 518	17 725	1 897	3 114
2011	57 121	51 939	20 100	11 740	19 278	1 908	3 273
2012	58 958	53 935	20 424	12 102	20 561	1 731	3 293

年 份	棉 花	油 料				麻 类	
		小 计	花 生	油菜籽	芝 麻	小 计	黄红麻
2008	749.2	2 953	1 429	1 210	58.6	62.5	8.4
2009	637.7	3 154	1 471	1 366	62.2	38.8	7.5
2010	596.1	3 230	1 564	1 308	58.7	31.7	6.9
2011	659.8	3 307	1 605	1 343	60.5	29.6	7.5
2012	683.6	3 437	1 669	1 401	63.9	26.1	6.8

年 份	糖 料			茶 叶	烟 叶	
	小 计	甘 蔗	甜 菜		小 计	烤 烟
2008	13 419	12 415	1 004	125.8	283.8	262
2009	12 277	11 559	718	135.9	306.6	281
2010	12 009	11 079	930	147.5	300.4	273
2011	12 517	11 444	1 073	162.3	313.2	287
2012	13 485	12 311	1 174	179.0	340.7	313

年 份	水 果						蔬 菜*
	合 计	苹 果	柑 橘	梨	葡 萄	香 蕉	
2008	19 220	2 985	2 331	1 354	715	784	59 240
2009	20 396	3 168	2 521	1 426	794	883	61 824
2010	21 401	3 326	2 645	1 506	855	956	65 099
2011	22 768	3 599	2 944	1 580	907	1 040	67 930
2012	24 057	3 849	3 168	1 707	1 054	1 156	70 883

* 蔬菜产量含菜用瓜。

表 2 各地区主要农产品产量（2012 年） 单位：万 t

地区	一、粮食								
	总产	其中：夏收粮食	1. 谷物						
			总产	(1) 稻谷				(2) 小麦	
				总产	早稻	中稻	晚稻	总产	其中：春小麦
全国总计	**58 958.0**	**12 993.7**	**53 934.7**	**20 423.1**	**3 329.1**	**13 356.9**	**3 737.6**	**12 102.3**	**665.2**
北京	193.9	27.5	111.6	0.1		0.1		27.4	
天津	322.9	55.8	159.8	11.2		11.2		55.8	3.5
河北	6 302.4	1 353.1	3 102.7	49.8		49.8		1 337.7	1.1
山西	3 291.5	261.1	1 214.7	0.6		0.6		259.2	0.2
内蒙古	5 589.4		2 180.9	73.3		73.3		188.4	188.4
辽宁	3 217.3	30.9	1 986.5	507.8		507.8		3.2	3.2
吉林	4 610.3		3 221.7	532.0		532.0			
黑龙江	11 519.5		5 147.9	2171.2		2 171.2		70.0	70.0
上海	187.6	29.0	120.1	891		89.1		22.6	
江苏	5 336.6	1 143.5	3 252.0	1 900.1		1 900.1		1 048.8	
浙江	1 251.6	62.5	678.0	608.3	66.8	463.2	78.2	27.1	
安徽	6 622.0	1 301.5	3 123.3	1 393.5	132.0	1 123.5	138.0	1 294.0	
福建	1 201.1	34.3	524.2	503.8	121.1	192.8	190.0	0.7	
江西	3 675.9	9.2	1 992.8	1 976.0	800.2	269.5	906.3	2.3	0.1
山东	7 202.3	2 179.9	4 285.8	103.4		103.4		2 179.5	
河南	9 985.2	3 186.0	5 431.4	492.6		492.6		3 177.4	
湖北	4 180.1	447.4	2 315.6	1 651.4	208.9	1 170.9	271.6	370.8	
湖南	4 908.0	57.5	2 843.2	2 631.6	818.7	858.1	954.9	8.6	
广东	2 540.2	107.7	1 208.8	1 126.6	534.3		592.2	0.3	
广西	3 069.1	29.0	1 396.5	1 142.0	544.9	87.4	509.7	0.2	
海南	438.6	29.5	167.1	155.8	76.4		79.3		
重庆	2 259.6	154.2	799.1	498.0		498.0		38.5	
四川	6 468.2	587.6	2 741.0	1 536.1	0.7	1 535.0	0.4	437.0	2.2
贵州	3 054.3	222.0	820.1	402.4		402.4		52.4	
云南	4 399.6	243.5	1 436.5	644.6	25.1	602.5	17.0	88.3	
西藏	170.9		92.2	0.5		0.5		24.6	6.1
陕西	3 127.5	472.5	1 119.5	87.4		87.4		435.5	
甘肃	2 839.4	423.8	837.1	3.9		3.9		278.5	98.9
青海	280.2		61.9					35.2	35.2
宁夏	828.3	64.9	328.1	71.3		71.3		62.0	62.0
新疆	2 131.2	580.0	1 234.8	59.4		59.4		576.5	194.2

（续）

地　区	一、粮　食						
	1. 谷　物				2. 豆　类		
	（3）玉米	（4）谷子	（5）高粱	（6）其他谷物	总　产	（1）大豆	（2）杂豆
全国总计	**20 561.4**	**179.6**	**255.6**	**412.3**	**1 730.5**	**1 305.0**	**425.5**
北　京	83.6	0.3	0.1		1.0	0.9	0.1
天　津	92.5	0.1	0.3		1.5	1.4	0.1
河　北	1 649.5	40.7	3.8	21.1	32.5	25.9	6.6
山　西	903.9	31.2	6.2	13.6	27.6	18.2	9.4
内蒙古	1 784.4	.40.8	51.5	42.5	162.9	122.0	40.9
辽　宁	1 423.5	16.5	30.5	5.0	34.2	31.2	3.0
吉　林	2 578.8	22.4	82.8	5.7	52.6	40.8	11.8
黑龙江	2 887.9	3.0	14.6	1.1	479.6	463.4	16.2
上　海	2.5			5.9	1.5	0.8	0.7
江　苏	230.2			73.0	81.2	55.3	25.9
浙　江	29.1			13.5	36.6	25.2	11.4
安　徽	427.5		0.2	8.0	120.5	113.0	7.5
福　建	18.0		0.5	1.2	20.8	15.9	4.9
江　西	12.6	0.3	0.6	1.1	29.8	21.5	8.3
山　东	1 994.5	5.9	1.6	0.9	89.9	37.4	52.5
河　南	1 747.8	4.9	0.2	8.7	84.6	78.1	6.5
湖　北	282.6		1.1	9.7	32.2	20.6	11.6
湖　南	197.3		1.3	4.5	38.4	21.5	16.9
广　东	79.7	0.1		2.2	20.1	15.3	4.8
广　西	250.6	0.5	0.7	2.5	23.6	15.3	8.3
海　南	11.3				2.4	0.7	1.7
重　庆	256.3		5.1	1.3	45.0	19.6	25.4
四　川	701.3		28.4	38.2	93.6	51.9	41.7
贵　州	342.3	0.3	16.1	6.6	23.6	7.8	15.8
云　南	700.0		0.3	3.2	129.7	26.9	102.8
西　藏	2.6			64.4	2.3	0.1	2.2
陕　西	566.9	10.2	2.7	16.8	43.1	36.0	7.1
甘　肃	504.1	2.1	3.8	44.7	33.1	16.3	16.8
青　海	17.0			9.7	7.1		7.1
宁　夏	191.2			3.6	4.7	0.5	4.2
新　疆	592.1		3.2	3.7	25.0	21.6	3.4

（续）

地区	一、粮食		二、油料						三、棉花
	3. 薯类*		总 产	1. 花生	2. 油菜籽	3. 芝麻	4. 胡麻籽	5. 向日葵	总 产
	总 产	其中：马铃薯							
全国总计	**3 292.8**	**1 855.2**	**3 436.8**	**1 669.2**	**1 400.7**	**63.9**	**39.1**	**232.3**	**683.6**
北 京	1.2		1.3	1.2				0.1	
天 津	0.5		0.6	0.5				0.1	5.8
河 北	111.5	61.8	142.8	126.9	3.0	0.9	3.1	8.3	56.4
山 西	31.9	26.2	19.6	2.0	0.7	0.4	7.3	5.3	4.7
内蒙古	184.7	184.7	145.1	3.2	30.7	0.1	3.7	107.1	1.6
辽 宁	49.8	27.4	120.9	116.5	0.1	0.2		2.0	
吉 林	68.7	63.9	80.7	46.7		1.4		29.7	0.8
黑龙江	134.0	134.0	22.5	7.0	0.1	0.1		6.0	
上 海	0.8		1.7	0.2	1.5				0.4
江 苏	39.3		146.9	36.0	109.1	1.8			22.0
浙 江	55.2	22.6	38.3	5.3	32.1	0.9			3.0
安 徽	45.4	7.5	227.7	86.9	134.3	6.5			29.4
福 建	114.3	29.6	28.1	26.2	1.7	0.2			
江 西	62.2	8.3	117.1	44.8	68.8	3.4		0.1	15.2
山 东	185.8		350.9	348.7	2.1	0.1			69.8
河 南	122.6		569.5	454.0	87.6	26.8		1.1	25.7
湖 北	94.0	68.5	319.7	74.3	230.0	14.4		0.9	54.5
湖 南	124.8	36.2	207.8	27.8	178.6	1.5			25.1
广 东	167.4	24.8	96.6	95.5	0.8	0.3			
广 西	64.8	18.3	54.5	51.3	2.0	0.6		0.6	0.2
海 南	30.0		10.4	10.2		0.2			
重 庆	294.4	118.3	50.1	11.3	37.7	0.5		0.6	
四 川	480.4	275.0	287.8	64.8	222.1	0.5		0.4	1.3
贵 州	235.8	179.7	87.4	7.9	78.2			1.1	0.1
云 南	183.0	175.0	62.8	7.5	53.5			0.9	
西 藏	0.5	0.4	6.3	0.0	6.3				
陕 西	82.5	66.7	60.3	9.8	39.9	2.4	4.1	4.8	6.7
甘 肃	239.5	239.5	67.0	0.4	33.9		15.1	12.4	8.1
青 海	32.5	32.5	35.2		34.5		0.7		
宁 夏	42.2	42.2	18.0	0.01	0.3		7.4	9.4	
新 疆	13.2	12.2	59.0	2.1	11.2	0.8	1.4	41.4	353.9

* 薯类产量按 5∶1 折粮计算，下同。

（续）

地区	四、麻类					五、糖料		
	总产	1. 黄红麻	2. 苎麻	3. 大麻	4. 亚麻	总产	1. 甘蔗	2. 甜菜
全国总计	**26.12**	**6.85**	**13.03**	**1.45**	**3.81**	**13 485.4**	**12 311.4**	**1 174.0**
北京								
天津								
河北	0.08	0.07				59.4		59.4
山西						40.8		40.8
内蒙古						167.9		167.9
辽宁						9.7		9.7
吉林	0.01			0.01		20.9		20.9
黑龙江	1.02				0.92	273.1		273.1
上海						1.0	1.0	
江苏	0.20		0.20			9.8	9.8	0.0
浙江	0.03	0.03				70.1	70.1	
安徽	2.70	1.59	0.33	0.79		20.6	20.6	
福建	0.04	0.03				56.5	56.5	
江西	0.91	0.08	0.83			61.6	61.6	
山东								
河南	3.67	3.67				26.9	26.9	
湖北	2.64	0.02	2.62			31.1	31.1	
湖南	2.39	0.06	2.32		0.01	73.8	73.8	
广东	0.03	0.03				1 469.2	1 469.2	
广西	1.11	0.95	0.15			7 829.7	7 829.7	
海南	0.10	0.10				415.9	415.9	
重庆	1.02	0.01	1.00			11.9	11.9	
四川	5.74	0.20	5.53			61.5	61.3	0.2
贵州	0.08		0.04			128.1		
云南	1.02			0.21	0.55	2 043.8		
西藏								
陕西	0.07		0.02	0.04		0.2	0.2	
甘肃	2.51			0.25		24.7		24.7
青海								
宁夏								
新疆	3.00				2.32	577.2		577.2

(续)

地区	六、烟叶		七、蔬菜、瓜类			
	总产	其中：烤烟	1. 蔬菜（含菜用瓜）	2. 瓜类		
				总产	(1) 西瓜	(2) 甜瓜
全国总计	**340.70**	**312.60**	**70 883.1**	**8 952.4**	**7 071.3**	**1 331.6**
北京			279.9	34.0	31.0	1.5
天津			447.7	27.6	22.8	2.9
河北	0.70	0.46	7 695.1	528.9	395.0	84.8
山西	0.99	1.99	1 073.3	70.5	57.3	10.8
内蒙古	1.42	1.18	1 476.3	228.1	156.9	63.5
辽宁	3.36	3.05	2 977.6	261.4	131.0	70.0
吉林	8.13	3.24	957.5	157.7	103.0	52.1
黑龙江	9.69	8.82	866.4	211.8	131.1	62.8
上海			406.9	39.0	30.5	6.7
江苏			4 984.6	514.8	386.6	62.4
浙江	0.26		1 819.8	291.2	238.1	24.7
安徽	3.59	3.50	2 327.5	624.1	525.5	49.0
福建	14.82	14.71	1 673.9	83.0	68.0	8.9
江西	5.25	5.03	1 213.1	201.0	160.3	12.6
山东	10.34	10.34	9 386.0	1 400.7	1 105.1	210.3
河南	30.68	30.68	7 011.7	1 664.6	1 467.8	182.0
湖北	14.61	9.91	3 506.4	344.0	295.3	40.9
湖南	24.70	23.65	3 480.9	355.5	318.1	33.1
广东	5.81	5.22	2 982.7	111.0	84.4	10.3
广西	3.44	2.70	2 356.7	294.1	268.6	24.8
海南	0.02	0.02	499.0	94.1	65.1	5.0
重庆	10.29	7.61	1 509.3	40.7	38.8	1.1
四川	27.45	22.71	3 764.7	127.3	110.8	1.7
贵州	39.28	23.71	1 375.6	57.7	47.7	2.8
云南	115.00	111.05	1 472.7	70.4	59.3	1.4
西藏			65.6	0.4	0.1	
陕西	9.19	9.15	1 525.6	256.1	187.3	57.3
甘肃	1.30	0.09	1 460.4	205.3	156.1	21.4
青海	0.13		158.7	2.3	2.1	
宁夏	0.21	0.21	471.1	170.1	156.4	13.4
新疆			1 656.0	485.4	271.1	213.3

表 3　我国玉米主产区生产情况（2011—2012 年）　　单位：万 t

地　区	2011 年	2012 年	同比增长（%）
河　北	1 639.6	1 649.5	0.60
山　西	854.6	903.9	5.77
内蒙古	1 632.1	1 784.4	9.33
辽　宁	1 360.3	1 423.5	4.65
吉　林	2 339.0	2 578.8	10.25
黑龙江	2 675.7	2 887.9	7.93
山　东	1 978.6	1 994.5	0.80
河　南	1 696.5	1 747.8	3.02
陕　西	550.7	566.9	2.94
其　他	4 447.9	5 024.2	12.96
总　计	**19 175.0**	**20 561.4**	**7.23**

表 4　各地区水果产量（2012 年）　　单位：t

地　区	水　果	其			中		
		苹　果	梨	柑　橘	桃	猕猴桃	葡　萄
全国总计	**151 044 383**	**38 490 692**	**17 073 026**	**31 677 960**	**11 430 347**	**1 452 767**	**10 543 154**
北　京	795 836	103 017	162 632		373 295	15	41 316
天　津	306 225	49 639	36 218		58 060		106 929
河　北	12 860 377	3 114 632	4 450 544		1 573 161	805	1 241 764
山　西	6 068 467	3 752 442	663 588		512 283	69	258 450
内蒙古	554 391	143 736	74 924		5 400		81 359
辽　宁	6 329 172	2 634 128	1 547 193		610 483	16	769 027
吉　林	597 485	166 735	112 603		1 043		148 090
黑龙江	567 404	150 661	37 259				83 443
上　海	481 545	6	37 359	242 781	92 529	852	102 861
江　苏	2 812 221	601 221	748 219	58 030	555 686	4 709	485 652
浙　江	4 126 838		390 500	1 935 072	389 383	23 410	605 773
安　徽	2 613 227	386 624	1 069 300	34 064	478 189	1 304	316 334
福　建	6 258 220	240	205 745	3 034 072	246 334	3 827	127 623
江　西	3 702 788		140 594	3 364 641	52 674	13 604	42 757
山　东	15 238 201	8 710 375	1 190 939		2 384 381	3 697	1 050 223
河　南	8 704 299	4 367 005	1 043 927	40 414	1 106 148	344 323	552 042
湖　北	5 417 174	10 573	536 352	3 853 103	674 194	19 471	204 864
湖　南	5 537 402		154 253	4 834 943	127 495	48 944	132 291
广　东	12 790 905		77 982	4 145 462	87 183		
广　西	10 309 501		257 690	3 840 860	212 557	2 838	318 859
海　南	3 346 307			54 759			
重　庆	2 504 752	4 960	340 983	1 715 248	101 532	10 854	62 757
四　川	6 943 296	488 292	960 290	3 408 007	450 770	132 142	249 751
贵　州	900 578	24 856	217 178	227 366	122 046	17 640	86 969
云　南	5 107 197	322 445	416 326	517 258	219 003	866	543 478
西　藏	9 745	4 442	1 150	527	2 636		423
陕　西	14 377 449	9 650 885	896 932	368 010	640 733	822 886	464 710
甘　肃	3 597 114	2 487 504	333 281	3 212	196 904	496	227 891
青　海	14 090	5 880	4 708		809		103
宁　夏	804 731	489 412	14 161		30 363		146 925
新　疆	7 367 446	820 982	950 197		125 073		1 090 508

（续）

地　区	其		中			
	红　枣	柿　子	香　蕉	菠　萝	荔　枝	龙　眼
全国总计	**5 887 121**	**3 417 586**	**11 557 950**	**1 287 095**	**1 906 878**	**1 526 293**
北　京	19 916	44 235				
天　津	34 754	8 662				
河　北	1 258 911	503 927				
山　西	549 325	126 404				
内蒙古	498					
辽　宁	163 444					
吉　林						
黑龙江						
上　海	1 113	1 211				
江　苏	13 413	146 188				
浙　江		52 216				
安　徽	16 933	162 836				
福　建	27	198 677	902 580	37 808	148 565	264 579
江　西		20 259				
山　东	981 121	162 890				
河　南	405 960	542 599				
湖　北	32 127	58 261				
湖　南	24 723	19 138				
广　东		137 944	4 031 646	821 022	1 059 054	674 909
广　西	22 416	737 551	2 302 754	30 483	530 614	504 080
海　南			2 091 019	342 721	146 941	42 370
重　庆	5 428	13 733	1 026		269	9 600
四　川	14 614	48 152	39 910		5 987	20 623
贵　州	1 844	14 596	6 072		348	447
云　南	14 235	65 236	2 182 944	55 061	15 100	9 685
西　藏						
陕　西	678 978	332 894				
甘　肃	131 114	19 976				
青　海						
宁　夏	71 250					
新　疆	1 453 977					

表 5 各地区茶叶产量（2012 年）

单位：t

地 区	茶 叶	其中						
		绿茶	青茶	红茶	黑茶	黄茶	白茶	其他茶叶
全国总计	**1 789 753**	**1 247 827**	**217 879**	**132 416**	**79 836**	**178.9**	**10 244**	**101 371**
北 京								
天 津								
河 北								
山 西	6							6
内蒙古								
辽 宁								
吉 林								
黑龙江								
上 海								
江 苏	15 371	12 674		4 452				245
浙 江	174 840	168 731		1 370	3 159			1 579
安 徽	95 374	89 150	70	4 422			48	1 684
福 建	320 958	110 064	172 690	27 365			9 284	1 555
江 西	38 662	29 317	1 530	5 123	46	12	286	2 348
山 东	13 323	13 323						
河 南	51 374	45 496		5 878				
湖 北	206 984	165 004	4 116	21 746	11 363		351	4 604
湖 南	135 346	58 363	3 582	15 890	48 010	9.9	4	9 487
广 东	63 095	25 741	30 143	1 338		8		5 865
广 西	49 359	34 087	362	8 720	949			5 240
海 南	1 196	1 011		134				51
重 庆	31 372	24 059	30	3 101	1 883			2 299
四 川	210 201	171 628	4 558	3 195	14 403	145	268	16 004
贵 州	74 359	63 161	132	950	23	4	203	9 886
云 南	271 704	199 817	666	30 731				40 490
西 藏	31	3						27
陕 西	35 195	35 195						
甘 肃	1 002	1 002						
青 海								
宁 夏								
新 疆								

表 6 我国农垦系统主要农产品产量（2011—2012 年）

项 目	产 量（万 t）		
	2011 年	2012 年	同比增减（%）
一、粮食	3 198.65	3 371.36	5.40
夏收粮食	269.62	251.66	−6.66
1. 稻谷	1 711.84	1 819.45	6.29
其中：早稻	503.99	524.10	3.99
2. 小麦	327.33	266.43	−18.61
其中：春小麦	138.86	106.69	−23.17
3. 玉米	910.23	1 063.83	16.87
4. 谷子	1.16	0.75	−35.34
5. 高粱	6.93	6.55	−5.48
6. 大豆	155.70	121.50	−21.97
7. 薯类（折粮）	41.11	38.50	−6.35
二、棉花	163.80	172.27	5.17
三、油料	82.74	78.26	−5.41
其中：花生	10.70	11.08	3.55
油菜籽	42.09	42.16	0.17
向日葵	25.66	22.02	−14.19
四、糖料	818.54	850.65	3.92
其中：甘蔗	506.95	534.99	6.53
甜菜	311.59	315.66	1.31
五、麻类	1.62	1.34	−17.28
六、烟叶	0.47	0.57	21.28
七、药材	4.49	7.94	76.84
八、蔬菜、瓜类	1 304.19	1 127.61	−13.54
九、其他农作物			
十、水果	337.20	409.39	21.41
十一、茶叶	4.54	4.40	−3.08
十二、干胶	32.09	33.17	3.37
十三、剑麻（折纤维）	3.36	3.04	−9.52

表7 各地区农垦系统主要农产品产量（2012年） 单位：万t

地 区	粮 食	棉 花	油 料	糖 料	大 豆	干胶（t）
全国总计	**3 371.36**	**172.27**	**78.26**	**850.65**	**121.50**	**802 255**
北 京	0.36					
天 津	1.68	0.04				
河 北	40.29	2.49	0.20	0.06	0.16	
山 西	3.08	0.02	0.02	0.41	0.02	
内蒙古	181.60		28.39	2.55	20.12	
辽 宁	133.81		1.39	0.16	1.56	
吉 林	78.18		1.66	0.03	0.63	
黑龙江	2 163.04		1.72	75.91	87.08	
上 海	31.49	0.01	0.05		0.07	
江 苏	94.34	0.22	0.14		0.11	
浙 江	1.06	0.01	0.01		0.14	
安 徽	30.58	0.35	0.16		3.19	
福 建	6.71		0.46	2.79	0.18	
江 西	53.89	0.98	2.65	0.60	0.34	
山 东	5.18	0.76	0.05		0.11	
河 南	26.30	0.17	1.24		1.64	
湖 北	92.33	7.82	9.42	1.12	1.08	
湖 南	61.38	1.39	5.78	6.10	0.26	
广 东	5.82		0.82	226.13	0.04	17 134
广 西	1.96		0.37	224.44	0.05	225
海 南	16.68		0.57	33.87	0.04	395 052
重 庆	0.16					
四 川	0.45					
贵 州	6.03		0.08			
云 南	5.39		0.01	33.95		389 844
西 藏						
陕 西	5.28	0.17	0.13		0.07	
甘 肃	25.75	0.71	2.16	0.29		
青 海	3.34		1.33			
宁 夏	34.06		0.41		0.01	
新 疆	266.45	157.55	19.01	236.23	4.60	

表 8　我国农垦系统茶、桑、果、林生产情况（2011—2012 年）

指　标	单位	2011 年	2012 年	同比增长（%）
一、年末实有茶园面积	khm^2	30.4	28.9	－4.9
茶叶总产量	万 t	4.5	4.4	－2.2
二、年末实有桑园面积	khm^2	1.6	1.9	17.7
三、年末实有果园面积	khm^2	380.0	391.5	3.0
水果总产量	万 t	337.2	409.4	21.4
其中：苹果	万 t	40.4	49.9	23.6
梨	万 t	36.9	51.7	40.1
柑橘	万 t	26.4	31.3	18.7
四、年末实有橡胶园面积	khm^2	462.4	443.0	－4.2
当年橡胶开割面积	khm^2	308.3	315.0	2.2
每公顷产干胶	kg	1 041.2	1 053.1	1.1
全年干胶总产量	万 t	32.1	33.2	3.3
五、当年造林面积	khm^2	66.4	60.2	－9.4
用材林	khm^2	13.2	12.2	－7.5
经济林	khm^2	10.1	13.1	29.7
防护林	khm^2	40.6	33.0	－18.6
薪炭林	khm^2	0.3	0.1	－66.7
特种用材林	khm^2	0.5	0.8	60.0

表 9　我国热带、亚热带作物产量（2012 年）

项　　目	单位	总计	福建	广东	广西	海南	云南
一、橡胶总产量（干胶片）	t	802 255		17 134	225	395 052	389 844
二、咖啡豆总产量（干咖啡豆）	t	92 064				280	91 784
三、椰子（按果实计）	万个	24 291		91		24 155	45
四、腰果总产量（干果）	t	234				234	
五、香料作物（折香料油计）	t	761				68	693
其中：香茅草（折香料油计）	t	432					432
六、剑麻（番麻）（折纤维计）	t	104 722		31 946	67 381	5 395	

表 10　我国棉花主产区生产情况（2011—2012 年）

单位：万 hm^2、万 t、%

地　区	面　积			产　量		
	2011 年	2012 年	同比增长	2011 年	2012 年	同比增长
新　疆	163.81	172.1	5.06	289.8	353.9	22.12
山　东	75.26	68.9	－8.45	78.5	69.8	－11.08
河　南	39.67	25.7	－35.22	38.2	25.7	－32.72
河　北	63.25	57.8	－8.62	65.3	56.4	－13.63
湖　北	48.87	47.3	－3.21	52.6	54.5	3.61
江　苏	23.92	17.1	－28.51	24.7	22.0	－10.93
安　徽	35.04	30.5	－12.96	37.8	29.4	－22.22
湖　南	19.24	17.2	－10.60	22.7	25.1	10.57
主产区总计	469.06	436.6	－6.92	609.6	636.8	4.46
全国总计	**503.78**	**468.8**	**－6.94**	**659.8**	**683.6**	**3.61**
主产区占全国比重（%）	93.11	93.13	0.02	92.52	93.15	0.67

表 11 各地区蔬菜产量增减情况（2011—2012 年） 单位：万 t、%

地区	2011 年	2012 年	同比增长
全国总计	**67 929.7**	**70 883.1**	**4.35**
北京	296.9	279.9	−5.72
天津	431.3	447.7	3.80
河北	7 384.3	7 695.1	4.21
山西	981.9	1 073.3	9.31
内蒙古	1 440.2	1 476.3	2.51
辽宁	2 832.5	2 977.6	5.12
吉林	971.4	957.5	−1.42
黑龙江	789.9	866.4	9.68
上海	408.2	406.9	−0.32
江苏	4 586.9	4 984.6	8.67
浙江	1 815.6	1 819.8	0.23
安徽	2 214.0	2 327.5	5.13
福建	1 623.4	1 673.9	3.11
江西	1 165.7	1 213.1	4.06
山东	9 180.9	9 386.0	2.23
河南	6 709.7	7 011.7	4.50
湖北	3 358.6	3 506.4	4.40
湖南	3 337.4	3 480.9	4.30
广东	2 851.0	2 982.7	4.62
广西	2 246.4	2 356.7	4.91
海南	469.1	499.0	6.38
重庆	1 408.0	1 509.3	7.20
四川	3 573.6	3 764.7	5.35
贵州	1 250.1	1 375.6	10.05
云南	1 340.0	1 472.7	9.90
西藏	60.1	65.6	9.19
陕西	1 432.5	1 525.6	6.50
甘肃	1 320.6	1 460.4	10.59
青海	144.6	158.7	9.77
宁夏	438.7	471.1	7.39
新疆	1 836.2	1 656.0	−11.26

表 12 我国主要林产品产量（2008—2012 年） 单位：万 t

年份	木材（万 m^3）	生漆	油桐籽	油茶籽	松脂	核桃	橡胶
2008	8 108.3	1.55	37.10	98.99	84.92	82.86	54.79
2009	7 068.3	2.05	36.73	116.93	104.66	97.94	61.89
2010	8 090.0	2.00	43.40	109.20	111.60	128.44	69.10
2011	8 145.9	1.89	43.77	148.00	115.66	165.55	75.08
2012	8 174.9	2.60	42.70	172.77	121.51	204.69	80.23

表 13　各地区主要林产品产量（2012 年）　　单位：t

地区	生漆	油桐籽	油茶籽	乌桕籽	五倍子	棕片	松脂	竹笋干	核桃	板栗	紫胶（原胶）
全国总计	**26 027**	**427 048**	**1 727 708**	**39 467**	**23 190**	**55 171**	**1 215 065**	**501 740**	**2 046 904**	**1 979 583**	**1 997**
北　京									16 828	32 140	
天　津									1 012	926	
河　北									126 636	243 925	
山　西									106 772	2 470	
内蒙古											
辽　宁									92 349	117 636	
吉　林									35 074	1 009	
（吉林集团）									1 371		
黑龙江									2 364		
（龙江集团）									748		
上　海								187			
江　苏			61	12				3 140	156	26 065	
浙　江		84	61 683			437	2 061	141 110	16 424	83 712	
安　徽	405	2 730	55 309	120	75	2 577	10 918	26 759	17 305	116 228	
福　建	172	23 136	89 433	1 585	140	14 886	98 369	101 997	43 996	86 218	15
江　西	81	8 189	448 189	325	143	2 723	90 607	12 196	72	27 817	
山　东									87 911	287 746	
河　南	2 100	96 241	6 551	10 052	4 131		2 912	166	93 021	136 173	
湖　北	7 603	19 008	85 140	19 988	2 767	3 274	35 899	10 737	91 351	399 608	
湖　南	1 295	42 430	651 370	960	2 932	7 288	37 552	7 239	15 213	96 830	
广　东	39	7 563	65 239	697		2 597	196 344	55 133	18	11 828	458
广　西	34	77 528	164 129	40	97	3 319	568 588	34 921	1 150	81 855	
海　南			2				3 773	320			
重　庆	6 607	13 191	4 260	1 168	7 015	688	2	25 973	8 925	17 403	
四　川	546	17 281	4 180	1 275	461	1 264	2 537	42 292	211 944	40 146	22
贵　州	3 085	77 675	37 107	2 467	1 537	3 755	7 559	14 248	20 137	26 774	5
云　南	583	19 314	14 334	62	202	9 177	157 149	7 333	508 455	70 829	1 497
西　藏									4 281		
陕　西	3 443	22 622	10 601	716	3 503	3 164	795	2 072	161 183	70 639	
甘　肃	33	56	120		187	22		9	68 584	1 626	
青　海									1 058		
宁　夏									250		
新　疆									314 435		
新疆兵团									9 613		

表 14　我国主要牲畜饲养情况（2008—2012 年）　单位：万头（只）

年　份	合　计	大牲畜年底存栏头数				
		牛	马	驴	骡	骆　驼
2008	12 251	10 576	682	673	296	24.0
2009	12 358	10 727	679	648	279	24.8
2010	12 239	10 626	677	640	270	25.6
2011	11 966	10 361	671	648	260	27.3
2012	11 892	10 343	634	636	249	29.5

年　份	肉猪出栏头数	牛出栏头数	猪年底存栏头数	羊年底存栏只数			羊出栏只数
				合　计	山　羊	绵　羊	
2008	61 017	4 446	46 291	28 085	15 229	12 856	26 172
2009	64 539	4 602	46 996	28 452	15 050	13 402	26 588
2010	66 686	4 717	46 460	28 088	14 204	13 884	27 220
2011	66 326	4 671	46 863	28 236	14 274	13 692	26 662
2012	69 790	4 761	47 592	28 504	14 136	14 368	27 100

表 15　我国主要畜产品产量（2008—2012 年）

年　份	总产量（万 t）	肉类产量（万 t）				奶类产量（万 t）		禽蛋产量（万 t）
		猪牛羊肉				总产量	其中:牛奶	
		小　计	猪　肉	牛　肉	羊　肉			
2008	7 278.7	5 614.0	4 620.5	613.2	380.3	3 731.5	3 555.8	2 702.2
2009	7 649.7	5 915.7	4 890.8	635.5	389.4	3 677.7	3 518.8	2 742.5
2010	7 925.8	6 123.1	5 071.2	653.1	398.9	3 748.0	3 575.6	2 762.7
2011	7 965.1	6 101.1	5 060.4	647.5	393.1	3 810.7	3 657.8	2 811.4
2012	8 387.2	6 405.9	5 342.7	662.3	401.0	3 875.4	3 743.6	2 861.2

年　份	蜂　蜜（万 t）	蚕　茧（万 t）		绵羊毛（万 t）			山羊毛总产（t）	羊绒总产（t）
		总　产	其中:桑蚕茧	总　产	细羊毛	半细羊毛		
2008	40.0	90.9	83.1	36.8	12.4	10.5	44 406	17 184
2009	40.2	83.2	76.1	36.4	12.7	11.3	49 453	16 964
2010	40.1	87.3	80.0	38.7	12.3	11.5	42 714	18 518
2011	43.1	91.6	83.6	39.3	13.3	12.0	44 047	17 989
2012	44.8	90.6	83.1	40.0	12.6	13.2	43 924	18 021

表16　各地区奶类产量（2011—2012年）　　单位：万t

地　区	2011年		2012年	
	奶类产量	其中：牛奶	奶类产量	其中：牛奶
全国总计	**3 810.7**	**3 657.9**	**3 875.4**	**3 743.6**
北　京	64.0	64.0	65.1	65.1
天　津	69.4	69.1	68.2	67.9
河　北	466.9	458.9	479.0	470.4
山　西	75.9	74.6	81.0	80.0
内蒙古	931.4	908.2	930.7	910.2
辽　宁	131.9	124.5	130.2	124.7
吉　林	46.0	45.2	49.8	49.1
黑龙江	550.4	543.1	565.0	559.9
上　海	29.1	29.1	30.2	30.2
江　苏	59.2	59.2	61.3	61.3
浙　江	19.9	19.9	19.3	19.3
安　徽	22.5	22.5	24.1	24.1
福　建	15.8	15.5	15.4	15.0
江　西	12.3	11.8	12.6	12.6
山　东	278.9	268.9	294.1	283.9
河　南	321.1	306.6	330.4	316.1
湖　北	34.8	14.2	15.7	15.3
湖　南	8.1	8.1	8.5	8.5
广　东	14.5	14.2	13.9	13.6
广　西	8.9	8.9	9.4	9.4
海　南	0.2	0.2	0.2	0.2
重　庆	8.0	8.0	7.7	7.7
四　川	71.7	71.2	72.2	71.7
贵　州	4.9	4.9	5.1	5.1
云　南	56.6	52.4	58.0	53.7
西　藏	29.8	23.8	31.6	25.6
陕　西	182.4	140.5	189.1	141.8
甘　肃	37.7	37.0	38.6	38.0
青　海	28.5	26.9	29.4	27.6
宁　夏	96.0	96.0	103.5	103.5
新　疆	133.9	130.5	136.3	132.2

表17　我国农垦系统主要畜产品产量（2011—2012年）　　单位：万t、%

项　　目	2011年	2012年	同比增长
1. 肉类总产量	278.9	296.6	6.3
其中：猪肉	162.1	173.5	7.0
牛肉	24.7	26.7	8.0
羊肉	20.5	20.1	−2.0
2. 牛奶	405.9	435.0	7.2
3. 羊毛	2.8	2.8	0.4
4. 蜂蜜	0.7	1.1	49.9
5. 禽蛋	44.0	47.7	8.2

表 18 我国水产品产量（2008—2012 年） 单位：kt

年份	总产量	1. 海水产品	其中		2. 内陆产品	其中	
			捕捞	养殖		捕捞	养殖
2008	48 956	25 983	11 496	14 487	22 973	2 248	20 725
2009	51 164	26 816	11 786	15 030	24 349	2 184	22 165
2010	53 730	27 975	12 036	15 939	25 755	2 289	23 465
2011	56 032	29 080	13 281	15 799	26 952	2 232	24 719
2012	59 077	30 333	13 895	16 438	28 743	2 298	26 445

表 19 各地区水产品产量（2012 年） 单位：kt

地区	总产量	1. 海水产品	其中		2. 内陆产品	其中	
			捕捞	养殖		捕捞	养殖
全国总计	**59 076.8**	**30 333.4**	**13 895.3**	**16 438.1**	**28 743.3**	**2 298.0**	**26 445.4**
北京	63.8	9.6	9.6		54.2	3.8	50.4
天津	365.0	41.6	27.3	14.3	323.5	11.5	312.0
河北	1 163.2	634.7	252.6	382.1	528.5	97.6	430.9
山西	41.2				41.2	1.1	40.1
内蒙古	131.6				131.5	31.1	100.4
辽宁	4 786.3	3 893.3	1 257.7	2 635.6	893.0	51.6	841.4
吉林	182.1				182.1	20.1	162.0
黑龙江	452.8				452.8	51.9	400.9
上海	297.1	130.6	130.6		166.5	4.4	162.1
江苏	4 937.4	1 484.9	579.9	905.0	3 452.6	334.2	3 118.4
浙江	5 395.8	4 312.5	3 451.1	861.4	1 083.4	99.6	983.8
安徽	2 074.9				2 074.9	323.5	1 751.4
福建	6 286.8	5 466.1	2 139.5	3 326.6	820.8	86.2	734.6
江西	2 370.0				2 370.0	264.9	2 105.1
山东	8 418.9	6 860.7	2 498.3	4 362.4	1 558.2	139.3	1 418.9
河南	717.2				717.2	41.6	675.6
湖北	3 889.5				3 889.5	213.1	3 676.4
湖南	2 214.4				2 214.4	105.0	2 109.4
广东	7 895.0	4 323.5	1 566.1	2 757.4	3 571.5	130.6	3 440.9
广西	3 038.7	1 653.9	676.6	977.3	1 390.7	129.5	1 261.2
海南	1 727.3	1 325.4	1 109.3	216.1	401.9	21.4	380.5
重庆	330.7				330.7	14.9	315.8
四川	1 189.1				1 189.1	60.3	1 128.8
贵州	134.7				134.7	14.3	120.4
云南	401.2				401.2	28.3	372.9
西藏	0.4				0.4	0.3	0.1
陕西	105.4				105.5	4.8	100.7
甘肃	13.3				13.3		13.3
青海	4.5				4.6	0.1	4.5
宁夏	123.5				123.5	0.2	123.3
新疆	121.7				121.7	12.7	109.0

表 20　我国沿海地区海洋捕捞水产品产量（按品种分）（2012 年）　单位：kt

地　区	海洋捕捞产量	按水产品种类分					
		1. 鱼类	带　鱼	鳀　鱼	蓝圆鲹	鲐　鱼	鲅　鱼
全国总计	**12 671.9**	**8 758.5**	**1 096.7**	**824.2**	**581.0**	**509.5**	**459.3**
天　津	16.5	10.3		1.1		1.4	0.3
河　北	252.6	129.7	5.7	36.4		0.1	13.1
辽　宁	1 079.3	657.1	21.8	95.4		38.0	75.5
上　海	20.4	10.7	0.5				0.1
江　苏	566.1	335.1	57.3	2.7	0.1	18.8	8.3
浙　江	3 160.2	2 114.9	452.5	61.9	109.9	190.4	67.0
福　建	1 927.2	1 440.6	165.4	80.7	242.4	120.8	51.9
山　东	2 363.3	1 613.4	82.4	503.7		85.5	174.6
广　东	1 510.5	1 112.9	133.3	28.6	114.0	30.2	29.5
广　西	666.6	384.2	31.4		71.2	13.7	2.2
海　南	1 109.3	949.5	146.2	13.6	43.5	10.8	36.8

地　区	按水产品种类分						
	鲳　鱼	小黄鱼	海　鳗	金线鱼	沙丁鱼	石斑鱼	金枪鱼
全国总计	**341.3**	**400.6**	**363.0**	**332.2**	**132.0**	**97.1**	**41.6**
天　津		4.2					
河　北	1.8	6.1				0.1	
辽　宁	7.0	116.1	0.1	0.1	2.4	2.2	
上　海	0.2	0.2	0.3				
江　苏	36.7	35.4	8.4	0.4	1.6		
浙　江	103.6	103.4	86.5	3.3	24.5	1.2	4.5
福　建	58.2	9.1	66.9	10.4	12.1	17.2	3.4
山　东	24.8	87.3	18.5		6.6	0.5	
广　东	56.6	22.0	80.2	84.4	60.7	30.9	17.2
广　西	11.7		13.9	36.2	13.0	6.0	
海　南	40.7	16.9	88.3	197.3	11.0	39.1	16.5

注：海洋捕捞产量不含远洋。

（续）

地区	按水产品种类分						
	2. 甲壳类	虾	毛虾	对虾	鹰爪虾	蟹	其中：梭子蟹
全国总计	**2 207.4**	**1 560.1**	**568.5**	**131.4**	**206.0**	**647.3**	**400.3**
天 津	2.6	2.0	0.2	0.1		0.7	0.4
河 北	62.5	43.8	11.2	1.4	1.9	18.7	13.8
辽 宁	204.1	142.8	42.3	4.2	8.2	61.3	27.3
上 海	9.5	2.3		0.1	0.1	7.2	3.3
江 苏	127.2	49.4	22.7	3.1	10.4	77.8	66.2
浙 江	846.6	685.9	264.3	30.9	180.8	160.7	99.6
福 建	306.2	176.6	57.4	22.3	41.8	129.6	84.2
山 东	265.0	230.9	93.6	3.9	32.6	34.0	21.9
广 东	217.0	139.2	43.2	44.9	17.0	77.8	43.1
广 西	122.7	69.2	28.1	16.9	8.3	53.5	30.8
海 南	44.0	17.8	5.5	3.6	4.4	26.2	9.7

地区	按水产品种类分						
	3. 贝类	4. 藻类	5. 头足类	鱿鱼	章鱼	6. 其他类	海蜇
全国总计	**563.4**	**25.7**	**698.9**	**385.8**	**124.1**	**418.0**	**206.9**
天 津	2.4		1.0	0.7	0.2	0.1	0.1
河 北	19.2		10.5	0.9	6.0	30.7	25.3
辽 宁	91.8	0.01	51.8	30.9	8.7	74.4	28.8
上 海			0.09	0.02	0.05	0.2	0.1
江 苏	54.9	1.3	19.0	11.6	4.7	28.7	17.4
浙 江	17.6	2.7	144.6	82.2	30.4	33.8	2.2
福 建	49.6	1.9	112.4	56.0	16.5	16.4	11.5
山 东	177.3	1.8	164.1	106.5	28.8	141.8	64.8
广 东	61.7	4.8	75.5	30.1	17.1	38.5	20.2
广 西	59.9		47.9	23.8	6.8	51.9	35.6
海 南	29.0	13.3	72.0	43.1	5.0	1.5	0.9

表 21 我国沿海地区海水养殖水产品产量（按品种分）（2012 年） 单位：kt

地 区	海水养殖产量	1. 鱼类	鲈鱼	鲆鱼	大黄鱼	美国红鱼	石斑鱼
全国总计	**16 438.1**	**1 028.4**	**125.8**	**113.6**	**95.1**	**65.7**	**72.8**
天 津	14.3	3.7	0.1	2.3		0.1	0.3
河 北	382.1	12.2	0.1	4.1			
辽 宁	2 635.6	57.8	1.6	35.2			
上 海							
江 苏	905.0	73.0	1.8	3.1			0.0
浙 江	861.4	29.9	8.5	0.2	3.3	7.8	0.3
福 建	3 326.6	213.3	18.3	3.3	83.5	13.6	18.8
山 东	4 362.4	148.8	23.5	64.4	0.1	5.7	0.0
广 东	2 757.4	399.4	59.9	0.8	8.3	31.5	35.0
广 西	977.3	40.4	8.9			4.8	2.3
海 南	216.1	50.0	3.2			2.3	16.0

地 区	1. 鱼类					2. 甲壳类	虾
	鲷 鱼	军曹鱼	鰤 鱼	河 鲀	鲽 鱼		
全国总计	**52.3**	**38.0**	**13.1**	**13.2**	**10.4**	**1 249.6**	**1 005.7**
天 津	0.1			0.2	0.0	10.6	10.6
河 北				2.1	0.5	19.5	17.9
辽 宁			0.2	3.4	0.2	29.5	27.6
上 海							
江 苏	0.1			0.2	1.4	94.9	61.9
浙 江	2.4			0.2	0.1	94.6	46.9
福 建	22.6	0.6	3.4	1.4	0.5	134.3	80.7
山 东				5.0	7.6	118.3	93.2
广 东	18.4	24.4	8.7	0.6	0.2	412.7	361.6
广 西	6.3	0.2				213.6	199.4
海 南	2.5	12.8	0.9	0.1		121.6	106.0

（续）

地 区	2. 甲壳类						
	虾				蟹	梭子蟹	青蟹
	南美白对虾	斑节对虾	中国对虾	日本对虾			
全国总计	**762.5**	**64.6**	**41.2**	**49.4**	**243.8**	**99.6**	**129.0**
天 津	10.6						
河 北	10.3		4.2	3.3	1.6	1.4	
辽 宁	11.9		11.8	2.5	1.9	1.3	
上 海							
江 苏	15.3	1.6	4.5	1.3	33.0	29.4	2.0
浙 江	31.2	1.1	1.4	1.1	47.6	21.1	26.0
福 建	58.6	5.9	3.6	9.7	53.6	22.1	27.5
山 东	51.6	2.1	7.2	26.0	25.1	21.2	0.4
广 东	294.9	39.6	8.5	5.3	51.1	3.0	43.6
广 西	175.2	11.7		0.2	14.2		14.2
海 南	103.0	2.5			15.6	0.1	15.3

地 区	3. 贝类	牡蛎	蛤	扇贝	蛏	贻贝	蚶
全国总计	**12 084.4**	**3 948.8**	**3 735.5**	**1 420.0**	**720.5**	**764.4**	**278.1**
天 津							
河 北	341.7	0.0	29.8	296.0		1.1	9.4
辽 宁	2 099.6	146.6	1 120.0	352.7	24.9	40.9	26.7
上 海							
江 苏	705.6	39.4	363.0		87.7	53.6	30.5
浙 江	682.3	148.7	60.5	0.4	218.4	77.1	108.1
福 建	2 249.6	1 476.4	299.3	6.2	205.9	73.5	43.6
山 东	3 398.1	669.5	1 320.7	674.0	159.4	422.2	5.4
广 东	1 863.1	1 027.3	310.8	88.5	23.1	86.7	50.6
广 西	720.5	439.3	220.6	2.1	1.1	9.4	2.9
海 南	24.0	1.5	10.7	0.1			0.7

（续）

地 区	3. 贝类				4. 藻类		
	螺	蛏	鲍	江珧	总计	海带	裙带菜
全国总计	**214.3**	**720.5**	**90.7**	**15.1**	**1 764.7**	**979.0**	**175.1**
天 津							
河 北	0.0						
辽 宁		24.9	5.3		325.6	195.7	129.9
上 海							
江 苏	58.1	87.7			22.9	0.6	
浙 江	11.9	218.4	0.7		46.9	11.6	0.1
福 建	3.8	205.9	65.2		708.9	532.3	
山 东	15.5	159.4	11.5		566.4	234.8	44.8
广 东	88.3	23.1	7.3	15.1	73.9	4.1	0.4
广 西	34.6	1.1					
海 南	2.0		0.6		20.2		

地区	4. 藻类		5. 其他	海参	海胆 (kg)	海水珍珠 (kg)	海蜇
	江蓠	紫菜					
全国总计	**196.8**	**112.3**	**311.1**	**170.8**	**5 852 710**	**9 663**	**63.8**
天 津							
河 北			8.7	6.6			
辽 宁			123.1	64.5	142 550		42.6
上 海							
江 苏	1.3	21.0	8.6	0.5			4.7
浙 江	0.8	24.7	7.8	0.5			1.7
福 建	107.4	55.9	20.6	15.5	21 000		1.1
山 东	21.3	0.9	130.9	82.9	3 816 000		11.9
广 东	54.6	9.8	8.3	0.2	1 873 160	6 903	1.7
广 西			2.7	0.0		760	0.1
海 南	11.3		0.3			2 000	

表 22 各地区农垦系统水产品养殖面积与产量（2012 年）

单位：hm²、t

地 区	水产养殖面积	水产品总产量	其中：养殖产量	对虾养殖面积	对虾产量
全国总计	**311 315**	**1 377 736**	**1 161 695**	**19 319**	**51 236**
北 京					
天 津	615	7 365	7 365		
河 北	15 617	104 735	80 057	10 646	25 578
山 西	8	5	5		
内蒙古	3 426	5 214	1 790		
辽 宁	69 295	443 654	305 641	3 808	2 866
吉 林	890	1 769	1 586		
黑龙江	24 653	34 500	26 074		
上 海	3 475	35 823	35 823		
江 苏	4 355	47 784	46 947	518	5 261
浙 江	1 017	5 484	2 735	635	1 500
安 徽	858	3 923	3 504		
福 建	2 128	34 360	26 900	157	756
江 西	18 893	39 282	27 856		
山 东	5 526	6 076	2 693	1 494	1 030
河 南	649	6 894	6 894		
湖 北	48 028	379 302	379 302		
湖 南	50 416	78 281	64 407		
广 东	4 055	34 512	34 512	1 446	11 079
广 西	1 430	16 569	16 569	272	1 924
海 南	5 075	38 335	37 298	343	1 242
重 庆	2 020	963	963		
四 川	6	15	15		
贵 州	48	31	31		
云 南	1 407	5 179	5 179		
西 藏					
陕 西	33	42	42		
甘 肃	339	58	58		
青 海					
宁 夏	7 020	9 783	9 783		
新疆（兵团）	36 332	35 369	35 369		
新疆（农业）	3 400	1 870	1 870		
新疆（畜牧）	268	429	429		
热作两院	24	121			
广 州					
南 京	8	11			
昆 明					

表 23　我国按人口平均的主要农畜产品产量（2008—2012 年）　单位：kg/人

年　份	粮　食	棉　花	油　料	水　果	茶　叶	猪牛羊肉
2008	399	5.7	22.3	145.1	0.95	42.4
2009	399	4.8	23.7	153.2	1.02	44.4
2010	409	4.5	24.2	160.0	1.10	45.8
2011	425	4.9	24.6	169.4	1.21	45.4
2012	437	5.1	25.6	178.1	1.33	47.4
年　份	禽　蛋	牛　奶	水产品	糖　料	烤　烟	黄红麻
2008	20.3	26.8	37.0	101.1	1.98	0.06
2009	20.5	26.4	38.4	92.2	2.10	0.06
2010	20.6	26.7	40.2	89.8	2.04	0.05
2011	20.9	27.1	41.7	93.1	2.13	0.06
2012	21.1	27.6	43.7	99.8	2.23	0.05

表 24　我国城乡居民家庭人均食品消费量比较（2008—2012 年）

单位：kg/人

年　份	粮　食		蔬　菜		食用油(植物油)		猪牛羊肉		家　禽		水产品	
	农村	城市	农村	城市	农村	城市	农村	城市	农村	城市	农村	城市
2008	199.1		99.7	123.2	5.4	10.3	13.9	22.7	4.4	8.0	5.3	7.8
2009	189.3	81.3	98.4	120.5	5.4	9.8	15.3	24.2	4.3	10.5	5.3	7.9
2010	181.4	81.5	93.3	116.1	5.3	8.8	15.8	24.5	4.2	10.2	5.2	15.2
2011	170.7	80.7	89.4	114.6	7.5	9.3	16.3	24.6	4.5	10.6	5.4	14.6
2012	164.3	78.8	84.7	112.3	6.9	9.1	16.4	25.0	4.5	10.8	5.4	15.2

表 25　我国城镇和农村人口人均食品消费支出情况（2008—2012 年）

单位：元/人

项　目	2008 年	2009 年	2010 年	2011 年	2012 年
全国人均	**2 850.48**	**2 960.56**	**3 301.18**	**3 623.91**	**4 104.04**
城镇居民	4 259.81	4 478.54	4 804.71	5 506.33	6 040.85
农村居民	1 598.75	1 636.04	1 800.67	1 651.29	1 969.66
人均增长	341.97	110.08	340.62	322.73	477.13
城镇居民增长	631.78	218.73	326.17	701.62	534.52
农村居民增长	209.76	37.29	164.53	−149.38	318.37

资料来源：表中数据来自 2013 年《中国统计年鉴》。

表 26　我国人口增长情况（2008—2012 年）　单位：万人

项　目	2008 年	2009 年	2010 年	2011 年	2012 年
人口数	132 802	133 450	133 972	134 735	135 404
增长人数	673	648	641	644	669
其中：城镇人口	62 403	64 512	66 978	69 079	71 182
农村人口	70 399	68 938	67 113	65 656	64 222

农产品加工机械拥有量及农产品加工行业固定资产投资情况

表 27 农业部系统农产品初加工机械年末拥有量（2012 年）

地 区	农产品初加工动力机械		初加工作业机械（万台）	畜牧养殖机械（万台）	渔业机械（万台）	林果机械（万台）
	万台	（万 kW）				
全国总计	**1 461.7**	**8 920.9**	**1 316.7**	**661.7**	**348.8**	**27.62**
北 京	0.6	5.4	0.6	1.0	1.4	0.46
天 津	2.4	8.8	0.7	0.7	5.9	0.02
河 北	98.7	904.8	48.5	13.4	5.6	0.28
山 西	22.9	194.9	17.9	8.3	0.1	0.43
内蒙古	10.4	92.7	6.7	22.8	0.2	0.22
辽 宁	21.7	135.3	15.5	19.7	7.3	0.64
吉 林	15.6	147.1	12.9	13.1	0.7	0.07
黑龙江	12.7	139.7	5.9	21.2	0.4	0.21
上 海	0.4	3.1	0.4	0.2	2.6	0.09
江 苏	26.1	254.6	23.6	13.8	73.5	1.54
浙 江	20.2	135.8	50.7	5.3	23.5	2.75
安 徽	49.2	344.1	51.8	7.5	6.3	2.64
福 建	62.6	212.4	63.9	4.2	16.2	1.53
江 西	66.9	684.9	47.9	7.9	9.2	1.47
山 东	99.9	893.5	49.7	19.1	12.6	1.00
河 南	82.7	594.1	54.5	22.6	3.9	0.29
湖 北	92.4	459.8	92.9	37.3	35.8	2.60
湖 南	135.7	709.6	130.1	25.7	12.8	0.89
广 东	28.6	232.1	23.7	11.0	92.3	1.56
广 西	86.3	461.4	85.9	15.2	7.2	0.55
海 南	2.5	27.5	2.4	0.8	6.9	0.06
重 庆	95.5	327.7	108.6	50.1	5.6	0.64
四 川	146.9	602.4	175.7	62.6	14.8	0.45
贵 州	121.2	512.0	119.2	36.8	0.1	0.41
云 南	80.6	417.5	78.2	113.6	1.8	0.28
西 藏	1.4	5.4	1.4	1.2		
陕 西	39.4	197.4	24.6	33.9	1.2	1.55
甘 肃	80.0	125.5	14.9	27.4	0.1	0.01
青 海	1.3	9.9	2.7	1.7		
宁 夏	2.5	25.8	2.1	15.0	0.6	2.43
新 疆	4.7	55.7	3.2	8.7	0.5	2.55

表 28　我国农产品加工行业固定资产投资情况（2012 年）　单位：亿元、%

行　　业	投资额	新增固定资产	固定资产交付使用率（平均值）
合　　计	**32 104.6**	**23 780.0**	**72.0**
农副食品加工业	6 858.7	5 180.4	75.5
食品制造业	3 061.5	2 116.7	69.1
饮料制造业	2 581.5	1 797.5	69.6
烟草制品业	238.8	108.8	45.6
纺织业	3 971.5	2 960.8	74.6
纺织服装、鞋、帽制造业	2 530.6	2 033.0	80.3
皮革、毛皮、羽毛（绒）及其制品业	1 312.9	941.5	71.7
木材加工及木、竹、藤、棕、草制品业	2 401.7	1 890.7	78.5
家具制造业	1 532.0	1 186.7	77.5
造纸及纸制品业	2 215.8	1 629.3	73.5
印刷业和记录媒介的复制	1 056.6	809.3	76.6
橡胶制品业	4 343.3	3 125.3	72.0

表 29　我国农产品加工行业新增固定资产后主要产品新增生产能力（2011—2012 年）

产品名称	单　位	2011 年	2012 年
轮胎外胎	万条/年	9 744	12 562
轮胎内胎	万条/年	2 055	2 668
化学纤维	t/年	4 835 546	4 053 366
棉 纺 锭	锭	11 104 767	11 616 127
毛 纺 锭	锭	357 351	108 914
啤　酒	万 t/年	376	379
白　酒	万 t/年	199	290
其 他 酒	万 t/年	26	47
卷　烟	箱 /年	1 097 000	1 320 000
机制纸浆	万 t/年	214	190

表 30　我国农产品加工行业按行业分施工、投产项目数（2012 年）

行　　业	施工项目（个）		全部建成投产项目（个）	项目建成投产率（%）
	总　计	其中：新开工		
合　计	**65 799**	**48 212**	**44 403**	**65.9**
农副食品加工业	14 185	10 430	9 468	66.8
食品制造业	5 697	4 159	3 723	65.4
饮料制造业	4 672	3 406	2 959	63.3
烟草制品业	253	149	118	46.6
纺织业	8 101	5 957	5 572	68.8
纺织服装、鞋、帽制造业	6 268	4 593	4 364	69.6
皮革、毛皮、羽毛（绒）及其制品业	3 074	2 209	2 040	66.4
木材加工及木、竹、藤、棕草制品业	6 380	5 022	4 581	71.8
家具制造业	3 354	2 399	2 324	69.3
造纸及纸制品业	3 521	2 516	2 344	66.6
印刷业和记录媒介的复制	2 175	1 617	1 507	69.3
橡胶制品业	8 119	5 755	5 403	66.6

表 31 林业系统森工固定资产投资完成情况（2011—2012 年）

单位：万元、%

项 目	2011 年	2012 年	同比增长
一、森工固定资产投资完成额（按构成划分）	9 173 704	12 740 068	38.88
1. 基本建设	3 684 213	4 415 770	19.86
2. 更新改造	1 629 149	2 040 190	25.23
3. 其他投资	3 860 342	6 284 108	62.79
二、当年新增固定资产	4 734 472	5 849 057	23.54

表 32 林业系统各地区森工固定资产投资完成情况（2012 年）

单位：万元

地 区	合 计	基本建设	更新改造	其他投资
全国总计	**12 740 068**	**4 415 770**	**2 040 190**	**6 284 108**
北 京	767 460	554 980	3 202	209 278
天 津				
河 北	38 278	24 066	806	13 406
山 西	230 866	8 140	2 236	220 490
内蒙古	200 328	146 234	30 035	24 059
辽 宁	132 927	8 689	45	124 193
吉 林	255 187	203 141	15 966	36 080
黑龙江	1 018 643	722 370	123 657	172 616
上 海	66 261		383	65 878
江 苏	677 604	16 089	7 553	653 962
浙 江	23 201	2 450	2 748	18 003
安 徽	166 215	38 950	2 624	124 641
福 建	90 906	41 619	1 147	48 140
江 西	29 917	14 536		15 381
山 东	336 697	31 329	18 784	286 584
河 南	17 382	1 719		15 663
湖 北	83 112	51 445	25 278	6 389
湖 南	431 832	150 814	24 655	256 363
广 东				
广 西	6 701 705	1 828 500	1 680 982	3 192 223
海 南	19 980	16 417	99	3 464
重 庆	93 632	40 630	269	52 733
四 川	170 521	41 162	26 750	102 609
贵 州	937	937		
云 南	342 595	76 093	39 061	227 441
西 藏	1 376	1 376		
陕 西	192 139	78 052	2 762	111 325
甘 肃	266 218	50 972	360	214 886
青 海	8 938	1 613	480	6 845
宁 夏	7 751	7 751		
新 疆	97 849	25 329	1 501	71 019
局直属单位	269 611	230 367	28 407	10 437
大兴安岭	222 136	195 317	22 128	4 691

表 33 我国农垦系统固定资产投资完成情况（2011—2012 年）

单位：万元、%

项目	2011 年	2012 年	同比增长
固定资产投资总额	24 412 601	33 219 135	36.07
当年新增固定资产	13 332 570	24 678 255	85.09

表 34 我国水产行业固定资产投资完成情况（2011—2012 年）

单位：亿元、%

项目	2011 年	2012 年	同比增长
投资总额	371.3	518.0	39.51
本年新增固定资产	296.4	375.8	26.79
固定资产交付使用率（%）	79.9	72.5	−9.26

资料来源：表中数据来自 2013 年《中国统计年鉴》。

按国民经济行业分类统计农产品加工业现状

表 35 我国农产品加工业规模以上工业企业主要指标（2012 年）

行业	单位数（个）	工业总产值（亿元）	资产总计（亿元）	主营业务收入（亿元）	利润总额（亿元）	从业人员年平均人数（万人）
合计	**118 867**		**96 962.10**	**207 034.87**	**13 458.03**	
农副食品加工业	22 356		23 454.12	52 145.58	3 202.68	
食品制造业	7 306		10 009.68	15 834.33	1 423.10	
饮料制造业	5 311		11 176.84	13 549.14	1 602.36	
烟草制品业	135		7 084.34	7 571.52	1 071.49	
纺织业	20 435		20 479.98	32 241.14	1 894.25	
纺织服装、鞋、帽制造业	14 788		9 985.24	17 285.89	1 143.69	
皮革、毛皮、羽毛（绒）及其制品业	7 806		5 598.74	11 268.72	822.05	
木材加工及竹、藤、棕、草制品业	8 498		4 441.30	10 274.88	740.15	
家具制造业	4 559		3 545.86	5 669.89	387.05	
造纸及纸制品业	7 128		11 862.73	12 501.49	774.21	
印刷业和记录媒介的复制	4 189		3 780.74	4 535.43	397.85	
橡胶制品业	16 356		16 151.24	24 156.86	1 568.74	

表 36 我国农产品加工业规模以上工业企业主要经济效益指标（2012 年）

行业	总资产贡献率（%）	资产负债率（%）	流动资产周转次数（次/年）	工业成本费用利润率（%）	产品销售率（%）
平均值	**24.85**	**49.02**	**2.97**	**9.95**	**98.15**
农副食品加工业	20.76	54.34	4.09	6.55	97.95
食品制造业	21.88	48.31	3.15	9.82	97.93
饮料制造业	24.78	48.25	2.34	13.78	97.23
烟草制品业	84.98	24.99	1.72	29.81	100.34
纺织业	15.94	55.96	3.03	6.24	98.52
纺织服装、鞋、帽制造业	18.64	51.45	2.83	7.11	97.63
皮革、毛皮、羽毛（绒）及其制品业	22.99	48.39	3.25	7.90	98.18
木材加工及竹、藤、棕、草制品业	26.73	45.08	4.93	7.86	97.80
家具制造业	17.84	52.73	2.84	7.37	97.93
造纸及纸制品业	11.81	58.02	2.36	6.49	97.96
印刷业和记录媒介的复制	16.26	48.05	2.30	9.53	98.23
橡胶制品业	15.59	52.64	2.81	6.93	98.24

表 37 我国农产品加工业国有及国有控股工业企业主要指标（2012 年）

行业	单位数（个）	工业总产值（亿元）	资产总计（亿元）	主营业务收入（亿元）	利润总额（亿元）	从业人员年平均人数（万人）
合计	**2 682**		**12 439.10**	**18 248.94**	**1 966.35**	
农副食品加工业	630		1 975.41	2 983.00	98.75	
食品制造业	292		941.46	934.73	53.35	
饮料制造业	279		3 232.45	2 663.13	562.31	
烟草制品业	107		1 027.99	7 522.58	1 161.35	
纺织业	242		1 009.44	850.50	18.27	
纺织服装、鞋、帽制造业	155		209.95	200.85	8.36	
皮革、毛皮、羽毛（绒）及其制品业	136		64.52	114.49	4.50	
木材加工及竹、藤、棕、草制品业	115		208.38	186.89	6.21	
家具制造业	22		81.59	93.71	18.07	
造纸及纸制品业	119		1 735.22	911.57	25.97	
印刷业和记录媒介的复制	304		622.40	486.43	59.77	
橡胶制品业	281		1 330.29	1 301.11	49.44	

表 38　我国农产品加工业国有及国有控股工业企业主要经济效益指标（2012 年）

行　　业	总资产贡献率（%）	资产负债率（%）	流动资产周转次数（次/年）	工业成本费用利润率（%）	产品销售率（%）
平　均　值	**18.46**	**49.48**	**1.86**	**9.99**	**98.40**
农副食品加工业	9.46	72.35	2.29	3.31	96.31
食品制造业	11.39	57.74	2.29	5.47	98.81
饮料制造业	28.42	41.17	1.40	27.60	98.32
烟草制品业	85.46	24.79	1.72	29.87	100.35
纺织业	5.53	62.22	1.80	2.06	98.48
纺织服装、鞋、帽制造业	7.63	2.60	1.48	4.09	100.98
皮革、毛皮、羽毛（绒）及其制品业	11.76	44.70	2.72	3.80	99.94
木材加工及竹、藤、棕、草制品业	7.96	66.37	1.99	3.30	94.76
家具制造业	26.48	56.62	1.76	20.76	97.53
造纸及纸制品业	5.56	65.13	1.31	2.72	97.79
印刷业和记录媒介的复制	14.03	37.99	1.64	13.22	97.69
橡胶制品业	7.88	62.12	1.88	3.76	99.79

表 39　我国农产品加工业外商投资和港澳台商投资工业企业主要指标（2012 年）

行　　业	单位数（个）	工业总产值（亿元）	资产总计（亿元）	主营业务收入（亿元）	利润总额（亿元）	从业人员年平均人数（万人）
合　　计	**20 777**		**37 212.01**	**47 955.58**	**3 157.26**	
农副食品加工业	1 982		5 788.12	10 209.50	589.13	
食品制造业	1 218		3 663.12	4 993.71	500.16	
饮料制造业	756		3 097.03	3 668.68	297.64	
烟草制品业	1		1.59	1.67	0.50	
纺织业	3 152		4 672.80	5 532.69	300.93	
纺织服装、鞋、帽制造业	4 588		3 777.36	5 825.69	376.42	
皮革、毛皮、羽毛（绒）及其制品业	2 319		2 595.58	4 347.65	305.37	
木材加工及竹、藤、棕、草制品业	591		645.38	942.47	53.35	
家具制造业	1 000		1 199.80	1 535.51	88.32	
造纸及纸制品业	1 115		4 942.78	3 378.73	211.48	
印刷业和记录媒介的复制	618		1 072.01	990.44	100.62	
橡胶制品业	3 437		5 755.44	6 528.64	333.50	

表 40　我国农产品加工业外商投资和港澳台商投资工业企业主要经济效益指标（2012 年）

行　业	总资产贡献率（%）	资产负债率（%）	流动资产周转次数（次/年）	工业成本费用利润率（%）	产品销售率（%）
平　均　值	**16.97**	**49.08**	**2.28**	**10.06**	**98.71**
农副食品加工业	15.48	63.38	2.82	6.00	98.41
食品制造业	21.47	49.43	2.42	10.92	98.01
饮料制造业	18.29	51.13	2.71	8.80	100.24
烟草制品业	44.08	22.07	2.69	40.07	102.28
纺织业	11.18	51.30	2.17	5.68	97.44
纺织服装、鞋、帽制造业	16.35	48.40	2.35	6.91	97.92
皮革、毛皮、羽毛（绒）及其制品业	18.50	47.29	2.54	7.52	98.19
木材加工及竹、藤、棕、草制品业	14.21	48.98	2.46	6.00	98.01
家具制造业	12.02	54.78	2.00	6.03	98.07
造纸及纸制品业	8.16	56.12	1.59	6.37	97.53
印刷业和记录媒介的复制	13.92	44.19	1.56	11.15	98.78
橡胶制品业	9.98	51.85	2.04	5.27	99.63

表 41　我国农产品加工业私有工业企业主要指标（2012 年）

行　业	企业数（个）	工业总产值（亿元）	资产总计（亿元）	主营业务收入（亿元）	利润总额（亿元）	从业人员年平均人数（万人）
合　计	**70 204**		**41 505.93**	**92 431.21**	**6 287.69**	
农副食品加工业	13 717		8 469.70	23 898.72	1 607.73	
食品制造业	3 830		2 761.43	5 466.73	435.18	
饮料制造业	2 731		1 902.20	3 743.34	330.59	
烟草制品业	4		15.53	5.76	0.39	
纺织业	13 573		8 950.23	16 567.98	1 032.63	
纺织服装、鞋、帽制造业	7 789		3 853.17	7 852.30	495.35	
皮革、毛皮、羽毛（绒）及其制品业	4 254		1 958.35	4 898.64	368.69	
木材加工及竹、藤、棕、草制品业	6 192		2 418.57	6 955.48	531.59	
家具制造业	2 642		1 588.44	2 927.99	212.57	
造纸及纸制品业	4 165		2 556.15	4 891.65	326.80	
印刷业和记录媒介的复制	2 243		1 282.85	4 036.72	153.17	
橡胶制品业	9 064		5 749.31	11 185.90	793.49	

表42 我国农产品加工业私有工业企业主要经济效益指标（2012年）

行业	总资产贡献率（%）	资产负债率（%）	流动资产周转次数（次/年）	工业成本费用利润率（%）	产品销售率（%）
平均值	**23.01**	**53.42**	**3.95**	**7.88**	**97.36**
农副食品加工业	28.48	44.86	5.81	7.31	98.04
食品制造业	24.55	42.71	4.31	8.80	97.96
饮料制造业	29.24	46.45	4.31	9.98	96.76
烟草制品业	5.53	88.17	0.90	7.33	91.83
纺织业	19.51	57.55	3.46	6.71	97.95
纺织服装、鞋、帽制造业	21.20	53.05	3.49	6.78	97.59
皮革、毛皮、羽毛（绒）及其制品业	29.74	51.02	4.47	8.25	98.24
木材加工及竹、藤、棕、草制品业	34.24	41.83	6.42	8.35	98.01
家具制造业	21.73	52.31	3.53	7.97	97.83
造纸及纸制品业	21.21	56.27	3.75	7.21	97.95
印刷业和记录媒介的复制	19.13	54.89	3.17	8.16	98.43
橡胶制品业	21.53	51.88	3.76	7.71	97.98

表43 我国农产品加工业大中型工业企业主要指标（2012年）

行业	企业数（个）	工业总产值（亿元）	资产总计（亿元）	主营业务收入（亿元）	利润总额（亿元）	从业人员年平均人数（万人）
合计	**21 130**		**79 798.07**	**108 318.19**	**8 706.80**	
农副食品加工业	2 766		12 896.26	23 113.59	1 459.80	
食品制造业	1 497		6 568.75	9 646.65	968.60	
饮料制造业	1 009		8 154.36	8 825.24	1 185.59	
烟草制品业	91		6 722.32	7 252.27	1 018.07	
纺织业	3 799		12 711.24	17 557.37	1 042.28	
纺织服装、鞋、帽制造业	3 991		6 574.63	9 865.32	736.04	
皮革、毛皮、羽毛（绒）及其制品业	2 366		3 787.52	7 060.43	561.21	
木材加工及竹、藤、棕、草制品业	821		1 546.42	2 683.42	204.64	
家具制造业	914		2 006.67	2 754.50	194.85	
造纸及纸制品业	1 051		8 431.90	6 610.90	402.68	
印刷业和记录媒介的复制	586		1 806.85	1 744.41	179.97	
橡胶制品业	2 239		8 591.15	11 204.09	753.07	

表 44　我国农产品加工业大中型工业企业主要经济效益指标（2012 年）

行　　业	总资产贡献率（%）	资产负债率（%）	流动资产周转次数（次/年）	工业成本费用利润率（%）	产品销售率（%）
平　均　值	**23.53**	**49.62**	**2.51**	**10.60**	**98.13**
农副食品加工业	17.58	59.51	3.15	6.66	97.61
食品制造业	22.53	49.43	2.91	10.96	98.04
饮料制造业	25.46	48.23	2.01	15.96	97.45
烟草制品业	86.06	25.16	1.71	30.34	100.49
纺织业	14.45	55.25	2.76	6.25	98.97
纺织服装、鞋、帽制造业	17.81	50.80	2.42	8.04	97.52
皮革、毛皮、羽毛（绒）及其制品业	22.62	46.84	2.95	8.61	98.14
木材加工及竹、藤、棕、草制品业	22.12	48.57	3.51	8.24	97.50
家具制造业	15.71	54.24	2.38	7.57	97.90
造纸及纸制品业	9.27	59.43	1.91	6.26	97.63
印刷业和记录媒介的复制	14.66	44.32	1.90	11.15	98.00
橡胶制品业	14.03	53.64	2.49	7.10	98.35

表 45　制糖期全国制糖行业主要经济技术指标（2012/2013 年度）

行业实现销售收入（亿元）	实现利税总额（亿元）	平均含糖（%）		平均单产（t/hm^2）		平均产糖率（%）	
		甘蔗糖	甜菜糖	甘蔗糖	甜菜糖	甘蔗糖	甜菜糖
760	6.16	13.43	14.23	63.8	46.1	11.19	10.96

资料来源：表中数据由中国糖业协会提供。

表 46　我国食品和包装机械经济运行情况（2008—2012 年）

年　份	类　别	年销售情况（亿元）		占食品工业比重（%）	占机械工业比重（%）
		销售收入	同比增长（%）		
2008	**总 计**	**1 262.00**	**27.84**	**3.16**	**1.39**
	其中：食品机械	620.66	23.28		
	包装机械	641.34	32.59		
2009	**总 计**	**1 484.00**	**17.59**	**2.99**	**1.38**
	其中：食品机械	756.80	21.93		
	包装机械	727.20	13.39		
2010	**总 计**	**1 825.00**	**22.98**	**2.89**	**1.27**
	其中：食品机械	894.25	18.16		
	包装机械	930.75	27.99		
2011	**总 计**	**2 200.00**	**20.55**	**2.82**	**1.30**
	其中：食品机械	990.00	10.71		
	包装机械	1 210.00	30.00		
2012	**总 计**	**2 500.00**	**13.64**	**2.81**	**1.39**
	其中：食品机械	1 150.00	16.16		
	包装机械	1 350.00	11.57		

表 47　我国机械工业、食品工业、食品与包装机械行业经济增长情况（2008—2012 年）

单位：亿元

类　别	2008 年	2009	2010 年	2011 年	2012 年	年均增长（%）
机械工业	90 700.00	107 404.47	143 846.00	168 900.00	179 957.90	
同比增长（%）	22.57	18.42	33.93	25.06	9.80	21.96
食品工业	40 320.00	49 696.78	63 100.00	78 078.32	89 100.57	
同比增长（%）	23.43	23.26	26.97	31.60	14.12	23.88
食品与包装机械	1 262.00	1 423.58	1 825.00	2 200.00	2 500.00	
同比增长（%）	27.84	12.80	28.20	20.55	13.64	20.61

注：表中数据为年销售收入。

表 48　林业系统农产品加工业总产值（2011—2012 年）

行　业	工业总产值（万元）		
	2011 年	2012 年	同比增长（%）
总　计	**162 359 243**	**202 519 627**	**24.74**
1. 非木质林产品加工制造业	15 286 908	22 574 149	47.67
2. 木材加工及竹、藤、棕、草制品业	67 891 581	82 339 457	21.28
锯材、木片加工业	11 610 726	13 227 800	13.93
人造板制造业	37 162 883	45 322 984	21.96
木制品制造业	14 785 099	18 827 474	27.34
竹、藤、棕、草制品制造业	4 332 873	4 961 199	14.50
3. 木、竹、藤家具制造业	23 231 559	27 943 914	20.28
4. 木、竹、苇浆造纸	39 591 936	47 515 221	20.01
5. 林产化学产品制造业	5 754 278	6 340 858	10.19
6. 木、竹、藤工艺品制造业	3 243 777	4 774 811	47.20
7. 其　他	7 359 204	11 031 217	49.90

表 49　林业系统农产品加工业国有独立核算大中型工业企业主要经济效益指标（2012 年）

指　标　名　称	单　位	2012 年
总资产贡献率	%	1.7
资本保值增值率	%	101.7
资产负债率	%	64.2
流动资产周转率	次/年	0.5
成本费用利润率	%	2.8
全员劳动生产率	元/人	20 668.0
产品销售率	%	77.1

表 50　林业系统各地区农产品加工业总产值（2012 年）

单位：万元

地　区	总　计	非木质林产品加工制造业	木材加工及竹、藤、棕、草制品业				
			合　计	锯材、木片加工业	人造板制造业	木制品制造业	竹、藤、棕、草制品制造业
全国总计	**202 519 627**	**22 574 149**	**82 339 457**	**13 227 800**	**45 322 984**	**18 827 474**	**4 961 199**
北　京	53 776		53 504		33 096		
天　津	9 100		4 500		4 500	20 408	
河　北	4 942 182	1 144 732	3 132 347	803 564	2 081 247	240 735	6 801
山　西	442 479	390 391	42 794	16 560	24 197	2 037	
内蒙古	624 515	17 204	520 118	420 020	81 673	18 192	231
辽　宁	4 470 008	598 190	2 299 743	591 783	723 037	975 694	9 229
吉　林	6 362 056	3 074 498	2 309 234	392 546	899 189	1 017 499	
黑龙江	3 841 616	113 527	2 258 865	853 844	571 300	821 330	12 391
上　海	2 985 362	248 468	660 632	44 282	162 923	453 427	
江　苏	18 926 297	869 538	11 325 182	732 327	7 772 128	2 671 307	149 420
浙　江	21 381 275	1 940 444	6 513 268	605 764	1 509 574	3 350 661	1 047 269
安　徽	8 569 065	710 820	6 533 666	829 107	3 780 314	1 028 547	895 698
福　建	24 025 452	3 388 345	7 331 879	1 028 130	2 833 394	2 065 630	1 404 725
江　西	5 117 594	968 629	2 233 623	386 752	880 600	848 953	117 318
山　东	26 388 789	4 124 374	15 000 487	2 361 351	11 075 114	1 389 920	174 102
河　南	4 333 729	759 359	2 287 634	487 259	1 649 843	131 976	18 556
湖　北	3 967 090	473 495	1 583 940	118 678	819 682	542 437	103 143
湖　南	6 919 266	560 727	2 783 517	700 704	1 038 301	653 629	390 883
广　东	32 552 861	524 968	4 656 139	576 494	2 744 103	1 112 641	222 901
广　西	13 498 615	388 437	6 590 118	1 153 300	4 503 626	763 916	169 276
海　南	1 359 810	301 818	188 537	125 641	50 847	10 160	1 889
重　庆	1 047 363	118 457	347 614	75 648	111 283	93 550	67 133
四　川	6 117 315	466 700	2 069 386	427 617	1 260 224	244 747	136 798
贵　州	735 603	102 616	362 008	148 961	128 588	70 078	14 381
云　南	2 083 095	545 555	686 506	229 778	342 629	109 392	4 707
西　藏	5 753		5 753	5 344	400	9	
陕　西	681 120	158 279	304 077	47 598	168 716	75 191	12 572
甘　肃	82 345	9 088	4 411		1 200	1 435	1 776
青　海	160		160	160			
宁　夏	229 859	158 144					
新　疆	523 070	417 346	30 169	14 279	14 177	1 713	
大兴安岭	242 907		219 646	50 307	57 079	112 260	

（续）

地　区	木质、竹、藤家具制造业	木、竹、苇浆造纸及纸制品业	林产化学产品制造业	木、竹、藤工艺品制造业	其　他
全国总计	**27 943 914**	**47 515 221**	**6 340 858**	**4 774 811**	**11 031 217**
北　京					272
天　津	4 600				
河　北	453 510	33 796	22 508	4 980	150 309
山　西	2 940		144	250	5 960
内蒙古	1 706		152	87	85 248
辽　宁	1 151 502	57 180	3 759	29 933	329 701
吉　林	332 006	420 137	24 227	56 918	145 036
黑龙江	535 759	467 233	15 687	45 287	405 258
上　海	738 115	1 202 258	122 761	10 491	2 637
江　苏	883 918	3 462 390	960 488	147 909	1 276 872
浙　江	2 785 398	8 378 639	165 455	1 565 416	32 655
安　徽	592 793	99 930	109 927	308 288	213 641
福　建	2 655 976	5 135 051	630 498	1 270 787	3 612 916
江　西	1 106 173	190 817	370 005	120 230	128 117
山　东	2 341 513	3 698 920	48 733	520 129	654 633
河　南	567 307	553 300	15 580	35 032	115 517
湖　北	536 691	868 846	67 004	90 269	346 845
湖　南	906 083	1 768 248	245 184	117 305	538 202
广　东	8 699 414	16 384 709	1 327 635	195 074	764 922
广　西	933 348	2 752 257	1 723 138	56 880	1 054 437
海　南	39 350	743 279	1 582	84 637	607
重　庆	230 040	146 921	12 231	52 932	139 168
四　川	2 165 075	838 127	38 201	24 983	514 843
贵　州	87 946	85 117	24 560	20 454	52 902
云　南	148 361	153 530	373 174	2 519	173 450
西　藏					
陕　西	38 511	3 096	9 554	13 942	153 661
甘　肃	5 879		5 410	79	57 478
青　海					
宁　夏		71 440			
新　疆					375
大兴安岭			23 261		75 555

表 51　我国水产品加工业发展情况（2011—2012 年）

项　　目	单　位	2011 年	2012 年	同比增长（%）
一、水产品加工企业	个	9 611.0	9 706.0	0.99
水产品加工能力	万 t/年	2 429.4	2 638.0	8.59
二、水产品冷库	座	9 173.0	8 835.0	−3.68
冻结能力	万 t/d	67.8	58.9	−13.13
冷藏能力	万 t/次	427.7	451.5	5.56
制冰能力	万 t/d	24.0	24.5	2.08
三、水产品加工总量	万 t	1 782.8	1 907.4	6.99
其中：淡水加工产品	万 t	305.1	343.9	12.72
海水加工产品	万 t	1 477.6	1 563.4	5.81
（一）水产品冷冻	万 t	1 103.7	1 174.9	6.45
其中：冷冻加工品	万 t	558.4	611.6	9.53
（二）鱼糜制品及干腌制品	万 t	259.8	273.4	5.23
其中：鱼糜制品	万 t	104.0	117.2	12.69
干腌制品	万 t	155.8	156.3	0.32
藻类制品	万 t	96.9	101.4	4.64
（三）罐制品	万 t	26.6	35.5	33.46
（四）饲料	万 t			
其中：鱼粉	万 t	182.2	195.3	7.19
（五）鱼油制品	万 t	4.8	6.0	25.00
（六）其他水产加工品	万 t	108.8	120.8	11.03
其中：助剂和添加剂	万 t	7.4	7.4	—
珍珠	kg	174 284.0	168 759.0	−3.17
四、用于加工的水产品总量	万 t	1 981.0	2 135.8	7.81
其中：淡水产品	万 t	457.3	510.8	11.70
海水产品	万 t	1 523.8	1 625.0	6.64

资料来源：表中数据来自 2013 年《中国渔业统计年鉴》。

表 52　我国水产品加工业加工能力、产量及产值（2009—2012 年）

年　份	加工企业数（个）	加工能力（万 t/年）	水产品加工总产量		折合水产品原料（万 t）	总产值（亿元）	占水产品总产值比率（%）
			总产量（万 t）	同比增长（%）			
2009	9 635	2 209.2	1 477.3	8.74	1 822.2	2 026.6	36.02
2010	9 762	2 388.5	1 633.2	10.55	1 778.3	2 358.6	36.72
2011	9 611	2 429.4	1 782.8	9.16	1 981.0	2 688.1	35.52
2012	9 706	2 638.0	1 907.4	6.99	2 135.8	3 147.7	36.16

表 53 我国沿海省、自治区、直辖市水产品加工业生产情况（2012 年）

单位：万 t

地 区	水产品加工企业		水产品加工品总量	其 中					
	企业数（个）	加工能力（万 t/年）		冷冻水产品	鱼糜及干腌制品	罐制品	鱼 粉	鱼油制品	其 他
全国总计	**9 706**	**2 638.0**	**1 907.4**	**1 174.9**	**273.4**	**35.5**	**195.3**	**6.0**	**120.8**
天 津	6	0.2	0.1	0.2					0.0
河 北	252	52.1	14.2	4.9	1.7	0.6	6.7		0.2
辽 宁	903	277.9	213.3	145.7	14.2	1.8	7.5	0.0	17.2
上 海	23	6.3	2.7	2.4					0.3
江 苏	1 028	157.8	158.8	57.6	7.2	5.8	83.2		2.4
浙 江	2 174	249.6	220.8	168.7	24.6	4.3	17.9	0.6	2.4
福 建	1 129	357.6	290.5	137.3	62.3	5.5	30.0	2.9	15.6
山 东	1 941	837.9	594.7	393.1	66.9	6.8	38.2	2.2	56.5
广 东	1 130	259.3	145.7	93.9	21.8	5.4	9.1	0.1	15.0
广 西	191	108.5	70.9	62.3	3.3	0.0	0.3	0.1	4.9
海 南	42	71.3	52.3	49.6	2.9	0.0			3.9
11 省份小计	8 819	2 378.5	1 764.0	1 110.7	204.9	30.3	192.9	5.9	118.4
占全国比率（%）	90.9	90.2	92.5	94.5	75.0	40.1	98.8	98.0	98.0

表 54 我国乡镇企业规模以上农产品加工企业基本情况（2012 年）

项 目	单 位	2012 年
企业个数	个	96 268
从业人员	万人	1 884
工业总产值	万元	1 025 986 708
营业收入	万元	987 937 363
利润总额	万元	74 715 871
上交税金	万元	29 318 635

资料来源：表中数据由农业部农产品加工局提供。

表 55 轻工业系统农产品加工业分行业主要经济指标（2011 年） 单位：亿元

行 业	企业单位数（个）		工业总产值	主营业务收入	利税总额	流动资产合计	固定资产合计	出口交货值
	合 计	其中亏损						
轻工业总计	**92 344**	**7 418**	**161 240.9**	**159 469.7**	**16 903.6**	**54 590.5**	**31 546.0**	**22 136.3**
有关农产品加工行业小计	**52 288**	**3 667**	**98 613.0**	**97 466.5**	**10 807.6**	**30 403.5**	**20 207.5**	**7 862.9**
1. 农副食品加工业	20 895	1 118	44 126.1	43 848.6	3 843.8	10 887.8	6 789.9	2 249.8
2. 食品制造业	6 870	552	14 046.9	13 875.7	1 791.5	4 382.5	3 046.9	864.9
3. 饮料制造业	4 874	420	11 834.8	11 774.8	2 230.6	4 987.4	3 183.1	202.8
4. 制盐	144	7	342.9	348.4	52.4	263.4	217.6	4.6
5. 皮革、毛皮、羽毛制品业	6 081	428	8 927.5	8 747.2	1 012.7	2 659.4	1 150.7	2 390.9
6. 木、竹、藤、棕草制品业	1 238	42	1 065.6	1 049.2	108.7	196.9	157.2	229.4
7. 家具制造业	4 255	392	5 089.8	4 946.8	503.6	1 682.8	906.9	1 246.9
8. 造纸及纸制品业	7 073	667	12 079.5	11 807.0	1 130.2	4 907.3	4 525.4	613.0
9. 轻工专用设备制造业	858	41	1 099.9	1 068.8	134.1	436.0	229.8	60.6

表 56 轻工业系统食品工业分行业主要经济指标（2011 年） 单位：亿元

行业	企业单位数（个）		工业总产值	主营业务收入	利税总额	流动资产合计	固定资产合计	从业人员（万人）
	合计	其中亏损						
食品工业合计*	**54 890**	**4 319**	**70 350.7**	**69 847.5**	**7 918.3**	**20 521.4**	**13 237.5**	**683.00**
一、农副食品加工业	20 895	1 118	44 126.1	43 848.6	3 843.8	10 887.8	6 789.9	360.71
谷物磨制	5 368	151	8 158.6	8 159.1	682.1	1 419.5	1 146.5	54.96
饲料加工	3 221	173	7 387.8	7 299.9	609.1	1 466.4	889.1	44.45
植物油加工	2 038	177	7 468.9	7 573.2	544.3	2 919.7	957.2	28.82
其中：食用植物油加工	1 930	166	7 354.9	7 445.3	532.5	2 885.8	940.5	27.88
制糖业	283	31	1 058.2	1 008.1	203.4	673.1	340.9	0.94
屠宰及肉类加工	3 351	214	9 095.1	9 214.9	766.5	175.5	148.6	14.83
水产品加工	1 872	139	3 693.3	3 535.9	327.3	1 092.4	574.2	36.96
蔬菜、水果及坚果加工	2 791	98	3 351.3	3 291.3	355.7	725.5	564.9	41.06
其他农副食品加工	1 971	135	3 912.9	3 765.9	355.3	836.2	831.7	35.77
二、食品制造业	6 870	552	14 046.9	13 875.7	1 791.5	4 382.5	3 046.9	176.86
焙烤食品制造业	1 087	60	1 652.9	1 656.5	218.9	392.2	376.1	29.65
糖果、巧克力及蜜饯制造业	647	26	1 095.5	1 127.6	178.6	376.9	225.9	16.09
方便食品制造业	1 058	79	2 560.1	2 560.0	282.9	654.9	479.7	34.80
液体乳及乳制品制造业	640	92	2 361.1	2 314.9	271.2	848.8	471.7	24.39
罐头制造业	772	70	1 197.7	1 163.0	109.6	362.2	253.3	19.95
调味品、发酵品制造业	964	67	1 924.2	1 843.5	240.7	610.3	527.1	20.93
其他食品制造业	1 702	158	3 255.4	3 210.1	489.6	1 137.2	713.1	31.05
三、饮料制造业	4 874	420	11 834.8	11 774.8	2 230.6	4 987.4	3 183.1	136.76
酒精制造业	158	22	701.0	689.8	86.5	243.1	204.1	5.28
酒的制造业	2 198	227	5 940.8	5 936.9	1 510.9	3 130.2	1 706.5	74.11
软饮料制造业	1 457	144	4 234.7	4 222.9	505.6	1 295.6	1 085.1	42.33
精制茶加工业	1 061	27	958.3	925.1	127.6	318.4	187.4	15.05
四、制盐业	144	7	342.9	348.4	52.4	263.4	217.6	8.67

* 食品工业合计数据中未包括烟草加工业统计数据，表中数据由中国轻工业信息中心提供。

表 57 我国食品工业总产值增长情况（2008—2012 年） 单位：亿元

类别	2008 年	2009 年	2010 年	2011 年	2012 年
总计	**42 373.0**	**49 570.1**	**61 273.84**	**76 813.58**	**89 100.57**
农副食品加工业	23 917.0	27 961.0	34 628.07	44 126.10	52 145.58
食品制造业	7 717.0	9 219.2	11 350.64	14 046.96	15 834.33
饮料制造业	6 250.0	7 465.0	9 152.62	11 834.84	13 549.14
烟草加工业	4 489.0	4 924.9	5 842.51	6 805.68	7 571.52

表 58 我国焙烤食品糖制品行业主要产品产销情况（2011 年）

行业	产量（万 t）		工业销售产值（亿元）		出口交货值（亿元）	
	2011 年	同比增长（%）	2011 年	同比增长（%）	2011 年	同比增长（%）
糖果巧克力	222.8	24.2	753.1	30.9	47.4	26.4
糕点面包	188.0		526.4	40.2	12.0	45.0
饼干	651.8		1 103.6	37.5	21.3	33.9
冷冻饮品	249.5	20.9	294.6	30.7	0.9	4.8
蜜饯	164.2		328.4	35.4	30.7	32.1
方便面及其他方便食品	827.6	22.8	1 470.2	51.1	22.2	39.2

资料来源：表中数据由中国焙烤食品糖制品工业协会提供。

表 59 我国饮料行业主要经济指标（2011—2012 年）

指标	单位	2011 年	2012 年	同比增长（%）
企业单位数	个	4 874.0	5 311.0	8.97
总产量	万 t	11 762.3	13 024.0	10.73
工业总产值	亿元	11 834.8	13 202.6	11.56
主营业务收入	亿元	11 774.8	13 549.1	15.07
利润总额	亿元	1 315.4	1 602.4	21.82
职工人数	万人	136.8		
资产总计	亿元	9 441.2	11 176.8	18.38
负债合计	亿元	4 685.3	5 392.4	15.09

注：表中数据来自 2013 年《中国统计年鉴》，以上数据为规模以上工业企业的经济指标。

表 60 我国酒精工业主要经济指标（2011—2012 年）

指标	单位	2011 年	2012 年	同比增长（%）
企业单位数	个	221.0	160.0	−27.60
产品产量	万 kL	833.7	820.6	−1.57
工业总产值	亿元	668.3	678.4	1.51
主营业务收入	亿元	631.4	693.6	9.85
利润总额	亿元	36.9	38.0	2.98
行业总资产	亿元	447.7	542.1	21.11
负债合计	亿元	296.7	361.2	21.73
出口交货值	亿元	5.79	5.84	0.86

资料来源：表中数据由中国酿酒工业协会酒精分会提供。

表 61　我国乳制品行业主要经济指标（2011—2012 年）

指　　标	单　位	2011 年	2012 年	同比增长（%）
全年奶牛存栏	万头	1 440.2		14.30
全年奶类总产量	万 t	3 810.6	3 875.4	1.70
其中：牛奶产量	万 t	3 659.4	3 743.6	2.30
全国乳制品产量	万 t	2 387.5	2 545.2	6.60
其中 液态奶	万 t	2 060.8	2 146.6	4.20
干乳制品	万 t	326.7	136.5	−58.20
乳制品工业总产值	亿元			
主营业务收入	亿元	2 301.1	2 462.2	7.00
乳制品加工利润总额	亿元	177.7	174.0	−2.10
城镇居民人均消费	kg	27.1	28.6	5.50
乳制品进口量	万 t	90.6	114.6	26.50
乳制品进口额	亿美元	26.2	32.2	22.70
乳制品出口量	万 t	4.3	4.5	3.60
乳制品出口额	万美元	7 956.0	8 236.0	3.40

资料来源：表中数据由中国奶业协会、中国乳制品工业协会提供。

表 62　轻工系统农产品加工机械重点企业主要经济指标（2011 年）

行　　业	企业数（个）	工业总产值（万元）	主营业务收入（万元）	利润总额（万元）	从业人员（人）
轻工机械合计	**1 357**	**19 000 112.2**	**18 124 020.4**	**1 489 584.7**	**239 586**
农产品加工机械合计	**843**	**11 940 224.1**	**11 398 397.5**	**944 735.9**	**149 725**
食品及包装机械	266	3 418 110.7	3 313 451.0	290 553.9	47 859
农副食品加工机械	291	4 359 190.5	4 141 726.3	350 546.3	52 817
制浆造纸机械	215	3 178 212.9	3 018 758.7	233 841.3	36 352
制革制鞋机械	31	393 715.4	352 023.0	20 383.2	4 949
其他日用品加工机械	40	590 994.6	572 438.5	49 411.2	7 748

资料来源：表中数据由中国轻工业协会信息中心提供。

表 63　我国烟草工业主要经济指标（2011—2012 年）

指　　标	单　位	2011 年	2012 年	同比增长（%）
企业数	个	148.0	735	−8.78
工业总产值	亿元			
主营业务收入	亿元	6 666.9	7 571.5	13.57
利润总额	亿元	840.5	1 071.5	27.48
职工人数	万人			
资产总计	亿元	6 169.3	7 084.3	14.83
负债合计	亿元	1 492.4	1 770.5	18.63

表 64　我国纺织工业主要经济指标（2011—2012 年）

指　　标	单　位	2011 年	2012 年	同比增长（%）
企业数	个	22 945.0	20 370.0	−21.22
工业总产值	亿元	28 934.6	31 995.9	10.58
主营业务收入	亿元	28 688.0	32 173.6	12.15
利润总额	亿元	149.2	170.0	13.91
职工人数	万人	501.5	495.2	−1.25
资产总计	亿元	17 931.8	19 995.7	11.51
负债合计	亿元	10 123.9	11 217.3	10.80

表 65　我国纺织服装、鞋、帽制造业主要经济指标（2011—2012 年）

指　　标	单　位	2011 年	2012 年	同比增长（%）
企业数	个	11 750.0	14 788.0	25.86
工业总产值	亿元			
主营业务收入	亿元	13 214.4	17 285.9	30.81
利润总额	亿元	951.9	1 143.7	20.15
职工人数	万人			
资产总计	亿元	7 468.3	9 985.2	33.70
负债合计	亿元	3 924.5	5 137.8	30.92

表 66　我国皮革工业经济运行情况（2011—2012 年）

指　　标	单　位	2011 年	2012 年	同比增长（%）
企业数	个	6 081.0	7 806.0	28.37
工业总产值	亿元	9 258.8	10 556.0	14.01
主营业务收入	亿元	8 747.2	11 268.7	28.83
利润总额	亿元	714.7	822.1	15.03
职工人数	万人			
资产总计	亿元	4 260.1	5 598.7	31.42
负债合计	亿元	2 041.5	2 709.3	32.71

注：表 63 至表 66 中数据来自 2013 年《中国统计年鉴》。

表 67　我国家具行业经济运行情况（2011—2012 年）

指　　标	单　位	2011 年	2012 年	同比增长（%）
家具总产值	亿元	4 785.4	5 599.8	17.02
家具销售产值	亿元	4 694.3	5 530.3	17.81
家具出口交货值	亿元	1 258.6	1 430.9	6.54

资料来源：表中数据由中国家具工业协会提供。

表 68　我国造纸工业主要经济指标（2011—2012 年）

指　　标	单　位	2011 年	2012 年	同比增长（%）
企业数	个	3 500	2 748	−21.49
工业总产值	亿元	6 503	7 075	8.80
主营业务收入	亿元	6 445	6 888	6.87
利税总额	亿元	526	554	5.32
利润总额	亿元	331	343	3.63
资产总计	亿元	7 365	7 868	6.83
资产负债率	%	59.07	58.82	−0.42
从业人员平均人数	万人	70.85	70.38	−0.66

资料来源：表中数据来自《中国造纸工业 2012 年度报告》。

表 69 我国新闻出版产业基本情况（2010—2011 年）

	类别	单位	2010 年	2011 年	同比增长（%）
总计	图书、期刊、报纸总印张	亿印张	2 935.4	3 099.2	5.58
	折合用纸量	万 t	679.1	717.0	5.58
	其中：书籍用纸量	万 t	78.9	84.6	7.22
	课本用纸量	万 t	63.6	64.2	0.94
	期刊用纸量	万 t	42.5	45.3	6.69
	报纸用纸量	万 t	487.3	522.5	7.22
	图片用纸量	万 t	6.5	0.4	−93.85
图书	图书出版总量	种	328 387.0	369 523.0	12.53
	其中：新版图书	种	189 295.0	207 506.0	9.62
	重版重印图书	种	159 092.0	162 017.0	1.84
	总印数	亿册（张）	71.7	77.1	7.46
	总印张	亿印张	606.3	634.5	4.65
	折合用纸量	万 t	142.5	149.1	4.63
	定价金额	亿元	936.0	1 063.1	13.58
期刊	期刊出版总数	种	9 884.0	9 849.0	−0.35
	平均期印数	万册	16 349.0	16 880.0	3.25
	总印数	亿册	32.2	32.9	2.17
	总印张	亿印张	181.1	192.7	6.38
	折合用纸量	万 t	42.5	45.3	6.59
	定价金额	亿元	217.7	238.4	9.51
报纸	出版种数	种	1 939.0	1 928.0	−0.57
	平均期印数	万份	21 437.7	21 517.1	0.37
	总印数	亿份	452.1	467.4	3.38
	总印张	亿印张	2 148.0	2 271.9	5.77
	折合用纸量	万 t	494.1	522.6	5.77
	定价金额	亿元	367.7	400.4	8.89
音像制品及电子出版物	出版种数	种	32 740.8	30 652.0	−6.65
	出版数量	亿盒（张）	6.75	6.7	−0.74
	发行数量	亿盒（张）	6.32	6.0	−5.06
	发行金额	亿元	27.30	24.5	−10.26
出版物进出口	出口				
	图书、期刊、报纸	种次	954 954.0	1 056 800.0	10.67
	出口数量	万册（份）	945.6	1 549.2	63.83
	出口金额	万美元	3 711.0	5 894.1	58.83
	进口				
	图书、期刊、报纸	种次	879 714.0	1 119 975.0	27.31
	进口数量	万册（份）	2 881.9	2 979.9	3.40
	进口金额	万美元	26 008.6	28 373.3	9.09

表 70 我国 128 个书刊印刷企业（含其他印刷）主要经济指标（2012 年）

指标		单位	2012 年
工业总产值		亿元	119.0
工业销售产值		亿元	123.0
工业增加值		亿元	46.0
主营业务收入		亿元	128.0
实现利税		亿元	12.4
实现利润		亿元	4.9
人均创利税		元/人	24 285.0
人均工资		元/人	40 432.0
主要产品	照相排字	亿字	39.7
	书刊印刷	万令	3 629.0
	胶印印刷	万对开色令	16 329.0
	书刊装订	万令	7 276.0

资料来源：表中数据来自 2013 年《印刷工业》第 10 期。

表 71 我国 64 个印刷机械企业主要经济指标（2011—2012 年）

指标	单位	2011 年	2012 年	同比增长（%）
工业总产值	万元	773 337	661 916	－14.41
工业销售产值	万元	749 738	653 573	－12.83
工业增加值	万元	230 431	191 306	－16.98
产品销售收入	万元	737 436	648 355	－12.98
利润总额	万元	61 068	29 894	－51.05
成本费用总额	万元	655 193	595 475	－9.11
出口交货值	万元	67 391	64 085	－4.91
新产品产值	万元	461 922	374 443	－18.93
经济效益综合指数	%	176.99	143.38	－33.61
总资产贡献率	%	9.02	5.49	－3.53
资产保值增值率	%	105.00	96.43	－8.57
资产负债率	%	46.23	47.76	1.53
流动资金年周转率（次）	次/年	1.07	0.82	－0.25
成本费用利润率	%	9.24	5.02	－4.22
全员劳动生产率	元/人	127 761.1	115 999	－9.21
产品销售率	%	96.95	98.74	1.79

资料来源：表中数据来自 2013 年《印刷工业》第 2 期。

表 72 我国橡胶工业主要经济指标（2011—2012 年）

指标	单位	2011 年	2012 年	同比增长（%）
企业数	个	412.0	443.0	7.52
工业总产值	亿元	3 485.5	3 489.0	0.01
工业增加值	亿元			
销售收入	亿元	3 118.7	3 177.6	1.89
实现利润	亿元	101.1	145.7	44.11
实现利税	亿元	175.1	224.3	28.10
出口交货值	亿元	912.2	931.3	2.09
橡胶总消耗量	万 t	690.0		

资料来源：表中数据来自 2013 年《中国橡胶》第 5 期。

表 73 我国中药行业经济效益情况（2012 年）

行业	工业总产值（亿元）	产品销售产值（亿元）	实现利润（亿元）	出口总额（亿美元）
全国医药工业合计	**18 255**	**17 950**	**1 833**	**476.00**
其中：中药工业	5 156	5 186	512.34	11.23
中成药工业	4 136	4 101	430.24	2.65
中药饮片工业	1 020	1 085	82.10	8.58
中药工业占我国医药工业比例（%）	28.24	28.89	27.95	2.36

表 74 我国农产品加工业能源消费总量和主要能源品种消费量（2011 年）

行业	能源消费总量（万 t 标准煤）	煤炭消费量（万 t）	焦炭消费量（万 t）	原油消费量（万 t）	汽油消费量（万 t）	煤油消费量（万 t）	柴油消费量（万 t）	燃料油消费量（万 t）	天然气消费量（亿 m^3）	电力消费量（亿 kW・h）
合计	**20 238.9**	**11 793.5**	**33.8**	**0.52**	**132.5**	**1.83**	**224.6**	**81.1**	**16.6**	**3 821.3**
农副食品加工业	2 663.8	1 719.1	13.7	0.14	32.7	0.29	49.5	6.4	1.1	471.0
食品制造业	1 518.0	1 187.1	2.5		11.8	0.09	26.0	6.4	4.2	198.2
饮料制造业	1 197.4	801.4	0.8		8.8	0.04	15.3	5.8	2.4	145.6
烟草加工业	272.3	109.1			0.9		4.1	1.0	0.8	51.8
纺织业	6 269.1	2 261.7	3.9		21.2	0.31	34.7	14.8	2.0	1 378.8
纺织服装、鞋、帽制造业	753.4	211.9	5.2	0.05	13.6	0.52	26.0	7.4	0.5	163.7
皮革、毛皮、羽毛（绒）及其制品业	371.4	68.9	0.9	0.09	6.9	0.23	8.5	3.9	0.1	88.4
木材加工及竹、藤、棕草制品业	1 097.3	433.5	0.6	0.13	7.9	0.05	14.4	0.2	0.4	236.2
家具制造业	201.9	33.9	1.7		5.7	0.02	9.2	0.6	0.6	45.8
造纸及纸制品业	3 983.5	4 466.5	1.9	0.04	8.8	0.13	22.4	13.4	2.3	580.4
印刷业和记录媒介复制	389.6	32.0	0.3	0.03	6.0	0.10	7.4	15.1	0.8	102.5
橡胶制品业	1 521.2	468.4	2.3	0.04	8.2	0.05	7.1	6.1	1.4	358.9

农产品加工业主要产品产量

表 75 我国农产品加工业主要产品产量（2011—2012 年）

产品名称	单位	2011 年	2012 年	同比增长（%）
纱	万 t	2 717.9	2 984.0	9.79
布	亿 m	814.1	848.9	4.27
机制纸及纸板	万 t	11 010.9	10 956.5	−0.49
成品糖	万 t	1 187.4	1 409.5	18.70
卷烟	亿支	24 474.0	25 160.9	2.81
罐头	万 t	1 093.4	1 043.0	−4.61
啤酒	万 kL	4 834.5	4 778.6	−1.16
原盐	万 t	6 742.2	6 911.8	2.52
精制食用植物油	万 t	4 331.8	5 172.9	19.42
中成药	万 t	259.5	313.0	20.62
合成橡胶	万 t	367.1	397.4	8.25
橡胶轮胎外胎	万条	83 566.2	89 370.5	6.95

表 76 轻工业系统农产品加工业主要产品产量（2010—2011 年）

产品	单位	2010 年	2011 年	同比增长（%）
原盐	万 t	7 037.8	6 742.2	−4.20
成品糖	万 t	1 117.6	1 187.4	6.25
糖果	万 t	179.9	222.5	23.68
糕点	万 t	150.5		
饼干	万 t	455.6		
方便面	万 t	688.2	827.5	20.24
罐头	万 t	980.5	1 093.4	11.51
乳制品	万 t	2 157.8	2 316.4	7.35
其中：液体乳	万 t	1 959.5	2 089.5	6.64
味精	万 t	250.6		
酱油	万 t	595.7	662.8	11.26
饮料酒	万 kL	5 668.1	6 168.4	8.83
其中：白酒（折 65°）	万 kL	886.5	1 011.1	14.06
啤酒	万 kL	4 490.2	4 834.5	7.67
黄酒	万 kL	134.1		
葡萄酒	万 kL	108.8	111.3	2.30
软饮料	万 t	9 953.4	11 812.2	18.68
其中：碳酸饮料	万 t	1 265.2	1 640.7	29.68
果汁及果汁饮料	万 t	1 734.5	1 928.2	11.17
瓶（罐）装饮用水	万 t	4 249.6	4 788.8	12.69
冷冻饮品	万 t	245.6	249.3	1.51
轻革	亿 m^2	7.5	6.1	−18.27
皮鞋	亿双	41.9	42.7	1.91

（续）

产　　品	单　位	2010 年	2011 年	同比增长（%）
皮革服装	万件	6 176.5	6 439.2	4.26
毛皮服装	万件	311.6	408.5	31.10
家具	亿件	7.7	6.9	−10.39
其中：木制家具	万件	26 072.6	24 774.8	−4.98
软体家具	万件	4 731.1	4 286.4	−9.40
纸浆	万 t	2 231.0	2 276.4	2.03
机制纸及纸板	万 t	9 832.6	11 010.9	11.98
其中：新闻纸	万 t	402.1	368.6	−8.33
纸制品	万 t	4 845.9	4 513.6	−6.86

资料来源：表中数据由中国轻工业协会信息中心提供。

表 77　我国淀粉产量及品种情况（2011—2012 年）　单位：万 t、%

品　　种	2011 年	2012 年	同比增长	占总淀粉
合　计	**2 245.74**	**2 252.68**	**0.31**	**100.00**
玉米淀粉	2 082.88	2 122.44	1.90	94.22
木薯淀粉	90.05	68.19	−24.28	3.03
马铃薯淀粉	57.85	38.47	−33.50	1.71
甘薯淀粉	10.45	19.64	87.94	1.04
小麦淀粉	5.11	3.94	−22.90	

资料来源：表中数据由中国淀粉工业协会提供。

表 78　我国淀粉深加工品产量（2011—2012 年）　单位：万 t、%

主 要 品 种	2011 年	2012 年	同比增长	占深加工品
合　计	**1 308.32**	**1 411.48**	**7.90**	**100.00**
变性淀粉	140.14	171.56	22.42	12.15
结晶葡萄糖	279.62	351.96	25.87	24.93
液体淀粉糖	791.52	794.53	0.38	56.28
糖　醇	96.96	93.63	−3.43	6.64

资料来源：表中数据由中国淀粉工业协会提供。

表 79　我国淀粉产量分布及生产规模情况（2012 年）

地　区	淀粉产量（万 t）	占淀粉总产量（%）	玉米淀粉生产规模情况	
			年产 10 万 t 企业数（个）	企业最大年淀粉产量（万 t）
合　计	**2 252.68**	**100.00**	**41**	
山　东	979.89	43.50	14	282.50
吉　林	438.65	19.47	6	202.99
河　北	304.82	13.53	10	56.00
河　南	116.25	5.16	5	26.85
陕　西	104.25	4.63	3	75.00
广　西	60.67	2.69		
其他 16 个省、自治区合计	**248.15**	**11.02**	**3**	**83.50**

注：其他 16 个省、自治区为山西、内蒙古、辽宁、黑龙江、江苏、江西、湖北、四川、广东、海南、云南、甘肃、宁夏、青海、新疆、贵州。

表 80　我国玉米淀粉生产规模情况（2011—2012 年）

项　目	单 位	2011 年	2012 年	同比增长（%）
年产 100 万 t 以上的企业	个	5	4	−20
年产 100 万 t 以上的企业总产量	万 t	825.25	769.87	−6.72
占全国玉米淀粉总产量	%	39.63	36.27	−8.48
年产 40 万 t 以上的企业	个	9	12	33.33
年产 40 万 t 以上的企业总产量	万 t	553.25	734.11	32.69
占全国玉米淀粉总产量	%	26.57	34.58	30.14

资料来源：表中数据由中国淀粉工业协会提供。

表 81　我国部分淀粉深加工品生产规模情况（2011—2012 年）

类别	项　目	单位	2011 年	2012 年	同比增长（%）
变性淀粉	年产 5 万 t 以上的企业	个	8	9	12.50
	年产 5 万 t 以上的企业总产量	万 t	90.39	93.78	3.75
	占全国总产量	%	64.50	54.66	−15.26
	年产 3 万 t 以上的企业	个	5	11	120.00
	年产 3 万 t 以上的企业总产量	万 t	20.54	41.59	102.48
	占全国总产量	%	14.66	24.24	65.34
	年产 2 万 t 以上的企业	个	6	8	33.33
	年产 2 万 t 以上的企业总产量	万 t	12.78	17.66	38.18
	占全国总产量	%	9.11	10.29	12.95
结晶葡萄糖	年产 20 万 t 以上的企业	个	3	4	33.33
	年产 20 万 t 以上的企业总产量	万 t	143.00	226.81	58.60
	占全国总产量	%	51.14	64.44	26.20
	年产 10 万 t 以上的企业	个	6	5	−16.70
	年产 10 万 t 以上的企业总产量	万 t	89.35	70.06	−21.59
	占全国总产量	%	31.96	19.90	−37.74
	年产 5 万 t 以上的企业	个	4	5	25.00
	年产 5 万 t 以上的企业总产量	万 t	26.58	34.86	31.15
	占全国总产量	%	9.51	9.90	4.10
液体葡萄糖	年产 50 万 t 以上的企业	个	4	3	−25.00
	年产 50 万 t 以上的企业总产量	万 t	453.54	408.76	−9.88
	占全国总产量	%	56.83	51.44	−9.49
	年产 10 万 t 以上的企业	个	10	10	持平
	年产 10 万 t 以上的企业总产量	万 t	213.84	209.80	−1.89
	占全国总产量	%	26.79	26.40	−1.46
	年产 5 万 t 以上的企业	个	14	13	−7.14
	年产 5 万 t 以上的企业总产量	万 t	98.58	96.27	−2.34
	占全国总产量	%	12.35	21.11	71.34

资料来源：表中数据由中国淀粉工业协会提供。

表 82　我国饮料行业主要产品产量（2011—2012 年）

产品名称	单位	2011 年	2012 年	同比增长（%）
软饮料总产量	万 t	11 630.0	13 024.0	11.99
其中：碳酸饮料	万 t	1 331.1	1 311.3	－1.49
果蔬汁饮料	万 t	1 951.5	2 229.2	14.23
包装饮用水	万 t	4 666.8	5 562.8	19.20
其他类型饮料	万 t	3 920.6	3 680.3	－6.13
饮料酒总产量（不含果露酒）	万 kL	6 022.7	6 381.6	5.96
其中：白酒	万 kL	972.8	1 153.2	18.55
啤酒	万 kL	4 756.5	4 902.0	3.06
葡萄酒	万 kL	118.2	138.2	16.90
黄酒	万 kL	310.0		

资料来源：表中数据来自 2013 年《饮料工业》第 3 期与中国酿酒工业协会。

表 83　我国牛奶与乳制品产量（2011—2012 年）

产 品 名 称	单　位	2011 年	2012 年	同比增长（%）
牛　奶	万 t	3 657.8	3 743.6	2.30
乳制品	万 t	2 354.5	2 545.2	8.10
其中：液态奶	万 t	1 985.8	2 146.6	8.10
干乳制品	万 t	133.3	136.5	2.40
城镇居民人均消费	kg	23.4	27.6	17.9

资料来源：表中数据由中国乳制品工业协会提供。

表 84　我国饮料行业各地区主要产品产量（2012 年）　　单位：t

地　区	软 饮 料	碳酸饮料	果汁和蔬菜汁饮料	瓶（罐）装饮用水
全国总计	**130 240 112**	**13 112 939**	**22 291 686**	**55 627 751**
北　京	4 305 812	660 620	708 690	1 354 014
天　津	4 087 522	72 640	1 658 409	1 319 067
河　北	3 085 215	20 616	653 970	912 756
山　西	1 285 281	157 342	491 884	297 267
内蒙古	2 001 615	122 254	628 070	537 332
辽　宁	4 464 281	891 808	584 697	1 302 952
吉　林	7 625 687	331 500	309 601	6 545 102
黑龙江	2 614 798	266 779	932 985	780 609
上　海	2 841 527	1 116 312	182 354	1 064 359

（续）

地　区	软 饮 料	碳酸饮料	果汁和蔬菜汁饮料	瓶（罐）装饮用水
江　苏	5 955 473	445 701	806 470	818 137
浙　江	9 043 687	527 764	845 434	3 501 712
安　徽	1 909 851	403 323	74 678	537 989
福　建	3 981 895	430 798	626 049	1 398 310
江　西	2 366 528	455 135	419 163	948 694
山　东	6 104 109	469 435	913 342	3 508 220
河　南	9 090 953	684 749	2 870 164	3 129 673
湖　北	6 285 081	642 348	1 026 382	2 142 140
湖　南	3 721 187	372 144	132 077	2 267 856
广　东	21 035 006	2 566 658	3 452 468	9 277 520
广　西	6 755 332	295 526	212 814	4 020 440
海　南	483 766	70 408	131 262	259 660
重　庆	2 613 289	382 557	874 407	937 197
四　川	7 454 450	307 851	992 547	3 966 379
贵　州	1 378 120		427 573	857 547
云　南	2 625 561	195 711	224 207	1 855 265
西　藏	132 136			87 654
陕　西	4 198 421	501 989	1 189 192	1 127 952
甘　肃	1 101 135		609 309	307 289
青　海	226 888		77 450	70 568
宁　夏	117 439		114 957	
新　疆	1 348 069	67 210	621 082	494 090

资料来源：表中数据来自 2013 年《饮料工业》第 4 期。

表 85　我国烟草工业主要产品产量（2011—2012 年）

年　份	烟叶（万 t）	烤烟（万 t）	卷烟（亿支）
2011	313.20	287.00	24 472.33
2012	271.48	320.00	25 160.78
同比增长（%）	−13.32	11.50	2.81

资料来源：表中数据由农业部、国家烟草专卖局提供。

表 86　我国酒精工业产品产量（2011—2012 年）　　单位：万 kL、%

年　份	2011	2012	同比增长
产　量	833.72	820.62	−1.57

资料来源：表中数据由中国酿酒工业协会提供。

表 87 我国酒精工业各地区产品产量（2011—2012 年） 单位：万 kL、%

地 区	2011 年	2012 年	同比增长
全国总计	**833.73**	**820.62**	**−1.57**
天 津			
河 北	21.53	15.03	−30.19
山 西	5.22	6.83	30.84
内蒙古	59.77	37.58	−37.13
辽 宁	1.10	0.74	−32.73
吉 林	147.98	152.31	2.93
黑龙江	101.10	113.70	12.46
江 苏	88.00	108.28	23.05
浙 江	0.02		
安 徽	19.74	24.93	26.29
山 东	50.09	32.87	−34.38
河 南	167.17	186.99	11.86
湖 北	2.71	3.13	15.50
湖 南	3.29	2.93	−10.94
广 东	15.83	10.89	−31.21
广 西	69.54	69.25	−0.42
海 南	0.08	0.16	100.10
四 川	52.55	27.14	−48.35
贵 州			
云 南	17.15	18.26	6.47
陕 西	3.26	0.46	−85.89
甘 肃	1.33	1.91	43.61
宁 夏			
新 疆	6.27	6.97	11.16

资料来源：表中数据由中国酿酒工业协会酒精分会提供。

表 88 我国各地区啤酒产量（2011—2012 年） 单位：万 kL、%

地 区	2011 年	2012 年	同比增长
全国总计	**4 756.5**	**4 902.0**	**3.06**
北 京	164.1	166.2	1.26
天 津	32.6	27.1	−16.93
河 北	160.4	157.4	−1.89
山 西	42.7	40.9	−4.27
内蒙古	110.4	104.3	−5.56
辽 宁	256.7	264.1	2.89
吉 林	148.2	135.1	−8.83
黑龙江	222.6	209.1	−5.98
上 海	67.2	59.5	−11.42
江 苏	216.8	217.4	0.28
浙 江	267.1	268.2	0.04
安 徽	167.0	149.7	−10.34
福 建	201.1	196.1	−2.48
江 西	110.3	114.9	4.13
山 东	626.9	665.1	6.09
河 南	394.3	496.1	25.83
湖 北	211.4	234.6	10.95
湖 南	90.3	79.7	−11.78
广 东	450.3	474.2	0.53
广 西	150.7	169.3	12.33
海 南	10.2	8.8	13.74
重 庆	77.3	77.2	−0.10
四 川	181.5	196.0	8.00
贵 州	38.6	40.2	4.23
云 南	75.8	88.6	16.95
西 藏	18.1	17.5	−3.54
陕 西	98.9	102.1	3.14
甘 肃	64.8	66.8	3.07
青 海	8.9	10.1	14.09
宁 夏	16.2	15.4	−5.22
新 疆	51.1	50.2	−1.85

资料来源：表中数据来自 2013 年《啤酒科技》第 4 期。

表 89　我国罐头工业产值与产品产量（2012 年）

总产量（万 t）	同比增长（%）	总产值（亿元）	同比增长（%）
971.5	4.02	1 257.8	14.88

资料来源：表中数据由中国罐头工业协会提供。

表 90　我国各地区白酒产量（2011—2012 年）　单位：万 kL、%

地　区	2011 年	2012 年	同比增长
全国总计	**972.67**	**1 153.10**	**18.55**
北　京	21.05	24.12	14.56
天　津	2.93	2.83	−3.26
河　北	27.47	29.08	5.86
山　西	13.80	13.07	−5.27
内蒙古	51.28	54.05	5.40
辽　宁	65.66	80.58	22.72
吉　林	43.73	53.54	22.44
黑龙江	22.63	38.02	67.98
上　海	1.07	0.61	−43.14
江　苏	66.05	91.41	38.39
浙　江	1.49	2.18	0.46
安　徽	38.07	40.77	7.08
福　建	3.31	3.46	4.66
江　西	14.50	15.71	8.36
山　东	98.02	124.44	26.95
河　南	94.49	99.90	5.72
湖　北	52.55	72.12	37.25
湖　南	18.45	19.85	7.59
广　东	10.43	11.02	5.70
广　西	7.43	6.76	−9.04
海　南			
重　庆	12.81	18.22	42.24
四　川	257.06	295.18	14.83
贵　州	22.63	26.83	18.54
云　南	6.16	6.50	5.55
陕　西	8.19	9.31	13.68
甘　肃	2.92	3.67	25.77
青　海	1.71	1.92	12.45
宁　夏	0.29	1.67	475.86
新　疆	5.40	6.33	17.33

表 91　我国各地区葡萄酒产量（2011—2012 年）　单位：万 kL、%

地　区	2011 年	2012 年	同比增长
全国总计	**118.19**	**138.16**	**16.90**
北　京	1.22	0.93	−23.83
天　津	4.11	3.23	−21.48
河　北	8.89	10.58	19.06
山　西	0.19	0.22	13.76
内蒙古	0.85	0.82	−3.88
辽　宁	2.88	4.30	49.43
吉　林	23.68	32.70	38.08
黑龙江	2.15	3.79	76.56
上　海	1.24	0.08	−93.55
江　苏			
福　建	0.27	0.32	18.81
江　西	0.44	0.66	49.28
山　东	43.86	46.71	6.49
河　南	17.77	21.90	23.26
湖　北	0.13	0.17	30.17
湖　南	0.67	0.69	2.96
广　西	0.25	0.19	−23.08
重　庆			
四　川	0.05	0.08	57.12
贵　州	0.06	0.07	26.52
云　南		1.85	125.61
陕　西	1.53	3.02	97.66
甘　肃	1.40	1.10	−21.68
宁　夏	2.52	1.65	−34.43
新　疆	4.38	3.16	−27.83

资料来源：表中数据由中国酿酒协会葡萄酒分会提供。

表 92　我国饲料工业产品产量（2009—2012 年）　单位：万 t

年　份	饲料产量	其中：1. 配（混）合饲料	2. 浓缩饲料	3. 预混合饲料
2009	13 999	10 696	2 708	595
2010	15 600	12 600	2 450	595
2011	18 063	14 915	2 543	605
2012	19 449	16 300	2 450	619

资料来源：表中数据由全国饲料工作办公室提供。

表 93　我国饲料工业各地区产品产量（2012 年）　单位：万 t

地　区	总　产　量	配合饲料总产量	浓缩饲料总产量	预混合饲料总产量
全国总计	**19 449**	**16 363**	**2 467**	**619**
北　京	339	250	28	61
天　津	273	178	67	29
河　北	1 185	1 002	169	14
山　西	305	204	96	6
内蒙古	313	214	93	6
辽　宁	1 362	949	356	21
吉　林	482	324	153	5
黑龙江	706	356	323	27
上　海	155	118	14	23
江　苏	929	868	29	32
浙　江	575	553	6	17
安　徽	505	448	44	14
福　建	738	690	19	30
江　西	587	492	52	44
山　东	2 154	1 985	109	60
河　南	1 321	1 079	205	37
湖　北	556	513	30	12
湖　南	1 045	916	77	53
广　东	2 332	2 243	36	52
广　西	914	877	26	10
海　南	205	200	1	4
重　庆	201	156	36	8
四　川	1 002	871	102	28
贵　州	77	45	32	0
云　南	392	290	98	5
西　藏				
陕　西	447	258	172	17
甘　肃	147	92	54	1
青　海	10	10		0
宁　夏	71	43	26	2
新　疆	156	136	16	3

资料来源：表中数据来自 2013 年《中国饲料》第 17 期。

表 94　制糖期糖料与食糖生产情况（2012/2013 年度）

地　区	糖料种植面积（khm^2）	糖料入榨量（万 t）	产糖量（万 t）	开工工厂数（个）
全国合计	**1 854.68**		**1 306.84**	**267**
甘蔗糖合计	**1 632.10**		**1 198.34**	**231**
广　东	160.00		121.25	29
其中：湛江	133.33		105.96	22
广　西	1 056.00		791.50	103
云　南	330.84		224.19	73
海　南	62.26		49.78	18
福　建	2.51		1.62	1
其　他	20.49		10.00	7
甜菜糖合计	**222.58**		**108.50**	**36**
黑龙江	66.77		23.69	10
新　疆	93.63		54.66	14
内蒙古	33.33		16.28	4
其　他	28.85		13.87	8

资料来源：表中数据由中国糖业协会提供。

表 95　我国食用菌产量、产值、出口情况（2012 年）

地　区	产　量（t）	产　值（万元）	出口量（t）	创　汇（万美元）	主要品种产量（t）		
					香　菇	平　菇	双孢菇
全国总计	**28 279 921**	**17 720 590**	**477 800**	**174 000**	**6 354 777**	**5 329 501**	**2 183 738**
北　京	149 738	125 711	1 126	219	40 382	47 190	2 104
天　津	123 086	173 115			32 000	20 000	300
河　北	2 100 894	1 263 411	65 220	8 090	533 116	937 216	35 628
山　西	200 655	130 498			10 300	124 450	9 400
内蒙古							
辽　宁	1 369 363	874 199	30 247	9 351	620 831	262 100	41 469
吉　林	1 313 591	778 320	18 760	1 750	47 160	255 266	156
黑龙江	2 485 387	1 369 934			34 466	68 710	370
上　海	90 655	95 303			3 685	588 897	8 845
江　苏	2 127 000	1 299 600			104 476		466 578
浙　江	1 269 000	950 000	50 000	15 000	500 000	140 000	45 000
安　徽							
福　建	2 200 790	1 205 447	257 000	63 000	386 239	43 812	319 960
江　西	886 921	523 000	6 327	1 136	117 635	207 954	153 526
山　东	3 661 376	2 073 894	139 067	23 473	298 790	1 521 049	344 011
河　南	4 578 961	1 991 200			2 352 136		
湖　北	1 119 228	1 029 347	422 000	31 100	819 155	106 105	27 820
湖　南	750 000	580 000	15 200	3 200	156 600	241 690	51 400
广　东	730 337	758 230	212 306	32 450	27 213	138 430	5 720
广　西	1 040 618	748 019	11 605	41 486 659	113 443	92 173	530 162
海　南							
重　庆							
四　川	1 488 180	615 700			112 320	416 000	104 500
贵　州	185 000	157 000			38 730		12 289
云　南	215 796	596 313	14 493	13 294			
西　藏							
陕　西							
甘　肃	135 345	316 350			15 000	90 000	20 000
青　海							
宁　夏							
新　疆	58 000	66 000			4 600	28 500	45 000

（续）

地区	主要品种产量（t）						
	金针菇	草菇	黑木耳	毛木耳	银耳	滑菇	猴头菇
全国总计	**2 400 796**	**293 797**	**4 754 164**	**1 261 464**	**359 729**	**755 603**	**197 088**
北京	20 922	729	1 548				
天津	29 500						
河北	155 226	2 280	36 535		2 000	233 975	
山西	11 400	350	17 900	1 460	10	90	87
内蒙古							
辽宁	32 494	600	67 760	800		293 748	64
吉林	58 926		843 270			63 280	278
黑龙江	3 990		2 061 017			149 050	157 071
上海	48 864	3 685					450
江苏	552 598	40 039	7 500	41 828			
浙江	190 000	5 000	180 000	5 000	2 000		3 000
安徽							
福建	48 297	28 914	40 676	236 378	338 535	15 244	28 685
江西	47 259	11 316	54 371	33 121		217	513
山东	592 985	30 008	146 111	338 917	9 599		2 998
河南			1 087 710				
湖北	52 620	25	60 409	5 670	135		20
湖南	117 000	6 150	13 050	21 870	6 350		1 820
广东	221 060	155 520		8 230			2 100
广西	25 555	9 181	54 986	52 990			3
海南							
重庆							
四川	162 900		78 500	514 000	1 100		
贵州			1 421				
云南							
西藏							
陕西							
甘肃	20 000		1 400				
青海							
宁夏							
新疆	9 200			1 200			

（续）

地区	主要品种产量（t）							
	鸡腿菇	白灵菇	杏鲍菇	茶薪菇	袖珍菇	灰树花	竹荪	姬松茸
全国总计	**275 818**	**164 643**	**729 020**	**499 033**	**273 338**	**14 882**	**59 343**	**33 294**
北　京	425	5 221	23 289	2 958	355	732		
天　津		30 015	10 950	10	5			
河　北	16 418	55 312	57 568	505	3 278	6 480		
山　西	1 590	9 200	11 200	600	92			11
内蒙古								
辽　宁	4 284	810	9 625					
吉　林	2 637	678	850	10		13		39
黑龙江	370							
上　海			9 115					
江　苏	20 000		221 799	210	10 806	2 000		
浙　江		10 000	60 000	30 000	50 000		1 000	1 000
安　徽								
福　建	26 033	19	61 077	287 339	105 464	97	48 375	23 314
江　西	23 579		41 573	143 622	4 537	351	8 637	2 516
山　东	112 327	40 468	96 599	8 931	15 300	1 338		270
河　南								
湖　北	185	220	10 760	140	2 400	5	15	600
湖　南	5 860	2 500	43 200	8 660	23 810	3 800	605	4 400
广　东	18 320		55 350	10 360	9 190		130	540
广　西	8 231		865	5 688	48 101	67	582	604
海　南								
重　庆								
四　川	35 560		15 200					
贵　州								
云　南								
西　藏								
陕　西								
甘　肃		200						
青　海								
宁　夏								
新　疆		10 000						

（续）

地　区	主　要　品　种　产　量（t）									
	灵芝	天麻	茯苓	大球盖菇	红菇	真姬菇	长根菇	金福菇	大杯蕈	鲍鱼菇
全国总计	**109 171**	**21 394**	**66 584**	**53 856**	**3 218**	**153 671**	**6 592**	**49 026**	**8 428**	**4 536**
北　京	10									
天　津	6									
河　北	96			1 800						
山　西	120	19	26							
内蒙古										
辽　宁	10 000	35		751						
吉　林	1 126	370								
黑龙江										
上　海						16 012				
江　苏						893				
浙　江	20 000	3 000	1 000							
安　徽										
福　建	2 606		6 095	30 426		47 560	6 592	4 129	8 428	4 536
江　西	9 539		425	20 164		4 536		120		
山　东	15 892					84 670				
河　南										
湖　北	5 334	10 250	14 380	60						
湖　南	9 200	5 520	26 400							
广　东	33 494							41 820		
广　西	1 748		18 218	655	3 218			2 958		
海　南										
重　庆										
四　川										
贵　州										
云　南										
西　藏										
陕　西										
甘　肃		2 200	40							
青　海										
宁　夏										
新　疆										

（续）

地　区	北虫草	其他菇	总　计
全国总计	**4 465**	**1 856 244**	
北　京		3 873	149 738
天　津		300	123 086
河　北	370	23 091	2 100 894
山　西		2 250	200 655
内蒙古			
辽　宁		23 497	1 369 363
吉　林	38	38 720	1 313 591
黑龙江		10 343	2 485 387
上　海			90 655
江　苏		91 376	2 127 000
浙　江			1 269 000
福　建			2 200 790
江　西	82	51 963	886 922
山　东	1 115	1 329	3 661 376
河　南			4 578 961
湖　北		1 139 115	1 119 228
湖　南		2 740	750 000
广　东	2 860		730 337
广　西		71 191	1 040 618
海　南			
重　庆			
四　川		48 100	1 488 180
贵　州		132 560	185 000
云　南		215 796	215 796
西　藏			
陕　西			
甘　肃			135 345
青　海			
宁　夏			
新　疆			58 000

资料来源：1. 表中数据由中国食用菌协会提供。
2. 本统计资料不包括内蒙古、重庆、贵州、青海、安徽、宁夏等省、自治区、直辖市的数据。
3. 表中出口创汇全国总计数据为国家海关总署统计，各地出口创汇数据为中国食用菌协会统计。
4. 表中产品数据均按鲜品统计，干品折鲜品比例按 1∶10 计算。

表 96 我国农垦系统农产品加工业主要产品产量（2011—2012 年）

产 品	单 位	2011 年	2012 年	同比增长（%）
粮食商品量	万 t	2 820.9	3 025.2	7.24
粮食商品率	%	88.19	89.73	1.54
食用植物油	万 t	227.6	275.7	21.13
机制糖	万 t	206.9	232.4	12.28
乳制品	万 t	267.8	326.2	21.79
其中：液体奶	万 t	235.3	297.1	26.27
饮料酒	万 kL	156.8	161.2	2.79
其中：葡萄酒	万 kL	6.0	7.4	25.04
纱	万 t	52.8	63.1	19.58
布	亿 m	7.0	5.8	−16.26
配（混）合饲料	万 t	584.6	660.2	12.93
机制纸及纸板	万 t	55.5	46.7	−15.86

表 97 农垦系统各地区农产品加工业主要产品产量（2012 年）

地 区	混配合饲料（t）	机制纸及纸板（t）	纱（万 t）	布（万 m）	机制糖（t）	饮料酒（kL）	乳制品（t）	食用植物油（t）
全国合计	**6 601 518**	**467 090**	**63**	**58 153**	**2 323 951**	**1612 043**	**3 261 727**	**2 757 158**
北 京						28	496 865	
天 津						26 033	78 851	
河 北	189 371	50 120		8 993		5 086	537 117	756
山 西	14 800					85	310	
内 蒙古	23 482	1 902				1 517		78 422
辽 宁	54 042	3 410			11 734	361 092	146 717	20 186
吉 林		6 800				60		
黑 龙江	602 613	28 651			31 144	79 702	311 648	1 236 928
上 海	310 460				759 303	93 873	920 528	
江 苏	102 629							13 287
浙 江	293 177			12 490			6 900	
安 徽	22 528		0.78			4 798	29 117	
福 建	13 729			2 050		6 248	1 395	1 500
江 西	30 160	67 761	2.79	206		83 776	700	14 061
山 东	726							
河 南	65 164		2.99	23		3 607	12 807	2 526
湖 北	1 015 415	6 262	24.77	28 749		354 233	90 794	800 000
湖 南	1 094 881	39 123	3.77	342	4 423	4 890	5 933	3 827
广 东	5 319	12 750			542 663	2 753	98 630	2 249

（续）

地 区	混配合饲料（t）	机制纸及纸板（t）	纱（万 t）	布（万 m）	机制糖（t）	饮料酒（kL）	乳制品（t）	食用植物油（t）
广 西	670 692	105 263			698 178	14 802	5 740	518
海 南		180			28 569	142		85
重 庆	459 380						215 468	
四 川						7 381	2 492	
贵 州	2 270						47 302	
云 南	906				53 575	305		
西 藏								
陕 西							3 360	
甘 肃	3 580					166 395		
青 海								
宁 夏	27 433					158 307	21 100	9
新疆（兵团）	1 482 569	144 868	25.72	5 300	194 362	232 635	127 444	571 496
新疆（农业）	15 725		2.33			4 295	570	11 308
新疆（畜牧）	97 239						64 672	

表 98 我国森林工业主要产品产量（2011—2012 年）

主要产品	单位	2011 年	2012 年	同比增长（%）
锯 材	万 m^3	4 460.3	5 568.2	24.84
木片（实积）	万 m^3	2 237.3	2 906.9	29.93
人造板	万 m^3	20 919.3	22 335.8	6.77
胶合板	万 m^3	9 869.3	10 981.2	11.27
纤维板	万 m^3	5 562.1	6 800.4	4.28
刨花板	万 m^3	2 559.4	2 349.6	−8.20
其他人造板	万 m^3	2 928.2	3 204.7	9.44
单板	万 m^3	3 173.2	3 491.9	10.04
木竹地板	万 m^2	62 908.3	60 430.5	−3.94
人造板表面装饰板	万 m^2	26 577.2	19 207.0	−27.73
强化木	万 m^3	28.2	33.1	17.38
指接材	万 m^2	352.7	395.4	12.11
林产化学产品				
松香类产品	t	1 413 041	1 409 995	−0.22
松节油类产品	t	181 729	187 393	3.12
樟 脑	t	12 965	11 444	−11.73
冰 片	t	665	925	39.10
栲胶类产品	t	9 129	6 926	−24.13
紫胶类产品	t	2 966	2 494	−15.98
木材热解产品	t	805 955	794 023	−1.48
其中：木炭	t	418 054	360 206	−13.84

表 99　各地区森林工业主要产品产量（2012 年）

单位：万 m³

地　区	锯 材	木 片（实积）	人 造 板					单板	强化木
			合 计	胶合板	纤维板	刨花板	其他人造板		
全国总计	**5 568.2**	**2 906.9**	**23 335.8**	**10 981.2**	**5 800.4**	**2 349.6**	**3 204.7**	**3 491.9**	**33.1**
北　京			19.5		19.5				
天　津			15.8		12.5	3.3			
河　北	211.7	30.2	1 111.6	369.8	340.2	165.3	236.4	20.5	
山　西	1.3	6.1	39.0	1.0	19.4	15.6	3.0		
内蒙古	604.2	13.7	83.9	25.4	13.6	26.7	18.2	5.7	
辽　宁	280.6	116.1	344.3	104.3	117.5	39.9	82.5	1.3	
吉　林	149.8	8.8	348.8	131.4	87.3	82.6	47.4	23.9	
黑龙江	528.4	81.4	300.8	177.4	56.4	35.4	31.6	17.2	
上　海	1.7	1.5	22.6	8.6	14.0				
江　苏	208.3	126.4	4 018.9	2 558.7	748.9	227.3	483.9	1 049.8	0.7
浙　江	314.1	60.2	601.7	189.1	119.5	19.0	274.1	0.8	15.2
安　徽	345.8	155.2	1 306.4	588.6	331.4	62.8	323.7	42.7	
福　建	174.7	116.4	787.1	327.2	150.1	141.7	168.1	2.4	
江　西	190.9	41.0	318.8	120.6	100.3	18.7	79.3	2.1	
山　东	920.1	1 165.6	6 253.7	3 575.3	1 150.4	1 166.7	361.2	1 334.6	8.4
河　南	153.9	184.9	1 404.5	644.6	365.4	81.3	313.2	93.6	
湖　北	73.9	33.9	398.9	73.7	258.4	9.2	57.6	46.7	6.0
湖　南	277.2	25.8	456.3	207.4	56.8	37.1	154.9	3.8	
广　东	148.6	250.6	990.3	210.6	462.3	133.9	183.6	81.7	
广　西	368.5	349.2	2 297.5	1 318.4	681.5	38.9	258.8	749.2	
海　南	64.9	18.9	34.2	18.4	6.4	9.0	0.4	3.5	
重　庆	19.2	8.2	71.1	27.9	42.0	0.1	1.1		
四　川	241.0	58.0	690.9	198.9	384.3	27.9	79.8	0.2	0.8
贵　州	78.7	9.7	69.2	45.5	7.0	0.1	16.6	0.8	
云　南	155.8	28.9	228.5	49.4	152.1	6.8	20.2	8.7	0.5
西　藏	9.0		0.2	0.2					
陕　西	14.6	24.0	88.4	5.2	82.2	0.1	0.9	0.4	1.5
甘　肃			0.6	0.6					
青　海	0.1								
宁　夏									
新　疆	12.2		11.3	3.0	8.4				
大兴安岭	18.8	32.1	21.1	0.1	12.5	0.2	8.3	2.4	

（续）

地区	指接材	人造板表面装饰板（万 m^2）	木竹地板（万 m^2）	松香类产品（t）	松节油类产品（t）	栲胶类产品（t）	紫胶类产品（t）	木材热解产品（t）	
								木炭	活性炭
全国总计	**395.4**	**19 207.0**	**60 430.5**	**1 409 995**	**187 393**	**6 926**	**2 494**	**794 023**	**360 206**
北京			154.6						
天津		240.4	38.3						
河北		169.3	140.0			2 000		1 020	1 020
山西		250.4						480	
内蒙古			16.7			203			
辽宁	2.1		3 422.8					10 826	10 826
吉林	4.5	5.3	3 400.5					7 300	7 300
黑龙江	1.9	87.7	661.2					2 100	1 115
上海		1.0	3 290.1						
江苏		121.5	14 388.8					30	30
浙江	108.6	13 312.6	11 904.9	17 800.0	11 000			141 779	16 532
安徽	9.1	580.2	5 942.4	6 059.0	1 725			58 135	49 577
福建	113.4	103.4	1 745.1	112 355	17 206		152	159 009	339
江西	25.8	135.1	1 620.1	93 857	34 289			67 874	2 478
山东	80.6	763.9	6 193.8						
河南		5.2	276.1	2 591				5 400	5 400
湖北	1.3	2 101.6	2 927.7	13 252	3 277				
湖南	14.9	4.0	1 290.3	31 221	4 984		3	44 690	38 980
广东	0.2	1 317.7	1 087.4	97 598	4 776		455	2 080	2 080
广西	16.7	6.6	89.1	790 803	67 011	4 517		55 743	55 743
海南			16.3	357	135			326	326
重庆	1.6		4.9	810				20	20
四川	11.8	0.9	1 474.2	2 428	27		13		
贵州	2.9		55.4	5 432	698			44 263	44 263
云南	0.1		269.6	235 432	42 265	206	1 871	106 608	106 608
西藏			0.1						
陕西	0.1							8 000	8 000
甘肃									
青海									
宁夏									
新疆									
大兴安岭			20.1					76 603	9 569

表 100 我国水产品加工产品的主要种类与产量（2009—2012 年） 单位：万 t

年 份	冷冻制品	干制品	腌熏制品	鱼糜及其制品	动物蛋白饲料	罐制品	其 他
2009	941.1	138.8		84.8	136.5	22.1	61.2
2010	1 004.9	146.5		96.2	149.3	24.3	113.6
2011	1 103.7	155.8		104.0	182.2	26.6	108.8
2012	1 174.9	156.2		117.2	195.3	35.5	120.8

表 101 纺织工业主要产品产量（规模以上企业）（2011—2012 年）

产品名称	单 位	2011 年	2012 年	同比增长（%）
化学纤维	万 t	3 390.1	3 837.4	13.20
纱	万 t	2 717.9	2 984.0	9.80
布	亿 m	814.1	848.9	4.30
服装	亿件	251.4	267.0	6.20
全行业加工总量	万 t			

资料来源：表中数据由工业和信息化部提供。

表 102 我国皮革行业主要产品产量（2011—2012 年）

主 要 产 品	单 位	2011 年	2012 年	同比增长（%）
轻革	亿 m^2	6.03	7.47	23.88
皮鞋	亿双	43.17	44.97	4.17
皮革服装	万件	6 422.20	5 857.70	−6.79
毛皮服装	万件	408.50	444.02	8.69
皮革皮包、袋	亿只			

资料来源：表中数据由中国皮革工业协会提供。

表 103 我国家具工业主要产品产量（2011—2012 年） 单位：万件、%

产品名称	单位	2011 年	2012 年	同比增长
总 计	**万件**	**69 648.8**	**67 976.2**	**−2.4**
木质家具	万件	24 774.6	24 254.3	−2.1
软体家具（含床垫沙发）	万件	4 104.5	4 289.2	4.5
金属家具	万件	34 456.3	33 215.9	−3.6

资料来源：表中数据由中国家具工业协会提供。

表 104 我国家具工业分地区主要产品产量（2012 年） 单位：万件

地 区	家 具	地 区	家 具
全国总计	67 976	河 南	3 749
北 京	720	湖 北	165
天 津	842	湖 南	527
河 北	817	广 东	12 925
山 西	3	广 西	444
内蒙古	96	海 南	9
辽 宁	1 708	重 庆	389
吉 林	328	四 川	1 041
黑龙江	277	贵 州	28
上 海	2 396	云 南	13
江 苏	1 316	西 藏	
浙 江	18 378	陕 西	165
安 徽	580	甘 肃	5
福 建	10 272	青 海	
江 西	1 370	宁 夏	9
山 东	6 812	新 疆	58

资料来源：表中数据由中国家具工业协会提供。

表 105 我国造纸工业纸浆消耗情况（2011—2012 年） 单位：万 t、%

品 种	2011 年		2012 年		同比增长
	消 耗	所占比例	消 耗	所占比例	
纸浆消耗量	**9 044**	**100.00**	**9 348**	**100.00**	**3.36**
1. 木浆	2 144	24.00	2 291	25.00	6.86
其中：进口木浆	1 330	15.00	1 489	16.00	11.95
国产木浆	814	9.00	802	9.00	−1.47
2. 非木浆	1 240	14.00	1 074	11.00	−13.39
3. 废纸浆	5 660	62.00	5 983	64.00	5.71
其中：国产废纸浆	3 478	38.00	3 578	38.00	2.88
进口废纸浆	2 182	24.00	2 405	26.00	10.22

资料来源：表中数据来自《中国造纸工业 2012 年度报告》。

表 106 我国废纸回收利用情况（2008—2012 年）

年 份	废纸回收量（万 t）	废纸回收率（%）	废纸浆用量（万 t）	废纸浆利用率（%）	废纸进口量（万 t）
2008	3 137.0	39.53	4 439.0	60.31	2 421
2009	3 762.0	43.90	4 939.0	62.62	2 570
2010	4 016.0	43.80	5 305.0	62.70	2 610
2011	4 347.0	44.57	5 660.0	62.58	2 728
2012	4 473.0	44.51	5 983.0	64.00	3 007

资料来源：表中数据来自《中国造纸工业 2012 年度报告》；废纸浆＝废纸量×0.8。

表 107　我国各类造纸纤维原料所占比重（2011—2012 年）　单位：万 t

名　称	木浆		草类纤维		废纸浆		总量	
	2011 年	2012 年	2011 年	2012 年	2011 年	2012 年	2011 年	2012 年
我国造纸纤维原料消耗量	2 144	2 291	1 240	1 074	5 660	5 983	9 044	9 348
造纸纤维原料中所占比重（%）	24	24.5	14	11.5	62	64	100.0	100.0

资料来源：表中数据来自《中国造纸工业 2012 年度报告》。

表 108　我国机制纸及纸板主要品种产量（2011—2012 年）　单位：万 t、%

品　种	2011 年	2012 年	同比增长
纸及纸板合计	**9 930**	**10 250**	**3.22**
一、纸			
1. 新闻纸	390	380	−2.56
2. 未涂布印刷书写纸	1 730	1 750	1.16
3. 涂布印刷纸	725	780	7.59
其中：铜版纸	640	695	8.59
4. 生活用纸	730	780	6.85
5. 包装用纸	620	640	3.23
二、纸板			
1. 白纸板	1 340	1 390	3.73
其中：涂布白纸板	1 290	1 340	3.88
2. 箱纸板	1 990	2 080	4.52
3. 瓦楞原纸	1 980	2 020	2.02
三、特种纸及纸板	210	220	4.76
四、其他纸及纸板	215	210	−2.33

资料来源：表中数据来自《中国造纸工业 2012 年度报告》。

表 109　我国纸和纸板消费结构情况（2010—2011 年）　单位：万 t

产品名称	2010 年					2011 年				
	生产量	进口量	出口量	消费量	比重(%)	生产量	进口量	出口量	消费量	比重(%)
机制纸及纸板	9 270	336	433	9 173	100.0	9 930	331	509	9 752	100.0
1. 新闻纸	430	4	11	423	4.6	390	1	2	389	4.0
2. 未涂布印刷书写纸	1 620	41	71	1 590	17.3	1 730	40	83	1 687	17.3
其中：书写印刷纸										
书写纸										
3. 涂布纸	640	45	136	549	6.0	725	37	163	599	6.1
其中：铜版纸	555	38	113	480	5.2	640	30	138	532	5.5
4. 生活用纸	620	8	61	567	6.2	730	9	65	674	6.9
5. 包装用纸	600	17	5	612	6.7	620	18	6	632	6.5
6. 白纸板	1 250	77	73	1 254	13.7	1 340	79	97	1 322	13.6
其中：涂布白纸板	1 200	77	73	1 204	13.1	1 290	79	97	1 272	13.0
7. 箱纸板	1 880	80	14	1 946	21.2	1 990	93	10	2 073	21.3
8. 瓦楞原纸	1 870	24	5	1 889	20.6	1 980	17	6	1 991	20.4
其中：高强度瓦楞原纸										
9. 特种纸和纸板	180	31	47	164	1.8	210	30	61	179	1.8
10. 其他纸和纸板	180	9	10	179	1.9	215	7	16	206	2.1

资料来源：表中数据来自 2012 年《中国造纸年鉴》。

表 110　我国造纸工业主要产品生产及消费情况（2011—2012 年）

单位：万 t、%

产品名称	生产量			消费量		
	2011 年	2012 年	同比	2011 年	2012 年	同比
总　量	**9 930**	**10 250**	**3.22**	**9 752**	**10 048**	**3.04**
1. 新闻纸	390	380	−2.56	389	398	1.03
2. 未涂布印刷书写纸	1 730	1 750	1.16	1 687	1 684	−0.18
3. 涂布印刷纸	725	780	7.59	599	638	6.51
其中：铜版纸	640	695	8.59	532	581	9.21
4. 生活用纸	730	780	6.85	674	731	8.46
5. 包装用纸	620	640	3.23	632	655	3.64
6. 白纸板	1 340	1 390	3.73	1 322	1 379	4.31
其中：涂布白纸板	1 290	1 340	3.88	1 272	1 329	4.48
7. 箱纸板	1 990	2 080	4.52	2 073	2 157	4.05
8. 瓦楞原纸	1 980	2 020	2.02	1 991	2 027	1.81
9. 特种纸及纸板	210	220	4.76	179	183	2.23
10. 其他纸及纸板	215	210	−2.33	206	201	−2.43

资料来源：表中数据来自《中国造纸工业 2012 年度报告》。

表 111　我国纸和纸板生产、消费及进口量与人均消费量（2008—2012 年）

年　份	纸和纸板总产量（万 t）	纸和纸板总消费量（万 t）	纸和纸板进口量（万 t）	人均消费量（kg）
2008	7 980	7 935	359	60
2009	8 391	8 331	352	64
2010	9 270	9 173	336	69
2011	9 930	9 752	231	73
2012	10 250	10 048	311	74

资料来源：表中数据来自《中国造纸工业 2012 年度报告》。

表 112　我国 128 个重点书刊印刷（含其他印刷）企业主要产品产量（2010—2012 年）

年　份	照相排字（亿字）	书刊印刷（万令）	胶印印刷（万对开色令）	书刊装订（万令）
2010	33.7	2 768	13 837	2 800
2011	39.6	2 904	14 390	3 197
2012	39.7	3 629	16 329	7 276
同比增长（%）	0.25	24.97	13.47	127.59

资料来源：表中数据来自 2013 年《印刷工业》第 10 期。

表 113　我国纸和纸板人均消费量与美国的比较（2008—2012 年）

单位：kg/（人·年）

年　份	2008 年	2009 年	2010 年	2011 年	2012 年
我国人均消费量	60	64	69	73	74
美国人均消费量	266	234	240	231	

资料来源：表中数据来自《中国造纸工业 2012 年度报告》。

表 114　我国橡胶工业主要产品产量（2011—2012 年）

产　品　名　称	单　位	2011 年	2012 年	同比增长（%）
轮　胎	万条	45 600.0	47 000.0	3.07
摩托车胎	万条	16 000.0	17 000.0	6.25
自行车胎	万条	38 000.0	35 000.0	−3.00
电动自行车胎	万条	16 000.0	18 000.0	10.00
输送带	万 m^2	42 000.0	48 000.0	14.30
胶　鞋	万双	760 000.0	720 000.0	−5.30
安全套	亿只	68.0	70.0	2.90
助　剂	万 t	82.0	89.0	8.54
炭　黑	万 t	380.0	425.0	0.30
再生胶	万 t	300.0	350.0	16.67
骨架材料	万 t	261.0	267.0	2.30

注：表中数据由中国橡胶工业协会提供。

表 115　我国人均主要工农业产品产量（2008—2012 年）

产品名称	单　位	2008 年	2009 年	2010 年	2011 年	2012 年
粮　食	kg	399.13	398.74	408.52	424.97	436.50
棉　花	kg	5.66	4.79	4.46	4.91	5.09
油　料	kg	22.29	23.69	24.15	24.60	25.58
糖　料	kg	101.31	92.22	89.77	93.12	99.84
茶　叶	kg	0.95	1.02	1.10	1.21	1.33
水　果	kg	145.10	153.20	159.99	169.39	178.11
猪牛羊肉	kg	42.38	44.43	45.79	45.41	47.43
水产品	kg	36.96	38.43	40.17	41.69	43.74
布	m	54.58	56.59	59.80	60.57	62.85
机制纸及纸板	kg	63.45	67.34	73.50	81.92	81.12
纱	kg	15.52	17.02	19.23	20.22	22.09

农产品加工业主要产品出口创汇情况

表 116 我国海关出口农产品及加工品数量与金额（2011—2012 年）

单位：万美元

产品名称	单位	2011 年		2012 年	
		数量	金额	数量	金额
活猪	万头	156	45 205	164	46 056
活家禽	万只	723	2 862	736	3 094
牛肉	万 t	2	11 959	1	8 060
猪肉	万 t	8	32 610	7	29 504
冻鸡	万 t	11	26 823	9	22 175
水海产品	万 t	288	1 098 377	368	1 811 810
鲜蛋	百万个	1 285	12 107	1 230	11 203
谷物及谷物粉	万 t	116	75 346	96	59 373
稻谷和大米	万 t	52	42 698	28	27 213
玉米	万 t	14	4 658	26	10 117
蔬菜	万 t	772	934 993	741	755 935
鲜或冷藏蔬菜	万 t	505	397 112	485	317 737
橘、橙	t	792 721	63 686	942 596	83 932
苹果	t	1 034 635	91 433	975 878	95 991
松子仁	t	9 633	15 390	11 576	17 459
大豆	万 t	21	16 154	32	27 913
花生及花生仁	万 t	17	25 977	15	27 236
食用植物油（含棕榈油）	t	121 602	20 804	99 519	18 357
食糖	t	59 389	5 128	47 144	4 349
天然蜂蜜	t	99 894	20 147	110 158	21 505
茶叶	t	322 580	96 510	313 484	104 226
辣椒干	t	63 107	17 954	51 957	13 748
猪肉罐头	t	45 108	12 567	48 109	14 967
蘑菇罐头	t	326 575	55 514	307 841	52 250
啤酒	万 L	22 091	13 068	22 574	14 099
肠衣	t	86 443	109 991	82 809	109 716
填充用羽毛、羽绒	t	32 796	55 204	35 810	75 434
药材	t	196 620	73 847	196 660	84 716
烤烟	t	103 496	47 757	100 800	46 326

（续）

产品名称	单位	2011年		2012年	
		数量	金额	数量	金额
纸烟	万条	11 490	37 684	12 172	44 992
锯材	万 m^3	54	35 895	47	32 949
生丝	t	7 122	36 672	7 674	36 845
山羊绒	t	2 492	25 818	2 342	23 354
棉花	t	25 698	7 873	17 558	3 680
中式成药	t	14 693	23 305	14 483	26 594
烟花、爆竹	t	327 232	65 686	336 051	72 368
松香及树脂酸	t	231 153	59 334	167 814	26 834
新的充气橡胶轮胎	万条	39 733	1 476 221	41 349	1 588 346
纸及纸板（未切成形）	万t	450	516 390	471	568 847
棉纱线	t	392 909	225 621	447 413	218 233
丝织物			106 734		106 543
棉机织物			1 395 850		1 327 439
亚麻及苎麻机织物	万m	25 978	74 931	23 841	71 550
合成短纤及棉混纺机织物	万m	255 738	302 182	218 468	262 398
地毯	万 m^2	56 237	232 365	48 025	240 374
塑料编织袋（周转袋除外）	万条	629 812	96 981	609 141	98 847
纺织机械及零件			224 832		223 892
家具及其零件			3 794 178		4 881 712
非针织或钩编织物制服装			5 736 320		5 502 054
针织或钩编织服装			7 151 789		7 795 402
皮鞋	万双	91 208	1 094 792	83 644	1 092 544
橡胶或塑料底布鞋（包括球鞋）	万双	185 862	708 435	199 268	815 204
足球、篮球、排球	万个	19 384	43 161	20 992	48 001
竹编结品	t	39 171	20 058	31 936	20 403
藤编结品	t	16 142	11 485	12 444	10 069
草编结品	t	28 653	16 965	21 840	14 287
柳编结品	t	69 452	45 695	64 430	46 226

表 117 我国农产品进出口状况（2011—2012年） 单位：亿美元

项目	2011年	2012年
农产品进出口额	1 556.9	1 757.7
农产品出口额	607.4	632.9
农产品进口额	949.5	1 124.8

表 118 我国海关进口农产品及加工品数量与金额（2011—2012 年）

单位：万美元

产品名称	单位	2011 年		2012 年	
		数量	金额	数量	金额
谷物及谷物粉	万 t	545	204 380	1 398	478 673
小麦	万 t	126	42 369	370	110 863
稻谷和大米	万 t	60	40 764	237	115 335
大豆	万 t	5 264	4 983 418	5 838	3 499 017
食用植物油	万 t	657	771 400	845	969 212
食糖	万 t	292	194 340	375	224 374
天然橡胶（包括乳胶）	万 t	210	937 982	218	681 347
合成橡胶（包括乳胶）	万 t	144	536 174	144	509 697
原木	万 m^3	4 233	827 313	3 789	725 288
锯材	万 m^3	2 156	571 189	2 063	551 749
纸浆	万 t	1 445	1 193 963	1 646	1 097 283
羊毛及毛条	万 t	33	292 468	32	271 002
棉花	万 t	336	946 874	513	1 180 425
纺织用合成纤维	万 t	35	111 691	33	100 866
聚酯纤维	万 t	12	23 841	11	21 121
聚丙烯腈纤维	万 t	20	67 815	19	59 248
纸及纸板（未切成形）	万 t	328	407 612	311	383 539
制冷设备用压缩机	万台	1 307	113 409	1 196	105 089

表 119 我国蔬菜进出口情况（2011—2012 年）

单位：万 t、万美元、%

进口

品种类别	2012 年		2011 年		同比增长	
	数量（万 t）	金额（万美元）	数量（万 t）	金额（万美元）	数量	金额
鲜冷冻蔬菜	2.62	3 133.3	2.65	2 691.4	−0.96	16.41
加工蔬菜	16.19	19 152.7	12.14	1 4147.8	33.36	35.38
干蔬菜	2.32	61 111.7	1.16	4 061.9	100.86	50.47
合计	21.14	28 397.7	15.95	20 901.1	32.56	35.87

出口

品种类别	2012 年		2011 年		同比增长	
	数量（万 t）	金额（万美元）	数量（万 t）	金额（万美元）	数量	金额
鲜冷冻蔬菜	568.19	41.3	591.97	49.4	−4.02	−16.35
加工蔬菜	327.09	38.2	328.37	37.3	−0.39	2.42
干蔬菜	38.99	18.7	52.59	29.5	−25.86	−36.79
合计	934.28	98.2	972.93	116.2	−3.97	−15.52

资料来源：表中数据来自 2013 年《农业展望》第 3 期。

表 120 我国谷物进口情况（2010—2012 年）

单位：万 t

年份	谷物		小麦		玉米		大米	
2010	净进口	446.5	净进口	95.3	净进口	144.6	净进口	23.4
	进口	570.8	进口	123.1	进口	157.3	进口	38.8
2011	净进口	423.2	净进口	93.0	净进口	161.8	净进口	8.2
	进口	544.7	进口	125.8	进口	175.4	进口	59.8
2012	净进口	1 316.9	净进口	341.5	净进口	515.3	净进口	208.8
	进口	1 398.2	进口	370.1	进口	520.7	进口	236.7

资料来源：表中数据来自 2013 年《世界农业》第 6 期。

表 121 我国畜产品进出口状况（2012 年）

单位：万美元、%

产品名称	单位	出口		进口		出口同比（%）		进口同比（%）	
		数量	金额	数量	金额	数量	金额	数量	金额
活猪	万头	16 784	46 056		7	7.36	1.88		
活家禽	万只	1 114	3 094	14	4 659	7.81	8.08	−1.85	2.04
鲜冻牛肉	万 t	1.22	8 060	6.14	25 462	−44.49	−32.60	205.57	168.35
鲜冻猪肉	万 t	6.62	29 504	52.23	98 116	−17.90	9.53	11.69	15.78
冻鸡	万 t	8.99	22 175	47.32	86 980	−17.63	17.33	22.74	8.19
鲜冻兔肉	万 t	1.09	3 907			21.33	13.25		
鲜蛋	百万个	74	11 147		26	4.85	−7.93	12.68	−72.93
乳品	万 t	4.49	8 236	114.56	321 306	3.63	3.38	26.43	22.63
天然蜂蜜	万 t	11.02	21 505	0.34	2 621	10.28	6.74	36.50	103.06
猪鬃	万 t	0.67	8 349			−16.84	−18.26		
肠衣	万 t	8.28	109 724	10.73	17 688	−4.18	−0.24	4.59	−8.19
羽毛羽绒	万 t	3.58	75 434	0.78	10 712	9.19	36.65	−0.39	−1.00
皮张	t	194	272	35 282	63 743	36.64	34.24	11.59	33.29
山羊绒	t	2 339	23 321	5 507	8 635	−6.12	−9.67	−1.62	44.24
兔毛	t								
羊毛	万 t	1.60	8 664	30.95	263 735	−25.42	−23.20	−3.93	−7.77
猪肉罐头	万 t	4.81	14 967	0.04	137	6.65	19.10	28.17	7.81
饲料用鱼粉	万 t	0.03	29	124.57	169 037	−25.30	−13.70	2.94	−3.43
配合饲料	万 t	106.17	182 145	11.59	23 383	24.50	20.88	−1.77	8.28

资料来源：表中数据来自 2013 年《中国畜牧业》第 4 期。

表 122 我国主要粮食产品进出口情况（2012 年）

单位：万 t

主要粮食产品	进口	出口	顺差
谷物	1 398.3	101.6	−1 296.7
稻谷	236.9	27.9	−209.0
小麦	370.1	28.6	−341.5
玉米	520.8	25.7	−495.1
大麦	252.8	0.5	−252.3
大豆	5 838.5	28.7	−5 809.8

资料来源：表中数据来自 2013 年《世界农业》第 4 期。

表 123　我国饲料及相关产品进出口情况（2012 年）　单位：t、%

产品品种	进口量	同比增长	出口量	同比增长
动物饲料	115 904	－1.7	1 061 658	24.5
宠物饲料	4 391	－24.3	125 042	12.5
制成的饲料添加剂	40 700	11.4	692 842	26.7
蛋氨酸	133 733	12.7	2 862	106.0
赖氨酸	10 640	19.9	171 345	59.3
肉骨粉	79 215	－17.2	400	266.2
菜籽粕	38 513	－91.5	1 376	－20.7
棉籽粕	44	－99.8	76 996	53.2
鱼　粉	1 245 681	2.9	330	－25.3
豆　粕	45 422	－79.7	1 232 672	203.3
玉　米	5 208 007	196.9	257 300	89.0

资料来源：表中数据来自 2013 年《饲料广角》第 3 期。

表 124　我国林产品进出口数量（2011—2012 年）

产品名称		贸易	单位	2011 年	2012 年
原木	针叶原木	出口	m^3	41	
		进口		31 465 280	26 769 151
	阔叶原木	出口	m^3	14 339	3 569
		进口		10 860 568	11 123 565
	合计	出口	m^3	14 380	3 569
		进口		42 325 848	37 892 716
锯材		出口	m^3	544 194	479 847
		进口		21 606 705	20 669 661
单板		出口	m^3	246 914	205 644
		进口		200 231	342 983
特形材		出口	m^3	254 144	247 267
		进口		13 442	14 108
刨花板		出口	m^3	86 786	216 685
		进口		547 030	540 749
纤维板		出口	m^3	3 291 031	3 609 069
		进口		306 210	211 524
胶合板		出口	m^3	9 572 461	10 032 149
		进口		188 371	178 781
木制品		出口	t	1 876 915	1 865 571
		进口		55 484	198 006
家具		出口	件	289 157 492	286 991 126
		进口		5 497 244	6 368 316
木片		出口	t	5 094	69
		进口		6 565 328	7 580 364
木浆		出口	t	31 520	19 504
		进口		14 354 611	16 380 763
废纸		出口	t	2 853	2 067
		进口		27 279 353	30 067 145
纸和纸制品		出口	t	5 997 827	6 444 274
		进口		3 477 712	3 254 368

（续）

产品名称		贸易	单位	2011年	2012年
木炭		出口	t	67 463	64 192
		进口		188 697	167 655
松香		出口	t	231 148	167 784
		进口		2 659	9 918
水果	柑橘类	出口	t	901 557	1 082 217
		进口		131 739	126 154
	鲜苹果	出口	t	1 034 635	975 878
		进口		77 085	61 505
	鲜梨	出口	t	402 778	409 584
		进口		527	2 479
	鲜葡萄	出口	t	106 477	152 292
		进口		122 909	168 409
	山竹果	出口	t	4	1
		进口		83 573	101 141
	鲜榴莲	出口	t	11	
		进口		210 938	286 510
	鲜龙眼	出口	t	1 704	1 894
		进口		338 846	232 328
	鲜火龙果	出口	t	430	607
		进口		339 710	469 245
坚果	核桃	出口	t	17 952	18 024
		进口		22 837	27 801
	板栗	出口	t	37 767	35 081
		进口		9 197	10 666
	松子仁	出口	t	9 633	11 579
		进口		2 481	2 279
	开心果	出口	t	5 178	11 008
		进口		24 952	28 039
干果	梅干及李干	出口	t	1 157	1 522
		进口		9 065	8 269
	龙眼干、肉	出口	t	264	248
		进口		77 370	58 551
	柿饼	出口	t	4 657	6 080
		进口			
	红枣	出口	t	6 873	8 522
		进口		37	17
	葡萄干	出口	t	47 959	30 633
		进口		20 624	22 358
果汁	柑橘类果汁	出口	t	20 541	6 102
		进口		78 156	61 904
	苹果汁	出口	t	613 912	591 633
		进口		819	1 034

表 125　我国林产品进出口金额（2011—2012 年）　　单位：千美元

产品名称		贸易	2011 年	2012 年
总计		**出口**	**55 033 714**	**58 690 787**
		进口	**65 299 100**	**61 948 082**
原木	针叶原木	出口	38	1 724
		进口	4 864 608	7 250 935
	阔叶原木	出口	6 730	
		进口	3 408 524	3 760 576
	合计	**出口**	**6 768**	**1 724**
		进口	**8 273 132**	**3 490 356**
锯材		出口	360 493	331 346
		进口	5 721 322	5 524 195
单板		出口	273 559	234 420
		进口	118 568	135 155
特形材		出口	377 244	359 769
		进口	29 668	30 988
刨花板		出口	56 411	66 454
		进口	122 232	116 921
纤维板		出口	1 435 693	1 613 657
		进口	107 114	93 740
胶合板		出口	4 339 929	4 795 625
		进口	119 681	119 546
木制品		出口	4 536 235	4 854 951
		进口	156 709	274 723
家具		出口	17 118 709	18 331 201
		进口	546 457	596 047
木片		出口	726	30
		进口	1 159 600	1 331 814
木浆		出口	34 119	12 694
		进口	11 852 421	10 904 715
废纸		出口	616	691
		进口	6 967 452	6 275 973
纸和纸制品		出口	10 454 553	11 800 706
		进口	5 055 272	4 600 238
木炭		出口	39 094	44 428
		进口	44 877	58 017
松香		出口	593 328	268 287
		进口	8 577	17 549

（续）

产品名称		贸易	2011年	2012年
水果	柑橘类	出口	726 457	971 902
		进口	148 576	150 776
	鲜苹果	出口	914 326	959 913
		进口	115 830	92 578
	鲜梨	出口	285 559	325 154
		进口	1 043	3 793
	鲜葡萄	出口	162 273	336 036
		进口	324 280	425 205
	山竹果	出口	1	1
		进口	145 837	196 000
	鲜榴莲	出口	4	
		进口	234 304	399 762
	鲜龙眼	出口	2 451	2 813
		进口	314 287	395 965
	鲜火龙果	出口	719	1 093
		进口	200 154	326 473
坚果	核桃	出口	47 654	54 660
		进口	55 204	73 773
	板栗	出口	75 865	85 864
		进口	17 893	26 937
	松子仁	出口	153 902	174 671
		进口	21 990	22 467
	开心果	出口	10 889	35 959
		进口	116 623	134 940
干果	梅干及李干	出口	4 943	6 766
		进口	8 274	9 718
	龙眼干、肉	出口	1 674	1
		进口	86 455	82 020
	柿饼	出口	11 100	16 040
		进口	1	
	红枣	出口	22 611	26 808
		进口	58	70
	葡萄干	出口	102 067	73 901
		进口	34 943	41 525
果汁	柑橘类果汁	出口	19 946	11 107
		进口	172 899	153 505
	苹果汁	出口	1 081 240	1 142 004
		进口	1 087	1 383
其他		出口	11 782 556	11 746 517
		进口	23 016 281	14 830 100

表 126 轻工业系统农产品加工业主要出口产品创汇情况（2011 年）

主要产品名称	单位	出口产品		同比增长（%）	
		数量	金额	数量	金额
轻工业产品出口总额	**万美元**		**44 311 387**		**22.95**
有关农产品加工业产品合计	**万美元**		**12 665 267**		**23.58**
纸浆	万 t、万美元	9.91	23 027	22.31	64.50
纸张	万 t、万美元	387.85	384 276	17.29	34.48
纸制品	万 t、万美元	233.13	618 986	6.89	37.51
香料香精	万 t、万美元				
制盐	万 t、万美元	157.42	11 464	9.84	49.05
糖	万 t、万美元	5.94	5 128	−37.05	−19.70
乳品	万 t、万美元	4.83	7 966	28.33	81.29
罐头	万 t、万美元	271.48	320 456	3.98	20.87
可可制品	万 t、万美元	8	31 493	33.14	48.12
调味品、发酵品	万 t、万美元		263 365		15.35
冷冻饮品	万 t、万美元	0.67	2 779	−18.47	20.56
酒精及酒	万美元		57 269		8.71
软饮料	万美元		137 675		37.19
茶	万 t、万美元	32.26	96 514	6.63	23.08
其他食品、饮料	万 t、万美元	571.70	1 406 359	6.85	29.56
皮革及其制品	万美元		4 550 891		21.70
毛皮及其制品	万美元		261 243		30.93
木制品及其他天然植物制品	万美元	82.09	182 853	1.90	12.69
家具	万美元		3 888 188		15.31
轻工机械	万美元		151 997		32.61
羽绒制品	万美元		263 338		40.30

表 127　轻工业系统农产品加工业主要进口产品情况（2011 年）

主要产品名称	单　位	进口产品		同比增长（%）	
		数　量	金　额	数　量	金　额
轻工业产品进口总额	**万美元**		**11 560 682**		**21.49**
有关农产品加工业产品合计	**万美元**		**4 386 655**		**26.03**
纸　浆	万 t、万美元	1 444.62	1 193 963	27.06	35.26
纸　张	万 t、万美元	295.93	301 136	−0.63	10.99
纸制品	万 t、万美元	24.76	110 636	−6.55	10.06
香料香精	万 t、万美元				
制　盐	万 t、万美元	414.09	19 798	49.70	53.57
糖	万 t、万美元	291.94	194 340	65.31	114.55
乳　品	万 t、万美元	90.61	262 020	21.56	33.03
罐　头	万 t、万美元	3.04	3 675	30.62	35.44
可可制品	万 t、万美元	8.5	48 138	24.36	38.30
调味品、发酵品	万 t、万美元		19 471		7.16
冷冻饮品	万 t、万美元	0.80	3 228	32.83	44.02
酒精及酒	万美元		246 737		57.24
软饮料	万美元		31 578		32.04
茶	万 t、万美元	1.40	5 943	10.67	24.68
其他食品、饮料	万 t、万美元	896.05	738 487	−1.78	23.41
皮革及其制品	万美元		686 343		19.45
毛皮及其制品	万美元		34 606		36.15
木制品及其他天然植物制品	万美元	2.15	3 612	14.52	16.28
家具	万美元		225 792		29.68
轻工机械	万美元		244 172		26.52
羽绒制品	万美元		12 980		119.58

资料来源：表 126、表 127 中数据由中国轻工业信息中心提供。

表 128 我国淀粉及部分深加工品进出口情况（2012 年） 单位：t、%

主要品种	进口量	同比增长	出口量	同比增长
玉米淀粉	854	－62	105 636	－54
木薯淀粉	1 035 096	19	575	4
马铃薯淀粉	37 353	61	5 229	－14
小麦淀粉	784	31	5 789	－46
山梨醇	2 187	5	34 065	－3.0
甘露糖醇	396	－30	7 049	基本持平
肌醇	12	－37	4 163	20
葡萄糖及葡萄糖浆，果糖＜20％	1 626	46	495 616	－11
葡萄糖及葡萄糖浆，20％≤果糖≤50％，转化糖除外	9 938	－53	8 847	－40
果糖及果糖浆，果糖＞50％，转化糖除外	3 947	4	89 322	59
糊精及变性淀粉	287 932	20	110 780	5
未列名淀粉	11 361	416.0	35 845	－20
化学纯果糖	1 676	－18	15 767	142
合　　计	**1 393 162**	**19**	**918 683**	**－16**

资料来源：表中数据由中国淀粉工业协会提供。

表 129 我国食糖进出口与贸易方式情况（2010—2013） 单位：万 t

进口						
年份	合计	一般贸易	来料加工	进料加工	保税仓库进出境	其他
2010	176.61	163.91	0.87	10.89	0.04	0.83
2011	291.94	276.68	0.97	13.27	0.06	0.96
2012	374.72	360.86	0.99	12.55	0.04	0.28
2013	233.38	225.01	0.58	7.42		0.37

出口						
年份	合计	一般贸易	来料加工	进料加工	边贸	其他
2010	9.43	5.65	0.91	1.99	0.25	0.63
2011	5.94	1.79	0.99	2.17	0.03	0.96
2012	4.71	1.64	0.93	1.87	0.02	0.25
2013	3.30	1.16	0.63	1.13	0.01	0.37

资料来源：表中数据由中国糖业协会提供，2013 年数据为截至 8 月底前数据。

表 130　我国乳制品进出口情况（2012 年）　单位：万 t、万美元

产品名称		进口		出口	
		数量	金额	数量	金额
乳制品合计		**114.58**	**321 576**	**4.49**	**8 236**
液体乳		9.38	11 871	2.73	2 312
乳粉	合计	57.31	192 919	0.97	3 984
	脱脂乳粉	16.76	55 468	0.04	166
	全脂乳粉	40.27	135 598	0.59	2 076
	调味乳粉	0.28	1 852	0.34	1 742
炼乳		0.55	1 259	0.37	720
酸乳		0.79	2 487	0.05	50
乳清粉		37.84	74 806	0.07	143
奶油		4.83	19 566	0.26	801
干酪		3.88	18 668	0.04	226
其他乳制品合计		19.54	145 828	0.48	2 992
乳糖类		7.98	15 585	0.03	154
零售包装婴幼儿乳粉		9.15	104 811	0.04	361
酪蛋白类		1.25	12 390	0.41	2 419
白蛋白类		1.16	13 043	0.00	59

资料来源：表中的数据由中国乳制品工业协会提供。

表 131　我国罐头产品主要类别及品种出口情况（2011 年）

单位：t、万美元

产品名称	出口量	出口额
肉类罐头合计	49 964	13 644
水产类罐头合计	202 091	115 258
蔬菜类罐头合计	2 032 784	226 147
番茄酱罐头（重量≤5 kg）	367 952	38 747
番茄酱罐头（重量>5 kg）	755 666	55 396
小白蘑菇罐头	265 552	43 915
芦笋罐头	62 190	13 641
甜玉米	44 916	4 883
竹笋罐头	132 729	14 607
清水马蹄罐头	35 426	3 017
蚕豆罐头	52 678	2 730
干果类罐头合计	22 121	9 198
水果类罐头合计	768 806	88 794
果酱、果冻、果泥、果膏罐头	44 830	3 538
菠萝罐头	38 991	4 063
柑橘罐头	337 031	38 688
梨罐头	57 887	5 972
杏罐头	18 783	1 938
桃罐头	138 996	16 785
草莓罐头	23 812	3 381
什锦水果罐头	65 997	8 686
荔枝罐头	35 177	4 301
龙眼罐头	1 821	251
狗猫饲料罐头	11 362	1 968

资料来源：表中数据来自 2012 年《中国轻工业年鉴》。

表 132 我国罐头产品出口情况（2010—2011 年）

年　份	出口量（t）	同比增长（%）	出口金额（万美元）	同比增长（%）
2010	2 612 301	3.91	265 231	－11.41
2011	3 080 000	17.90	500 000	88.51

资料来源：表中数据由中国罐头工业协会提供。

表 133 我国蜂蜜生产及出口情况（2009—2012 年）

年　份	世界产量（万 t）	我国产量（万 t）	占世界比例（%）	出口量（万 t）	出口率（%）	出口创汇（万美元）
2009	149.6	36.70	24.53	7.19	19.59	12 600
2010	151.1	18.30	12.11	10.10	55.19	18 252
2011	151.1	43.10	28.52	9.90	22.97	20 147
2012	154.2	44.80	29.05	11.02	24.60	21 505

资料来源：表中数据来自《中国国家蜂产业技术体系各省综合试验站调研报告》。

表 134 我国蜂产品出口情况（2011—2012 年）

主要产品	数量、金额、单价	2011 年	2012 年	同比增长（%）
金额总计	**金额（万美元）**	**23 819**	**26 682**	**12.0**
蜂　蜜	数量（t）	99 872	110 158	10.3
	金额（万美元）	20 155	21 505	6.7
	平均单价（美元/kg）	2.02	1.95	－3.5
鲜王浆	数量（t）	621	682	9.8
	金额（万美元）	1 432	1 985	38.6
	平均单价（美元/kg）	23.0	29.0	20.1
鲜蜂王浆冻干粉	数量（t）	202	256	26.7
	金额（万美元）	1 434	2 400	67.4
	平均单价（美元/kg）	70.0	94.0	34.3
鲜蜂王浆制剂	数量（t）	566	641	13.2
	金额（万美元）	808	792	－2.0
	平均单价（美元/kg）	14.0	12.0	－14.3

资料来源：表中数据来自 2013 年《中国蜂业》第 4 期。

表 135 我国水产品进出口贸易情况（2009—2012 年）

年　　份	出口量（万 t）	出口额（亿美元）	进口量（万 t）	进口额（亿美元）
2009	294.2	107.0	373.7	52.6
2010	333.9	138.3	382.2	65.4
2011	391.2	177.9	424.9	80.2
2012	380.1	189.8	412.4	80.0

注：2012 年我国水产品进出口总量达 792.50 万 t，进出口总额达 269.81 亿美元，实现贸易顺差 109.85 亿美元，出口额继续位居大宗农产品首位，占全国农产品出口总额的 30%，比上年提高 0.7 个百分点。

表 136　我国食品和包装机械进出口情况（2008—2012 年）　单位：万美元

项　　目	2008 年	2009 年	2010 年	2011 年	2012 年
进出口总额	**486 614**	**417 400**	**603 800**	**728 500**	**682 500**
食品机械进出口	156 685	141 500	191 900	225 300	229 400
食品机械进口	80 885	76 000	97 400	118 100	106 300
食品机械出口	75 800	65 500	94 500	107 200	123 100
包装机械进出口	329 929	275 900	411 900	503 200	453 100
包装机械进口	231 529	194 600	296 700	363 000	286 500
包装机械出口	98 400	81 300	115 200	140 200	166 600

资料来源：表中数据由中国食品和包装机械工业协会提供。

表 137　我国鞋类产品进出口情况（2011—2012 年）

进　出　口	单　位	2011 年		2012 年	
		数 量	金 额	数 量	金　额
出　口	亿双、亿美元	98.7	383.9	100.7	444.0
进　口	万双、亿美元	4 141.6	12.9	5 032.0	15.2

资料来源：表中数据来自国家海关总署。

表 138　我国纺织品服装出口情况（2011—2012 年）

产 品 名 称	单　位	2011 年	2012 年	同比增长（%）
纺织品服装出口总额	**亿美元**	**2 479.8**	**2 549.2**	**2.8**
其中：纺织品	亿美元	946.6	957.8	1.2
服　装	亿美元	1 531.7	1 591.4	3.9

资料来源：表中数据来自国家海关总署。

表 139　我国家具工业主要产品进出口情况（2012 年）　单位：万美元、%

主 要 产 品	单 位	进　口			
		数　量	同比	金　额	同比
家具	万美元			233 381.1	3.39
木家具	万件	527.91	17.33	44 547.6	10.82
金属家具	万件	55.79	15.27	7 281.4	4.87
塑料家具	万件	56.26	34.37	815.3	−12.56
竹藤柳条及类似材料制家具	万件	0.83	−53.63	63.0	−58.89
其他材料制家具	万美元			19 654.6	7.06
坐具及其零件	万美元			148 386.6	147.33
牙科、理发椅及其零件	万美元			373.2	−19.62
医用家具	万件	3.55	46.09	11 520.9	19.39
弹簧床垫	万个	2.15	−31.53	775.5	−19.92
主 要 产 品	**单 位**	**出　口**			
		数　量	同比	金　额	同比
家具	万美元			3 888 188.0	15.31
木家具	万件	20 159.0	0.87	1 132 098.0	7.24
金属家具	万件	26 312.8	4.44	508 384.5	21.72
塑料家具	万件	3 161.6	9.01	54 054.0	20.21
竹藤柳条及类似材料制家具	万件	223.9	16.43	6 234.7	38.56
其他材料制家具	万美元			412 280.7	38.19
坐具及其零件	万美元			1 701 902.0	13.91
牙科、理发椅及其零件	万美元			7 157.6	37.91
医用家具	万件	343.4	11.81	34 715.9	20.52
弹簧床垫	万个	533.8	−2.79	31 360.2	38.26

资料来源：表中数据由中国家具工业协会提供。

表 140 我国皮革工业主要产品进出口情况（2012 年） 单位：万美元

主要产品	单位	数量	同比（%）	金额	同比（%）
出口					
皮面皮鞋	万双	83 648	−8.3	10 925 563	−0.2
旅行用品及箱包	万美元			25 311 385	5.7
皮革服装	万件	1 229	−10.0	632 506	−5.5
毛皮服装	万件	250	−2.7	1 626 615	30.3
皮革手套	万双	56 126	−10.2	1 009 205	−9.7
足、篮、排球	万个	20 992	8.3	480 012	11.2
生皮	kt	8	15.9	8 898	14.7
成品及半成品革	kt	39	−9.2	436 290	−2.0
靴鞋零件及类似品	kt	289	−24.5	2 448 174	4.3
制革、制鞋机械	万台	68	2.5	169 237	2.1
总　计	**万美元**			**43 047 885**	**4.2**
进口					
主要产品	单位	数量	同比（%）	金额	同比（%）
皮面皮鞋	万双	2 283	12.1	1 053 411	16.9
旅行用品及箱包	万美元			1 504 120	10.6
皮革服装	千件	444	−2.2	139 140	13.8
毛皮服装	千件	30	−19.8	35 483	6.8
皮革手套	千付	4 060	35.6	14 789	18.0
足、篮、排球	千个	1 162	10.8	6 100	31.4
生皮	kt	1 275	4.6	3 013 802	8.3
成品及半成品革	kt	903	−5.1	4 108 258	1.2
靴鞋零件及类似品	kt	16	−7.4	262 788	−0.7
制革、制鞋机械	台	1 372	−38.4	37 957	−32.6
机器零件	t	169	−16.6	5 917	−15.2
总　计	**万美元**			**10 181 763**	**6.0**

表 141 我国纸浆、废纸、纸、纸板、纸制品进出口情况（2011—2012 年）

单位：万 t

产品名称	进口量			出口量		
	2011 年	2012 年	同比（%）	2011 年	2012 年	同比（%）
一、纸浆	1 445	1 647	13.98	9.91	7.99	−19.37
二、废纸	2 728	3 007	10.23	0.36	0.24	−33.33
三、纸及纸板	331	311	−6.04	509	513	0.79
1. 新闻纸	1	13	1200.00	2		
2. 未涂布印刷书写纸	40	35	−12.50	83	101	21.69
3. 涂布印刷纸	37	35	−5.41	163	177	8.59
其中：铜版纸	30	27	−10.00	138	141	2.17
4. 包装用纸	18	20	11.11	6	5	−16.67
5. 箱纸板	93	84	−9.68	10	7	−30.00
6. 白纸板	79	72	−8.86	97	83	−14.43
其中：涂布白纸板	79	72	−8.86	97	83	−14.43
7. 生活用纸	9	4	−55.56	65	53	−18.46
8. 瓦楞原纸	17	14	−17.65	6	7	16.67
9. 特种纸及纸板	30	28	−6.67	61	65	6.56
10. 其他纸及纸板	7	6	−14.29	16	15	−6.25
四、纸制品	17	14	−17.65	243	245	0.82
总　计	**4 521**	**4 979**	**10.13**	**762**	**766**	**0.52**

资料来源：表中数据来自《中国造纸工业 2012 年度报告》。

表 142　我国印刷机械进出口统计（2011—2012 年）　单位：万美元、%

产品名称	出口			进口		
	2011 年	2012 年	同比增长	2011 年	2012 年	同比增长
合　计	**125 100**	**144 582**	**15.57**	**254 000**	**240 943**	**−5.14**
印前机械	15 100	14 100	−6.62	10 100	7 732	−23.45
印刷机械	75 800	96 878	27.81	190 900	174 689	−8.49
印后机械	18 700	20 286	8.48	24 400	24 287	−0.46
辅机、零件	15 500	13 318	−14.08	28 500	34 235	20.05

资料来源：表中数据来自 2013 年《印刷工业》第 2 期。

表 143　我国机械工业产品进出口情况（2008—2012 年）　单位：亿美元

项　目	2008 年	2009 年	2010 年	2011 年	2012 年
产品进出口总额	4 373	3 767	5 138	6 312	6 472
产品进口总额	1 948	1 958	2 553	3 094	2 966
产品出口总额	2 425	1 809	2 585	3 218	3 506

表 144　我国中药行业进出口情况（2011—2012 年）　单位：亿美元、%

年　份	行　业	进出口		出口		进口	
		总　额	同比增长	总　额	同比增长	总　额	同比增长
2011	全国医药合计	732.6	21.7	445.3	12.1	287.7	40.42
	中药合计	30.4	15.6	23.2	19.6	7.1	3.2
2012	全国医药合计	809.5	10.5	476.0	6.9	333.5	15.9
	中药合计	33.7	10.7	24.9	7.2	8.7	22.0

表 145　我国天然橡胶、合成橡胶进口情况（2009—2012 年）

产　品	2009 年		2010 年		2011 年		2012 年	
	数量（万 t）	金额（万美元）	数量（万 t）	金额（万美元）	数量（万 t）	金额（万美元）	数量（万 t）	金额（万美元）
天然橡胶	171.0	281 371.4	186.0	567 000	210.0	938 000	218.0	681 268
合成橡胶	147.2	300 041.5	156.5	427 000	144.5	536 000	143.8	509 306

农产品加工业部分行业与企业排序

表 146 轻工业系统农产品加工业分行业主要经济指标（2011 年）

序号	按工业总产值排序			序号	按工业销售产值排序		
	行　业	工业总产值（亿元）	行业占轻工系统比重（%）		行　业	工业销售产值（亿元）	行业占轻工系统比重（%）
	全国轻工行业合计	**161 240.9**	**100.00**		**全国轻工行业合计**	**157 686.2**	**100.00**
1	农副食品加工业	44 126.1	27.37	1	农副食品加工业	43 272.6	27.44
2	食品制造业	14 047.0	8.71	2	食品制造业	13 795.3	8.75
3	造纸及纸制品业	12 079.5	7.49	3	造纸及纸制品业	11 815.2	7.49
4	饮料制造业	11 834.8	7.34	4	饮料制造业	11 542.1	7.32
5	皮革、毛皮、羽毛（绒）及其制品业	8 927.5	5.54	5	皮革、毛皮、羽毛（绒）及其制品业	8 728.2	5.54
6	家具制造业	5 089.8	3.16	6	家具制造业	4 976.7	3.16
7	木竹藤棕草制品业	1 065.6	0.66	7	木竹藤棕草制品业	1 045.4	0.66
8	制盐	342.9	0.21	8	制盐	336.3	0.21

序号	按利税总额排序			序号	按利润总额排序		
	行　业	利税总额（亿元）	行业占轻工系统比重（%）		行　业	利润总额（亿元）	行业占轻工系统比重（%）
	全国轻工行业合计	**16 903.6**	**100.00**		**全国轻工行业合计**	**11 506.2**	**100.00**
1	农副食品加工业	3 843.8	22.74	1	农副食品加工业	2 795.2	24.29
2	饮料制造业	2 230.6	13.20	2	饮料制造业	1 315.4	11.43
3	食品制造业	1 791.5	10.60	3	食品制造业	1 232.3	10.71
4	造纸及纸制品业	1 130.2	6.69	4	造纸及纸制品业	760.4	6.61
5	皮革、毛皮、羽毛（绒）及其制品业	1 012.7	5.99	5	皮革、毛皮、羽毛（绒）及制品业	714.7	6.21
6	家具制造业	503.6	2.98	6	家具制造业	341.0	2.96
7	木竹藤棕草制品业	108.7	0.64	7	木竹藤棕草制品业	74.5	0.65
8	制盐	52.4	0.31	8	制盐	29.7	0.26

序号	按出口交货值排序			序号	按主营业务收入排序		
	行　业	出口交货值（亿元）	行业占轻工系统比重（%）		行　业	主营业务收入（亿元）	行业占轻工系统比重（%）
	全国轻工行业合计	**20 509.9**	**100.00**		**全国轻工行业合计**	**159 469.7**	**100.00**
1	皮革、毛皮、羽毛（绒）及制品业	2 311.6	11.27	1	农副食品加工业	43 848.6	27.50
2	农副食品加工业	1 982.5	9.67	2	食品制造业	18 875.7	8.70
3	家具制造业	1 203.2	5.87	3	造纸及纸制品业	11 807.0	7.40
4	食品制造业	744.5	3.63	4	饮料制造业	11 774.8	7.38
5	造纸及纸制品业	666.0	3.25	5	皮革、毛皮、羽毛（绒）及制品业	8 747.2	5.49
6	木竹藤棕草制品业	214.1	1.04	6	家具制造业	4 946.8	3.10
7	饮料制造业	181.3	0.88	7	木竹藤棕草制品业	1 049.2	0.66
8	制盐	1.1	0.01	8	制盐	348.4	0.22

（续）

序号	按出口交货值排序			序号	按全部从业人员平均人数排序		
	行　业	出口交货值（亿元）	行业占轻工系统比重（%）		行　业	从业人员（万人）	行业占轻工系统比重（%）
	全国轻工行业合计	**22 136.3**	**100.00**		**全国轻工行业合计**	**2 294.4**	**100.00**
1	皮革、毛皮、羽毛（绒）及制品业	2 391.0	10.80	1	农副食品加工业	360.7	15.72
2	农副食品加工业	2 249.8	10.16	2	皮革、毛皮、羽毛（绒）及制品业	259.7	11.32
3	家具制造业	1 246.9	5.63	3	食品制造业	176.9	7.71
4	食品制造业	864.9	3.91	4	造纸及纸制品业	146.7	6.40
5	造纸及纸制品业	613.0	2.77	5	饮料制造业	136.8	5.96
6	木竹藤棕草制品业	229.4	1.04	6	家具制造业	106.4	4.64
7	饮料制造业	202.8	0.92	7	木竹藤棕草制品业	21.6	0.94
8	制盐	4.6	0.02	8	制盐	8.7	0.38

资料来源：表中数据由中国轻工业信息中心提供。

表 147　我国白酒十大品牌（2012 年度）

序　号	品　牌	生　产　企　业
1	茅　台	贵州茅台酒厂有限责任公司
2	五粮液	四川宜宾五粮液集团有限公司
3	四特酒	四特酒有限责任公司
4	剑南春	四川剑南春股份有限公司
5	西凤酒	陕西西凤酒股份有限公司
6	郎　酒	四川郎酒集团有限责任公司
7	洋河大曲	江苏洋河集团有限公司
8	汾　酒	山西杏花村汾酒集团有限责任公司
9	泸州老窖	泸州老窖集团有限责任公司
10	董　酒	贵州董酒股份有限公司

注：资料来源于中国酒类流通协会，表中排名不分先后。

表 148　我国酿酒行业 10 强企业（2012 年度）

序　号	企　业　名　称
1	四川宜宾五粮液集团有限公司
2	中国贵州茅台酒厂有限责任公司
3	泸州老窖集团有限责任公司
4	江苏洋河酒厂股份有限公司
5	青岛啤酒股份有限公司
6	烟台张裕集团有限公司
7	湖北稻花香集团
8	北京燕京啤酒集团公司
9	山西杏花村汾酒集团有限公司
10	湖北劲牌有限公司

资料来源：表中信息由中国轻工业联合会信息中心提供。

表 149　我国造纸行业 10 强企业（2012 年度）

序　号	企　业　名　称
1	玖龙纸业（控股）有限公司
2	山东晨鸣纸业集团股份有限公司
3	华泰集团有限公司
4	山东太阳纸业股份有限公司
5	理文造纸有限公司
6	山东博汇集团有限公司
7	山东泉林纸业有限责任公司
8	金东纸业（江苏）股份有限公司
9	中国纸业投资总公司
10	山东群星纸业有限公司

资料来源：表中信息来自 2013 年《中华纸业》第 11 期。

表 150　我国啤酒产量 20 万 kL 以上企业（2012 年）　　单位：万 kL

序　号	企 业 名 称	产量（万 kL）
1	华润雪花啤酒（中国）有限公司	10 617 656
2	青岛啤酒集团有限公司	7 878 611
3	百威英博啤酒投资（中国）有限公司	5 710 829
4	北京燕京啤酒集团有限公司	5 400 464
5	河南金星啤酒集团有限公司	1 966 390
6	广州珠江啤酒集团有限公司	1 171 733
7	重庆啤酒集团有限责任公司	1 140 100
8	金威啤酒（中国）有限公司	792 588
9	四平金士百啤酒股份有限公司	510 751
10	河北蓝贝酒业集团有限公司	405 664
11	重庆啤酒（集团）有限责任公司	389 435
12	云南澜沧江酒业集团有限公司	367 462
13	新疆乌苏啤酒有限责任公司	353 979
14	江苏大富豪啤酒有限公司	223 676
15	南昌亚洲啤酒有限公司	222 608

注：全国 20 万 kL 以上啤酒企业总产量 3 715.2 万 kL，占全国总产量 4 902 万 kL 的 75.79%（国家统计局数据）。

资料来源：表中数据来自 2013 年《啤酒科技》第 3 期。

表 151 我国啤酒销售收入 3 亿元以上企业（2012 年） 单位：万元

序号	企业名称	销售收入
1	青岛啤酒集团有限公司	2 531 824
2	华润雪花啤酒（中国）有限公司	2 284 698
3	北京燕京啤酒集团有限公司	1 732 262
4	百威英博啤酒投资（中国）有限公司	1 689 230
5	河南金星啤酒集团有限公司	489 121
6	珠江啤酒集团有限公司	352 794
7	重庆啤酒股份有限公司	314 927
8	河北蓝贝酒业集团有限公司	151 572
9	金威啤酒（中国）有限公司	146 067
10	三得利啤酒（中国）投资有限公司	122 106
11	新疆乌苏啤酒有限责任公司	119 336
12	嘉士伯啤酒（广东）有限公司	115 766
13	云南澜沧江酒酒业（集团）有限公司	98 261
14	四平金士百纯生啤酒股份有限公司	84 103
15	重庆啤酒（集团）有限责任公司	67 804
16	南昌亚洲啤酒有限公司	51 541
17	江苏大富豪啤酒有限公司	40 753
18	海南亚洲太平洋酿酒有限公司	38 517
19	山东华狮啤酒有限公司	37 269
20	江苏大富豪酿酒科技发展有限公司	32 722

资料来源：表中数据来自 2013 年《啤酒科技》杂志第 5 期。

表 152 我国葡萄酒产量前 10 位省、自治区、直辖市主要经济运行情况（2011 年）

地区	产量总计（kL）	同比增长（%）	工业总产值（万元）	同比增长（%）	工业销售产值（万元）	同比增长（%）
山东	446 085.52	16.36	1 899 327.3	23.30	1 867 912.2	21.76
吉林	206 519.00	14.72	252 058.1	45.54	248 770.8	52.21
河南	176 900.70	17.89	151 829.0	13.32	150 876.2	12.91
河北	93 713.18	−5.31	256 330.3	9.27	223 341.6	25.35
天津	41 095.00	−3.15	81 788.6	24.45	103 628.5	3.59
宁夏	25 204.73	150.31	24 280.4	66.76	20 146.6	32.27
湖南	24 433.00	6.75	12 031.3	26.38	11 218.2	18.58
云南	23 866.00	56.11	154 848.0	33.12	149 659.1	39.79
辽宁	20 174.73	−10.51	167 413.8	0.75	156 844.1	−2.59
新疆	16 257.13	28.60	85 822.4	−0.27	86 825.7	−20.40
合计	**1074248.99**		**3 085 729.2**		**3 019 223.0**	
占行业比重（%）	92.86		90.2		88.26	

资料来源：表中数据来自 2012 年《中国轻工业年鉴》。

表 153　我国饮料工业产量及销售收入前 20 强企业（2012 年）

产量前20强企业		销售收入前20强企业	
序　号	企　业　名　称	序　号	企　业　名　称
1	康师傅饮品控股有限公司	1	杭州娃哈哈集团有限公司
2	杭州娃哈哈集团有限公司	2	康师傅饮品控股有限公司
3	农夫山泉股份有限公司	3	维维集团股份有限公司
4	统一企业（中国）投资有限公司	4	统一企业（中国）投资有限公司
5	华润怡宝食品饮料（深圳）有限公司	5	可口可乐装瓶商生产（东莞）有限公司
6	可口可乐装瓶商生产（东莞）有限公司	6	厦门银鹭食品集团有限公司
7	四川蓝剑饮品集团有限公司	7	红牛维他命饮料有限公司
8	今麦郎饮品（北京）有限公司	8	江西润田饮料股份有限公司
9	厦门银鹭食品集团有限公司	9	农夫山泉股份有限公司
10	北京汇源饮料食品集团有限公司	10	北京汇源饮料食品集团有限公司
11	维维集团股份有限公司	11	椰树集团有限公司
12	惠尔康集团有限公司	12	广东太古可口可乐有限公司
13	乐百氏（广东）食品饮料有限公司	13	杭州中萃食品有限公司
14	深圳市景田食品饮料有限公司	14	惠尔康集团有限公司
15	上海申美饮料食品有限公司	15	上海申美饮料食品有限公司
16	江西润田饮料股份有限公司	16	华润怡宝食品饮料（深圳）有限公司
17	广东鼎湖山泉有限公司	17	乐百氏（广东）食品饮料有限公司
18	云南大山饮品有限公司	18	河北养元智汇饮品股份有限公司
19	广州百事可乐饮料有限公司	19	今麦郎饮品（北京）有限公司
20	椰树集团有限公司	20	天津可口可乐饮料有限公司

资料来源：表中信息由中国饮料工业协会提供。

表 154　我国乳制品生产企业销售收入居前列的企业（2012 年）

序　号	企　业　名　称
1	内蒙古伊利实业集团股份有限公司
2	内蒙古蒙牛乳业（集团）股份有限公司
3	杭州娃哈哈集团有限公司
4	光明乳业股份有限公司
5	旺旺控股有限公司
6	维维集团股份有限公司
7	黑龙江完达山乳业股份有限公司
8	雀巢（中国）有限公司
9	多美滋婴幼儿食品有限公司
10	浙江贝因美科工贸股份有限公司

注：表中前 10 位企业销售收入总计为 1 589 亿元，占全国规模以上企业总销售收入的 63.5%，比 2011 年提高 0.6 个百分点。

资料来源：表中信息由中国乳制品工业协会提供。

表 155　我国液体乳产量位居前列的省、自治区（2012 年）　单位：万 t、%

地　区	产　量	比 2011 年增长	占全国比例
全国总计	**2 146.6**	**8.1**	**100.0**
内蒙古	273.4	−5.4	12.7
山　东	265.7	17.6	12.4
河　北	239.6	−6.1	11.2
陕　西	155.1	8.9	7.2
河　南	145.4	18.9	6.8

资料来源：表中数据由中国乳制品工业协会提供。

表 156　我国产量 16 万 t 以上燃料乙醇生产企业产量（2011 年）　单位：万 t

序　号	企　业　名　称	2010 年	2011 年
1	河南天冠企业集团有限公司	55.9	59.60
2	吉林燃料乙醇有限公司	48.0	52.00
3	中粮生物化学（安徽）股份有限公司	46.6	47.23
4	中粮生化能源（肇庆）有限公司	20.3	24.33
5	广西中粮生物质能源有限公司	16.0	10.60

资料来源：表中数据来自 2012 年《中国轻工业年鉴》。

表 157　我国蜂产品行业第五批信用等级评价结果（2012 年）

序　号	企　业　名　称	信　用　级　别
1	湖北随州鸿发蜂产品有限公司	A
2	江西老蜂农蜂业有限公司	A

资料来源：表中信息由中国蜂产品协会提供，排名不分先后。

表 158　我国纺织工业各行业"企业竞争力"排名前列企业（2012/2013 年度）

棉纺织业

序　号	企　业　名　称	序　号	企　业　名　称
1	山东魏桥创业集团有限公司	11	许昌裕丰纺织有限公司
2	鲁泰集团	12	德州华源生态科技有限公司
3	天虹纺织集团有限公司	13	华芳集团棉纺有限公司
4	百隆东方股份有限公司	14	河南新野纺织集团股份有限公司
5	溢达集团	15	福建省长乐市金源纺织有限公司
6	淄博银仕来纺织（集团）有限公司	16	安徽华茂集团有限公司
7	佛山市致兴纺织服装有限公司	17	石家庄常山纺织集团有限责任公司
8	无锡市第一棉纺织厂	18	福建省长乐市长源纺织有限公司
9	江苏联发纺织股份有限公司	19	山东岱银纺织集团股份有限公司
10	华孚色纺股份有限公司	20	山东如意科技集团有限公司（棉纺）

（续）

印 染 业

序 号	企 业 名 称	序 号	企 业 名 称
1	盛虹集团有限公司青岛凤凰印染有限公司	6	济宁如意印染有限公司
2	盛虹集团有限公司	7	福建众和股份有限公司
3	三元控股集团有限公司	8	辽宁华福印染股份有限公司
4	宜兴乐祺纺织集团有限公司	9	浙江红绿蓝纺织印染有限公司
5	浙江航民股份有限公司	10	辽宁宏丰印染有限公司

毛纺织、毛针织业

序 号	企 业 名 称	序 号	企 业 名 称
1	山东如意科技集团有限公司	6	浙江新澳纺织股份有限公司
2	江苏阳光集团有限公司	7	临沂绿因工贸有限公司
3	山东南山纺织服饰有限公司	8	宁夏中银绒业国际集团有限公司
4	山东康平纳集团有限公司	9	江苏丹毛纺织股份有限公司
5	内蒙古鄂尔多斯羊绒集团有限责任公司	10	江苏鹿港科技股份有限公司

麻 纺 业

序 号	企 业 名 称	序 号	企 业 名 称
1	浙江金鹰集团有限公司	6	新申集团有限公司
2	江西恩达家纺有限公司	7	金达集团控股有限公司
3	湖南华升企集团公司	8	湖北精华纺织集团有限公司
4	克山金鼎亚麻有限责任公司	9	诸城市德利源纺织有限公司
5	湖南广源麻业有限公司	10	铜陵华源麻业有限公司

长丝织造业

序 号	企 业 名 称	序 号	企 业 名 称
1	恒力集团有限公司	6	苏州志向纺织科研有限公司
2	浙江天圣控股集团有限公司	7	厦门东纶股份有限公司
3	浙江台华新材料股份有限公司	8	向兴（中国）集团有限公司
4	浙江元丰纺织股份有限公司	9	杭州市宏峰纺织集团有限公司
5	福建龙峰纺织科技实业有限公司	10	江苏豪杰微纤维纺织科技集团有限公司

针 织 业

序 号	企 业 名 称	序 号	企 业 名 称
1	宁波申州针织有限公司	6	安莉芳（中国）服饰有限公司
2	青岛即发集团控股有限公司	7	江苏 AB 集团股份有限公司
3	江苏东渡纺织集团有限公司	8	福建风竹纺织科技股份有限公司
4	上海嘉麟杰纺织品股份有限公司	9	上海针织九厂
5	泉州海天材料科技股份有限公司	10	北京铜牛集团有限公司

（续）

服 装 业			
序 号	企 业 名 称	序 号	企 业 名 称
1	雅戈尔集团股份有限公司	6	际华集团股份有限公司
2	红豆集团有限公司	7	新郎希努尔集团集团股份有限公司
3	海澜集团有限公司	8	巴龙集团有限公司
4	杉杉控股有限公司	9	浙江森马服饰股份有限公司
5	波司登股份有限公司	10	伟星集团有限公司
家用纺织品业			
序 号	企 业 名 称	序 号	企 业 名 称
1	孚用集团股份有限公司	6	罗莱家访股份有限公司
2	浙江洁丽雅纺织集团有限公司	7	泰丰纺织集团有限公司
3	滨州亚光家访有限公司	8	山东金号织业有限公司
4	愉悦家访有限公司	9	安徽鸿润（集团）股份有限公司
5	江苏梦兰集团有限公司	10	江苏红柳床单有限公司
产业用纺织品业			
序 号	企 业 名 称	序 号	企 业 名 称
1	江苏旷达汽车织物集团股份有限公司	6	山东立昌纺织科技有限公司
2	浙江金三发集团有限公司	7	上海华峰超纤材料股份有限公司
3	广东俊富实业有限公司	8	三鼎控股集团有限公司
4	大连瑞光非织造布集团有限公司	9	厦门三维丝环保股份有限公司
5	福建鑫华股份有限公司	10	宏祥新材料股份有限公司

资料来源：此排名由中国纺织工业协会等 10 个专业协会于 2013 年 10 月 11 日发布，表中排名按主营业务收入由高到低排序。

表 159 我国家具十大品牌生产企业（2012 年）

序 号	品 牌	生 产 企 业
1	金凯莎	广东红旗家具有限公司
2	华 丰	大连华丰家具集团有限公司
3	联 邦	广东联邦家私集团
4	南洋胡氏	天津南洋胡氏家具制造有限公司
5	华 日	廊坊华日家具股份有限公司
6	双 叶	双叶家具实业有限公司
7	光 明	黑龙江光明集团家具股份有限公司
8	华 鹤	黑龙江省齐齐哈尔市华鹤集团
9	喜梦宝	厦门喜梦宝家具有限公司
10	元方缘	元方缘家具制造有限公司

资料来源：表中信息由中国家具工业协会提供。

表 160　我国皮革行业 10 佳企业（2012 年度）

序　号	企　业　名　称
1	兴业皮革科技有限公司
2	河北东明皮革有限公司
3	甘肃宏良皮业股份有限公司
4	晋江源泰皮革有限公司
5	广州市和为贵皮革有限公司
6	辛集海洋皮革有限公司
7	辛集市四海皮革有限公司
8	辛集凌爵皮革有限责任公司
9	天津市惠岩皮革有限公司
10	湖州长城皮业有限公司

资料来源：表中信息由中国轻工业联合会提供。

表 161　我国纸及纸板产量 100 万 t 以上的省、自治区、直辖市（2011—2012 年）

单位：万 t、%

地　　区	产　量		
	2011 年	2012 年	同比增长
山　东	1 630	1 709	4.85
广　东	1 496	1 579	5.55
浙　江	1 477	1 536	3.99
江　苏	1 051	1206	14.75
河　南	828	780	－5.80
福　建	480	539	12.29
河　北	401	424	5.74
湖　南	372	355	－4.57
四　川	340	232	－31.76
安　徽	235	213	－9.36
湖　北	199	224	12.56
广　西	194	258	32.99
天　津	126	196	55.56
海　南	113	114	0.88
合　计	**9 305**	**9 691**	**4.15**

资料来源：表中数据来自《中国造纸工业 2012 年度报告》。

表 162　我国纸及纸板产量 100 万 t 以上的生产企业（2012 年）

序 号	生　产　企　业	产　量（万 t）
1	玖龙纸业（控股）有限公司	1 045
2	理文造纸有限公司	414
3	山东晨鸣纸业集团股份有限公司	398
4	华泰集团有限公司	270
5	山东太阳纸业	269
6	金东纸业（江苏）股份有限公司	204
7	中国纸业投资总公司	195
8	宁波中华纸业有限公司（含宁波亚洲浆纸业有限公司）	156
9	吉安集团股份有限公司	131
10	荣成纸业（中国）控股有限公司	111
11	山东博汇纸业股份有限公司	110
12	山东世纪阳光纸业集团有限公司	107
13	海南金海浆纸业有限公司	102
14	安徽山鹰纸业股份有限公司	101

资料来源：表中数据来自《中国造纸工业 2012 年度报告》。

表 163　我国重点造纸企业产量排名前 30 名企业（2011—2012 年）

序　号	企　业　名　称	产　量（万 t）		
		2011 年	2012 年	同比增长（%）
1	玖龙纸业（控股）有限公司	835.0	1 045.0	25.15
2	理文造纸有限公司	353.9	414.1	16.99
3	山东晨鸣纸业集团股份有限公司	348.8	397.7	14.02
4	华泰集团有限公司	254.7	270.0	6.01
5	山东太阳纸业股份有限公司	242.3	268.8	10.95
6	金东纸业（江苏）有限公司	220.1	204.0	−7.32
7	中国纸业投资总公司	210.0	195.0	−7.14
8	宁波中华纸业有限公司	152.7	156.0	2.19
9	吉安集团股份有限公司	69.6	131.0	88.16
10	荣成纸业（中国）控股有限公司	115.8	111.0	−4.15
11	山东博汇纸业股份有限公司	116.4	109.8	−5.67
12	山东世纪阳光纸业集团有限公司	96.1	106.8	11.05
13	海南金海浆纸业有限公司	86.9	102.3	17.60
14	安徽山鹰纸业股份有限公司	89.4	100.9	12.88
15	浙江景兴纸业股份有限公司	94.6	92.6	−2.18
16	芬欧汇川（中国）纸业有限公司	88.0	90.0	2.27
17	福建联盛纸业有限公司	79.8	87.7	9.98
18	中冶纸业银河有限公司	79.7	79.4	−0.33
19	河南漯河银鸽实业集团有限公司	84.4	75.9	−10.05
20	山东泉林纸业有限责任公司	76.2	73.6	−3.49
21	山东华金集团有限公司	55.9	68.3	22.10
22	山东贵和显星纸业集团有限公司	55.7	65.7	17.91
23	金华盛纸业（苏州工业园区）有限公司	63.4	64.9	2.64
24	大河纸业有限公司	52.1	58.7	12.68
25	东莞建晖纸业有限公司	75.7	57.9	−23.50
26	徐州建平纸业有限公司	41.2	56.1	36.15
27	广州造纸集团有限公司	49.3	51.9	5.19
28	浙江永泰纸业集团股份有限公司	34.6	49.6	43.29
29	江苏长丰科技集团有限公司	46.5	45.8	−1.38
30	金红叶纸业集团有限公司	35.2	42.9	21.63

资料来源：表中数据由中国造纸协会提供。

表 164　我国印刷机械企业实现销售收入前 10 名企业（2012 年）

序　号	企　业　名　称	销售收入（万元）
1	北人集团公司	87 485
2	天津长荣印刷设备股份有限公司	60 600
3	上海高斯图文印刷系统（中国）有限公司	46 251
4	陕西北人印刷机械有限责任公司	36 502
5	上海光华印刷机械有限公司	33 100
6	辽宁大族冠华印刷科技股份有限公司	30 943
7	松德机械股份有限公司	25 245
8	上海亚华印刷机械有限公司	17 359
9	江苏昌昇集团股份有限公司	16 669
10	广东汕樟轻工机械有限公司	16 546

资料来源：表中信息来自 2013 年《今日印刷》第 3 期。

表 165　我国印刷机械行业出口交货值前 10 名企业（2012 年）

序　号	企　业　名　称	出口交货值（万元）
1	高斯图文印刷系统（中国）有限公司	9 741
2	天津长荣印刷设备股份有限公司	6 107
3	上海亚华印刷机械有限有限公司	4 977
4	北人集团公司	4 957
5	松德机械股份有限公司	3 782
6	陕西北人印刷机械有限责任公司	3 358
7	浙江蓝宝机械有限公司	3 191
8	上海德拉根印刷机械有限公司	3 050
9	江苏方邦机械有限公司	3 050
10	上海光华印刷机械有限公司	2 203

资料来源：表中数据来自 2013 年《今日印刷》第 3 期。

表 166　我国中成药出口 5 强企业（2012 年）

序　号	企　业　名　称
1	北京同仁堂股份有限公司
2	漳州片仔癀药业股份有限公司
3	北京同仁堂科技发展股份有限公司
4	天津中新药业集团股份有限公司
5	天津天士力国际营销控股有限公司

我国西部地区综合统计

表 167　我国西部地区主要农产品产量（2011—2012 年）　单位：万 t、%

主要农产品	2011 年	2012 年	同比增长
一、粮食作物	14 776.5	15 494.7	4.86
（一）谷　物	12 335.2	13 047.5	5.77
稻　谷	4 371.7	4 518.9	3.37
小　麦	2 157.7	2 217.1	2.75
玉　米	5 361.7	5 908.7	10.20
谷　子	39.6	54.1	36.62
高　粱	103.4	111.7	8.03
（二）豆　类	610.3	593.7	－2.72
大　豆	339.4	317.9	－6.33
杂　豆	270.9	275.8	1.81
（三）薯　类	1 830.9	1 853.5	1.23
马铃薯	1 292.6	1 344.6	4.02
二、油料作物	895.9	933.6	4.21
花　生	147.4	158.3	7.38
油菜籽	524.6	550.3	4.90
芝　麻	4.4	5.0	13.64
胡麻籽	27.0	28.7	6.30
向日葵籽	177.5	178.7	0.68
三、棉　花	306.2	370.7	21.06
四、麻　类	12.8	12.3	－3.91
黄红麻	1.3	1.2	－7.69
五、糖　料	10 007.1	10 844.9	8.37
甘　蔗	9 312.0	10 074.9	8.19
甜　菜	695.1	770.0	10.78
六、烟　叶	188.0	207.7	10.48
烤　烟	174.3	193.0	10.73
七、茶　叶	58.5	67.3	15.04
八、水　果	6 551.9	7 186.7	9.69

表 168 我国西部地区主要农产品单位面积产量（2011—2012 年）

单位：kg/hm²、%

主要农产品	2011 年	2012 年	同比增长
一、粮食作物	4 341.6	4 528.3	4.30
（一）谷　物	4 953.4	5 159.7	4.16
稻　谷	6 341.0	6 567.2	3.57
小　麦	3 552.2	3 679.1	3.57
玉　米	5 224.5	5 530.1	5.85
谷　子	1 882.9	2 423.2	28.70
高　粱	3 988.8	3 153.6	−20.94
（二）豆　类	1 831.3	1 891.4	3.28
大　豆	1 958.4	1 963.2	0.25
杂　豆	1 693.9	1 814.9	7.14
（三）薯　类	3 157.0	3 200.5	1.38
马铃薯	3 084.0	3 130.8	1.52
二、油料作物	1 997.5	2 051.3	2.69
花　生	2 338.5	2 420.6	3.51
油菜籽	1 875.6	1 913.1	2.00
芝　麻	1 257.1	1 248.7	−0.67
胡麻籽	1 211.2	1 302.8	7.56
向日葵籽	2 550.9	2 689.3	5.43
三、棉花	1 741.5	2 017.4	15.84
四、麻类	2 222.8	2 282.0	2.66
黄红麻	2 492.0	2 300.3	−7.69
五、糖料	64 473.6	66 489.6	3.13
甘　蔗	65 008.5	67 186.2	3.35
甜　菜	58 071.4	58 547.7	0.82
六、烟叶	2 017.1	2 009.2	−0.39
烤　烟	2 007.7	1 997.8	−0.49

表 169　我国西部地区茶叶产量（2012 年）

单位：t

地　区	茶　叶总产量	其　中						
		绿茶	青茶	红茶	黑茶	黄茶	白茶	其他茶
全国总计	**1 789 753**	**1 247 827**	**217 879**	**132 416**	**79 836**	**178.9**	**10 244**	**101 371**
地区小计	**673 223**	**528 952**	**5 748**	**66 697**	**17 258**	**149.0**	**471**	**73 946**
占全国比重（%）	37.62	42.39	2.64	50.37	21.62	83.29	4.60	72.95
内蒙古								
广　西	49 359	34 087	362	8 720	949			5 240
重　庆	31 372	24 059	30	3 101	1 883			2 299
四　川	210 201	171 628	4 558	3 195	14 403	145	268	16 004
贵　州	74 359	63 161	132	950	23	4	203	9 886
云　南	271 704	199 817	666	50 731				40 490
西　藏	31	3						27
陕　西	35 195	35 195						
甘　肃	1 002	1 002						
青　海								
宁　夏								
新　疆								

表 170　我国西部地区水果产量（2012 年）

单位：t

地　区	水果总产量	其　中					
		苹　果	柑　橘	梨	香　蕉	菠　萝	荔　枝
全国总计	**151 044 383**	**38 490 692**	**31 677 960**	**17 073 026**	**11 557 950**	**1 287 095**	**1 906 878**
地区小计	**52 490 290**	**14 443 394**	**10 080 088**	**4 467 820**	**4 532 706**	**85 544**	**552 318**
占全国比重（%）	37.75	37.52	31.82	26.17	39.22	6.65	28.96
内蒙古	554 391	143 736		74 924			
广 西	10 309 501		3 840 460	257 690	2 302 754	30 483	530 614
重 庆	2 504 752	4 960	1 715 248	340 983	1 026		269
四 川	6 943 296	488 292	3 408 007	960 290	39 910		5 987
贵 州	900 578	24 856	227 366	217 178	6 072		348
云 南	5 107 197	322 445	517 258	416 326	2 182 944	55 061	15 100
西 藏	9 745	4 442	527	1 150			
陕 西	14 377 449	9 650 885	368 010	896 932			
甘 肃	3 597 114	2 487 504	3 212	333 281			
青 海	14 090	5 880		4 708			
宁 夏	804 731	489 412		14 161			
新 疆	7 367 446	820 982		950 197			

(续)

地区	其中					
	龙眼	桃	猕猴桃	葡萄	红枣	柿子
全国总计	**1 526 293**	**11 430 347**	**1 452 767**	**10 543 154**	**5 887 121**	**3 417 586**
地区小计	**544 435**	**2 107 826**	**987 722**	**4 273 433**	**2 394 354**	**1 232 138**
占全国比重(%)	35.67	18.44	67.99	40.53	40.67	36.05
内蒙古		5 400		81 359	498	
广西	504 080	212 557	2 838	318 859	22 416	737 551
重庆	9 600	101 532	10 854	62 757	5 428	13 733
四川	20 623	450 770	132 142	249 751	14 614	48 152
贵州	447	122 046	17 640	86 969	1 844	14 596
云南	9 685	219 003	866	543 478	14 235	65 236
西藏		2 636		423		
陕西		640 733	822 886	464 710	678 978	332 894
甘肃		196 904	496	227 891	131 114	19 976
青海		809		103		
宁夏		30 363		146 625	71 250	
新疆		125 073		2 090 508	1 453 977	

表 171 我国西部地区主要林产品产量(2012 年)

产品	单位	全国产量	地区产量	占全国比重(%)
木材	万 m^3	8 174.9	3 035.9	37.14
竹材	万根	164 412	47 925.8	29.15
紫胶(原胶)	t	1 997	1 524	76.31
生漆	t	26 027	14 332	55.07
油桐籽	t	427 048	227 667	53.31
油茶籽	t	1 727 708	234 731	13.59
乌桕籽	t	39 467	5 278	13.37
五倍子	t	13 190	13 002	98.57
棕片	t	55 171	21 389	38.78
松脂	t	1 215 065	736 630	60.62
竹笋干	t	501 740	118 572	23.63
核桃	t	2 046 904	1 300 402	63.53
板栗	t	1 979 583	309 272	15.62

表 172 我国西部地区主要畜产品产量（2011—2012 年）

产品名称	单位	2011 年	2012 年	同比增长（%）	占全国比重（%）
一、肉类总产量	万 t	2 371. 1. 8	2 478. 5	4. 53	29. 55
猪 肉	万 t	1 507. 3	1 574. 6	4. 46	29. 47
牛 肉	万 t	230. 5	239. 2	3. 77	36. 12
羊 肉	万 t	228. 3	233. 9	2. 45	58. 33
禽 肉	万 t	340. 2	364. 4	7. 11	19. 99
兔 肉	万 t	33. 9	35. 0	3. 24	45. 99
二、其他畜产品产量					
奶 类	万 t	1 539. 7	1 611. 5	4. 66	41. 58
牛 奶	万 t	1 508. 3	1 526. 3	1. 19	40. 77
蜂 蜜	万 t	9. 5	10. 4	9. 47	23. 21
禽 蛋	万 t	390. 6	400. 6	2. 56	14. 00
山羊毛	t	24 760. 9	24 764. 5	0. 015	56. 38
羊 绒	t	12 839. 8	12 859. 2	0. 15	71. 36
绵羊毛	t	271 444. 9	273 522. 3	0. 77	68. 37
细羊毛	t	103 525. 3	95 042. 3	−8. 19	75. 61
半细羊毛	t	51 328. 3	56 459. 0	10. 00	42. 78

表 173 我国西部地区水产品产量（2011—2012 年）

单位：kt、%

产品名称	2011 年	2012 年	同比增长	占全国比重
水产品总产量	**5 178. 9**	**5 594. 9**	**8. 03**	**9. 47**
按海水、内陆分				
海水产品产量	1 593. 2	1 647. 9	3. 43	15. 95
内陆水产品产量	3 585. 6	3 947. 0	10. 08	13. 73
按生产性质分				
捕捞产量	954. 3	967. 2	1. 35	5. 97
养殖产量	4 224. 5	4 627. 7	9. 54	10. 79

表 174　我国西部地区人均主要农产品、畜产品、水产品产量（2011—2012 年）

单位：kg/人 、%

产品名称	2011 年	2012 年	同比增长
一、主要农产品			
（一）粮　食	409.0	426.6	4.30
1. 谷　物	341.4	359.2	5.21
稻　谷	121.0	124.4	2.81
小　麦	59.7	61.0	2.18
玉　米	148.4	162.7	9.64
谷　子	1.1	1.5	36.36
高　粱	2.9	3.1	6.90
2. 豆　类	16.9	16.3	−3.55
大　豆	9.4	8.8	−6.38
杂　豆	7.5	7.6	1.33
3. 薯　类	50.7	51.0	0.59
马铃薯	35.8	37.0	3.35
（二）油　料	24.8	25.7	3.63
花　生	4.1	4.4	7.32
油菜籽	14.5	15.2	4.83
芝　麻	0.1	0.1	
胡麻籽	0.7	0.8	14.29
向日葵籽	4.9	4.9	
（三）棉　花	8.5	10.2	20.00
（四）麻　类	0.4	0.3	−25.00
黄红麻			
（五）糖　料	277.0	298.6	7.80
甘　蔗	257.7	277.4	7.64
甜　菜	19.2	21.2	10.42
（六）水　果	181.3	197.8	9.10
（七）烟　叶	5.2	5.7	9.62
烤　烟	4.8	5.3	10.42
二、畜产品			
（一）猪牛羊肉	54.4	56.4	3.68
猪　肉	41.5	43.3	3.84
牛　肉	6.4	6.6	3.13
羊　肉	6.3	6.4	1.59
（二）奶　类	44.0	44.4	0.91
牛　奶	41.7	42.0	0.72
（三）禽　蛋	10.8	11.0	1.85
三、水产品	15.0	16.5	10.00
鱼　类	10.9	12.6	15.60
虾蟹类	0.9	1.1	22.22

表 175 我国西部地区农林牧渔业总产值、增加值及构成（2011—2012 年）

名 称	总产值		增加值	
	2011 年	2012 年	2011 年	2012 年
一、绝对数（亿元）				
合 计	**21 094.5**	**23 596.4**	**12 771.1**	**14 332.6**
1. 农业	11 669.0	13 362.2	7 618.2	8 731.7
2. 林业	884.6	956.5	617.7	656.1
3. 牧业	7 287.6	7 867.5	3 839.8	4 158.2
4. 渔业	621.6	703.7	406.7	459.8
二、构成（%）				
农林牧渔业合计	**100.0**	**100.0**	**100.0**	**100.0**
1. 农业	55.3	56.6	59.7	60.9
2. 林业	4.2	4.1	4.8	4.6
3. 牧业	34.5	33.3	30.1	29.0
4. 渔业	2.9	3.0	3.2	3.2
三、西部占全国的比重（%）				
农林牧渔业总产值合计	**25.9**	**26.4**	**26.9**	**27.4**
1. 农业	27.8	28.5	28.2	28.9
2. 林业	28.3	27.7	29.1	28.8
3. 牧业	28.3	28.9	30.9	31.7
4. 渔业	8.2	8.1	8.9	8.7

表 176 我国西部地区林业产业总产值（2012 年）

单位：万元

地 区	总 计	第一产业	第二产业	第三产业
全国总计	**394 509 075**	**137 485 185**	**208 983 022**	**48 040 868**
地区小计	**73 956 998**	**37 722 435**	**13 808 085**	**10 020 560**
占全国比重（%）	18.75	27.44	6.61	20.86
内蒙古	2 448 955	1 379 044	666 865	403 046
广 西	21 941 856	7 044 353	1 311 110	1 180 476
重 庆	4 046 717	2 244 744	1 062 693	739 280
四 川	17 456 693	6 410 986	6 260 976	4 784 731
贵 州	4 010 168	1 885 799	758 140	1 366 229
云 南	8 855 547	6 263 267	2 135 993	456 287
西 藏	200 912	191 369	5 753	3 790
陕 西	5 416 600	4 283 247	729 137	404 216
甘 肃	2 345 241	2 042 246	114 083	188 912
青 海	348 196	345 009	160	3 027
宁 夏	1 085 193	754 649	229 959	100 585
新 疆	5 800 919	4 877 722	533 216	389 981

表 177 我国西部地区林业系统森林工业固定资产投资（2012 年）

单位：万元

地 区	总 计	其中：基本建设	更新改造	其他投资	本年新增固定资产
全国总计	**12 740 068**	**4 415 770**	**2 040 190**	**6 284 108**	**5 849 057**
地区小计	**8 083 989**	**2 298 649**	**1 782 200**	**4 003 140**	**3 407 511**
占全国比重（%）	63.45	52.06	87.35	63.70	58.26
内蒙古	200 328	146 234	30 035	24 059	152 023
广 西	6 701 705	1 828 500	1 680 982	3 192 023	2 861 505
重 庆	93 632	40 630	269	52 733	40 573
四 川	170 521	41 162	26 750	102 609	47 689
贵 州	937	937			937
云 南	342 595	76 093	39 061	227 441	93 578
西 藏	1 376	1 376			
陕 西	192 139	78 052	2 762	111 325	131 578
甘 肃	266 218	50 972	360	214 886	39 113
青 海	8 938	1 613	480	6 845	4 652
宁 夏	7 751	7 751			
新 疆	97 849	25 329	1 501	71 019	35 863

表 178 我国西部地区林业系统农产品加工业总产值（2012 年） 单位：万元

地 区	非木质林产品加工制造业	木材加工及竹、藤、棕、草制品业			
		合 计	锯材木片加工业	人造板制造业	木制品制造业
全国总计	**22 574 149**	**82 339 457**	**13 227 800**	**45 322 984**	**18 827 474**
地区小计	**2 381 826**	**10 920 320**	**2 522 707**	**6 612 514**	**1 378 223**
占全国比重（%）	10.55	13.26	19.07	14.59	7.32
内蒙古	17 204	520 118	420 022	81 673	18 192
广 西	388 437	6 590 118	1 153 300	4 503 626	763 916
重 庆	118 457	347 614	75 648	111 283	93 550
四 川	466 700	2 069 386	427 617	1 260 224	244 747
贵 州	102 616	362 008	148 961	128 588	70 078
云 南	545 555	686 506	229 778	342 629	109 392
西 藏		5 753	5 344	400	9
陕 西	158 279	394 077	47 598	168 716	75 191
甘 肃	9 088	4 411		1 200	1 435
青 海		160	160		
宁 夏	158 144				
新 疆	417 346	30 169	14 279	14 177	1 713

地 区	竹、藤、棕、草制品业	木质、竹藤家具制造业	木、竹、苇浆造纸及纸制品业	林产化学产品制造业	木、竹、藤工艺品制造业	其 他
全国总计	**4 961 199**	**27 943 914**	**47 515 221**	**6 340 858**	**4 774 811**	**11 031 217**
地区小计	**406 874**	**3 610 866**	**4 052 488**	**2 186 420**	**171 876**	**2 307 117**
占全国比重（%）	8.20	12.92	8.53	34.48	3.60	20.91
内蒙古	231	1 706		152	87	85 248
广 西	169 276	933 348	2 752 257	1 723 138	56 880	1 054 437
重 庆	67 133	230 040	146 921	12 231	52 932	139 168
四 川	136 798	2 165 075	838 127	38 201	24 983	514 843
贵 州	14 381	87 946	85 317	24 560	20 454	52 902
云 南	4 707	148 361	153 530	373 174	2 519	173 450
西 藏						
陕 西	12 572	38 511	3 096	9 554	13 942	153 661
甘 肃	1 776	5 879		5 410	79	57 478
青 海						
宁 夏			71 440			375
新 疆						75 555

表 179　我国西部地区森林工业主要产品产量（2012 年）

地　区	锯材（万 m^3）	木片（万实积 m^3）	胶合板（万 m^3）	纤维板（万 m^3）	刨花板（万 m^3）	木地板（万 m^2）	人造板表面装饰板（万 m^2）	单板（万 m^3）
全国总计	**5 568.2**	**2 906.9**	**10 981.2**	**5 800.4**	**2 349.6**	**60 430.5**	**19 207.0**	**3 491.9**
地区小计	**1 503.2**	**491.7**	**1 674.4**	**1 371.1**	**100.6**	**1 875.0**	**7.5**	**765.0**
占全国比重（%）	27.0	16.91	15.25	23.64	4.28	3.10	0.04	21.91
内蒙古	604.2	13.7	25.4	13.6	26.7	16.7		5.7
广　西	368.5	349.2	1 318.4	681.5	38.9	89.1	6.6	749.2
重　庆	19.2	8.2	27.9	42.0	0.1	4.9		
四　川	241.0	58.0	198.9	384.3	27.9	1 474.2	0.9	0.2
贵　州	78.7	9.7	45.5	7.0	0.1	55.4		0.8
云　南	155.8	28.9	49.4	152.1	6.8	269.6		8.7
西　藏	9.0		0.2			0.1		
陕　西	14.6	24.0	5.2	82.2	0.1			0.4
甘　肃			0.6					
青　海	0.1							
宁　夏								
新　疆	12.2		2.9	8.4				

地　区	松香类产品（t）	松节油类产品（t）	樟脑（t）	冰片（t）	栲胶类产品（t）	紫胶类产品（t）	木材热解产品（t）	
							小计	木炭
全国总计	**1 409 995**	**187 393**	**11 444**	**925**	**6 926**	**2 494**	**794 023**	**360 206**
地区小计	**1 034 905**	**110 001**	**66**		**4 926**	**1 984**	**733 691**	**214 634**
占全国比重（%）	73.40	58.70	0.58		71.12	79.55	92.40	59.59
内蒙古								
广　西	790 803	67 011			203		574 800	55 743
重　庆	810						20	20
四　川	2 428	27	66		4 517	13		
贵　州	5 432	698					44 263	44 263
云　南	235 432	42 265			206	1 871	106 608	106 608
西　藏								
陕　西								
甘　肃							8 000	8 000
青　海								
宁　夏								
新　疆								

表 180 我国西部地区农垦系统主要农产品加工企业产品产量（2012 年）

地　区	配混合饲料（t）	机制纸及纸版（t）	纱（万 t）	布（万 m）	机制糖（t）	饮料酒（kL）	乳制品（t）	食用植物油（t）
全国总计	**6 601 518**	**467 090**	**63.16**	**58 153**	**2 323 951**	**1 612 043**	**3 261 727**	**2 757 158**
地区小计	**2 783 277**	**252 033**	**28.05**	**5 300**	**946 115**	**585 637**	**488 148**	**661 753**
占全国比重（%）	42.16	53.96	44.41	9.11	40.71	36.33	14.97	24.00
内蒙古	23 482	1 902				1 517		78 422
广　西	670 692	105 263			698 178	14 802	5 740	518
重　庆	459 380						215 468	
四　川						7 381	2 492	
贵　州	2 270						47 302	
云　南	906				53 575	305		
西　藏							3 360	
陕　西								
甘　肃	3 580					166 395		
青　海								
宁　夏	27 433						21 100	9
新疆（兵团）	1 482 569	144 868	25.72	5 300	194 362	158 307	127 444	571 496
新疆（农业）	15 725		2.33			232 635	570	11 308
新疆（畜牧）	97 239					4 295	64 672	

表 181 我国西部地区轻工业系统农产品加工业产品产量（2011 年）

地　区	纸浆（万 t）	机制纸、纸板（万 t）	纸制品（万 t）	原盐（万 t）	机制糖（万 t）	糖果（万 t）	方便面（万 t）
全国总计	**2 276.4**	**11 010.9**	**4 513.6**	**6 742.2**	**1 187.4**	**222.5**	**827.5**
地区小计	**434.8**	**1 080.9**	**567.7**	**2 193.7**	**985.3**	**22.6**	**124.8**
占全国比重（%）	19.10	9.82	12.58	32.54	82.98	10.16	15.08
内蒙古	7.9	30.8	85.9	311.0	18.0		3.1
广　西	255.9	235.5	79.7	6.6	742.3	6.8	9.9
重　庆	31.9	178.0	98.2	224.4	0.5	0.8	7.8
四　川	55.2	369.2	190.0	1 038.7	2.5	14.5	54.4
贵　州	13.7	24.5	12.3		0.7	0.1	1.4
云　南	23.0	40.6	25.9	100.8	173.6	0.2	3.1
西　藏			2.3				
陕　西		92.8	38.0	41.9		0.1	39.5
甘　肃	0.7	6.9	20.8	17.0	1.6		1.0
青　海				195.2			
宁　夏	26.6	72.3	3.7				
新　疆	19.9	30.3	10.9	258.1	46.1	0.1	4.6

（续）

地 区	乳制品（万 t）	液体乳（万 t）	罐头（万 t）	小麦粉（万 t）	冷冻饮品（万 t）	饮料酒（万 kL）	软饮料（万 t）	大米（万 t）
全国总计	**2 316.4**	**2 089.5**	**1 093.4**	**11 677.8**	**249.3**	**6 168.4**	**11 812.2**	**8 839.5**
地区小计	**779.4**	**689.5**	**234.3**	**1 032.6**	**72.5**	**1 358.7**	**2 656.6**	**861.5**
占全国比重（%）	33.65	32.99	21.43	8.84	29.08	22.03	22.49	9.75
内蒙古	383.2	341.0	0.3	121.7	34.1	170.7	204.5	58.3
广 西	14.3	13.0	48.7	23.5	9.7	156.5	545.1	160.2
重 庆	12.9	12.9	5.5	3.2	2.5	94.8	298.4	86.9
四 川	78.0	65.9	49.1	234.1	22.1	504.5	644.7	520.4
贵 州	5.5	5.5	1.6	2.6	0.4	60.9	109.5	35.1
云 南	34.6	33.7	2.4	5.3		84.5	245.0	7.7
西 藏	0.6	0.4		1.4		18.2	10.2	
陕 西	160.2	147.2	1.4	358.1	1.0	109.8	383.5	31.2
甘 肃	16.7	15.7	9.6	127.5		69.6	93.0	
青 海	12.2	12.0		6.3		10.6	12.4	
宁 夏	25.2	13.1		30.5		21.1	7.3	35.6
新 疆	36.0	29.1	116.0	118.4	2.7	58.0	103.0	4.1

地 区	轻 革（万 m²）	皮 鞋（万双）	皮革服装（万件）	羽绒服装（万件）	天然皮革、手提包、袋（万个）	家具（万件）
全国总计	**61 294.9**	**426 642.4**	**6 439.2**	**26 407.2**		**69 895.6**
地 区 小 计	**5 094.4**	**31 241.4**	**136.8**	**305.6**		**2 606.3**
占全国比重（%）	8.31	7.32	2.12	1.16		3.73
内蒙古						135.1
广 西	2 129.5	14 501.8				296.0
重 庆	26.5	4 462.7		44.2		357.1
四 川	2 206.1	12 135.1	136.1	64.3		1 566.2
贵 州				79.1		19.3
云 南						16.3
西 藏						
陕 西		141.5	0.3	118.0		108.9
甘 肃	328.4		0.4			5.7
青 海		4.3				
宁 夏						7.0
新 疆	403.9					94.7

资料来源：表中数据由中国轻工业信息中心提供。

其 他

表 182 我国农产品质量安全例行监测情况（2011—2012 年）

监测产品种类	2011 年	2012 年	同比增长（%）
	合格率（%）	合格率（%）	
蔬 菜	97.4	97.9	0.513
畜禽产品	99.6	99.7	0.100
水产品	96.8	96.9	0.103
水 果		97.1	
茶 叶		93.0	

资料来源：表中数据由农业部提供。

表 183 我国淀粉行业企业信用等级评价结果名单（2008—2012 年）

序 号	企 业 名 称	信用等级
1	黄龙食品工业有限公司	AAA
2	长春大成实业集团有限公司	AAA
3	诸城兴贸玉米开发有限公司	AAA
4	山东寿光巨能金玉米开发有限公司	AAA
5	内蒙古奈伦农业科技股份有限公司	AAA
6	河南巨龙淀粉实业有限公司	AAA
7	诸城市润生淀粉有限公司	AAA
8	河北玉峰淀粉糖业集团	AAA
9	德州福源生物淀粉有限公司	AAA
10	黑龙江北大荒马铃薯传统有限公司	AAA
11	广西明阳生化科技股份有限公司	AAA
12	甘肃荣华实业（集团）股份有限公司	AA
13	邯郸财鑫糖业有限责任公司	AAA
14	泗水利丰食品有限公司	AAA
15	河北德瑞淀粉有限公司	AAA
16	河南永昌飞天淀粉糖有限公司	AAA

（续）

序　号	企业名称	信用等级
17	孟州市玉米有限责任公司	AAA
18	重庆江北机械有限责任公司	AA
19	西安国维淀粉有限责任公司	AAA
20	内蒙古博思达机械有限公司	AAA
21	长治市金泽生物工程有限公司	AAA
22	河南淇雪淀粉有限公司	AAA
23	广西武鸣县安宁淀粉有限责任公司	AA
24	茌平县同创生物技术有限公司	AAA

资料来源：表中信息由中国淀粉工业协会提供。

表 184　我国大米加工 50 强企业（2012 年度）

序号	企业名称	序号	企业名称
1	中粮集团有限公司	17	洪湖市洪湖浪米业有限责任公司
2	湖北国宝桥米集团	18	湖北龙池米业有限公司
3	益海嘉里投资有限公司	19	黑龙江省北大荒米业集团有限公司
4	湖北梅园米业有限公司	20	安徽光明槐祥工贸集团有限公司
5	北镇市五峰米业加工有限公司	21	新余市百乐工贸有限公司
6	福娃集团有限公司	22	南京沙塘庵粮油实业有限公司
7	吉林省德春农业集团股份有限公司	23	安徽省稼仙米业集团有限公司
8	绿都集团股份有限公司	24	湖北宏法米业公司
9	江苏省农垦米业有限公司	25	湖南粮食集团有限责任公司
10	江西金佳谷物股份有限公司	26	湖北兴农粮食产品发展有限公司
11	湖北洪森粮油集团	27	梅河口市兴达米业有限责任公司
12	吉林梅河大米有限公司	28	合肥金润米业有限公司
13	吉林裕丰米业股份有限公司	29	江苏双兔食品股份有限公司
14	辽宁恒信粮食集团有限公司	30	安徽太海粮油集团有限公司
15	湖南金键米业股份有限公司	31	福建泉州市金穗米业有限公司
16	山东美晶米业有限公司	32	安徽省阜阳市海泉粮油工业有限公司

（续）

序号	企业名称	序号	企业名称
33	上海良友（集团）有限公司	42	鹤岗市兴盛米业有限责任公司
34	重庆粮食集团公司	43	湖南盛湘粮食购销集团有限公司
35	黑龙江泰丰粮油食品有限公司	44	深圳市中泰米业有限公司
36	宜兴市粮油集团大米有限公司	45	湖南浩天米业有限公司
37	四川省川粮米业股份有限公司	46	河南山信粮业有限公司
38	黑龙江省万源粮油食品有限公司	47	东莞市太粮米业有限公司
39	鹤岗市海宇米业有限公司	48	湖北省粮油集团有限责任公司
40	安徽省桐城青草香米业集团有限公司	49	江西万年贡米集团
41	吉林省彦旗农业股份有限公司	50	安徽鑫利达米业有限公司

资料来源：表 184、表 185、表 186 的信息来自中粮协［2013］11 号文《关于发布〈2012 年度重点粮油企业专项调查位居各行业前列企业名单的通知〉》。

表 185　我国小麦粉加工 50 强企业（2012 年度）

序号	企业名称	序号	企业名称
1	五得利面粉集团有限公司	15	陕西陕富面业有限责任公司
2	中粮集团小麦加工事业部	16	湖北三杰粮油食品集团
3	益海嘉里投资有限公司	17	江苏江南面粉集团
4	今麦郎食品有限公司	18	杭州恒天面粉集团有限公司
5	南顺（香港）集团	19	山东半球面粉有限公司
6	北京古船食品有限公司	20	滨州泰裕麦业有限公司
7	东莞市穗丰食品有限公司	21	陕西老牛面粉有限公司
8	河北金沙河面业有限责任公司	22	上海良友（集团）有限公司
9	发达面粉集团有限公司	23	甘肃红太阳面业集团有限公司
10	河南省大程粮油集团股份有限公司	24	安徽瑞福祥食品有限公司
11	天津市利金粮油股份有限公司	25	江苏省银河面粉有限公司
12	江苏三零面粉有限公司	26	新乡市新良粮油加工有限责任公司
13	安徽皖王面粉集团有限公司	27	四川仁吉粉业集团有限公司
14	新疆天山面粉集团有限责任公司	28	山东永乐食品有限公司

（续）

序号	企业名称	序号	企业名称
29	山东利生面业（集团）有限公司	40	河南一加一面粉有限公司
30	济南民天面粉有限责任公司	41	菏泽华瑞食品有限责任公司
31	河北凯发面业集团有限公司	42	宝鸡祥和面粉有限责任公司
32	江苏淮安新丰面粉有限公司	43	河南中鹤纯净粉业有限公司
33	丹阳市同乐面粉有限公司	44	肇庆市福加德面粉有限公司
34	开封市天丰面业有限责任公司	45	潍坊风筝面粉有限责任公司
35	广东白燕粮油实业有限公司	46	潜江同光面粉有限责任公司
36	安徽正宇面粉有限公司	47	安徽省凤宝粮油食品（集团）有限公司
37	山东峰宇面粉有限公司	48	内蒙古恒丰食品工业集团股份有限公司
38	山东富世康制粉有限公司	49	西安市群众面粉厂
39	河南天香面业有限公司	50	河北黑马粮油工业有限责任公司

表 186　我国植物油加工 50 强企业（2012 年度）

序号	企业名称	序号	企业名称
1	益海嘉里投资有限公司	14	广州东凌粮油股份有限公司
2	中粮集团有限公司	15	山东香驰粮油有限公司
3	九三粮油工业集团有限公司	16	上海良友海狮油脂实业有限公司
4	中国中纺集团公司	17	山东龙大植物油有限公司
5	山东鲁花集团有限公司	18	邦基正大（天津）粮油有限公司
6	中储粮油脂有限公司	19	山东三维油脂集团股份有限公司
7	重庆粮食集团公司	20	青岛长生集团股份有限公司
8	湖北奥星粮油工业有限公司	21	京粮（天津）粮油工业有限公司
9	三河汇福粮油集团有限公司	22	河南懿丰油脂有限公司
10	山东渤海油脂工业有限公司	23	湖南巴陵油脂有限公司
11	西王集团有限公司	24	厦门中盛粮油集团有限公司
12	山东三星集团有限公司	25	万宝粮油有限公司
13	天津龙威粮油工业有限公司	26	浙江新市油脂股份有限公司

（续）

序号	企 业 名 称	序号	企 业 名 称
27	仪征方顺粮油工业有限公司	39	山东玉皇粮油食品有限公司
28	河南阳光油脂集团有限公司	40	大丰市佳丰油脂有限责任公司
29	洪湖市洪湖浪米业有限责任公司	41	山西忠民集团有限公司
30	河南爱厨植物油有限公司	42	安徽大平工贸（集团）有限公司
31	江苏金太阳油脂有限责任公司	43	上海佳格食品有限公司
32	嘉祥县嘉冠油脂化工有限公司	44	路易达孚（霸州）饲料蛋白有限公司
33	山东光大日月油脂股份有限公司	45	金利油脂（苏州）有限公司
34	九江市嘉盛粮油工业有限公司	46	福建华仁油脂有限公司
35	隋县天星粮油科技有限公司	47	山东高唐蓝山集团总公司
36	广东鹰唛食品有限公司	48	陕西八鱼渭南油脂工业有限公司
37	丹东市帕斯特谷物有限公司	49	湖北省粮油（集团）有限责任公司
38	南通家惠油脂发展有限公司	50	福建康宏股份有限公司

5 第五部分

标准、专利

第五章

农产品加工业部分国家标准（2013 年）

标准号	标准名称	代替标准
GB/T 17320—2013	小麦品种品质分类	GB/T 17320—1998
GB/T 29565—2013	瓜蒌籽	
GB/T 29876—2013	非发酵豆制品生产管理规范	
GB/T 30466—2013	粮食干燥系统安全操作规范	
GB/T 30467—2013	横流粮食干燥机单位耗热量与处理量折算规则	
GB 10648—2013	饲料标签	GB 10648—1999
GB/T 30468—2013	青饲料牧草烘干机组	
GB/T 30472—2013	饲料加工成套设备技术规范	
GB/T 5498—2013	粮油检验　容重测定	GB/T 5498—1985
GB/T 29884—2013	粮油机械　大米色选机	
GB/T 29890—2013	粮油储藏技术规范	
GB/T 29898—2013	粮油机械　胶辊砻谷机	
GB/T 30354—2013	食用植物油散装运输规范	
GB/T 30390—2013	油料种子中果糖、葡萄糖、蔗糖含量的测定　高效液相色谱法	
GB/T 29885—2013	棉籽质量等级	
GB/T 29886—2013	棉包回潮率试验方法　微波法	
GB/T 29887—2013	染色棉	
GB/T 30358—2013	棉花加工工艺系统安装及制作通用技术条件	
GB/T 29572—2013	桑椹（桑果）	
GB/T 29647—2013	坚果与籽类炒货食品良好生产规范	
GB/T 29891—2013	荔枝、龙眼干燥设备　技术条件	
GB/T 29892—2013	荔枝、龙眼干燥设备　试验方法	
GB/T 30380—2013	多香果	
GB/T 29564—2013	苔干	
GB/T 30359—2013	蜂花粉	
GB/T 30381—2013	桂皮	
GB/T 30382—2013	辣椒（整的或粉状）	
GB/T 30383—2013	生姜	
GB/T 30384—2013	脱水绿胡椒	
GB/T 30385—2013	香辛料和调味品　挥发油含量的测定	
GB/T 30386—2013	盐水胡椒	
GB/T 30387—2013	月桂叶	
GB/T 30388—2013	辣椒及其油树脂　总辣椒碱含量的测定　高效液相色谱法	
GB/T 30389—2013	辣椒及其油树脂　总辣椒碱含量的测定　分光光度法	
GB/T 30391—2013	花椒	
GB/T 8302—2013	茶　取样	GB/T 8302—2002
GB/T 8303—2013	茶　磨碎试样的制备及其干物质含量测定	GB/T 8303—2002
GB/T 8304—2013	茶　水分测定	GB/T 8304—2002
GB/T 8305—2013	茶　水浸出物测定	GB/T 8305—2002
GB/T 8306—2013	茶　总灰分测定	GB/T 8306—2002

（续）

标准号	标准名称	代替标准
GB/T 8307—2013	茶　水溶性灰分和水不溶性灰分测定	GB/T 8307—2002
GB/T 8308—2013	茶　酸不溶性灰分测定	GB/T 8308—2002
GB/T 8309—2013	茶　水溶性灰分碱度测定	GB/T 8309—2002
GB/T 8310—2013	茶　粗纤维测定	GB/T 8310—2002
GB/T 8311—2013	茶　粉末和碎茶含量测定	GB/T 8311—2002
GB/T 8312—2013	茶　咖啡碱测定	GB/T 8312—2002
GB/T 8314—2013	茶　游离氨基酸总量的测定	GB/T 8314—2002
GB/T 9833.1—2013	紧压茶　第1部分：花砖茶	GB/T 9833.1—2002
GB/T 9833.2—2013	紧压茶　第2部分：黑砖茶	GB/T 9833.2—2002
GB/T 9833.3—2013	紧压茶　第3部分：茯砖茶	GB/T 9833.3—2002
GB/T 9833.4—2013	紧压茶　第4部分：康砖茶	GB/T 9833.4—2002
GB/T 9833.5—2013	紧压茶　第5部分：沱茶	GB/T 9833.5—2002
GB/T 9833.6—2013	紧压茶　第6部分：紧茶	GB/T 9833.6—2002
GB/T 9833.7—2013	紧压茶　第7部分：金尖茶	GB/T 9833.7—2002
GB/T 9833.8—2013	紧压茶　第8部分：米砖茶	GB/T 9833.8—2002
GB/T 9833.9—2013	紧压茶　第9部分：青砖茶	GB/T 9833.9—2002
GB/T 18798.4—2013	固态速溶茶　第4部分：规格	
GB/T 18798.5—2013	固态速溶茶　第5部分：自由流动和紧密堆积密度的测定	
GB/T 30357.1—2013	乌龙茶　第1部分：基本要求	
GB/T 30357.2—2013	乌龙茶　第2部分：铁观音	
GB/T 30375—2013	茶叶贮存	
GB/T 30377—2013	紧压茶茶树种植良好规范	
GB/T 30378—2013	紧压茶企业良好规范	
GB/T 30483—2013	茶叶中茶黄素的测定　高效液相色谱法	
GB 1523—2013	绵羊毛	
GB 14784—2013	带式输送机　安全规范	GB/T 14784—1993
GB/T 16717—2013	包装容器　重型瓦楞纸箱	GB/T 16717—1996
GB 18267—2013	山羊绒	
GB/T 19777—2013	地理标志产品　山西老陈醋	GB 19777—2005
GB/T 29568—2013	农产品追溯要求　水产品	
GB/T 29569—2013	桑蚕原种产地环境要求	
GB/T 29571—2013	桑蚕天然彩色茧	
GB/T 29602—2013	固体饮料	
GB/T 29605—2013	感官分析　食品感官质量控制导则	GB 1523—1993
GB/T 29648—2013	全自动旋转式PET瓶吹瓶机	
GB/T 30355—2013	龙舌兰剑麻综合利用导则	
GB/T 20014.5—2013	良好农业规范　第5部分：水果和蔬菜控制点与符合性规范	GB/T 20014.5—2008
GB/T 20014.6—2013	良好农业规范　第6部分：畜禽基础控制点与符合性规范	GB/T 20014.6—2008
GB/T 20014.7—2013	良好农业规范　第7部分：牛羊控制点与符合性规范	GB/T 20014.7—2008
GB/T 20014.8—2013	良好农业规范　第8部分：奶牛控制点与符合性规范	GB/T 20014.8—2008
GB/T 20014.9—2013	良好农业规范　第9部分：猪控制点与符合性规范	GB/T 20014.9—2008

（续）

标 准 号	标 准 名 称	代替标准
GB/T 20014.10—2013	良好农业规范　第 10 部分：家禽控制点与符合性规范	GB/T 20014.10—2008
GB/T 20014.12—2013	良好农业规范　第 12 部分：茶叶控制点与符合性规范	GB/T 20014.12—2008
GB/T 20014.26—2013	良好农业规范　第 26 部分：烟叶控制点与符合性规范	
GB/T 20014.27—2013	良好农业规范　第 27 部分：蜜蜂控制点与符合性规范	
GB 4789.7—2013	食品微生物学检验　副溶血性弧菌检验	GB/T 4789.7—2008
GB 4789.26—2013	食品微生物学检验　商业无菌检验	GB/T 4789.26—2003
GB 4789.28—2013	食品微生物学检验　培养基和试剂的质量要求	GB/T 4789.28—2003
GB 4789.39—2013	食品微生物学检验　粪大肠菌群计数	GB/T 4789.39—2008
GB 5009.205—2013	食品中二噁英及其类似物毒性当量的测定	GB/T 5009.205—2007
GB 5413.20—2013	婴幼儿食品和乳品中胆碱的测定	GB 5413.20—1997
GB 5413.31—2013	婴幼儿食品和乳品中脲酶的测定	GB 5413.31—1997
GB 29989—2013	婴幼儿食品和乳品中左旋肉碱的测定	
GB 29938—2013	食品用香料通则	
GB 6783—2013	食品添加剂　明胶	GB 6783—1994
GB 29924—2013	食品添加剂　标识通则	
GB 29925—2013	食品添加剂　醋酸酯淀粉	
GB 29926—2013	食品添加剂　磷酸酯双淀粉	
GB 29927—2013	食品添加剂　氧化淀粉	
GB 29928—2013	食品添加剂　酸处理淀粉	
GB 29929—2013	食品添加剂　乙酰化二淀粉磷酸酯	
GB 29930—2013	食品添加剂　羟丙基淀粉	
GB 29931—2013	食品添加剂　羟丙基二淀粉磷酸酯	
GB 29932—2013	食品添加剂　乙酰化双淀粉己二酸酯	
GB 29933—2013	食品添加剂　氧化羟丙基淀粉	
GB 29934—2013	食品添加剂　辛烯基琥珀酸铝淀粉	
GB 29935—2013	食品添加剂　磷酸化二淀粉磷酸酯	
GB 29936—2013	食品添加剂　淀粉磷酸酯钠	
GB 29937—2013	食品添加剂　羧甲基淀粉钠	
GB 29939—2013	食品添加剂　琥珀酸二钠	
GB 29940—2013	食品添加剂　柠檬酸亚锡二钠	
GB 29941—2013	食品添加剂　脱乙酰甲壳素（壳聚糖）	
GB 29942—2013	食品添加剂　维生素 E（dl-α-生育酚）	
GB 29943—2013	食品添加剂　棕榈酸视黄酯（棕榈酸维生素 A）	
GB 29945—2013	食品添加剂　槐豆胶（刺槐豆胶）	
GB 29946—2013	食品添加剂　纤维素	
GB 29947—2013	食品添加剂　萜烯树脂	
GB 29948—2013	食品添加剂　聚丙烯酸钠	
GB 29949—2013	食品添加剂　阿拉伯胶	
GB 29950—2013	食品添加剂　甘油	
GB 29951—2013	食品添加剂　柠檬酸脂肪酸甘油酯	
GB 29952—2013	食品添加剂　γ-辛内酯	
GB 29953—2013	食品添加剂　δ-辛内酯	
GB 29954—2013	食品添加剂　δ-壬内酯	

（续）

标 准 号	标 准 名 称	代替标准
GB 29955—2013	食品添加剂　δ-十一内酯	
GB 29956—2013	食品添加剂　δ-突厥酮	
GB 29957—2013	食品添加剂　二氢-β-紫罗兰酮	
GB 29958—2013	食品添加剂　l-薄荷醇丙二醇碳酸酯	
GB 29959—2013	食品添加剂　d，l-薄荷酮甘油缩酮	
GB 29960—2013	食品添加剂　二烯丙基硫醚	
GB 29961—2013	食品添加剂　4,5-二氢-3(2H) 噻吩酮（四氢噻吩-3-酮）	
GB 29962—2013	食品添加剂　2-巯基-3-丁醇	
GB 29963—2013	食品添加剂　3-巯基-2-丁酮（3-巯基-丁-2-酮）	
GB 29964—2013	食品添加剂　二甲基二硫醚	
GB 29965—2013	食品添加剂　二丙基二硫醚	
GB 29966—2013	食品添加剂　烯丙基二硫醚	
GB 29967—2013	食品添加剂　柠檬酸三乙酯	
GB 29968—2013	食品添加剂　肉桂酸苄酯	
GB 29969—2013	食品添加剂　肉桂酸肉桂酯	
GB 29970—2013	食品添加剂　2，5-二甲基吡嗪	
GB 29971—2013	食品添加剂　苯甲醛丙二醇缩醛	
GB 29972—2013	食品添加剂　乙醛二乙缩醛	
GB 29973—2013	食品添加剂　2-异丙基-4-甲基噻唑	
GB 29974—2013	食品添加剂　糠基硫醇（咖啡醛）	
GB 29975—2013	食品添加剂　二糠基二硫醚	
GB 29976—2013	食品添加剂　1-辛烯-3-醇	
GB 29977—2013	食品添加剂　2-乙酰基吡咯	
GB 29978—2013	食品添加剂　2-己烯醛（叶醛）	
GB 29979—2013	食品添加剂　氧化芳樟醇	
GB 29980—2013	食品添加剂　异硫氰酸烯丙酯	
GB 29981—2013	食品添加剂　N-乙基-2-异丙基-5-甲基—环己烷甲酰胺	
GB 29982—2013	食品添加剂　δ-己内酯	
GB 29983—2013	食品添加剂　δ-十四内酯	
GB 29984—2013	食品添加剂　四氢芳樟醇	
GB 29985—2013	食品添加剂　叶醇（顺式-3-己烯-1-醇）	
GB 29986—2013	食品添加剂　6-甲基-5-庚烯-2-酮	
GB 29987—2013	食品添加剂　丁苯橡胶	
GB 29988—2013	食品添加剂　海藻酸钾（褐藻酸钾）	
GB/T 1541—2013	纸和纸板　尘埃度的测定	GB/T 1541—2007
GB/T 29775—2013	纸浆　纤维粗度的测定　图像分析法	
GB/T 29779—2013	纸浆　纤维长度的测定　非偏振光法	
GB/T 30129—2013	壁纸原纸	
GB/T 30130—2013	胶版印刷纸	
GB/T 3923.2—2013	纺织品　织物拉伸性能　第2部分：断裂强力的测定（抓样法）	GB/T 3923.2—1998
GB/T 4744—2013	纺织品　防水性能的检测和评价　静水压法	GB/T 4744—1997
GB/T 5715—2013	纺织品　色牢度试验　耐酸斑色牢度	GB/T 5715—1997
GB/T 5716—2013	纺织品　色牢度试验　耐碱斑色牢度	GB/T 5716—1997

（续）

标准号	标准名称	代替标准
GB/T 5717—2013	纺织品　色牢度试验　耐水斑色牢度	GB/T 5717—1997
GB/T 8433—2013	纺织品　色牢度试验　耐氯化水色牢度（游泳池水）	GB/T 8433—1998
GB/T 8434—2013	纺织品　色牢度试验　耐缩呢色牢度：碱性缩呢	GB/T 8434—1998
GB/T 8630—2013	纺织品　洗涤和干燥后尺寸变化的测定	GB/T 8630—2002
GB/T 29776—2013	纺织品　防虫蛀性能的测定	
GB/T 29778—2013	纺织品　色牢度试验　潜在酚黄变的评估	
GB/T 29862—2013	纺织品　纤维含量的标识	
GB/T 29864—2013	纺织品　防花粉性能试验方法　气流法	
GB/T 29865—2013	纺织品　色牢度试验　耐摩擦色牢度　小面积法	
GB/T 29866—2013	纺织品　吸湿发热性能试验方法	
GB/T 29867—2013	纺织品　针织物　结构表示方法	
GB/T 30126—2013	纺织品　防蚊性能的检测和评价	
GB/T 30127—2013	纺织品　远红外性能的检测和评价	
GB/T 30128—2013	纺织品　负离子发生量的检测和评价	
GB/T 30131—2013	纺织品　服装系统静电性能的评定　穿着法	
GB/T 30157—2013	纺织品　总铅和总镉含量的测定	
GB/T 30159.1—2013	纺织品　防污性能的检测和评价　第1部分：耐沾污性	
GB/T 30166—2013	纺织品　丙烯酰胺的测定	
GB/T 30156—2013	纺织制品涂层附件腐蚀和磨损的方法	
GB/T 30158—2013	纺织制品附件镍释放量的测定	
GB/T 30160.1—2013	纺织机械与附件　针织机用针术语　第1部分：舌针	
GB/T 30160.2—2013	纺织机械与附件　针织机用针术语　第2部分：钩针	
GB/T 30160.3—2013	纺织机械与附件　针织机用针术语　第3部分：复合针	
GB/T 30162—2013	纺织机械　卷布辊　术语和主要尺寸	
GB/T 30164—2013	纺织机械与附件　纺纱准备与纺纱机械用钢针	
GB/T 30167.1—2013	纺织机械　织机边撑　第1部分：边撑刺轴	
GB/T 30167.2—2013	纺织机械　织机边撑　第2部分：全幅边撑	

农产品加工业农业行业标准（2013年）

标准号	标准名称	代替标准
NY/T 391—2013	绿色食品　产地环境质量	NY/T 391—2000
NY/T 392—2013	绿色食品　食品添加剂使用准则	NY/T 392—2000
NY/T 393—2013	绿色食品　农药使用准则	NY/T 393—2000
NY/T 394—2013	绿色食品　肥料使用准则	NY/T 394—2000
NY/T 472—2013	绿色食品　兽药使用准则	NY/T 472—2006
NY/T 755—2013	绿色食品　渔药使用准则	NY/T 755—2003
NY/T 1054—2013	绿色食品　产地环境调查、监测与评价规范	NY/T 1054—2006
NY/T 409—2013	天然橡胶初加工机械通用技术条件	NY/T 409—2000
NY/T 441—2013	苹果生产技术规程	NY/T 441—2001
NY/T 442—2013	梨生产技术规程	NY/T 442—2001
NY/T 593—2013	食用稻品种品质	NY/T 593—2002
NY/T 594—2013	食用粳米	NY/T 594—2002
NY/T 595—2013	食用籼米	NY/T 595—2002

（续）

标 准 号	标 准 名 称	代替标准
NY 642—2013	脱粒机安全技术要求	NY 642—2002
NY/T 1072—2013	加工用苹果	NY/T 1072—2006
NY/T 1159—2013	中华蜜蜂种蜂王	NY/T 1159—2006
NY/T 1219—2013	浓缩天然胶乳初加工原料　鲜胶乳	NY/T 1219—2006
NY/T 2298—2013	农产品质量安全检测员	
NY/T 2301—2013	参业　名词术语	
NY/T 2302—2013	农产品等级规格　樱桃	
NY/T 2303—2013	农产品等级规格　金银花	
NY/T 2304—2013	农产品等级规格　枇杷	
NY/T 2307—2013	芝麻油冷榨技术规范	
NY/T 2308—2013	花生黄曲霉毒素污染控制技术规程	
NY/T 2310—2013	花生黄曲霉侵染抗性鉴定方法	
NY/T 2313—2013	甘蓝抗枯萎病鉴定技术规程	
NY/T 2314—2013	水果套袋技术规程　柠檬	
NY/T 2315—2013	杨梅低温物流技术规范	
NY/T 2316—2013	苹果品质指标评价规范	
NY/T 2317—2013	大豆蛋白粉及制品辐照杀菌技术规范	
NY/T 2318—2013	食用藻类辐照杀菌技术规范	
NY/T 2319—2013	热带水果电子束辐照加工技术规范	
NY/T 2320—2013	干制蔬菜贮藏导则	
NY/T 2323—2013	农作物种质资源鉴定评价技术规范　棉花	
NY/T 2324—2013	农作物种质资源鉴定评价技术规范　猕猴桃	
NY/T 2325—2013	农作物种质资源鉴定评价技术规范　山楂	
NY/T 2326—2013	农作物种质资源鉴定评价技术规范　枣	
NY/T 2327—2013	农作物种质资源鉴定评价技术规范　芋	
NY/T 2328—2013	农作物种质资源鉴定评价技术规范　板栗	
NY/T 2329—2013	农作物种质资源鉴定评价技术规范　荔枝	
NY/T 2330—2013	农作物种质资源鉴定评价技术规范　核桃	
NY/T 2331—2013	柞蚕种质资源保存与鉴定技术规程	
NY/T 2332—2013	红参中总糖含量的测定　分光光度法	
NY/T 2333—2013	粮食、油料检验　脂肪酸值测定	
NY/T 2335—2013	谷物中戊聚糖含量的测定　分光光度法	
NY/T 2337—2013	熟黄（红）麻木质素测定　硫酸法	
NY/T 2338—2013	亚麻纤维细度快速检测　显微图像法	
NY/T 2362—2013	生乳贮运技术规范	
NY/T 2363—2013	奶牛热应激评价技术规范	
NY/T 2364—2013	蜜蜂种质资源评价规范	
NY/T 2375—2013	食用菌生产技术规范	NY/T 5333—2006
NY/T 2376—2013	农产品等级规格　姜	
NY/T 2380—2013	李贮运技术规范	
NY/T 2381—2013	杏贮运技术规范	
NY/T 2389—2013	柑橘采后病害防治技术规范	
NY/T 2390—2013	花生干燥与贮藏技术规程	

（续）

标准号	标准名称	代替标准
NY/T 2397—2013	高油花生生产技术规程	
NY/T 2399—2013	花生种子生产技术规程	
NY/T 2400—2013	绿色食品　花生生产技术规程	
NY/T 2402—2013	高蛋白花生生产技术规程	
NY/T 2411—2013	有机苹果生产质量控制技术规范	
NY/T 2422—2013	植物新品种特异性、一致性和稳定性测试指南　茶树	
NY/T 2423—2013	植物新品种特异性、一致性和稳定性测试指南　小豆	
NY/T 2424—2013	植物新品种特异性、一致性和稳定性测试指南　苹果	
NY/T 2425—2013	植物新品种特异性、一致性和稳定性测试指南　谷子	
NY/T 2426—2013	植物新品种特异性、一致性和稳定性测试指南　茄子	
NY/T 2427—2013	植物新品种特异性、一致性和稳定性测试指南　菜豆	
NY/T 2428—2013	植物新品种特异性、一致性和稳定性测试指南　草地早熟禾	
NY/T 2429—2013	植物新品种特异性、一致性和稳定性测试指南　甘薯	
NY/T 2430—2013	植物新品种特异性、一致性和稳定性测试指南　花椰菜	
NY/T 2431—2013	植物新品种特异性、一致性和稳定性测试指南　龙眼	
NY/T 2432—2013	植物新品种特异性、一致性和稳定性测试指南　芹菜	
NY/T 2433—2013	植物新品种特异性、一致性和稳定性测试指南　向日葵	
NY/T 2434—2013	植物新品种特异性、一致性和稳定性测试指南　芝麻	
NY/T 2435—2013	植物新品种特异性、一致性和稳定性测试指南　柑橘	
NY/T 2436—2013	植物新品种特异性、一致性和稳定性测试指南　豌豆	
NY/T 2437—2013	植物新品种特异性、一致性和稳定性测试指南　春兰	
NY/T 2438—2013	植物新品种特异性、一致性和稳定性测试指南　白灵侧耳	
NY/T 2443—2013	种畜禽性能测定中心建设标准奶牛	
NY/T 2444—2013	菠萝叶纤维	
NY/T 2445—2013	木薯种质资源抗虫性鉴定技术规程	
NY/T 2457—2013	包衣种子干燥机　质量评价技术规范	
NY/T 2459—2013	挤奶机械　质量评价技术规范	
NY/T 2460—2013	大米抛光机　质量评价技术规范	
NY/T 2463—2013	圆草捆打捆机　作业质量	
NY/T 2466—2013	大麦品种鉴定技术规程　SSR 分子标记法	
NY/T 2467—2013	高粱品种鉴定技术规程　SSR 分子标记法	
NY/T 2468—2013	甘蓝型油菜品种鉴定技术规程　SSR 分子标记法	
NY/T 2469—2013	陆地棉品种鉴定技术规程　SSR 分子标记法	
NY/T 2470—2013	小麦品种鉴定技术规程　SSR 分子标记法	
NY/T 2471—2013	番茄品种鉴定技术规程　Indel 分子标记法	
NY/T 2472—2013	西瓜品种鉴定技术规程　SSR 分子标记法	
NY/T 2473—2013	结球甘蓝品种鉴定技术规程　SSR 分子标记法	
NY/T 2474—2013	黄瓜品种鉴定技术规程　SSR 分子标记法	
NY/T 2475—2013	辣椒品种鉴定技术规程　SSR 分子标记法	
NY/T 2476—2013	大白菜品种鉴定技术规程　SSR 分子标记法	
NY/T 2477—2013	百合品种鉴定技术规程　SSR 分子标记法	
NY/T 2479—2013	植物新品种特异性、一致性和稳定性测试指南　白菜型油菜	
NY/T 2481—2013	植物新品种特异性、一致性和稳定性测试指南　青麻	

（续）

标 准 号	标 准 名 称	代替标准
NY/T 2482—2013	植物新品种特异性、一致性和稳定性测试指南　糖用甜菜	
NY/T 2488—2013	植物新品种特异性、一致性和稳定性测试指南　黑麦	
NY/T 2492—2013	植物新品种特异性、一致性和稳定性测试指南　糜子	
NY/T 2493—2013	植物新品种特异性、一致性和稳定性测试指南　荞麦	
NY/T 2494—2013	植物新品种特异性、一致性和稳定性测试指南　紫苏	
NY/T 2495—2013	植物新品种特异性、一致性和稳定性测试指南　山药	
NY/T 2496—2013	植物新品种特异性、一致性和稳定性测试指南　芦笋	
NY/T 2497—2013	植物新品种特异性、一致性和稳定性测试指南　荠菜	
NY/T 2498—2013	植物新品种特异性、一致性和稳定性测试指南　茭白	
NY/T 2500—2013	植物新品种特异性、一致性和稳定性测试指南　魔芋	
NY/T 2501—2013	植物新品种特异性、一致性和稳定性测试指南　丝瓜	
NY/T 2502—2013	植物新品种特异性、一致性和稳定性测试指南　芋	
NY/T 2503—2013	植物新品种特异性、一致性和稳定性测试指南　菊芋	
NY/T 2504—2013	植物新品种特异性、一致性和稳定性测试指南　瓠瓜	
NY/T 2505—2013	植物新品种特异性、一致性和稳定性测试指南　姜	
NY/T 2506—2013	植物新品种特异性、一致性和稳定性测试指南　水芹	
NY/T 2507—2013	植物新品种特异性、一致性和稳定性测试指南　茼蒿	
NY/T 2515—2013	植物新品种特异性、一致性和稳定性测试指南　木菠萝	
NY/T 2516—2013	植物新品种特异性、一致性和稳定性测试指南　椰子	
NY/T 2517—2013	植物新品种特异性、一致性和稳定性测试指南　西番莲	
NY/T 2518—2013	植物新品种特异性、一致性和稳定性测试指南　木瓜属	
NY/T 2519—2013	植物新品种特异性、一致性和稳定性测试指南　番木瓜	
NY/T 2520—2013	植物新品种特异性、一致性和稳定性测试指南　树莓	
NY/T 2521—2013	植物新品种特异性、一致性和稳定性测试指南　蓝莓	
NY/T 2522—2013	植物新品种特异性、一致性和稳定性测试指南　柿	
NY/T 2524—2013	植物新品种特异性、一致性和稳定性测试指南　双胞蘑菇	
NY/T 2525—2013	植物新品种特异性、一致性和稳定性测试指南　草菇	
NY/T 2526—2013	植物新品种特异性、一致性和稳定性测试指南　丹参	
NY/T 2527—2013	植物新品种特异性、一致性和稳定性测试指南　菘蓝	
NY/T 2528—2013	植物新品种特异性、一致性和稳定性测试指南　枸杞	
NY/T 2529—2013	黄顶菊综合防治技术规程	
NY/T 2531—2013	农产品质量追溯信息交换接口规范	
NY/T 2532—2013	蔬菜清洗机耗水性能测试方法	
NY/T 2534—2013	生鲜畜禽肉冷链物流技术规范	
NY/T 2535—2013	植物蛋白及制品名词术语	

农产品加工业林业行业标准（2013 年）

标 准 号	标 准 名 称	代 替 标 准
LY/T 2131—2013	山核桃生产技术规程	
LY/T 2132—2013	猴头菇干制品	
LY/T 2133—2013	榛蘑干制品	
LY/T 2134—2013	薇菜干	

（续）

标准号	标准名称	代替标准
LY/T 2135—2013	石榴质量等级	
LY/T 2136—2013	梅花切花生产技术规程	
LY/T 2137—2013	切花芍药分株繁殖技术规程和种苗质量分级	
LY/T 2138—2013	早竹笋生产技术规程及产品质量分级	
LY/T 2139—2013	棕榈藤材物理性能测试方法	
LY/T 2140—2013	藤家具质量检验及评定	
LY/T 2141—2013	定向结构麦秸板	
LY/T 2147—2013	木材除湿干燥工艺规程	
LY/T 2148—2013	脱脂松木锯材	
LY/T 2149—2013	木质太阳伞	
LY/T 2163—2013	间歇式搅拌机	
LY/T 2164—2013	规格锯生产线	
LY/T 2165—2013	机械三点定心上木机	
LY/T 2166—2013	滚筒式剥皮机	
LY/T 2167—2013	胶合板热压机	
LY/T 2168—2013	连续式辊压机	

农产品加工业内贸行业标准（2013 年）

标准号	标准名称	代替标准
SB/T 10961—2013	流通企业食品安全预警体系	
SB/T 10966—2013	芦笋流通规范	
SB/T 10967—2013	红辣椒干流通规范	
SB/T 10968—2013	加工用马铃薯流通规范	
SB/T 10970—2013	木材与木制品交易市场管理规范	
SB/T 10977—2013	仓储作业规范	
SB/T 10990—2013	家具售后服务规范	
SB/T 10996—2013	丝绸　缫丝企业生产管理规范	
SB/T 10997—2013	丝绸床上用品	
SB/T 10998—2013	饲料用桑叶粉	
SB/T 11000—2013	酒类行业流通服务规范	
SB/T 11001—2013	基于射频识别的瓶装酒追溯与防伪标签测试规范	
SB/T 11002—2013	基于射频识别的瓶装酒追溯与防伪读写器测试规范	
SB/T 11003—2013	基于射频识别的瓶装酒追溯与防伪设备互操作测试规范	
SB/T 11022—2013	鲜活水产品专卖店设置要求和管理规范	
SB/T 11024—2013	新鲜水果分类与代码	
SB/T 11025—2013	果脯类流通规范	
SB/T 11026—2013	浆果类果品流通规范	
SB/T 11027—2013	干果类果品流通规范	
SB/T 11028—2013	柑橘类果品流通规范	
SB/T 11029—2013	瓜类蔬菜流通规范	
SB/T 11030—2013	瓜类贮运保鲜技术规范	
SB/T 11031—2013	块茎类蔬菜流通规范	
SB/T 11032—2013	冷冻水产品购销技术规范	

农产品加工业机械行业标准（2013年）

标准号	标准名称	代替标准
JB/T 5279—2013	振动流化床干燥机	JB/T 5279—1998
JB/T 8714—2013	离心式喷雾干燥机	JB/T 8714—1998
JB/T 10207—2013	耙式真空干燥机	JB/T 10207—2000
JB/T 10279—2013	滚筒干燥机	JB/T 10279—2001
JB/T 11359—2013	带式干燥机	
JB/T 11360—2013	管束干燥机	
JB/T 11361—2013	空心桨叶干燥机	
JB/T 11362—2013	螺旋振动干燥机	
JB/T 11363—2013	箱式干燥器	
JB/T 11364—2013	旋转式真空干燥机	
JB/T 11365—2013	真空干燥机	
JB/T 11397—2013	热板式连续真空干燥机	
JB/T 11409—2013	压力式喷雾干燥机	
JB/T 4333.1—2013	厢式压滤机和板框压滤机　第1部分：型式与基本参数	JB/T 4333.1—2005
JB/T 4333.2—2013	厢式压滤机和板框压滤机　第2部分：技术条件	JB/T 4333.2—2005
JB/T 4333.3—2013	厢式压滤机和板框压滤机　第3部分：滤板	JB/T 4333.3—2005
JB/T 4333.4—2013	厢式压滤机和板框压滤机　第4部分：隔膜滤板	JB/T 4333.4—2005
JB/T 8653—2013	水平带式真空过滤机	JB/T 8653—2006
JB/T 10409—2013	圆盘加压过滤机	JB/T 10409—2004
JB/T 11713—2013	液体过滤用袋式过滤器	
JB/T 11714—2013	可控排渣型碟式分离机	
JB/T 11715—2013	螺旋卸料离心机用差速器　性能测试方法	
JB/T 11438—2013	全混日粮搅拌机	
JB/T 11369—2013	工业切肉机	
JB/T 11370—2013	上粉机	
JB/T 11371—2013	上浆机	
JB/T 11372—2013	上面包屑机	
JB/T 11373—2013	食品杀菌釜	
JB/T 6286—2013	喷风式碾米机	JB/T 6286—1999
JB/T 9792—2013	分离式稻谷碾米机	JB/T 9792.1—1999 等
JB/T 9818—2013	砻碾组合米机	JB/T 9818.1—1999 等
JB/T 10267—2013	胶辊砻谷机	JB/T 10267—2001
JB/T 11434—2013	分离式杂粮碾米机	JB/T 9792.2—1999 等
JB/T 20035—2013	除粉筛	JB 20035—2004
JB/T 7317—2013	籽棉烘干机	JB/T 7317—1994
JB/T 7884.3—2013	锯齿轧花机　第3部分：肋条	JB/T 7884.3—1999
JB/T 7884.4—2013	锯齿轧花机　第4部分：阻壳肋条	JB/T 7884.4—1999
JB/T 7885.3—2013	锯齿剥绒机　第3部分：肋条	JB/T 7885.3—1999
JB/T 7886.1—2013	棉花加工机械　第1部分：锯片	JB/T 7886.1—1999
JB/T 7886.2—2013	棉花加工机械　第2部分：隔圈	JB/T 7886.2—1999
JB/T 7886.3—2013	棉花加工机械　第3部分：毛刷	JB/T 7886.3—1999
JB/T 9793—2013	农用螺旋榨油机	JB/T 9793.1—1999 等
JB/T 9794—2013	农用液压榨油机	JB/T 9794.1—1999 等

（续）

标 准 号	标 准 名 称	代 替 标 准
JB/T 5155—2013	饲草粉碎机　技术条件	JB/T 5155—1991
JB/T 5161—2013	颗粒饲料压制机	JB/T 5161—1991 等
JB/T 6270—2013	齿爪式饲料粉碎机	JB/T 6270—1992
JB/T 6944.1—2013	颗粒饲料压制机　第 1 部分：压模	JB/T 6944.1—1999
JB/T 6944.2—2013	颗粒饲料压制机　第 2 部分：压辊	JB/T 6944.2—1999
JB/T 9820—2013	卧式饲料混合机	JB/T 9820.1—1999 等
JB/T 10289—2013	饲料膨化机	JB/T 10289—2001 等
JB/T 11683—2013	锤片式工业饲料粉碎机	
JB/T 11684—2013	锤片式饲料微粉碎机	
JB/T 11685—2013	立轴锤式饲料超微粉碎机	
JB/T 11686—2013	双螺杆水产饲料膨化机	
JB/T 11687—2013	单螺杆水产饲料膨化机	
JB/T 11688—2013	双轴桨叶式饲料混合机	
JB/T 11689—2013	单轴桨叶式饲料混合机	
JB/T 11690—2013	双轴桨叶式饲料调质器	
JB/T 11691—2013	单轴桨叶式饲料调质器	
JB/T 11692—2013	桨叶式饲料调质器　试验方法	
JB/T 11693—2013	工业饲料粉碎机能效限值和能效等级	
JB/T 11694—2013	桨叶式饲料混合机能效限值和能效等级	
JB/T 11695—2013	单螺杆水产饲料膨化机能效限值和能效等级	
JB/T 9808—2013	挤奶用真空泵	JB/T 9808.1—1999 等
JB/T 9809.1—2013	孵化机　第 1 部分：技术条件	JB/T 9809.1—1999
JB/T 9809.2—2013	孵化机　第 2 部分：试验方法	JB/T 9809.2—1999
JB/T 10200—2013	种子加工机械与粮食处理设备产品型号编制规则	JB/T 10200—2000
JB/T 11417—2013	烟叶烘烤风机　技术条件	
JB/T 20015—2013	湿法混合制粒机	JB 20015—2004
JB/T 20073—2013	流化床制粒包衣机	JB/T 20073—2005
JB/T 20152—2013	行星式混合机	

农产品加工业轻工行业标准（2013 年）

标 准 号	标 准 名 称	代 替 标 准
QB/T 2343.2—2013	赤砂糖试验方法	QB/T 2343.2—1997
QB/T 4561—2013	红糖	
QB/T 4562—2013	块糖	
QB/T 4563—2013	金砂糖	
QB/T 4564—2013	精幼砂糖	
QB/T 4565—2013	全糖粉	
QB/T 4566—2013	黄方糖	
QB/T 4567—2013	黑糖	
QB/T 4568—2013	制糖综合利用加工助剂（固定化酵母）	
QB/T 4570—2013	制糖行业清洁生产水平评价标准	
QB/T 4612—2013	乳果糖	
QB/T 4613—2013	塔格糖	

（续）

标准号	标准名称	代替标准
QB/T 1742—2013	冷（热）饮机	QB/T 1742—1993
QB/T 1520—2013	家用和类似用途电动洗碗机	QB/T 1520—1992
QB/T 2369—2013	装罐封盖机	QB/T 2369—1998
QB/T 4498—2013	桶装啤酒冷藏箱	
QB/T 4506—2013	家用和类似用途便携式电烤箱	
QB/T 4464—2013	家具用蜂窝板部件技术要求	
QB/T 4465—2013	家具包装通用技术要求	
QB/T 4510—2013	食盐小包装制作技术规范	
QB/T 4573—2013	氢化淀粉水解物	
QB/T 4574—2013	液体木糖醇	
QB/T 4575—2013	食品加工用乳酸菌	
QB/T 4594—2013	玻璃容器　食品罐头瓶	QB/T 3563—1999
QB/T 4615—2013	柠檬酸单位产品能源消耗限额	
QB/T 4616—2013	味精单位产品能源消耗限额	

农产品加工业出入境检验检疫行业标准（2013 年）

标准号	标准名称	代替标准
SN/T 0176—2013	出口食品中蜡样芽孢杆菌检测方法	SN 0176—1992
SN/T 0496—2013	出口粮谷中杀草强残留量检验方法	SN 0496—95
SN/T 0502—2013	出口水产品中毒杀芬残留量的测定　气相色谱法	SN 0502—1995
SN/T 0529—2013	出口肉品中甲氧滴滴涕残留量检验方法　气相色谱/质谱法	SN 0529—1996
SN/T 0593—2013	出口肉及肉制品中辟哒酮残留量的测定　气相色谱法	SN 0593—1996
SN/T 0706—2013	出口动物源性食品中二溴磷残留量的测定	SN 0706—1997
SN/T 0931—2013	出口粮谷中调环酸钙残留量检测方法　液相色谱法	SN/T 0931—2000
SN/T 0983—2013	出口粮谷中呋草黄残留量的测定	SN/T 0983—2000
SN/T 1004—2013	出口罐头食品中尿素残留量的测定	SN/T 1004—2001
SN/T 3466—2013	出口食品平板菌落计数　滤膜法	
SN/T 3490—2013	出口饲料生产、加工、存放企业检验检疫监管规程	
SN/T 3501—2013	出口家禽及其产品生物安全区域化建设规范	
SN/T 3536—2013	出口食品中酸性橙Ⅱ号的检测方法	
SN/T 3539—2013	出口食品中丁氟螨酯的测定	
SN/T 3540—2013	出口食品中多种禁用着色剂的测定　液相色谱—质谱/质谱法	
SN/T 3543—2013	出口食品中六溴环十二烷的测定　液相色谱—质谱/质谱法	
SN/T 3545—2013	出口食品中多种防腐剂的测定方法	
SN/T 3622—2013	出口食品中 2-氯苯胺含量的测定　液相色谱—质谱/质谱法	
SN/T 3623—2013	出口食品中富马酸二甲酯的测定方法	
SN/T 3624—2013	出口食品中弓形菌的检测方法	
SN/T 3625—2013	出口食品中细辛醚含量的测定　液相色谱法	
SN/T 3627—2013	出口液态原料乳中三聚氰胺的测定　极谱法	
SN/T 3632—2013	出口果蔬汁中环状脂肪酸芽孢杆菌检测方法	
SN/T 3635—2013	出口食品中植酸的测定　分光光度法	
SN/T 3636—2013	出口食品中硫酸盐的测定　离子色谱法	
SN/T 3637—2013	出口食品中异麦芽糖、塔格糖的测定　高效液相色谱法	

（续）

标准号	标准名称	代替标准
SN/T 3638—2013	出口食品中脂溶性着色剂的测定	
SN/T 3640—2013	出口食品中致泻大肠杆菌检测方法　PCR 法	
SN/T 3641—2013	出口水产品中 4-己基间苯二酚残留量检测方法	
SN/T 3642—2013	出口水果中甲霜灵残留量检测方法　气相色谱－质谱法	SN 0281—1993
SN/T 3491—2013	进口饲料和饲料添加剂标签查验规程	
SN/T 1839—2013	进出境芒果检疫规程	SN/T 1839—2006
SN/T 2558.6—2013	进出口功能性纺织品检验方法　第 6 部分：透水汽性能	
SN/T 3317.8—2013	进出口纺织品质量安全风险评估规范　第 8 部分：纺织制品	
SN/T 3500—2013	进出口食品安全生物学检测抽样规范	
SN/T 3582—2013	进出口纺织品　纤维定性分析　麻类纤维	
SN/T 3633—2013	进出口食品洗涤剂检验规程	
SN/T 3634—2013	进出口食品消毒剂检验规程	
SN/T 1816—2013	转基因成分检测　番茄检测方法	SN/T 1816—2006
SN/T 1135.10—2013	马铃薯 V 病毒检疫鉴定方法	
SN/T 1835—2013	国境口岸食物中毒应急处理规程	SN/T 1835—2006
SN/T 3489—2013	境外饲料生产、加工、存放企业注册登记规范	
SN/T 3494—2013	动物及其加工产品中转基因成分 PCR 筛查方法	
SN/T 3495—2013	牛及其产品中转基因成分实时荧光 PCR 检测方法	
SN/T 3496—2013	动物源性饲料中转基因成分实时荧光 PCR 检测方法	
SN/T 3576—2013	转基因成分检测　大豆 PCR—DHPLC 检测方法	
SN/T 3577—2013	转基因成分检测　棉花 PCR—DHPLC 检测	
SN/T 3630—2013	果蔬中溶组织内阿米巴包囊检测方法　巢式 PCR—RFLP 法	
SN/T 3639—2013	实时荧光 PCR 法　出口食品中空肠弯曲菌的检测方法	
SN/T 3679—2013	咖啡浆果炭疽病菌检疫鉴定方法	
SN/T 3681—2013	魔芋细菌性叶斑病菌检疫鉴定方法	
SN/T 3690—2013	转基因大米 PCR—DHPLC 检测方法	
SN/T 3691—2013	转基因玉米 PCR—DHPLC 检测方法	

农产品加工业烟草行业标准（2013 年）

标准号	标准名称	代替标准
YC/T 210.7—2013	烟叶代码　第 7 部分：基础设施代码	
YC/T 210.8—2013	烟叶代码　第 8 部分：烟用物资代码	
YC/T 329.1—2013	烟叶管理信息系统外围设备接口　第 1 部分：烟叶收购	YC/T 329—2009
YC/T 462—2013	雪茄烟　调节和测试的大气环境	
YC/T 463—2013	雪茄烟　用常规分析用雪茄烟吸烟机　测定总粒相物和焦油	
YC/T 464—2013	雪茄烟　总粒相物中水分的测定　气相色谱法	
YC/T 465—2013	雪茄烟　总粒相物中烟碱的测定　气相色谱法	
YC/T 466—2013	雪茄烟　主流烟气中一氧化碳的测定　非散射红外法	
YC/T 468—2013	烟草及烟草制品　总植物碱的测定　连续流动（硫氰酸钾）法	
YC/T 471—2013	烟草及烟草制品　麦角甾醇的测定　气相色谱—质谱联用法	
YC/T 472—2013	烟草及烟草制品　微生物学检验　霉菌计数	
YC/T 473—2013	烟丝表观密度、真密度和内孔容积的测定	
YC/T 475—2013	烟草及烟草制品　霉变控制指南	

（续）

标 准 号	标 准 名 称	代 替 标 准
YC/T 476—2013	烟支烟丝密度测定　微波法	
YC/T 477—2013	烟草商业企业卷烟物流配送管理信息系统功能规范	
YC/T 478—2013	烟草商业企业卷烟物流配送中心安全管理规范	
YC/T 479—2013	烟草商业企业标准体系　构成与要求	
YC/T 480—2013	卷烟工厂制造过程物耗控制即时化实施指南	
YC/T 481—2013	打叶复烤加工服务规范	

农产品加工业纺织行业标准（2013 年）

标 准 号	标 准 名 称	代 替 标 准
FZ/T 01119—2013	纺织行业品牌培育管理体系　通用要求	
FZ/T 07001—2013	棉纺织行业综合能耗计算导则	
FZ/T 12037—2013	棉本色强捻纱	
FZ/T 13001—2013	色织牛仔布	FZ/T 13001—2001
FZ/T 13011—2013	色织涤粘混纺布	FZ/T 13011—1998
FZ/T 13026—2013	棉强捻本色绉布	
FZ/T 13027—2013	高支高密色织布	
FZ/T 14001—2013	棉印染帆布	FZ/T 14001—2005
FZ/T 14026—2013	棉强捻印染绉布	
FZ/T 20005—2013	毛纺纯毛和混纺产品的标志	FZ/T 20005—1993
FZ/T 20025—2013	毛纱定型效果的测定　回捻退捻法	
FZ/T 20026—2013	毛条纤维长度和直径测试方法　光学分析仪法	
FZ/T 21007—2013	山羊绒绒条	
FZ/T 21008—2013	精梳色毛条	
FZ/T 24010—2013	防缩毛纺织产品	FZ/T 24010—1999
FZ/T 24020—2013	毛针织服装面料	
FZ/T 35001—2013	苎麻袜	
FZ/T 42006—2013	桑蚕䌷丝	FZ/T 42006—1998
FZ/T 42012—2013	染色桑蚕绢丝	
FZ/T 42013—2013	桑蚕落绵绢丝	
FZ/T 43004—2013	桑蚕丝纬编针织绸	FZ/T 43004—2004
FZ/T 43023—2013	牛津丝织物	
FZ/T 43025—2013	蚕丝立绒织物	
FZ/T 43027—2013	蚕丝壁绸	
FZ/T 52029—2013	麻浆粘胶短纤维	
FZ/T 72017—2013	针织呢绒面料	
FZ/T 90110—2013	纺织机械通用项目质量检验规范	
FZ/T 99016—2013	纺织机械电气控制系统　保护联结电路连续性试验规范	
FZ/T 99017—2013	纺织机械电气控制系统　绝缘电阻试验规范	
FZ/T 99018—2013	纺织机械电气控制系统　耐压试验规范	

农产品加工业发明专利（2012年）

［2012年农产品加工业（含加工制品、加工技术与设备）部分专利选摘］

申请或批准号	发明名称	申请人	通讯地址	发明人
201220225276.6	带有加热装置的和面机	方艳冬	075000 河北省张家口市万全县孔家庄镇西红庙村致富街西3巷	方艳冬
201220345474.6	多缸全自动面团生产线	王凯新、王洪新等	110024 辽宁省沈阳市铁西区奖工南街35号2-3-2	王凯新、王洪新等
201220385802.5	牛肉拉面揉面顺筋机	李万祥	730070 甘肃省兰州市安宁区枣林路139号兰州交通大学科技园228室	李万祥
201220441198.3	双层复式拌面机	李坤宇	236400 安徽省阜阳市临泉县杨桥镇甄庄行政村郭郢187号	李坤宇
201220469692.0	一种家用便携式和面装置	车云波	150000 黑龙江省哈尔滨市利民经济技术开发区群英街	车云波、闫波等
201220514867.5	一种全自动和面、制面条机	孟庆怀、孟小松	030006 山西省太原市南中环街国际大都会西区罗马6号B座202	孟庆怀、孟小松
201220533299.3	一种调速和面机	秦治余	276826 山东省日照市城建花园15号楼2单元501室	秦治余
201220559678.X	一种全自动搅拌面粉装置	陈文辉	362000 福建省宁德市福安市城北街道荷塘坪58号	陈文辉
201220003149.1	多功能面条机	何剑波	528200 广东省佛山市顺德区勒流镇黄连更义堂近仁门5号	何剑波
201220023436.9	一种复合轧面机构及轧面皮机和面制品成型机	王联军	462000 河南省漯河市黄河路审计局家属院中单元2楼东	王联军
201220042229.8	压出式制面机	陈军	202155 上海市崇明县城桥镇东江别墅小区1号楼	陈　军
201220065323.5	一种全自动智能竖刀切面机	周银涛	450000 河南省郑州市二七区马寨镇东方路16号	周银涛
201220187634.9	电动压面机	房海成	518100 广东省深圳市宝安区西乡宝民二路臣田翠景居A2栋601	房海成
201220219476.0	全自动仿生刀削面机	刘江峰、张杨等	045200 山西省阳泉市平定县锁簧镇北庄村河东街105号	刘江峰、张杨等
201220225283.6	仿人工洗面机	方艳冬	075000 河北省张家口市万全县孔家庄镇西红庙村致富街西3巷号	方艳冬

（续）

申请或批准号	发明名称	申请人	通讯地址	发明人
201220234082.2	一种多功能面条机	刘宪敏	100122 北京市朝阳区大洋坊路79号旌凯大厦218室	刘宪敏
201220249365.4	具有和面功能的馒头机	方艳冬	075000 河北省张家口市万全县孔家庄镇西红庙村致富街西3巷	方艳冬
201220315150.8	仿人工刀削面机	黄富良	458030 河南省鹤壁市淇滨区兴鹤大街南段国成第一刀削面馆	黄富良
201220343015.4	多用途面食机	冯计贵	032400 山西省吕梁市交口县石口乡前西村	冯计贵
201220003238.6	多功能面条机传动装置	何剑波	528200 广东省佛山市顺德区勒流镇黄连更义堂近仁门5号	何剑波
201220401197.6	手动自动一体化面条机	胡金越	321306 浙江省金华市永康市芝英镇胡堰街村胡堰东路196号	胡金越
201220441197.9	自动板面压面机	李坤宇	236400 安徽省阜阳市临泉县杨桥镇甄庄行政村郭郢187号	李坤宇
201220456984.0	手压推进式面条机	刘天文	054000 河北省邢台市临西县吕寨乡蒋庄村343号	刘天文
201220478691.2	一种刀削面机	李运宇、罗玉基	528308 广东省佛山市顺德区伦教永丰工业区工业南路与碧桂路交汇处	李运宇、罗玉基
201220677131.X	家用简易压面条机	吕梦璐	250109 山东省济南市历城郭店3区20号	吕梦璐
201220225222.X	方便馒头	方艳冬	075000 河北省张家口市万全县孔家庄镇西红庙村致富街西3巷	方艳冬
201220573433.2	一种馒头机	易泽怀	519000 广东省珠海市梅华西路2398号9栋1单元201室	易泽怀
201220017697.X	二次送面包子机	李全旺	462003 河南省漯河市召陵区人民东路95号院13号楼1单元4号	李全旺
201220385908.5	水晶包机	祝华园	350000 福建省福州市晋安区连潘村秀坂路141号	祝华园、张九坤
201220278356.8	全自动饺子合模机	朱景超	233500 安徽省亳州市蒙城县城东经济开发区安徽康泰食品工业有限公司	朱景超
201220327464.X	一种饺子生产设备	李双产	461399 河南省周口市沟县新华路41号扶沟双红肉食品加工厂	李双产、李恩愿等

（续）

申请或批准号	发明名称	申请人	通讯地址	发明人
201220568108.7	绞龙出面管无支撑立式双面鼓肚饺子机	郑德财	150001　黑龙江省哈尔滨市南岗区阿什河街65号	郑德财
201220042346.4	绿豆饼点制机	张春平	233500　安徽省蒙城县庄子小区D区七栋402室	张春平
201220221941.4	一种自动烤饼机	师庆霖	221400　江苏省新沂市新安镇轻工路西11巷18号	师庆霖
201220411104.8	炉膛分体式煎饼机	梁京帅	271200　山东省新泰市楼德镇南泉村南泉路373号	梁京帅、梁传文
201220627525.4	制饼设备	刘　刚	245500　安徽省黄山市黟县宏村镇雉山村第5组	刘　刚
201210416415.8	一种中西结合比萨饼及其制作方法	孙丽君	264670　山东省烟台市高新区中国农业大学烟台分校	张媛媛、孙丽君等
201220429690.9	一种新型比萨饼筒一体机	肖应勇	100071　北京市丰台区开阳路1号瀚海花园大厦1505厅	肖应勇
201220213650.0	一种卷馅饼	丁诗林	274000　山东省菏泽市华英路66号亨通园小区A区15号楼102室	丁诗林
201220262071.5	一种方便型夹馅饼	严　平	100078　北京市丰台区方庄芳城园1区6楼405室	严　平
201220041679.5	多缸旋转式静压麻花机	廉旭东	030013　山西省太原市东昌盛小区15栋1单元501	廉旭东、杨红恩等
201220092020.2	全自动搓麻花生产线	方福德	430035　湖北省武汉市硚口区古田二路汇丰企业总部4栋A座2楼	方福德
201220100249.6	旋转液压麻花机	纪海马	030006　山西省太原市小店区学府街113号9楼3-7号	纪海马
201220572873.6	一种麻花机	杜景章	071300　河北省保定市博野县小店镇北祝东街3区090号	杜景章
201220059589.9	一种气动饸饹机	刘建坤	062550　河北省任丘市出岸镇谢家坞村48号	刘建坤
201220229759.3	一种液压式饸饹面机	李克武	745000　甘肃省庆阳市西峰区东大街102号	李克武
201220597966.4	多功能烙馍机	张　化	221143　江苏省徐州市铜山区郑集镇工业园区凯悦机械	张　化、郑海艳

（续）

申请或批准号	发明名称	申请人	通讯地址	发明人
201210130549.3	一种面包加工工艺	邱万来	510000 广东省广州市黄埔区大沙镇茅岗村大春园	邱万来
201210528356.3	一种蔬菜面包的制备方法	王志良	116001 辽宁省大连市西岗区长春路250号7-1	王志良
201220085442.7	一种新型家用面包机	任　晔	315040 浙江省宁波市江东区王家新村7号604室	任　晔
201220559716.1	一种高效面包成型装置	陈文辉	362000 福建省宁德市福安市城北街道荷塘坪58号	陈文辉
201220559717.6	一种面包压面装置	陈文辉	362000 福建省宁德市福安市城北街道荷塘坪58号	陈文辉
201210090241.0	巧克力饼干机	洪泳鸿	515000 广东省汕头市金砂路82号2座402房	洪泳鸿
201210424601.6	一种孕妇饼干	茅兴娟	226100 江苏省南通市海门市海门镇狮山新村716幢403室	茅兴娟
201210569765.8	一种水果夹心饼干	韩玲玲	032200 山西省汾阳市二道涧河木材宿舍3号院	韩玲玲
201220531449.7	巧克力涂层艺术饼干成型机	张树强	251500 山东省德州市临邑县邢侗街道办事处南关村999号	张树强
201220578761.1	饼干加工装置	廖轮超	528000 广东省佛山市顺德区大良街道顺峰山茶园南街4巷11号	廖轮超
201210225383.3	一种粗粮蛋糕及其制作工艺	陈　奇	211100 江苏省南京市江宁开发区利源北路8号	陈　奇
201210438366.8	一种应用棉籽油生产海绵蛋糕的方法	黄卫宁	214122 江苏省无锡市蠡湖大道1800号	黄卫宁、王　凤
201220212186.3	一种蛋卷机	梁华亮	528200 广东省佛山市南海区桂城石肯三村文海围外围工业区	梁华亮
201220358657.1	电子定位摆烤盘桃酥糕点成型机	王卫杰	461700 河南省许昌市襄城县库庄镇张和庄村西	王卫杰
201220564742.3	一种可调节式蛋糕切分器	王京雨	315000 浙江省宁波市海曙区碶闸街58号都市仁和中心22楼2228室	王京雨
201210021157.3	发酵面食菌种的生产工艺	周　海	272199 山东省济宁市兖州市北护城河路51号	周　海

（续）

申请或批准号	发明名称	申请人	通讯地址	发明人
201210150504.2	一种梅干猪油酥	王玉兰	241200 安徽省芜湖市繁昌县繁瑞星城20栋604室	王玉兰
201220183969.3	一种多筒元宵成球煮炸机	张久东	114000 辽宁省鞍山市铁东区深峪路69栋1单元4层7号	张久东、张 坚
201220360671.5	汤圆、元宵、月饼制馅机	方青志	461700 河南省襄城县紫云大道南段襄城县汇保安全用品厂	方青志
201220575627.6	月饼馅料气动成型机	姚泽松	536118 广西壮族自治区北海市合浦县闸口镇新街25号	姚泽松
201220236286.X	全自动油条机	王幸渠	471000 洛阳市西工区王城路24号院1栋4门101号	王幸渠
201220572874.0	一种锅巴机	杜景章	071300 河北省保定市博野县小店镇北祝东街三区090号	杜景章
201220286455.0	粉丝机	洪善岩	276037 山东省临沂市兰山区南坊新区金殿社区5号楼	洪善岩
201220357548.8	一种粉丝上挂机	赵永林	325000 浙江省温州市瓯海区梧田街道梧田街132弄20号	赵永林
201220376532.1	一种粉丝低温干燥设备	林海霞	325023 浙江省温州市瓯海五凤垟路1-18号	林海霞
201220502374.X	粉丝成型装置	侯必顺	034300 山西省忻州市繁峙县繁城镇城东京原路南	侯必顺
201220651973.8	电动液压榨粉机	陆玉光	530100 广西壮族自治区南宁市武鸣县城厢镇永宁路电业公司宿舍区	陆玉光
201220427151.1	一种面粉与汤料组合食用的快餐食品	梁文旭	250001 山东省济南市高新区舜华路2000号舜泰广场6号楼14层	梁文旭
201220461626.9	全自动调味面膨化成型机	吴运才	461300 河南省周口市扶沟县机械工业园昊龙机械厂	吴运才
201220011530.2	一种磁化豆浆机	何旭辉	514200 广东省大埔县湖寮镇城东社区居委万川路13号	何旭辉
201220034255.6	一种豆浆过滤器	励金友	315725 浙江省象山县新桥镇东溪村4组75号	励金友
201220035450.0	具有可视化区域的豆浆机	张 瑜	518000 广东省深圳市宝安区石岩街道上屋社区爱群路同富裕工业区8-4#栋	张 瑜

（续）

申请或批准号	发明名称	申请人	通讯地址	发明人
201220563514.4	新型豆浆机	俞平平	315300　浙江省奉化市松岙镇上汪村8组20号	俞平平
201220591554.X	磨豆机	陈群芳	528415　广东省中山市小榄镇金菊花园华贵2幢406	陈群芳
201220595620.0	一种使用寿命长的家用豆浆机	衡　涛	621001　四川省绵阳市游仙区小枧沟场镇利民街58号附237号	衡　涛
201220599925.9	豆浆机	毛显虬	315300　浙江省奉化市溪口镇居委会1村193号	毛显虬
201220088607.6	自动豆腐皮机	于恒武、李献礼等	261100　山东省潍坊市寒亭区幸福路138号	于恒武
201220229750.2	一种豆腐机	刘宪敏	100122　北京市朝阳区大洋坊路79号旌凯大厦218室	刘宪敏
201220548203.0	一种全自动豆腐花机	邹松华	518000　广东省深圳市宝安区松岗镇田园路12－5	邹松华
201220667917.3	多功能酸奶纳豆机	方海滨	410000　湖南省长沙市雨花区劳动东路29号29栋202房	方海滨
201220061542.6	粉皮机	石金慧、邢培山	473257　河南省方城县清河乡榆林坪村东郭庄20号	邢培山、邢培铎
201220442582.5	多功能圆形凉皮机	闫　鹏	041000　山西省临汾市尧都区段店乡翟庄村	闫　鹏
201220060099.0	一种挤出法用薯泥制薯片挤出机组	张伟、张成华	401121　重庆市渝北区万年路166号2单元5－3	张成华
201220063163.0	家庭多用粮食烘干机	张安琪、宋宇宸	100083　北京市海淀区学院路北京科技大学8斋	张安琪、宋宇宸
201220396483.8	洗麦机	刘　波	723000　陕西省汉中市经济开发区北区汉中伯特机械设备制造有限公司	刘　波、高正毅
201220429610.X	一种燕麦及五谷杂粮去皮机	楼新潮	311321　浙江省临安市锦北街道上东村2组史家坞1号	楼新潮
201220708478.6	小麦磨打刷组合机	王清春	475200　河南省杞县北关堤外500米路东机械厂院内	王清春
201220753474.X	谷物干燥除尘装置	罗晓敏	315000　浙江省宁波市海曙区南苑街127弄78号403室	罗晓敏

（续）

申请或批准号	发明名称	申请人	通讯地址	发明人
201220031929.7	吹吸式大米抛光机	朱杵养	512523　广东省韶关市始兴县马市镇安水村朱屋组13号	朱杵养
201220092365.8	自动可调式碾米机	林茂全	613100　四川省乐山市井研县研城镇解放街28号	林茂全
201220257528.3	自连体碾米磨粉磨浆装置	邓昌容	614000　四川省乐山市井研县研城镇飞跃5组	邓昌容
201220297214.6	一种碾米机碾米装置	张建平	614100　四川省乐山市井研县盐城镇解放街101号井研县联谊机械厂	张建平
201220309334.3	一种新型碾米粉碎脱粒一体机	陈　硕	613100　四川省井研县研城镇翠屏街53号3楼1号	陈　硕
201220362833.9	大产量碾米机	孙　效	315000　浙江省宁波市江东区东柳坊11幢36号403室	孙　效
201220377433.5	连体式碾米粉碎自分离组合机	张庆明	613100　四川省乐山市井研县研城镇飞跃村5组10号	张庆明
201220381129.8	一种人造复合营养米成型装置	李同庚	541002　广西壮族自治区桂林市秀峰区福棠巷7号304室	李同庚
201220398965.7	一种新型家用碾米机	曹安民	528300　广东省佛山市南海区桂城街道南4路13号2幢602房	曹安民
201220411656.9	原粮脱皮机	董彦明	113305　辽宁省抚顺市清原满族自治县大孤家镇半拉山村西2路20号	董彦明
201220559681.1	一种米食品加工混合装置	陈文辉	362000　福建省宁德市福安市城北街道荷塘坪58号	陈文辉
201220566264.X	一种剥壳率高的节能碾米机	陈　兴	410609　湖南省长沙市宁乡县煤炭坝镇昌丝村周心坡组12号	陈秋良、陈　兴
201220568453.0	一种自动冷米机	张作良	233290　安徽省滁州市定远县炉桥镇军运路350号	张作良
201220578585.1	碾米粉碎一体机	成　登	614800　四川省乐山市五通桥区竹根镇双江路282号	成　登、郑国仲
201220596554.9	一种适用于砻谷机的除尘、除杂系统	汪　庆	241000　安徽省芜湖市新芜区芜宁路福达园3栋2单元402室	汪　庆、曹晶晶
201220604705.0	油炸大米丸	张俊景	453500　河南省新乡市原阳县城关镇和平2巷20号	张俊景、侯永根

（续）

申请或批准号	发明名称	申请人	通讯地址	发明人
201220610175.0	一种脱壳机	徐娅娅	315040 浙江省宁波市江东区宁穿路143弄2号404室	徐娅娅
201220738131.6	砻谷机	孔祥平	272500 山东省济宁市汶上县宝相寺路北段1526号	孔祥平
201220741867.9	电控柜内置的大米抛光机	刘 萍	430012 湖北省武汉市江岸区百步亭建设新村41-2号	刘 萍
201220230300.5	牵引移动式饲料粉碎搅拌机	孙如华	121300 辽宁省锦州市北镇市中医院家属楼1单元2楼东屋	孙如华
201220389172.9	软颗粒饲料机	沈文良	311103 浙江省杭州市余杭区运河镇博陆街道双桥路27号	沈文良
201220408740.5	高效饲料颗粒机	孙荣玖	024005 内蒙古自治区赤峰市松山区当铺地满族乡开发区	孙荣玖
201220427682.0	生物饲料快速转化机	陈 明	163000 黑龙江省大庆市萨尔图区萨尔图大街30号	陈 明
201220429364.8	饲料搅拌机	张可林	256811 山东省滨州市沾化县利国乡马营11村	张可林
201220567584.7	一种禽畜饲料拌料机	刘仕泉	527400 广东省云浮市新兴县新城镇大地人行宿舍306号	刘仕泉
201220623279.5	一种饲料配料装置	周文兵	629200 四川省射洪县太和镇青年路36号3单元501号	周文兵
201220693135.7	一种立式幼龟饲料混合机	向玉堂	241300 安徽省芜湖市南陵县何湾镇幸福村千一自然村7号	程 诚、向玉堂
201220023909.5	一种非等温的油脂结晶分提设备	白新鹏	570228 海南省海口市人民大道58号	白新鹏
201220028348.8	一种食用植物油脱胶系统及精炼系统	丁泓滨	201299 上海市浦东新区华夏1路55弄9号201室	丁泓滨
201220112896.9	食用油多功能汽动反应罐	郑灿明、李宁	102602 北京市大兴区榆垡工业园榆恒路1号	李 宁
201220287079.7	花生果去皮机	杨义香	265412 山东省招远市毕郭镇庙子夼385号	杨义香、刘茂学等
201220016934.0	一种山核桃炒制机械	杜克镛	310021 浙江省杭州市江干区丁桥镇广发西路5号	杜克镛

（续）

申请或批准号	发明名称	申请人	通讯地址	发明人
201220160189.7	一种青核桃脱皮机	刘维永	101121　北京市通州区果园222号院2号楼231室	刘维永
201220221680.6	核桃砸核分离机	赵菊莲、贾简华	745000　甘肃省庆阳市陇东学院农林科技学院	赵菊莲、贾简华
201220383936.3	鲜核桃清洗机	杨家杰	650118　云南省昆明市五华区人民西路376号5单元602室	杨家杰
201220449900.0	无刀片搓脱式薄壳青核桃脱皮清洗一体机	尹雄虎	048100　山西省晋城市阳城县凤城镇尹家沟村太原区319号	尹雄虎
201220482252.9	筛选同向有限度搓压式核桃破壳机	王刘柱	043801　山西省闻喜县侯村乡吉家峪289号3组	王刘柱
201220524579.8	一种核桃青皮脱离机	张庆明	613100　四川省乐山市井研县研城镇飞跃村5组10号	张庆明
201220548222.3	核桃破壳取仁机	党才良	711401　陕西省商洛市柞水县红岩寺镇小河沟村3组	党才良
201220560570.2	泡核桃弹片式剥青皮机	左卫宁	678100　云南省保山市昌宁县田园镇右甸北路40号	左卫宁
201220584077.4	一种液压式双凹球面挤压核桃剥壳机	岳晨燕	455001　河南省安阳市文峰区平原路88号院2号楼1单元301号	岳晨燕
201220000751.X	榛子脱皮分选机	陈宝财	121403　辽宁省锦州市黑山县新立屯镇河南小区财盛农机修造厂	陈宝财
201220075269.2	樱桃去核机	周梦瑜、陈广娟	264607　山东省烟台市莱山区滨海中路2018号烟台职业学院机械工程系	周梦瑜、陈广娟
201220212286.6	一种栗子划口机	梁水兴	525022　广东省茂名市茂南区鳌头镇衍水梅坡村1组021号	梁水兴、梁城荣
201220238388.5	一种菠萝削皮设备	高志雄	536000　广西壮族自治区北海市北部湾东路新力海景花园B栋0411房	高志雄
201220251097.X	一种负压式气流红枣清洗机	周学义	755000　宁夏回族自治区中卫市沙坡头区香山秀府6－1－112	周学义
201220268375.2	一种水雾净化无烟炒栗子机	窄仕宏	064207　河北省遵化市石门镇小渤海寨村鸿源北道1排6号	窄仕宏
201220327529.0	杏核开口机	杜　静	250101　山东省济南市临港区凤鸣路1000号	杜　静、周　婷

（续）

申请或批准号	发明名称	申请人	通讯地址	发明人
201220363737.6	一种草莓脱仔制浆机	王绍举	265200 山东省烟台市莱阳市文化路65号海都学院	王绍举、张岩
201220546229.1	沙果去核切分机	王玉杰	162650 内蒙古自治区扎兰屯市扎兰路1号	王玉杰
201220546458.3	椰子滚切式剥衣机	张浩栋	570228 海南省海口市海甸岛人民大道58号19栋626	张浩栋
201220547788.4	一种板栗脱壳装置	尹春富	650000 云南省昆明市石林县鹿阜会镇路美邑村委会路美邑村218号	尹春富
201220550565.3	一种山楂去籽机	张雷	043400 山西省临汾市曲沃县县委大院1109室科技局	张雷、魏巍
201220607322.9	莲子剥壳去皮机	吕丽玲	362300 福建省泉州市南安市诗山镇红星村凤山东路50号	吕丽玲
201220632305.0	仿形喂入辊式桔子剥皮机	孙震鹏	710014 陕西省西安市未央大道宫园壹号小区8号楼803室	孙震鹏、孙振华等
201220103146.5	果品清洗机	寇富强	843000 新疆维吾尔自治区阿克苏地区阿克苏市滨河南路58号	寇富强
201220146997.8	一种水果清洗机	陈东宏	514700 广东省梅州市梅县松口镇梅县文用厂宿舍	陈东宏
201220469524.1	一种洗果装置	杨以林	675400 云南省楚雄彝族自治州大姚县金碧镇厂房村委会庄香路	杨以林、华彩芳
201220670930.4	水果去皮用夹持装置	张新燕	262502 山东省潍坊市青州市王坟镇后黄马村	张新燕、赵玉兴
201220690023.6	一种果皮垃圾处理机	李昕明	300121 天津市红桥区小西关乐安里3号红桥区中心小学	李昕明
201220691866.8	一种坚果破壳机	郭庆刚、林春元等	650236 云南省昆明市昆船工业区C区2号院23幢1单元101号	郭庆刚、林春元等
201220028825.0	瓜果清洗击碎渣汁或粉分离机	张春平	233500 安徽省淮南市田家庵区舜耕惠利花园学府春天26幢806室	张春平
201220065002.5	一种方便型电子果蔬解毒机	邬海裕	315505 浙江省奉化市西坞街道西坞村西仲9组15号	邬海裕
201220066883.2	一种方便型消毒果蔬机	范如能	315511 浙江省奉化市尚田镇条宅村范家村1组11号	范如能

（续）

申请或批准号	发明名称	申请人	通讯地址	发明人
201220077459.8	一种改进型果蔬清洗解毒机	汪贤勇	315517　浙江省奉化市松岙镇街横村5组24号	汪贤勇
201220114890.5	多功能一体式果蔬冷藏库用气调加湿设备	姜鉴明	710201　陕西省西安市西安经济技术开发区泾河工业园中亚科技有限公司	姜鉴明
201220339829.0	蔬菜水果残留农药自动消除器	陈　科	315000　浙江省宁波市江东区中山东路888弄21号204室	陈　科
201220449810.1	蔬果清洗保鲜机	宋运元	315000　浙江省奉化市溪口镇下跸驻村2组25号	宋运元
201220464005.6	超声波蔬果清洗机	宋运元	315000　浙江省奉化市溪口镇下跸驻村2组25号	宋运元
201220464014.5	蔬果清洗干燥机	宋运元	315000　浙江省奉化市溪口镇下跸驻村2组25号	宋运元
201220464025.3	蔬果清洗传送机	宋运元	315000　浙江省奉化市溪口镇下跸驻村2组25号	宋运元
201220643536.1	一种果蔬清洗装置	刘常春	264670　山东省烟台市高新区金海路1001号山东商务职业学院	刘常春
201220055220.0	新型洗菜机	穆　芳	121000　辽宁省锦州市太和区市果树农场腰沟166号	穆　芳
201220052785.3	蘑菇加工装置	江乾禄	366215　福建省龙岩市连城县庙前镇庙前村永平巷12号	江乾禄
201120520921.2	一种豇豆切丝机	刘新生	246600　安徽省安庆市岳西县天堂镇回龙社区岳西县永泰机械制造有限公司	刘新生
201220302859.4	一种利用过热蒸汽进行蔬菜脱水的装置	段　伟	471000　河南省洛阳市西工区纱西三街坊30号楼3门401号	段　伟、刘永智
201220323044.4	Ⅱ型榨菜腌制撒盐机	朱贤华	408003　重庆市涪陵区江东团结路35号长江师范学院	朱贤华
201220328828.6	一种自动分离青红椒核、皮、籽的成套装置	柴永利、靳宝文	037600　山西省朔州市应县金城镇苏宅村	柴永利、靳宝文
201220352717.9	太阳光热蒸黄花菜设备	刘清海	745700　甘肃省庆阳市环县海明农技科研有限公司	刘清海
201220355360.X	基于蔬菜纤维保护理念的撕菜机	陈明明	030600 山西省晋中市寿阳县南关街040号	陈明明、李艾黎等

（续）

申请或批准号	发明名称	申请人	通讯地址	发明人
201220434159.0	绿竹笋保鲜加工装置	李名旺	355001 福建省福安市城北老干新村64号	李名旺
201220444218.2	马蹄削皮机	杨赞富	546600 广西壮族自治区桂林市荔浦县茶城乡坪社村老鸦屯6号	杨赞富
201220461188.6	大蒜气体剥皮机	孟令全	272200 山东省济宁市金乡县南店子大蒜市场安居金属加工厂	孟令全
201220489273.3	一种全自动蔬菜脱水机	张从法	276000 山东省临沂市河东区八湖镇郭圪墩村228号	张从法
201220547019.4	芽苗菜清洗机	段 然	100010 北京市朝阳区科学园南里风林绿洲1号楼1402号	段 然
201220295410.X	一种高效节能太阳能微波瓜子烘干培炒机	党庆风	264006 山东省烟台市开发区旭日小区16号楼1单元4号	党庆风
201220285284.X	茶叶理条烘干机	陈 鹏	325204 浙江省温州市瑞安市飞云镇大桥路20号	陈 鹏
201220328554.0	一种新型炒茶机	苏小兵	242100 安徽省宣城市郎溪县宣郎广茶业总公司茶兴小区124号	苏小兵
201220369182.6	一种茶叶成型机	杨成君	315500 浙江省奉化市裘村镇杨村25组9号	杨成君
201220554405.6	一种茶叶理条烘干装置	吴振平	323406 浙江省丽水市松阳县古市镇塘头村下连畈3号	吴振平
201220622219.1	一种茶叶消青机	张英溪	362436 福建省安溪县大坪乡萍洲村茂林10号	张英溪
201220634293.5	一种调速扁形茶炒制机	高生飞	355513 福建省寿宁县武曲镇南岸村南岸49号	高生飞
201220690071.5	工业电磁感应加热滚筒杀青机	杨杰辉	323400 浙江省丽水市松阳县西屏镇长虹中路297号	杨杰辉
201220698470.6	一种双层茶叶连续揉捻机	马文桂	324000 浙江省衢州市柯城区荷花43栋2单元201室	马文桂、马文中
201220699059.0	一种茶叶真空杀青机	杨云华	625100 四川省成都市名山县马岭镇石门村5组52号	杨云华、赖永聪
201210050325.1	一种改进的杀鸡放血烫鸡装置	杨君忠	253700 山东省德州市庆云县鑫盛工业园一期3号正星机械厂	杨君忠

（续）

申请或批准号	发明名称	申请人	通讯地址	发明人
201220020560.X	卧式循环家禽脱毛机	梁建军	620000 四川省眉山市东坡区尚义镇观音村8组	梁建军
201220020566.7	交变式家禽烫机	梁建军	620000 四川省眉山市东坡区尚义镇观音村8组	梁建军
201220091824.0	烟熏烤炉	郭开扬	528400 广东省中山市西区翠景花园翠宝路6号505房	郭开扬
201220098994.1	一种食品切块穿串一体机	于好勇	250300 山东省济南市长清区张夏镇下泉村	于好勇
201220144762.5	生猪放血输送机	周　军	523000 广东省东莞市桥头镇龙桥路1号	周　军
201220241109.0	一种筛片式禽类骨肉分离机	邓之学、张云豹	250014 山东省济南市历下区环山小区燕翔路4号	邓之学、张云豹
201220330509.9	手动高效穿串机	白祯军	076271 河北省张家口市万全县郭磊庄镇文萃路才源4巷9号	白祯军
201220345814.5	往复式手动穿肉串机	郑方顺、李辛涛	255051 山东省淄博市张店区南定镇南宿舍2街3号楼3单元26号	郑方顺、李辛涛
201220367054.8	便携式家用灌肠机	吴伟祖	050000 河北省石家庄市桥东区石正公路96号1栋1单元202号	吴伟祖
201220374152.4	羊腿脱毛机	姜学军	221700 江苏省徐州市丰县孙楼镇双高楼18号	姜学军
201220385907.0	气动桂花肠机	祝华园	350000 福建省福州市晋安区连潘村秀坂路141号	祝华园、祝华华
201220397173.8	一种破骨机	曹瑞涛、孟宪清	065000 河北省廊坊市安次区晨光路通用宿舍楼3幢2单元401室	曹瑞涛、孟宪清
201220479838.X	一种家禽掏膛器	徐衍胜	261061 山东省潍坊市胜利东街88号山东畜牧兽医职业学院	徐衍胜
201220517104.6	羊肉三明治食品	胡志伟	433000 湖北省仙桃市桃源大道中段15号	胡志伟
201220526777.8	新型碎骨机	苏锦柱	430072 湖北省武汉市武汉大学电子信息学院通信工程2班	苏锦柱
201220537257.7	一种自动穿肉串机	刘树亮	255400 山东省淄博市临淄区梧台镇北安合村	刘树亮

（续）

申请或批准号	发明名称	申请人	通讯地址	发明人
201220545614.4	一种自动脱毛机	周伟杰	528300　广东省佛山市顺德区陈村镇锦龙花园龙翔阁 1905	马俊明、周伟杰
201220547238.2	全自动蒸气烫毛机	苏泽华	611900　四川省成都市彭州市致和镇独柏 2 组 35 号附 1 号	苏泽华、曾福长
201220596671.5	一种移动方便的烫鸡装置	杨君忠	253700　山东省德州市庆云县鑫盛工业园一期 3 号正星机械厂	杨君忠
201220611237.X	一种绞肉机	伍锦坤	529080　广东省江门市江海区外海东宁工业区第 1 座	伍锦坤
201220667461.0	猪脚切割机	王金福	330700　江西省萍乡市安源区南环路 78 号城南批发市场长岭烤卤批发中心	王金福
201220695452.2	一种绞骨机	梁达先	(525300) 广东省茂名市信宜市人民南路 2 号	梁达先
201220697582.X	用于鸡爪切割机的输送装置	肖志臻	401147　重庆市渝北区金龙路 64 号 2 幢 1 单元 5－1	肖志臻、肖志豪
201220699817.9	一种家禽破肠器	刘新和	239000　安徽省滁州市来安县水口镇水西村沈郢组 8 号	刘新和
201220708525.7	一种简易的家禽破肠器	陆　俊	239000　安徽省滁州市来安县水口镇水西村后郢组 12 号	陆　俊
201220044857.X	一种定形微波熟制鱼片干燥机	刘方旭	264006　山东省烟台市开发区旭日小区 16 号楼单元 4 号	刘方旭
201210298859.6	鱼肉鱼刺分离装置	刘建明	213000　江苏省常州市武进区湖塘三勤高效农业产业园	刘建明
201220138833.0	自动田螺切尾机	黄小龙、黄国庆等	330013　江西省南昌市华东交通大学电气学院 09 电牵 2 班	黄小龙、黄国庆等
201220258365.0	基于螺旋齿刀辊的鲜鱼除皮机	李成忠	116400　辽宁省大连市庄河市坝东街 237 号 6	李成忠
201220388261.1	半自动剖鱼机	陶　震	432000　湖北省武汉市武昌区水果湖路 47 号 102 室	陶　震
201220457931.0	高效全自动剪螺机	陶建国	317500　浙江省台州市温岭市新河镇城北村东区 118 号	陶建国
201220467400.X	剥虾器	李　想	017000　内蒙古自治区鄂尔多斯市东胜区杭锦南路 24 号街坊 1－2－209	李　想

（续）

申请或批准号	发明名称	申请人	通讯地址	发明人
201220575140.8	洗鱼机	胡爱军	414000 湖南省岳阳市岳阳楼区奇家社区大赵组开明微波能设备公司	胡爱军
201220639378.2	一种杀鱼一体化装置	汤臣都	325805 浙江省温州市苍南县金乡镇汤鉴洋村鉴洋路1-3号	汤臣都
201220693189.3	一种冻鱼块切割粉碎一体机	向玉堂	241300 安徽省芜湖市南陵县何湾镇幸福村千一自然村7号	向玉堂
201220324527.6	松花蛋包衣机	张春平	233500 安徽省蒙城县庄子小区D区7栋402室	张春平
201220355026.4	一种鸡蛋自动处理系统	李和富	065000 河北省廊坊市香河县淑阳镇万福辛庄村1052号	李和富
201220548281.0	一种禽蛋剥壳机	蓝宪科	221600 江苏省徐州市沛县沛城镇后胡楼51号	蓝宪科
201220400267.6	一种益生菌酸奶机	黄宝建	264112 山东省烟台市牟平区昆嵛镇东殿后村	黄宝建
201220596788.3	一种酸奶生产用变频均质机	崔继平、崔海平	012000 内蒙古自治区乌兰察布市集宁区西山路69号15户	崔继平、刘志忠
201220642625.4	一种新型酸奶机	史伟立	315725 浙江省象山县新桥镇石柱外村9组11号	史伟立
201220046930.7	一种雪糕机储冷装置	朱厚林	528414 广东省中山市东升镇广福路龙生工业区中山市汇隆电器有限公司	朱厚林
201220080931.3	一种涡轮、双制冷系统冰淇淋机	杨锋	529624 广东省阳春市永宁镇双南村委会水尾村21号	杨锋
201220093453.X	多功能咖啡机	陈有明	528329 广东省佛山市顺德区均安镇太平菱溪大道菱溪花园南区	陈有明
201220213936.9	一种新型的杀菌机	刘冰	256500 山东省滨州市博兴县兴福镇兴福1村236号	刘冰
201220261087.4	一种家用冰淇淋机	黎明	529000 广东省江门市江海区麻一工业区兴业街17号	黎明
201220317466.0	冰激凌机	朱奉雨	255000 山东省淄博市张店区杏园西路9-10号4楼淄博宏达科技学校	朱奉雨
201220332576.4	一种新型雪糕	徐泺	325200 浙江省瑞安市小东门5号1单元601	徐泺

（续）

申请或批准号	发明名称	申请人	通讯地址	发明人
201220354576.4	一种简易冰沙饮料制备装置	熊玉金	318020　浙江省台州市黄岩区十里铺丰立路288号	熊玉金
201220497240.3	榨汁固液分离装置	程秀环	102211　北京市昌平区小汤山镇西官庄村248	程秀环
201220525906.1	一种水果雪糕机	吴俊斌	529000　广东省江门市蓬江区江边里207号706	吴俊斌
201220132716.3	一种旋转式棒棒糖	陈耀光	510000　广东省广州市越秀区仁济西路3号5楼	陈耀光
201220214229.1	糖醇冰糖棒	陈建操	610016　四川省成都市锦江区学道街64号3栋2单元11号	陈建操、牛　蓉
201220456159.0	一种新型凝胶型糖果	纪国军	132011　吉林省吉林市船营区公安街36－1－12号	纪国军
201220579604.2	3D图像巧克力	杨　平	261400　山东省莱州市文昌路昌学街43号	杨　平
201220597412.4	坚果威化巧克力	林　雄	200092　上海市杨浦区双辽路200弄25号302室	林　雄
201220112370.0	具有双冷凝器结构的风干烘箱	缪丽君	316100　浙江省舟山市普陀区沈家门东港昌正名都北区57幢103室	缪丽君
201220158355.X	家用食品烘干机	齐茂松	065000　河北省廊坊市开发区憩园小区1栋4单元402室	齐茂松
201220294466.3	一种用于烘干食物的装置	韦景新	523000　广东省东莞市横沥镇西城工业区1区B19、B20号	韦景新
201220452650.6	一种混流式食品干燥机	黄伟东	514000　广东省梅州市梅江区梅县电厂宿舍17栋104房	黄伟东
201220460415.3	滚筒烘炒机	吴会霞	510857　广东省广州市花都区狮岭镇石岗村西荣3队	李民华
201220546142.4	一种分级式电控烘干机	任亭亭	116024　辽宁省大连市大连理工大学创新园大厦A1237室	任亭亭、董海防等
201220575115.X	多层烘干机	胡爱军	414000　湖南省岳阳市岳阳楼区奇家社区大赵组开明微波能设备公司	胡爱军
201220612809.6	一种食品烘干和保鲜一体化装置	崔　勇	300142　天津市河北区五马路160号110栋2－401	崔　勇

（续）

申请或批准号	发明名称	申请人	通讯地址	发明人
201220665984.1	一种螺旋式颗粒状食品干燥设备	邱小辉	417100 湖南省娄底市涟源市湄江镇楠竹村邱家组	邱小辉、丁万健
201220206212.1	一种超声波食品清洗装置	张迎迎	211212 江苏省南京市溧水县东屏镇工业园区 308 号	张迎迎、李先军
201220578936.9	臭氧负电解冻清洗机	蒋孝义	361000 福建省厦门市思明区洪文 1 里 134 号 1103 室	蒋孝义
201220310943.0	一种风吸式自动粉碎混合机	张春雷	063504 河北省唐山市滦南县胡各庄镇沈营村	张春雷
201220473519.8	一种自动进料粉碎机	张 清	261500 山东省高密市朝阳街道东小庄社区 4 号楼	张 清
201220605602.6	多功能粉碎机	涂佳永	523000 广东省东莞市大岭山镇龙江村龙江路 71 号	涂佳永
201220028073.8	单摇臂杠杆式炒货翻炒机	王 军	157513 黑龙江省牡丹江市穆棱市穆棱镇松林村	王 军
201220351357.0	双层炒料装置	梁德平	657313 云南省昭通市永善县细沙乡黄金村公所青杠 3 社 29 号	梁德平
201220360654.1	模块电热体炒货机	方青志	461700 河南省襄城县紫云大道南段襄城县汇保安全用品厂	方青志
201220460415.3	滚筒烘炒机	吴会霞	510857 广东省广州市花都区狮岭镇石岗村西荣 3 队	李民华
201220269943.0	一种油茶籽脱壳机	汪汝湖	431800 湖北省荆门市京山县宋河镇鲍河村 2 组 31 号	汪汝湖
201220510970.2	一种双电机花生脱壳机	竺妙飞	315531 浙江省奉化市溪口镇董溪 1 村董四 2 组 14 号	竺妙飞
201220610175.0	一种脱壳机	徐娅娅	315040 浙江省宁波市江东区宁穿路 143 弄 2 号 404 室	徐娅娅
201210187009.9	食品烤盘全自动清洁系统	郭宇斌	450000 河南省郑州市金水区建新街交通厅家属院	郭宇斌、王 蓉
201220207941.9	热风循环式烘焙炉	梁 祥	528300 广东省佛山市顺德区陈村镇勒竹工业园 1 号	梁 祥
201220250960.X	吸热式油炸篮	吕 挺	528300 广东省佛山市顺德区大良镇国际商业城 B 区 1 座 3 层 110 室	吕 挺

（续）

申请或批准号	发明名称	申请人	通讯地址	发明人
201220380425.6	一种热风电烤炉	黄振雄	528305 广东省佛山市顺德区容桂立新南路五街3巷横1巷2号	黄振雄等
201220395470.9	自动烧烤炉	赵福贵	110000 辽宁省沈阳市大东区珠林路238-4号8-3-2	赵福贵
201220254343.7	油炸丸子机	白亚辉	274000 山东省菏泽市丹阳路青啤商业广场2号楼2单元	白亚辉、白玉彬
201220575161.X	油炸机	胡爱军	414000 湖南省岳阳市岳阳楼区奇家社区大赵组开明微波能设备公司	胡爱军
201220103597.9	一种高效食品净化系统	朱蕾	644000 四川省宜宾市翠屏区酒都路中段4号1栋1单元7号	朱蕾
201220235886.4	节能组合式膨化装置	范文有	541606 广西壮族自治区桂林市灌阳县文市镇胜利路47号	范文有
201220258634.3	铡切揉丝机	卢元伟	118109 辽宁省丹东市凤城市草河管理区草河大街328号	卢元伟
201220266699.2	卧式多功能搅拌机	王洪福	450000 河南省郑州市中原西路湖光苑小区36号楼2单位502号	王洪福
201220327494.0	一种速冻食品均布装置	李双产	461399 河南省周口市扶沟县新华路41号扶沟双红肉食品加工厂	李双产、李恩愿
201220477821.0	密闭连续作业式食品蒸机	张文红、张烨华	072450 河北省保定市望都县黑堡乡安庄村280号	张文红
201220528720.1	一种链带式连续预煮机	党庆风	264006 山东省烟台市开发区旭日小区16号楼1单元4号	党庆风
201220535546.3	一种吸盘夹心包装设备	李　华	529500 广东省阳江市江城区南恩路54号	李　华
201220615629.3	一种变频控制的节能连续灭菌系统	徐亲民	050011 河北省石家庄市富强大街12号河北科技大学小区2-1302	徐亲民
201220622998.5	一种负压浸渍渗透装置	付荫林	050071 河北省石家庄市新华区电大西街16号4-203	付荫林

第六部分

大事记

1 月

17 日 商务部等 9 部门联合召开电视电话会议，总结和通报生猪定点屠宰资格审核清理工作情况，部署屠宰行业管理下一步工作。商务部副部长姜增伟出席会议并讲话。会议由商务部市场秩序司司长常晓村主持。会议指出，2011 年 12 月至 2012 年 11 月，商务部、工业和信息化部、财政部、环境保护部、农业部、卫生部、国家工商总局、国家质量监督检验检疫总局和国家食品药品监管局等 9 部门联合在全国开展了生猪定点屠宰资格审核清理工作。一年以来，各地区、各有关部门严格按照相关法律法规规定的条件和标准，对全国的生猪定点屠宰厂（场）和小型生猪屠宰场点进行了审核清理。生猪定点屠宰厂（场）由 5 919个减至 4 585 个，削减幅度达 22.5%；小型生猪屠宰场点由 14 019 个减至 10 135 个，削减幅度达 27.7%。全国屠宰企业总数由 19 938 个下降至 14 720 个，降幅达 26.2%。会议认为，审核清理工作基本达到了预期目标。审核清理净化了屠宰行业发展环境，淘汰了落后产能与过剩产能，提高了肉品质量安全保障能力；增强了地方政府的肉品质量安全意识、行业管理部门的依法行政意识和屠宰企业的主体责任意识；加快了屠宰加工行业结构调整的步伐，逐步提升了行业整体水平。会议指出，保障肉品质量安全工作的形势仍然不容乐观。审核清理工作是一项长期而艰巨的任务，严格屠宰行业准入必须持之以恒，长抓不懈。会议要求，各级商务主管部门要全面贯彻落实党中央、国务院关于保障和改善民生、加强食品安全工作的部署，进一步巩固审核清理成果，继续严格屠宰行业准入管理；继续完善屠宰行业法规标准；加强屠宰行业监管，探索建立长效动态管理机制；加强地方屠宰执法能力建设，继续加大执法检查和专项整治力度；坚持分类推进，确保肉菜流通追溯体系尽快建成，实现完善运行；继续大力推进“放心肉”服务体系建设。环境保护部总工程师万本太、农业部总经济师杨绍品等 9 部门代表以及国务院食品安全委员会办公室相关负责人参加了会议。各省、自治区、直辖市、计划单列市及新疆生产建设兵团商务、工业和信息化、财政、环境保护、农业、卫生、工商、质监和食品药品监管等部门和国务院食品安全办公室负责人以及屠宰企业代表在各地分会场参加会议。安徽省商务厅、山东省环境保护厅、湖北省畜牧兽医局有关负责人以及屠宰企业代表作了发言。

17 日 国家质量监督检验检疫总局召开“全国质检系统食品安全监管工作电视电话会议”。国家质量监督检验检疫总局副局长蒲长城出席会议并讲话，项玉章总检验师主持会议。蒲长城充分肯定了 2012 年国内生产加工和进出口食品安全监管的工作成效，分析了当前面临的严峻形势，并就全面做好 2013 年食品安全监管工作提出要求。他指出，质检系统各级部门要深刻把握当前面临的形势，进一步增强食品安全工作的责任感和紧迫感，积极探索有中国特色的食品监管之路，开创食品安全监管新局面。蒲长城要求，2013 年食品安全监管工作要重点做好“两抓、两建、两落实”。“两抓”就是要狠抓风险排查和专项整治。对于食品安全方面存在的已知、未知的风险，必须加大力度排查；针对风险排查发现的重点问题，开展相应的专项整治，从根本上消除隐患，提升食品安全保障水平。“两建”就是要加强监管制度建设和技术保障能力建设。监管制度方面，国家质量监督检验检疫总局做好顶层设计，各地质检局要从实际情况出发，保证具体监管制度落实到位。“两落实”就是要落实重点工作任务和领导责任。死守安全底线，对发现的风险和隐患及时果断地进行处置。各地质检局主要领导、分管领导，要花更多的时间与精力，落实好食品安全监管工作。蒲长城强调，工作中要坚定信心、牢固信念，加强研究、开拓创新，坚决贯彻落实国家质量监督检验检疫总局“四个着力、五个强化、发挥五个突出作用、深化三个质检建设”的工作任务和要求，健全完善富有质检特色的食品安全监管制度体系，深入开展风险隐患排查，落实从严监管措施，坚持对违法问题的严厉打击，加强监管能力建设，深入开展食品安全宣传教育。通过这些工作措施，坚定不移地贯彻落实“抓质量、保安全、促发展、强质检”的十二字方针，加大工作力度，确保各项重点工作圆满完成。会上，国家质量监督检验检疫总局食品生产监管司司长郭文奇、进出口食品安全局局长钱琎，分别代表总局总结了 2012 年食品安全监管工作，具体部署了 2013 年国内食品生产加工与进出口食品安全的监管工作。国家认监委、国家标准委相关负责人和国家质量监督检验检疫总局机关各有关司局、总局在京直属挂靠单位主要负责人及食品生产监管司、进出口食品安全局全体工作人员在主会场参加了会议。

23 日 中共中央政治局常委、国务院副总理李克强主持召开“国务院食品安全委员会第五次全体会议”。中共中央政治局常委、国务院副总理王岐山，国务院副总理回良玉出席会议并讲话。会议听取了国务院食品安全委员会成员单位的汇报和发言，审议了《2013 年食品安全重点工作安排》。会议认为，国务院食品安全委员会成立 3 年来，各有关方面按照党中央、国务院决策部署，通力配合，关口前移，深入开展重点领域的集中整治，对不法分子重拳出击，食品安全形势总体稳定向好。同时，食品安全的突出问题和潜在隐患仍不少，形势依然严峻。李克强说，我国已进入中等收入国家行列，群众对食品安全、环境质量等较过去有更高要求，发达国家也曾有过类似的过程。在这个阶段，保障好重大民生是经济转型的重要内容，经济和民生联系更加紧密，发展是第一要务，而改善民生是根本目的，搞得好，就会相辅相成、相得益彰；如果搞成“两张皮”，百姓就会缺乏受惠和舒心感，经济发展也会缺动力。政府要顺应这种趋势，加快转变职能，抓项目、上投资等应更多由企业自主决策，该由市场发挥作用的就交给市场，政府则要更加突出依法监管，特别是要加强事关民生的监管，创造安全公平法治的市场环境，这也是考量政府职能转变的重要标尺。李克强指出，食品安全是餐桌上的民生、餐桌上的经济。强化市场监管，食品应放在重中之重的位置。“一饭膏粱，维系万家；柴米油盐，关系大局”。目前食品监管领域仍存在职能交叉或职责不清，既有重复监管，也有监管“盲点”。要建立监管的长效机制，必须整合部门监管职能，进一步统筹监管力量，该整合的要整合。加强监管并不替代企业是食品安全第一责任人，而是要确保“环环有监管、守土必有责”，做到“无缝对接”。转变政府职能是行政体制改革的关键，是触动利益的事，一定要从大局和人民利益出发，不搞“屁股指挥脑袋”的本位主义，脑子要用在考虑人民关心、焦心的问题上。对人民群众还不满意的，我们就不能自满自足。会议明确了 2013 年重点工作：一是继续深化专项整治，抓牛鼻子、啃硬骨头，对问题绝不捂、更不绕，坚决取缔“黑工厂”、“黑作坊”和“黑窝点”。二是始终保持高压态势，斩断非法利益链，让“潜规则”失效，让不良生产经营者付出高昂代价，对食品安全领域犯罪、腐败、渎职等坚决依法依规惩处。三是进一步健全食品安全标准体系和法规制度，力量配置、资金投入都要向基层倾斜。四是对食品安全热点问题，要及时客观准确发布信息，做到科学防范、公开透明。确保食品安全事故在第一时间得到有效处置。

2 月

6 日 “商务部食品安全领导小组第四次全体会议”在北京召开。商务部副部长、食品安全领导小组组长姜增伟出席会议并讲话，商务部部长助理、食品安全领导小组副组长房爱卿主持会议。会议指出，2012 年，领导小组各成员单位按照国务院决策部署和部党组要求，着力提升流通领域食品安全保障水平，取得了明显成效。一是加强综合治理，防范食品安全风险。联合相关部门开展打击私屠滥宰专项整治，审核清理生猪定点屠宰资格，关闭不达标定点屠宰厂（点）5 000 多个。严格酒类经营备案登记和随附单溯源管理，规范酒类流通。二是加强农产品流通基础设施建设，提升食品安全保障能力。扩大肉菜流通追溯体系试点范围，深入实施“万村千乡市场工程”，开展农产品现代流通、“农超对接”和“南菜北运”、“西果东送”试点，支持完善产地预冷、冷链运输、检验检测等设施设备。三是健全规章制度，强化行业管理。启动《生猪屠宰管理条例实施办法》、《酒类流通管理办法》制修订工作，出台食品流通相关标准 67 项。制定食品安全事故应急预案，规范食品安全事故应急处置。四是推进食品经营行业诚信建设，引导诚信经营。开展诚信经营示范创建和“诚信兴商宣传月”活动，实施“早餐示范工程”，组织屠宰企业举办“开放日”，充分发挥优秀企业的示范引领作用。会议审议并原则通过了《商务系统 2013 年食品安全工作要点》，明确了 2013 年的重点工作。一是继续开展专项整治，全面排查屠宰环节食品安全隐患，严厉打击私屠滥宰、注水及不明物质等违法行为。二是加强酒类、农产品流通和餐饮等行业管理，完善流通基础设施，规范生产经营行为，强化产品质量安全保障。三是稳步推进肉菜流通追溯体系建设，选择有条件的城市开展第四批试点，初步形成全国性的食品安全追溯体系，督促落实经营主体责任。四是建立健全规章和标准体系，制修订一批流通领域急需的规章和标准，为加强行业管理提供支撑。五是进一步推进诚信体系建设，加强宣传培训，建立生猪定点屠宰、酒类流通等行业信用档案，探索建立“黑名单”制度和失信惩戒机制。

27 日 “国家食品安全风险评估专家委员会（以下简称‘专家委员会’）第七次全体会议”在北京召开。卫生部副部长陈啸宏同志出席会议并做了重要讲话。专家委员会主任委员陈君石院士对 2012 年该委员会在优先评估项目、应急评估、风险交流等方面开展的工作进行了总结。会议审议了优先评估项目等重点工作进展报告，研究了 2013 年优先评估项目建议，并对食品安全风险评估重点工作进行了进一步部署。国务院食品安全委员会办公室、卫生部有关司局、专家委员会及秘书处等单位的领导和专家参加了会议。陈啸宏副部长充分肯定了食品安全风险评估工作取得的成效，强调要进一步认真贯彻落实国务院食品安全委员会第五次全体会议精神，紧紧抓住落实《国务院关于加强食品安全工作的决定》和《国家食品安全监管体系“十二五”规划》（以下简称“《决定》和《规划》”）的时机，着力推进食品安全风险评估各项工作。陈啸宏副部长对下一步工作提出了明确的要求。一是要继续做好优先风险评估项目工作；二是要夯实基础，加强评估工作规范化、制度化建设；三是要着力做好食品安全风险交流工作；四是要加强食品安全风险评估能力建设；五是要充分发挥专家委员会作用，加强专家委员会秘书处建设。陈啸宏副部长指出，食品安全是重大的基本民生问题，党和政府高度重视，人民群众高度关注，强调专家委员会要认真贯彻党的十八大精神，抓紧落实《决定》和《规划》制定的食品安全工作的大政方针，真抓实干，锐意进取，努力开创食品安全风险评估工作新局面，为保障人民群众食品安全和身体健康做出更大贡献。

28日 “全国粮食流通监督检查工作会议”在海口市召开。会议传达学习了中共中央政治局常委、国务院副总理李克强1月15日在国家粮食局座谈会上的重要讲话，认真贯彻落实全国粮食流通工作会议的部署，总结交流2012年粮食流通监督检查工作，研究安排2013年粮食流通监督检查工作任务。国家粮食局党组成员、副局长吴子丹出席会议并讲话。会议认为，国务院领导到国家粮食局粮食科学院视察并召开座谈会，充分体现了党中央、国务院对粮食工作的高度重视。粮食监督检查工作要按照“守住管好天下粮仓，做好广积粮、积好粮、好积粮三篇文章”的总部署，全力保障“种粮卖得出、吃粮买得到”的底线目标，绝不允许发生农民“卖粮难”，绝不允许出现粮食供应脱销断档，加快执法体系建设，落实在地监管原则，创新监管方法，大力推进信息化管理，为推动粮食安全省长负责制的全面落实、启动实施“粮安工程”等重点工作提供坚实保障和服务。会议要求，2013年粮食监督检查要围绕“守底线、保安全、惠民生、促发展”的工作目标和“抓收购、保供给、稳粮价”的中心任务，重点做好以下工作：一是加强政策性粮食购销活动检查，保护种粮农民利益，保障粮食有效供给；二是加强粮油库存检查，继续推进中央储备粮委托在地检查，创新库存检查组织形式和方式方法，增强库存检查效果；三是加强全社会粮食流通监督检查，维护粮食流通秩序；四是加大涉粮案件查处力度，规范粮食经营行为；五是加强监督检查行政执法体系建设，夯实监督检查工作基础；六是加快推进监督检查工作信息化建设，提高行政执法效率；七是探索建立诚信评价制度，实现对粮食经营者的分类监管；八是深入推进示范单位创建活动，提高监督检查工作整体水平。为确保国家粮食安全、促进经济社会持续健康发展作出新的贡献。会议还专题对2013年中央储备粮库存委托检查工作进行了部署。要求受委托省份切实加强对委托检查工作重要性的认识，周密组织、认真检查、强化整改、如实上报、严格纪律。通过检查，不断提高库存监管水平。湖北、辽宁、山西、山东、江苏、江西等省粮食局在会上作了典型经验交流，各省、自治区、直辖市市及新疆生产建设兵团粮食局相关负责人参加了会议。

3 月

5～6日 国家粮食局在昆明市召开“全国粮食质量安全监管工作会议”，传达贯彻李克强副总理在国家粮食局座谈会上的重要讲话和国务院食品安全委员会第五次全体会议重要精神，贯彻落实全国粮食流通工作会议确定的质量安全监管工作任务，总结交流2012年监管工作经验，研究部署2013年粮食质量安全监管重点工作。国家粮食局副局长吴子丹同志出席会议并讲话。会议认为，2012年全国粮食质量安全监管工作稳步推进，各级粮食部门对粮食质量安全的重视程度普遍提高，工作力度明显加大，工作作风更加扎实，按照“机构成网络、监测全覆盖、监管无盲区、系统无风险”的工作目标和《2012年粮食质量安全重点工作》部署，积极开展粮食质量安全监测抽查，建立健全监管长效机制，着力推进检验监测体系和粮油标准体系建设，妥善应对处置突发性粮食质量安全事件，为保障国家粮食质量安全做出了积极贡献。会议要求，2013年全国粮食质量监管工作要切实按照李克强副总理关于“守住管好天下粮仓”，协调推进“新四化”建设，做好“广积粮、积好粮、好积粮”三篇文章的总部署，以及全国粮食流通工作会议关于“一个中心、四项重点工作”的部署要求，以更坚决的态度、更有力的措施，切实抓好粮食质量安全工作，守护一方粮食安全。一是深入贯彻落实《国务院关于加强食品安全工作的决定》和《国家食品安全监管体系“十二五”规划》的各项工作任务；二是围绕推动粮食安全省长负责制的全面落实，理顺各级粮食行政管理部门的质量安全监管机构和职责，落实监管责任，加强对工作开展情况的评估考核，落实责任追究；三是全力推进实施“粮安工程”，保质保量按时完成2013年粮食质量安全检验监测能力建设项目投资计划，统筹规划体系建设；四是进一步强化粮食质量安全监管工作，推进基层监管执法能力建设，继续做好收获粮食质量安全监测和库存粮油质量安全抽查。辽宁、安徽、湖北、湖南、云南、陕西等省粮食局在会上作了典型经验交流，各省、自治区、直辖市及新疆生产建设兵团粮食局负责人、国家粮食质量监测中心主任以及有关粮食企业和院校负责人参加了会议。

26日 中国绿色食品发展中心在湖南长沙召开“全国绿色食品工作座谈会”。农业部农产品质量安全监管局局长马爱国在讲话时要求，2013年“三品一标”工作一方面要提高准入门槛，稳步发展，加强证后标志管理，维护品牌信誉；另一方面要依托绿色食品品牌的市场竞争力，实现优质优价，激发农业标准化生产的内在动力，形成生产与消费的良性互动。马爱国强调，整个绿色食品工作系统要紧紧围绕“提升发展质量、提升品牌公信力、促进农业标准化生产”的目标，坚持“确保质量与稳步发展”的基本主题，贯穿“规范认证与严格监管”的工作主线，采取更加有力的措施，更加规范、扎实地推进各项工作，共同把绿色食品、有机食品事业做强做大，把品牌做真做实。一要严格产品认证，把好企业和产品的准入关；严格按照标准，把好环境监测、产品检验“两道闸门”，把住现场检查与材料审查“两个门槛”，确保认证的规范性、真实性和有效性。二要严格证后监管，落实好已有的、行之有效的常态化监管制度，发现问题和隐患及时处理，发现假冒产品严厉打击，全力维护好品牌信誉。三要严格履职尽责，检查每一个环节、审批每一个产品、颁发每一张证书，都要做到坚持标准，一丝不苟；同时增强服务意识，努力为认证企业和农民专业合作社提供优质、规范、便捷、高效的服务，树立良好的社会形象。据中国绿色食品发展中心主任王运浩介绍，2012年绿色食品总量规模稳中有增，产品质量稳定可靠，产业发展水平不断提高，品牌效益日益放大，保持了良好的发展势头。新认证绿色食品企业2 614个，产品6 196个，全国有效使用绿色食品标志企业总数达到6 862个，产品总数17 125个，分别比2011年增长3.6%和1.8%。认证有机食品企业685个，产品2 762个，其中包括美国、德国、法国等10个国家和地区的12个境外企业。全国绿色食品原料标准化生产基地已达573个，种植面积0.09亿hm^2，总产量8 041万t，基地对接企业达1 607个，带动农户1 995万户，直接增加农民收入10亿元以上。绿色食品、有机食品产品质量抽检合格率继续保持较高水平，在农业部农产品质量安全监督抽查中，绿色食品产品抽检合格率为100%；中国绿色食品发展中心和地方绿色食品工作机构共抽检产品4 437个，抽检合格率为99.6%，有机食品产品抽检合格率达到98.8%。

29日 “中国食品工业协会第六届理事会第三次（扩大）会议”在北京召开。中国食品工业协会会长石秀诗出席会议并讲话。会议由中国食品工业协会常务副会长刘治主持。中国食品工业协会副会长兼秘书长熊必琳作了题为《坚持科学发展促进和谐共建 加强行业自律维护食品安全》的工作报告。国家发展和改革委员会产业协调司巡视员贺燕丽、工业和信息化部消费品工业司司长王黎明、国家卫生和计划生育委员会监督局食品安全标准管理处处长张旭东、国务院国有资产管理委员会行业协会联系办公室副主任张涛、中国企业联合会副理事长于吉等出席会议并讲话，中国食品工业协会全体理事成员参加了会议。石秀诗指出，认真贯彻落实十八大精神和2013全国两会精神是本次会议的重要内容。中国食品工业协会要紧紧抓住“机构改革”大好机遇，适应新形势、新任务、新要求，充分发挥好协会行业管理作用。围绕2013年中国食品工业协会工作安排，他重点提出六项要求：一是协会要切实为推动食品工业发展出谋献策。二是要实现全产业链管理，切实保障食品安全。三是进一步做好为会员企业服务。四是切实做好全国食品工业经济运行状况发布工作。五是充分发挥中国食品工业协会官网的作用。六是进一步加强协会自身建设问题。熊必琳在报告中介绍了中国食品工业协会2012年的主要工作：一是坚持科学发展，加强行业自律，强化自身建设，提高服务水平，认真履行协会职能，积极推动协会转型，努力搞好“三个服务”。二是发挥协会综合性优势，拓展工作视角和深度，在创新工作方法、创新服务模式、创新服务内容上下功夫，做好食品工业统计和经济运行情况发布，力促行业科学发展、和谐发展，密切联系食品企业，引导行业健康发展。三是认真贯彻落实《食品安全法》，重点突出食品安全性保障，努力促进食品工业健康发展。四是召开了“第十届中国食品安全年会”，开展了白酒打假维权“两公开”活动，促进和引导食品工业企业做好食品安全工作。五是稳步推进特色园区建设，支持誉名园区深化发展；打造服务平台，加强交流合作；加强协会自身建设，扎实提高服务能力。2013年，中国食品工业协会将围绕“十二五”规划实施，做好发展战略有关工作；深入贯彻落实《食品安全法》，重点抓好诚信体系建设；发布经济运行信息，为行业发展提供决策参考；抓好行业技术进步，推进企业自主创新。

4 月

13日 农业部农产品加工局组织召开的“主食加工示范推广交流活动”在河南郑州举行，该活动依托河南省面制食品工程中心、山西省农科院农产品加工研究所、中国农科院农产品加工研究所等单位，分别在面制主食、杂粮主食、预制菜肴等三个领域开展示范推广，来自全国主食加工技术研发、生产、装备制造的专家、学者、企业家以及主管部门参加了活动。活动期间，围绕主食加工业发展进行了研讨交流，举行了面制主食新装备、新技术的发布推介，对城市及县城以下农村主食市场运作模式、企业合作及经营模式作了深入探讨，同时现场考察了河南省主食加工企业合作项目。继2012年农业部在4省、直辖市启动实施了主食加工业提升行动试点以来，主食加工业发展的良好氛围正在形成，工商资本进军主食加工业趋势更加明显。农业部将按照“政府引导、企业主体、多方联动、稳步推进、务求实效”的原则，稳步实施主食加工业提升行动，2013年的重点是将试点范围扩大到北京、山西、内蒙古、吉林、黑龙江、江苏、福建、江西、河南、四川等10个省（自治区、直辖市）。据统计，2012年规模以上主食加工企业超过1 000个，从业人员累计35.4万人，其中米、面制品企业占42.1%，速冻食品制造企业占26.6%，方便面及其他方便食品制造企业占31.3%；主食加工企业1～12月累计主营业务收入2 800亿元，实现利润总额210亿元，上交税金108亿元。主食加工业逐步实现以生产传统米面制品为主，向以生产多种类主餐食品转变，工业化主食产品产销两旺，品种呈现多元化，在面制主食中，馒头生产能力达到日产1 100余万个、鲜湿面条达到750万kg，年产值约60余亿元；涉及预制菜肴加工的企业近1 400个，销售收入1 900亿元。同时，主食加工企业为了保证有效供给、质量安全，注重建立、健全原料生产、加工制造、市场营销的产业链，推动主食加工向上游的原料生产和下游的市场流通两个方向延伸，一头向上游发展专用原料基地，与农户签订订单，带动农民增收，缓解原料成本上涨的冲击，从源头上掌控质量安全；另一头向下游延伸产业体系，创新商业模式，发展包装、物流、服务相关产业，吸纳下岗职工再就业和扩大城镇就业，对促进地方经济发展发挥了积极作用。

18日 中国绿色食品发展中心在云南省昆明市召开“全国绿色食品监管工作专题座谈会”。会议围绕认真贯彻落实农业部和中国绿色食品发展中心关于“加强绿色食品监督检查工作，特别是落实企业年检制度和抓好内检员队伍建设等”两个专题进行了座谈讨论，对于进一步做好2013年的绿色食品证后监督检查工作进行了研究部署。中国绿色食品发展中心韩沛新副主任出席会议并讲话。韩沛新副主任首先回顾和总结了2012年绿色食品监督检查工作。他指出，2012年按照农业部和中国绿色食品发展中心的工作部署，在各级农业行政主管部门的大力支持下，绿色食品系统恪尽职守，真抓实干，扎实有序地推进了绿色食品的企业年检、产品抽检、市场监察和风险预警以及工作队伍建设等各项工作，取得了明显成效。全年绿色食品未发生重大质量安全事件，为实现农业部党组提出的“两个努力确保”和中国绿色食品发展中心确定的“持续健康发展”目标做出了重要支撑。他进一步指出，2013年全国绿色食品监督检查工作队伍要从贯彻党的十八大精神、促进现代农业发展和提升绿色食品品牌的高度，充分提高对于当前新形势和新任务的认识，切实增强责任感和紧迫感。以深入落实新的《绿色食品标志管理办法》为契机，明确工作职责，狠抓制度落实和工作创新，严格制度执行，强化退出机制，加大市场监察和打假工作力度，进一步做好绿色食品监督检查工作。努力确保不发生重大质量安全事故，推动绿色食品事业持续健康发展。全国各省级绿色食品工作机构负责绿色食品监督检查工作负责人参加了会议。

28日 中国乳制品工业协会在京举行“国产与进口婴幼儿配方乳粉质量调查结果”新闻发布会。工业和信息化部消费品工业司司长王黎明出席发布会。目前，国产婴幼儿乳粉质量水平与进口产品在质量上究竟有何差距，中国乳制品工业协会委托第三方检验检测机构，对市场上销售的国产和原装进口的Ⅰ段婴儿配方乳粉进行了质量调查抽检。本次质量调查抽检，采取在北京及周边省会城市市场上随机抽取在销产品作为调查样品，共抽检了25个品牌的样品。其中国内生产的国内品牌13个、国内生产的国外品牌3个、原装进口产品9个。检验指标包括主要营养指标、微生物指标、矿物质指标、污染物限量指标、真菌毒素限量指标等共20项。检测结果表明，16个国产品牌（包括国内品牌和国外品牌）全部符合国家标准要求。9个原装进口产品中有3个产品不合格，其中一个产品有两项指标不合格，分别是乳糖占碳水化合物比例和钙磷比；另两个产品均为钙磷比不合格。此次质量调查总的评价是：国产乳粉质量在稳步提升，一些国产品牌产品在主要指标方面优于进口品牌乳粉。中国乳制品工业协会调查结果发布后，王黎明司长发表讲话指出，婴幼儿健康事关祖国和民族的未来，婴幼儿乳粉质量安全更事关每个家庭的幸福和全社会的稳定。生产者是保障婴幼儿乳粉质量的第一责任人，婴幼儿乳粉生产企业要继续采取有效措施，稳步提升产品质量，全面落实主体责任。要进一步加强管理制度建设，进一步夯实质量安全基础，进一步履行企业社会责任，保障产品质量安全。王黎明表示，为继续推动乳制品行业健康发展，为乳粉质量提升营造良好环境，工业和信息化部将从构建乳品质量安全长效机制上推动质量安全保障工作，会同有关部门制定和实施提高婴幼儿乳粉质量水平，提振社会消费信心的“双提”计划，着力做好强化行业准入管理，公平竞争环境；推进产业结构调整，优化成长环境；加强标准体系建设，完善发展环境；加大监督检查力度，强化法制环境；组织企业开放参观，营造和谐环境等方面工作。发布会上，伊利、蒙牛等16家国内主流品牌婴幼儿配方乳粉生产企业发布了质量安全宣言，并向社会作出了“诚信守法、严格把关、承担责任、接受监督”等郑重承诺。

5 月

8日 工业和信息化部在北京召开“食品药品质量安全可追溯体系建设试点工作会”。工业和信息化部消费品工业司司长王黎明同志出席会议并讲话。会上，工业和信息化部电子一所、同济堂集团分别介绍了食品和医疗健康行业试点工作相关内容，蒙牛乳业（集团）股份有限公司、完达山乳业股份有限公司、贵州茅台股份有限公司和五粮液集团有限公司等4个试点企业分别介绍了试点工作安排。工业和信息化部科技司、通信发展司和信息化推进司分别解读了相关政策。王黎明司长指出，开展食品药品质量安全可追溯体系建设试点工作，是促进食品药品生产企业两化深度融合，保障质量安全的客观要求和重要途径。当前要做好四个方面的试点工作：一是试点企业及其所在省（自治区、直辖市）主管部门要高度重视，抓好试点工作；二是试点企业和技术支持单位要注重系统平台的研究与建设，真正实现消费者对生产者的可追溯；三是要加强指导和协调，帮助解决试点中的问题；四是要按照时间进度安排，精心组织实施试点，争取2013年底前在婴幼儿配方乳粉行业实现消费者对生产企业基本法定信息等的实时可追溯。会议由工业和信息化部消费品工业司高伏副巡视员主持，北京市、四川省、贵州省、黑龙江农垦总局、内蒙古锡林郭勒盟等工业和信息化主管部门相关负责人以及中国移动、中粮集团、电子一所、软件与集成电路促进中心、人民邮电报社、中国食品发酵工业研究院等单位代表参加了工作会。

24日 中国绿色食品协会和中国绿色食品发展中心在上海召开“全国绿色食品诚信体系建设研讨会”。农业部党组成员张玉香出席研讨会并讲话。农业部农产品质量安全监管局局长马爱国、中国绿色食品发展中心主任王运浩、上海市农业委员会秘书长邵启良出席会议。张玉香指出，绿色食品是我国一项开创性事业，诚信是绿色食品事业持续健康发展的根基，绿色食品事业发展的历程，也就是打造品牌、推动诚信体系建设的历程。张玉香回顾和总结了绿色食品事业20年发展的历程，充分肯定了绿色食品行业始终坚守和秉承事业发展的核心理念，始终坚持落实标准化和规范化的管理制度，始终坚持严格审核和证后监管的工作体系。张玉香指出，正是由于广大绿色食品企业诚信自律，严格落实标准化生产，整个绿色食品工作系统求真务实、履职尽责，才使这项事业从无到有、从小到大，获得了蓬勃发展。张玉香要求，当前和今后一个时期，要以提升绿色食品品牌公信力为目标，把诚信体系建设作为重要抓手。主要做法：一要加强宣传，营造良好的社会环境。大力宣传绿色食品诚信企业，让诚信成为风尚，成为理念、成为文化、成为核心价值观，共同营造推动绿色食品事业发展良好的舆论环境和社会氛围。二要加强企业自律，打牢事业发展的基础。充分发挥龙头企业和农民专业合作社及专业流通企业的示范带动作用，发挥全国绿色食品示范企业的引领带动作用。三要严格准入和监管，维护品牌信誉。通过严把准入关口，切实加强证后监管，把不诚信企业拒之门外，让不诚信行为无立足之地。坚持“务慎于始、宁缺毋滥”的原则，严格执行申报主体和申报产品的规定，对不合条件的坚决不予受理，以防范质量安全风险。四要发挥协会作用，推进诚信体系建设。协会要发挥自身的独特优势和功能作用，围绕推进诚信体系建设，加强与企业的联系，加强对会员的服务和培训。把广大绿色食品企业组织起来，不断强化企业自我管理、自我约束和自我教育的意识，规范绿色食品生产经营行为，建立良好的绿色食品市场秩序。研讨会上，来自绿色食品企业、管理机构、检测机构的8位代表作了发言和交流。总结了加强绿色食品诚信体系建设的方法措施和成功经验，探讨了推动绿色食品诚信体系建设的有效模式和途径。研讨会由中国绿色食品发展中心副主任韩沛新主持。各地绿色食品管理机构负责人，绿色食品企业诚信体系建设征文活动获奖代表，部分全国绿色食品示范企业代表，协会会员代表，以及联合国粮农组织驻中国、朝鲜、蒙古副代表张忠军，丹麦农业委员会主任劳恩森，美国驻华大使馆农业处官员Ryan等150余人参加了研讨会。

28日 工业和信息化部在四川省成都市召开了“食品工业‘十二五’规划实施工作座谈会”。14个省（自治区、直辖市）工业和信息化部门和相关行业协会负责人就食品工业“十二五”规划重点任务完成进展和政策措施制定及落实情况等进行了座谈交流。工业和信息化部消费品工业司高伏副巡视员出席会议并讲话。高伏介绍了食品工业发展面临的形势及任务，对各地规划实施工作开展情况给予了充分肯定。他指出，2013年是实施“十二五”规划承前启后的关键之年，希望各地结合贯彻落实党的十八大精神以及规划中期评估要求，对规划实施进行适时完善改进，确保规划各项任务及目标的顺利实现。主要做法：一是要围绕落实科学发展，坚持把握发展主题。要继续大力实施新型工业化，推动转型升级，服从服务新“四化”，抓发展，促发展，保发展。二是要聚焦发展质量品质，力保规划目标实现。要追求在结构调整、素质提升基础上的持续稳定发展，落实在安全保发展、发展促安全、产业塑形象、百姓得实惠上。三是要着力抓好发展基础，突出解决重点关键。要更加注重原料基地建设，更加注重企业现代化管理和质量品牌建设，夯实发展基础。当前要在乳业、酒业、肉类加工、食用油加工等重点领域采取针对性措施，保有效供给，保质量安全。四是要创新行业管理，优质服务促进发展。要运用规划、政策、标准等调控手段，服务企业，保障发展；要充分发挥行业协会及社会组织作用，共同推动规划实施，落实规划目标，完成规划任务。北京、内蒙古、河南、四川等14个省（自治区、直辖市）工业和信息化主管部门相关负责人以及中国轻工业联合会、中国食品工业协会、中国食品科技学会、中国食品发酵工业研究院等单位的代表参加了会议。

6 月

1日 中国奶业协会主办的“第四届中国奶业大会”在江西南昌举行。农业部副部长高鸿宾、江西省副省长谢茹、中国奶业协会名誉会长刘成果、国家首席兽医师于康震等领导出席会议。高鸿宾强调，奶业是我国的朝阳产业，也是畜牧业中最有潜力和活力的产业，当前正处在不进则退的爬坡阶段，必须正视机遇和挑战，克服前进中的困难，用现代物质装备、现代科学技术、现代产业体系、现代经营方式、现代发展理念，培养新型奶农来推进、改造和提升我国传统奶业，走出一条中国特色的奶业现代化发展之路。从长远看，要做好优化生产布局、调整品种结构、优化乳制品产品结构、创新生产经营体制和推进产业一体化发展这五篇文章。从近期看，重点要加快推进标准化规模养殖，建设优质奶源基地；加快实施奶牛遗传改良计划，提高奶业生产水平；大力实施“振兴奶业苜蓿发展行动”，从源头上提高生鲜乳质量安全水平；加强奶站监管和生鲜乳监测，确保生鲜乳质量安全；加强技术推广培训，切实提高奶牛生产水平；加大宣传力度，引导科学、健康消费，提振消费信心，共同营造奶业发展良好舆论氛围。大会期间，举办了“第十一届中国国际奶业展览会”和奶源基地建设交流以及中国——新西兰奶牛育种、中加奶牛育种合作回顾与展望、奶牛营养与保健、乳品加工与营销、现代化牧场建设、中荷奶业饲料饲喂科技、国家现代奶牛产业技术体系、参展商新技术新产品交流等12个研讨专场，为国内外奶业企业间的交流、合作与贸易提供了一个很好的平台。中国奶业协会还联合蒙牛、完达山、三元、阳光、英雄等5个知名乳品企业通过优质乳制品展销、免费品尝、乳制品科普宣传等形式，开展了乳制品市场促销活动，对恢复和树立市场消费信心、增强全民饮奶意识、提升乳制品企业形象和知名度、促进牛奶消费、推动民族奶业发展发挥了积极作用。

5日 国务院召开电视电话会议，部署全国食品药品安全和监管体制改革工作，国务院副总理汪洋出席会议并讲话。汪洋强调，食品药品安全事关人民群众健康和生命安全，是重大的民生问题、经济问题和政治问题，要作为头等大事来抓。各地区、各有关部门要认真贯彻落实《国务院关于地方改革完善食品药品监督管理体制的指导意见》，加快推进地方监管机构改革和职能转变，建立覆盖生产、流通、消费各环节的最严格的监管制度，形成食品药品监管社会共治格局，全面提升食品药品安全工作水平。汪洋指出，改革食品药品监管体制，是保障食品药品安全的重大举措。各地区要按照国务院的统一安排，周密部署，精心组织，确保如期完成改革任务。一要确保职能和机构整合到位，减少监管环节，优化资源配置，对食品安全和药品安全性、有效性实施统一监管。二要确保人财物划转充实到位，保证新机构有足够力量和资源有效履行职责。三要确保机构组建按时到位，省、市、县三级监管机构改革工作，原则上分别于2013年上半年、9月底和年底前完成。四要确保各方面责任落实到位，地方各级政府对本地区食品药品安全负总责，监管机构和相关部门要各司其职、各负其责。各级食品安全委员会及其办公室要进一步加强综合协调和监督指导。汪洋指出，各地区、各有关部门要以食品药品监管体制改革为契机，全面加强食品药品安全工作。要建立生产经营者首负责任制，落实质量安全责任追究制度，充分发挥市场机制、行业自律和社会监督作用。以婴幼儿奶粉质量安全为突破口，开展重点行业、重点产品专项整治，严肃惩处违法违规行为。加强监管保障能力建设，强化科技支撑，充实基层监管力量，提高监管能力和水平。食品药品安全人人都关心，人人都有责，要畅通食品安全投诉渠道，落实有奖举报制度，营造各方齐抓共管、人人参与监管的社会氛围。

17 日 “2013 年全国食品安全宣传周启动仪式暨第五届中国食品安全论坛”在北京举办，今年主题为“社会共治、同心携手维护食品安全”。农业部副部长陈晓华与会并指出，近年来我国农产品质量水平总体稳定、逐步向好，但农产品质量安全形势仍不乐观，存在不少风险隐患。农业部将在确保农产品有效供给的同时，以执法监管和加强农业标准化为抓手，全面提升我国农产品质量安全水平。陈晓华表示，近年来，主要农产品监测合格率保持在 96%以上，我国农产品质量水平总体稳定、逐步向好。但是，当前农产品质量安全形势仍不乐观，还存在不少风险隐患，特别是农业生产规模小、经营分散，再加上农产品质量安全工作起步晚、基础弱，保障农产品质量安全的任务艰巨繁重，需要付出更大的努力。我们要以执法监管和加强农业标准化为抓手，坚持标本兼治、综合治理，全面提升我国农产品质量安全水平。一是结合机构改革和职能转变，认真梳理、严格落实各环节农产品质量安全监管职责，形成常态化的制度和模式，构建农产品质量安全监管的长效机制。二是深入开展专项治理，始终保持高压态势，严厉查处“非法添加”“制假售假”等违法违规案件，切实解决蔬菜禁用高毒农药、畜产品“瘦肉精”和禁用兽药、水产品孔雀石绿和硝基呋喃、假劣农资等突出问题。加大案件侦办和惩处力度，加强行政执法和刑事司法的衔接，严惩违法犯罪活动。三是坚持从产业化、组织化入手，大力推进农业标准化，强化生产过程质量控制，积极发展无公害、绿色、有机和地理标志农产品，从生产源头不断提升农产品质量安全水平。四是下大力气加强基层农产品质量安全监管能力建设，加大投入力度，优化资源配置，推进资源整合，切实夯实工作基础，加快提升基层队伍的监管和服务能力。

7 月

5 日 农业部农产品加工局、中国农业科学院、河南省农业厅在郑州市联合举办了“全国百家院所百家企业技术对接暨中原经济区农产品加工业投资贸易活动”。此次活动旨在积极搭建农产品加工产学研合作平台，促进企业与科研院校技术对接，加快科研成果转化与产业化示范，大力提升我国农产品加工业发展水平。同时，贯彻实施国家中部崛起战略，加快推进中原经济区建设步伐，促进区域经济合作和产业转移。河南省副省长王铁、农业部农产品加工局局长张天佐、中国农业科学院副院长吴孔明出席活动并致辞。张天佐指出，农产品加工业是国民经济的基础性、支柱性和战略性产业，是传统农业的延伸，是现代农业的重要标志，是促进农业增效、农民增收的有效途径。近年来，我国农产品加工业发展迅速，为国民经济健康发展和现代农业建设发挥了重要支撑作用。进一步促进农产品加工业发展，必须坚持以保障主要农产品有效供给和增加农民收入为目标，紧紧依靠科技进步和转变增长方式，创新体制机制，强化公共服务，争取政策扶持，努力促进农产品加工业由规模数量扩张向质量提升和结构优化方向转变，由资源简单消耗向技术升级和品牌竞争方向转变，由分散无序发展向产业化和集聚区方向转变，全面提升我国农产品加工业发展水平。张天佐强调，农产品加工业潜力巨大，前景广阔。随着我国居民收入水平不断提高、食品消费结构逐步升级、工业化城镇化快速推进，农产品加工业进入了一个新的快速发展阶段，迫切需要加快农产品加工业深度发展，提高农产品加工层次、科技含量、质量安全等级、品牌优势和增值水平。这次活动为广大科研院所、企业提供了很好的对接平台，要以此为契机，建立联系，强化合作，形成机制，积极促进产学研用有机结合，加快科技成果的转化应用。全国 100 多个农产品加工科研院所与数百家加工企业进行了大量的洽谈、衔接，已达成 159 个科企对接项目，技术成果转让金额达 5.6 亿元，涵盖畜禽加工、粮油加工、果蔬加工、主食加工等多个领域。各省农产品加工领军企业与河南省各地、市、县广泛进行投资项目对接，达成 34 个投资贸易项目，合作金额达 54.3 亿元。活动期间，开展了产业发展交流、科技成果展示、技术信息发布、投资贸易洽谈等系列活动。

15 日 “第一届食品安全国家标准审评委员会第八次主任会议”在京召开。审评委员会常务副主任委员、国家卫生计生委副主任陈啸宏出席会议并讲话，副主任委员、技术总师陈君石院士主持会议。会议审议通过《食品安全国家标准审评委员会章程》修订建议，通报食品标准清理工作进展情况，审议通过了《食品中致病菌限量》《食品添加剂标识通则》《食品用香料通则》《特殊医学用途配方食品通则》《预包装特殊膳食用食品标签》和《特殊医学用途配方食品良好操作规范》等 71 项食品安全国家标准。食品安全国家标准审评委员会秘书长、副秘书长、各专业分委员会主任委员以及工业和信息化部、商务部、农业部、国家质量监督检验检疫总局、国家食品药品监管总局、国家标准委等部门代表参加会议。陈啸宏充分肯定了审评委员会和秘书处工作成效。他说，委员会严格履行食品安全标准审查职责，充分发挥了全体委员的智慧和辛勤劳动，认真履行了审评委员会和秘书处职责，圆满完成标准审查等各项任务。他强调，食品安全标准工作必须坚持科学严谨的工作态度，严格履行制标程序、坚持公开透明的原则，确保食品安全标准的科学合理、安全可靠。他指出，要增强做好食品安全标准工作的责任感和紧迫感，认真学习食品安全法，按照国务院部署和国家卫生计生委工作安排，按期完成现行食品标准清理整合等食品安全标准工作，力争到“十二五”末基本建立起适合我国国情、科学合理的食品安全标准体系。陈啸宏要求，审评委员会要积极参与食品标准清理整合工作，严格落实标准工作机制和程序，改进工作方式和方法，提高标准审查的质量和效率，更好地完成食品安全国家标准审查等各项工作。

22日 “全国农产品质量安全监管工作会议”在山西太原召开，总结近年来的工作，分析当前形势，部署下一步重点任务。农业部部长韩长赋强调，农产品质量安全监管责任重于泰山，各级农业部门要深刻认识加强农产品质量安全监管的极端重要性和现实紧迫性，以高度的政治责任感和求真务实的工作作风，下更大决心、想更多办法、用更严措施，切实抓好农产品质量安全监管工作，不断提高农产品监管水平和质量安全水平，为促进农业农村经济持续健康发展做出新的更大贡献。韩长赋强调，当前农业发展既面临自然风险，又面临市场风险，还面临质量安全风险，特别是我国农产品质量安全的基础依然比较薄弱，形形色色的农产品质量问题或事件时有发生，一些影响农产品质量安全的深层次问题尚未根本解决，农产品质量安全监管的长效机制还没有建立起来，消费者对此还不满意，这对产业发展和农业部门形象都带来很大影响。当前和今后一个时期，围绕努力确保不发生重大农产品质量安全事件的目标，一手抓执法监管，严打违法犯罪行为，着力解决农产品质量安全突出问题；一手抓标准化生产，加快转变农业发展方式，从源头上提升农产品质量安全水平。要切实加大政策扶持、资金投入、条件建设力度，加快健全农产品质量安全监管体系。要以主产区、优势产区、农牧渔业大县为重点，以菜篮子产品为重点，以社会关注度高的产品为重点，进一步强化全程监管，提高农产品质量安全监管能力，使主要食用农产品质量安全检测合格率稳定在96%以上，切实保障农产品消费安全和农业产业安全。要找准问题隐患，重点解决农兽药残留超标、非法添加有毒有害物质、产地重金属污染和假劣农资四类问题；要落实重点措施，深入开展专项整治、大力推进农业标准化、创新制度机制；要提高监管能力，抓紧健全机构队伍，强化手段条件，确保“有机构履职、有人员负责、有能力干事”，同时要加强应急处置，一旦出现问题，要有力有序有效有度应对，切实把问题解决在点上，防止扩散蔓延。韩长赋要求，切实加强农产品质量安全监管工作组织领导，把它作为“一把手”工程，摆在突出位置，纳入重要议事日程，严格落实属地管理责任。要扩大试点范围，建立农产品质量安全绩效考评机制，推动农产品质量安全监管纳入地方政府绩效考核。各地农业部门要积极争取当地政府的重视，在机构设置、人员配备、经费保障等方面加大支持力度。要高度重视舆论宣传工作，加大信息公开力度，加强科普解读，及时回应社会关切。农业部副部长陈晓华主持会议，农业部总经济师毕美家出席会议。各省、自治区、直辖市农业行政主管部门主要负责人、农业部各司局和直属事业单位主要负责人参加会议。江苏、辽宁、浙江、四川、陕西和山西等6个省在会上作了典型发言。

8 月

6日 由农业部农产品加工局主办、青海省农牧厅承办的“2013年农产品加工技术对接活动”在西宁市举行，来自中国农业科学院、中国农业大学和河南工业大学等5个科研单位、大专院校的专家与青海省150多个农牧科研单位、各地农牧主管部门及农产品加工企业代表就生产过程中的技术问题进行了探讨，重点解决牦牛肉、藏羊肉等畜产品精深加工、循环综合利用、质量安全体系、油菜籽加工膨化以及农产品保鲜储藏等技术难题70余项。此次对接活动既是2013年农业部支持青海省农产品加工业发展的一项重要内容，也是落实党的群众路线教育实践活动，为企业办实事、办好事的具体体现。本次对接活动旨在针对青海省丰富的农产品资源和农产品加工业的特色及农产品加工企业技术需求，结合有关科研院所、大专院校的技术优势，设立农产品加工和畜产品加工两个分会场，5位相关农产品加工行业知名专家详细介绍了行业的发展现状及趋势，深入剖析了农产品加工企业存在的共性问题，为企业发展提供建设性意见。同时，现场专家为企业答疑解惑。通过加强企业与科研单位的技术对接和交流，促进合作共赢。这次对接活动贴近青海省实际，符合企业需求，是推进农业部高层次人才下基层、服务基层、促进青海省农产品加工企业科技创新的重要载体，尤其是采用“面对交流、零距离沟通”和专题对接的方式，让活动更具针对性和实效性。为企业送去技术的同时，对于进一步提高青海省农产品加工业整体创新能力，推动农产品加工产业转型升级，具有十分重要的促进作用。通过此次活动，不仅使青海省农产品加工企业能与著名专家们进行面对面的交流，现场解答企业在生产过程中出现的技术难题、共性问题，而且更重要的是将帮助企业系统分析青海省特色农产品资源优势、农产品加工现状以及需要解决的问题，针对市场需求和技术需求，协助企业制订特色农产品与资源开发规划及重点项目的技术解决方案，为企业科学开发农产品资源、促进产品升级换代提供技术支撑。同时，充分发挥全国科研院所、高等院校等科技成果优势和青藏高原独特的、无污染的农产品资源优势，搭建科技平台，沟通研发信息，扩大合作范围，通过积极引进消化吸收国内外先进适用技术，联合有关科研院所、高校和企业进行联合攻关，提升企业市场竞争力和辐射带动能力，促进青海省农产品加工业又好又快发展。

22日 由工业和信息化部举办的“食品企业质量安全检测技术示范中心工作会议”在兰州召开。消费品工业司司长王黎明出席会议。会上，第一批5个“食品企业质量安全检测技术示范中心”负责人就工作开展情况及下一步工作安排作了介绍，相关省(市)工信部门、行业协会就相关工作的开展进行了经验交流，甘肃省工信委纪检组组长周继尧介绍了甘肃省食品工业运行及质量安全检测能力建设情况，国家食品安全风险评估中心主任刘金峰通报了全国食品安全风险评估现状及存在的问题。王黎明司长对会议进行了总结。他指出，建立食品企业质量安全检测技术示范中心是深入贯彻党中央、国务院关于加强食品安全工作，保障食品质量安全的一系列部署要求的具体举措，是健全食品工业质量安全保障机制的重要内容。食品企业质量安全检测技术示范中心的建设，对进一步改进和加强食品行业管理、提高食品质量安全保障水平、促进食品工业健康发展具有重要的意义。但目前食品安全保障能力与社会需求还有一定差距，希望第一批“食品企业质量安全检测技术示范中心”继续努力，不断完善各项工作，发挥好食品企业质量安全检测技术示范中心的示范带动和行业影响作用。一是要加强人才和制度建设，坚持以提升专业人员业务和技术水平为目标，引进和培养并举，优化专业队伍结构，提升队伍为企业服务的技术水平。二是要根据食品企业质量安全检测技术示范中心的技术特长，组织行业领域内的专家学者认真编写培训教材，供企业学习使用。三是要结合企业需求，制定合理培训计划，认真开展食品企业食品安全管理人员和技术人员的培训，提升食品生产企业质量安全检测技术水平，保障食品质量安全。四是要创新工作机制，大力推动检测仪器国产化，充分应用信息技术手段，培育面向生产企业的检测公共服务。

28日 中国粮食行业协会第五届、中国粮食经济学会第七届会员代表大会暨理事会在北京召开，国家粮食局局长任正晓、副局长曾丽瑛出席会议，任正晓作重要讲话。来自全国各地的粮油企业、粮食行业协会、粮食经济学会以及粮食行政管理部门、大专院校的代表、专家学者共500余人参加了会议。任正晓指出，多年来，中国粮食行业协会、中国粮食经济学会认真贯彻党和国家的粮食方针政策，坚持服务宗旨，加强行业自律，围绕中心，服务大局，在国家粮食宏观调控与粮食企业经营发展之间很好地发挥了参谋助手作用和桥梁纽带作用，实现了粮食流通工作实践与粮食经济理论研究的有机融合和相互促进，很好地服务和促进了全国粮食流通的中心工作。任正晓对中国粮食行业协会和中国粮食经济学会新一届理事会期间的工作提出了三点希望：一是全力服务国家粮食宏观调控，着力提升粮食行业促产增收、保供稳价的执行力；二是全力促进粮食产业发展，着力提升粮食行业转型升级和食、粮并进的创新力；三是全力推进粮食文化建设，着力提升粮食行业人才兴粮、文化兴粮的软实力。任正晓指出，这次会议是一次承前启后、继往开来的重要会议，全国粮油企业和协会、学会广大干部职工一定要以这次会议召开为契机，同心同德，凝心聚力，扎实工作，开创粮食流通工作新局面，为守住管好天下粮仓，确保国家粮食安全作出新贡献，为实现“让天下粮仓丰裕安稳，让天下百姓足食安康”的粮食梦而努力奋斗。会议选举产生了中国粮食行业协会和中国粮食经济学会新一届理事会及其领导成员，全国政协委员、国家粮食局原局长聂振邦当选为两会会长，宁高宁、王守臣等21人当选为中国粮食行业协会副会长，郄建伟、宋廷明等11人当选为中国粮食经济学会副会长。会议推举国家粮食局局长任正晓和中国粮食行业协会、中国粮食经济学会原会长白美清为两会新一届理事会名誉会长；聘请农业部原常务副部长尹成杰等11人为中国粮食行业协会顾问，聘请国家粮食局副局长徐鸣等15人为中国粮食经济学会顾问。会议同期举行了“第十六届中国粮食论坛暨2013粮食行业年会”，本届论坛的主题是“守住管好天下粮仓，保障国家粮食安全”。国家统计局原总经济师、国务院参事室特约研究员姚景源等7位知名人士分别就我国宏观经济形势、国内外粮油市场形势、主要粮油品种供求状况以及粮食宏观调控和产业发展政策等作了专题报告。会议还发布了2012年度重点粮油企业专项调查结果，为大米、小麦粉、食用油、杂粮、挂面、粮机等行业的50强或10强企业和第十一次全国粮食经济优秀论文获奖者颁发了证书。

9　月

6～8日　"2013年中国农产品加工业投资贸易洽谈会"在河南省驻马店市会展中心举办。十一届全国政协副主席陈宗兴，农业部副部长陈晓华，农业部党组成员、总经济师杨绍品，河南省省长谢伏瞻、副省长王铁等领导出席开幕式。陈晓华在讲话时指出，近年来，随着我国农产品总量持续增加、品种不断丰富和消费需求逐步升级，推动了农产品加工业由小到大并发展成为国民经济重要的基础性、支柱性产业，成为延长农业产业链、就业链和效益链，促进农民就业增收和现代农业发展新的增长极。顺应这一新形势的要求，农业部与河南省人民政府联合，每年在驻马店举办一届农产品加工业投资贸易洽谈会，通过不断丰富会议内容、创新会议形式、拓展会议功能，实现了"投资贸易洽谈、科技成果发布、技术装备展示、科企银企对接、产品营销推介、专题发展论坛"等多项功能为一体，为全国农产品加工业发展搭建了合作交流的重要平台。他强调，本届农洽会在组织过程中更加注重勤俭办会，更加注重国际交流合作，更加注重发挥行业和社会力量的组织作用，市场化、专业化、国际化迈向新的台阶。7日，召开了"2013年中国农产品加工业投资贸易洽谈会总结会"，农业部农产品加工局局长张天佐出席会议并讲话。他说，本次会议吸引了全国30个省、自治区、直辖市组团参展，参会代表团166个，其中河南省以外的代表团83个(含境外代表团23个)。参会企业5 600多个，国家级农业产业化重点龙头企业100多个，境外参会企业83个。大型采购商丹尼斯、沃尔玛、大商以及雀巢、康师傅、南京红太阳、维维、双汇、众品、徐福记、悦达等53家国内外500强企业参会参展。参会客商18 000人，其中省外客商6 500多人、境外客商190人。中国农业科学院、中国农业大学、华中农业大学、南京农业大学、西北农林科技大学等34家国内高校、科研院所参会并开展科研成果发布与合作洽谈活动。荷兰、泰国等国家驻华使馆官员参加会议。俄罗斯、泰国、德国、加拿大、澳大利亚、南非，以及我国台湾、香港、澳门等23个国家和地区的农产品加工企业参会参展。东盟国际投资商会、美中经济交流协会、台湾同业商会及湖北、上海、辽宁、河南、新疆等地20多个商会协会组团参会。张天佐指出，本次会议呈现多、实、高、大、好、全的特点。一是投资贸易签约项目数量"多"。会议期间，举行了重点农产品加工项目签约仪式，共有164个项目进行了现场签约，投资总额519.8亿元，其中亿元以上项目112个。农产品产销对接及采购洽谈活跃，签约贸易项目195个，贸易额108亿元。二是科技成果发布和科企对接"实"。34个国家级和省级农产品加工科研单位、大专院校，共发布375项农产品加工新技术、新产品、新工艺和新专利。70个农产品加工企业与41个科研单位、大专院校签订科技成果转化项目89个。三是主食加工业特装展水平"高"。北京、天津、山西、内蒙古、吉林、黑龙江、江苏、福建、江西、河南、四川11个省、自治区、直辖市设立了主食加工业展区，集中展示、推介主食加工技术、装备、名品、精品。中国农科院农产品加工所、农业部规划设计研究院农产品加工所分别设立了主食加工业科研成果特装展示区和主食精品之窗推介展区。四是产品展示展销规模"大"。会展中心设特装展位50个、标准展位360个。大会主会场两侧搭建868个标准产品贸易活动板房，来自全国各地的2 677个企业包括30个国家级农民合作社、30个国内大型种子企业参加了产品展示和贸易活动。五是中欧技术交流会效果"好"。新增的中欧农产品加工技术交流会，邀请了国内外5名专家和欧盟有关国家驻华使馆官员，重点就肉制品、薯类加工、油脂加工、主食加工的关键技术和装备问题进行了交流，受到与会代表的热烈欢迎，对进一步加强中欧农产品加工业交流合作奠定了基础。六是参评获奖产品种类"全"。17个省、自治区、直辖市274个企业的576个产品参加评奖，评奖产品共分为粮油、畜禽、果蔬和其他四大类，共评出金奖29个，优质奖136个，其中粮油类77个、畜禽及水产品17个、果蔬制品37个、其他类34个。

14日　"中国乳制品工业协会第十九次年会"在福建福州召开，工业和信息化部党组成员、总工程师朱宏任出席大会开幕式并讲话。朱宏任指出，乳制品行业与广大人民群众的生活息息相关，是重要的民生产业。近两年来，在党中央、国务院高度重视和直接指导下，在有关部门、地方政府、行业协会和众多企业的共同参与下，我国乳制品的质量安全总体状况有了明显改善，产业素质有了持续提升。但行业发展与人民群众对于乳品消费的要求还存在不少差距和不足，突出表现在：一是粗放型增长方式尚未根本转变，行业结构偏散、偏小、偏弱。二是企业现代化管理和基本制度建设等方面还参差不齐，一些企业管理水平偏低，质量安全基础不稳。三是部分企业诚信建设滞后，个别企业违法违规的行为还时有发生。朱宏任强调，党中央、国务院高度重视乳制品质量安全，2013年5月31日，李克强总理专门主持国务院常务会议，研究部署进一步加强婴幼儿配方乳粉质量安全工作。6月6日，汪洋副总理主持召开专题会，落实国务院常务会议精神，要求工业和信息化部会同相关部门提出婴幼儿配方乳粉行业企业兼并重组方案。9月11日，张高丽副总理在国务院食品安全委员会第一次全体会议强调，乳制品行业要提升产业整体素质，完善扶优汰劣的产业政策，实施大企业带动战略，大力培育龙头企业、品牌企业，提高产业集中度，加快兼并重组步伐，确保乳品质量安全。朱宏任要求，今后一个时期，全行业要继续坚持把“保质量、惠民生、促发展”作为核心任务，以推动行业的长远、健康、有序和可持续发展为目标，在以下六个方面抓好乳制品行业的工作。第一，着力把握机遇和挑战，保障行业健康发展。要科学认识和把握当前及未来我国乳制品工业发展面临的诸多机遇和挑战，认真贯彻国务院的系列部署，全面落实乳制品有关政策措施，顺应市场经济的规律准则，努力保持乳制品行业平稳健康发展。第二，着力增强责任意识，保障产品质量安全。要认真贯彻落实党中央、国务院的部署和要求，着力提高自有可控奶源比例，加快生产技术装备改造升级，积极推行良好操作规范（GMP），切实提升质量安全水平。第三，着力夯实发展基础，保障提升整体素质。围绕改进管理、提高素质，继续完善标准体系建设，支持条件成熟的企业整合品牌资源，创建知名品牌，加快培育有影响力的国产婴幼儿配方乳粉品牌。第四，着力推动兼并重组，保障优化产业结构。以提升行业内在质量为目标，通过严格行业准入条件和实施GMP改造，促进生产要素向重点区域和优势企业集中，加快培育一批具有自主品牌和较强国际竞争力的大型乳制品企业集团。第五，着力推进诚信建设，保障机制长效运行。督促企业进一步完善内部质量控制和质量可追溯体系，推动实施新版HACCP和GMP管理，推进规模以上企业全部建立诚信管理体系。第六，着力发挥协会作用，保障行业自律自强。行业协会要积极组织企业开展以质量承诺为主要内容的自律活动，引导企业自觉承诺并履行质量责任，自觉接受社会监督，树立“诚实守信，质量第一，有责必负”的行业新风，充分发挥咨询服务、反映诉求、规范发展、国际交流等方面的作用。

27～28日 国家食品药品监督管理总局在吉林省召开“全国食品药品安全应急管理工作座谈会”，总结和交流各地应急管理工作经验，研究部署下一步重点工作。会议期间，对参会代表进行了食品药品安全应急管理知识培训，并观摩学习了长春市食品安全事故应急演习演练活动。国家食品药品监督管理总局党组成员孙咸泽出席会议并讲话，他强调，当前我国食品药品安全基础仍很薄弱，食品药品安全事故事件仍然多发、频发，各级食品药品监管部门要进一步增强做好食品药品安全监管工作的使命感、责任感和紧迫感，加快完善应急管理体制、机制、法制和预案，全面加强食品药品安全应急管理工作，有效保障人民群众饮食用药安全。孙咸泽要求，当前和今后一段时期，要以最大程度减少食品药品突发事件、有效保障群众身体健康和生命安全为目标，坚持体系建设与能力建设同步推进，应急管理与日常监管紧密结合，全面树立“全程防范　全员应急”理念，加快实现“从重处置向重预防转变”“从防范人身伤害到人身伤害与社会风险双防范转变”，着力突出“事故预防、应急处置和服务保障”三个重点，重点提升“监测预警、快速反应、统筹协调、舆情引导”四项能力，大力推进应急体制、机制、法制和预案建设，加快构建食品药品应急管理工作新格局。孙咸泽强调，当前要着力做好以下几项工作：一是加强应急管理工作组织领导，建立逐级负责的责任落实机制。二是抓紧完善应急管理体系，加快建立健全应急管理体制、机制和应急保障制度。三是提高食品药品安全事件防范应对的程序化、制度化、规范化水平，实现全系统应急工作协调有序、合作联动。四是加快应急预案和应急队伍建设，加强应急培训、应急演练和应急指导，全面提升各级食品药品安全监管部门的应急能力。五是严格应急值守，做好应急储备、应急检验、应急装备等应急保障，做到居安思危，临危不惧，急而不乱，确保随时妥善应对各类突发事件，有效保障广大人民群众的饮食用药安全。会议期间，孙咸泽还到吉林省食品药品检验所等进行了调研，听取了吉林省食品药品监管局信息化建设情况汇报。吉林省人民政府副省长王化文、国务院应急管理办公室有关负责同志出席会议和应急演练并讲话，各省、自治区、直辖市、新疆生产建设兵团食品安全办、食品药品监督管理局及食品药品监管总局相关司局代表参加会议。

10　月

12～15日 “中国绿色食品2013青岛博览会”在山东国际农产品展示交易中心举行。本届绿博会以“绿色生产、绿色消费”为主题，由农业部、山东省人民政府支持，中国绿色食品发展中心、山东省农业厅、青岛市人民政府主办。全国各省、自治区、直辖市、计划单列市及新疆建设兵团组团参展，展团总数

34 个。共设标准展位 768 个，展出面积 1.7 万 m^2，参展企业总计 1 256 个。其中国家级、省级农业产业化龙头企业和产品分别占 40.1%和 41.6%；参展的农民专业合作社及其产品分别比上届增加 26.9%和 61.5%。参展产品共计 5 392 个，其中“三品一标”企业 1 111 个，参展“三品一标”产品 4 308 个，绿色食品企业和产品分别占了 63.9%和 74.5%。参展产品包括粮、油、果、蔬、茶、畜、禽、蛋、奶、水产等共计 3 000 多种。除绿色食品外，还有无公害产品、有机食品和地理标志农产品。在参展产品中，江西鸭蛋、宁夏西瓜和枸杞、吉林大米、山西小米、新疆哈密瓜和库尔勒香梨、青海菜籽油、广东桂圆干、四川苦荞、重庆榨菜、山东大白菜、辽宁白梨、天津沙窝萝卜等极富地方特色的产品深受消费者欢迎。经组委会统计，本届绿博会零售及贸易签约额 13.8 亿元，意向交易额 18.5 亿元；签订经贸与技术投资合作意向项目 791 个，总金额 14.6 亿元。其中，法国家乐福、美国沃尔玛、日本佳世客、韩国农水产食品流通公社等百余个国际知名采购商和营销机构进行现场采购，采购额达 2 000 万元人民币，达成意向采购额 5 亿元人民币。通过绿博会组委会组织评选，对参展展团、企业和产品及筹办举办的工作单位评选出四个奖项。一是优秀组织奖与组织奖。青海省展团等 19 个展团荣获优秀组织奖，北京市展团等 15 个展团获得组织奖；二是优秀商务奖。福州绿达鑫贸易有限公司、广州市希涛贸易有限公司等 45 个单位荣获优秀商务奖；三是畅销产品奖。湖南滕琼野茶王茶叶有限公司野茶王（绿茶）、山西沁县檀山皇基地有限公司檀山黄小米等 328 个参展产品荣获畅销产品奖；四是特殊贡献奖。山东省绿色食品发展中心、青岛农业委员会等单位荣获特殊贡献奖。

14 日 国家食品安全风险评估中心举办的“食品安全研讨会”在山东省青岛市召开，国家卫生计生委副主任、国家食品安全风险评估中心理事长陈啸宏，山东省卫生厅、青岛市政府有关领导出席会议。会议由国家食品安全风险评估中心主任刘金峰主持，全国疾病预防控制机构从事食品安全技术支撑工作的代表参加会议。陈啸宏副主任在在开幕式上讲话。他指出，国家食品安全风险评估中心成立两年来，作为食品安全技术支撑体系的“国家队”，开展食品安全风险监测评估、标准制定修订等技术支撑工作，服务于政府风险管理，通过多种形式加强与广大消费者沟通，及时回应社会关切，服务于公众科普宣教，加强基础能力及重点学科建设，提升“一锤定音”的能力，服务于行业创新发展，在“从农田到餐桌”全过程食品安全监管的技术支撑工作中发挥了技术“龙头”和“晶核”作用。他强调，下一步要依据当前食品安全新形势和《国家食品安全监管“十二五”规划》要求，一是加强国家食品安全风险评估中心建设，加快组建“国家食品安全标准中心”；二是推进以国家食品安全风险评估中心为龙头的食品安全风险监测评估体系建设；三是加快推进食品安全基础数据库建设；四是加快各级疾控机构开展食品安全事故流行病学调查能力建设；五是加强对地方的技术指导和培训；六是充分发挥技术机构的作用，积极开展形式多样的食品安全风险交流。来自美国、加拿大、澳大利亚、新西兰、爱尔兰、日本及欧盟食品安全局的七位国际一流专家分别从各自的专业角度介绍了工作经验，并围绕食品安全监管体制、食品安全标准、食品安全风险评估等热点话题与中国同行进行了深入交流。

15 日 由中国食品工业协会主办的“2013 中国食品产业发展论坛”在上海举办。中国食品工业协会会长石秀诗出席论坛并致词。来自国家、地方政府有关部门代表、部分驻沪领事馆代表、中国食品工业协会常务理事单位代表、知名研究咨询机构、部分银行代表、咨询公司代表及媒体记者出席论坛。石秀诗表示，食品产业是人类的生命及健康产业，也是衡量一个国家经济发展水平和人民生活质量的重要标志。改革开放 30 多年来，我国食品产业快速发展，已经成为国民经济中最具活力的重要产业之一，在促进经济增长、提高城乡居民生活水平、扩大就业等方面发挥着重要的作用。当前中国食品产业发展势头良好，发展空间巨大，但也和其他产业一样，面临着调整产业结构、转变增长方式、提高发展质量的重大问题。如何切实把握国际国内经济形势变化给企业发展带来的机遇和挑战，进一步增强转变发展方式的自觉性和坚定性，努力解决发展中存在的毛病和问题，不断提高食品产业发展的质量和效益，是当前亟待研究、探讨和抓紧解决的问题。石秀诗指出，中国食品产业发展论坛旨在构建一个开放性的对话交流平台，通过企业家、相关专家学者及社会各界人士对中国食品产业当前发展热点与趋势的剖析，共同探讨中国食品产业转型与升级之路，对于促进中国食品产业界的交流与合作，推动中国食品产业健康可持续发展有着十分重要的意义。国际金融危机爆发以来，欧美日等发达经济体的实体跨国企业加快了在中国市场的发展，国内食品消费市场国际化竞争日益显著。与此同时，国内食品企业抓住国际经济格局调整的机遇，加快开拓海外市场，在全球范围内布局，国际化竞争能力和国际影响力正不断提高，国际化正日益成为中国食品产业扩大市场优化结构提升等级的助推力。石秀诗说，

“2013 中国食品产业发展论坛”以中国食品产业国际化为主题，将围绕当前中国食品产业国际化过程中关于战略、并购、管控、协同等方面的热点话题，邀请知名专家学者与各位来宾一起共同探讨中国食品产业国际化道路上的机遇和挑战，共同分享经验与模式，统一提升中国食品产业国际化的结构理念和实践能力，为维护中国食品产业的发展做出更大的贡献。中国食品工业协会代理秘书长王金声围绕“食品产业国际化”这一主题，从认识与思考两个方面来探讨“中国企业为什么要国际化”及“企业如何国际化”。

11 月

12 日 由中国食品和包装机械工业协会和中国食品科学技术学会食品机械分会共同主办、以“食品装备安全与自动化控制”为主题的“第三届亚洲食品装备论坛暨中国食品和包装机械工业协会五届四次理事会和中国食品科学技术学会食品机械分会二届四次理事会”，在北京亚奥国际酒店召开。大会论坛由第三届亚洲食品装备论坛组委会秘书长、中国食品和包装机械工业协会秘书长、中国食品科学技术学会食品机械分会秘书长楚玉峰主持。中国食品和包装机械工业协会副理事长、中国食品科学技术学会食品机械分会副理事长、中国包装和食品机械有限公司总经理许仲祥致开幕词。国家工业和信息化部、农业部等部委以及来自德国、美国及亚洲等国家和地区业界著名专家、教授、学者和企业界知名人士等参加了论坛。本届论坛主要有三大特色：一是“转型”。论坛由以前的政府主导开始向市场化转型，有 9 个企业参与协办本届论坛。二是“瘦身、节支”。与会嘉宾缩至本届的 300 人，会期由往届的 2 d 缩减至 1 d，因会期缩短、活动简化、企业参与办会，政府支出大幅减少。三是专业性与实效性得到了进一步凸显。从论坛可以看出，本届论坛已不再是以往的纯学术交流活动，也不再一味追求“量”，而是更注重“质”，包括保盟电子、安徽正远、默勒斯、山东瑞帆、杭州娃哈哈、舍弗勒等行业公司的参与，使论坛“产学研”的结合更密切。从 2011 年开始至今，在国家工业和信息化部的指导下，“亚洲食品装备论坛”已经连续成功举办 3 届，该论坛已经成为亚洲食品装备工业内最具专业性、权威性的产业高峰论坛。该论坛是探讨产业发展趋势的重要平台，几年来已经成为亚洲地区食品和包装机械行业产品、技术、应用等多个领域发展的风向标，为行业的发展做出了重要贡献。

13～15 日 由中国包装和食品机械有限公司、中国食品和包装机械工业协会和北京华港展览有限公司共同主办的“第十三届中国国际食品加工和包装机械展览会”，在北京中国国际展览中心举行。本届展览会共有来自 17 个国家和地区的 300 多个企业参展，并得到了意大利食品生产、加工和保鲜机械与设备制造商协会、意大利自动包装机械制造协会、英国加工与包装机械协会、荷兰食品加工和包装机械制造商协会、韩国包装机械协会、日本食品机械工业会、我国台湾地区食品及制药机械工业同业工会及国内食品加工和包装机械同行的大力支持，展出面积 20 000 m^2，其中国外展出面积超过 4 000 m^2，规模均为历届之最。该展览会就是一个方便、有效的交流平台，供业内人士同台献技。主要展出产品包括啤酒饮料加工与包装设备、屠宰与肉类加工设备、果品蔬菜加工与保鲜设备、乳品加工与灌装设备、冰淇淋加工设备、方便食品加工设备、调味品加工设备、饼干与糕点加工设备、月饼与面包加工设备、油脂加工设备、糖果加工设备、豆制品加工设备、厨房设备、烘焙设备、包装设备、纸浆模塑设备、纸箱纸板设备、塑料编织设备、制瓶制罐设备以及各类复合材料、金属材料、防伪材料、纸制材料等。本届展览会创新布局、开拓思路、立足国内、放眼国际，同时针对参会观众、客户的需求进行了详细研究、概括和总结，形成数据分析报告，并在展览会结束后将数据分析报告分发给各参展企业，为各参展企业及时了解国内外食品加工和包装机械的市场动态提供了专业资料，受到参展企业一致好评。

21 日 “全国杂粮主食加工技术示范专题活动”在山西省太原市举行，来自全国杂粮主食加工技术研发、生产、装备制造领域的专家、学者、企业家以及主管部门的负责人参加了活动。活动主题是实施主食加工业提升行动，培育领军企业，促进主食加工业的规范化、标准化，邀请国内杂粮主食加工企业、装备生产厂家、科研院所、大专院校有关负责人、科技人员进行研讨和技术示范交流，进一步提出杂粮主食加工技术、装备开发的方向与目标、需解决的技术问题、行业标准编修计划等。杂粮加工设备生产厂家、加工企业、科研院所、大专院校有关负责人、科技人员分专题进行了研讨交流。我国是世界重要的杂粮主产国之一，杂粮产量约占全国粮食总产量 4%，杂粮产业具有越来越重要的社会经济地位。一是促进贫困地区农民致富。主产区多属贫困人口聚居地区，杂粮既是主要粮食作物，也是农民赖以生存的主要经济来源。二是推动农业可持续发展。杂粮具有生物多样性选择，是抗逆抗灾的先锋作物。三是传承“五谷为养”的中华养生文化。杂粮不仅能提供人体必需的膳食纤维、维生素和矿物质，还具有“药食同源”作用，辅助降脂、降糖和调节人体机能。近年来，随着人民生活水平逐步提高，杂粮养生保健功能逐渐被消费者认识，并得到开发利用，杂粮主食产品不断丰富了百姓餐桌。以谷子、高粱、芝麻、荞麦、燕麦、大麦（青稞）、绿豆、芸豆、小豆等各种小宗杂粮杂豆为原料的食品市场需求不断提升。有数据显示，目前我国杂粮年产量约 1 200 万 t，涉及杂粮主食深加工的企业有千家左右。我国杂粮主食加工刚刚兴起，发展还存在不少短板。技术装备落后是制约发展的重要原因，许多深受消费者喜爱的杂粮主食和制品，其生产技术装备多停留在小作坊、小规模，生产自动化和标准化程度低，产品品质难以保障，掺杂使假现象普遍，严重制约了我国传统杂粮食品产业的传承与发展。参加活动的代表普遍认为，农业部实施主食加工业提升行动，为提升杂粮主食加工水平和能力提供了契机，急需对现有生产工艺进行升级改造和引进现代食品加工技术，深入挖掘民间传统杂粮主食独特配方及工艺，注重营养性、功能性产品开发，推进杂粮主食加工技术、装备自主研发和推广应用。

12 月

3日 为期四天的“第十一届中国国际农产品交易会暨第十届中国武汉农业博览会”落下帷幕。国务院副总理汪洋、全国人大常委员副委员长张宝文、全国政协副主席罗富和等出席开幕式。本届展会室内外展览规模达到 12 万 m^2，室内展出面积达到 10 万 m^2，是农交会举办以来规模最大的一次。全国 31 个省、自治区、直辖市及新疆生产建设兵团、台湾地区组成了 33 个传统展团，国家现代农业示范区、水产、种子、农科院等组成了 4 个专业展团。参展企业达 4 000多个，创下历史之最。整个展会期间贸易成交额 806 亿元，较上届 705 亿元增加 101 亿元，增幅达到 14.3%。本届农交会严格贯彻中央八项规定精神，通过成就展示、产品推介、贸易洽谈、专业论坛等多种形式的展示交流活动，宣传了在强农惠农富农政策指引下，我国农业农村经济发展的辉煌成就，搭建了农产品贸易和农业科技交流合作平台，树立了我国农业对外开放的新形象，取得了农交会改革发展的新成效。一是贯彻中央八项规定，节俭办展取得新成效。本届农交会取消了招待晚宴、领导专场、专题片、展会礼品等内容。开幕活动不搞文艺演出，不摆放鲜花绿植，不铺红地毯，不设置 LED 屏。设计布展简约、明快、实用，各展团布展搭建费用同比节省 40%左右，办展经费进一步向参展企业和贸易活动倾斜。二是搭建行业平台，展示交流取得新成效。本届农交会增加了现代农业示范区、农业科研院所、金融服务机构、市地州品牌企业，参展主体呈现多样化。29 个研究所、500 余项农业科技成果参展，110 多名专家现场解答科技难题。首次设立国家现代农业示范区展区，共有 149 个国家现代农业示范区的 575 个农业企业、农民合作社参展。本届农交会还有 20 余个金融机构参展，现场为农业企业提供金融咨询和服务。台湾地区首次以市、县为单位组团参展。三是突出企业和产品，贸易和促销功能取得新成效。展会期间，组委会举办了中国现代农业投融资论坛、风险管理与农业高端论坛、大型企事业单位高校后勤（服务）集团供需见面会、雅安灾区生态有机农业推介会、贸易成交签约仪式等贸易活动。各展团也举办了丰富的推介活动，包括示范区参展企业在现场连续两天的推介会和各地方特色农产品项目的推介会等。四是充分发挥地方优势，带动区域农业和武汉会展经济取得新成效。本次农交会与农博会同期举办，四天来，有 50 多万观众参观了展会，10 余万参展商、采购商、专业观众和展会工作人员云集武汉，对整合当地农业展会、提升农博会的规模和影响起到了积极作用。

18日 农业部召开视频会议，学习贯彻中央关于加强农产品质量安全工作的精神，部署落实《国务院办公厅关于加强农产品质量安全监管工作的通知》（以下简称《通知》）措施。会议指出，国办印发《通知》，是落实国务院机构改革和职能转变的重大举措，是完善食品安全监管体制的迫切需要，对加强基层监管能力建设提出了明确而具体的要求，具有很强的指导性和操作性。各级农业部门要按照《通知》的部署和要求，切实增强做好农产品质量安全监管工作的紧迫感和责任感，加快提升农产品质量安全监管工作水平。会议强调，各级农业部门要紧紧围绕努力确保不发生重大农产品质量安全事件的目标不动摇，依法履行职责，全面加强监管。当前要落实好 6 项任务：一是抓紧理清监管职责。在当地政府统一领导下，与食药、商务等部门一起谋划全程监管措施，形成协调配合和相互衔接的工作机制。对于新增的进入市场前的收贮运环节，抓紧探索行之有效的监管办法。二是强化畜禽屠宰监管。加强巡查和抽检，抓紧研究建立病死畜禽无害化处理机制，履行好生猪定点屠宰的行业管理、品质检验监管、卫生检验监管等职责，严厉打击屠宰病死动物、注水等行为，督促屠宰企业严格执行进厂（场）登记、“瘦肉精”自检等制度。三是加快基层监管能力建设。加强与地方编办、发改、财政等部门沟通协调，将农产品质量安全监管、检测、执法等工作经费纳入各级财政预算，切实加大投入力度，加强工作力量。大力推进国家农产品质量安全监管示范县创建活动，探索基层有效监管模式，推动县域监管能力快速提升。四是深入开展专项整治。集中排查和治理带有行业共性的隐患和“潜规则”，严厉打击违法违规使用“禁用高毒农药”“瘦肉精”等违禁药物行为，加大案件曝光力度，震慑违法犯罪分子。五是大力实施农业标准化。强化“三园两场（蔬菜水果茶叶标准园、畜禽养殖标准示范场、水产健康养殖场）”和标准化整体推进示范县建设，充分发挥龙头企业和农民专业合作经济组织的示范带动作用，加大农业技术推广力度，稳步发展“三品一标”等优质安全农产品品牌。六是健全全程监管制度。强化产地环境管理，开展产地污染状况普查和监测，进行区域划分试点。加强生产过程管控，严格落实生产经营者主体责任。推进农产品产地准出和市场准入管理，建立健全进货查验、质量追溯和召回等制度。农业部副部长陈晓华出席会议并讲话，农业部总经济师毕美家主持会议。各省、地、县级农业、畜牧兽医、渔业、农垦行政主管部门及农业部各司局、直属单位负责同志参加会议。

24 日 国家卫生和计划生育委员会在北京召开电视电话会，要求全国卫生计生系统加强食品安全风险监测体系建设，在 31 个省、自治区、直辖市和新疆生产建设兵团疾控中心加挂“国家食品安全风险监测（省级）中心”，指定北京市疾控中心等 6 个具备条件的省级疾控中心为“国家食品安全风险监测参比实验室”。国家卫生计生委陈啸宏副主任出席会议并讲话，会议由国家卫生和计划生育委员会徐科副主任主持。党中央、国务院历来高度重视食品安全，新一届中央领导集体把食品安全工作摆上更加突出的位置，要求把食品安全作为重大民生、重大发展工程和重大政治任务来抓。此次会议是落实党的十八大会议精神和国务院新一届食品安全委员会指示，切实加强食品安全监管能力建设、充实基层力量的具体举措。会议强调，食品安全风险监测是食品安全监管的基础性工作。通过系统、持续地监测食源性疾病、食品污染物、食品中有害因素及其变化情况，并经过科学评估，为制定修订食品安全国家标准、确定监管重点以及评价管理措施效果等提供科学依据。根据《食品安全法》和国务院“三定”规定，国家卫生和计划生育委员会牵头组织开展国家食品安全风险监测工作，会同国务院有关部门制定和实施国家食品安全风险监测计划，省级卫生计生行政部门牵头在本辖区组织实施。《国务院关于加强食品安全工作的决定》和《国家食品安全监管体系“十二五”规划》提出要健全国家食品安全风险监测体系，要求到 2015 年末，我国食品安全风险监测覆盖全部县级行政区域，并逐步延伸到社区、乡村，覆盖从农田到餐桌全过程。会议要求，为更好地履行食品安全监测工作职责，各地省级疾控中心作为国家食品安全风险监测省级中心，主要职责是在省级卫生计生行政部门领导下，组织开展食品安全风险监测工作，发挥技术统领和牵头作用，负责对辖区内风险监测工作机构业务管理，开展技术培训和质量控制，并承担监测结果汇总分析和上报等工作。指定为国家食品安全风险监测参比实验室的 6 个省级疾控中心，按照各自的参比项目，承担国家食品安全风险监测的质量控制、监测结果复核、技术培训和新方法新技术研究等相关工作。

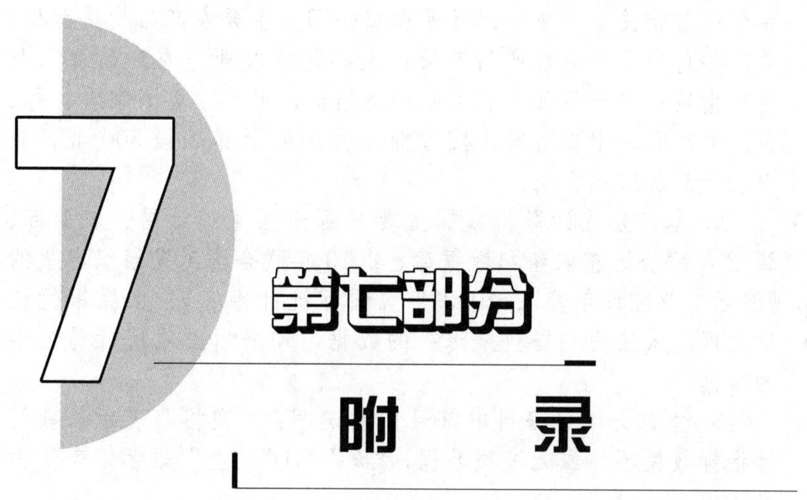

第七部分

附　录

附录简要说明

1. 本部分统计资料数据主要包括：香港、澳门特别行政区和台湾省相关统计数据；世界和部分国家主要农产品收获面积、单产和总产量，禽畜产品产量；主要国家农业与农产品加工业生产指数；农产品加工业主要经济指标；世界主要国家农、林、畜、禽产品进出口情况；按营业额排序的世界最强500个企业中农产品加工业企业。

2. 本部分统计资料数据主要来源于国家统计局、农业部、2012年联合国粮农组织数据库、2013年联合国工发组织出版的《国际工业统计年鉴》、2013年《国际统计年鉴》、世界银行统计数据。未注明“资料来源”的数据，均采用国家统计局公布的数据。

3. 本部分统计资料中符号使用说明：“空格”表示该项统计指标数据不详或无该项数据；“*”“①”“△”表示本表下面有注解。

表 1 部分国家（地区）农业生产指数（2011 年）

（2004—2006 年=100） 单位：%

国家或地区	农 业	食 品
世界总计	**115.6**	**115.9**
埃 及	113.4	114.4
南 非	116.5	117.0
加拿大	103.9	104.5
美 国	101.5	102.6
巴 西	127.7	128.1
中 国①	122.6	123.0
印 度	130.6	129.2
日 本	92.6	92.7
韩 国	100.7	100.8
法 国	99.1	99.2
德 国	104.2	104.2
意大利	94.5	94.6
俄罗斯	116.0	115.9
英 国	104.6	104.5
澳大利亚	107.7	106.6

资料来源：表中数据来自 2013 年《国际统计年鉴》。

表 2 我国台湾省农业生产指数（2009—2011 年）

（2006 年=100）

年 份	总指数	种植业	林 业	畜牧业	渔 业
2009	91.0	93.9	64.4	92.9	83.2
2010	92.7	96.2	59.2	94.1	84.6
2011	96.4	102.4	60.9	97.2	83.3

资料来源：表中数据来自 2013 年《中国统计年鉴》。

表 3 部分国家（地区）主要粮食作物总产量（2012 年）

单位：kt

国家或地区	小 麦	稻 谷	玉 米	谷 子	高 粱
世界总计	**653 655**	**696 324**	**840 308**		
埃 及	7 169	4 330	7 183		
南 非			12 815		
加拿大	23 167		11 715		
美 国	60 062	11 027	316 165		
巴 西	6 171	11 236	55 395		
中 国	115 181	197 212	177 541		
印 度	80 800	143 963	14 060		
日 本	10 600	10 600			
韩 国		6 136			
法 国	40 787		13 975		
德 国	24 107		4 073		
意大利	6 850	1 516	8 828		
俄罗斯	41 508	1 061	3 084		
英 国	14 878				
澳大利亚	32 138				

资料来源：表中数据来自 2013 年《国际统计年鉴》。

表 4 部分国家（地区）主要油料作物总产量（2012 年） 单位：kt

国家或地区	大豆	油菜籽	花生	芝麻
世界总计	**264 992**	**59 071**	**37 954**	**3 836**
埃及	43		203	46
南非	566	33	88	
加拿大	4 345	11 866		
美国	90 606	1 114	1 886	
巴西	68 756	42	262	16
中国	15 083	13 082	15 709	588
印度	12 736	6 410	5 640	623
日本	223			
韩国	105			13
法国	140	4 816		
德国		5 698		
意大利	553	50		
俄罗斯	1 122	670		
英国		2 230		
澳大利亚	60	2 181		

资料来源：表中数据来自 2013 年《国际统计年鉴》。

表 5 世界大豆贸易情况（2008—2012 年） 单位：百万 t

国家或地区	进口国				
	2008 年	2009 年	2010 年	2011 年	2012 年
中国	38.9	44.2	51.0	54.6	60.5
欧盟	14.5	13.0	12.6	12.3	11.7
墨西哥	3.5	3.4	3.5	3.5	3.4
日本	3.8	3.4	3.2	2.9	2.8
其他	17.3	16.5	17.2	17.0	16.0
合计	**78.0**	**80.5**	**87.5**	**90.3**	**94.4**
国家或地区	出口国				
	2008 年	2009 年	2010 年	2011 年	2012 年
美国	32.6	36.8	40.8	39.6	36.9
巴西	26.9	29.5	29.0	32.1	37.0
阿根廷	11.1	8.1	11.8	8.6	8.5
巴拉圭	3.7	3.1	4.8	4.5	3.9
加拿大	1.8	2.1	2.5	2.9	3.1
其他	2.0	2.3	2.7	3.2	3.9
合计	**78.1**	**81.9**	**91.6**	**90.9**	**93.3**

资料来源：表中数据来自 2013 年《农业展望》第 7 期。

表 6 美国玉米生产情况（2007—2011 年）

年 份	单 产 (t/hm²)	种植面积 (万 hm²)	产 量 (万 t)	世界总产量 (万 t)	所占比重 (%)
2007	9.46	3 501	33 119	71 105	46.58
2008	9.66	3 180	30 719	79 165	38.60
2009	10.34	3 219	33 284	79 150	42.05
2010	9.59	3 296	31 609	79 783	39.62
2011	10.79	3 720	34 939	86 500	40.39

资料来源：表中数据来自 2013 年《世界农业》第 11 期。

表 7 我国农产品进出口主要市场（2012 年）

出 口	金额（亿美元）	同比增长（%）	进 口	金额（亿美元）	同比增长（%）
日 本	120.2	9.1	美 国	287.7	23.2
东 盟	101.3	2.4	巴 西	186.6	19.5
欧 盟	76.2	−6.7	东 盟	165.2	10.0
美 国	72.8	7.3	欧 盟	84.2	19.2
中国香港	66.8	13.0	澳大利亚	74.1	15.0
小 计	437.4	4.7	小 计	797.8	18.2

资料来源：表中数据来自 2013 年《世界农业》第 6 期。

表 8 俄罗斯主要农产品产量（2011—2012 年） 单位：万 t、%

品 种	2011 年	2012 年	同比增长
谷物总产量	**9 130**	**8 500**	**−6.90**
小 麦	5 620	5 680	1.07
大 麦	1 690	1 700	0.59
燕 麦	530	400	−24.53
玉 米	650	680	4.62
马铃薯	2 100		
甜 菜	4 630	4 000	−13.61
蔬 菜	1 470	1 482	0.80
番茄和黄瓜	412	415	0.73

资料来源：表中数据来自 2013 年《世界农业》第 4 期。

表 9 巴西主要农产品产量（2008—2011 年） 单位：万 t

品 种	2008 年	2009 年	2010 年	2011 年
稻 谷	1 210.4	1 153.2	1 262.8	1 390.0
大 豆	5 992.0	6 516.0	6 855.0	7 360.0
小 麦	603.0	214.2	502.6	560.0
玉 米	5 874.0	5 743.0	5 272.3	5 600.0
杂 豆	304.8	315.8	364.6	380.0
棉 花	160.0	157.8	121.5	200.0

资料来源：表中数据由中国驻巴西大使馆经商处、巴西农业供给公司、巴西农牧协会提供。

表 10 韩国主要畜牧业产品产量（2007—2011 年） 单位：万 t

年 份	肉类				奶 类	禽 蛋
	猪 肉	牛 肉	禽 肉	小 计		
2007	104.30	21.90	57.0	184.03	219.32	57.38
2008	105.60	24.60	56.5	187.44	220.42	59.71
2009	106.20	28.30	61.3	196.56	222.61	63.35
2010	111.00	24.70	65.3	201.77	207.68	62.15
2011	83.70	28.00	68.6	181.07	187.28	62.65

资料来源：表中数据来自 2014 年《世界农业》第 1 期。

表 11 泰国主要农产品产量（2007—2011 年） 单位：万 t

农产品	2007 年	2008 年	2009 年	2010 年	2011 年
香 蕉	192.9	154.0	152.8	158.5	
木 薯	2 691.6	2 515.6	3 008.8	2 200.6	2 065.9
咖 啡	5.6	5.0	5.6	4.9	4.5
玉 米	389.0	424.9	461.6	445.4	445.4
芒 果	230.2	237.4	246.9	255.1	
天然橡胶	302.2	316.7	309.0	305.2	346.0
油棕榈	638.9	927.1	816.3	822.3	970.9
橙 子	46.8	41.4	39.6	37.3	
凤 梨	281.5	227.8	189.5	192.5	
稻 谷	3 209.9	3 165.1	3 211.6	3 159.7	2 217.7
甘 蔗	6 436.6	7 350.2	6 681.6	6 880.8	9 450.0
蔬 菜	420.6	401.0	393.1	390.9	

资料来源：表中数据来自 2013 年《农业展望》第 11 期。

表 12 越南主要农产品产量（2007—2011 年） 单位：万 t

农产品	2007 年	2008 年	2009 年	2010 年	2011 年
香 蕉	135.5	140.0	140.0	148.1	
木 薯	819.3	939.6	855.7	852.2	990.0
咖 啡	125.1	105.6	105.8	110.6	160.0
玉 米	430.3	457.3	437.2	460.7	460.0
天然橡胶	60.6	66.0	71.1	75.4	79.0
稻 谷	3 594.3	3 872.9	3 895.0	3 998.9	4 230.0
甘 蔗	1 739.7	1 614.6	1 560.8	1 594.7	1 750.0
红 薯	143.8	132.6	120.8	131.7	130.0
蔬 菜	803.6	775.0	796.3	832.6	

资料来源：表中数据来自 2013 年《农业展望》第 11 期。

表 13 部分国家（地区）籽棉、麻类生产情况（2012 年）

国家或地区	籽棉			麻类		
	收获面积 (khm²)	单产 (kg/hm²)	总产量 (kt)	收获面积 (khm²)	单产 (kg/hm²)	总产量 (kt)
世界总计	**35 225**	**2 195**	**77 310**	**35 065**	**811**	**28 442**
埃及	218	2 905	630	230	641	148
南非	5	9 069	50			
孟加拉国	15	3 582	50	728	2 121	1 543
美国	3 545	2 076	8 190	865	3 945	3 413
巴西	1 401	3 620	5 070	1 699	1 217	2 068
中国	4 688	1 458	6 836	101	2 581	261
印度	12 178	1 575	19 180	12 869	567	7 294
缅甸	350	1 157	410	369	417	154
巴基斯坦	2 839	2 327	6 610	2 840	814	2 312
土库曼斯坦	550	1 727	950	550	600	330
土耳其	542	4 760	2 580	542	1 671	955
哈萨克斯坦	154	2 181	340	154	766	118
乌兹别克斯坦	1 320	2 258	2 980	1 322	758	1 002
伊朗				115	638	73
澳大利亚	588	3 662	2 150	588	1 434	844

表 14 部分国家（地区）烟叶、茶叶生产情况（2012 年）

国家或地区	烟叶			茶叶		
	收获面积 (khm²)	单产 (kg/hm²)	总产量 (kt)	收获面积 (khm²)	单产 (kg/hm²)	总产量 (kt)
世界总计	**4 252**	**1 780**	**7 568**	**3 257**	**1 434**	**4 669**
印度尼西亚	225	580	130	123	1 161	142
南非	5	2 778	16	1	1 632	2
加拿大	15	2 230	34			
巴西	455	2 094	952	2	1 536	4
中国	1 597	2 134	3 407	1 735	1 032	1 790
印度	533	1 893	1 010	580	1 667	967
日本	13	1 815	24	46	2 057	95
韩国	14	2 426	35	2	1 189	3
法国	6	2 373	14			
德国						
意大利	29	2 857	82			
土耳其	80	563	45	76	2 920	222
伊朗	12	1 665	19	20	8 212	163
巴基斯坦	51	2 004	103			
美国	131	2 074	273			

表 15 部分国家（地区）甘蔗、甜菜生产情况（2012 年）

国家或地区	甘蔗			甜菜		
	收获面积（khm^2）	单产（kg/hm^2）	总产量（kt）	收获面积（khm^2）	单产（kg/hm^2）	总产量（kt）
世界总计	**25 437**	**70 542**	**1 794 360**	**5 062**	**53 666**	**271 645**
埃及	137	115 319	15 770	152	49 252	7 486
南非	272	61 765	16 800			
加拿大				12	58 107	703
美国	308	75 484	26 660	491	53 271	26 152
巴西	9 601	76 448	734 010			
中国	1 759	68 587	123 114	236	49 746	11 740
印度	4 944	69 247	342 380			
日本				61	58 628	3 547
韩国						
法国				393	94 722	37 259
德国				398	62 798	25 000
意大利				62	57 009	3 548
俄罗斯				1 216	39 174	47 643
英国				113	75 257	8 504
澳大利亚	308	81 732	25 180			

资料来源：表中数据来自 2013 年《国际统计年鉴》。

表 16 世界各大洲啤酒产量（2012 年）

地区	产量（kL）	占世界总产量比例（%）	同比增长（%）
合计	**190 700 940**	**100.00**	**0.90**
亚洲	62 916 545	33.00	0.50
欧洲	54 516 100	28.60	−1.00
北美洲	24 904 795	13.10	1.20
拉丁美洲	32 360 800	17.00	1.60
非洲	12 506 100	6.60	11.30
中东	1 336 500	0.70	−7.70
大洋洲	2 160 100	1.10	−0.60

资料来源：表中数据来自 2013 年《啤酒科技》第 10 期。

表 17 世界主要国家啤酒产量（2012 年）

排序	国 家	产量（kL）	同比增长（%）	占世界总产量比例（%）
1	中 国	44 348 100	−1.2	23.3
2	美 国	22 952 295	1.3	12.0
3	巴 西	13 400 000	1.5	7.0
4	俄罗斯	9 740 000	−2.1	5.1
5	德 国	9 461 800	−1.0	5.0
6	墨西哥	8 250 000	1.2	4.3
7	日 本	5 590 845	−0.7	2.9
8	英 国	4 204 900	−8.0	2.2
9	波 兰	3 780 000	5.0	2.0
10	西班牙	3 300 000	−1.7	1.7
11	南 非	3 150 000	2.0	1.7
12	乌克兰	3 005 000	−1.5	1.6
13	越 南	2 980 000	7.2	1.6
14	荷 兰	2 427 200	2.6	1.3
15	尼日利亚	2 400 000	22.5	1.3
16	泰 国	2 370 000	15.0	1.2
17	哥伦比亚	2 255 000	7.4	1.2
18	委内瑞拉	2 147 000	−8.6	1.1
19	加拿大	1 952 500	0.1	1.0
20	印 度	1 950 000	5.4	1.0
21	法 国	1 900 000	−0.6	1.0
22	韩 国	1 887 500	2.0	1.0
23	比利时	1 875 100	1.0	1.0
24	捷 克	1 861 100	0.1	1.0
25	罗马尼亚	1 790 000	5.9	0.9
其他国家和地区		31 722 600	3.4	16.6
合 计		**190 700 940**	**0.9**	**100.0**

资料来源：表中数据来自 2013 年《啤酒科技》第 10 期。

表 18 世界葡萄酒主产国前 10 位国家（2012 年）

国家或地区	产量（万 t）	占世界葡萄酒产量的比例（%）
意大利	408.29	16.45
法 国	404.77	16.31
西班牙	315.00	12.69
美 国	205.50	8.28
中 国	138.20	5.57
阿根廷	117.78	4.75
澳大利亚	115.50	4.65
智 利	108.65	4.38
南 非	100.10	4.44
德 国	89.03	3.59

资料来源：表中数据来自 2013 年《中外葡萄与葡萄酒》第 1 期。

表 19　我国葡萄酒进口量前 5 位国家分布情况（2012 年）

规格	国家	进口量（kt）
2L 以上包装的	西班牙	54 626.4
	智利	25 961.5
	意大利	11 743.6
	法国	11 009.9
	澳大利亚	8 553.3
2L 以下包装的	法国	117 872.7
	澳大利亚	32 609.0
	西班牙	18 971.6
	意大利	18 865.6
	智利	17 478.9

资料来源：表中数据来自中国酿酒工业协会葡萄酒分会。

表 20　智利葡萄酒生产销售及出口状况（2009—2013 年）

单位：万 hm^2、亿 L、kg、亿美元

年份	种植面积	产量	人均消费量	出口	
				数量	金额
2009	11.8	10.09	16	6.96	13.90
2010	11.7	9.15	16	7.33	15.54
2011	12.6	10.46	17	6.68	17.03
2012	12.6	12.55	17	7.54	18.08
2013	12.6	12.60	17	7.65	18.34

资料来源：表中数据来自 2013 年《中外葡萄与葡萄酒》第 3 期。

表 21　世界葡萄酒主要出口状况（2010—2012 年）单位：亿 L、亿美元

国家	出口量			出口额		
	2010 年	2011 年	2012 年	2010 年	2011 年	2012 年
总计	**7.33**	**6.68**	**7.54**	**15.54**	**17.03**	**18.08**
美国	1.19	1.30	7.56	2.42	2.73	3.01
英国	1.23	1.07	1.02	2.36	2.35	2.28
中国	0.61	0.35	0.64	0.83	0.92	1.45
日本	0.35	0.40	0.48	0.81	1.00	1.27
西班牙	0.01	0.01	0.45	0.04	0.03	0.27
德国	0.54	0.41	0.35	0.75	0.71	0.63
荷兰	0.30	0.34	0.34	0.81	0.98	0.95
巴西	0.25	0.28	0.31	0.71	0.90	0.95
加拿大	0.30	0.26	0.24	0.89	0.94	0.93
丹麦	0.27	0.23	0.21	0.61	0.61	0.53
其他国家	2.28	2.01	1.94	5.32	5.85	5.80

资料来源：表中数据来自 2013 年《中外葡萄与葡萄酒》第 3 期。

表 22 阿根廷葡萄酒产量（2009—2013 年） 单位：万 t

品　种	2009 年	2010 年	2011 年	2012 年	2013 年
总　计	**12.10**	**14.00**	**15.50**	**11.80**	**14.10**
红葡萄酒	7.30	7.50	9.60	7.67	8.46
白葡萄酒	4.64	6.00	5.35	3.86	5.19
桃红酒	0.16	0.30	0.52	0.25	0.42
其　他		0.20	0.03	0.03	0.03

资料来源：表中数据来自 2013 年《中外葡萄与葡萄酒》第 3 期。

表 23 阿根廷葡萄酒出口状况（2009—2013 年） 单位：万 L、亿美元

出口量与出口额	2009 年	2010 年	2011 年	2012 年	2013 年
出口量	29 450	27 912	31 710	36 468	40 150
出口额	6.37	7.42	8.48	9.13	10.05

资料来源：表中数据来自 2013 年《中外葡萄与葡萄酒》第 3 期。

表 24 澳大利亚葡萄与葡萄酒产量情况（2011—2013 年） 单位：万 kL

年　份	葡萄总产量	葡萄酒总产量
2011	159.8	111.9
2012	158.1	110.7
2013	161.3	116.1

资料来源：表中数据来自 2013 年《中外葡萄与葡萄酒》第 3 期。

表 25 澳大利亚不同类型葡萄酒出口情况（2010—2012 年） 单位：万 t

年　份	桶装酒	瓶装酒	起泡酒	葡萄汁	总　计
2010	35.55	42.90	1.49	0.003	79.94
2011	34.31	36.16	1.58	0.001	72.05
2012	38.57	33.41	1.45	0.059	73.48

资料来源：表中数据来自 2013 年《中外葡萄与葡萄酒》第 3 期。

表 26 新西兰葡萄与葡萄酒生产状况（2009—2013 年）

单位：个、万 hm^2、万 t

年　份	企业数量	种植面积	葡萄压榨量	葡萄酒产量
2009	643	3.20	28.5	20.52
2010	672	3.34	26.6	19.00
2011	698	3.36	32.8	23.50
2012	703	3.45	26.9	19.40
2013		3.49	31.5	22.84

资料来源：表中数据来自 2013 年《中外葡萄与葡萄酒》第 3 期。

表 27 南非葡萄及葡萄酒生产情况（2011—2013 年） 单位：万 t

年　份	葡　萄	葡萄酒	白兰地	葡萄汁	蒸馏酒	总　计
2011	130.3	83.1	3.4	4.0	10.7	101.3
2012	139.5	84.4	6.2	4.0	13.7	108.4
2013	138.1	83.5	4.3	5.3	13.7	106.8

资料来源：表中数据来自 2013 年《中国葡萄与葡萄酒》第 3 期。

表 28 新西兰葡萄酒进出口情况（2010—2012 年） 单位：t、万美元

国家或地区	一、出口情况					
	2010 年		2011 年		2012 年	
	出口量	出口值	出口量	出口值	出口量	出口值
澳大利亚	47 277	24 194	49 749	28 233	50 688	31 061
英 国	52 601	21 710	57 970	23 383	53 319	23 529
美 国	32 746	17 112	34 065	18 581	42 453	21 959
加拿大	7 741	4 503	5 655	5 092	6 854	5 982
中 国	1 211	962	1 968	1 801	2 466	2 437
荷 兰	3 172	1 672	4 637	2 231	4 645	2 259
中国香港	1 105	1 052	1 471	1 495	1 551	1 581
新加坡	1 231	1 033	1 103	1 128	1 184	1 219
爱尔兰	2 167	1 264	2 023	1 315	2 032	1 147
日 本	834	765	968	877	1 153	1 116
其 他	7 090	4 555	8 528	5 943	10 253	6 518
总 计	**157 178**	**78 821**	**168 138**	**90 080**	**176 598**	**98 810**

国家或地区	二、进口情况					
	2010 年		2011 年		2012 年	
	进口量	进口值	进口量	进口值	进口量	进口值
澳大利亚	28 147	6 734	22 996	6 896	27 250	7 172
法 国	1 078	2 173	1 289	2 691	1 903	3 267
意大利	965	439	8 629	450	917	482
南 非	1 997	498	1 583	453	1 701	427
智 利	84	29	264	59	1 652	261
西班牙	276	123	371	157	458	180
葡萄牙	225	121	187	898	244	123
阿根廷	46	18	71	30	106	44
德 国	35	24	67	31	84	40
美 国	9	9	17	20	28	29
其 他	22	22	61	29	87	42
总 计	**33 171**	**10 190**	**28 103**	**10 905**	**34 631**	**12 067**

资料来源：表中数据来自 2013 年《中外葡萄与葡萄酒》第 3 期。

表 29 南非酒精饮料消费情况（2009—2013 年） 单位：万 t

年 份	啤 酒	葡萄酒	烈酒	白兰地	方便饮料	总 计
2009	284.8	33.8	6.9	4.3	36.3	366.2
2010	290.2	34.6	7.1	4.1	37.6	373.6
2011	296.9	35.3	7.6	3.9	39.1	382.7
2012	302.4	36.3	7.8	3.8	40.2	390.5
2013	308.0	37.3	7.9	3.7	41.2	398.0

资料来源：表中数据来自 2013 年《中外葡萄与葡萄酒》第 3 期。

表 30 我国台湾省主要农产品产量（2009—2011 年） 单位：万 t

年 份	稻 米	槟 榔	菠 萝	芒 果	甘 蔗	茶 叶	花 生	香 蕉
2009	157.8	14.3	43.5	14.0	61.3	1.7	5.7	17.3
2010	145.1	13.2	42.0	13.5	66.5	1.7	6.5	28.8
2011	166.6	12.9	40.1	16.9	65.4	1.7	6.8	30.6

资料来源：表中数据来自 2013 年《中国统计年鉴》。

表31 世界主要林产品产量、贸易量和消费量（2008年）

国家或地区	工业原木（km^3）				锯材（km^3）			
	产量	进口量	出口量	消费量	产量	进口量	出口量	消费量
世界总计	**1 541 971**	**119 856**	**117 050**	**1 544 777**	**400 246**	**106 305**	**116 040**	**390 570**
南　非	19 867	60	273	19 654	2 056	488	55	2 488
日　本	17 709	6 766	49	24 426	10 884	6 522	43	17 363
韩　国	2 702	4 896		7 598	4 366	564	8	4 922
印　度	23 192	1 768	14	24 946	14 789	48	40	14 797
法　国	28 366	2 346	3 505	27 207	9 690	3 992	1 077	12 606
德　国	46 806	5 758	7 040	45 524	23 060	6 303	12 928	16 435
意大利	2 994	3 478	33	6 438	1 384	6 733	243	7 874
俄罗斯	136 700	286	36 784	100 202	21 618	23	15 258	6 383
加拿大	132 232	4 608	2 839	134 001	41 548	1 754	24 219	19 083
美　国	336 895	1 430	10 200	328 125	72 869	22 136	3 703	91 303
澳大利亚	27 083	2	1 065	26 020	5 064	575	377	5 262
巴　西	115 390	34	121	115 303	24 987	103	2 102	22 988

国家或地区	人造板（km^3）				纸浆（kt）	
	产量	进口量	出口量	消费量	产量	进口量
世界总计	**268 788**	**73 257**	**78 342**	**263 702**	**193 146**	**45 087**
南　非	973	130	42	1 061	1 939	85
日　本	4 609	4 656	42	9 223	10 706	1 916
韩　国	3 689	1 825	37	5 478	536	2 482
印　度	2 592	126	65	2 653	4 048	432
法　国	6 168	2 271	3 065	5 373	2 220	1 972
德　国	14 674	5 284	8 783	11 175	2 909	4 887
意大利	5 136	2 570	997	6 709	664	3 210
俄罗斯	10 665	1 594	2 220	10 039	7 003	80
加拿大	12 220	3 689	6 153	9 756	20 405	337
英　国	35 576	9 195	2 498	42 274	52 244	5 601
澳大利亚	1 662	545	427	1 780	1 195	348
巴　西	8 611	163	2 757	6 017	12 697	330

国家或地区	纸浆（kt）		纸张和纸板（kt）			
	出口量	消费量	产量	进口量	出口量	消费量
世界总计	**47 032**	**191 201**	**389 237**	**114 797**	**115 319**	**188 715**
南　非	195	1 828	3 033	544	974	2 604
日　本	176	12 447	28 360	1 544	1 624	28 280
韩　国		3 018	10 642	804	2 675	8 771
印　度	21	4 459	7 600	1 734	373	8 961
法　国	624	3 568	9 420	6 144	4 932	10 632
德　国	1 002	6 794	22 842	11 139	13 254	20 727
意大利	45	3 828	9 467	5 048	3 389	11 125
俄罗斯	1 875	5 208	7 700	1 478	2 634	6 544
加拿大	9 343	11 399	15 789	2 914	12 289	6 414
英　国	6 826	51 017	80 178	1 3411	11 707	81 882
澳大利亚	10	1 533	2 541	1 490	684	3 347
巴　西	7 057	5 971	8 977	1 268	2 592	7 654

资料来源：表中数据来自2012年《中国林业统计年鉴》。

表 32 部分国家（地区）肉类产量（2011—2012 年） 单位：kt、%

国家或地区	2011 年	2012 年	同比增长
世界总计	**283 887**	**295 462**	**4.43**
埃 及	1 575	1 842	16.95
南 非	2 235	2 859	27.92
加拿大	4 449	4 450	0.02
美 国	41 643	41 643	—
巴 西	22 827	23 468	2.81
中 国	78 172	80 748	3.30
印 度	4 409	6 190	40.39
日 本	3 232	3 215	−0.53
韩 国	1 844	2 018	9.44
法 国	5 475	5 839	6.65
德 国	7 838	8 224	4.92
意大利	4 130	4 285	3.75
俄罗斯	6 570	7 214	−9.80
英 国	3 533	3 524	−0.25
澳大利亚	4 070	3 973	−2.38

资料来源：表中数据来自 2013 年《国际统计年鉴》。

表 33 部分国家（地区）猪肉产量（2008—2012 年） 单位：kt

国家或地区	2008 年	2000 年	2010 年	2011 年	2012 年
世界总计	**97 826**	**100 547**	**102 902**	**101 662**	**103 433**
中 国	46 205	48 905	51 070	49 500	51 280
欧盟 27 国	22 596	22 434	22 571	22 750	22 480
美 国	10 599	10 442	10 186	10 332	10 466
巴 西	3 015	3 130	3 195	3 227	3 295
俄罗斯	1 736	1 844	1 920	1 995	2 020
越 南	1 850	1 910	1 930	1 960	1 960
加拿大	1 786	1 789	1 772	1 770	1 765
日 本	1 249	1 310	1 292	1 267	1 280
菲律宾	1 225	1 240	1 255	1 260	1 265
墨西哥	1 161	1 162	1 165	1 182	1 180
韩 国	1 056	1 062	1 110	837	1 010
其 他	5 346	5 319	5 436	5 582	5 432

表 34 部分国家（地区）猪肉消费量（2008—2012 年） 单位：kt

国家或地区	2008 年	2009 年	2010 年	2011 年	2012 年
世界总计	**97 934**	**100 398**	**102 684**	**101 286**	**102 898**
中　国	46 691	48 823	51 157	50 004	51 560
欧盟 27 国	21 024	21 058	20 841	20 564	20 595
美　国	8 813	9 013	8 653	8 339	8 526
俄罗斯	2 842	2 719	2 835	2 940	2 719
巴　西	2 390	2 423	2 577	2 644	2 726
日　本	2 486	2 467	2 488	2 522	2 489
越　南	1 880	1 936	1 940	1 995	1 990
墨西哥	1 605	1 770	1 774	1 690	1 755
韩　国	1 519	1 480	1 539	1 487	1 510
菲律宾	1 270	1 298	1 358	1 358	1 354
中国台湾	897	925	901	894	846
其　他	6 517	6 486	6 621	6 849	6 828

表 35 部分国家（地区）猪肉进口量（2008—2012 年） 单位：kt

国家或地区	2008 年	2009 年	2010 年	2011 年	2012 年
世界总计	**6 241**	**5 525**	**5 863**	**6 595**	**6 018**
日　本	1 267	1 138	1 198	1 254	1 210
俄罗斯	1 106	876	916	946	700
中　国	709	270	415	758	560
墨西哥	535	678	687	594	650
韩　国	430	390	382	640	500
美　国	377	378	390	364	374
中国香港	346	369	347	432	380
加拿大	194	180	183	204	190
澳大利亚	152	176	183	175	180
白俄罗斯	66	30	95	125	130
乌克兰	238	186	146	119	100
其　他	821	854	921	984	1 044

表 36　部分国家（地区）猪肉出口量（2008—2012 年）　　单位：kt

国家或地区	2008 年	2009 年	2010 年	2011 年	2012 年
世界总计	**6 195**	**5 673**	**6 077**	**6 982**	**6 545**
美 国	2 110	1 857	1 916	2 356	2 309
欧盟 27 国	1 727	1 415	1 755	2 204	1 900
加拿大	1 129	1 123	1 159	1 197	1 160
巴 西	625	707	619	584	570
中 国	223	232	278	244	280
智 利	142	152	130	139	145
墨西哥	91	70	78	86	75
白俄罗斯	54	31	62	78	20
澳大利亚	48	40	41	41	42
乌克兰			1	17	13
越 南	11	13	14	8	10
其 他	35	13	24	28	21

表 37　部分国家（地区）猪、牛、羊、禽肉产量（2012 年）　　单位：kt

国家或地区	猪　肉	牛　肉	羊　肉	禽　肉
世界总计	**109 167**	**67 603**	**13 714**	**98 517**
埃　及	1	1 842	122	798
南　非	312	2 859	312	1 478
加拿大	1 926	4 450	1 926	1 216
美　国	10 186	42 168	10 186	19 583
巴　西	3 078	23 468	3 078	11 140
中　国	51 681	6 554	3 943	16 980
印　度	333	6 190	876	2 231
日　本	1 291	3 215		1 401
韩　国	1 110	2 018	2	653
法　国	2 260	5 839	134	1 791
德　国	5 488	8 224	39	1 380
意大利	1 673	4 285	54	1 181
俄罗斯	2 331	7 214	185	2 610
英　国	758	3 522	277	1 570
澳大利亚	336	3 973	581	923

资料来源：表中数据来自 2013 年《国际统计年鉴》。

表 38　世界和中国肉鸡生产情况对比（2010—2011 年）

单位：亿只、万 t、%

年份	肉鸡存栏量			肉鸡屠宰量			肉鸡产量		
	中国	世界	比重	中国	世界	比重	中国	世界	比重
2010	45.93	196.07	23.42	84.55	559.75	15.11	1 199.98	8 685.37	13.82
2011	46.11	199.39	23.13	85.29	574.69	14.84	1 208.20	8 936.30	13.52

资料来源：表中数据来自 2013 年《农业展望》第 10 期。

表 39　世界主要国家肉鸡产品消费情况（2008—2011 年）　单位：万 t、%

国家或地区	2008 年		2009 年		2010 年		2011 年	
	总消费量	比 重	总消费量	比 重	总消费量	比 重	总消费量	比 重
美　国	1 343.5	18.62	1 294.6	17.72	1 347.0	17.53	1 365.5	17.16
中　国	1 195.4	16.57	1 221.0	16.71	1 245.7	16.21	1 301.5	16.35
欧　盟	779.2	10.80	803.2	10.99	913.2	11.89	964.5	12.12
巴　西	857.9	11.89	871.0	11.92	895.4	11.65	910.2	11.44
墨西哥	328.1	4.55	326.4	4.47	336.4	4.38	347.0	4.36
俄罗斯	248.9	3.45	254.9	3.49	264.8	3.45	289.0	3.63
印　度	284.7	3.94	298.2	4.08	296.1	3.85	304.0	3.82
日　本	192.6	2.67	197.8	2.71	207.5	2.70	208.7	2.62

资料来源：表中数据来自 2013 年《农业展望》第 10 期。

表 40　俄罗斯主要畜牧业产品产量（2011—2012 年）　单位：万 t

品　种	2011 年产量	2002 年产量	同比增长（%）
牛　肉	140.0	135.0	−3.57
猪　肉	210.2	204.5	−2.70
鸡　肉	317.3	350.0	10.30
牛　奶	3 170.0	3 360.0	6.00
鸡　蛋（亿个）	410.1	415.0	1.20

资料来源：表中数据来自 2013 年《世界农业》第 4 期。

表 41　部分国家（地区）鱼类产量（2011 年）　单位：万 t

国家或地区	鱼类产品产量	其　中	
		海　域	内 陆 水 域
世界总计			
埃　及	127.5	9.9	117.6
南　非	61.1	60.8	0.2
加拿大	61.6	58.1	3.5
美　国	362.4	336.1	26.3
巴　西	110.2	46.6	63.6
中　国	3 240.9	1 006.3	2 234.7
印　度	868.0	280.7	587.2
日　本	341.5	335.2	6.4
韩　国	133.0	130.3	2.6
法　国	38.2	33.8	4.4
德　国	26.8	21.0	5.8
意大利	643.8	637.7	6.1
俄罗斯	403.8	366.4	37.4
英　国	62.9	61.4	1.5
澳大利亚			

资料来源：表中数据来自 2013 年《国际统计年鉴》。

表 42 世界渔业产品总产量分类情况（2007—2011 年） 单位：Mt

年份	总产量			内陆渔业			海洋渔业		
	小计	捕捞	养殖	小计	捕捞	养殖	小计	捕捞	养殖
2007	140.2	90.3	49.9	43.4	10.0	33.4	97.0	80.4	16.6
2008	142.6	89.7	52.9	46.2	10.2	36.0	96.4	79.5	16.9
2009	145.3	89.6	55.7	48.5	10.4	38.1	96.8	79.2	17.6
2010	148.5	88.6	59.9	52.9	11.2	41.7	95.5	77.4	18.1
2011	154.0	90.4	63.6	55.8	11.5	44.3	98.2	78.9	19.3

资料来源：表中数据来自 2013 年《世界农业》第 1 期。

表 43 世界主要国家奶牛存栏数（2009—2011 年） 单位：万头

国家或地区	2009 年	2010 年	2011 年
世界总计	**25 294.2**	**25 615.6**	**25 904.6**
欧盟 27 国	2 362.1	2 318.5	2 299.5
中　国	1 260.7	1 420.1	1 440.2
印　度	4 146.1	4 275.5	4 300.0
日　本	98.5	96.4	93.3
韩　国	24.8	24.1	22.9
美　国	920.3	911.9	919.4
加拿大	97.9	98.1	98.3
墨西哥	233.4	239.5	237.4
巴　西	2 243.5	2 299.9	2 351.3
阿根廷	180.9	174.9	188.4
法　国	374.4	372.9	368.6
德　国	416.9	418.2	419.0
荷　兰	148.9	147.9	147.0
意大利	187.8	174.6	175.5
俄罗斯	902.6	884.4	894.8
乌克兰	289.1	277.2	258.2
新西兰	425.0	440.0	455.0
澳大利亚	167.6	160.0	162.0

资料来源：表中数据来自 2012 年《中国奶业年鉴》。

表 44 世界各大洲牛奶产量（2009—2011 年） 单位：万 t

地　区	2009 年	2010 年	2011 年
世界总计	**59 395.3**	**60 612.1**	**62 065.5**
亚　洲	15 938.3	16 496.5	16 915.3
欧盟 27 国	14 729.6	14 920.7	15 184.0
北美和中美	11 040.9	11 222.3	11 402.5
南美洲	6 111.5	6 375.0	6 758.5
其他欧洲国家	6 131.0	6 018.5	5 978.3
非　洲	2 809.9	2 917.7	2 949.8
大洋洲	2 634.1	2 661.4	2 877.1

资料来源：表中数据来自 2012 年《中国奶业年鉴》。

表 45 部分国家（地区）牛奶产量（2011—2012 年） 单位：kt、%

国家或地区	2011 年	2012 年	同比增长
世界总计	**606 121**	**620 655**	**2.40**
埃 及	3 200	2 902	−9.31
南 非	3 091	3 233	4.59
加拿大	8 434	8 546	1.33
美 国	87 474	89 015	1.76
巴 西	31 637	32 900	3.99
中 国	35 756	36 560	2.25
印 度	54 903	57 700	5.09
日 本	7 721	7 474	−3.20
韩 国	2 073	1 889	−8.88
法 国	24 032	25 116	4.51
德 国	29 630	30 340	2.40
意大利	11 005	11 093	0.80
俄罗斯	31 847	31 646	−0.63
英 国	13 852	14 081	1.65
澳大利亚	9 375	9 734	3.83

资料来源：表中数据来自 2012 年《中国奶业年鉴》。

表 46 世界乳品工业排名前 20 强企业（2012 年） 单位：亿美元

排序	企 业 名 称	国 别	年度营业额
1	雀巢 Nestle	瑞 士	301
2	达能 Danone	法 国	194
3	拉克塔利斯 Lactalis	法 国	180
4	恒天然 Fonterra	新西兰	160
5	富仕兰康 Royal Friesland campina	荷 兰	135
6	美国奶农 Dairy Farmers of America	美 国	121
7	阿拉乳品公司 Ay/a Foods	丹麦/瑞典	108
8	迪恩食品 Dean Foods	美 国	88
9	萨普托公司（Saputto）	加拿大	84
10	明治食品（Meiji）	日 本	77
11	联合利华（Unilever）	荷兰/英国	75
12	伊 利（Yi Li）	中 国	65
13	索迪雅爱特索（Sodiaal）	法 国	58
14	森永（Morlanga）	日 本	58
15	卡夫食品 Krafe Foods	美 国	57
16	诺德胡与纳（DMK）	德 国	57
17	蒙 牛（Mengniu）	中 国	57
18	保健然（Bongrain）	法 国	53
19	施雷伯食品（Sahreider Foods）	美 国	45
20	缪勒（Muiier）	德 国	42

资料来源：表中信息由荷兰合作银行发布。

表 47　部分国家（地区）乳饮料、酸奶和其他发酵乳产量（2009—2011 年）

单位：kt

国家或地区	2009 年	2010 年	2011 年
欧盟 27 国	8 145	8 286	8 255
瑞　士	269	262	258
乌克兰	492	479	474
美　国	1 741	1 896	1 938
加拿大	294	312	328
墨西哥	489	532	603
阿根廷	515	490	517
智　利	205	210	236
以色列	172	180	181
中　国	3 176	3 600	3 924
日　本	845	862	923
韩　国	446	503	523

资料来源：表 47～表 55 中数据来自 2013 年《中国乳品工业》第 11 期、2012 年《中国奶业年鉴》。

表 48　部分国家（地区）奶油产量（2009—2011 年）　单位：kt

国家或地区	2009 年	2010 年	2011 年
欧盟 27 国	1 975	1 935	1 993
瑞　士	48	49	49
白俄罗斯	116	99	104
俄罗斯	232	207	216
乌克兰	75	80	77
新西兰	482	441	492
澳大利亚	135	132	125
美　国	713	709	821
加拿大	89	83	89
巴　西	76	78	79
阿根廷	49	49	54
中　国	35	50	59
印　度	3 910	4 162	4 320
日　本	81	74	63

表 49 部分国家（地区）干酪产量（2009—2011 年） 单位：kt

国家或地区	2009 年	2010 年	2011 年
欧盟 27 国	8 302	8 534	8 634
挪威	82	84	84
瑞士	178	181	182
俄罗斯	430	433	425
乌克兰	312	286	255
美国	4 570	4 737	4 807
加拿大	336	344	330
墨西哥	193	211	275
巴西	614	648	675
阿根廷	496	506	521
中国	15	17	20
日本	45	46	45
以色列	120	122	125
澳大利亚	350	333	349
新西兰	308	268	257

表 50 部分国家（地区）炼乳产量（2009—2011 年） 单位：kt

国家或地区	2009 年	2010 年	2011 年
欧盟 27 国	1 128	1 153	1 106
俄罗斯	333	332	341
白俄罗斯	84	84	84
乌克兰	96	96	61
美国	1 024	1 037	1 032
加拿大	35	33	38
秘鲁	360	409	418
巴西	300	300	300
智利	33	37	35
阿根廷	6	7	6
中国	160	165	165
日本	46	42	42
韩国	4	4	3
南非	54	54	54

表 51 部分国家（地区）全脂和半脱脂奶粉产量（2009—2011 年） 单位：kt

国家或地区	2009 年	2010 年	2011 年
欧盟 27 国	729	743	725
瑞　士	15	15	18
白俄罗斯	34	45	33
俄 罗 斯	50	47	43
墨 西 哥	131	134	128
美　国	27	32	30
巴　西	473	500	510
阿 根 廷	235	205	279
新 西 兰	768	947	1 000
澳大利亚	126	158	150
中　国	977	1 000	1 045
印　度	90	98	98
日　本	13	13	14
南　非	15	16	17

表 52 部分国家（地区）脱脂奶粉产量（2009—2011 年） 单位：kt

国家或地区	2009 年	2010 年	2011 年
欧盟 27 国	1 159	1 083	1 220
瑞　士	37	33	29
白俄罗斯	82	62	57
俄 罗 斯	66	63	57
乌 克 兰	51	53	43
美　国	791	828	893
加 拿 大	83	72	76
巴　西	125	130	135
阿 根 廷	33	34	39
新 西 兰	385	344	440
澳大利亚	203	244	249
印　度	360	380	410
日　本	167	156	137

表 53 部分国家（地区）液体乳消费量（2009—2011 年）

国家或地区	消费总量（kt）			人均消费量（kg）		
	2009 年	2010 年	2011 年	2009 年	2010 年	2011 年
欧盟 27 国	32 560	32 856	32 589	65.1	65.5	64.8
丹　麦	496	506	496	90.1	92.0	88.6
德　国	4 425	4 377	4 379	54.1	53.5	53.5
法　国	3 590	3 668	3 626	57.4	58.2	57.3
意大利	3 399	3 439	3 398	56.4	56.8	55.9
爱尔兰	633	637	644	140.8	141.5	139.9
荷　兰	843	831	818	51.0	50.0	49.0
西班牙	4 130	4 160	4 035	90.5	90.3	86.9
英　国	6 454	6 701	6 852	104.4	107.7	109.3
挪　威	418	414	409	87.1	84.5	81.8
瑞　士	651	629	632	83.4	80.7	80.0
美　国	25 150	24 798	24 376	82.0	80.1	78.2
墨西哥	4 569	4 405	4 357	41.7	39.8	38.0
加拿大	2 820	2 737	2 791	83.7	80.2	80.9
巴　西	10 895	11 278	11 316	56.4	57.9	57.5
阿根廷	1 748	1 779	1 800	43.4	43.9	44.5
澳大利亚	2 348	2 384	2 467	107.2	106.4	108.7
新西兰	335	350	350	77.5	80.1	79.3
中　国	11 791	12 060	12 600	8.8	9.0	9.4
日　本	4 174	4 066	4 066	32.6	31.8	31.8
韩　国	1 702	1 641	1 626	34.9	33.6	33.2
埃　及	1 749	1 763	1 869	21.9	21.7	22.6
南　非	1 217	1 297	1 564	24.5	25.9	31.0

表 54 部分国家（地区）奶油消费量（2009—2011 年）

国家或地区	消费总量（kt）			人均消费量（kg）		
	2009 年	2010 年	2011 年	2009 年	2010 年	2011 年
欧盟 27 国	1 818	1 797	1 803	3.6	3.6	3.6
丹　麦	10	10	10	1.8	1.8	1.8
德　国	477	476	482	5.8	5.8	5.9
法　国	483	477	477	7.7	7.6	7.5
爱尔兰	11	11	11	2.4	2.4	2.4
意大利	150	142	138	2.5	2.3	2.3
荷　兰	61	50	55	3.7	3.0	3.3
西班牙	22	23	25	0.5	0.5	0.5
英　国	183	199	191	3.0	3.2	3.0
挪　威	11	12	12	2.3	2.4	2.4
瑞　士	43	43	42	5.5	5.6	5.4
俄罗斯	356	338	349	2.5	2.4	2.4
加拿大	94	92	96	2.8	2.7	2.8
美　国	684	691	764	2.2	2.2	2.5
阿根廷	32	35	27	0.8	0.9	0.7
澳大利亚	86	87	90	3.9	3.9	4.0
新西兰	18	20	20	4.2	4.6	4.5
日　本	78	84	84	0.6	0.7	0.7

表 55 部分国家（地区）干酪消费量（2009—2011 年）

国家或地区	消费总量（kt）			人均消费量（kg）		
	2009 年	2010 年	2011 年	2009 年	2010 年	2011 年
欧盟 27 国	8 347	8 557	8 581	16.7	17.1	17.1
德　国	1 827	1 869	1 878	22.3	22.9	22.9
法　国	1 660	1 673	1 665	8.4	26.6	26.3
意大利	1 266	1 279	1 327	26.5	21.1	21.8
爱尔兰	28	33	31	6.2	7.3	6.7
英　国	673	699	681	21.0	11.2	10.9
西班牙	385	436	445	10.9	9.5	9.6
波　兰	412	430	434	10.8	11.3	11.4
荷　兰	314	324	324	19.0	19.5	19.4
希　腊	279	284	254	24.7	25.1	23.4
瑞　典	174	177	180	18.7	18.9	19.1
瑞　士	169	172	172	21.6	22.0	21.8
俄罗斯	789	834	831	5.6	5.9	5.8
美　国	4 537	4 635	4 718	14.8	15.0	15.1
加拿大	422	428	424	12.5	12.6	12.3
墨西哥	309	311	354	2.8	2.8	3.1
中　国	309	309	316	0.2	0.2	0.2
澳大利亚	266	269	266	12.2	12.0	11.7
埃　及	465	684	835	5.8	8.4	10.1
日　本	237	245	245	1.9	1.9	1.9
韩　国	72	89	100	1.5	1.8	2.0

表 56 澳大利亚奶牛存栏和牛奶产量（2010/2011 年度）

单位：万头、万 t、%

指　标	新南威尔士州	维多利亚州	昆士兰州	西澳大利亚州	南澳大利亚州	塔斯马尼亚州	澳大利亚
奶牛存栏	20.0	102.2	9.0	5.5	9.0	14.5	160.2
占全国比重	12.5	63.8	5.6	3.4	5.6	9.1	100.0
牛奶产量	107.7	695.8	49.7	58.7	59.3	74.0	955.9
占全国比重	11.5	64.3	5.3	4.0	6.3	7.9	100.0

资料来源：表中数据来自 2013 年《世界农业》第 2 期。

表 57 2010/2011 年度澳大利亚奶牛场数量、饲养规模、头年均产奶量

单位：个、头、L

项　目	新南威尔士州	维多利亚州	昆士兰州	西澳大利亚州	塔斯马尼亚州	澳大利亚
奶牛场数量	807	4 588	595	170	286	7 511
平均饲养规模	200	1 020	90	55	145	213
头年均产奶量	5 164	5 824	5 056	6 584	5 280	5 699

资料来源：表中数据来自 2013 年《世界农业》第 2 期。

表 58 2009/2010—2010/2011 年度澳大利亚人均奶制品消费量与饮用奶销售量

主要品种	人均奶制品消费量（kg）	
	2009/2010 年度	2010/2011 年度
牛 奶	102.4	103.0
奶 酪	12.9	12.7
黄 油	3.8	3.7
酸 奶	7.1	7.2
主要品种	饮用奶消费量情况（100 kL）	
	2009/2010 年度	2010/2011 年度
普通牛奶	1 133	1 140
低脂牛奶	590	630
脱脂牛奶	119	110
风味牛奶	215	228
巴氏杀菌奶	211	208

资料来源：表中数据来自 2013 年《世界农业》第 2 期。

表 59 2010/2011 年度澳大利亚奶制品出口前 10 位国家或地区

单位：t、兆澳元、%

国家或地区	出口量	所占比例	国家或地区	出口额	所占比例
日 本	103 183	13	日 本	449	16
中 国	103 013	13	中 国	360	13
新加坡	83 862	11	新加坡	222	8
印度尼西亚	54 134	7	印度尼西亚	187	7
菲律宾	40 340	5	马来西亚	134	5
马来西亚	38 751	5	菲律宾	127	5
泰 国	35 753	5	泰 国	125	5
新西兰	31 810	4	韩 国	123	4
中国台湾	29 414	4	新西兰	116	4
韩 国	29 066	4	沙特阿拉伯	103	4

资料来源：表中数据来自 2013 年《世界农业》第 2 期。

表 60 部分国家（地区）蛋类产品产量（2012 年） 单位：万 t、%

国家或地区	蛋类产量		其中：鸡蛋产量	
	产量	占世界比重	产量	占世界比重
世界总计	**6 889.3**	**100.00**	**6 357.2**	**100.00**
中国	2 800.1	40.64	2 382.7	37.48
美国	541.2	7.85	541.2	8.51
日本	251.5	3.65	251.5	3.96
墨西哥	238.1	3.46	238.1	3.75
俄罗斯	227.4	3.30	226.1	3.56
印度	341.4	4.96	341.4	5.37
巴西	208.7	3.03	194.8	3.06
印度尼西亚	137.9	2.00	111.8	1.76
法国	94.7	1.37	94.7	1.49
德国	66.4	0.96	66.4	1.04
意大利	73.7	1.07	73.7	1.16
荷兰	61.8	0.90	61.8	0.97
土耳其	74.0	1.07	74.0	1.16
乌克兰	101.8	1.48	97.4	1.53
英国	63.2	0.92	61.9	0.97
泰国	98.1	1.42	58.6	0.92
伊朗	74.1	1.08	74.1	1.17

资料来源：表中数据来自 2013 年《国际统计年鉴》。

表 61 部分国家（地区）蜂蜜产量（2011—2012 年） 单位：t、%

国家或地区	2011 年	2012 年	同比增长
世界总计	**1 511 000**	**1 542 000**	**2.05**
中国	367 000	448 000	8.45
印度	65 000	40 000	38.46
美国	65 000	80 000	23.08
阿根廷	81 000	59 000	−27.16
墨西哥	55 000	56 000	1.82
土耳其	82 000	81 000	−2.22
乌克兰	74 000	71 000	−4.05
澳大利亚	18 000	16 000	−11.11
巴西	38 000	45 000	18.42
法国	16 000	16 000	
德国	18 000	23 000	27.78
俄罗斯	54 000	54 000	
西班牙	30 000	34 000	13.33
加拿大	29 000	34 000	17.24
伊朗	36 000	47 000	30.56
韩国	26 000	29 000	11.54

资料来源：表中数据来自 2013 年《国际统计年鉴》。

表 62　英国蜂蜜进出口情况（2007—2011 年）　单位：t、万美元

年　份	进　口		出　口	
	进口量	金　额	出口量	金　额
2007	30 109	6 466.1	1 238	717.1
2008	30 297	10 468.3	1 416	1 040.3
2009	30 411	10 293.7	1 916	1 485.3
2010	31 515	10 584.6	2 082	1 328.5
2011	35 644	12 638.0	2 633	1 747.8

表 63　英国蜂蜡产品进出口情况（2007—2011 年）　单位：t、万美元

年　份	进　口		出　口	
	进口量	进口额	出口量	出口额
2007	415	286.0	151	106.3
2008	429	253.6	116	91.3
2009	468	286.6	99	79.4
2010	550	343.3	128	106.3
2011	597	414.2	161	149.7

资料来源：表中数据来自 2014 年《世界农业》第 1 期。

表 64　部分国家（地区）羊毛产量（2011—2012 年）　单位：kt、%

国家或地区	2011 年	2012 年	同比增减
世界总计	**2 044.0**	**2 043.0**	**−0.05**
埃　及	8.0	12.0	50.00
南　非	35.0	41.0	17.14
加拿大	1.0	1.0	
美　国	14.0	14.0	
巴　西	9.0	10.0	11.11
中　国	364.0	387.0	6.32
印　度	40.0	43.0	7.50
日　本			
韩　国			
法　国	9.0	5.0	−44.44
德　国	15.0	13.0	−13.33
意大利	9.0	9.0	
俄罗斯	55.0	53.0	−3.64
英　国	65.0	67.0	3.08
澳大利亚	371.0	382.0	2.96

资料来源：表中数据来自 2013 年《国际统计年鉴》。

表 65　我国主要农产品产量居世界位次（1978—2011 年）

项　目	1978 年	2009 年	2010 年	2011 年
谷　物	2	1	1	1
肉　类	3	1	1	1
棉　花	2	1	1	1
大　豆	3	4	4	4
花　生	2	1	1	1
油菜籽	2	1	1	2
甘　蔗	7	3	3	3
茶　叶	2	1	1	1
水　果①	9	1	1	1

注：①不包括瓜类。

资料来源：表中数据来自 2013 年《国际统计年鉴》。

表 66　我国与哥伦比亚农产品贸易情况（2007—2011 年）

单位：万美元、%

年　份	进口额	同比增长	出口额	同比增长	贸易额	同比增长	顺差	同比增长
2007	222.2	−9.9	4 171.6	−1.3	4 393.7	−1.8	3 949.4	−0.8
2008	304.9	37.2	4 849.4	16.2	5 154.3	17.3	4 544.5	15.1
2009	305.8	0.3	5 488.7	13.2	5 794.5	12.4	5 182.9	14.0
2010	961.3	214.4	9 405.0	71.4	10 366.3	78.9	8 443.7	62.9
2011	1 464.3	52.3	11 839.8	25.9	13 304.0	28.3	10 375.5	22.9

资料来源：表中数据来自 2012 年《世界农业》第 12 期。

表 67　拉美国家主要农产品占世界出口总量的比重（2011 年）

品　种	拉美出口大国	占世界出口总值（%）	世界排名	贸易额（百万美元）
大豆油	阿根廷	60.1	1	4 260
	巴　西	17.2	2	1 222
	巴拉圭	2.1	6	152
大　豆	巴　西	29.3	1	6 709
	阿根廷	15.0	2	3 435
橙　汁	巴　西	38.1	1	2 252
	墨西哥	2.7	7	160
谷　物	阿根廷	11.0	2	2 252
	巴　西	9.4	3	1 919
	巴拉圭	1.4	8	283
木质纸浆	巴　西	11.3	2	3 012
	智　利	8.8	3	2 347

表 68 我国粮食的三大进口来源国及所占比重（2012 年） 单位：%

稻米		小麦		玉米		大豆	
来源国	比重	来源国	比重	来源国	比重	来源国	比重
越南	65.23	澳大利亚	65.71	美国	98.19	美国	44.48
巴基斯坦	24.48	美国	17.34	老挝	1.01	巴西	40.92
泰国	8.42	加拿大	10.88	泰国	0.35	阿根廷	10.10

资料来源：表中数据来自 2013 年《世界农业》第 7 期。

表 69 我国主要农产品进出口金额情况（2012 年） 单位：亿美元、%

出口	金额	同比	进口	金额	同比
水产品	190.0	6.8	油籽	377.0	19.7
蔬菜	100.1	−14.8	畜产品	149.1	11.3
畜产品	64.4	7.4	棉麻丝	124.9	21.1
水果	61.9	12.1	植物油	120.0	17.0
饮品类	31.2	14.0	水产品	80.0	−0.2
小计	447.6	2.2	小计	851.0	15.8

资料来源：表中数据来自 2013 年《世界农业》第 6 期。

表 70 我国主要粮食产品进出口情况（2008—2012 年） 单位：万 t

年份	玉米		小麦		大米		大豆	
	出口	进口	出口	进口	出口	进口	出口	进口
2008	27.3	5.0	31.0	4.3	97.2	33.0	48.4	3 743.6
2009	13.0	8.4	24.5	90.4	78.6	35.7	35.6	4 255.2
2010	12.7	157.3		123.1	62.2	38.8	48.4	5 480.0
2011	13.6	175.4	3.9	125.8	51.6	59.8	20.9	5 264.0
2012	25.7	520.8	28.6	370.1	0.5	236.9	28.7	5 838.5

资料来源：表中数据来自 2013 年《农业展望》第 2 期。

表 71 世界主要饲料生产国（地区）饲料产量（2011—2012 年） 单位：kt、%

国家或地区	2011 年	2012 年	同比增长
世界总计	**873 000**	**959 200**	**9.87**
亚洲地区	305 000	350 114	14.79
欧洲地区	200 000	208 400	4.20
北美洲地区	185 000	198 752	7.43
拉美地区	125 000	137 048	9.64
中东/非洲地区	41 065	54 314	32.26
其他地区		10 773	
欧盟 27 国	148 874	151 900	2.03
中国	181 000	191 340	5.71
美国	155 200	179 110	15.41
巴西	64 300	66 285	3.09
墨西哥	27 689	28 536	3.06
日本	24 329	25 220	3.66

表 72 世界饲料加工企业排行榜（2011 年）

排 名	企 业 名 称	国 别
	1 000 万～2 500 万 t	
1	正大集团 Charoen Pokphand（Cp Group）	泰 国
2	嘉吉/农标 Cargill/Agribrands	美 国
3	新希望（New Hope Group）	中 国
4	蓝多湖	美 国
5	巴西食品（Brasil Foods）	巴 西
6	泰森食品（Tyson Foods）	美 国
	500 万～1 000 万 t	
7	广东温氏（Guangdong Wen's Group）	中 国
8	中粮集团	中 国
9	东方新希望（East Hope Group）	中 国
10	全农（Zen-Nohco-Operative）	日 本
11	泰高（Nutreco）	荷 兰
12	ForFamers	荷 兰
	250 万～500 万 t	
13	通威	中 国
14	双胞胎集团	中 国
15	Agrifirm Fced	荷 兰
16	De Hevs	荷 兰
17	DLG	丹 麦
18	Gion	法 国
19	Smitirficid Foods	美 国
20	达成/东亚集团	中 国
21	湖南唐人神（Hunan Tangrenshan Group）	中 国
22	Agracis Raiffeisen	德 国
23	ADM 联合营养公司	美 国
24	正邦	中 国
25	Veronesi	意大利
26	Bachoco	墨西哥
27	Invivo NSA	法 国
28	Frangosvl	巴 西
29	肯特营养集团	美 国

注：表中各公司饲料年产量从高到低排序。

表 73 巴西饲料产量情况（2011—2012 年） 单位：百万 t、%

饲料品种	2011 年 1～9 月	2012 年 1～9 月	同比增长
总 计	49.5	48.2	−2.8
禽饲料	27.2	26.4	−3.0
其中：肉鸡料	23.5	22.4	−4.7
蛋鸡料	3.7	4.0	7.6
猪饲料	11.3	11.0	−2.8
牛饲料	6.1	5.9	−2.6
其中：奶牛料	3.9	3.8	−2.6
肉牛料	2.2	2.1	
猫、狗饲料	1.8	1.8	
马饲料	0.4	0.4	
水产饲料	0.4	0.5	−13.6
其中：鱼饲料	0.4	0.4	14.7
虾饲料	0.1	0.1	5.7
其他配合饲料	0.6	0.6	−3.2
配合饲料总产量	47.8	46.6	−2.5
补充饲料	1.8	1.6	−10.2

资料来源：表中数据来自 2013 年《饲料广角》第 7 期。

表 74 世界主要农畜产品最大生产国（2012 年）

农畜产品	第一位国家	产量（kt）	第二位国家	产量（kt）	第三位国家	产量（kt）
谷 物	中 国	539 347	美 国	386 790	印 度	285 520
小 麦	中 国	121 023	印 度	86 870	俄罗斯	56 240
稻 谷	中 国	204 436	印 度	155 700	印度尼西亚	65 740
玉 米	美 国	313 920	中 国	205 614	巴 西	55 660
大 豆	美 国	82 560	巴 西	74 600	阿根廷	53 000
甘 蔗	巴 西	734 010	印 度	342 380	中 国	123 114
甜 菜	俄罗斯	47 643	法 国	37 259	美 国	26 152
油菜籽	加拿大	14 165	中 国	14 007	印 度	8 179
棉 花	印 度	19 180	美 国	8 190	中 国	6 836
茶 叶	中 国	1 790	印 度	967	肯尼亚	378
烟 叶	中 国	3 407	印 度	1 010	巴 西	952
麻 类	印 度	7 294	美 国	3 413	巴基斯坦	2 312
薯 类	尼日利亚	96 460	印 度	51 460	中 国	32 928
水 果	中 国	240 568	印 度	74 840	巴 西	40 950
花 生	中 国	16 952	印 度	6 930	尼日利亚	2 960
肉 类	中 国	83 872	美 国	42 463	巴 西	23 890
蛋 类	中 国	28 612	美 国	5 419	印 度	3 490
奶 类	印 度	119 440	美 国	89 020	中 国	37 436
鱼 类	中 国	59 077	印度尼西亚	13 651	印 度	8 880
蜂 蜜	中 国	398	土耳其	81	美 国	80

资料来源：表中数据来自 2013 年《中国农村统计年鉴》与 2013 年《国际统计年鉴》。

表 75　香港特别行政区工业生产指数（2009—2012 年）

（2008 年＝100）

工业组别	2009 年	2010 年	2011 年	2012 年
所有制造行业	91.7	95.0	95.7	94.9
其中：食品、饮品及烟草制品业	99.1	105.3	112.8	118.4
纺织制品业	77.8	71.3	61.9	58.8
成　衣	70.2	61.6	55.3	43.8
纸制品及印刷业	92.0	93.3	94.6	91.0

资料来源：表中数据来自 2013 年《中国统计年鉴》。

表 76　香港特别行政区食品、饮品、烟草制品业与纸制品、印刷业基本情况（2011 年）

行　业	企业数（个）	就业人数（人）	销售及其他收益（万港元）	盈余总额（万港元）	增加值（万港元）
食品、饮品及烟草制品业	785	28 027	3 447 600	438 400	861 800
纸制品、印刷业及记录媒体复制	2 787	19 067	1 957 200	259 900	521 400

资料来源：表中数据由中国轻工业协会信息中心提供。

表 77　澳门特别行政区食品及饮食业与出版印刷业、制衣业基本情况（2011 年）

单位：万澳元

行　业	企业数（个）	员工人数（人）	工业产值	增加值	固定资本总额
食品及饮食业	269	3 579	109 024.4	42 442.1	3 678.1
出版及印刷业	143	1 344	48 657.2	18 673.9	3 347.4
制衣业	179	4 220	141 677.1	27 022.9	1 744.7

资料来源：表中数据由中国轻工业协会信息中心提供。

表 78　我国台湾省主要轻工业产品产量（2010—2011 年）

主要产品	单　位	2010 年	2011 年	同比增长（%）
鲜　乳	万 t	30.0	31.4	4.4
方便面	万箱	4 698.2	4 677.1	－0.5
饼　干	万 t	4.0	4.3	5.5
精制茶	万 t	0.5	0.5	
罐　头	万标准箱	1 198.3	1 180.6	－1.5
碳酸饮料	万 L	2 971.0	3 101.0	4.4
酒类（不含啤酒）	万 L	825.7	1 007.6	22.0
食　盐	万 t	26.5	26.5	
文化用纸	万 t	70.0	69.1	－1.3
家庭用纸	万 t	19.8	20.5	3.7
纸　板	万 t	28.5	29.3	2.8
木制家具	亿新台币	72.6	72.0	－4.3
金属家具	亿新台币	204.4	208.9	2.2

资料来源：表中数据来自 2012 年《中国轻工业年鉴》。

表 79 我国台湾省农产品加工业主要产品产量（2008—2012 年）

年 份	食 品（万 t）	饮 料（万 L）	饲 料（万 t）	各种成衣（万打）	纸 板（万 t）	合成纤维（万 t）
2008	43.8	28 402.4	516.5	744.5	291.0	194.8
2009	46.8	31 055.4	523.0	606.0	277.5	201.4
2010	47.0	29 709.9	526.1	660.6	285.0	216.6
2011	49.0	31 010.1	533.6	547.6	293.1	187.1
2012	50.0	29 240.0	533.1	473.2	307.4	184.3

资料来源：表中数据来自 2013 年《中国统计年鉴》。

表 80 我国台湾省六大农业精品产值（2008—2012 年） 单位：亿新台币

年 份	台湾茗茶	农村美酒	经典好米	竹制精品	金钻水产	优质畜产
2008	9.00	0.84	4.00	20.0	8.85	29.00
2009	11.00	1.10	4.95	23.5	9.00	30.50
2010	13.40	1.22	5.08	25.0	12.00	31.05
2011	16.80	1.46	6.83	30.0	16.00	34.14
2012	18.60	1.68	8.08	35.0	20.00	36.70

资料来源：表中数据来自 2013 年《台湾农业探索》第 5 期。

表 81 我国台湾省出口与进口商品分类（2009—2012 年） 单位：亿美元

年 份	出 口				进 口			
	出口额	农产品	农产加工品	工业产品	进口额	资本设备	原材料	消费品
2009	2 036.7	5.0	18.5	2 013.3	1 743.7	247.8	1 325.1	170.8
2010	2 746.0	7.5	21.7	2 716.8	2 512.4	406.4	1 895.7	210.2
2011	3 082.6	9.0	26.7	3 046.9	2 814.4	393.5	2 172.9	247.9
2012	3 011.8	8.9	30.7	2 972.3	2 704.7	362.6	2 087.7	254.5

资料来源：表中数据来自 2013 年《中国统计年鉴》。

表 82 世界大米主产国大米产量（2008—2012 年） 单位：万 t

年 份	印 度	越 南	泰 国
2008	9 918	2 583	2 095
2009	8 909	2 597	2 119
2010	9 598	2 667	2 375
2011	10 431	2 823	2 284
2012	10 000	2 894	2 383

资料来源：表中数据来自 2013 年《世界农业》第 6 期。

表 83 世界大米生产消费情况（2008—2012 年） 单位：Mt、%

年 份	产 量	消费量	期末库存量	库存消费比
2008	457.9	443.4	129.3	28.9
2009	455.1	447.6	135.8	29.5
2010	468.5	460.1	143.7	30.7
2011	482.7	468.0	159.3	33.5
2012	486.8	475.6	169.8	35.5

资料来源：表中数据来自 2013 年《世界农业》第 6 期。

表 84 我国大米进口量与世界大米贸易情况（2008—2012 年）

单位：万 t、%

项 目	2008 年	2009 年	2010 年	2011 年	2012 年
世界贸易量	3 091	2 955	3 119	3 644	3 728
中国进口量	29	33	36	57	237
中国进口占比	0.9	1.1	1.2	1.6	6.3

资料来源：表中数据来自 2013 年《世界农业》第 6 期。

表 85 我国海峡两岸农产品贸易占双边贸易比重（2007—2011 年）

年 份	大陆对台农产品出口额占对台出口比重（%）	大陆自台农产品进口额占自台进口额比重（%）
2007	2.61	0.19
2008	2.84	0.18
2009	3.79	0.20
2010	3.80	0.20
2011	4.20	0.28

资料来源：表中数据来自 2013 年《台湾农业探索》第 1 期。

表 86 我国大陆和福建省对台湾省农产品贸易情况（2006—2010 年）

单位：亿美元

年 份	农业 GDP（亿美元）			福建对台进出口总值			大陆对台进出口总值		
	福 建	大 陆	台 湾	对台进出口	对台进口	对台出口	对台进出口	对台进口	对台出口
2006	99.9	4 917.3	115.7	0.74	0.23	0.51	5.70	1.52	4.18
2007	121.4	6 185.1	118.1	1.25	0.48	0.77	8.00	1.87	6.12
2008	152.8	8 041.5	132.2	2.01	0.57	1.44	9.20	1.83	7.37
2009	157.8	8 515.3	123.2	3.53	0.64	2.90	9.86	1.85	8.00
2010	183.4	9 856.6	144.8	5.87	0.84	5.03	14.11	2.49	11.63

资料来源：表中数据来自 2013 年《台湾农业探索》第 2 期。

表 87 我国对韩国和全球农产品贸易情况（2008—2012 年）

单位：亿美元、%

年 份	对韩国出口	从韩国进口	对全球出口	从全球进口
2008	32.0	3.3	405.3	587.9
2009	28.5	3.1	396.3	527.0
2010	35.5	4.2	494.2	725.7
2011	42.0	6.4	607.7	948.9
2012	41.6	6.2	632.9	1 124.8

资料来源：表中数据来自 2013 年《世界农业》第 7 期。

表 88　我国对韩国农产品进出口情况（2012 年）　单位：万美元、%

产品类别	对韩国出口	占比	从韩国进口	占比
合　计	**415 939.6**	**100.0**	**61 713.9**	**100.0**
水产品	148 346.6	35.7	17 619.3	28.5
蔬　菜	81 386.6	19.6	942.5	1.5
油　籽	32 027.2	7.7	1.4	
谷物	9 303.0	2.2	155.4	0.3
粮食制品	16 333.8	3.9	3 274.5	5.3
畜产品	16 525.3	4.0	1 637.0	2.7
水　果	9 645.8	2.3	1 026.4	1.7
糖料及糖	7 014.1	1.7	16 326.5	26.5
药　材	9 206.5	0.2	2 686.6	4.4
干　豆	3 535.3	0.8	0.2	
坚　果	5 242.9	1.3	2 311.2	3.7
饮品类	4 178.9	1.0	6 292.6	10.2
棉麻丝	2 571.2	0.6	39.8	0.1
花　卉	2 316.3	0.6	130.3	0.2
饼　粕	4 409.4	1.1		
植物油	1 073.6	0.3	83.5	0.1
调味香料	260.7	0.1	54.1	0.1
薯　类	115.5			
精　油	110.2		19.9	
其　他	62 336.7	15.0	9 112.7	14.8

资料来源：表中数据来自 2013 年《世界农业》第 7 期。

表 89　韩国对世界农产品进出口情况（2011 年）　单位：万美元

序　号	产品类别	出　口	进　口	净进口
1	活动物	172.1	7 604.7	7 432.6
2	肉产品	3 973.8	345 480.7	341 506.9
3	水产品	178 149.5	341 390.4	163 240.9
4	乳制品和禽蛋、蜂蜜等	1 914.9	76 324.5	74 409.6
5	其他动物产品	13 058.5	24 518.7	11 480.2
6	花卉产品	9 235.2	6 239.3	−2 995.9
7	蔬　菜	13 876.2	68 261.2	54 385.0
8	水果和坚果	12 563.8	105 427.6	92 863.8
9	咖啡、茶、香料	4 555.9	71 854.6	67 298.8
10	谷　物	712.3	462 586.5	461 874.3
11	制粉工业产品、淀粉、面筋等	5 838.7	26 341.4	20 502.7
12	油籽、药业植物、稻草、饲料等	30 540.9	144 826.0	114 285.1
13	虫胶、树胶及其他植物液	6 729.4	14 598.3	7 868.9
14	编结用植物材料等	6.1	2 837.6	2 831.5
15	动植物脂、动植物蜡	10 712.6	146 366.3	135 653.7
16	肉加工品和水产品加工品	22 243.8	59 610.2	37 366.4
17	食糖及糖食	47 338.9	146 923.7	99 584.7
18	可可及其制品	4 910.8	33 947.0	29 036.2
19	谷物粮食粉、淀粉、乳制品、糕点	64 462.3	45 799.3	−18 663.0
20	蔬菜水果或植物其他部分的制品	19 466.7	78 152.2	58 685.5
21	咖啡、茶的制品或代用品、调味品等	92 738.8	115 654.2	22 915.4
22	饮料、酒及醋	64 989.6	73 248.9	8 259.3
23	食品工业的残渣废料、动物饲料	13 988.6	178 165.3	164 176.7
24	烟草制品	63 830.1	34 109.7	−29 720.4

资料来源：表中数据来自 2013 年《世界农业》第 7 期。

表 90 中印农产品进出口情况（2007—2011 年） 单位：万美元、%

年 份	出口额	进口额	出口总额	出口占比	进口总额	进口占比
2007	35 140.9	129 290.3	406 000	8.66	437 000	29.59
2008	41 195.0	160 799.7	4 022 000	1.02	5 833 000	2.76
2009	48 313.6	93 380.1	3 921 000	1.23	5 217 000	1.79
2010	51 895.0	253 663.6	4 888 000	1.06	7 192 000	3.53
2011	54 870.2	370 051.1	6 013 000	0.91	9 391 000	3.94

资料来源：表中数据来自 2013 年《世界农业》第 3 期。

表 91 我国农产品出口受阻情况（2007—2011 年） 单位：次、%

年 份	美 国		欧 盟		日 本		韩 国		加拿大		合 计
	数量	比例	数量	比例	数量	比例	数量	比例	数量	比例	
2007	870	54.5	266	16.7	461	28.9					1 597
2008	707	42.9	395	24.0	284	17.2	262	15.9			1 648
2009	1 056	50.8	209	10.1	272	13.1	487	23.4	53	2.6	2 077
2010	867	46.6	270	14.5	242	13.0	112	6.0	112	6.0	1 862
2011	620	38.1	332	20.4	213	13.1	378	23.2	85	5.2	1 628

资料来源：表中数据来自 2013 年《农业展望》第 12 期。

表 92 金砖国家部分农产品比较优势指数（2011 年）

产品类别	中 国	巴 西	俄罗斯	印 度	南 非
蚕丝	5.01	0.71		4.65	0.02
其他植物纤维	3.14	1.02	0.23	6.55	0.21
棉花	2.21	1.90	0.03	6.95	0.06
其他动物产品	2.06	4.31	0.18	1.36	0.49
肉、鱼及其他无脊椎动物制品	1.74	2.78	0.09	0.23	0.37
食用蔬菜、根及块茎	1.41	0.04	0.18	1.02	2.30
蔬菜、水果或植物其他部分制品	1.20	3.40	0.05	0.38	2.02
鱼及其他水生无脊椎动物	1.17	0.16	1.15	2.14	1.22

资料来源：表中数据来自 2013 年《世界农业》第 7 期。

表 93 我国与其他金砖国家的农产品贸易互补性指数（2006—2010 年）

项 目	进出口	2006 年	2007 年	2008 年	2009 年	2010 年
出口互补性	中—巴	0.34	0.30	0.24	0.26	0.24
	中—俄	1.02	0.79	0.68	0.81	0.80
	中—印	0.21	0.18	0.12	0.15	0.13
	中—南	0.66	0.52	0.48	0.56	0.51
进口互补性	巴—中	2.16	2.26	2.63	2.61	2.68
	俄—中	0.30	0.39	0.31	0.35	0.32
	印—中	0.68	0.74	0.90	0.58	0.80
	南—中	0.70	0.73	0.75	0.81	0.77

资料来源：表中数据来自 2013 年《世界农业》第 7 期。

表 94　金砖国家农业基本情况（2010 年）　单位：万 hm^2、万 t

国　别	耕地面积	谷物产量	水果和蔬菜	肉类产量
巴　西	6 500	7 300	4 239.9	8 074.0
俄罗斯	12 140	9 330	1 760.0	748.0
印　度	15 600	22 300	7 151.6	401.6
中　国	12 172	51 939	86 500.0	7 956.5
南　非		15 850	401.2	253.1

资料来源：表中数据来自 2013 年《世界农业》第 11 期。

表 95　我国与其他金砖国家之间农业贸易进出口额比较（2011 年）

项　目	单　位	巴　西	俄罗斯	印　度	南　非	总　计
进　口	亿美元	532.59	430.45	233.75	320.65	1 517.44
	4 国占比,%	35	27	16	22	100
出　口	亿美元	318.43	389.04	505.43	133.63	1 346.53
	4 国占比,%	24	29	37	10	100
差　额	亿美元	−214.16	41.41	−271.68	−187.02	−631.45
进出口总额	亿美元	851.02	819.49	739.18	454.28	2 863.88
	4 国占比,%	29.71	28.61	25.81	15.86	100
总贸易额占比	%	2.33	2.25	2.02	1.24	7.84

资料来源：表中数据来自 2013 年《世界农业》第 11 期。

表 96　我国出口伊斯兰国家主要农产品（2010—2011 年）　单位：亿美元

主要农产品	2010 年出口额	2011 年出口额
鲜或冷藏的大蒜	10.9	9.5
绿　茶	3.3	4.0
番茄及番茄酱罐头	3.1	3.5
鲜苹果	3.3	3.4
柑　橘	2.3	3.0
冻　鱼	1.9	2.7
去梗的烟草	1.8	2.4
未列名的杂项食品	1.1	2.1
冻小虾及对虾	1.4	1.9
姜	1.9	1.8

资料来源：表中数据来自 2013 年《世界农业》第 11 期。

表 97 我国对巴西农产品进出口情况（2012 年）

1. 巴西对我国农产品出口情况

序 号	出口种类	出口金额
1	大豆（亿美元）	120.28
2	木林产品（主要为纤维素材料）（亿美元）	13.63
3	糖类和乙醇（亿美元）	10.93
4	纤维和纺织品（亿美元）	7.37
5	肉类（亿美元）	5.76
6	生皮及皮革制品（亿美元）	4.87
7	烟草及烟草制品（亿美元）	4.78
8	果汁（万美元）	8 871.30

2. 巴西从我国进口农产品情况

序 号	进口种类	进口金额
1	纤维和纺织品（亿美元）	8.29
2	鱼类（亿美元）	2.21
3	林产品（亿美元）	2.70
4	园艺产品（亿美元）	2.51
5	动物饲料（万美元）	7 041.10
6	肉类（万美元）	4 710.50
7	休闲食品（万美元）	2 488.60
8	谷物、面粉及制品（万美元）	1 353.20

表 98 我国与世界主要水果出口国市场占有率的比较（2008—2012 年）

单位：%

年 份	中 国	美 国	西班牙	荷 兰	智 利
2008	6.22	12.51	10.81	6.07	5.87
2009	5.81	13.21	10.39	5.56	5.29
2010	5.82	13.54	9.59	5.08	5.64
2011	6.51	13.87	9.05	5.49	5.80
2012	7.37	17.93	10.90	6.27	6.70

资料来源：表中数据来自 2013 年《世界农业》第 8 期。

表 99 我国水果主要出口市场比例（2008—2012 年）

单位：%

年 份	东 盟	日 本	俄罗斯	美 国
2008	19.18	3.46	5.37	2.38
2009	26.79	3.49	5.84	2.98
2010	27.43	3.75	5.75	2.49
2011	27.45	3.28	4.61	2.20
2012	35.12	3.80	5.30	2.66

资料来源：表中数据来自 2013 年《世界农业》第 8 期。

表 100 我国水果出口量和出口额（2008—2012 年）单位：万 t、亿美元

年 份	出 口 量	出 口 额
2008	485.0	42.5
2009	525.5	38.3
2010	508.0	43.6
2011	479.5	55.2
2012	426.6	54.5

资料来源：表中数据来自 2013 年《世界农业》第 8 期。

表 101 世界主要国家（地区）棉花产量（2011—2012 年） 单位：万 t、%

年份	全 球	中 国	美 国	印 度	巴基斯坦	巴 西	乌兹别克斯坦	土耳其	中国占
2011	2 727.1	739.9	339.1	560.0	229.4	188.4		75.0	27.1
2012	2 548.0	685.9	372.4	544.6	214.6	149.0		63.0	26.9

表 102 世界和中国纺织纤维产量（2009—2011 年） 单位：万 t

年份	世界纤维产量				中国纤维产量			
	总 计	天然纤维	化学纤维		总 计	天然纤维	化学纤维	
			小计	合成纤维			小计	合成纤维
2009	7 175.4	2 383.4	4 792.0	4 474.4	3 454.6	723.3	2 733.5	3 552.2
2010	8 018.1	2 787.1	5 231.0	4 902.6	3 645.7	689.3	2 956.4	2 781.7
2011	8 720.0	3 211.6	5 508.4	5 160.3	3 990.2	791.5	3 198.7	3 009.7

表 103 世界主要国家（地区）化纤产量（2009—2011 年） 单位：万 t、%

年份	全球	中国	美国	西欧	中国台湾	韩国	日本	印度	中国占
2009	4 792.2	2 733.5	267.6	289.1	234.3	152.9	81.2	343.4	57.0
2010	5 231.0	2 956.4	284.4	311.3	250.1	168.7	85.4	357.7	56.5
2011	5 508.4	3 198.7	277.1	312.5	233.0	168.2	86.3	386.0	58.1

表 104 世界主要国家（地区）合成纤维产量（2009—2011 年）

单位：万 t、%

年份	全球	中国	美国	西欧	中国台湾	韩国	日本	印度	中国占
2009	4 541.3	2 552.2	265.6	253.1	223.5	152.9	75.7	310.6	56.2
2010	4 902.5	2 781.1	281.9	269.0	240.4	168.7	79.1	322.7	56.7
2011	5 160.3	3 009.7	274.5	268.7	224.8	168.3	80.1	348.9	58.3

表 105 世界棉花供求情况（2011/2012—2012/2013 年度） 单位：万 t

年 度	总产量	进口量	出口量	消费量	期末库存
2011/2012	2 687.2	759.7	796.1	2 424.3	1 255.5
2012/2013	2 514.8	783.8	720.0	2 180.0	1 924.7

表 106　世界主要国家棉花耗用量（2008—2012 年）　单位：万 t、%

国　家	耗用量	2008 年	2009 年	2010 年	2011 年	2012 年
全　球	耗用量	2 309.5	2 461.1	2 462.9	2 277.5	2 354.4
	占总	100.0	100.0	100.0	100.0	100.0
中　国	耗用量	899.8	1 010.1	1 002.3	1 029.9	1 042.9
	占总	39.0	41.0	40.7	45.2	44.3
美　国	耗用量	78.4	75.4	73.8	71.8	74.0
	占总	3.4	3.1	3.0	3.2	3.1
印　度	耗用量	382.6	422.1	456.0	442.0	455.6
	占总	16.6	17.2	18.5	19.4	20.3
巴基斯坦	耗用量	245.2	230.7	220.0	216.3	233.6
	占总	10.6	9.4	8.9	9.5	9.8
土耳其	耗用量	114.0	130.0	125.0	125.0	132.5
	占总	4.9	5.3	5.1	5.5	5.6
日　本	耗用量	10.3	7.5	6.4	6.3	5.7
	占总	0.4	0.3	0.3	0.3	0.2
巴　西	耗用量	93.7	100.2	104.1	88.8	89.7
	占总	4.1	4.1	4.2	3.9	3.8

表 107　我国纺织品、成衣出口额占全球份额（2009—2011 年）

单位：亿美元、%

年　份	纺织品出口			成衣出口		
	全球	中国	中国占	全球	中国	中国占
2009	2 098.2	598.2	28.5	3 155.2	1 072.6	34.0
2010	2 506.5	769.0	30.7	3 514.6	1 298.4	36.9
2011	2 950.0	944.0	32.0	4 123.3	1 538.0	37.3

表 108　世界纺织品、成衣出口国（地区）前 10 强（2011 年）

单位：亿美元、%

排序	国家或地区	合　计	纺织品	成衣	占世界
	世界总计	**7 060.1**	**2 935.5**	**4 124.6**	**100.0**
1	中　国	2 481.8	944.1	1 537.7	35.2
2	欧盟 27 国	517.9	237.5	280.4	7.3
3	中国香港	357.9	112.8	245.0	5.1
4	印　度	293.6	150.2	143.6	4.2
5	土耳其	247.2	107.7	139.5	3.5
6	孟加拉国	215.3	15.9	199.4	3.0
7	美　国	190.0	137.8	52.2	2.7
8	越　南	169.3	37.7	131.5	2.4
9	韩　国	165.8	123.7	18.4	2.0
10	巴基斯坦	136.3	90.8	45.5	1.9

表 109 世界纺织品、成衣进口国（地区）前 10 强（2011 年） 单位：亿美元、%

排序	国家或地区	合计	纺织品	成衣	占世界
	世界总计	**7 417.4**	**3 106.0**	**4 311.4**	**100.0**
1	欧盟 27 国	1 320.5	311.9	1 008.6	17.8
2	美 国	1 139.5	253.6	885.9	15.4
3	日 本	421.3	92.0	329.3	5.7
4	中国香港	283.0	110.5	172.5	3.8
5	中 国	229.1	189.0	40.1	3.1
6	加拿大	140.3	45.0	95.3	1.9
7	俄罗斯	113.3	37.6	75.7	1.5
8	土耳其	108.3	75.6	32.7	1.5
9	韩 国	117.7	56.6	61.1	1.6
10	墨西哥	86.0	58.6	27.4	1.2

表 110 进口纺织品、成衣前 5 名供应国（地区）（2011 年） 单位：亿美元、%

美国进口纺织品、成衣前 5 名供应国（地区）						
	纺 织 品 进 口			成 衣 进 口		
	国家或地区	金额	占总	国家或地区	金额	占总
	总 额	253.6	100.0	总 额	885.9	100.0
1	中 国	95.6	37.7	中 国	349.4	39.4
2	印 度	29.9	11.8	越 南	69.6	7.9
3	欧盟 27 国	26.5	10.4	印度尼西亚	54.0	6.1
4	巴基斯坦	17.2	6.8	孟加拉	47.0	5.3
5	墨西哥	16.2	6.4	墨西哥	40.9	4.6
以上合计		**185.4**	**73.1**	**以上合计**	**560.9**	**63.3**
欧盟 27 国进口纺织品、成衣前 5 名供应国（地区）						
	纺 织 品 进 口			成 衣 进 口		
	国家或地区	金额	占总	国家或地区	金额	占总
	总 额	311.9	100.0	总 额	1 008.6	100.0
1	欧盟 27 国	99.6	31.9	欧盟 27 国	443.9	44.0
2	中 国	52.1	16.7	中 国	116.5	11.6
3	土耳其	34.9	11.2	土耳其	104.8	10.4
4	印 度	26.1	8.4	孟加拉	71.5	7.1
5	巴基斯坦	12.8	4.1	印 度	33.9	3.4
以上合计		**225.5**	**72.3**	**以上合计**	**770.6**	**76.5**
日本进口纺织品、成衣前 5 名供应国（地区）						
	纺 织 品 进 口			成 衣 进 口		
	国家或地区	金额	占总	国家或地区	金额	占总
	总 额	92.0	100.0	总 额	329.3	100.0
1	中 国	52.8	57.4	中 国	263.1	79.9
2	欧盟 27 国	6.5	7.0	越 南	18.3	5.5
3	印度尼西亚	6.3	6.8	欧盟 27 国	14.5	4.4
4	中国台湾	4.9	5.3	泰 国	4.7	1.4
5	韩 国	4.6	5.0	韩 国	4.1	1.3
以上合计		**75.1**	**91.6**	**以上合计**	**304.6**	**92.5**

表 111 我国成衣在三大进口市场中所占份额（2010—2011 年）

单位：亿美元、%

国家或地区	2010 年		2011 年	
	进口额	占进口总额的比重	进口额	占进口总额的比重
欧盟 27 国	399.8	24.4	443.9	23.5
美 国	335.0	40.9	349.4	39.4
日 本	220.8	82.2	263.1	79.9
合 计	**955.6**		**1 056.4**	
占中国成衣出口总额的比重	89.1		68.7	

资料来源：表中数据来自 2013 年《纺织导报》第 2 期。

表 112 我国纺织品、成衣进出口情况（2010—2011 年） 单位：亿美元

年 份	出 口 额			进 口 额		
	合 计	纺织品	成 衣	合 计	纺织 品	成 衣
2010	2 066.9	268.7	1 298.2	176.8	25.2	1 864.9
2011	2 481.8	944.1	1 537.7	229.1	40.1	2 252.7

表 113 世界 10 大纸与纸板生产公司（2011 年） 单位：亿美元、万 t

一、按主营业务收入排序

名 次	生产公司	所 在 国 别	主营业务收入
1	国际纸业公司	美 国	260.34
2	宝洁公司	美 国	156.86
3	森林产品集团	瑞 典	126.91
4	斯道拉恩索公司	芬兰	126.16
5	王子制纸	日 本	125.30
6	芬欧汇川集团	芬 兰	123.46
7	日本制纸	日 本	114.26
8	斯莫非公司	爱尔兰	102.32
9	金百利	美 国	100.64
10	萌迪公司	英国/南非	76.38

二、按年产量排序

名次	生产公司	所在国别	年产量
1	国际纸业公司	美 国	1 176.9
2	芬欧汇川集团	芬 兰	1 061.5
3	斯道拉恩索公司	芬 兰	1 033.0
4	森林产品集团	瑞 典	852.0
5	玖龙纸业	中国（香港）	760.0
6	赛 皮	南 非	672.8
7	日本制纸	日 本	662.8
8	斯莫非公司	爱尔兰	650.0
9	日本制纸	日 本	566.6
10	萌迪公司	英国/南非	537.1

资料来源：表中信息来自 2013 年《中华纸业》第 17 期。

表 114 世界与中国纸浆、纸及纸板生产与消费情况（2010—2011 年）

单位：万 t、kg、%

项 目		2010 年	2011 年	同比增长
世 界	纸浆总产量	18 560		
	纸浆总消费量	18 500		
	纸和纸板总产量	39 390		
	纸和纸板总消费量	39 500		
	纸和纸板人均年消费量	57.0		
中 国	纸浆总产量	7 318	7 723	5.53
	纸浆总消费量	8 461	9 044	6.89
	纸和纸板总产量	9 270	9 930	7.12
	纸和纸板总消费量	9 173	9 752	6.31
	纸和纸板人均年消费量	68	73	7.35

资料来源：表中数据来自 2012 年《中国造纸年鉴》。

表 115 世界纸和纸板产量排名前 10 位的国家（2011 年）

排 序	国 家	产 量（万 t）	同比增长（%）
1	中 国	9 930.0	7.1
2	美 国	7 508.3	−1.0
3	日 本	2 662.7	−2.7
4	德 国	2 269.8	−1.6
5	加拿大	1 211.2	−5.3
6	韩 国	1 149.2	3.5
7	芬 兰	1 132.9	−3.7
8	瑞 典	1 129.8	−0.9
9	巴 西	1 015.9	1.8
10	印度尼西亚	1 003.5	1.2

资料来源：表中数据来自 2013 年《造纸信息》第 11 期。

表 116 世界纸浆产量排名前 10 位的国家（2011 年）

排 序	国 家	产量（万 t）	同比增长（%）
1	美 国	4 974	1.9
2	中 国	2 063	2.9
3	加拿大	1 831	−1.2
4	巴 西	1 389	−2.1
5	瑞 典	1 186	−0.2
6	芬 兰	1 036	−1.4
7	日 本	902	−4.0
8	俄罗斯	745	0.4
9	印度尼西亚	681	4.3
10	智 利	488	18.5

资料来源：表中数据来自 2013 年《造纸信息》第 11 期。

表 117　世界纸浆主要净进口和净出口前 5 位的国家（2011 年）　单位：万 t

纸浆主要净进口国			纸浆主要净出口国		
排　序	国　家	净进口量	排　序	国　家	净出口量
1	中　国	1 435	1	加拿大	906
2	德　国	375	2	巴　西	808
3	意大利	326	3	智　利	401
4	韩　国	245	4	瑞　典	242
5	日　本	134	5	印度尼西亚	211

资料来源：表中数据来自 2013 年《造纸信息》第 11 期。

表 118　世界纸和纸板消费量与人均消费量前 5 位的国家（2011 年）

纸和纸板消费量（万 t）			纸和纸板人均消费量（kg）		
排　序	国　家	消费量	排　序	国　家	人均消费量
1	中　国	9 752	1	比利时	317.4
2	美　国	7 237	2	奥地利	260.7
3	日　本	2 804	3	德　国	243.2
4	德　国	1 977	4	美　国	230.6
5	印　度	1 148	5	阿联酋	224.8

资料来源：表中数据来自 2013 年《造纸信息》第 11 期。

表 119　世界部分国家废纸回收量及进出口量（2011 年）　单位：万 t、%

国　家	回收量	回收率（%）	利用率（%）	出口量	进口量	废纸用量
美　国	4 780	66.1	36.1	2 093	91	2 710
日　本	2 137	76.2	63.8	443	4	1 698
德　国	1 527	77.2	70.8	339	419	1 607
英　国	803	78.2	86.6	445	18	376
法　国	715	74.0	59.9	289	85	510
意大利	629	59.3	55.2	172	48	504
中　国	4 415	45.3	71.2	0.36	2 728	7 075

资料来源：表中数据来自 2013 年《造纸信息》第 11 期。

表 120　世界部分国家或地区纸和纸板净出口量和净进口量（2011 年）

单位：万 t

纸和纸板净出口量			纸和纸板净进口量		
排　序	国家或地区	净出口量	排　序	国家或地区	净进口量
1	芬　兰	1 030	1	英　国	593
2	瑞　典	936	2	土耳其	239
3	加拿大	597	3	墨西哥	238
4	印度尼西亚	344	4	印　度	183
5	德　国	293	5	意大利	147
6	奥地利	276	6	比利时	135
7	韩　国	194	7	中国香港	104
8	俄罗斯	74			

资料来源：表中数据来自 2013 年《造纸信息》第 11 期。

表 121 世界主要国家天然橡胶产量（2010—2012 年） 单位：万 t

国家或地区	2010 年	2011 年	2012 年
世界合计	948.4	1 026.2	1 141.3
泰　国	325.5	344.0	374.0
印度尼西亚	285.2	308.0	326.1
马来西亚	93.9	99.6	92.0
印　度	85.1	89.9	90.8
中　国	64.7	68.7	79.5
越　南	75.2	84.2	95.5
科特迪瓦	22.6	24.0	25.0
斯里兰卡	14.3	14.8	15.1
菲律宾	9.9	10.6	11.3
象牙海岸	22.7	23.8	25.0
巴　西	10.4	13.2	
柬埔寨	4.2	5.1	6.2

资料来源：表中数据来自 2013 年《中国橡胶》第 6 期。

表 122 世界主要国家（地区）橡胶消费情况（2010—2012 年） 单位：万 t

国家或地区	2010 年	2011 年	2012 年
世界总计	**2 486.0**	**2 585.0**	**2 717.5**
北　美	299.7	316.7	322.6
巴　西	150.7	149.8	159.7
拉美其他国家	59.7	62.6	66.9
欧盟 27 国	360.4	393.7	408.2
俄罗斯	74.6	79.2	83.7
欧洲其他国家	100.6	107.7	114.7
非洲/中东	40.0	38.7	40.9
中　国	808.8	825.7	879.8
日　本	173.8	175.1	185.8
印　度	135.0	139.2	151.4
韩　国	71.4	74.8	77.4
印度尼西亚	67.5	74.1	77.7
马来西亚	70.0	71.5	74.6
泰　国	81.7	87.0	91.6
亚太其他国家	106.3	109.8	114.2

资料来源：表中数据来自 2013 年《中国橡胶》第 5 期。

表 123 世界橡胶机械生产厂商前 10 名排序（2012 年） 单位：百万美元、%

排序	企业名称	国别	销售收入	增长率
1	H-F 公司	德　国	468.0	28.96
2	青岛软控	中　国	309.6	−12.62
3	飞　迈	荷　兰	260.0	−0.76
4	神户制钢	日　本	238.0	−23.72
5	大连橡塑	中　国	208.0	56.04
6	REP	法　国	160.0	187.95
7	益阳橡机	中　国	97.6	−24.22
8	德斯玛	德　国	96.6	13.38
9	天津赛象	中　国	85.7	1.90
10	LWB	德　国	85.6	11.17

资料来源：表中数据来自 2013 年《中国橡胶》第 9 期。

表 124 部分国家（地区）农产品进出口额（2011 年） 单位：亿美元

国家或地区	进口额	出口额
世界总计	**13 838.54**	**13 664.69**
埃 及	118.50	51.22
南 非	54.23	78.66
加拿大	319.69	521.28
美 国	1 164.51	1 425.38
巴 西	107.59	685.85
中 国	1 082.60	516.07
印 度	178.64	231.06
日 本	774.51	101.68
韩 国	266.14	93.46
法 国	603.76	685.06
德 国	691.27	802.75
意大利	564.04	386.27
俄罗斯	348.43	213.31
英 国	611.39	289.99
澳大利亚	110.85	270.48

资料来源：表中数据来自 2013 年《国际统计年鉴》。

表 125 按营业额排序的世界最强 500 个企业中相关农产品加工企业（2012 年）

企 业 名 称	国家或地区	营业额位次	营业额（百万美元）
一、食品业			
雀巢公司	瑞 士	71	94 405
CVSCarermark 公司	美 国	56	107 750
麦德龙	德 国	72	92 746
乐 购	英 国	59	103 839
克罗格	美 国	75	90 374
阿彻丹尼尔斯米德兰公司	美 国	92	80 676
沃尔格林公司	美 国	107	72 184
日本永旺集团	日 本	134	66 504
邦基公司	美 国	160	58 743
西夫韦	美 国	232	43 630
Super Valu 公司	美 国	296	36 100
卡夫食品	美 国	170	54 365
皇家阿霍德集团	荷 兰	243	42 090
西农公司（Wesfarmers）	澳大利亚	171	54 147
西斯科公司（Svsco）	美 国	262	39 324
沃尔沃斯公司	澳大利亚	175	53 559
森宝利（桑斯博里）	英 国	302	35 567
艾德卡	德 国	342	32 531
联合博姿	瑞 士	274	37 977
乔治威斯顿	加拿大	338	32 735
德尔海兹集团	比利时	374	29 365
泰森食品	美 国	345	32 097

（续）

企 业 名 称	国家或地区	营业额位次	营业额（百万美元）
中粮集团有限公司	中 国	393	28 190
CHS公司	美 国	287	36 916
来德爱	美 国	421	26 121
Publix. Supermarkees	美 国	407	27 179
威廉莫里斯超市	英 国	392	28 276
丰益国际	新加坡	223	44 710
MIGROS GRovp 集团	瑞 士	396	28 015
麦当劳	美 国	410	27 006
达能集团	德 国	411	26 861
JBS公司	巴 西	286	36 921
华润总公司	中 国	233	43 440
二、饮食服务			
金帕斯集团	英 国	432	25 418
索迪斯集团	法 国	495	22 262
三、饮料业			
百事公司	美 国	133	66 504
安海斯—布希英博	比利时	265	39 046
可口可乐公司	美 国	212	46 542
喜力控股公司	荷 兰	464	23 898
四、纺织、服装业			
克里斯叮迪奥	法 国	322	34 244
山东闯业集团有限公司	中 国	440	24 906
五、造纸、纸制品、印刷出版业			
国际纸业	美 国	424	26 034
施乐公司	美 国	488	22 626
六、橡胶和塑料制品业			
普利司通	日 本	276	37 943
米其林	法 国	382	28 809
固特异轮胎有限公司	美 国	487	22 767
七、烟草业			
菲里浦曼里斯国际公司	美 国	355	31 097
帝国烟草	英 国	452	24 379
英美烟草	英 国	445	24 688
日本烟草	日 本	427	25 759
八、肥皂与化妆品业			
宝洁公司	美 国	86	82 559
欧莱雅	法 国	391	28 286
九、综合			
沃尔玛公司	美 国	3	446 950
家乐福	法 国	39	121 734
联合利华	英国/荷兰	139	64 610
欧尚集团	法 国	149	61 699

资料来源：表中数据来自 2013 年《国际统计年鉴》。

图书在版编目（CIP）数据

中国农产品加工业年鉴．2013/科学技术部农村科技司等编．—北京：中国农业出版社，2014.6
ISBN 978-7-109-19366-6

Ⅰ.①中… Ⅱ.①科… Ⅲ.①农产品加工-加工工业-中国-2013-年鉴 Ⅳ.①F326.5-54

中国版本图书馆 CIP 数据核字（2014）第 149071 号

中国农业出版社出版
（北京市朝阳区麦子店街 18 号楼）
（邮政编码 100125）
责任编辑 孟令洋 郭 科

中国农业出版社印刷厂印刷 新华书店北京发行所发行
2014 年 7 月第 1 版 2014 年 7 月北京第 1 次印刷

开本：787mm×1092mm 1/16 印张：29
字数：1100 千字
定价：240.00 元